Contabilidade de Custos

Uma abordagem gerencial

Prentice Hall
EMPRESA CIDADÃ

Contabilidade de Custos

2

11ª Edição

Uma abordagem gerencial

CHARLES T. HORNGREN
Stanford University

SRIKANT M. DATAR
Harvard University

GEORGE FOSTER
Stanford University

Tradução
Robert Brian Taylor

Revisão Técnica
Arthur Ridolfo Neto
Doutor em Administração Contábil e Financeira da FGV/EAESP
Professor da FGV/EAESP

Antonieta Elisabete Magalhães de Oliveira
Mestre em Administração Contábil e Financeira da FGV/EAESP
Professora da FGV/EAESP

Fabio Gallo Garcia
Doutor em Administração Contábil e Financeira da FGV/EAESP
Professor da FGV/EAESP e da PUC/SP

PEARSON

Título original: Cost Accounting — A Managerial Emphasis — Eleventh Edition

Publicação autorizada a partir da edição original em inglês
publicada pela Pearson Education Inc., sob o selo Prentice Hall

Gerente de Produção: Heber Lisboa
Editora de texto: Adriane Gozzo
Preparação: Magale Müller
Revisão: Alexandra Costa e Rita Sorrocha
Capa: Marcelo Françozo, a partir do projeto original de John Romer e foto de Thomason/Getty Images Stone
Diagramação: Figurativa Arte e Projeto Editorial

Dados Internacionais de Catalogação na Publicação (CIP)
(Câmara Brasileira do Livro, SP, Brasil)

Horngren, Charles T.
Contabilidade de Custos, v. 2 : Charles T. Horngren, Srikant M. Datar, George Foster; tradução Robert Brian Taylor; Revisão técnica Arthur Ridolfo Neto, Antonieta E. Magalhães Oliveira, Fabio Gallo Garcia -- 11. ed. São Paulo: Prentice Hall, 2004.

Bibliografia.
ISBN 978-85-87918-95-6

1. Contabilidade de custos 2. Custos industriais
I. Datar, Srikant M. II. Foster, George. III. Título

03-5547 CDD-658.1511

Índices para catálogo sistemático:

1. Custos : Contabilidade gerencial : Empresas : Administração de empresas
658.1511

8ª reimpressão – dezembro 2013
Direitos exclusivos para a língua portuguesa cedidos à
Pearson Education do Brasil Ltda.,
uma empresa do grupo Pearson Education
Rua Nelson Francisco, 26
CEP 02712-100 – São Paulo – SP – Brasil
Fone: 11 2178-8686 – Fax: 11 2178-8688
e-mail: vendas@pearson.com

Para nossas famílias

Joan, Scott, Mary, Susie, Cathy (CH)
Swati, Radhika, Gayatri, Sidharth (SD)
À família Foster (GF)

Sumário

Volume 2

Prefácio

Estudar contabilidade de custos é um dos melhores investimentos que um aluno pode fazer. Por quê? Porque o sucesso em qualquer organização — da menor loja à maior corporação multinacional — requer o uso de conceitos e práticas da contabilidade de custos. A contabilidade de custos proporciona dados-chave aos administradores para planejamento e controle, assim como para o custeio de produtos, serviços e clientes. Os tópicos que formam este livro também são de grande valia na gestão financeira pessoal. Por exemplo, adquirir conhecimento sobre orçamentos traz retornos para toda a vida.

O foco central deste livro é entender de que maneira a contabilidade de custos ajuda os administradores a tomar decisões mais acertadas. Contadores de custos estão, cada vez mais, tornando-se membros integrantes das equipes de tomada de decisão em vez de meros fornecedores de dados. Para criar um elo com ênfase na tomada de decisão, o tema 'custos diferentes para propósitos diferentes' é usado ao longo de todo o livro. Ao enfocar conceitos, análises, usos e procedimentos básicos em vez de apenas procedimentos, reconhecemos a contabilidade de custos como uma ferramenta gerencial para a estratégia empresarial e sua implementação. Também preparamos os alunos para os prêmios e desafios que terão pela frente no mundo da contabilidade de custos profissional, hoje e amanhã.

Pontos fortes da décima edição mantidos e salientados

Os revisores da décima edição louvaram os seguintes aspectos, mantidos e fortalecidos nesta décima primeira edição:

- Abordagem particular nos usos gerenciais de informações sobre custos
- Clareza e fácil compreensão do texto
- Excelente equilíbrio em integrar tópicos modernos com conteúdo existente
- Ênfase nos aspectos do comportamento humano
- Uso extensivo de exemplos do mundo real
- Possibilidade de ensinar os capítulos em seqüências diferentes
- Excelentes quantidade, qualidade e amplitude de material de trabalho

Os primeiros 13 capítulos fornecem a essência de um curso de um termo (trimestre ou semestre). Há texto e material de trabalho suficientes nos 23 capítulos que englobam os dois volumes de *Contabilidade de custos* para um curso de dois termos. Este livro pode ser usado de imediato após o aluno ter tido um curso introdutório em contabilidade financeira ou, alternativamente, pode construir o alicerce de um curso introdutório em contabilidade gerencial.

A decisão sobre a seqüência de um livro didático é um desafio. Cada professor tem uma maneira favorita de organizar seu curso. Portanto, apresentamos uma organização modular e flexível, que permite seja ele ministrado sob encomenda. *Essa organização facilita diversas abordagens ao ensino e ao aprendizado.*

Como exemplo da flexibilidade do livro, considere nosso tratamento do custeio por processo, descrito nos Capítulos 14 do volume 1 e 4 do volume 2. Professores interessados em preencher a perspectiva do aluno sobre sistemas de custeio podem ir direto de custeio por serviço, descrito no Capítulo 4 do volume 1, para o Capítulo 14, do mesmo volume, sem interrupção no fluxo de material. Outros professores poderão querer que seus alunos aprofundem-se no custeio por atividade e orçamentos e tópicos mais voltados para a tomada de decisão. Tais professores podem preferir adiar a discussão sobre custeio por processo.

Mudanças no conteúdo e na pedagogia da décima primeira edição

O ritmo de mudança em organizações continua a ser rápido. A décima primeira edição de *Contabilidade de custos* reflete as mudanças que estão ocorrendo no papel da contabilidade de custos em organizações e na pesquisa sobre este tema. Exemplos de adições e mudanças-chave nas áreas de tópicos da décima primeira edição são:

1. *Aumento na cobertura de estratégia e usos de informações de custos.* O Capítulo 13, intitulado 'Estratégia, *Balanced Scorecard* e Análise Estratégica da Rentabilidade', foi revisado e simplificado. Além disso, o Capítulo 1 do volume 1 descreve a estratégia e sua implementação; o Capítulo 3 do volume 1 apresenta a aplicação da análise de custo-volume-lucro às decisões estratégicas, como na precificação, na promoção de produtos e na escolha de estruturas de custos; os Capítulos 6, 7 e 8 do volume 1 discutem de que forma orçamentos e variâncias proporcionam *feedback* aos administradores sobre a validade de suas estratégias; o Capítulo 9 do volume 1 descreve como os administradores tomam decisões estratégicas com relação à capacidade; os Capítulos 11 e 12 mostram a aplicação de custos e receitas relevantes às decisões estratégicas, como abrir e fechar divisões e a precificação de produtos; os Capítulos 5 e 6 do volume 2 endereçam os benefícios estratégicos de sistemas da qualidade e de inventários *just-in-time*. O Capítulo 7 do volume 2 mostra de que maneira técnicas de orçamento de capital ajudam nas decisões estratégicas, como nos relacionamentos de longo prazo com clientes.
2. *Uma estrutura para a contabilidade de custos e a gestão de custos introduzida no Capítulo 2 do volume 1* fornece uma ponte entre os conceitos apresentados nos Capítulos 1 e 2 (volume 1) e os tópicos mostrados nos Capítulos 3 a 12 (volume 1). A estrutura enfatiza três idéias-chave para o estudo de contabilidade de custos e gestão de custos: (1) calcular o custo de produtos, serviços e outros objetos de custo, (2) obter informações para o planejamento, o controle e a avaliação do desempenho e (3) identificar informações relevantes para a tomada de decisão. A estrutura fornece uma maneira para discutir tópicos em capítulos posteriores, como a avaliação da estratégia, a qualidade e o *just-in-time*, que, invariavelmente, têm perspectivas de custeio do produto, do planejamento e do controle e tomadas de decisão.
3. *Custeio por atividade (ABC) é apresentado em um único capítulo (Capítulo 5 do volume 1),* com ligações para sistemas de custeio por serviço mais simples (apresentadas no Capítulo 4 do volume 1). Material novo relacionado ao ABC foi adicionado nos orçamentos (Capítulo 6 do volume 1), nas escolhas de capacidade para calcular níveis de atividade (Capítulo 9 do volume 1), nas estimativas de custos (Capítulo 10) e na análise da rentabilidade do cliente (Capítulo 1 do volume 2). Material sobre custeio e gestão baseados em atividades também foi incluído nos Capítulos 7 e 8 do volume 1, no que se refere à análise de variâncias; o Capítulo 11 trata da terceirização e da adição ou eliminação de segmentos do negócio; o Capítulo 12 diz respeito a decisões sobre o desenho; o Capítulo 13 trata da reengenharia e da redução da estrutura; o Capítulo 5 do volume 2 se refere aos custos da qualidade e das melhorias na qualidade; e o Capítulo 6 do volume 2 trata da análise de fornecedores.
4. *Aumento na discussão sobre utilização de informações da contabilidade de custos em decisões.* Esse aumento ocorre em muitas áreas de tópicos como o custeio baseado em atividade (Capítulo 5 do volume 1), a análise de variâncias (Capítulos 7 e 8 do volume 1), a análise da capacidade (Capítulo 9 do volume 1), as estimativas de custos (Capítulo 10), os custos e preços relevantes (Capítulos 11 e 12), as alocações de custos conjuntos (Capítulo 3 do volume 2), o custeio por processo (Capítulo 14), a gestão da qualidade (Capítulo 5 do volume 2) e o preço de transferência (Capítulo 8 do volume 2).
5. *Incorporação sistemática de novos pensamentos administrativos em evolução,* incluindo decisões sobre a capacidade (Capítulo 9 do volume 1), análise da cadeia de fornecimento, inventário gerenciado pelo fornecedor, sistemas de planejamento de recursos da empresa (Capítulo 6 do volume 2) e relacionamentos de longo prazo com clientes (Capítulo 7 do volume 2).
6. *Incorporação de avanços tecnológicos* na cobertura de tópicos. Muitos dos quadros sobre 'Conceitos em Ação' enfocam a tecnologia nos sistemas de informação e a Internet — por exemplo, estratégias de *e-commerce* e contador gerencial (Capítulo 1 do volume 1); de que maneira os fornecedores de serviços para aplicativos

(ASPs) influenciam estruturas de custos (Capítulo 2 do volume 1); estruturas de custos e equilíbrio de risco-retorno na Amazon.com (Capítulo 3 do volume 1); utilização do custeio baseado em atividades para mensurar e gerenciar o *e*-varejo (Capítulo 5 do volume 1); orçamentos utilizando tecnologia baseada na Web (Capítulo 6 do volume 1); precificação na Internet (Capítulo 12); escolhas de crescimento *versus* rentabilidade de empresas ponto.com (Capítulo 13); fabricação de jeans feitos sob encomenda na Levi Strauss (Capítulo 14); superando gargalos na Internet (Capítulo 5 do volume 2); imprimindo livros a pedido (Capítulo 6 do volume 2).

7. *Mais atenção dada às questões comportamentais*, como a redução de folga orçamentária, a motivação de administradores e funcionários e a criação de uma cultura para o aprendizado e o apoio (Capítulo 6 do volume 1); o equilíbrio entre estabelecer padrões atingíveis e padrões ideais (Capítulo 7 do volume 1); o efeito de apropriação de custos conjuntos sobre a mensuração do desempenho e o comportamento gerencial (Capítulo 3 do volume 2); o efeito de controle gerencial e preços de transferência sobre o comportamento de administradores (Capítulo 8 do volume 2); o papel da cultura, dos valores e da motivação intrínseca da organização na motivação de administradores (Capítulo 9 do volume 2).

Grandes mudanças no conteúdo e na seqüência

Uma atenção especial foi dada no sentido de simplificar as apresentações em todos os capítulos do livro, assim como em fornecer melhores e mais claras explicações. Cada capítulo foi esmiuçado por críticos especializados antes de a versão final ser completada. O resultado foi um livro mais enxuto e voltado ao aluno. Grandes e específicas mudanças no conteúdo e na seqüência de capítulos individuais são:

1. O Capítulo 2 do volume 1 apresenta uma estrutura para o estudo e a compreensão de contabilidade de custos e gestão de custos.
2. Os Capítulos 6 e 7 do volume 1 têm mais cobertura no que se refere aos efeitos comportamentais de orçamentos, incluindo a forma como motivam administradores e funcionários, de que maneira os administradores conseguem reduzir a folga orçamentária e o equilíbrio entre padrões atingíveis e padrões ideais.
3. O Capítulo 7 do volume 1 mostra como variâncias podem ser usadas para reconciliar o lucro das operações do orçamento estático e o lucro real das operações.
4. O Capítulo 8 do volume 1 mostra como a variância no volume de produção é relacionada àquela no volume de vendas e o que cada uma procura explicar.
5. A Parte 2 no Capítulo 9 do volume 1, que trata das escolhas em nível de denominador, foi significativamente reorganizada, e material novo — sobre o efeito de escolhas em nível de denominador ao custeio por produto, à gestão da capacidade e à precificação — foi adicionado.
6. No Capítulo 13, o exemplo usado em todo o capítulo foi simplificado ao reduzir o número de categorias de custos.
7. Os Capítulos 14 e 16 da décima edição foram reestruturados e aparecem como os Capítulos 1 e 2 do volume 2 na décima primeira edição. Na décima edição, o Capítulo 15 versava sobre custos conjuntos, agora abordados no Capítulo 1 do volume 2 na décima primeira edição. O Capítulo 1 do volume 2 enfoca as questões macro na análise de custos e receitas, o que inclui material sobre apropriação de custos corporativos para as divisões (do Capítulo 14 na décima edição), análise da rentabilidade do cliente e análise da receita de vendas (do Capítulo 16 na décima edição). O Capítulo 2 do volume 2 enfoca as questões micro nas apropriações de custos e receitas, como a apropriação de custos do departamento de apoio aos departamentos de operação e a apropriação de custos e de receitas comuns. Os Capítulos 1 e 2 do volume 2 mantêm a estrutura modular do restante do livro. Professores que desejam enfocar apropriações de custos e receitas podem ir direto da primeira parte do Capítulo 1 do volume 2 para o Capítulo 2, também do volume 2, sem interrupção do fluxo de material. O Capítulo 2 do volume 2 também contém material novo sobre o uso da capacidade prática para calcular índices de apropriação de custos, uma segunda abordagem para fazer apropriações recíprocas e o valor Shapley para apropriações de custos comuns.

8. O Capítulo 7 do volume 2, que trata dos orçamentos de capital, foi reestruturado. A apresentação de análise do fluxo de caixa relevante no orçamento de capital foi consolidada em uma seção que inclui uma discussão sobre os efeitos do imposto de renda. Esta seção segue a apresentação dos quatro métodos de orçamento de capital: o valor presente líquido, a taxa de retorno interna, o retorno do investimento e a taxa de retorno da contabilidade de provisões.
9. Exemplos numéricos de empresas em capítulos-chave foram atualizados ou revisados para agilizar a exposição e fornecer melhores explicações.

Material de trabalho

A décima primeira edição mantém a conexão estreita muito aplaudida entre o texto e o material de trabalho formado nas edições anteriores. Também expandimos significativamente o material de trabalho, fornecendo mais estrutura e adicionando mais variedade.

O material de trabalho no final dos capítulos é dividido em quatro grupos: Perguntas, Exercícios, Problemas e Problemas para Aprendizagem em Grupo. As perguntas exigem que os alunos compreendam os conceitos básicos e o significado de termos-chave. Os exercícios são tarefas curtas e estruturadas que testam as questões básicas apresentadas no capítulo. Os problemas são tarefas mais longas e difíceis. Cada capítulo tem um problema relacionado à ética e um exercício ou problema ligado a uma aplicação com Excel. A aplicação com Excel dá instruções passo a passo ao aluno, possibilitando criar uma planilha em Excel com a finalidade de trabalhar o exercício ou o problema.

Outras mudanças pedagógicas

1. Um novo recurso, *Pontos de Decisão,* utiliza um formato de pergunta e resposta para resumir os objetivos de aprendizagem do capítulo. A pergunta é relativa a um objetivo de aprendizagem e colocada em forma de decisão. A resposta para a pergunta é colocada como diretrizes para a decisão.

Ilustrações de empresas reais

Os alunos ficam muito motivados em aprender contabilidade de custos se puderem relacionar a matéria ao mundo real. Passamos muito tempo interagindo com a comunidade de negócios, investigando novas utilizações de informações de contabilidade de custos e adquirindo discernimento sobre como as mudanças na tecnologia estão afetando os papéis da informação de contabilidade de custos. Ilustrações do mundo real são encontradas em muitas partes do livro.

Quadros de 'Conceitos em Ação'. Encontrados em todos os capítulos, esses quadros discutem de que maneira os conceitos de contabilidade de custos são aplicados individualmente por empresas. Exemplos são tirados de muitos países diferentes, incluindo *Estados Unidos* (Amazon.com, Colorscope, Analog Devices, American Airlines e Federal Express), *Brasil* (Volkswagen), *Canadá* (Polysar), *Japão* (Nissan Motor Company), *Suíça* (Novartis) e *Reino Unido* (Cooperative Bank).

Os quadros de 'Conceitos em Ação' cobrem um conjunto diverso de indústrias, incluindo as de transporte aéreo, as automobilísticas, os bancos, as indústrias químicas, as de computadores, as eletrônicas, as de *e*-varejo, as de equipamento da Internet, as de produção, as de publicação e as têxteis.

Quadros de 'Pesquisas de Práticas Empresariais'. Resultados de pesquisas em mais de 15 países são citados nos muitos quadros de 'Pesquisas de Práticas Empresariais' encontrados em todo o livro. Exemplos incluem:

- Propósitos gerenciais para classificar custos — cita mostras da Austrália, Japão e Reino Unido.
- Informações sobre o custeio baseado em atividade — cita mostras dos Estados Unidos, Canadá, Holanda, Irlanda, Nova Zelândia e Reino Unido.
- Custos-padrão — cita mostras dos Estados Unidos, Canadá, Irlanda, Japão, Suécia e Reino Unido.
- Custeio variável — cita mostras dos Estados Unidos, Canadá, Austrália, Japão, Suécia e Reino Unido.

- *Balanced Scorecard* — cita mostras dos Estados Unidos, Canadá, Finlândia, Portugal e Escandinávia.
- Propósitos de apropriação de custos — cita mostras dos Estados Unidos, Austrália, Canadá e Reino Unido.
- Práticas de orçamento de capital — cita mostras dos Estados Unidos, Austrália, Canadá, Irlanda, Japão, Escócia, Coréia do Sul e Reino Unido.
- Práticas de preço de transferência — cita mostras dos Estados Unidos, Austrália, Canadá, Índia, Japão, Nova Zelândia e Reino Unido.
- Medidas do desempenho — cita mostras dos Estados Unidos, Canadá, Austrália, Alemanha, Itália, Japão, Suécia e Reino Unido.

As mostras extensivas de pesquisas permitem que os alunos percebam que muitos dos conceitos aprendidos são amplamente usados em todo o mundo.

Nota: Até a data de publicação deste livro, todos os URLs mencionados no texto estavam funcionando. Devido ao caráter dinâmico da Internet, alguns deles podem mudar ou deixar de existir. Para tentar encontrar os sites e informações mencionados, use a ferramenta de busca como www.google.com ou www.yahoo.com.

AGRADECIMENTOS

Devemos a muitos por suas idéias e ajuda. Nossos agradecimentos iniciais vão para os muitos acadêmicos e profissionais que aprimoraram nosso conhecimento de contabilidade de custos.

O pacote de material de ensino por nós apresentado é o trabalho de muitos habilidosos e valiosos membros da equipe. John K. Harris nos ajudou imensamente em todos os estágios de desenvolvimento e produção deste livro. Ele fez a crítica da décima edição e uma revisão detalhada do manuscrito da décima primeira edição. M. Zafar Iqbal revisou o manuscrito e deu sugestões para melhoria, além de desenvolver material de trabalho excelente para o final dos capítulos. Sheryl Powers contribuiu com muitas idéias valiosas sobre o texto e o manual de soluções. Beverly Amer provou ser um recurso inestimável em pesquisar e escrever os casos dos vídeos. Eric Blazer criativamente desenvolveu os exercícios para a Internet, e Dennis Campbell metodicamente criou as aplicações em Excel. Jeremy Cott e Edie Prescott forneceram ajuda fora de série nas pesquisas sobre questões técnicas e desenvolvimentos atuais. O livro tornou-se significativamente melhor graças aos esforços desses colegas.

Professores que fizeram revisões detalhadas, por escrito, da edição anterior ou comentários sobre os rascunhos desta edição:

Robyn Alcock
Central Queensland University

David S. Baglia
Grove City College

Charles Bailey
University of Central Florida

Dennis Caplan
Columbia University

Donald W. Gribbin
Southern Illinois University

Rosalie Hallbauer
Florida International University

Jean Hawkins
William Jewell College

Jiunn C. Huang
San Francisco State University

Larry N. Killough
Virginia Polytechnic Inst. & State Univ.

Peter D. Woodlock
Youngstown State University

James Williamson
San Diego State University

Sandra Lazzarini
University of Queensland

Gary J. Mann
University of Texas at El Paso

Ronald Marshall
Michigan State University

Marjorie Platt
Northeastern University

Gim S. Seow
University of Connecticut

Rebekah A. Sheely
Northeastern University

Robert J. Shepherd
University of California, Santa Cruz

Vic Stanton
California State Univ. – Hayward

Carolyn Streuly
Marquette University

Sung-Soo Yoon
UCLA at Los Angeles

Os docentes que participaram dos muitos grupos de foco para a décima edição forneceram *feedback* extremamente valioso. Muitos alunos contribuíram para esta e a edição anterior, incluindo Sudhakar Balachandran, Laura Donahue, Susan Kulp, Elizabeth Demers, Philip Joos, Patricia Joseph, Kazbi Kothaval, Mee Sook Lee, Erik Steiner e Kenton Yee. O auxílio de Dennis Campbell em checar o manual de soluções foi muito apreciado. Além disso, recebemos sugestões úteis de muitos usuários, infelizmente numerosos demais para serem mencionados aqui. A décima primeira edição é muito melhor devido ao *feedback* e ao interesse de todas estas pessoas. Somos muito gratos a esse apoio.

Nossa associação com a CAM-I tem sido uma fonte de muito estímulo e prazer. A CAM-I teve um papel fundamental em estender as fronteiras do conhecimento sobre a gestão de custos. Apreciamos nossa grande e contínua interação com Jim Brimson, Callie Berliner, Charles Marx, R. Steven Player, Tom Pryor, Mike Roberts e Pete Zampino.

Agradecemos às pessoas da Prentice Hall pelo trabalho árduo e dedicação, incluindo Thomas Sigel, Mike Elia, Anne Graydon, Beth Toland, Arnold Vila, Linda Albelli, Fran Toepfer e Pat Smythe. Também gostaríamos de agradecer Cindy Regan, Vincent Scelta, Steve Deitmer, P. J. Boardman, Michael Weinstein e Annie Todd pelo seu apoio e encorajamento durante todo o processo, e Donna King na Progressive Publishing Alternatives.

Aza Gevorkian, Ariel Shoresh e Jiranee Tongudai administraram os aspectos de produção de toda a preparação do manuscrito com uma habilidade soberba e muita elegância. Apreciamos imensamente seu bom humor, lealdade e habilidade de se manterem calmos nos momentos mais tensos. O suporte constante de Bianca Baggio, Niesha Bryant, Katie Haskin, Chris Lion, Luz Velasquez, Carla West e Debbie Wheeler também foi muito apreciado.

Nossa apreciação também se estende ao Instituto Americano de Contadores Públicos, ao Instituto de Contadores Gerenciais, à Sociedade de Contadores Gerenciais do Canadá, à Associação de Contadores Gerais do Canadá, ao Instituto de Executivos Financeiros da América e a muitas outras editoras e empresas por sua generosa permissão de citar suas publicações. Problemas dos exames para Uniform CPA são designados (CPA); problemas dos exames canadenses ministrados pela Sociedade de Contadores Gerenciais são designados (SMA); problemas da Associação de Contadores Gerais do Canadá são designados (CGA). Muitos desses problemas foram adaptados para destacar pontos específicos.

Estamos muito gratos aos professores que contribuíram com material de trabalho para esta edição. Seus nomes estão indicados entre parênteses no início dos respectivos exercícios.

Comentários de usuários são bem-vindos.

Charles Horngren
Srikant M. Datar
George Foster

capítulo

1

Alocação de custos, análise da lucratividade do cliente e análise da variação nas vendas

Objetivos de aprendizagem

1. Identificar quatro propósitos para alocar os custos aos objetos de custo
2. Orientar as decisões de alocação de custos usando os critérios apropriados
3. Discutir as decisões a enfrentar ao criar conjuntos de custos indiretos
4. Avaliar por que as receitas de uma empresa diferem entre clientes que compram o mesmo produto
5. Aplicar o conceito da hierarquia de custos ao custeio do cliente
6. Avaliar por que os custos em nível de clientes diferem entre clientes
7. Fornecer informações adicionais sobre a variação no volume de vendas, calculando a variação no *mix* de vendas e na quantidade de vendas
8. Fornecer informações adicionais sobre a variação na quantidade de vendas, calculando a incidente na participação e no tamanho do mercado

Qual a receita necessária para iniciar um negócio? Para Tom First e Tom Scott, foi um suco de pêssego e o desejo de evitar atividades profissionais que exigiam o uso de gravatas: motivos que levaram os fundadores da fabricante norte-americana Nantucket Nectars a protagonizar uma das mais fascinantes histórias de empresa de sucesso na fabricação de saborosas bebidas à base de suco de frutas, apreciadas de costa a costa. Os sucos são produzidos em unidades de engarrafamento por todo os Estados Unidos, em garrafas e latas. Laranja com manga é um dos sabores mais apreciados.

As unidades de engarrafamento podem produzir diferentes sabores de sucos de frutas em um único dia, como limonada pela manhã e melancia com morango à tarde. De que maneira os gerentes da fábrica alocam os custos às operações de engarrafamento? De que forma os gerentes da empresa decidem sobre o preço de venda de uma nova mistura de sucos? A resposta: por meio das abordagens de alocação de custos, que proporcionam uma distribuição razoável para que, ao final, os lucros de cada produto não sejam distorcidos.

A alocação de custo — problema em quase todas as organizações e em contabilidade — fornece informações necessárias para as decisões estratégicas e operacionais. Por exemplo, como os custos de uma universidade devem ser alocados entre programas de graduação, pós-graduação e pesquisa? Como os custos de equipamentos médicos, instalações e equipe médica seriam alocados em um hospital? Como os custos indiretos de fabricação devem ser alocados aos produtos individuais para decidir quais produtos enfatizar em uma empresa diversificada como a Heinz?

As histórias na televisão e nos jornais sobre as práticas questionáveis de precificação envolvem, com freqüência, questões de alocação de custos. Um dos casos narra que foi cobrado de um paciente, em um hospital, $ 17 por um litro de água destilada — $ 3,40 de custos diretos e $ 13,60 de alocação de custos. Grande parte dos $ 13,60 estava relacionada a serviços questionáveis, atribuídos como prestados. As questões sobre alocação de custos inevitavelmente ocorrem em disputas envolvendo valores excessivos em projetos de construção e produções cinematográficas. Um dos exemplos, exaustivamente comentado pela mídia internacional, refere-se ao caso do bem-sucedido filme *Forrest Gump*. Um escritor, cujos *royalties* dependiam do sucesso do filme, questionou os custos alocados para o filme.

Os Capítulos 4 e 5 do volume 1 examinaram tópicos relacionados à alocação dos custos indiretos aos produtos individuais. Como vimos, encontrar respostas para as questões de alocação de custos é difícil, porque raramente são dadas como certas ou erradas, obedecendo critérios de precisão. Mesmo assim, neste e no próximo capítulo, abordaremos a alocação de custos e as questões que podem ocorrer, ainda que as respostas não sejam absolutamente convincentes. Este capítulo enfatiza as grandes questões na alocação de custos: alocação de custos às divisões, às fábricas e aos clientes. Descrevemos a análise da rentabilidade do cliente em que ele, não o produto, é o objeto de custo, e as receitas e custos são atribuídos a cada cliente. Mostraremos, também, como a variação no volume de vendas introduzida no Capítulo 7 do volume 1 pode ser analisada mais a fundo quando há clientes e produtos múltiplos. O Capítulo 2 deste volume descreve aspectos mais específicos — alocar os custos dos departamentos de apoio aos departamentos de operações e alocar os custos comuns aos vários objetos de custo —, assim como as alocações de receitas.

Propósitos da alocação de custos

Custos indiretos de um objeto de custo específico são aqueles relacionados ao objeto de custo, mas que não podem ser a ele atribuídos de maneira economicamente viável. Esses custos em geral compreendem uma grande porcentagem dos custos atribuídos a objetos de custos, como produtos, clientes e canais de distribuição. Por que os gerentes alocam os custos indiretos a esses objetos de custo? O Quadro 1.1 ilustra quatro propósitos da alocação de custos.

A alocação de um custo específico não precisa satisfazer simultaneamente todos os quatro propósitos. Considere o salário de um cientista espacial em um departamento centralizado de pesquisa da Airbus Industries. O custo desse salário:

- Pode ser alocado a um produto como parte dos custos de pesquisa para satisfazer o propósito 1 (uma decisão como a precificação).
- Pode ou não ser alocado a um produto para satisfazer o propósito 2 (motivação, reduzindo os custos futuros de P&D do produto).
- Pode ou não ser alocado a um contrato governamental para satisfazer o propósito 3 (reembolso de custos, no qual os termos do contrato orientarão a decisão de alocação).

Quadro 1.1 Propósitos da alocação de custos.

Propósito	Ilustrações
1. Fornecer informações para as decisões econômicas	Decidir se adiciona ou não um novo vôo aéreo. Decidir se produz um componente de um televisor ou se o compra de um outro fabricante. Decidir o preço de venda de um produto ou serviço personalizado. Avaliar quanto da capacidade disponível está sendo usado para apoiar produtos diferentes.
2. Motivar gerentes e funcionários	Encorajar o projeto de produtos que sejam mais fáceis de produzir ou menos difíceis de consertar. Encorajar os representantes de vendas a venderem os produtos ou serviços com margem alta.
3. Justificar custos ou calcular reembolsos	Custear os produtos a um valor 'justo', freqüentemente exigido em contratos do governo. Calcular os reembolsos para uma empresa de consultoria, baseados numa porcentagem da economia de custo resultante da implementação de suas recomendações.
4. Medir o lucro e os ativos para os relatórios externos	Custear os estoques para os relatórios financeiros. (Sob os princípios contábeis geralmente aceitos, os custos do estoque incluem os de produção ou fabricação, mas excluem os custos de pesquisa e desenvolvimento, marketing, distribuição e atendimento ao cliente.) Custear os estoques para os relatórios das autoridades tributárias.

- Não pode ser alocado ao estoque sob os princípios contábeis geralmente aceitos (GAAP) para satisfazer o propósito 4 (mensuração do lucro e dos ativos para relatórios externos).

Custos diferentes são apropriados para propósitos diferentes. Considere os custos de um produto em termos das funções de negócios na cadeia de valor.

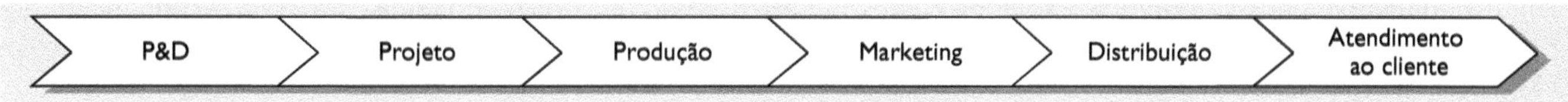

O mesmo conjunto de custos nessas seis funções de negócios não satisfará cada um dos quatro propósitos no Quadro 1.1.

Para algumas decisões relacionadas ao propósito de decisão econômica (por exemplo, a precificação do produto no longo prazo), os custos em todas as seis funções devem ser incluídos.

Para fins de motivação, os custos de mais de uma função dos negócios são freqüentemente incluídos para enfatizar como estão relacionados. Por exemplo, os projetistas, em algumas empresas japonesas, incorporam os custos de outras funções na cadeia de valor — como produção, distribuição e atendimento ao cliente — às suas estimativas de custo do produto. O objetivo é concentrar a atenção em como as diferentes opções de projeto do produto afetam o total de custos.

Para fins de reembolso dos custos, o contrato específico freqüentemente estipulará se todas as seis funções dos negócios, ou apenas um subconjunto delas, serão reembolsadas. Por exemplo, as leis de reembolso de custos para contratos do governo dos Estados Unidos excluem explicitamente os custos de marketing.

Para fins de medida do lucro e dos ativos para relatórios externos, os custos do produto, sob o GAAP, incluem apenas os de fabricação (e, em alguns casos, os custos de projeto do produto). Nos Estados Unidos, os custos de P&D na maioria dos setores são um custo do período em que eles são incorridos,[1] como são os custos de marketing, distribuição e atendimento ao cliente.

Critérios para orientar as decisões de alocação de custos

Papel dos critérios dominantes

O Quadro 1.2 apresenta quatro critérios usados para orientar as decisões de alocação de custos. Essas decisões afetam o número de conjuntos de custos indiretos e a base de alocação de custo para cada conjunto de custo indireto individual. Os gerentes precisam primeiro identificar o propósito para uma alocação de custo específica e depois sele-

1. *Nos Estados Unidos, em alguns setores (como no de* software*), as empresas podem capitalizar os custos de P&D quando certos critérios são satisfeitos (como quando o P&D leva a um produto que se acredita ser comercialmente viável).*

Quadro 1.2 Critérios para as decisões de alocação de custos.

1. **Causa e efeito.** Usando este critério, os gerentes identificam as variáveis que fazem com que os recursos sejam consumidos. Por exemplo, os gerentes podem usar horas de teste como variável ao alocar os custos de uma área de teste de qualidade aos produtos. As alocações de custos baseadas no critério da causa e efeito provavelmente serão as mais críveis para o pessoal de operações.
2. **Benefícios recebidos.** Usando este critério, os gerentes identificam os beneficiários das produções dos objetos de custo. Os custos do objeto de custo são alocados entre os beneficiários na proporção do benefício que cada um deles recebe. Considere uma campanha publicitária que promova a imagem geral da empresa e não apenas um produto individualmente. Os custos desse programa podem ser alocados com base nas receitas das divisões; quanto mais altas forem as receitas, mais altos serão os custos alocados do programa de publicidade. O raciocínio por trás dessa alocação é o de que as divisões com receitas mais altas aparentemente se beneficiam da publicidade mais do que as divisões com receitas mais baixas e, portanto, devem receber mais dos custos de propaganda.
3. **Justiça ou eqüidade.** Este critério é freqüentemente citado nos contratos governamentais quando as alocações de custos são as bases para estabelecer um preço satisfatório para o governo e seus fornecedores. A alocação de custos aqui é vista como um meio *razoável* ou *justo* de estabelecer um preço de venda para as partes contratantes. Para a maioria das decisões de alocação, eqüidade é um objetivo difícil de alcançar, não um critério operacional.
4. **Capacidade de absorver.** Este critério advoga alocar os custos na proporção da capacidade do objeto de custo de carregar os custos alocados para ele. Um exemplo é a alocação dos salários dos executivos corporativos com base no lucro operacional da divisão. A suposição é de que as divisões mais lucrativas têm maior capacidade de absorver os custos da matriz corporativa.

cionar os critérios para alocar os custos. Enfatizamos a superioridade dos critérios de causa e efeito e dos benefícios recebidos, especialmente quando o propósito da alocação de custo é *decisão* ou *motivação*.[2]

Os critérios de eqüidade e de capacidade de absorver são utilizados com menos freqüência do que os critérios de causa e efeito e benefícios recebidos. Eqüidade é um critério difícil de definir. O que uma parte vê como justo, outra pode ver como injusto.[3] Por exemplo, uma universidade pode ver a alocação de uma parte dos custos indiretos para contratos do governo como justa, porque tais custos são incorridos para apoiar todas as atividades da universidade. O governo pode ver a alocação desses custos como injusta, porque eles teriam sido incorridos pela universidade, mesmo que o contrato com o governo tivesse sido ou não assinado. Para entender o critério poder de assumir, considere um produto que consuma uma grande quantia de custos indiretos, mas cujo preço de venda está atualmente abaixo dos seus custos diretos. Esse produto não tem poder de assumir qualquer um dos custos indiretos que consome. Se os custos indiretos que ele consumir forem alocados para outros produtos, estes estarão efetivamente subsidiando o produto que está perdendo dinheiro.

O critério da causa e efeito é o principal critério usado nas aplicações do custeio baseado em atividade (ABC). Os sistemas ABC usam o conceito de hierarquia de custos para identificar os direcionadores de custo que melhor demonstram a relação de causa e efeito entre cada atividade e os custos no conjunto de custos. Os direcionadores de custo são então escolhidos como bases de alocação dos custos.

Abordagem do custo-benefício

As empresas dão muita importância à abordagem do custo-benefício quando estão projetando ou implementando suas alocações de custo. Elas incorrem em custos não apenas na coleta de dados, mas também no tempo usado para educar os gerentes no que diz respeito às alocações de custo. No geral, quanto mais complexas forem as alocações de custos, mais altos eles serão com a educação.

Os custos para projetar e implementar as alocações complexas de custos são absolutamente visíveis. Os benefícios em usar alocações de custos bem projetadas — possibilitando que os gerentes tomem decisões de precificação, de controle dos custos e outras — são difíceis de medir. Ainda assim, ao fazer essas alocações, os gerentes devem considerar os benefícios e os custos.

Estimulado pelas rápidas reduções nos custos de coleta e processamento de informações, as empresas de hoje estão se movimentando em direção às alocações mais detalhadas de custos. Muitas empresas agora desenvolveram sistemas de custeios indiretos de produção ou de distribuição, que utilizam múltiplas bases de alocação de custos (em alguns casos mais do que dez). Além disso, algumas empresas já colocaram a tecnologia da informação da última geração para

2. *O Federal Accounting Standards Advisory Board (que estabelece padrões para a contabilidade gerencial de departamentos e agências governamentais) recomenda: "As atribuições de custos devem ser realizadas por meio de: (a) atribuição direta dos custos quando viável e economicamente praticável, (b) atribuição dos custos com base na relação de causa e efeito e (c) alocação dos custos em uma base razoável e consistente" (FASAB, 1995, p. 12).*

3. *Kaplow e Shavell, por exemplo, em uma revisão da literatura legal, observaram que "noções de eqüidade são muitas e variadas. Elas são analisadas e entendidas diferentemente, por diferentes escritores, e, também, dependem das circunstâncias sob consideração, o que faz com que não seja possível identificar uma opinião de consenso sobre essas noções...". Veja L. Kaplow e S. Shavell, Fairness* versus *Welfare,* Harvard Law Review. *fev. 2001.*

operar suas fábricas ou redes de distribuição. A aplicação dessa tecnologia existente para alocar os custos é mais barata — e mais atraente — do que desenvolver alocações de custos do zero.

Alocação de custos e sistemas de custeio

Nesta seção, focalizamos o primeiro propósito da alocação de custos: fornecer informações para decisões, como precificação, medindo os custos totais de entrega de produtos baseados no sistema ABC.

No Capítulo 5 do volume 1 foi descrito como os sistemas ABC definem os conjuntos de custos e usam os direcionadores de custo das atividades como bases de alocação, com a finalidade de atribuir aos produtos os custos dos conjuntos de custos das atividades. Nesta seção, focalizamos como os custos são atribuídos aos conjuntos de custos das atividades.

Usaremos a Consumer Appliances, Inc. (CAI) para ilustrar de que forma os custos incorridos em diferentes partes de uma empresa podem ser atribuídos e redistribuídos posteriormente para produtos, serviços, clientes ou contratos. A CAI tem duas divisões e cada uma delas tem a sua própria fábrica — a divisão de refrigeradores, com uma fábrica em Minneapolis, e a divisão de secadora de roupas, com uma instalação em St. Paul. A matriz da CAI está instalada separadamente da divisão de refrigeradores em Minneapolis. Em cada divisão, a CAI produz e vende produtos que diferem em tamanho e complexidade.

A CAI coleta custos nos seguintes níveis:

1. *Custos corporativos* — há três categorias principais de custos corporativos:

   Custos da tesouraria — juros de $ 900 mil sobre a dívida usada para financiar a construção de dois novos equipamentos de montagem nas duas divisões. O custo dos novos equipamentos de montagem para a divisão de refrigeradores e a de secadoras de roupas é de $ 5 200 mil e de $ 3 800 mil, respectivamente.

   Custos de administração dos recursos humanos — recrutamento e treinamento contínuo e desenvolvimento dos funcionários, $ 1 600 mil.

   Custos de administração corporativa — salários dos executivos, aluguel e custos gerais, $ 5 400 mil.

2. *Custos da divisão* — há duas categorias de custos diretos (materiais diretos e mão-de-obra direta) e seis de custos indiretos. O Quadro 1.3 apresenta os conjuntos de custos das atividades da divisão e as bases de alocação de custos. A CAI identifica a categoria de hierarquia de custos para cada conjunto de custo — no nível de unidade de produção, de lote, de apoio ao produto e de apoio à empresa (como descrito no Capítulo 5 do volume 1).

O Quadro 1.4 apresenta um diagrama geral da alocação dos custos indiretos corporativos e da divisão aos produtos para o CAI. Veja primeiro a coluna do meio, onde você observa 'Custos Indiretos da Divisão', e dê uma olhada na metade inferior. Ela é similar ao Quadro 5.3, Painel A, volume 1, que ilustra o sistema ABC usando os conjuntos de custos das atividades e os direcionadores de custo. A única adição na parte inferior do Quadro 1.4 é que a CAI tem um conjunto de custo denominado 'Custos da Instalação' (à direita, fileira do meio), que acumula todos os custos anuais de prédios e móveis (como depreciação) incorridos na divisão. As setas no quadro indicam que a CAI aloca esses custos para os outros conjuntos de custo das atividades usando o metro quadrado de área necessária para as atividades diferentes (projeto, preparação, produção, distribuição e administração). Os conjuntos de custos das atividades incluem, então, os do prédio e da planta necessários para realizar as várias atividades.

Os conjuntos de custos das atividades são alocados aos produtos com base nos direcionadores de custos descritos no Quadro 1.3. Esses direcionadores são escolhidos como bases de alocação dos custos, porque há uma relação de causa e efeito entre os direcionadores de custos e os do conjunto de custo das atividades. É calculada uma taxa de custo por unidade para cada base de alocação de custos. Os custos indiretos são alocados aos produtos com base na quantidade total da base de alocação dos custos para cada atividade usada pelo produto.

Em seguida, focalize a parte superior do Quadro 1.4: como os custos corporativos são alocados às divisões e depois aos conjuntos de custo das atividades. Antes de entrar em detalhes sobre as alocações, vamos primeiro considerar algumas escolhas mais amplas que a CAI tem a respeito da alocação dos custos corporativos.

Alocação dos custos corporativos às divisões e aos produtos

A CAI tem várias escolhas para fazer quando acumula e aloca os custos corporativos às divisões.

1. Quais categorias de custo corporativo devem ser incluídas nos custos indiretos das divisões? Deveria a CAI alocar todos os custos corporativos ou apenas um subconjunto deles?
   a. Algumas empresas alocam todos os custos corporativos às divisões, pois acreditam que estes são incorridos para apoiar as atividades da divisão. Alocar todos os custos corporativos motiva os gerentes das divisões a examinar como esses custos são planejados e controlados. Também as empresas que queiram calcular o custo total dos produtos precisam alocar os custos corporativos para os conjuntos de custos das atividades das divisões.

Quadro 1.3 Conjuntos de custos das atividades da divisão e bases de alocação de custos, CAI, Inc., para a Divisão de Refrigeradores (R) e a Divisão de Secadoras de Roupas (SR).

Atividade	Exemplos de custos	Quantia	Categoria na hierarquia de custos	Base de alocação dos custos	Relação de causa e efeito que motiva a escolha da base de alocação
Projeto	Salários dos engenheiros do projeto	(R) $ 6 000 000 (SR) 4 250 000	Apoio ao produto	Peças vezes metros cúbicos	Produtos complexos (mais peças e tamanho maior) requerem recursos maiores de projeto.
Preparação das máquinas	Mão-de-obra de preparação e equipamentos	(R) $ 3 000 000 (SR) 2 400 000	No nível de lote	Horas de preparação	Custos indiretos da atividade de preparação aumentam conforme aumentam as horas de preparação.
Operações de produção	Equipamentos, energia	(R) $25 000 000 (SR) 18 750 000	No nível de unidades de produção	Horas-máquina	Os custos das operações de produção aumentam com o uso das máquinas.
Distribuição	Mão-de-obra de despacho e equipamentos	(R) $ 8 000 000 (SR) 5 500 000	No nível de unidades de produção	Metros cúbicos	Os custos indiretos de distribuição aumentam com os metros cúbicos de produto enviados.
Administração	Salários dos executivos da divisão	(R) $ 1 000 000 (SR) 800 000	Apoio à empresa	Receitas	Relacionamento fraco entre os salários dos executivos da divisão e as receitas, mas justificados pela CAI com base nos benefícios recebidos.
Planta	Custos anuais do prédio e outros	(R) $ 4 500 000 (SR) 3 500 000	Todos	Metros quadrados	Os custos da planta aumentam com o metro quadrado de espaço.

b. Outras empresas não alocam os custos corporativos às divisões. Elas acreditam que tais custos não são controláveis pelos gerentes das divisões.

c. Ainda assim, outras empresas alocam apenas os custos corporativos — como recursos humanos —, reconhecidos de maneira ampla como produtivamente relacionados às atividades da divisão ou que proporcionam benefícios explícitos às divisões. Essas empresas excluem custos corporativos, como doações para instituições de caridade, porque os gerentes das divisões geralmente não têm nada a dizer sobre essas decisões e porque os benefícios para as divisões são menos evidentes ou muito remotos (veja 'Pesquisas de Práticas Empresariais').

Para algumas decisões, a alternativa preferida poderá ser alocar alguns dos custos corporativos às divisões, mas nem todos. Considere a avaliação do desempenho dos gerentes das divisões. A noção de controle é freqüentemente usada para justificar a exclusão de alguns custos corporativos dos relatórios da divisão. Por exemplo, os salários de executivos da matriz são freqüentemente excluídos dos relatórios de contabilidade por responsabilidade dos gerentes das divisões. Embora as divisões tenham a tendência de se beneficiar desses custos corporativos, os gerentes das divisões argumentam que eles não podem dizer nada ('não são responsáveis por') sobre quanto dos recursos corporativos é usado ou quanto eles custam. O argumento contrário é o de que a alocação plena é justificada porque as divisões recebem benefícios de todos os custos corporativos.

2. Se a CAI aloca os custos corporativos às divisões, quantos conjuntos de custos deveria ela usar? Um extremo é agregar todos os custos corporativos em um único conjunto de custos; o outro é ter vários conjuntos de custos corporativos individuais. Uma variedade de fatores pode levar os gerentes a considerar o uso de conjuntos de custos múltiplos. Um fator principal é o conceito do conjunto de custos homogêneos.

Em um **conjunto de custos homogêneos**, todos os custos têm a mesma — ou similar — relação de causa e efeito ou benefícios recebidos com a base de alocação de custos. A homogeneidade é importante porque a criação de conjuntos de custos homogêneos leva a custos mais precisos de dado objeto de custo. Havendo um conjunto de custo homogêneo, as alocações de custos serão as mesmas — usando o conjunto — que seriam caso os custos de cada atividade individual naquele conjunto fossem alocados separadamente. Quanto maior o

Pesquisas de práticas empresariais

Razões para alocar custos corporativos e outros custos de apoio às divisões e departamentos

Por que os gerentes alocam os custos corporativos e outros custos de apoio às divisões e departamentos? Os estudos nos proporcionam ampla variedade de motivos e, como exemplo, citaremos um, realizado por gerentes americanos,[a] relatando o seguinte (classificado pela freqüência): (1) para lembrar aos gerentes dos centros de lucro que os custos indiretos existem e que o lucro dos centros de lucro precisa ser adequado para cobrir parte dos custos corporativos; (2) para encorajar o uso de serviços centrais que, caso contrário, não seriam utilizados e (3) para estimular os gerentes dos centros de lucro a colocar pressão nos outros gerentes para controlar os custos de serviço.

Executivos canadenses[b] citaram os seguintes objetivos: (1) para determinar os custos; (2) avaliar os centros de lucro; (3) definir responsabilidade; (4) alocar os custos por unidade de uso; (5) promover o uso mais eficaz dos recursos e (6) adotar a consciência de custos.

Esses executivos encontraram as seguintes dificuldades na implementação de seus programas de alocação de custos: alocações resultando em prejuízos nos centros de lucro, atritos entre os gerentes, preços de mercado instáveis, alocações vistas como arbitrárias, uso difícil de monitorar, difícil de obter um acordo sobre o método de alocação e processos de alocação que consomem tempo.

Estudos similares foram conduzidos entre gerentes australianos[c] e ingleses[d], convergindo na mesma classificação de motivos para alocar os custos corporativos às divisões (em ordem de importância): (1) para reconhecer que as divisões incorreriam em tais custos se fossem unidades independentes ou se os serviços não fossem fornecidos internamente; (2) para fazer com que gerentes de divisões fiquem cientes de que custos corporativos existem; (3) para estimulá-los a pressionar os gerentes corporativos a controlar custos e (4) para estimular os gerentes de divisões a economizar no uso de serviços corporativos.

a Fremgen e Liao, *The allocation*.
b Atkinson, *Intra-firm cost*.
c Ramadan, *The rationale*.
d Dean, Joye e Blayney, *Strategic management*.

grau de homogeneidade, menor o número de conjuntos de custos necessários para explicar as diferenças em como as divisões ou os produtos usam os recursos da empresa.

Por exemplo, ao alocar os custos corporativos às divisões, a CAI pode combinar os custos de administração corporativa e os custos de administração dos recursos humanos em um único conjunto de custo se ambas as categorias tiverem a mesma relação — ou similar — de causa e efeito com a mesma base de alocação (digamos, número de funcionários em cada divisão). Se, no entanto, cada categoria de custo tiver uma relação de causa e efeito com uma base de alocação de custo diferente (por exemplo, o número de funcionários em cada divisão afeta o custo da administração dos recursos humanos, enquanto as receitas das divisões afetam os custos de administração corporativa), a CAI talvez prefira manter conjuntos de custos separados para cada um desses custos. A determinação dos conjuntos de custos homogêneos requer julgamento e deve ser revista regularmente para avaliar se houve uma mudança na relação de causa e efeito entre a base de alocação de custos e as categorias de custos diferentes em um conjunto de custo.

Outro fator importante na decisão do número de conjuntos de custos é a opinião dos gerentes. Eles acreditam que agregar custos corporativos em um único conjunto de custo ignora diferenças importantes sobre como as divisões utilizam os recursos corporativos. O último fator é o custo para implementar um sistema de conjuntos de custos múltiplos. As melhorias na tecnologia de captação de informações estão realçando a capacidade das empresas e reduzindo o custo do uso de conjuntos de custos múltiplos.

3. Se a CAI alocar todos os custos corporativos às divisões, quais bases de alocação ela deverá usar? *Geralmente, aquelas que têm a melhor relação de causa e efeito com os custos.*

Implementando as alocações dos custos corporativos

Demonstramos a alocação dos custos corporativos às divisões no sistema ABC, da CAI, que opta por alocar todos os custos corporativos às divisões. Ela poderia ter optado por não alocar alguns custos corporativos às divisões e, conseqüentemente, aos produtos. A não alocação de alguns dos custos resultaria na lucratividade total da empresa, sendo menos do que a soma da lucratividade das divisões e dos produtos individuais.

A demanda por recursos corporativos pela divisão de refrigeradores e de secadoras de roupas depende da demanda que os produtos de cada divisão colocam sobre esses recursos. O Quadro 1.4 representa graficamente as alocações.

1. A CAI aloca os custos da tesouraria para cada divisão com base no custo dos novos equipamentos de montagem instalados em cada divisão (o direcionador de custo dos custos da tesouraria). A CAI aloca $ 900 mil de custos da tesouraria da seguinte maneira:

Quadro 1.4 Diagrama geral da alocação dos custos indiretos corporativos e dos custos indiretos das divisões aos produtos, CAI, Inc.

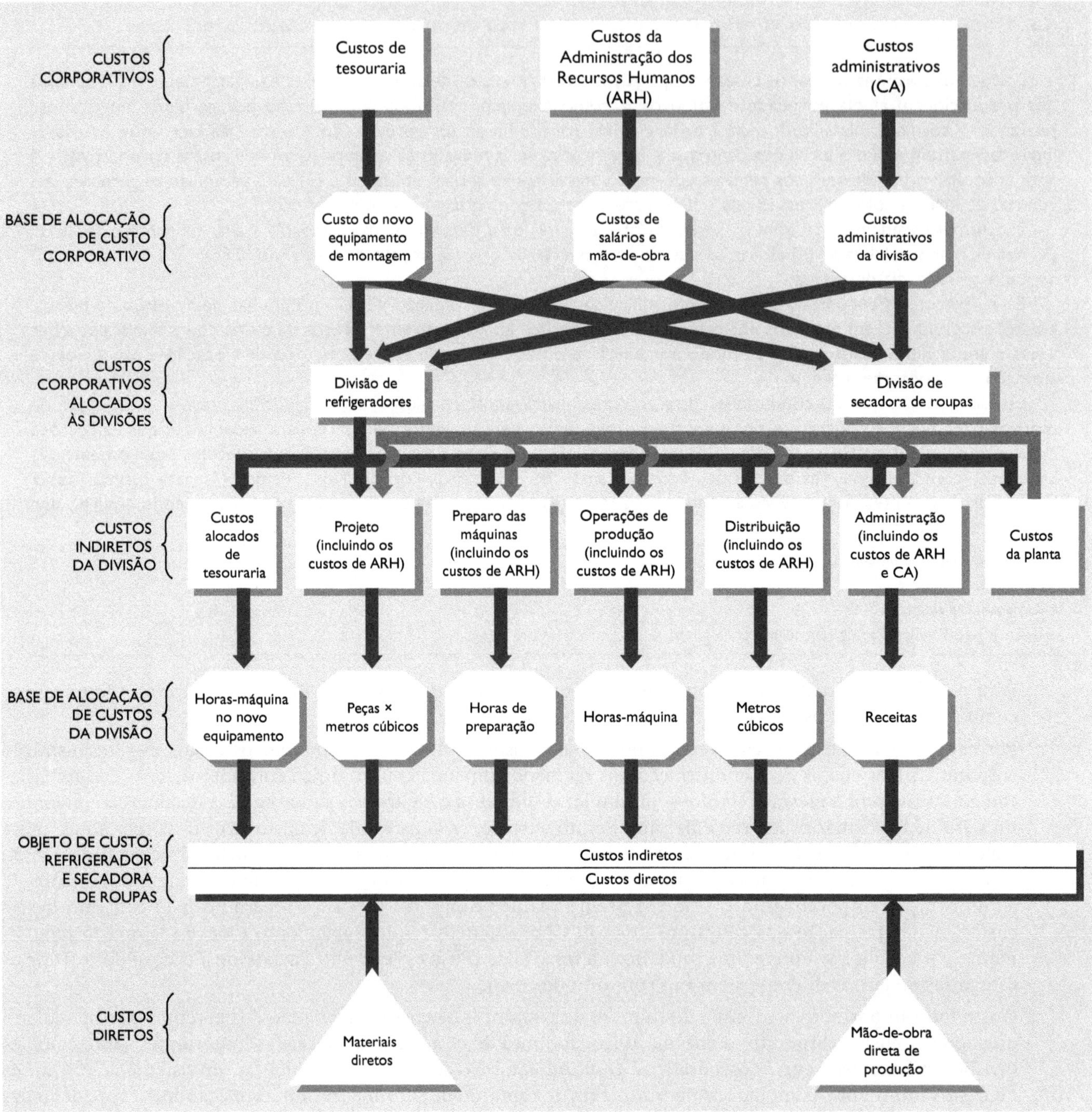

$$\text{Divisão de refrigeradores:} \quad 900\,000 \times \frac{\$\ 5\,200\,000}{\$\ 5\,200\,000 + \$\ 3\,800\,000} = \$\ 520\,000$$

$$\text{Divisão de secadoras de roupas:} \quad \$\ 900\,000 \times \frac{\$\ 3\,800\,000}{\$\ 5\,200\,000 + \$\ 3\,800\,000} = \$\ 380\,000$$

Cada divisão cria, então, um conjunto de custo separado, composto dos custos da tesouraria corporativa alocados, redistribuindo-os aos produtos com base nas horas-máquina usadas nos novos equipamentos. Os custos da tesouraria são um custo em nível de unidade de produção porque eles representam os recursos consumidos nas atividades realizadas para cada unidade individual de produto.

2. A análise da CAI indica que a demanda pelos custos de administração dos recursos humanos (ARH), para recrutamento e treinamento, varia com o total de custos de salários e mão-de-obra. Como resultado, esses custos são alocados às divisões com base no total de custos de salários e mão-de-obra incorridos para cada uma dessas atividades. Suponha que os custos de salários e mão-de-obra sejam de $ 44 milhões na divisão de

refrigeradores e de \$ 36 milhões na divisão de secadoras de roupas. Os custos de ARH são alocados às divisões da seguinte maneira:

$$\text{Divisão de refrigeradores:} \quad \$\ 1\,600\,000 \times \frac{\$\ 44\,000\,000}{\$\ 44\,000\,000 + \$\ 36\,000\,000} = \$\ 880\,000$$

$$\text{Divisão de secadoras de roupas:} \quad \$\ 1\,600\,000 \times \frac{\$\ 36\,000\,000}{\$\ 44\,000\,000 + \$\ 36\,000\,000} = \$\ 720\,000$$

Cada divisão redistribui os custos de ARH alocados a elas para os conjuntos de custos indiretos de projeto, preparação da máquina, operações de produção, distribuição e administração da divisão com base no total de custos de salários e mão-de-obra incorridos para cada uma dessas atividades. Os custos de ARH são adicionados aos conjuntos de custos indiretos em cada divisão e alocados aos produtos usando o direcionador de custo para cada conjunto de custo. Assim sendo, os custos de ARH são de apoio ao produto (para a parte dos custos de ARH alocados ao conjunto de custo de projeto), no nível de lote (para a parte dos custos de ARH alocados ao conjunto de custo de preparação da máquina), no nível de unidade de produção (para a parte dos custos de ARH alocados aos conjuntos de custos e às operações de produção e distribuição) e no nível de apoio à empresa (para a parte dos custos de ARH alocados ao conjunto de custos de administração da divisão).

3. A CAI aloca os custos administrativos corporativos para cada divisão com base nos custos administrativos da divisão (veja Quadro 1.3), porque a principal função da administração corporativa é a de dar apoio à gerência da divisão.

$$\text{Divisão de refrigeradores:} \quad \$\ 5\,400\,000 \times \frac{\$\ 1\,000\,000}{\$\ 1\,000\,000 + \$\ 800\,000} = \$\ 3\,000\,000$$

$$\text{Divisão de secadoras de roupas:} \quad \$\ 5\,400\,000 \times \frac{\$\ 800\,000}{\$\ 1\,000\,000 + \$\ 800\,000} = \$\ 2\,400\,000$$

Cada divisão adiciona os custos administrativos corporativos ao conjunto de custos de administração da divisão. Os custos, neste conjunto de custo, são custos no nível de empresa e não têm relação de causa e efeito com os produtos individuais produzidos e vendidos em cada divisão. No entanto, a política da CAI é alocar todos os custos aos produtos para que os gerentes das divisões fiquem cientes de todos os custos incorridos na CAI, nas suas decisões de precificação etc. Ela aloca os custos administrativos da divisão (incluindo os administrativos corporativos alocados) aos produtos com base nas receitas dos produtos (um critério de benefícios recebidos).

O Quadro 1.4 realça as maneiras diferentes com que a CAI aloca os custos indiretos corporativos às divisões e depois aos produtos. A empresa:

- Estabelece um conjunto de custo das atividades separado no nível da divisão para alocar os custos de tesouraria corporativa aos produtos.
- Aloca os custos de ARH às divisões com base nos custos dos salários e mão-de-obra da divisão e depois redistribui os custos de ARH alocados às divisões para os conjuntos múltiplos de custos das atividades com base no total de custo dos salários e mão-de-obra em cada conjunto de custo. Assim sendo, os conjuntos de custos das atividades de cada divisão incluem uma alocação dos custos de ARH, como mostrado no Quadro 1.4.
- Aloca os custos administrativos corporativos às divisões com base nos custos administrativos da divisão e adiciona esses custos a um conjunto único de custo das atividades (administração da divisão), como mostrado no Quadro 1.4.

Como descrevemos no Capítulo 5 do volume 1, focalizar as atividades e a hierarquia dos custos promove a gestão de custos. O conjunto de atividades e as ações necessárias para administrar os custos são diferentes se o custo for no nível de produção, de lote, de apoio ao produto ou à empresa. Por exemplo, para administrar os custos de preparação — custo no nível de lote —, a CAI precisa focalizar as atividades no nível de lote como meio de reduzir as horas de preparação e respectivo custo por hora.

O Quadro 1.4 também reforça a idéia de que os sistemas de custeio têm objetos de custo múltiplos, como matrizes corporativas, divisões, departamentos e produtos. Um item de custo individual pode, simultaneamente, ser um custo direto de um objeto de custo e um custo indireto de outro objeto de custo. Considere o salário de um gerente da ARH, da CAI. Ele é um custo direto do conjunto de administração dos recursos humanos do escritório corporativo da CAI, alocado como custo indireto para cada uma das suas divisões e redistribuído como custo indireto dos produtos em cada divisão.

As questões discutidas nesta seção sobre divisões e produtos se aplicam quase igualmente aos clientes, como veremos a seguir. *Professores e alunos que, até aqui, queiram explorar mais detalhadamente as questões na alocação de custo do que no cliente podem pular para o Capítulo 2 deste volume.*

Receitas e custos dos clientes

A **análise da lucratividade por cliente** é o relato e a análise das receitas obtidas dos clientes e dos custos incorridos para obtê-las. Uma análise das diferenças dos clientes em receitas e custos proporciona a explicação das diferenças nos lucros operacionais obtidos de diferentes clientes. Com essa informação, os gerentes podem assegurar aos clientes — que fazem grandes contribuições para o lucro operacional de uma empresa — um nível de atenção compatível com a contribuição prestada.

Considere a empresa de distribuição de água engarrafada Fonte Natural, que se vale de dois canais de distribuição: (1) o de distribuição no atacado, que vende para supermercados, farmácias e outras lojas e (2) o de distribuição no varejo, que atende um número pequeno de clientes comerciais. Concentramo-nos principalmente na análise de lucratividade do cliente do canal de distribuição no varejo, cujo preço de venda (tabela) é de $ 14,40 por caixa (24 garrafas). O custo total para a Fonte Natural é de $ 12 por caixa. Se cada caixa fosse vendida ao preço de tabela no varejo, a Fonte Natural obteria uma margem bruta de $ 2,40 por caixa.

Análise da receita do cliente

Considere as receitas de quatro dos dez clientes varejistas da Fonte Natural em junho de 2004:

	CLIENTE			
	A	B	G	J
1. Caixas vendidas	42 000	33 000	2 900	2 500
2. Preço de venda de lista	$ 14,40	$ 14,40	$ 14,40	$ 14,40
3. Desconto	$ 0,96	$ 0,24	$ 1,20	$ 0,00
4. Preço na fatura	$ 13,44	$ 14,16	$ 13,20	$ 14,40
5. Receitas (1 × 4)	$ 564 480	$ 467 280	$ 38 280	$ 36 000

Duas variáveis explicam as diferenças em receitas entre esses quatro clientes: (1) o número de caixas que eles compraram e (2) a magnitude de desconto no preço.

Desconto comercial é a redução nos preços de venda — abaixo dos de venda de tabela — para encorajar aumentos nas quantidades compradas. Empresas que registram em seus sistemas de informações apenas o preço faturado final não conseguem identificar de pronto a magnitude de seus descontos comerciais.[4]

Os descontos sobre o preço são função de fatores múltiplos, incluindo o volume de produto comprado (os clientes que compram volumes maiores recebem descontos equivalentes) e o desejo de vender a um cliente que pode ajudar a promover outras vendas. Os descontos também poderiam ser devido a uma negociação medíocre feita por um vendedor ou o efeito indesejável de um plano de incentivo baseado apenas nas receitas.

Identificar os descontos por cliente e por vendedor ajuda a melhorar a rentabilidade do cliente. Por exemplo, a distribuidora Fonte Natural decide executar sua política de desconto nos preços baseada estritamente no volume. Ela pode, também, exigir que seus vendedores obtenham aprovação para conceder grandes descontos a clientes que normalmente não se qualificam para tais descontos. Além disso, a Fonte Natural poderia rastrear vendas futuras de clientes para os quais os seus vendedores argumentam garantir um desconto de bom tamanho no preço devido ao 'alto potencial de crescimento'. Por exemplo, a Fonte Natural deveria rastrear vendas futuras ao cliente G caso entendesse que o desconto de $ 1,20 por caixa se traduziria em vendas futuras mais significativas. Os vendedores com dificuldade em precisar o crescimento futuro nas vendas dos clientes devem receber treinamento em previsão de vendas.

As receitas dos clientes são um dos elementos da lucratividade do cliente; o outro é o custo dos clientes.

Análise dos custos dos clientes

Aplicamos aos clientes a hierarquia de custos discutida no Capítulo 5 do volume 1 e na seção anterior. A **hierarquia de custos dos clientes** categoriza os custos relacionados aos clientes em conjuntos de custos diversos, com base nos diferentes tipos de direcionadores de custos, ou bases de alocação de custos, e nos diversos graus de dificuldade em determinar as relações de causa e efeito ou de benefícios recebidos. O sistema ABC da Fonte Natural focaliza os clientes em vez dos produtos. Ele tem um custo direto — o custo da água engarrafada — e conjuntos múltiplos de custos indiretos. A Fonte Natural identifica cinco categorias de custos indiretos na sua hierarquia de custos dos clientes:

- *Custos do cliente no nível de unidade de produção* — custos das atividades para vender cada unidade (caixa) para um cliente. Um dos exemplos a ser considerado é dos custos de manuseio dos materiais por unidade (caixa) vendida.

4. *Análise adicional sobre as receitas dos clientes pode distinguir receitas brutas de receitas líquidas, abordagem que realça as diferenças entre os clientes nos retornos das vendas. Discussão adicional de meios para analisar as diferenças em receitas entre os clientes está em R. S. Kaplan e R. Cooper,* Cost and Effect. *Boston, MA: Harvard Business School Press, 1998, cap. 10).*

- *Custos do cliente no nível de lote* — custos das atividades relacionadas a um grupo de unidades (caixas) vendidas a um cliente. Exemplos são os custos incorridos para processar os pedidos ou para fazer as entregas.
- *Custos de apoio ao cliente* — custos das atividades para apoiar clientes individuais, independentemente do número de unidades ou lotes do produto entregues ao cliente. Exemplos são os custos de visitas ou de *displays* instalados nos estabelecimentos dos clientes.
- *Custos dos canais de distribuição* — custos das atividades relacionadas a um canal de distribuição específico e não a cada unidade do produto, lote ou a clientes específicos. Um exemplo é o salário do gerente do canal de distribuição da Fonte Natural no varejo.
- *Custos de apoio à empresa* — custos das atividades que não podem ser rastreadas aos clientes individuais ou aos canais de distribuição. Exemplos são os custos dos executivos e os gerais administrativos.

Observe que, dentre essas descrições, quatro dos cinco níveis da hierarquia de custos da Fonte Natural são paralelos à hierarquia de custos descrita no Capítulo 5 do volume 1, com exceção de que a Fonte Natural focaliza os clientes, e a do Capítulo 5 do volume 1, os produtos. A Fonte Natural tem uma categoria adicional na hierarquia de custos, que é a dos canais de distribuição para os custos que ela incorre como apoio aos canais de distribuição atacadista e varejista.

Custos no nível de clientes

A Fonte Natural está particularmente interessada em analisar os custos indiretos no nível de clientes, incorridos nas três primeiras categorias da hierarquia de custos dos clientes: custos dos clientes no nível de unidade de produção, no nível de lote e de apoio aos clientes. A Fonte Natural acredita poder trabalhar com os clientes no sentido de influenciar esses custos, entendendo que as ações dos clientes terão menos impacto nos custos dos canais de distribuição e nos de apoio à empresa. A tabela seguinte mostra as cinco atividades (além do custo dos produtos vendidos) que a Fonte Natural identifica como resultante dos custos no nível dos clientes. Ela indica os direcionadores de custos e respectivas taxas para cada atividade, assim como a categoria de hierarquia de custos para cada atividade.

Área de atividade	Direcionador de custo e taxa	Categoria da hierarquia de custos
Manuseio do produto	$ 0,50 por caixa vendida	Custos dos clientes no nível de unidade de produção
Tomada de pedidos	$ 100 por pedido de compra	Custos dos clientes no nível de lote
Veículos para entrega	$ 2 por km viajado de entrega	Custos dos clientes no nível de lote
Entregas urgentes	$ 300 por entrega urgente	Custos dos clientes no nível de lote
Visitas aos clientes	$ 80 por visita de venda	Custos de apoio aos clientes

As informações sobre a quantidade de direcionadores de custos usados por cada um dos quatro clientes são:

	CLIENTE			
	A	B	G	J
Número de pedidos de compra	30	25	15	10
Número de entregas	60	30	20	15
Kms viajados para entrega	5	12	20	6
Número de entregas urgentes	1	0	2	0
Número de visitas aos clientes	6	5	4	3

O Quadro 1.5 mostra uma análise da lucratividade do cliente para os quatro clientes varejistas, usando as informações sobre as receitas dos clientes apresentadas anteriormente e os custos no nível de clientes do sistema ABC.

A Fonte Natural pode usar as informações do Quadro 1.5 para rever com os clientes a possibilidade de redução nas atividades de suporte prestadas. Considere a comparação estabelecida entre os cliente G e A. O cliente G compra apenas 7 por cento do total de caixas compradas pelo cliente A (2 900 *versus* 42 mil). Ainda assim, comparado com A, G consome a metade dos pedidos de compra, dois terços das visitas, um terço das entregas e duas vezes mais as entregas urgentes. Ao implementar cobranças para cada um desses serviços, a Fonte Natural poderá induzir o cliente G a fazer menos pedidos, a reduzir a visitação, as entregas e entregas urgentes, projetando, ao mesmo tempo, aumentar as vendas futuras.

O sistema ABC também realça uma segunda oportunidade para a redução de custos: a Fonte Natural pode procurar reduzir os custos de cada atividade melhorando, por exemplo, a eficiência no processo de pedidos (como processar os pedidos eletronicamente), mesmo que o cliente faça o mesmo número de pedidos (veja 'Conceitos em Ação').

O Quadro 1.6 mostra o lucro operacional mensal da Fonte Natural. O lucro operacional no nível de clientes, dos clientes A e B do Quadro 1.5, são mostrados nas Colunas 8 e 9 do Quadro 1.6. O formato do Quadro 1.6 é baseado na hierarquia de custos da Fonte Natural e nem todos os custos incorridos para servir os clientes são nele alocados. Por exemplo, os custos dos canais de distribuição — como o salário do gerente de varejo — não são alocados aos clientes em razão de as mudanças no comportamento não afetarem os custos. Os custos do canal de distribuição serão afetados

Quadro 1.5 Análise da rentabilidade do cliente para quatro clientes do canal varejista da Fonte Natural para junho de 2004.

	CLIENTE			
	A	B	G	J
Receitas no preço de lista				
$ 14,40 × 42 000; 33 000; 2 900; 2 500	$ 604 800	$ 475 200	$ 41 760	$ 36 000
Desconto				
$ 0,96 × 42 000; $ 0,24 × 33 000; $ 1,20 × 2 900; $ 0 × 2 500	40 320	7 920	3 480	0
Receitas (nos preços reais)	564 480	467 280	38 280	36 000
Custo dos produtos vendidos				
$ 12 × 42 000; 33 000; 2 900; 2 500	504 000	396 000	34 800	30 000
Margem bruta	60 480	71 280	3 480	6 000
Custo operacional no nível de clientes				
Manuseio dos produtos $ 0,50 × 42 000; 33 000; 2 900; 2 500	21 000	16 500	1 450	1 250
Tomada de pedidos $ 100 × 30; 25; 15; 10	3 000	2 500	1 500	1 000
Entrega $ 2 × (5 × 60); (12 × 30); (20 × 20); (6 × 15)	600	720	800	180
Entregas urgentes $ 300 × 1; 0; 2; 0	300	0	600	0
Visitas aos clientes $ 80 × 6; 5; 4; 3	480	400	320	240
Total de custos operacionais no nível de clientes	25 380	20 120	4 670	2 670
Lucro operacional no nível de clientes	$ 35 100	$ 51 160	$ (1 190)	$ 3 330

Conceitos em ação

Lucratividade do cliente na PHH e na Federal Express

A PHH aluga veículos para corporações e particulares e oferece uma ampla variedade de serviços afins como administração e manutenção de veículos, e suporte em acidentes. A PHH usa o sistema ABC para precificar os novos negócios e calcular a lucratividade dos clientes.

Os custos para atender a diferentes clientes variam: alguns clientes querem entregas rápidas de veículos, enquanto outros dão à PHH prazos mais longos. Para satisfazer pedidos com tempos de entrega relativamente curtos, a PHH compra de uma concessionária veículos a um custo mais alto, em vez de fazê-lo diretamente da montadora. A demanda quanto a índices de acidentes atendidos e os valores relacionados a reparos e manutenção dos veículos diferem entre os clientes. Parcela deles está satisfeita com os relatórios padronizados da PHH e outra requer relatórios personalizados. Há clientes que alugam pequena variedade de veículos, e outros, grande variedade, custando, estes últimos, mais para ela administrar e manter. A PHH usa a análise de lucratividade do cliente para dele cobrar as diferentes combinações entre veículo/assistência. O objetivo é alcançar uma 'abordagem mais consistente e disciplinada à precificação'.

A Federal Express, a maior empresa de entregas no mundo, também calcula a lucratividade dos clientes. Os custos para servir um cliente variam com 'o serviço pretendido (quão rápido um pacote precisa ser entregue), cidade de destino, peso, tamanho e se a encomenda foi retirada por um mensageiro da Federal Express ou entregue pelo cliente em uma de suas lojas'. A Federal Express usa os mesmos parâmetros para estabelecer preços. O objetivo é alcançar rentabilidade de todos os clientes, oferecendo a eles descontos no volume considerando a freqüência com que usam os serviços de entrega.

Para reduzir os custos dos clientes, a Federal Express potencializou o uso da Internet, desenvolvendo 'uma estratégia abrangente': o seu *site*, na Web, possibilita que os clientes 'desempenhem todas as tarefas sem precisar fazer uso do telefone ou ir a uma de suas lojas', incluindo o preparo das etiquetas de envio, horários para apanhar as encomendas, encontrando os locais para deixar a encomenda e o rastreamento dos pacotes. O *site* na Web também calcula as taxas de despacho, faturas diárias para os clientes e relatórios personalizados. No início do ano 2000, mais de 70 por cento do total de transações da Federal Express eram realizadas eletronicamente, resultando em aproximadamente 20 mil pessoas a menos a serem empregadas.

Fonte: Conversas com a gerência da PHH e com D. Swenson da Universidade de Idaho; Federal Express 2000 10K; E. Turban *et. al.*, *Electronic commerce* (Prentice Hall, 2000); e relatórios de analistas de ações por Schroder (3/3/99), Morgan Stanley (16/4/99) e Salomon Smith Barney (22/6/99).

pelas decisões que o abranjam como um todo, como as de descontinuidade na distribuição no varejo. Outro motivo para não alocar tais custos aos clientes é a motivação. Os vendedores responsáveis por administrar contas de clientes individuais seriam desmotivados caso seus bônus fossem afetados pela alocação aos clientes dos custos do canal de distribuição, sob os quais tiveram uma influência mínima.

Em seguida, considere os custos de apoio à empresa como os destinados ao pagamento dos executivos e aos custos gerais e administrativos. Esses custos são comuns aos clientes individuais e aos canais de distribuição. Entretanto, não são clara ou praticamente alocáveis por não haver relação de causa e efeito ou benefícios recebidos entre qualquer base de alocação de custos e os custos de sustentação da corporação. A alocação dos custos de sustentação da corporação não serve a nenhum propósito útil na tomada de decisões, na avaliação do desempenho ou na motivação. Por exemplo, se a distribuição no varejo fosse descontinuada, os custos de sustentação da corporação não seriam nem um pouco afetados e alocá-los poderia dar a errônea impressão de que a economia em potencial de custos, em descontinuar um canal de distribuição, seria maior do que a quantia provável.

Alguns gerentes e contadores de custos alocam por completo todos os custos aos clientes e aos canais de distribuição para que (1) a soma do lucro operacional de todos os clientes em um canal de distribuição (segmento) seja igual ao lucro operacional do canal de distribuição e (2) a soma do lucro operacional dos canais de distribuição seja igual ao lucro operacional de toda a empresa. Esses gerentes argumentam que clientes e produtos precisam, eventualmente, ser lucrativos com base nos custos totais. No exemplo anterior, a CAI alocou todos os custos corporativos e os no nível de divisão ao segmento de refrigeradores e secadoras de roupas. Para algumas decisões, como a de precificação, a alocação de todos os custos assegura que os preços sejam estabelecidos em um nível capaz de cobrir o custo de todos os recursos usados para produzir e vender os produtos. Mesmo assim, o valor do formato hierárquico, no Quadro 1.6, é que ele distingue entre os vários graus de objetividade na alocação dos custos e se relaciona com os diferentes níveis nos quais as decisões são tomadas e o desempenho é avaliado. A questão de quando e quais custos alocar é outro exemplo do tema 'custos diferentes para propósitos diferentes', enfatizado em toda esta obra.

Perfis da lucratividade dos clientes

Os perfis da lucratividade de clientes são uma ferramenta útil para os gerentes. O Quadro 1.7 classifica os dez clientes varejistas da Fonte Natural no lucro operacional no nível de clientes. (Quatro desses clientes são analisados no Quadro 1.5.)

A Coluna 4, calculada com a soma das quantias individuais da Coluna 1, mostra o lucro acumulado das operações em nível de clientes. Por exemplo, a linha 3 do cliente C tem um lucro acumulado de $ 107 330 na Coluna 4. Estes $ 107 330 são a soma de $ 51 160 para o cliente B, $ 35 mil para o cliente A, e $ 21 070 para o cliente C.

A Coluna 5 mostra qual é a porcentagem de $ 107 330 (total acumulado para os clientes A, B e C) em relação ao total de lucro operacional no nível de clientes ($ 133 920 obtidos no canal de distribuição varejista de todos os 10 clientes). Os três clientes mais lucrativos contribuem com 80 por cento do total de lucro operacional no nível de clientes. A porcentagem alta do lucro operacional, contribuída por um número pequeno de clientes, é uma descoberta comum em muitos estudos. Ela realça quão vital é um pequeno conjunto de clientes para a lucratividade da Fonte Natural no varejo. Esses clientes deveriam receber os melhores serviços e prioridade. Para ilustrar este ponto, a Microsoft usa a frase "nem todo o dinheiro das receitas é contemplado igualmente na lucratividade".

A Coluna 3 mostra a rentabilidade, por dólar, de receita por cliente, medida da rentabilidade do cliente que indica que, embora o cliente A contribua com o segundo lucro operacional mais alto, a rentabilidade por dólar de receita é mais baixa devido a grandes descontos no preço. A Fonte Natural deveria trabalhar para aumentar as margens do cliente A, diminuindo os descontos ou reduzindoos custos no nível de clientes e, ao mesmo tempo, mantendo as

Quadro 1.6 Demonstração de resultados da Fonte Natural para junho de 2004

	CANAIS DE DISTRIBUIÇÃO DOS CLIENTES										
		Clientes atacadistas					Clientes varejistas				
	Total (1) = (2) + (7)	Total (2)	A1 (3)	A2 (4)	• (5)	• (6)	Total (7)	A[a] (8)	B[a] (9)	• (10)	• (11)
Receitas (no preço real)	$ 12 138 120	$ 10 107 720	$ 1 946 000	$ 1 476 000			$ 2 030 400	$ 564 480	$ 467 280		
Custos no nível de clientes	11 633 760	9 737 280	1 868 000	1 416 000			1 896 480	529 380	416 120		
Lucro operacional no nível de clientes	504 360	370 440	$ 78 0000	$ 60 000			133 920	$ 35 100	$ 51 160		
Custos dos canais de distribuição	160 500	102 500					58 000				
Lucro operacional no nível dos canais de distribuição	343 860	$ 267 940					$ 75 920				
Custos de apoio aos clientes	263 000										
Lucro peracional	80 860										

a *Todos os detalhes são apresentados no Quadro 1.5.*

Quadro 1.7 Análise da rentabilidade dos clientes para os clientes do canal varejista: Distribuição Fonte Natural, junho de 2004.

Clientes classificados pelo lucro operacional no nível de clientes

Código do cliente	Lucro operacional no nível de clientes (1)	Receita dos clientes (2)	Lucro operacional acumulado no nível de clientes dividido pela receita (3) = (1) ÷ (2)	Lucro operacional acumulado no nível de clientes (4)	Lucro operacional acumulado no nível de clientes como uma % do total de lucro operacional no nível de clientes (5) = (4) ÷ $ 133 920
B	$ 51 160	$ 467 280	10,9%	$ 51 160	38%
A	35 100	564 480	6,2	86 260	64
C	21 070	255 640	8,2	107 330	80
D	17 580	277 000	6,3	124 910	93
F	7 504	123 500	6,1	132 414	99
J	3 330	36 000	9,3	135 744	101
E	3 176	193 000	1,6	138 920	104
G	–1 190	38 280	– 3,1	137 730	103
H	–1 690	38 220	– 4,4	136 040	102
I	–2 120	37 000	– 5,7	133 920	100
	$ 133 920	$ 2 030 400			

vendas. O cliente J tem uma margem de lucro mais alta, de 9,3 por cento, mas total de vendas mais baixo. O desafio da Fonte Natural com o cliente J é manter as margens e ao mesmo tempo aumentar as vendas.

Os gerentes geralmente acham que o gráfico de barras no Quadro 1.8 é o meio mais intuitivo de visualizar a lucratividade do cliente. Os clientes mais lucrativos visivelmente se sobressaem. Além disso, o número de clientes que causam perdas e a magnitude das perdas são aparentes. Os gerentes da Fonte Natural precisam explorar meios de tornar mais rentáveis os clientes que se encontram na 'categoria de perda'.

Avaliando o valor dos clientes

Os Quadros 1.5 a 1.8 enfatizam a lucratividade dos clientes no curto prazo. Outros fatores que os gerentes devem considerar ao decidir como alocar os recursos entre os clientes inclui:

1. *Probabilidade de retenção do cliente.* Quanto maior a probabilidade de um cliente continuar a ter negócios com a empresa, mais valioso ele será. Os clientes diferem na sua lealdade em razão de terem no preço sua motivação de compra.
2. *Potencial para crescimento do cliente.* Quanto maior a probabilidade de crescimento do setor de atuação do cliente e de suas vendas (devido à, digamos, habilidade em desenvolver novos produtos), mais valioso ele será. Aqueles a quem a empresa pode vender um ou mais dos seus outros produtos são os mais cobiçados.

Quadro 1.8 Gráfico de barras do lucro operacional no nível de clientes para clientes do canal varejista da Fonte Natural, em junho de 2004.

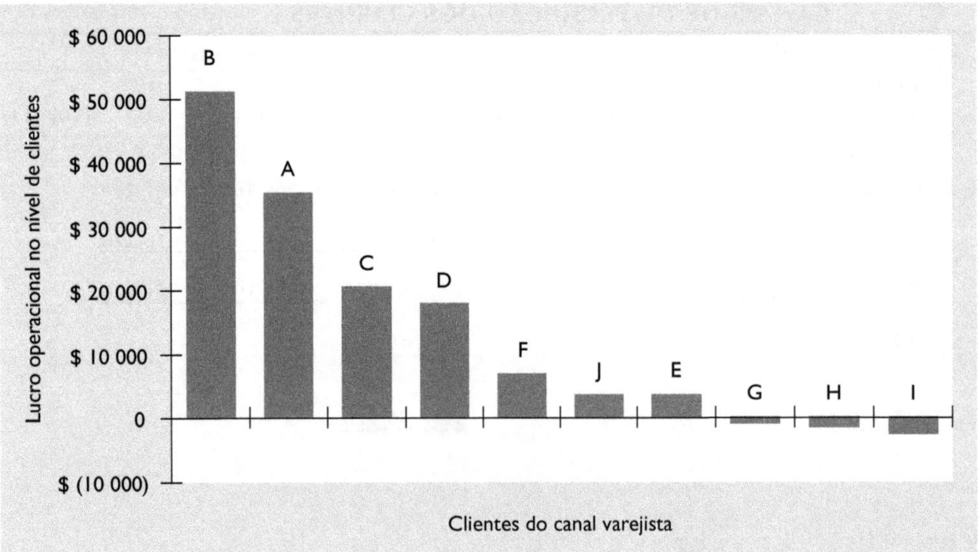

3. *Rentabilidade do cliente no longo prazo.* Este fator será influenciado pelos dois primeiros fatores especificados e pelos recursos necessários para reter as contas do cliente.
4. *Aumentos na demanda em geral por ter clientes bem conhecidos.* Alguns clientes, com reputação bem estabelecida, ajudam a gerar vendas de outros clientes. Alguns são valiosos porque proporcionam endosso aos produtos.
5. *Capacidade de aprender com os clientes.* Clientes que fornecem idéias sobre novos produtos, ou meios de melhorar os produtos existentes, são especialmente valiosos.

Os gerentes devem ser cautelosos ao decidir sobre descontinuar um cliente. A não-lucratividade de um cliente no longo prazo pode enviar sinais errôneos sobre a sua lucratividade no curto prazo. Nem todos os custos atribuídos a um cliente são variáveis no curto prazo. Descontinuar um cliente que atualmente não é lucrativo não eliminará de maneira necessária todos os custos atribuídos a ele no curto prazo.

Variações nas vendas

A análise da lucratividade do cliente na seção anterior focou na lucratividade real de clientes individuais dentro de um canal de distribuição (varejo, por exemplo) e seus impactos na lucratividade da Fonte Natural em junho de 2004. Entretanto, em um nível mais estratégico, a Fonte Natural opera em dois mercados diferentes: atacado e varejo. As margens das operações no mercado de varejo são muito mais altas do que as das operações no mercado de atacado. Em junho de 2004, a Fonte Natural havia orçado a venda de 80 por cento das suas caixas para atacadistas e 20 por cento para varejistas. Na realidade, no total, ela vendeu mais caixas do que havia orçado, mas o seu *mix* real de vendas (em caixas) foi de 84 por cento para os atacadistas e 16 por cento para os varejistas. Independentemente da lucratividade das vendas para os clientes individuais dentro de cada um dos canais, atacado e varejo, o lucro operacional real da Fonte Natural, em relação ao orçamento, muito provavelmente será afetado positivamente pelas vendas de um maior número de caixas, e negativamente pela alteração no *mix* de vendas. Isso porque os clientes varejistas são mais rentáveis do que os clientes atacadistas. As variações na quantidade e no *mix* de vendas identificam o efeito de cada um desses fatores na lucratividade da Fonte Natural.

A Fonte Natural classifica todos os custos no nível de clientes como custos variáveis, e os custos do canal de distribuição e de apoio à empresa como custos fixos. Para simplificar os cálculos de análise nas variações nas vendas, fazemos duas suposições: todos os custos no nível de lote dos clientes variam na proporção das unidades de produção, e todos os custos de apoio aos clientes variam na proporção das unidades de produção. A suposição para os custos no nível de lote dos clientes significa que a sua média de tamanhos permanece a mesma à medida que o total de caixas vendidas aumenta. As suposições implicam que todos os custos variáveis podem ser vistos como tal no que diz respeito às unidades (caixas) vendidas. Se essas suposições não se aplicassem, a análise se tornaria mais complexa e teria de ser feita usando-se a abordagem da análise da variação no ABC, descrita no Capítulo 7 do volume 1. Os conceitos básicos, no entanto, não mudariam.

Os dados operacionais, orçados e reais, para junho de 2004 são:

Orçamento para junho de 2004

	Preço de venda por unidade (1)	Custo variável por unidade (2)	Margem de contribuição por unidade (3) = (1) − (2)	Volume de vendas em unidades (4)	*Mix* de vendas (baseado em unidades) (5)	Margem de contribuição (6) = (3) × (4)
Canal atacadista	$ 13,37	$ 12,88	$ 0,49	712 000	80%[a]	$ 348 880
Canal varejista	14,10	13,12	0,98	178 000	20	174 440
Total				890 000	100%	$ 523 320

a *Por exemplo, a porcentagem das vendas em unidade para o canal atacadista = 712 mil unidades ÷ 890 mil total de unidades = 80%*

Resultados reais para junho de 2004

	Preço de venda por unidade (1)	Custo variável por unidade (2)	Margem de contribuição por unidade (3) = (1) − (2)	Volume de vendas em unidades (4)	*Mix* de vendas (baseado em unidades) (5)	Margem de contribuição (6) = (3) × (4)
Canal atacadista	$ 13,37	$ 12,88	$ 0,49	756 000	84%	$ 370 440
Canal varejista	14,10	13,17	0,93	144 000	16	133 920
Total				900 000	100%	$ 504 360

Os custos orçados e reais fixos do canal de distribuição e os custos de apoio à empresa são de $ 160 500 e $ 263 mil, respectivamente (veja Quadro 1.6).

Os níveis de detalhes introduzidos no Capítulo 7 do volume 1 incluíram a variação no orçamento estático (Nível 1), no orçamento flexível (Nível 2) e no volume de vendas (Nível 2). As variações na quantidade e no *mix* de vendas são variações do Nível 3 que subdividem a variação no volume de vendas.[5]

VARIAÇÃO NO ORÇAMENTO ESTÁTICO

A *variação no orçamento estático* é a diferença entre um resultado real e a quantidade orçada correspondente no orçamento estático. Nossa análise focaliza a diferença entre as margens de contribuição reais e orçadas. O total de variação no orçamento estático é de $ 18 960 D (a margem de contribuição real é de $ 504 360 — margem de contribuição orçada de $ 523 320). O Quadro 1.9 (Colunas 1 e 3) utiliza o formato em coluna introduzido no Capítulo 7 do volume 1 para mostrar cálculos detalhados da variação no orçamento estático. Mais detalhes sobre a variação no orçamento estático podem ser obtidos subdividindo-o em variação no orçamento flexível e variação no volume de vendas.

VARIAÇÃO NO ORÇAMENTO FLEXÍVEL E VARIAÇÃO NO VOLUME DE VENDAS

A *variação no orçamento flexível* é a diferença entre um resultado real e a quantia correspondente no orçamento flexível, baseado no nível real de produção no período do orçamento. A margem de contribuição do orçamento flexível é igual à margem de contribuição orçada por unidade, vezes o volume real de unidades vendidas. O Quadro 1.9, Coluna 2, mostra os cálculos do orçamento flexível. O orçamento flexível mede a margem de contribuição que a Fonte Natural teria orçado para as quantidades reais de caixas vendidas. A variação no orçamento flexível é a diferença entre as Colunas 1 e 2 do Quadro 1.9. A única diferença entre as Colunas 1 e 2 é que as unidades reais vendidas são multiplicadas pela margem de contribuição real por unidade na Coluna 1 e pela margem de contribuição orçada por unidade na Coluna 2. O total de variação desfavorável no orçamento flexível de $ 7 200 ocorre porque a margem de contribuição real sobre as vendas no varejo, de $ 0,93 por caixa, é menor do que a quantia orçada de $ 0,98 por caixa.

A *variação no volume de vendas* é a diferença entre uma quantia do orçamento flexível e no orçamento estático correspondente. No Quadro 1.9, a variação no volume de vendas mostra o efeito sobre a margem de contribuição orçada, a diferença entre a quantidade real e a quantidade orçada de unidades vendidas. A variação no volume de vendas é a diferença entre as Colunas 2 e 3 do Quadro 1.9. A variação no volume de vendas, de $ 11 760 D mais os $ 7 200 de variação no orçamento flexível, é igual à do orçamento estático, de $ 18 960 D. Os gerentes podem obter informações sobre as alterações no volume de vendas separando-a do volume de vendas em uma variação no *mix* de vendas e uma variação na quantidade de vendas.

VARIAÇÃO NO *MIX* DE VENDAS E NA QUANTIDADE DE VENDAS

O Quadro 1.10 utiliza o formato em coluna para calcular a variação no *mix* e a quantidade de vendas. Paute-se nele quando estiver lendo a respeito dessas duas variâncias, na continuidade.

Quadro 1.9 Análise da variação no orçamento flexível e no volume de vendas da Fonte Natural, para junho de 2004.

	Resultados reais: unidades reais de todos os produtos vendidos × *mix* real de vendas × margem de contribuição real por unidade (1)	**Orçamento flexível: unidades reais de todos os produtos vendidos × *mix* real de vendas × margem de contribuição orçada por unidade (2)**	**Orçamento estático: unidades orçadas de todos os produtos vendidos × *mix* orçado de vendas × margem de contribuição orçada por unidade (3)**
Atacado	900 000 × 0,84 × $ 0,49 = $ 370 440	900 000 × 0,84 × $ 0,49 = $ 370 440	890 000 × 0,80 × $ 0,49 = $ 348 880
Varejo	900 000 × 0,16 × $ 0,93 = 133 920	900 000 × 0,16 × $ 0,98 = 141 120	890 000 × 0,20 × $ 0,98 = 174 440
	$ 504 360	$ 511 560	$ 523 320

$ 7 200 D — Variação no orçamento flexível

$ 11 760 D — Variação no volume de vendas

$ 18 960 D — Variação no orçamento estático

F = efeito favorável no lucro operacional; D = efeito desfavorável no lucro operacional.

5. *A apresentação das variações deste capítulo e no anexo é tirada das anotações de aulas de J. K. Harris.*

Quadro 1.10 Análise da variação no *mix* de vendas e na quantidade de vendas da Fonte Natural para junho de 2004.

	Orçamento flexível: unidades reais de todos os produtos vendidos × *mix* real de vendas × margem de contribuição orçada por unidade (1)	Unidades reais de todos os produtos vendidos × *mix* orçado de vendas × margem de contribuição orçada por unidade (2)	Orçamento estático: unidades orçadas de todos os produtos vendidos × *mix* orçado de vendas × margem de contribuição orçada por unidade (3)
Atacado	900 000 × 0,84 × $ 0,49 = $ 370 440	900 000 × 0,80 × $ 0,49 = $ 352 800	890 000 × 0,80 × $ 0,49 = $ 348 880
Varejo	900 000 × 0,16 × $ 0,98 = 141 120	900 000 × 0,20 × $ 0,98 = 176 400	890 000 × 0,20 × $ 0,98 = 174 440
	$ 511 560	$ 529 200	$ 523 320

$ 17 640 D — Variação no *mix* de vendas (entre (1) e (2))

$ 5 880 F — Variação na quantidade de vendas (entre (2) e (3))

$ 11 760 D — Variação no volume de vendas (entre (1) e (3))

F = efeito favorável no lucro operacional; D = efeito desfavorável no lucro operacional

Variação no *mix* de vendas

A **variação no *mix* de vendas** é a diferença entre (1) a margem de contribuição orçada para o *mix real de vendas* e (2) a margem de contribuição orçada para o *mix orçado de vendas*. A fórmula e cálculos são:

	Unidades reais de todos os produtos	×	(Porcentagem real do *mix* de vendas	−	Porcentagem orçada do *mix* de vendas)	×	Margem de contribuição orçada por unidade	=	Variação no *mix* de vendas
Atacado	900 000 unidades	×	(0,84	−	0,80)	×	$ 0,49 por unidade	=	$ 17 640 F
Varejo	900 000 unidades	×	(0,16	−	0,20)	×	$ 0,98 por unidade	=	35 280 D
Variação no *mix* de vendas									$ 17 640 D

Ocorreu uma variação favorável no *mix* de vendas para o canal atacadista porque a porcentagem real do *mix* de vendas, de 84 por cento, excedeu a porcentagem orçada de 80 por cento. Em contrapartida, o canal varejista tem uma variação desfavorável porque a porcentagem real do *mix* de vendas, de 16 por cento, foi menor do que a de 20 por cento. A variação no *mix* de vendas é desfavorável porque o *mix* real de vendas se movimentou em direção ao canal atacadista menos lucrativo em relação ao *mix* orçado de vendas.

O conceito básico da variação no *mix* de vendas é explicado melhor em termos da margem de contribuição orçada por unidade composta do *mix* de vendas. Uma **unidade composta** é uma unidade hipotética, com pesos baseados no *mix* de unidades individuais. Para o *mix* real, a unidade composta consiste de 0,84 unidades de vendas para o canal atacadista e 0,16 unidades de vendas para o canal varejista. Para o *mix* orçado, a unidade composta consiste de 0,80 unidades de vendas para o canal atacadista e 0,20 unidades de vendas para o canal varejista. Na tabela seguinte, a margem de contribuição por unidade composta é calculada na Coluna 3 para o *mix* real e, na Coluna 5, para o *mix* orçado:

	Margem de contribuição orçada por unidade (1)	Porcentagem do *mix* real de vendas (2)	Margem de contribuição orçada por unidade composta para o *mix* real (3) = (1) × (2)	Porcentagem de *mix* orçado de vendas (4)	Margem de contribuição orçada por unidade composta para o *mix* orçado (5) = (1) × (4)
Atacadista	$ 0,49	0,84	$ 0,4116	0,80	$ 0,3920
Varejista	0,98	0,16	0,1568	0,20	0,1960
			0,5684		$ 0,5880

O *mix* de vendas real tem uma margem orçada de contribuição por unidade composta de $ 0,5684. O *mix* de vendas orçado tem uma margem de contribuição por unidade composta de $ 0,5880 (que pode ser calculada de outra maneira, dividindo o total da margem de contribuição orçada, de $ 523 320, pelo total de unidades orçadas de 890 mil: $ 523 320 ÷ 890 mil unidades = $ 0,5880 por unidade). O efeito da mudança no *mix* de vendas para a Fonte Natural é diminuir a margem de contribuição orçada por unidade composta em $ 0,0196 ($ 0,5880 – $ 0,5684). Para as 900 mil unidades realmente vendidas, essa queda se traduz em uma variação desfavorável no *mix* de vendas, de $ 17 640 ($ 0,196 por unidade × 900 mil unidades).

Os gerentes devem investigar porque teria ocorrido a variação desfavorável no *mix* de vendas, de $ 17 640, em junho de 2004. A mudança no *mix* de vendas ocorreu porque, como mostrou a análise da seção anterior, foi mais difícil encontrar clientes no varejo? Por que um concorrente no segmento varejista proporcionou um serviço melhor a preço mais baixo? Por que as estimativas iniciais no volume de vendas foram feitas sem uma análise adequada do mercado potencial?

Variação na quantidade de vendas

A **variação na quantidade de vendas** é a diferença entre (1) a margem de contribuição orçada baseada nas *unidades reais vendidas de todos os produtos* no *mix* orçado e (2) a margem de contribuição no orçamento estático (baseado nas *unidades orçadas de todos os produtos a serem vendidos* no *mix* orçado). A fórmula e cálculos são:

	(Unidades reais de todos os produtos		Unidades orçadas de todos os produtos vendidos)		Porcentagem do *mix* de vendas orçado		Margem de contribuição orçada por unidade		Variação na quantidade de vendas
Atacado	(900 000 unidades	–	890 000 unidades)	×	0,80	×	$ 0,49 por unidade	=	$ 3 920 F
Varejo	(900 000 unidades	–	890 000 unidades)	×	0,20	×	$ 0,98 por unidade	=	1 960 F
Variação no *mix* de vendas									$ 5 880 F

A variação é favorável quando as *unidades reais* de todos os produtos vendidos excedem as *unidades orçadas*. A Fonte Natural vendeu dez mil caixas a mais do que havia orçado, resultando em uma variação favorável na quantidade de vendas de $ 5 880 (também igual à margem de contribuição orçada por unidade composta para o *mix* orçado, $ 0,5880 × 10 mil). Os gerentes irão querer investigar o motivo do aumento nas vendas. As vendas mais altas teriam ocorrido como resultado dos problemas de distribuição de um concorrente? Melhor atendimento ao cliente? Ou crescimento no mercado em geral? Informações adicionais sobre as causas da variação na quantidade de vendas podem ser obtidas analisando-se as mudanças na participação total de mercado da empresa e no tamanho total do mercado.

Variações na participação no mercado e no tamanho do mercado

As vendas em geral e a participação da Fonte Natural no mercado dependem da demanda por água engarrafada. Suponha que a Fonte Natural derive o total orçado de unidades de vendas, para junho de 2004, da estimativa da gerência de uma participação no mercado de 25 por cento e tamanho de mercado orçado de 3 560 mil unidades (0,25 × 3 560 mil unidades = 890 mil unidades). Para junho de 2004, o tamanho real do mercado foi de quatro milhões de unidades, e a participação real de 22,5 por cento (900 mil unidades ÷ 4 milhões unidades = 0,225 ou 22,5%). O Quadro 1.11 mostra o formato em coluna das variações na participação e no tamanho do mercado para a Fonte Natural.

Variação na participação no mercado

A **variação na participação no mercado** é a diferença na margem de contribuição orçada para o tamanho real do mercado em unidades, causada somente pelo fato de a *participação no mercado real* ser diferente da *participação no mercado orçada*. A fórmula para calcular a variação na participação no mercado é:

Variação na participação no mercado		Tamanho do mercado real em unidades		(Participação no mercado real		Participação no mercado orçada)		Margem de contribuição orçada por unidade composta para o *mix* orçado
	=	4 000 000 unidades	×	(0,225	–	0,25)	×	$ 0,5880 por unidade
	=	$ 58 800 D						

A margem de contribuição orçada por unidade composta para o *mix* orçado é calculada usando a abordagem apresentada anteriormente neste capítulo.

A Fonte Natural perdeu 2,5 pontos percentuais na participação no mercado — da participação orçada de 25 por cento para a participação real de 22,5 por cento. A variação desfavorável de $ 58 800 é o efeito do declínio na margem de contribuição.

Quadro 1.11 Análise da variação na participação no mercado e no tamanho do mercado da Fonte Natural, para junho de 2004.

Tamanho do mercado real × participação no mercado real × margem de contribuição média orçada por unidade	Tamanho do mercado real × participação no mercado orçada × margem de contribuição média orçada por unidade	Orçamento estático: tamanho de mercado orçado × participação no mercado orçada × margem de contribuição média orçada por unidade
4 000 000 × 0,225[a] × $ 0,5880[b]	4 000 000 × 0,25[c] × $ 0,5880[b]	3 560 000 × 0,25[c] × $ 0,5880[b]
$ 529 200	$ 588 000	$ 523 320

$ 58 800 D — Variação na participação no mercado

$ 64 680 F — Variação no tamanho do mercado

$ 5 880 F — Variação na quantidade de vendas

F = efeito favorável no lucro operacional; D = efeito desfavorável no lucro operacional.

a *Participação no mercado real: 900 mil unidades ÷ 4 milhões de unidades = 0,225 ou 22,5%.*
b *Margem de contribuição média orçada por unidade: $ 523 320 ÷ 890 mil unidades = $ 0,5880 por unidade.*
c *Participação no mercado orçada: 890 mil unidades ÷ 3 560 mil unidades = 0,25 ou 25%.*

Variação no tamanho do mercado

Uma **variação no tamanho do mercado** é a diferença na margem de contribuição orçada com a participação no mercado orçada, causada somente pelo fato de o *tamanho do mercado real* ser diferente do *tamanho do mercado orçado em unidades.* A fórmula para calcular a variação no tamanho do mercado é:

$$\begin{array}{c}\text{Variação}\\\text{no tamanho}\\\text{do mercado}\end{array} = \left(\begin{array}{c}\text{Tamanho do}\\\text{mercado real}\\\text{em unidades}\end{array} - \begin{array}{c}\text{Tamanho do}\\\text{mercado orçado}\\\text{em unidades}\end{array}\right) \times \begin{array}{c}\text{Participação}\\\text{no mercado}\\\text{orçada}\end{array} \times \begin{array}{c}\text{Margem de contribuição}\\\text{orçada por unidade composta}\\\text{para o } mix \text{ orçado}\end{array}$$

$$= (4\ 000\ 000 \text{ unidades} - 3\ 560\ 000 \text{ unidades}) \times 0{,}25 \times \$\ 0{,}5880 \text{ por unidade}$$

$$= \$\ 64\ 680\ \text{F}$$

A variação no tamanho do mercado é favorável porque o tamanho do mercado real aumentou em 12,4 por cento [(4 000 000 – 3 560 000) ÷ 3 560 000 = 0,124 ou 12,4%] comparado ao do mercado orçado.

Os gerentes devem investigar os motivos das variações na participação e no tamanho do mercado em junho de 2004. A variação desfavorável na participação no mercado, de $ 58 800, teria ocorrido porque os concorrentes ofereceram melhor serviço e preço inferior? Estarão os produtos da Fonte Natural passando por problemas de controle da qualidade, assunto de cobertura negativa pela imprensa? A variância favorável no tamanho do mercado, de $64 680, teria sido devido ao aumento no tamanho do mercado, que, possivelmente, se manterá no futuro? Se sim, a Fonte Natural tem muito a ganhar igualando ou ampliando sua participação orçada de 25 por cento do mercado. Algumas empresas enfatizam mais a variação na participação do que a variação no tamanho do mercado ao avaliar seus gerentes. Isso porque elas acreditam que a variação no tamanho do mercado é influenciada por fatores em toda a economia e pelas mudanças nas preferências dos clientes, que escapam ao controle do gerente, ao passo que a variação na participação no mercado mede quão bem os gerentes desempenham seus papéis em relação aos seus companheiros.

Tenha cuidado ao calcular a variação no tamanho do mercado e na participação no mercado. Informações confiáveis a respeito estão disponíveis para alguns setores, mas não em todos. Os setores automotivo, de computadores e televisivo são casos em que as estatísticas sobre o tamanho do mercado e a participação no mercado são amplamente ofertadas. Em outros setores, como consultoria em gestão e planejamento financeiro pessoal, as informações são bem menos confiáveis e não são regularmente publicadas.

O Quadro 1.12 apresenta uma visão geral das variações do Nível 1 ao Nível 4. O anexo deste capítulo descreve variações no *mix* e na quantidade para os insumos de produção.

O exemplo da Fonte Natural examinou a variação no *mix* de vendas e na quantidade de vendas, do ponto de vista das vendas realizadas em canais de distribuição diferentes, atacado e varejo. Uma análise similar poderia ser feita para analisar o impacto no lucro operacional das vendas feitas pela Internet. Muitas empresas (por exemplo, Cisco, Dell, GE e Intel) estão usando a Internet para fazer vendas com economias significativas de custos e margens de lucros mais elevadas, mudando o *mix* de vendas.

Quadro 1.12 Visão geral para a Fonte Natural, para junho de 2004.

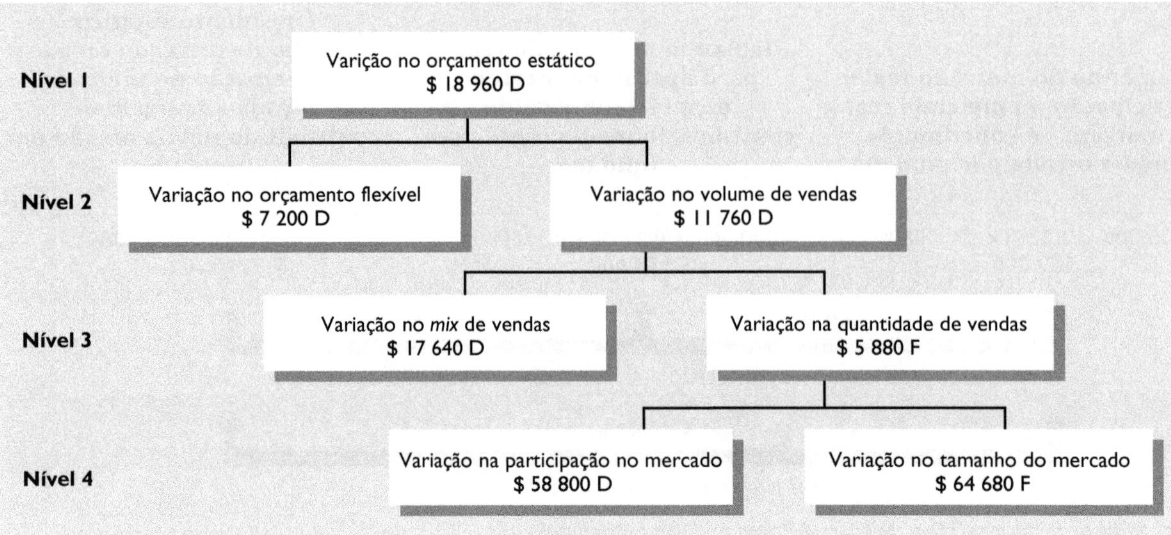

F = Efeito favorável sobre o lucro operacional; D = efeito desfavorável sobre o lucro operacional

É claro que as variações no *mix* e na quantidade de vendas, na participação e no tamanho do mercado podem também ser calculadas em uma empresa com produtos múltiplos, na qual cada produto individual tem uma margem de contribuição por unidade. Em 'Problema para Auto-Estudo' você verá o cálculo das variações nas vendas nos Níveis 3 e 4 em um cenário de produtos múltiplos.

Problema para auto-estudo

A Cia. Paine fabrica dois tipos de piso de vinil. Os dados orçados e reais das operações para 2003 são:

	ORÇAMENTO ESTÁTICO			RESULTADOS REAIS		
	Comercial	**Residencial**	**Total**	**Comercial**	**Residencial**	**Total**
Vendas por unidades em rolos	20 000	60 000	80 000	25 200	58 800	84 000
Margem de contribuição	$ 10 000 000	$ 24 000 000	$ 34 000 000	$ 11 970 000	$ 24 696 000	$ 36 666 000

No final de 2002, uma empresa de pesquisa de marketing estimou o volume do setor de pisos de vinil comerciais e residenciais, em 2003, em 800 mil rolos. O volume real industrial do setor, para 2003, foi de 700 mil rolos.

Para fazer

1. Calcule a variação no *mix* e na quantidade de vendas por tipo de piso de vinil e no total.
2. Calcule a variação na participação no mercado e a no tamanho do mercado.
3. Quais informações as variações calculadas nas Questões 1 e 2 fornecem sobre o desempenho da Companhia Paine em 2003?

Solução

1. Porcentagem no *mix* de vendas real:

Comercial	=	25 200	÷	84 000	=	0,30 ou 30%
Residencial	=	58 800	÷	84 000	=	0,70 ou 70%

Porcentagem do *mix* de vendas orçado:

Comercial	=	20 000	÷	80 000	=	0,25 ou 25%
Residencial	=	60 000	÷	80 000	=	0,75 ou 75%

Margem de contribuição orçada por unidade:

Comercial	=	$ 10 000 000	÷	20 000 unidades	=	$ 500 por unidade
Residencial	=	$ 24 000 000	÷	60 000 unidades	=	$ 400 por unidade

	Unidades reais de todos os produtos vendidos	×	(Porcentagem do *mix* de vendas real	–	Porcentagem do *mix* de vendas orçado)	×	Margem de contribuição orçada por unidade	=	Variação no *mix* de vendas
Comercial	84 000 unidades	×	(0,30	–	0,25)	×	$ 500 por unidade	=	$2 100 000 F
Residencial	84 000 unidades	×	(0,70	–	0,75)	×	$ 400 por unidade	=	1 680 000 D
Variação no *mix* de vendas									$ 420 000 F

	(Unidades reais de todos os produtos vendidos	–	Unidades orçadas de todos os produtos vendidos)	×	Porcentagem do *mix* de vendas orçado	×	Margem de contribuição orçada por unidade	=	Variação na quantidade de vendas
Comercial	(84 000 unidades	–	80 000 unidades)	×	0,25	×	$ 500 por unidade	=	$ 500 000 F
Residencial	(84 000 unidades	–	80 000 unidades)	×	0,75	×	$ 400 por unidade	=	1 200 000 F
Variação na quantidade de vendas									$1 700 000 F

2. | | | | |
|---|---|---|---|
| Participação no mercado real | = 84 000 ÷ 700 000 | = | 0,12 ou 12% |
| Participação no mercado orçada | = 80 000 ÷ 800 000 | = | 0,10 ou 10% |
| Margem de contribuição orçada por unidade composta do *mix* orçado | = $ 34 000 000 ÷ 80 000 unidades | = | $ 425 por unidade |

A margem de contribuição orçada por unidade composta do *mix* orçado também pode ser calculada como:

Comercial	$ 500 por unidade × 0,25	=	$ 125 por unidade
Residencial	$ 400 por unidade × 0,75	=	300 por unidade
			$ 425 por unidade

Variação na participação no mercado	=	Tamanho do mercado real em unidades	×	(Participação no mercado real	–	Participação no mercado orçado)	×	Margem de contribuição orçada por unidade composta para o *mix* orçado
	=	700 000 unidades	×	(0,12	–	0,10)	×	$ 425 por unidade
	=	$ 5 950 000 F						

Variação na participação no mercado	=	(Tamanho do mercado real em unidades	–	Tamanho do mercado orçado em unidades)	×	Participação no mercado orçado	×	Margem de contribuição orçada por unidade composta para o *mix* orçado
	=	(700 000 unidades	–	800 000 unidades)	×	0,10	×	$ 425 por unidade
	=	$ 4 250 000 D						

Observe que a soma algébrica da variação na participação no mercado e da variação no tamanho do mercado é igual à variação na quantidade de vendas: $ 5 950 000 F + $ 4 250 000 D = $ 1 700 000 F.

3. Ambas as variações no *mix* de vendas e na quantidade de vendas são favoráveis. A variação favorável no *mix* de vendas ocorre porque o *mix* real abrange mais do piso de vinil comercial de margem mais alta. A variação na quantidade de vendas ocorre porque a quantidade real de rolos vendidos excede a quantidade orçada.

A maior variação favorável da empresa na participação no mercado ocorreu devido à participação no mercado real, de 12 por cento, comparativamente à orçada, de 10 por cento. A variação no tamanho do mercado é desfavorável porque o total de rolos realmente vendidos foi de cem mil a menos do que o orçado. O desempenho da Paine em 2003 parece ser muito bom. Embora o tamanho do mercado em geral tenha declinado, a empresa vendeu mais unidades do que o orçado por meio da obtenção de participação no mercado.

Pontos de decisão

Resumo

O seguinte formato de perguntas e respostas resume os objetivos de aprendizagem do capítulo. Cada decisão representa uma pergunta-chave relacionada a um objetivo de aprendizagem. As diretrizes são a resposta à pergunta.

Decisão	Diretrizes
1. Quais são os quatro propósitos para alocar os custos aos objetos de custo?	Os quatro propósitos da alocação de custos são (a) fornecer informações para decisões, (b) motivar gerentes e funcionários, (c) justificar custos ou calcular reembolsos e (d) medir o lucro e os ativos para os relatórios externos. Alocações de custo diferentes podem ser adequadas para propósitos diferentes.
2. Quais critérios os gerentes deveriam usar para orientar as decisões de alocação dos custos?	Os gerentes usam os critérios de causa e efeito e benefícios recebidos para orientar a maioria das decisões de alocação de custos. Outros critérios são justiça, eqüidade e capacidade de absorver.
3. Quais são as duas decisões-chave que os gerentes precisam tomar ao coletar custos nos conjuntos de custos indiretos?	Duas decisões-chave relacionadas aos conjuntos de custos indiretos são o número de conjuntos de custos indiretos a formar e os itens de custos individuais a serem incluídos em cada conjunto de custo para fazer conjuntos de custos homogêneos.
4. Por que as receitas podem diferir entre os clientes que compram o mesmo produto?	As receitas podem diferir devido a diferenças nas quantidades compradas e nos descontos dados sobre o preço de lista.
5. Qual a vantagem de se usar uma hierarquia de custo do cliente?	A hierarquia de custo dos clientes realça como alguns custos podem ser atribuídos aos clientes individuais, ao passo que alguns outros custos podem ser atribuídos apenas aos canais de distribuição ou às atividades de toda a empresa.
6. Por que os custos no nível dos clientes diferem entre os clientes?	Clientes diferentes imprimem demandas diferentes sobre os recursos de uma empresa em termos de processamento de pedidos de compra, das entregas e de suporte. As empresas deveriam estar cientes de, e dedicarem recursos suficientes para, a manutenção e expansão dos relacionamentos com os clientes que contribuam de maneira significativa para a lucratividade. Os relatórios de lucratividade dos clientes freqüentemente realçam que uma pequena porcentagem deles contribui com uma grande porcentagem do lucro operacional.
7. Quais são as duas explicações para a variação no volume de vendas?	As duas explicações são (a) mudança no *mix* de vendas real em relação ao *mix* de vendas orçado (variação no *mix* de vendas) e (b) mudança na quantidade real de vendas em relação às unidades orçadas (variação na quantidade de vendas).
8. Quais são as duas explicações para a variação na quantidade de vendas?	As duas explicações são (a) mudança na participação real no mercado comparada com a participação orçada (variação na participação no mercado) e (b) mudança no tamanho do mercado real em unidades comparado com o tamanho do mercado orçado em unidades (variação no tamanho do mercado).

Anexo: Variação no *mix* e no rendimento para insumos substituíveis

A estrutura para calcular a variação no *mix* de vendas e na quantidade de vendas também pode ser aplicada à análise das variações nos insumos de produção, nas quais os gerentes têm uma margem de segurança para combinar e substituir os insumos. Por exemplo, a Del Monte pode combinar os insumos de materiais (como abacaxis, cerejas e uvas) em proporções variadas para as suas latas de salada de frutas. Dentro de limites, essas frutas individuais são *insumos substituíveis* ao produzir a salada de frutas.

Anexo: Variação no *mix* e no rendimento para insumos substituíveis Continuação

Ilustramos como a variação na eficiência, discutida no Capítulo 7 do volume 1, pode ser subdividida em variações que realçam as implicações financeiras do *mix* de insumos e do *mix* de rendimentos, quando os insumos são substituíveis. Considere a Delpino Corporation, que fabrica ketchup. Nosso exemplo focaliza os insumos de materiais diretos e a substituição entre três desses insumos de materiais diretos. A mesma abordagem também pode ser usada para examinar os insumos substituíveis de mão-de-obra direta.

Para produzir ketchup com consistência, cor e sabor específicos, a Delpino mistura três tipos de tomates, plantados em três regiões diferentes: tomates da América Latina (Latoms), tomates da Califórnia (Caltoms) e tomates da Flórida (Flotoms). Os padrões de produção da Delpino requerem 1,60 tonelada de tomates para produzir uma tonelada de ketchup; 50 por cento dos tomates são orçados como Latoms, 30 por cento como Caltoms e 20 por cento como Flotoms. Os insumos orçados de materiais diretos para produzir uma tonelada de ketchup são:

0,80 (50% de 1,6) toneladas de Latoms a \$ 70 por tonelada	\$ 56,00
0,48 (30% de 1,6) toneladas de Caltoms a \$ 80 por tonelada	38,40
0,32 (20% de 1,6) toneladas de Flotoms a \$ 90 por tonelada	28,80
Custo total orçado de 1,6 tonelada de tomates	\$ 123,20

O custo médio orçado por tonelada de tomates é de \$ 123,20 ÷ 1,60 tonelada = \$ 77 por tonelada.

Pelo fato de a Delpino usar tomates frescos para fazer ketchup, os estoques de tomates não são mantidos. As compras são feitas conforme a necessidade, portanto todas as variações no preço se relacionam aos tomates comprados e usados. Os resultados reais, para junho de 2004, mostram que foram usados 6 500 toneladas de tomates para produzir quatro mil toneladas de ketchup:

3 250	toneladas de Latoms ao custo real de \$ 70 por tonelada	\$ 227 500
2 275	toneladas de Caltoms ao custo real de \$ 82 por tonelada	186 550
975	toneladas de Flotoms ao custo real de \$ 96 por tonelada	93 600
6 500	toneladas de tomates	507 650
Custo orçado de quatro mil toneladas de ketchup a \$ 123,20 por tonelada		492 800
Variação no orçamento flexível para os materiais diretos		\$ 14 850 D

Dada a razão padrão de 1,60 tonelada de tomates para uma tonelada de ketchup, devem ser usadas 6 400 toneladas de tomates para produzir quatro mil toneladas de ketchup. No *mix* padrão, as quantidades necessárias de cada tipo de tomate são:

Latoms	0,50 × 6 400	=	3 200 toneladas
Caltoms	0,30 × 6 400	=	1 920 toneladas
Flotoms	0,20 × 6 400	=	1 280 toneladas

Variação no preço dos materiais diretos e na eficiência

O Quadro 1.13 apresenta, no formato em coluna, a análise da variação no orçamento flexível para os materiais diretos, discutida no Capítulo 7 do volume 1. As variações no preço dos materiais e na eficiência são calculadas separadamente para cada insumo de material e depois somadas. A análise da variação leva a Delpino a investigar as variações desfavoráveis no preço e na eficiência. Por que eles pagaram mais pelos tomates e usaram quantidades maiores do que haviam orçado? Os preços reais no mercado de tomates estão, em geral, mais altos ou o departamento de compras poderia ter negociado preços mais baixos? As ineficiências resultaram de tomates de qualidade inferior ou de problemas no processamento?

Variações no *mix* de materiais diretos e no rendimento dos materiais diretos

Os gerentes às vezes podem substituir um material por outro, e o gerente da Delpino tem certa liberdade para combinar os Latoms, Caltoms e Flotoms sem afetar a qualidade. Trabalharemos com a suposição de que, para manter a qualidade, as porcentagens no *mix* de cada tipo de tomate podem variar apenas até 5 por cento em relação ao *mix* padrão. Por exemplo, no *mix*, a porcentagem de Caltoms pode variar entre 25 e 35 por cento (30% ± 5%). Quando os insumos são substituíveis, as melhorias na eficiência dos materiais diretos, em relação aos custos orçados, podem vir de duas fontes: (1) usar um *mix* mais barato para obter certa quantidade de produção, medida pela variação no *mix* dos materiais diretos e (2) usar menos insumo para obter certa quantidade de produção, medida pela variação no rendimento dos materiais diretos.

Mantendo constante a quantidade total real dos insumos de todos os materiais diretos, o total de **variação no *mix* dos materiais diretos** é a diferença entre (1) o custo orçado para o *mix* real da quantidade total real de materiais diretos usados e (2) o custo orçado para o *mix* orçado da quantidade total real de materiais diretos usados. Mantendo constante o *mix* de insumos orçado, a **variação no rendimento dos materiais diretos** é a diferença entre (1) o

Anexo: Variação no *mix* e no rendimento para insumos substituíveis — Continuação

Quadro 1.13 Variações no preço dos materiais diretos e na eficiência para a Delpino Corporation, para junho de 2004.

	Custos reais incorridos (insumo real × preço real) (1)	Insumo real × preço orçado (2)	Orçamento flexível (insumo orçado permitido para a produção real × preço orçado) (3)
Latoms	3 250 × $ 70 = $ 227 500	3 250 × $ 70 = $ 227 500	3 200 × $ 70 = $ 224 000
Caltoms	2 275 × 82 = 186 550	2 275 × 80 = 182 000	1 920 × 80 = 153 600
Flotoms	975 × 96 = 93 600	975 × 90 = 87 750	1 280 × 90 = 115 200
	$ 507 650	$ 497 250	$ 492 800

$ 10 400 D — Variação no preço (entre (1) e (2))

$ 4 450 D — Variação na eficiência (entre (2) e (3))

$ 14 850 D — Variação no orçamento flexível (entre (1) e (3))

F = efeito favorável sobre o lucro operacional; D = efeito desfavorável sobre o lucro operacional.

custo orçado dos materiais diretos baseado na quantidade total real de materiais diretos usados e (2) o custo no orçamento flexível dos materiais diretos baseado na quantidade total orçada de materiais diretos permitidos para a produção real. O Quadro 1.14 apresenta as variações no *mix* de materiais diretos e no rendimento dos materiais diretos para a Delpino Corporation.

Variação no *mix* dos materiais diretos A variação no *mix* dos materiais diretos é a soma das variações no *mix* dos materiais diretos para cada insumo:

$$\text{Variação no } mix \text{ dos materiais diretos para cada insumo} = \text{Quantidade total real dos insumos de todos os materiais diretos usados} \times \left(\text{Porcentagem real do } mix \text{ de insumo dos materiais diretos} - \text{Porcentagem orçada do } mix \text{ de insumo dos materiais diretos}\right) \times \text{Preço orçado dos insumos de materiais diretos}$$

Quadro 1.14 Variações no rendimento dos materiais diretos e no *mix* dos materiais diretos para a Delpino Corporation, para junho de 2004.

	(Quantidade total real de todos os insumos usados × *mix* de entradas reais) × preço orçado (1)	(Quantidade total real de todos os insumos usados × *mix* de insumos orçado) × preço orçado (2)	Orçamento flexível (quantidade total orçada de todos os insumos permitidos para a produção real × *mix* de insumos orçado) × preço orçado (3)
Latoms	6 500 × 0,50 × $ 70 = $ 227 500	6 500 × 0,50 × $ 70 = $ 227 500	6 400 × 0,50 × $ 70 = $ 224 000
Caltoms	6 500 × 0,35 × 80 = 182 000	6 500 × 0,30 × 80 = 156 000	6 400 × 0,30 × 80 = 153 600
Flotoms	6 500 × 0,15 × 90 = 87 750	6 500 × 0,20 × 90 = 117 000	6 400 × 0,20 × 90 = 115 200
	$ 497 250	$ 500 500	$ 492 800

$ 3 250 F — Variação no *mix* (entre (1) e (2))

$ 7 700 D — Variação no rendimento (entre (2) e (3))

$ 4 450 D — Variação na eficiência (entre (1) e (3))

F = efeito favorável sobre o lucro operacional; D = efeito desfavorável sobre o lucro operacional.

As variações no *mix* dos materiais diretos são:

Latoms	6 500 ton. × (0,50 – 0,50) × $ 70 por ton. =	6 500 × 0,00 × $ 70 =	$ 0
Caltoms	6 500 ton. × (0,35 – 0,30) × 80 por ton. =	6 500 × 0,05 × 80 =	$ 26 000 D
Flotoms	6 500 ton. × (0,15 – 0,20) × 90 por ton. =	6 500 × –0,05 × 90 =	$ 29 250 F
			$ 3 250 F

A variação no *mix* dos materiais diretos é favorável porque, em relação ao *mix* orçado, a Delpino substitui 5 por cento dos Flotoms mais caros por 5 por cento dos Caltoms mais baratos.

Variação no rendimento dos materiais diretos A variação no rendimento dos materiais diretos é a soma das variações no rendimento dos materiais diretos para cada insumo:

$$\begin{array}{c}\text{Variação}\\\text{dos}\\\text{materiais}\\\text{diretos para}\\\text{cada insumo}\end{array} = \left(\begin{array}{c}\text{Quantidade}\\\text{total real dos}\\\text{insumos de}\\\text{todos os materiais}\\\text{diretos usados}\end{array} - \begin{array}{c}\text{Quantidade total}\\\text{orçada de insumo}\\\text{de todos os materiais}\\\text{diretos permitidos}\\\text{para a produção real}\end{array}\right) \times \begin{array}{c}\text{Porcentagem}\\\text{orçada do } mix\\\text{de entrada}\\\text{dos materiais}\\\text{diretos}\end{array} \times \begin{array}{c}\text{Preço orçado}\\\text{dos insumos}\\\text{de materiais}\\\text{diretos}\end{array}$$

As variações no rendimento dos materiais diretos são:

Latoms	(6 500 – 6 400) ton. × 0,50 ×$ 70 por ton. =	100 × 0,50 × $ 70 =	$ 3 500 D
Caltoms	(6 500 – 6 400) ton. × 0,30 × 80 por ton. =	100 × 0,30 × 80 =	$ 2 400 D
Flotoms	(6 500 – 6 400) ton. × 0,20 × 90 por ton. =	100 × 0,20 × 90 =	$ 1 800 D
Variação no rendimento dos materiais diretos			$ 7 700 D

A variação no rendimento dos materiais diretos é desfavorável porque a Delpino usou 6 500 toneladas de tomates, em vez de 6 400 toneladas, para produzir as quatro mil toneladas de ketchup. Mantendo constante o *mix* orçado e os preços orçados dos tomates, o custo orçado por tonelada de tomates é de $ 77 por tonelada. A variação desfavorável no rendimento representa o custo orçado de usar mais cem toneladas de tomates (6 500 – 6 400) toneladas × 77 por tonelada = $ 7 700 D. A Delpino irá querer investigar os motivos das variações desfavoráveis no rendimento. Por exemplo, terá a substituição dos Flotoms pelos Caltoms, mais baratos — que resultou na variação favorável no *mix* —, causado a variação desfavorável no rendimento?

As variações calculadas nos materiais diretos nos Quadros 1.13 e 1.14 podem ser resumidas da seguinte maneira:

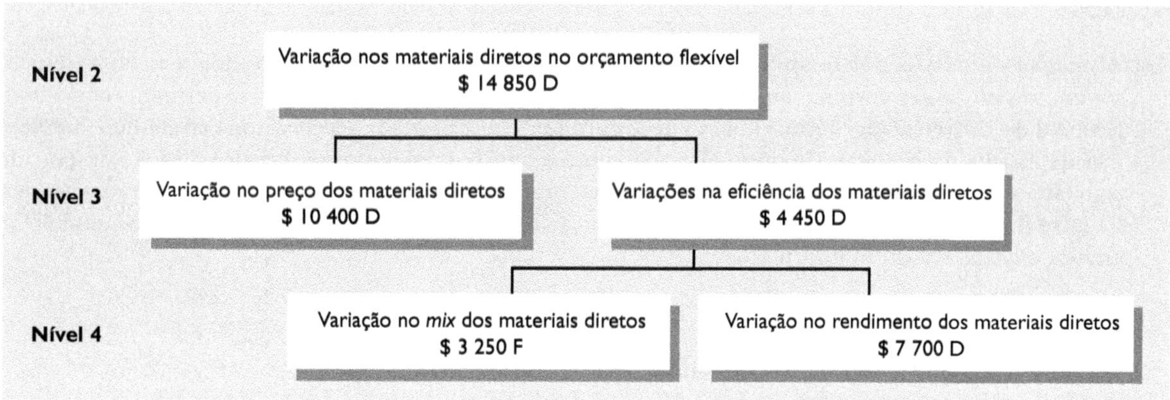

Termos para aprender

Este capítulo e o Glossário no final do livro contêm definições de:

análise da lucratividade por cliente
conjunto de custos homogêneos
desconto comercial
hierarquia de custos dos clientes
unidade composta
variação na participação no mercado
variação na quantidade de vendas
variação no *mix* de vendas
variação no *mix* dos materiais diretos
variação no rendimento dos materiais diretos
variação no tamanho do mercado

Material de trabalho

Questões

1-1 "Vou focalizar os clientes da minha empresa e deixar as questões de alocação de custos para o meu contador." Você concorda com este comentário, feito por um diretor de divisão? Por quê?

1-2 Como um item de custo individual, como o salário de um guarda de segurança da fábrica, pode ser um custo direto e indireto?

1-3 Um dado custo pode ser alocado para um ou mais propósitos. Liste os quatro propósitos.

1-4 Quais critérios poderão ser usados para orientar as decisões de alocação de custos? Quais são os critérios dominantes?

1-5 Mostre como os gerentes podem obter informações sobre as causas de uma variação no volume de vendas detectando os componentes dessa variação.

1-6 Como o conceito de unidade composta pode ser usado para explicar por que ocorre uma variação desfavorável na margem de contribuição do *mix* de vendas?

1-7 Explique por que ocorre uma variação favorável na quantidade de vendas.

1-8 Faça a distinção entre a variação na participação e no tamanho do mercado.

1-9 Por que algumas empresas podem não calcular as variações na participação e no tamanho do mercado?

1-10 Por que a análise da lucratividade do cliente é um tópico importante para os gerentes?

1-11 Como a extensão do desconto no preço pode ser identificada cliente por cliente?

1-12 "Um perfil da lucratividade do cliente realça aqueles clientes que deveriam ser abandonados para melhorar a lucratividade." Você concorda? Explique.

1-13 Dê exemplos de três níveis diferentes de custos em uma hierarquia de custo dos clientes.

1-14 Faça a distinção entre processos nos quais os insumos são e não são substituíveis.

1-15 Explique como as variações no *mix* dos materiais diretos e no rendimento dos materiais diretos fornecem informações adicionais sobre a variação na eficiência dos materiais diretos.

Exercícios

1-16 **Alocação de custos nos hospitais, critérios de alocação alternativos.** Davi Melo passou as férias de inverno em Aspen e, desafortunadamente, quebrou o tornozelo enquanto esquiava, permanecendo dois dias no Hospital da Universidade Sierra. O plano de seguro por ele contratado recebeu uma conta de $ 4 800 pelos dois dias de estadia no hospital. Um item que chamou a atenção de Melo foi a cobrança de $ 11,52 por um rolo de algodão. Melo é vendedor da Johnson & Johnson e sabe que, para o hospital, o custo de um rolo de algodão está na faixa de $ 2,20 a $ 3,00. Ele pediu que a cobrança de $ 11,52 fosse detalhada. O escritório contábil do hospital enviou a ele as seguintes informações:

a.	Custo faturado do rolo de algodão	$ 2,40
b.	Custo do processamento da compra	0,60
c.	Taxa de administração da sala de suprimentos	0,70
d.	Custos de manuseio da sala de operações e do quarto do paciente	1,60
e.	Custos administrativos do hospital	1,10
f.	Custos relacionados ao ensino na Universidade	0,60
g.	Custos do seguro	1,20
h.	Custo do tratamento de pacientes sem seguro	2,72
i.	Componente de lucro	0,60
	Total	$ 11,52

Melo acredita que a cobrança dos custos indiretos é obscena. Ele comentou: "Não havia nada que eu pudesse fazer a respeito. Quando eles vêm e fazem um curativo, não dá para você dizer 'Guarde o seu rolo de algodão que eu trouxe o meu'."

Para fazer:

1. Calcule a taxa dos custos indiretos no Hospital da Universidade Sierra cobrada sobre o rolo de algodão.

2. Quais critérios o Sierra pode ter para justificar a alocação dos custos indiretos de *b* a *i* na lista anterior? Examine cada item separadamente e use os critérios de alocação listados no Quadro 1.2 na sua resposta.
3. O que Melo deveria fazer a respeito da cobrança de $ 11,52 para o rolo de algodão?

1-17 Alocação de custos e motivação. A Companhia de Petróleo Ambiente está envolvida em todas as fases de exploração: refinaria e marketing de petróleo e produtos petroquímicos. Para garantir a concordância com todas as leis aplicadas, a empresa tem um departamento jurídico composto por advogados com vasta experiência na área jurídica. A alta direção da Ambiente quer motivar todos os gerentes de operações para que procurem aconselhamento legal dos advogados internos, quando necessário, para evitar a violação de qualquer lei no curso de suas operações.

Atualmente, aos usuários do departamento jurídico são alocados os custos a uma taxa horária padrão de $ 400, baseado no uso real. O diretor financeiro sugeriu que os gerentes do departamento usassem mais os serviços do departamento jurídico, evitando os potenciais perigos legais, caso o serviço fosse fornecido livre de custo para seus departamentos.

Para fazer Comente a proposta do diretor financeiro. Você tem alguma(s) sugestão(ões) alternativa(s)?

1-18 Alocação de custos para as divisões. O Hotel & Cassino Rembrandt está situado no maravilhoso Lake Tahoe, em Nevada. O complexo inclui um hotel de 300 quartos, um cassino e um restaurante. Como novo *controller* do Rembrandt, foi pedido a você que recomendasse a base a ser usada na alocação dos custos indiretos fixos para as três divisões em 2004. Você foi apresentado às seguintes informações da demonstração de resultados para 2003:

	Hotel	Restaurante	Cassino
Receitas	$ 16 425 000	$ 5 256 000	$ 12 340 000
Custos diretos	9 819 260	3 749 172	4 248 768
Margem do segmento	$ 6 605 740	$ 1 506 828	$ 8 091 232

Você também recebeu os seguintes dados sobre os três segmentos:

	Hotel	Restaurante	Cassino
Espaço de piso (metros quadrados)	80 000	16 000	64 000
Número de funcionários	200	50	250

Você pode escolher alocar os custos indiretos baseado nos custos diretos, metros quadrados ou número de funcionários. O total dos custos indiretos fixos para 2003 foi de $ 14 550 mil.

Para fazer:

1. Calcule as margens de segmentos em termos percentuais antes de alocar os custos indiretos fixos.
2. Aloque os custos indiretos para as três divisões usando cada uma das três bases de alocação sugeridas. Calcule com cada base de alocação as margens de segmentos em moeda e em termos percentuais.
3. Discuta os resultados. Como você decidiria a maneira de alocar os custos indiretos às divisões? Por quê?
4. Você recomendaria o fechamento de qualquer uma das três divisões (e possivelmente redistribuir os recursos para outras divisões) como resultado de sua análise? Se sim, qual divisão você fecharia e por quê?

1-19 Alocação de custos para as divisões. A Corporação Zigzag tem três divisões: Fibras, Papel e Polpa. Como novo *controller* da Zigzag, você está revendo a base a ser usada para a alocação dos custos indiretos fixos para as três divisões em 2004. As seguintes informações estão disponíveis para 2003:

	Polpa	Papel	Fibras
Receita	$ 8 500 000	$ 17 500 000	$ 24 000 000
Custos administrativos	$ 1 200 000	$ 1 800 000	$ 3 000 000
Número de funcionários	300	250	450
Espaço do piso (metros quadrados)	30 000	24 000	66 000
Margem do segmento	$ 3 200 000	$ 7 100 000	$ 9 700 000

No passado, a Zigzag tem alocado os custos indiretos fixos para as divisões usando as margens percentuais dos segmentos. Uma revisão dos custos indiretos fixos indica que eles consistem do seguinte:

Administração dos recursos humanos	$ 1 800 000
Instalação	2 700 000
Administração corporativa	4 500 000
Total	$ 9 000 000

Após considerar a natureza dos itens de custo fixo, você decidiu fazer as alocações em 2004 usando as seguintes bases:

Administração dos recursos humanos	Número de funcionários
Planta	Espaço de piso
Administração corporativa	Custos administrativos da divisão

Para fazer:

1. Aloque os custos indiretos de 2003 para as três divisões usando as porcentagens das margens dos segmentos.
2. Aloque os custos indiretos de 2003 para as três divisões usando as bases que você selecionou.
3. Discuta os motivos de sua abordagem ser preferível.

1-20 Rentabilidade do cliente, empresa de serviço. A Serviços Instantâneos (SI) é uma empresa de serviços especializada no conserto rápido de máquinas copiadoras. Cada um dos seus dez clientes paga uma taxa fixa mensal de serviço (baseada no tipo de máquina copiadora e no número de funcionário do cliente). A SI mantém um registro do tempo que os técnicos gastam no estabelecimento de cada cliente e o custo do equipamento usado para consertar cada máquina copiadora. A SI recentemente decidiu calcular a lucratividade de cada cliente. Os dados seguintes (em milhares) pertencem a maio de 2003:

	Receita dos clientes	Custos dos clientes
Avery Group	$ 260	$ 182
Duran Systems	180	184
Retail Systems	163	178
Wizard Partners	322	225
Santa Clara College	235	308
Grainger Services	80	74
Software Partners	174	100
Problem Solvers	76	108
Business Systems	137	110
Okie Enterprises	373	231

Para fazer:

1. Calcule o lucro operacional de cada cliente. Prepare quadros para a Serviços Instantâneos, semelhantes aos Quadros 1.7 e 1.8. Comente os resultados.
2. Quais opções, a respeito dos clientes individuais, a Serviços Instantâneos deveria considerar em vista da sua análise da lucratividade dos clientes na Questão 1?
3. Quais problemas a Serviços Instantâneos poderá encontrar ao estimar melhor os custos das operações de cada cliente?

1-21 Rentabilidade do cliente, distribuição. A Quatro Figuras é uma distribuidora de produtos farmacêuticos. O seu sistema ABC tem cinco atividades:

Área da atividade	Taxa do direcionador de custo em 2003
1. Processamento de pedidos	$ 40 por pedido
2. Pedido do item de linha	$ 3 por item de linha
3. Entregas nas lojas	$ 50 por entrega na loja
4. Entregas de embalagens	$ 1 por embalagem
5. Auto-estocagem	$ 16 por hora de estocagem

Ricardo Faro, *controller* da Quatro Figuras, quer usar esse sistema ABC para examinar a lucratividade dos clientes individuais dentro de cada mercado de distribuição. Ele focaliza primeiro o segmento de farmácia de bairro. Dois clientes são usados como exemplos das informações disponíveis com o sistema ABC. Os dados pertencentes a esses dois clientes, em agosto de 2003, são os seguintes:

	Farmácia Brasil	Farmácia Bela Vista
Total de pedidos	12	10
Média de itens de linha por pedido	10	18
Total de entregas nas lojas	6	10
Média de embalagens enviadas por entrega na loja	24	20
Média de horas de estocagem na prateleira por entrega na loja	0	0,5
Média de receita por entrega	$ 2 400	$ 1 800
Média de custo dos produtos vendidos por entrega	$ 2 100	$ 1 650

Para fazer:

1. Use o sistema ABC para calcular o lucro operacional de cada cliente em agosto de 2003. Comente os resultados.
2. Ricardo classifica os clientes individuais no mercado de distribuição de farmácias de bairro com base no lucro operacional mensal. O lucro acumulado dos primeiros 20 por cento é de $ 55 680. A Quatro Figuras registra um lucro operacional negativo de $ 21 247 para os últimos 40 por cento de clientes na lista. Faça quatro recomendações que você acredita que a Quatro Figuras deveria considerar em vista da nova informação sobre a lucratividade dos clientes.

1-22 Análise da variação, produtos múltiplos. O Detroit Pingüins joga na Liga Americana de Hóquei no Gelo, tendo como local de competição a Arena do Centro — de propriedade e administração da cidade de Detroit —, com capacidade para 15 mil torcedores (cinco mil nas numeradas e dez mil nas arquibancadas). A administração da Arena do Centro cobra dos Pingüins uma taxa por ingresso vendido para o uso de suas instalações. Todos os ingressos são comercializados pela Rede de Reservas, que cobra dos Pingüins uma taxa de reserva por ingresso. A margem de contribuição orçada, dos Pingüins, para cada tipo de ingresso, em 2004, é calculada da seguinte maneira:

	Ingresso nas numeradas	Ingresso nas arquibancadas
Preço de venda	$ 35	$ 14
Taxa da Arena do Centro	10	6
Taxa da Rede de Reservas	5	3
Margem de contribuição por ingresso	$ 20	$ 5

Os números de presença média orçada e real por jogo na temporada de 2004 são:

	Lugares vendidos orçados	Lugares vendidos reais
Numerada	4 000	3 300
Arquibancada	6 000	7 700
Total	10 000	11 000

Não houve diferença entre a margem de contribuição orçada e real para as numeradas e arquibancadas.

O gerente dos Pingüins estava satisfeito por a presença real ter sido 10 por cento acima da presença orçada por jogo, levando em consideração o estado de depressão da economia local nos últimos seis meses.

Para fazer:

1. Calcule a variação no volume de vendas para cada tipo de ingresso e no total para o Detroit Pingüins em 2004. (Calcule todas as variações em termos de margens de contribuição).
2. Calcule as variações na quantidade de vendas e no *mix* de vendas para cada tipo de ingresso e no total em 2004.
3. Apresente um resumo das variações nas Questões 1 e 2. Comente os resultados.

Aplicação do Excel Para os alunos que desejem praticar suas habilidades com planilhas, segue uma abordagem passo a passo para criar uma planilha do Excel para resolver este problema.

Passo a passo

1. Abra uma nova planilha. No topo crie uma seção de 'Dados originais' para os dados fornecidos pela Detroit Pingüins no mesmo formato que o mostrado acima. Crie colunas para cada tipo de ingresso ('Numeradas' e 'Arquibancadas') e linhas para 'Preço de venda, Taxa da Arena do Centro, Taxa da Rede de Reservas' e 'Margem de contribuição por ingresso'. Pule duas linhas e crie linhas para cada tipo de ingresso, uma linha com 'Total' e colunas para 'Lugares vendidos orçados' e 'Lugares vendidos reais'.

(Programe sua planilha para realizar todos os cálculos necessários. Não insira quaisquer quantias — como variação no *mix* de vendas — que exijam operações de adição, subtração, multiplicação e divisão).

2. Pule duas linhas e crie uma nova seção 'Problema 1 — Cálculos da variação no volume de vendas'. Crie linhas para 'Ingressos nas numeradas e Ingresso nas arquibancadas' e 'Todos os ingressos'. Usando os dados na sua seção de 'Dados originais', insira os cálculos para as variações no volume de vendas para cada tipo de ingresso e o total de variação no volume de vendas para todos os ingressos.
3. Pule duas linhas e crie uma seção 'Problema 2'. Crie uma subseção 'Porcentagens do *mix* de vendas' e, nela, crie linhas para cada tipo de ingresso e colunas para 'Orçado' e 'Real'. Insira os cálculos para as porcentagens orçadas e reais no *mix* de vendas para cada tipo de ingresso.
4. Pule duas linhas e crie uma outra subseção 'Cálculos da variação na quantidade de vendas'. O formato para essa seção deve ser o mesmo que o usado na Etapa 2. Usando os dados da sua seção de 'Dados originais' e as

porcentagens no *mix* de vendas da Etapa 3, insira os cálculos para as variações na quantidade de vendas para cada tipo de ingresso e o total da variação na quantidade de vendas para todos os ingressos.

5. Pule duas linhas e crie uma outra subseção, 'Cálculos da variação no *mix* de vendas'. O formato para essa seção deve ser o mesmo que o usado na Etapa 2. Usando os dados da sua seção de 'Dados originais' e as porcentagens no *mix* de vendas da Etapa 3, insira os cálculos para as variações no *mix* de vendas para cada tipo de ingresso e o total da variação no *mix* de vendas para todos os ingressos.
6. *Verifique a exatidão da sua planilha:* Vá para a seção de 'Dados originais' e mude a taxa da rede de reservas para os ingressos nas numeradas, de $ 5 para $ 6. Se sua planilha foi programada corretamente, a variação no volume de vendas deve mudar para $ 4 800 desfavoráveis.

1-23 Análise da variação, trabalhando de trás para a frente. A Corporação Jinua vende duas marcas de copos de vinho: Simples e Chique. A Jinua forneceu as seguintes informações para as vendas no mês de junho de 2003:

Total da margem de contribuição no orçamento estático	$ 5 600
Unidades orçadas de todos os copos para serem vendidas em junho de 2003	2 000 unidades
Margem de contribuição orçada por unidade do Simples	$ 2 por unidade
Margem de contribuição orçada por unidade do Chique	$ 6 por unidade
Total da variação na quantidade de vendas	$ 1 400 D
Porcentagem real no *mix* de vendas do Simples	60%

Todas as variações são calculadas em termos da margem de contribuição.

Para fazer:

1. Calcule as variações na quantidade de vendas para cada produto para junho de 2003.
2. Calcule as variações no *mix* de vendas do produto individual e no total para junho de 2003. Calcule as variações no volume de vendas do produto individual e no total para junho de 2003.
3. Descreva brevemente os resultados por você obtidos com essas variações.

1-24 Análise da variação, produtos múltiplos. O Rei do Refri produz e vende três refrigerantes: Kola, Limor e Orlem. Os resultados orçados e reais para 2003 são os seguintes:

	RESULTADO ORÇADO PARA 2003			RESULTADO REAL PARA 2003		
Produto	**Preço de venda por embalagem**	**Custo variável por embalagem**	**Embalagens vendidas**	**Preço de venda por embalagem**	**Custo variável por embalagem**	**Embalagens vendidas**
Kola	$ 6,00	$ 4,00	400 000	$ 6,20	$ 4,50	480 000
Limor	$ 4,00	$ 2,80	600 000	$ 4,25	$ 2,75	900 000
Orlem	$ 7,00	$ 4,50	1 500 000	$ 6,80	$ 4,60	1 620 000

Para fazer:

1. Calcule o total de variação no volume de vendas, o total de variação no *mix* de vendas e o total de variação na quantidade de vendas. (Calcule todas as variações em termos da margem de contribuição.) Mostre os resultados para cada produto.
2. Quais inferências você pode tirar das variações calculadas na Questão 1?

1-25 Variações na participação no mercado e no tamanho do mercado (continuação do 1-24). O Rei do Refri preparou o orçamento para 2003 supondo uma participação no mercado de 10 por cento, baseado na região oeste dos Estados Unidos. O total do mercado de refrigerantes foi estimado para alcançar as vendas de 25 milhões de unidades na região. No entanto, o total real de volume de vendas na região oeste foi de 24 milhões de unidades.

Para fazer Calcule a variação na participação e no tamanho do mercado para o Rei do Refri em 2003. (Relate todas as variações em termos da margem de contribuição.) Comente os resultados.

PROBLEMAS

1-26 Alocação dos custos da central corporativa para as divisões. Durval Sá, *controller* corporativo da Companhia de Petróleo Campo Rico, está para fazer uma apresentação para os executivos seniores corporativos e para os principais gerentes de suas quatro divisões, que são:

- Petróleo e Gasolina I (a exploração, produção e transporte de petróleo e gasolina)
- Petróleo e Gasolina II (a refinação e comercialização de petróleo e gasolina)
- Produtos Químicos
- Mineração de Cobre

Sob o sistema contábil interno existente, os custos incorridos na matriz central corporativa são coletados em um conjunto único e alocados para cada divisão com base nas suas receitas reais. Os custos da central corporativa (em milhões) para o ano mais recente são:

Juros sobre a dívida	$ 2 000
Salários corporativos	100
Contabilidade e controle	100
Marketing geral	100
Jurídico	100
Pesquisa e desenvolvimento	200
Negócios públicos	208
Pessoal e folha de pagamento	192
	$ 3 000

Os negócios públicos incluem a equipe de relações públicas e as doações de monta que a Campo Rico faz para várias instituições de caridade e sem fins lucrativos.

Os dados resumidos mais recentes (em milhões de $), relacionados às quatro divisões para o ano, são:

	Petróleo e gasolina I	**Petróleo e gasolina II**	**Produtos químicos**	**Mineração de cobre**	**Total**
Receitas	$ 7 000	$ 16 000	$ 4 000	$ 3 000	$ 30 000
Custos operacionais	$ 3 000	$ 15 000	$ 3 800	$ 3 200	$ 25 000
Lucro operacional	$ 4 000	$ 1 000	$ 200	$ (200)	$ 5 000
Ativos identificáveis	$ 14 000	$ 6 000	$ 3 000	$ 2 000	$ 25 000
Número de funcionários	9 000	12 000	6 000	3 000	30 000

Os principais gerentes de cada divisão recebem bônus com base no lucro da divisão, definido como o lucro operacional menos os custos alocados da central corporativa.

Durval está para propor uma mudança no método usado para alocar os custos da central corporativa. Ele propõe agrupar os dados em quatro conjuntos separados:

- *Conjunto de Custo 1 — Juros sobre a dívida.* Alocados usando os ativos identificáveis das divisões.
- *Conjunto de Custo 2 — Salários corporativos, contabilidade e controle, marketing geral, jurídico, pesquisa e desenvolvimento.* Alocados usando as receitas das divisões.
- *Conjunto de Custo 3 — Negócios públicos.* Alocados usando o lucro operacional (se positivo) das divisões, incluindo apenas as divisões com lucro operacional positivo na base de alocação.
- *Conjunto de Custo 4 — Pessoal e folha de pagamento.* Alocados usando o número de funcionários nas divisões.

Para fazer:

1. Quais propósitos podem ser atendidos pela alocação dos custos da central corporativa para cada divisão na Petróleo Campo Rico?
2. Compute o lucro operacional de cada divisão quando os custos da central corporativa são alocados usando as receitas de cada divisão.
3. Calcule o lucro operacional de cada divisão quando os custos da central corporativa são alocados usando os quatro conjuntos de custos.
4. Quais são os pontos fortes e fracos da proposta de Durval em relação ao método existente de conjunto de custo único?

1-27 Alocação dos custos da central corporativa para as divisões. A Legarde tem quatro divisões geograficamente dispersas:

- Editora de livros
- Mídia impressa
- Radiodifusão
- Multimídia

Sob o sistema de alocação atual, os custos incorridos na matriz corporativa da Legarde são coletados em um conjunto único e alocados para cada divisão com base nas suas receitas. Os custos da central corporativa para 2003 são:

Juros sobre a dívida	$ 10 000 000
Administração dos recursos humanos	150 000 000
Administração corporativa	50 000 000
Pesquisa e desenvolvimento	100 000 000
Propaganda	200 000 000
	$ 510 000 000

Os dados resumidos (em milhões de dólares americanos) relacionados às divisões em 2003 são:

	Multimídia	Radiodifusão	Mídia impressa	Editora
Receitas	$ 1 400	$ 4 500	$ 2 500	$ 1 600
Custos diretos	750	3 500	2 000	1 000
Margem do segmento	$ 650	$ 1 000	$ 500	$ 600

As informações seguintes sobre as quatro divisões também estão disponíveis.

	Multimídia	Radiodifusão	Mídia impressa	Editora
Espaço de piso (metros quadrados)	40 000	160 000	200 000	100 000
Número de funcionários	1 000	3 000	2 500	1 500
Custos administrativos da divisão	$ 150	$ 400	$ 250	$ 200

Uma revisão dos custos da central corporativa para as divisões revela o seguinte:

- Do total de $ 10 milhões de juros sobre a dívida, $ 6,5 milhões correspondem à dívida da compra de um prédio para a *divisão de radiodifusão*. Os $ 3,5 milhões restantes dos juros estão nos empréstimos para a compra de equipamentos para a *divisão de multimídia*.
- Não é feito nenhum trabalho de pesquisa e desenvolvimento para a *divisão de mídia impressa*. O diretor de pesquisa e desenvolvimento estima que 40 por cento do trabalho na sua área é feito para a *divisão de multimídia*, e os 60 por cento restantes são feitos igualmente para as *divisões de radiodifusão* e *editora*.
- As campanhas publicitárias, patrocinadas na central corporativa, são para elevar a imagem da empresa. Supõe-se que os benefícios para as divisões sejam proporcionais às receitas.
- Os recursos gastos pela administração de recursos humanos no recrutamento, treinamento e outros são proporcionais ao número de funcionários.
- A gerência corporativa trabalha para dar suporte aos gerentes de divisão. Os custos administrativos das divisões são um bom indicador do tamanho relativo da equipe administrativa de cada divisão.

Para fazer: Aloque os custos da central corporativa para as divisões de modo consistente com os critérios de causa e efeito e benefícios recebidos.

1-28 Análise da rentabilidade dos clientes, hierarquia de custo dos clientes. A Ternos Zoot é uma fabricante de ternos de produção em série. Ela tem quatro clientes: dois do canal atacadista e dois do de varejo:

- Atacadistas Abril
- Companhia Atacadista Irmãos Machado
- Lojas For the Men
- Loja de Roupas de Grife

O proprietário e diretor-executivo da Zoot, Alberto Sampaio, desenvolveu o seguinte sistema ABC:

Atividade	Direcionador de custo	Taxa em 2004
Processamento dos pedidos	Nº de pedidos de compras	$ 245 por pedido
Visitas de vendas	Nº de visitas aos clientes	$ 1 430 por visita
Entrega — Regular	Nº de entregas regulares	$ 300 por entrega
Entrega — Urgente	Nº de entregas urgentes	$ 850 por entrega

O preço de venda de lista, por terno, é de $ 200, e a média de custo por terno é de $ 110. Sampaio quer avaliar a lucratividade de cada um dos quatro clientes em 2003 para explorar as oportunidades de aumento da lucratividade de sua empresa em 2004. Os seguintes dados estão disponíveis para 2003:

	CLIENTES ATACADISTAS		CLIENTES VAREJISTAS	
Item	Abril	Machado	For the Men	Grife
Total de pedidos	44	62	212	250
Total de visitas de vendas	8	12	22	20
Entregas regulares	41	48	166	190
Entregas urgentes	3	14	46	60
Média de ternos por pedido	400	200	30	25
Média do preço de venda por terno	$ 140	$ 160	$ 170	$ 180

Para fazer:

1. Calcule o lucro operacional em nível dos clientes em 2003 usando o formato do Quadro 1.5.

2. O que você recomenda que Alberto Sampaio faça para aumentar o lucro operacional da empresa em 2004?
3. Suponha que os custos do canal de distribuição da Zoot sejam de $ 350 mil para os clientes atacadistas e de $ 210 mil para os clientes varejistas. Suponha também que os custos de apoio à empresa sejam de $ 250 mil. Prepare um relatório da hierarquia de custo dos clientes usando o formato do Quadro 1.6.

1-29 Lucratividade do cliente, distribuição. A Fonte Natural decidiu analisar a lucratividade de cinco novos clientes. Ela compra água engarrafada a $ 12 por caixa e vende aos clientes varejistas a um preço de lista de $ 14,40 por caixa. Os dados dos cinco clientes são:

	CLIENTES				
	P	**Q**	**R**	**S**	**T**
Caixas vendidas	2 080	8 750	60 800	31 800	3 900
Preço de venda de lista	$ 14,40	$ 14,40	$ 14,40	$ 14,40	$ 14,40
Preço de venda real	$ 14,40	$ 14,16	$ 13,20	$ 13,92	$ 12,96
Nº de pedidos de compra	15	25	30	25	30
Nº de visitas aos clientes	2	3	6	2	3
Nº de entregas	10	30	60	40	20
Quilômetros rodados por entrega	14	4	3	8	40
Nº de entregas urgentes	0	0	0	0	1

Suas cinco atividades e seus direcionadores de custos são:

Atividade	Taxa do direcionador de custo
Processar pedidos	$ 100 por pedido de compra
Visitar clientes	$ 80 por visita ao cliente
Entregar	$ 2 por quilômetro rodado para entrega
Manusear produtos	$ 0,50 por caixa vendida
Entregar com urgência	$ 300 por entregas urgentes

Para fazer:

1. Calcule o lucro operacional no nível de clientes para cada um dos cinco clientes varejistas examinados (P, Q, R, S e T). Comente os resultados.
2. Quais informações são obtidas relatando o preço de venda de lista e o preço de venda real para cada cliente?
3. Quais fatores a Fonte Natural deveria considerar ao decidir se abandona um ou mais dos cinco clientes?

1-30 Programas de fidelidade e análise da lucratividade dos clientes. Em 2003, a rede de Hotéis Sheridon adotou um novo programa de fidelidade dos clientes. Os dados no final do ano de 2003 foram coletados e agora é hora de determinar se o programa de fidelidade deve ser continuado, descontinuado ou, talvez, alterado para melhorar a fidelidade e os níveis de lucratividade na Sheridon.

O programa de fidelidade dos clientes da Sheridon consiste em três níveis diferentes. Todos os novos clientes podem se inscrever para obter o Cartão Bronze que lhes proporcionará, como cortesia, uma garrafa de vinho por diária (o custo para a rede é de $ 5 por garrafa) e $ 20 por diária em cupons para o restaurante (o custo para a rede é de $ 10). Os clientes Bronze também recebem um desconto de 10 por cento na diária. O programa permite que a rede identifique as estadias e atividades de um associado. Ao completarem 20 diárias em qualquer um dos hotéis da rede no mundo, eles são elevados ao *status* de Cliente Prata. Os benefícios conferidos aos clientes Prata incluem a garrafa de vinho (o custo para a rede é de $ 5 por garrafa por diária), $ 30 em cupons para o restaurante (o custo para a rede é de $ 15) e 20 por cento de desconto por diária a partir da vigésima-primeira diária. Um cliente que completa 50 diárias é elevado ao *status* de Cliente Ouro. O *status* Ouro aumenta o desconto na diária em 30 por cento e substitui a garrafa de vinho de $ 5 por uma garrafa de champanhe por diária (o custo para a rede é de $ 20 por garrafa). E também são concedidos $ 40 por diária em cupons para o restaurante (o custo para a rede é de $ 20). Suponha que todas as garrafas e cupons se esgotem.

A taxa diária média por diária é de $ 200. A rede incorre custos variáveis de $ 65 por noite, excluindo os custos do programa de fidelidade. O total de custos fixos da rede é de $ 140 580 mil. A Sheridon opera dez hotéis com, em média, 500 quartos cada. Todos os hotéis funcionam 365 dias por ano e a taxa média de ocupação é de 80 por cento, aproximadamente. A seguir, algumas das características do programa de fidelidade:

Programa de fidelidade	Número de clientes	Média do número de diária por cliente
Ouro	2 430	60
Prata	8 340	35
Bronze	80 300	10
Nenhum programa	219 000	1

Observe que um Cliente Ouro teria recebido um desconto de 10 por cento nas suas primeiras 20 diárias, recebido um desconto de 20 por cento para as próximas 30 diárias e o desconto de 30 por cento apenas para as últimas dez. Suponha que todos os usuários tenham se inscrito no programa na primeira noite em que ficaram em qualquer um dos hotéis da rede. Suponha, também, que os restaurantes sejam administrados por uma subsidiária cem por cento da Sheridon.

Para fazer:

1. Calcule a margem de contribuição do programa para cada um dos três programas, assim como para os clientes que nele não se inscreveram. Qual dos programas é o mais e o menos rentável? Não aloque custos fixos para os quartos individuais ou para programas de fideidade específicos.
2. Prepare uma demonstração de resultados para a Sheridon, para o ano findando em 31 de dezembro de 2003.
3. Qual é a diária média por quarto? Qual é o custo variável médio por diária, incluindo o programa de fidelidade?
4. Explique o que impulsiona a lucratividade (ou falta de) do programa de fidelidade da Sheridon.

1-31 Lucratividade dos clientes, hierarquia de custo dos clientes. A Eletrônica Ramishe tem dois clientes varejistas e dois atacadistas. A seguir, as informações relativas a cada cliente para 2004 (em milhares de $):

	ATACADO		VAREJO	
	Atacadista da América do Norte	**Atacadista da América do sul**	**Estéreos Big Sam**	**Mercado Mundial**
Custo dos produtos vendidos	$ 325 000	$ 490 000	$ 112 000	$ 92 000
Custos de entrega:				
Regular	300	450	150	80
Urgente	120	200	10	5
Processamento dos pedidos	800	1 000	200	130
Manuseio dos produtos	5 000	6 000	800	900
Visitas de vendas	480	550	240	165
Receitas do preço de lista	400 000	600 000	130 000	100 000
Descontos sobre o preço de lista	30 000	50 000	7 000	0

Os custos do canal de distribuição da Ramishe são de $ 30 milhões para os clientes atacadistas e $ 10 milhões para os clientes varejistas. Os custos de apoio à empresa são de $ 60 milhões.

Para fazer:

1. Calcule o lucro operacional no nível dos clientes usando o formato do Quadro 1.5.
2. Prepare um relatório da hierarquia de custos dos clientes usando o formato do Quadro 1.6.

1-32 Análise da variação, variações no *mix* de vendas e na quantidade de vendas. A Infonáutica Aussie Ltda. produz palm tops compatíveis com o Windows CE™. A Aussie comercializa três modelos: o PalmPro é uma versão mais sofisticada, destinada ao executivo que está sempre em viagem; o PalmCE é uma versão voltada para o usuário comum, e o PalmKid é uma versão simplificada, desenvolvida para o mercado juvenil. Você é o vice-presidente de marketing da Aussie. O diretor-executivo acabou de descobrir que o total da margem de contribuição está abaixo do orçamento e é sua a responsabilidade de explicar a ele por que os resultados reais são diferentes dos orçados. Os dados operacionais orçados e reais para o terceiro trimestre (2004) da empresa são os seguintes:

Dados operacionais orçados, terceiro trimestre de 2004

	Preço de venda	Custo variável por unidade	Margem de contribuição por unidade	Volume de vendas em unidades
PalmPro	$ 379	$ 182	$ 197	12 500
PalmCE	269	98	171	37 500
PalmKid	149	65	84	50 000
				100 000

Dados operacionais reais, terceiro trimestre de 2004

	Preço de venda	Custo variável por unidade	Margem de contribuição por unidade	Volume de vendas em unidades
PalmPro	$ 349	$ 178	$ 171	11 000
PalmCE	285	92	193	44 000
PalmKid	102	73	29	55 000
				110 000

Para fazer:

1. Calcule as margens de contribuição reais e orçadas para cada produto e no total.
2. Calcule os *mixes* de vendas orçados e reais para os três produtos.
3. Calcule as variações no volume de vendas, *mix* de vendas e quantidade de vendas para o terceiro trimestre de 2004.
4. Sabendo que o seu diretor-executivo é temperamental, você quer estar bem preparado para essa reunião. Para tanto, escreva um parágrafo ou dois para explicar por que os resultados reais não foram tão bons quanto as quantias orçadas.

1-33 Variações na participação no mercado e no tamanho do mercado (continuação do 1-32). O vice-presidente sênior de marketing da Aussie preparou o orçamento do terceiro trimestre presumindo uma participação de 25 por cento baseado no total de vendas. O mercado total dos computadores de mão foi estimado pela pesquisa de campo para alcançar vendas de 400 mil unidades no mundo todo no terceiro trimestre. Entretanto, as vendas reais foram de 500 mil unidades.

Para fazer:

1. Calcule as variações na participação e no tamanho do mercado para a Infonáutica Aussie no terceiro trimestre de 2004 (relate todas as variações em termos das margens de contribuição).
2. Explique o que aconteceu com base nas variações na participação e no tamanho do mercado.
3. Calcule o tamanho real do mercado, em unidades, que teria levado à variação no tamanho do mercado (novamente, use a margem de contribuição por unidade). Use o número do tamanho do mercado para encontrar a participação real no mercado que teria levado a uma variação de zero na participação no mercado.

1-34 Análise da variação, produtos múltiplos. A Delícias da Debie Ltda. opera uma cadeia de lojas de bolachas. Os dados operacionais orçados e reais para as três lojas de Chicago, para agosto de 2003, são os seguintes:

Orçados para agosto de 2003

	Preço de venda por quilo	Custo variável por quilo	Margem de contribuição por quilo	Volume de vendas em quilos
Gotas de chocolate	$ 4,50	$ 2,50	$ 2,00	45 000
Passas e aveia	5,00	2,70	2,30	25 000
Coco	5,50	2,90	2,60	10 000
Chocolate branco	6,00	3,00	3,00	5 000
Noz macadâmia	6,50	3,40	3,10	15 000
				100 000

Reais para agosto de 2003

	Preço de venda por quilo	Custo variável por quilo	Margem de contribuição por quilo	Volume de vendas por quilo
Gotas de chocolate	$ 4,50	$ 2,60	$ 1,90	57 600
Passas e aveia	5,20	2,90	2,30	18 000
Coco	5,50	2,80	2,70	9 600
Chocolate branco	6,00	3,40	2,60	13 200
Noz macadâmia	7,00	4,00	3,00	21 600
				120 000

Delícias da Debie usa a margem de contribuição na sua análise da variação.

Para fazer:

1. Calcule o total de variação no volume de vendas para agosto de 2003.
2. Calcule o total de variação no *mix* de vendas para agosto de 2003.
3. Calcule o total de variação na quantidade de vendas para agosto de 2003.
4. Comente os resultados das Questões 1, 2 e 3.

1-35 Variações na participação no mercado e no tamanho do mercado (continuação do 1-34). A Delícias da Debie obteve participação no mercado de 10 por cento, baseada no total de vendas do mercado de Chicago. É esperado que o total do mercado de Chicago seja de um milhão de quilos em volume de vendas para agosto de 2003. O total real do mercado de Chicago para agosto de 2003 foi de 960 mil quilos em volume de vendas.

Para fazer: Calcule as variações na participação e no tamanho do mercado para a Delícias da Debie em agosto de 2003. Relate todas as variações em termos da margem de contribuição. Comente os resultados.

1-36 Variações na eficiência, no *mix* e no rendimento dos materiais diretos (Anexo do capítulo, adaptado do CMA). A Companhia de Produtos de Energia produz um aditivo para gasolina, Gás Gain, que aumenta a eficiência do motor e melhora a quilometragem por litro de gasolina. As quantidades orçadas e reais dos materiais necessários para produzir o Gás Gain e os preços orçados dos materiais, para agosto de 2003, são os seguintes:

Químico	Quantidade real	Quantidade orçada	Preço orçado
Echol	24 080	25 200	$ 0,20
Protex	15 480	16 800	0,45
Benz	36 120	33 600	0,15
CT-40	10 320	8 400	0,30

Para fazer:

1. Calcule o total de variação na eficiência dos materiais diretos para agosto de 2003.
2. Calcule o total das variações no *mix* e no rendimento dos materiais diretos para agosto de 2003.
3. Quais conclusões você tiraria da análise da variação?

1-37 Variações no preço, na eficiência, no *mix* e no rendimento dos materiais diretos (Anexo do capítulo). A Gramado Ltda. fabrica produtos derivados da maçã, como geléia e compota. Na compota de maçã ela usa maçãs do tipo Gala, Delícia e Fuji. Os custos orçados para produzir cem mil quilos de compota de maçã em novembro de 2003 são os seguintes:

45 mil quilos de maçãs Gala a $ 0,30 por quilo	$ 13 500
180 mil quilos de maçã Delícia a $ 0,26 por quilo	46 800
75 mil quilos de maçã Fuji a $ 0,22 por quilo	16 500

Os custos reais em novembro de 2003 são:

62 mil quilos de maçãs Gala a $ 0,28 por quilo	$ 17 360
155 mil quilos de maçã Delícia a $ 0,26 por quilo	40 300
93 mil quilos de maçã Fuji a $ 0,20 por quilo	18 600

Para fazer:

1. Calcule o total de variações no preço e na eficiência dos materiais diretos para novembro de 2003.
2. Calcule o total de variações no *mix* e no rendimento dos materiais diretos para novembro de 2003.
3. Comente os resultados das Questões 1 e 2.

1-38 Lucratividade dos clientes, responsabilidade pela limpeza ambiental, ética. A Fluidos Industriais Ltda. (FI) produz e vende fluidos usados pelas fábricas que cortam metal. Esses fluidos possibilitam que o corte do metal seja feito com mais precisão e segurança.

A FI tem mais de mil clientes e está, atualmente, desenvolvendo uma análise da lucratividade deles. Ariana Prando, uma MBA recém-contratada, é a encarregada pelo projeto. Uma das questão que a análise envolve é a responsabilidade da FI na remoção de fluidos.

Ariana descobre que a FI pode ser responsabilizada, respeitando a legislação ambiental, pela remoção do lixo tóxico de seus clientes. Além disso, ela visita dez fábricas de clientes e descobre diferenças dramáticas nos procedimentos de manuseio do lixo tóxico. Ela descreve o estabelecimento de propriedade da Metal Acme como "um pesadelo ambiental prestes a se tornar realidade". Ariana diz ao *controller* da FI que mesmo que eles tenham apenas a metade da responsabilidade pela limpeza desse estabelecimento, ainda enfrentarão problemas consideráveis. Ele está descontente com o fato de a Metal Acme estar devedora já há três meses e ter procurado formalmente a proteção de seus credores. Ariana é advertida pelo *controller* para que tenha cuidado ao formalizar por escrito o seu relatório. Ele observa que "a FI não deseja nenhuma prova em seus arquivos, em caso de litígio subseqüente, que seja irrefutável".

Para fazer:

1. Como Ariana deveria lidar com qualquer estimativa de custos de litígio e de limpeza, pelos quais a FI pode ser responsabilizada, à medida que prepara a análise da lucratividade dos clientes?
2. Como Ariana deveria lidar com a situação da Metal Acme ao preparar o relatório de lucratividade desse cliente em particular?

capítulo

2

APROPRIAÇÃO DE CUSTOS DO DEPARTAMENTO DE APOIO, CUSTOS COMUNS E RECEITAS

Objetivos de aprendizagem

1. Diferenciar o método de taxa única de taxa dupla de apropriação de custos
2. Compreender como a incerteza enfrentada por gerentes é afetada pela escolha entre taxas orçadas e taxas reais de apropriação de custos
3. Apropriar custos do departamento de apoio usando os métodos direto, seqüencial e recíproco
4. Apropriar custos comuns usando o método único ou o método incremental
5. Explicar a importância de um acordo explícito entre as partes contratantes quando o reembolso é baseado em custos incorridos
6. Compreender como produtos conjugados dão vazão a questões de apropriação de receitas
7. Apropriar as receitas de um pacote conjugado para os produtos individuais naquele pacote

Muitas universidades — como, por exemplo, Harvard, MIT e Stanford — fazem pesquisas financiadas pelo governo dos EUA. O apoio do governo a pesquisas universitárias tem levado a grandes avanços nas áreas científicas, como a física de partículas e a genética. Para que as universidades desenvolvam pesquisas, o governo as reembolsa pelo custo pleno. Custos plenos incluem os custos indiretos da pesquisa, como uma parte dos custos que a universidade incorre para a administração geral, bibliotecas, operações e manutenção. Quais custos indiretos apropriar e quanto desses custos deve ser apropriado para a pesquisa patrocinada pelo governo muitas vezes não é definido com clareza. No início do anos 90, o Departamento de Defesa dos EUA e a Stanford University não chegavam a um acordo em relação à quantia de custos indiretos reivindicada pela Stanford para a pesquisa acordada.

Nossa discussão sobre a apropriação de custos no Capítulo 1 deste volume enfatizou a escolha de grupos de custos, as bases de apropriação e quais custos apropriar. Este capítulo foca várias outras questões que surgem dessas apropriações de custos:

1. Métodos diferentes de apropriação devem ser usados para custos fixos e variáveis?
2. Taxas orçadas ou reais devem ser usadas?
3. Quantidades orçadas ou reais devem ser usadas?

Ilustramos essas questões no contexto de apropriar custos de um departamento de apoio (como a instalação de computadores) para uma divisão de operações (como a produção). Também consideramos a apropriação de custos quando departamentos de apoio os fornecem de modo recíproco, um para o outro, assim como apoio para divisões de operação. Questões similares acontecem quando se apropria custos de um grupo de custos para um outro grupo de custos dentro de uma divisão, ou de grupos de custos de atividades para produtos.

Também examinamos a apropriação de custos comuns — custos de uma atividade compartilhados por dois ou mais usuários. Uma seção final deste capítulo examina questões de apropriação de receitas que ocorrem quando empresas compram um grupo único de produtos ou serviços múltiplos.

Apropriando custos de um departamento de apoio para divisões operacionais

Métodos da taxa única e da taxa dupla

O **método da taxa única de apropriação de custos** apropria custos em cada grupo de custos para objetos de custo usando a mesma taxa por unidade da base única de apropriação. Nenhuma distinção é feita entre custos fixos e variáveis no grupo de custos. O **método da taxa dupla de apropriação de custos** os classifica em cada grupo de custos em dois grupos — um de custos variáveis e um de custos fixos —, cada grupo usando uma base diferente de apropriação de custos.

Considere o departamento central de informática da Companhia Morro Branco (CMB). Esse departamento tem apenas dois usuários: a divisão de microcomputadores e a divisão de equipamentos periféricos. Os seguintes dados se aplicam ao orçamento de 2004:

Custos fixos operacionais da instalação de informática na faixa relevante de 6 mil horas a 18 750 horas	\$ 3 000 000
Capacidade produtiva	18 750 horas
Consumo (quantidade) orçado de longo prazo em horas:	
Divisão de microcomputadores	8 000 horas
Divisão de equipamentos periféricos	4 000 horas
Total	12 000 horas
Custo variável orçado por hora na faixa relevante de 6 mil horas a 18 750 horas	\$ 200 por hora usada

A demanda por serviços de computador poderia ocorrer como resultado de atividades de produção no nível de unidade, de lote ou de apoio ao produto nas divisões do usuário.

O Capítulo 9 do volume 1 descreveu escolhas alternativas de denominador — utilização de capacidade normal e da capacidade do orçamento geral como medidas de capacidade demandada e capacidades teórica e prática como medidas de capacidade fornecida — para alocar custos de fabricação para produtos. Questões similares ocorrem quando se apropriam custos de um departamento de apoio para divisões de usuários.

Primeiro, considere a apropriação dos custos da instalação de informática com base na *demanda por ou consumo de* serviços de informática. Sob o método da taxa única, os custos do departamento central de informática para 2004 seriam apropriados pela seguinte taxa orçada:

Consumo orçado	12 000 horas
Grupo de custo total orçado: $ 3 000 000 + (12 000 horas × $ 200/hora)	$ 5 400 000
Taxa total orçada por hora: $5 400 000 ÷ 12 000 horas	$ 450 por hora usada
Taxa de apropriação para a divisão de microcomputadores	$ 450 por hora usada
Taxa de apropriação para a divisão de equipamentos periféricos	$ 450 por hora usada

A taxa orçada, de $ 450 por hora, difere significativamente do custo variável orçado por hora, de $ 200. A taxa de $ 450 inclui uma quantia alocada de $ 250 por hora (custos fixos orçados, $ 3 000 000, ÷ consumo orçado, 12 000 horas) para os custos fixos de operação da instalação. Os custos fixos serão incorridos caso o computador opere na capacidade produtiva de 18 750 horas ou, digamos, no consumo orçado de 12 mil horas.

Se usado o método da taxa única, o custo fixo por hora, de $ 250, do departamento central de informática (e da CMB), é transformado em um custo variável para os usuários daquela instalação. Considerar custos fixos cobrados como sendo custos variáveis pode levar os usuários internos a adquirirem horas de sistemas de informática fora da empresa — caso haja a opção. Considere um fornecedor externo que cobre menos do que $ 450 por hora, mas mais do que $ 200 por hora. A divisão da CMB que usar esse fornecedor em vez do departamento central de informática diminuirá os próprios custos da divisão — mas os custos globais para a CMB aumentarão. Suponha que a divisão de microcomputadores use um fornecedor externo que cobre $ 340 por hora, tendo o departamento central de informática capacidade ociosa. No curto prazo, a CMB incorre $ 140 adicionais por hora — preço de compra externa de $ 340 por hora, menos a economia de $ 200 no custo variável interno por hora, de não usar a instalação interna — porque os custos fixos do departamento de informática permanecerão os mesmos.

Quando o método da taxa dupla é usado, as bases de apropriação precisam ser escolhidas para os grupos de custos variáveis e fixos. Suponha que as taxas orçadas sejam usadas. As quantidades de apropriação escolhidas são *consumo orçado para custos fixos* e *consumo real para custos variáveis*. O total do consumo orçado de 12 mil horas consiste de oito mil horas para a divisão de microcomputadores e de quatro mil horas para a divisão de equipamentos periféricos. A taxa de custos fixos orçados é de $ 250 por hora ($ 3 000 000 ÷ 12 000 horas). Os custos apropriados para a divisão de microcomputadores em 2004 seriam:

Custos fixos: $ 250 por hora × 8 000 horas	$ 2 000 000
Custos variáveis	$ 200 por hora usada

Os custos apropriados para a divisão de equipamentos periféricos em 2004 seriam:

Custos fixos: $ 250 por hora × 4 000 horas	$ 1 000 000
Custos variáveis	$ 200 por hora usada

Agora, suponha que, durante 2004, a divisão de microcomputadores utilize nove mil horas, e a divisão de equipamentos periféricos, três mil horas. Os custos apropriados para as duas divisões são assim calculados:

Sob o método da taxa única

Divisão de microcomputadores: 9 000 horas × $ 450 por hora	$ 4 050 000
Divisão de equipamentos periféricos: 3 000 horas × $ 450 por hora	$ 1 350 000

Sob o método da taxa dupla

Divisão de microcomputadores: $ 2 000 000 + (9 000 horas × $ 200 por hora)	$ 3 800 000
Divisão de equipamentos periféricos: $ 1 000 000 + (3 000 horas × $ 200 por hora)	$ 1 600 000

Um método alternativo é o de apropriar custos fixos da instalação de informática com base no *fornecimento* da capacidade. Exemplificamos essa abordagem usando as 18 750 horas de capacidade produtiva do departamento central de informática.

Taxa de custos fixos orçados por hora, $ 3 000 000 ÷ 18 750 horas	$ 160 por hora
Taxa de custos variáveis orçados por hora	200 por hora
Taxa de custo total orçado por hora	$ 360 por hora

Os custos são apropriados para as duas divisões da seguinte maneira:

Sob o método da taxa única

Divisão de microcomputadores: 9 000 horas × $ 360 por hora	$ 3 240 000
Divisão de equipamentos periféricos: 3 000 horas × $ 360 por hora	1 080 000
Custos fixos de capacidade ociosa de informática: 6 750[a] horas × $ 160 por hora	1 080 000

a *6 750 horas = Capacidade produtiva de 18 750 horas – 9 000 horas usadas pela divisão de microcomputadores – 3 000 horas usadas pelo departamento de equipamentos periféricos.*

Sob o método da taxa dupla

Divisão de microcomputadores: 8 000 × $ 160 (custos fixos) + 9 000 × $ 200	$ 3 080 000
Divisão de equipamentos periféricos: 4 000 × $ 160 (custos fixos) + 3 000 × $ 200	1 240 000
Custos fixos de capacidade ociosa de informática: 6 750[b] horas × $ 160 por hora	1 080 000

b *6 750 horas = Capacidade produtiva de 18 750 horas – 8 000 horas orçadas para serem usadas pela divisão de microcomputadores – 4 000 horas orçadas para serem usadas pelo departamento de equipamentos periféricos.*

Observe que a diferença entre os métodos da taxa única e da taxa dupla ocorre porque o método da primeira apropria os custos fixos com base no consumo real de recursos de informática pelas divisões de usuários, enquanto o da segunda apropria os custos fixos com base no consumo *orçado*. Ambos os métodos da taxa única e da taxa dupla apropriam somente os custos fixos reais de recursos usados ou os custos fixos orçados de recursos a serem usados pelas divisões de microcomputadores e de equipamentos periféricos. Recursos não usados pelo departamento de informática são destacados, mas não apropriados para as divisões. A vantagem em usar a capacidade produtiva é que ela foca a atenção da administração na gestão da capacidade ociosa (descrita no Capítulo 9 do volume 1). O uso da capacidade ociosa também evita onerar as divisões de usuários com o custo da capacidade ociosa do departamento de informática. Quando os custos são apropriados com base no consumo orçado ou real, todos os $ 3 milhões em custos fixos, incluindo o custo de capacidade ociosa, são apropriados para as divisões de usuários. Se custos forem usados como base para a precificação, cobrar as divisões de usuários por capacidade ociosa poderia resultar no espiral da demanda declinante.

Independentemente do nível do denominador usado para apropriar custos às divisões de usuários, há benefícios e custos tanto para o método da taxa única quanto para o método da taxa dupla. Um benefício evidente do método da taxa única é o baixo custo de implementação, pois evita a análise, muitas vezes cara, necessária para classificar os itens de custos individuais de um departamento em categorias fixas e variáveis. No entanto, o método da taxa única pode levar gerentes de divisão a tomarem decisões sobre terceirização que atendam melhor a seus próprios interesses, não aos da organização como um todo.

Um grande benefício do método da taxa dupla é o de que ele sinaliza aos gerentes de divisão como os custos variáveis e fixos se comportam de forma diferente. Essas informações orientam esses gerentes a tomar decisões que beneficiam a organização como um todo, assim como cada divisão. Por exemplo, terceirizar o fornecedor de informática, que cobra mais do que $ 200 por hora, levará a CMB e cada divisão a ficar em uma situação pior do que se usasse o próprio departamento central de informática, com custo variável de $ 200 por hora. Isso se deve ao fato de que, em qualquer caso, os custos fixos seriam cobrados de cada divisão, independentemente de uma delas comprar o serviço interna ou externamente.

Taxas orçadas *versus* reais

A decisão sobre usar taxas orçadas ou reais de custos afeta o nível de incerteza que as divisões de usuários enfrentam. Quando apropriações de custos são feitas usando taxas orçadas, os gerentes de divisões, às quais custos são apropriados, não enfrentam nenhuma incerteza sobre as taxas a serem usadas naquele período orçamentário. Os usuários podem então determinar a quantidade do serviço que querem pedir e — havendo a opção — se se deve usar a fonte do departamento interno ou um fornecedor externo. Em contrapartida, quando taxas reais são usadas para a apropriação de custos, os departamentos usuários não saberão as taxas que serão utilizadas até o final do período orçamentário.

Taxas orçadas também ajudam a motivar o gerente do departamento fornecedor (de apoio) — por exemplo, o departamento central de informática — a melhorar a eficiência. Durante o período orçamentário, o departamento fornecedor — não as divisões de usuários — arca com o risco de quaisquer variações desfavoráveis de custo. Por quê? Porque as divisões de usuários não pagam por quaisquer custos que excedam as taxas orçadas. O gerente do departamento fornecedor provavelmente enxergará as taxas orçadas de modo negativo, especialmente quando variações desfavoráveis de custos ocorrem devido a aumentos de preços fora de seu controle. É claro que se a alta administração for capaz de identificar esses fatores incontroláveis, o gerente poderá ser absolvido da responsabilidade por essas variações. O uso de taxas orçadas também garante que as divisões de usuários não paguem por ineficiências do departamento fornecedor.

Algumas organizações reconhecem que nem sempre é melhor impor os riscos de variações de quantias orçadas totalmente ao departamento fornecedor (como quando os custos são apropriados usando taxas orçadas), e nem totalmente às divisões de usuários (como quando os custos são apropriados usando taxas reais). Por exemplo, o departamento fornecedor e a divisão de usuários podem concordar em compartilhar o risco (de modo explícito) de um grande e incontrolável aumento no preço de materiais usados pelo departamento fornecedor.

Consumo orçado, consumo real e bases de apropriação no nível de capacidade

Sob o método da taxa dupla, a escolha entre o consumo real e o consumo orçado para a apropriação de custos fixos também pode afetar o comportamento de um gerente. Considere o orçamento de $ 3 milhões em custos fixos no departamento central de informática na CMB. Suponha que os custos fixos reais e os custos fixos orçados sejam iguais, e que o consumo real pela divisão de microcomputadores seja sempre igual ao consumo orçado. Agora, nós examinamos o efeito de apropriar os $ 3 milhões em custos fixos totais no consumo real, quando o consumo real pela divisão de equipamentos periféricos é igual (Caso 1), maior (Caso 2), e menor do que (Caso 3) o consumo orçado. Lembre-se de que o consumo orçado é de oito mil horas para a divisão de microcomputadores e de quatro mil horas para a divisão de equipamentos periféricos. O Quadro 2.1, Coluna 3, apresenta a apropriação de custos fixos totais de $ 3 milhões para cada divisão nos três casos.

No Caso 1, a apropriação de custos fixos é igual à quantia esperada. No Caso 2, a apropriação de custos fixos é $ 400 mil menor do que o esperado para a divisão de microcomputadores ($ 1 600 mil *versus* $ 2 milhões). No Caso 3, a apropriação de custos fixos é $ 400 mil maior do que o esperado ($ 2 400 mil *versus* $ 2 milhões). A que se deve o aumento de $ 400 mil para a divisão de microcomputadores no Caso 3, mesmo o consumo real sendo igual ao consumo orçado? Porque os custos fixos são distribuídos sobre menos horas de consumo real. Ou seja, variações no consumo na divisão de equipamentos periféricos afetam os custos fixos apropriados para a divisão de microcomputadores. Quando o consumo real é a base de apropriação, as divisões de usuários não saberão quanto custo será a elas apropriado até o final do período orçamentário.

Quando o consumo orçado é a base da apropriação, as divisões de usuários saberão de antemão os custos apropriados, independentemente do consumo real (Quadro 2.1, Coluna 2). Essas informações ajudam as divisões de usuários com o planejamento de curto e de longo prazos. Empresas se comprometem a custos de infra-estrutura (como os custos fixos de um departamento de apoio) com base num planejamento de longo prazo; o consumo orçado mede as demandas de longo prazo das divisões de usuários pelos serviços do departamento de apoio.

Apropriar custos fixos com base no consumo orçado de longo prazo pode instigar alguns gerentes a subestimar o consumo planejado, o que poderá levar suas divisões a arcar com uma porcentagem menor de custos fixos (supondo que todos os outros gerentes igualmente não subestimem os consumos). Para desencorajar essa prática, algumas empresas oferecem prêmios e bônus — a abordagem da cenoura — aos gerentes que fazem previsões precisas do consumo de longo prazo, impondo, em contrapartida, penalidades de custos — a abordagem da vara — ao subestimarem-no. Por exemplo, uma taxa mais alta de custo é cobrada de uma divisão ao exceder o consumo orçado.

Como temos visto, uma alternativa para o uso de medidas de capacidade demandada — consumo orçado ou consumo real — é apropriar os custos fixos do departamento central de informática com base na capacidade produtiva fornecida. A taxa orçada de custo fixo é de $ 160 por hora (custos fixos orçados, $ 3 milhões, ÷ capacidade produtiva, 18 750 horas). O Quadro 2.1, Coluna 4, mostra os custos fixos apropriados para as divisões de microcomputadores e de equipamentos periféricos usando essa abordagem.

A abordagem tem três características: (1) cada divisão é cobrada somente pelos serviços de instalação de informática que realmente usar; (2) variações no consumo real em uma divisão (a divisão de equipamentos periféricos) não afetam os custos apropriados para a outra divisão ($ 1 280 mil são apropriados para a divisão de microcomputadores em todos os três casos); e (3) os custos de capacidade ociosa da instalação de informática são destacados, e não apropriados às divisões de usuários. Em todos os três casos, a quantia total de custos fixos alocados às divisões de usuários é menor do que os $ 3 milhões em custos fixos do departamento central de informática.

O exemplo da CMB destaca questões gerais que ocorrem quando se está apropriando custos de um ou mais departamentos (divisões) para outros. A seguir, examinaremos o caso especial em que dois ou mais dos departamentos cujos custos estão sendo apropriados fornecem apoio recíproco um ao outro, assim como aos departamentos de operação.

Apropriando custos de departamentos de apoio múltiplo

Departamentos de operação e de apoio

Empresas distinguem departamentos de operação de departamentos de apoio. Um **departamento de operação,** também denominado **departamento de produção** em empresas de produção, adiciona valor diretamente a um produto ou serviço. Um **departamento de apoio**, também denominado **departamento de serviço**, fornece os serviços que auxiliam outros departamentos internos (departamentos de operação e outros departamentos de apoio)

Quadro 2.1 Efeito de variações no consumo real sobre apropriações de custos aos departamentos.

	(1) Consumo real		(2) Consumo orçado como base de apropriação		(3) Consumo real como base de apropriação		(4) Apropriações com base na capacidade produtiva	
Caso	**Div. de micros**	**Div. de periféricos**	**Div. de micros**	**Div. de periféricos**	**Div. de micros**	**Div. de periféricos**	**Div. de micros**	**Div. de periféricos**
1	8 000 horas	4 000 horas	$ 2 000 000[a]	$ 1 000 000[b]	$ 2 000 000[a]	$ 1 000 000[b]	$ 1 280 000[g]	$ 640 000[h]
2	8 000 horas	7 000 horas	$ 2 000 000[a]	$ 1 000 000[b]	$ 1 600 000[c]	$ 1 400 000[d]	$ 1 280 000[g]	$ 1 120 000[i]
3	8 000 horas	2 000 horas	$ 2 000 000[a]	$ 1 000 000[b]	$ 2 400 000[e]	$ 600 000[f]	$ 1 280 000[g]	$ 320 000[j]

a $\frac{8\,000}{(8\,000 + 4\,000)} \times \$\,3\,000\,000$ c $\frac{8\,000}{(8\,000 + 7\,000)} \times \$\,3\,000\,000$ e $\frac{8\,000}{(8\,000 + 2\,000)} \times \$\,3\,000\,000$ g $8\,000 \times \$\,160$ i $7\,000 \times \$\,160$

b $\frac{4\,000}{(8\,000 + 4\,000)} \times \$\,3\,000\,000$ d $\frac{7\,000}{(8\,000 + 7\,000)} \times \$\,3\,000\,000$ f $\frac{2\,000}{(8\,000 + 2\,000)} \times \$\,3\,000\,000$ h $4\,000 \times \$\,160$ j $2\,000 \times \$\,160$

da empresa. Departamentos de apoio apresentam problemas especiais de apropriação de custos ao fornecerem apoio recíproco um ao outro e aos departamentos de operação. Exemplo de apoio recíproco é o do departamento de recursos humanos (RH) fornecer serviços ao departamento jurídico (como conselhos sobre a contratação de advogados), e o departamento corporativo jurídico fornecer serviços para o departamento de RH (como conselhos sobre estar em conformidade com as leis trabalhistas). Apropriações mais precisas de custos de departamentos de apoio resultam em custos mais precisos de produtos, serviços e clientes.

Considere a Engenharia Castelo, que opera na capacidade produtiva para fabricar motores usados em usinas de geração de energia elétrica. A Castelo tem dois departamentos de apoio e dois departamentos de operação na sua instalação de produção:

Departamentos de apoio	Departamentos de operação
Manutenção de fábrica (e equipamento)	Usinagem
Sistemas de informação	Montagem

Na Castelo, os dois departamentos de apoio fornecem apoio recíproco um ao outro, assim como apoio aos dois departamentos de operação. Os custos são acumulados em cada departamento para propósitos de planejamento e controle. O Quadro 2.2 mostra os dados para o nosso exemplo. Nele explicamos as porcentagens usando o departamento de manutenção da fábrica, departamento de apoio que proporciona um total de oito mil horas de trabalho: 20% (1 600 ÷ 8 000 = 0,20) para o departamento de sistemas de informação, 30% (2 400 ÷ 8 000 = 0,30) para o departamento de usinagem, e 50% (4 000 ÷ 8 000 = 0,50) para o departamento de montagem.

Agora, examinaremos três métodos para apropriar os custos de departamentos de apoio: *direto, seqüencial* e *recíproco*. Para focar em conceitos, nós usamos o método da taxa única para apropriar os custos para cada departamento de apoio. (Em 'Problema para Auto-Estudo', neste capítulo, ilustramos o método da taxa dupla para apropriar custos do departamento de apoio.)

Método direto de apropriação

O **método direto de apropriação**, ou simplesmente **método direto**, é o mais amplamente usado para apropriar custos de departamentos de apoio. O método direto apropria os custos de cada departamento de apoio diretamente aos departamentos de operação. O Quadro 2.3 ilustra esse método usando os dados do Quadro 2.2. A base usada para apropriar os *custos de manutenção da fábrica* para os departamentos de operação é o total de horas orçadas de mão-de-obra de manutenção trabalhadas nos departamentos de operação: 2 400 + 4 000 = 6 400 horas. Essa quantia exclui as 1 600 horas de tempo de apoio fornecido pela *manutenção da fábrica* para *sistemas de informação*. Do mesmo modo, a base usada para a apropriação de custos de *sistemas de informação* para os departamentos de operações é 1 600 + 200 = 1 800 horas de tempo de computador, o que exclui as 200 horas de tempo de apoio fornecido por *sistemas de informação* à *manutenção de fábrica*.

O benefício do método direto é a simplicidade. Não há nenhuma necessidade de prever o consumo de serviços de departamentos de apoio por outros departamentos de apoio. Uma desvantagem é o fracasso em reconhecer serviços recíprocos fornecidos entre eles. Agora, nós examinaremos uma abordagem fácil de compreender para reconhecer parcialmente os serviços fornecidos entre departamentos de apoio.

Método seqüencial de apropriação

Algumas organizações usam o **método seqüencial de apropriação**, que permite o reconhecimento *parcial* dos serviços fornecidos entre departamentos de apoio.

Quadro 2.2 Dados para apropriar custos de departamentos de apoio na Engenharia Castelo, para 2004.

	DEPARTAMENTOS DE APOIO		DEPARTAMENTOS DE OPERAÇÃO		
	Manutenção de fábrica	Sistemas de informação	Usinagem	Montagem	Total
Custos indiretos de produção orçados antes de quaisquer apropriações de custos interdepartamentais	$ 600 000	$ 116 000	$ 400 000	$ 200 000	$ 1 316 000
Trabalho de apoio fornecido:					
Por manutenção de fábrica					
Horas orçadas de mão-de-obra	—	1 600	2 400	4 000	8 000
Porcentagem	—	20%	30%	50%	100%
Por sistemas de informação					
Tempo orçado de computador	200	—	1 600	200	2 000
Porcentagem	10%	—	80%	10%	100%

Quadro 2.3 Método direto para apropriar custos de departamentos de apoio para 2004 na Engenharia Castelo.

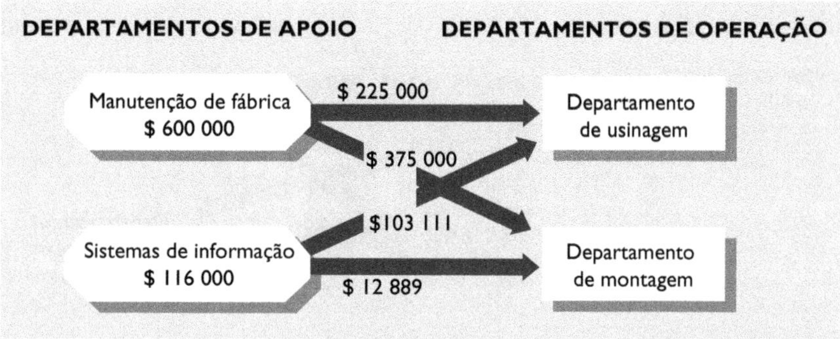

	DEPARTAMENTOS DE APOIO		DEPARTAMENTOS DE OPERAÇÃO		
	Manutenção de fábrica	**Sistemas de informação**	**Usinagem**	**Montagem**	**Total**
Custos indiretos de produção orçados antes de quaisquer alocações de custos interdepartamentais	$ 600 000	$ 116 000	$ 400 000	$ 200 000	$ 1 316 000
Alocação de manutenção de fábrica: (3/8, 5/8)[a]	(600 000)		225 000	375 000	
Alocação de sistemas de informação (8/9, 1/9)[b]	$ 0	(116 000)	(103 111)	12 889	
Total de custos indiretos orçados de produção de departamentos de operação		$ 0	$ 728 111	$ 587 889	$ 1 316 000

a *Base é (2 400 + 4 000), ou 6 400 horas; 2 400/6 400 = 3/8; 4 000/6 400 = 5/8.*
b *Base é (1 600 + 200), ou 1 800 horas; 1 600/1 800 = 8/9; 200/1 800 = 1/9.*

O Quadro 2.4 exibe o método seqüencial. O custo de $ 600 mil de manutenção de fábrica é apropriado primeiro. O Quadro 2.2 mostra que ela fornece 20 por cento de seus serviços para sistemas de informação, 30 por cento para usinagem e 50 por cento para montagem. Portanto, $ 120 mil são apropriados para sistemas de informação (20 por cento de $ 600 mil), $ 180 mil para usinagem (30 por cento de $ 600 mil) e $ 300 mil para montagem (50 por cento de $ 600 mil). Os custos de sistemas de informação totalizam agora $ 236 mil: custos indiretos orçados do departamento de sistemas de informação antes de quaisquer apropriações de custos interdepartamentais (do Quadro 2.2), $ 116 mil, mais $ 120 mil da apropriação de custos de manutenção de fábrica para o departamento de sistemas de informação. Os $ 236 mil são então apropriados somente entre os dois departamentos de operação com base na proporção dos serviços do departamento de sistemas de informação fornecidos para usinagem e montagem. Do Quadro 2.2, o departamento de sistemas de informação fornece 80 por cento de seus serviços para usinagem e 10 por cento para montagem, então, $ 209 778 (8/9 × $ 236 000) são apropriados para usinagem e $ 26 222 (1/9 × $ 236 000), para montagem.

Observe que esse método requer que os departamentos de apoio sejam classificados (seqüenciados) na ordem em que a apropriação seqüencial deverá ocorrer. No nosso exemplo, os custos do departamento de manutenção de fábrica foram apopriados primeiro para todos os outros departamentos, incluindo o de sistemas de informação, cujos custos foram apropriados a seguir, mas apenas para os dois departamentos de operação. Seqüências diferentes resultarão em alocações diferentes dos custos de departamentos de apoio para os departamentos de operação — por exemplo, se os custos do departamento de sistemas de informação tivessem sido apropriados primeiro e, em seguida, os do departamento de manutenção de fábrica. Um tipo de seqüência utilizado começa com o departamento de apoio, que presta a porcentagem mais alta de seus serviços totais para outros departamentos de apoio. A seqüência de apropriação continua, com o departamento de apoio, que presta a segunda maior porcentagem, tendo seus custos alocados, e assim por diante, terminando com o departamento de apoio que presta a porcentagem mais baixa.[1] No nosso exemplo, os custos do departamento de manutenção de fábrica foram apropriados primeiro porque ele fornece 20 por cento de seus serviços para o departamento de sistemas de informação, enquanto este fornece apenas 10 por cento de seus serviços para o departamento de manutenção de fábrica (veja o Quadro 2.2).

1. *Uma abordagem alternativa para a escolha da seqüência de alocações é começar com o departamento de apoio que presta a quantia mais alta de serviços em dólares para outros departamentos de apoio. A seqüência termina com a alocação dos custos do departamento que presta a quantia mais baixa de serviços em dólares para outros departamentos de apoio.*

Quadro 2.4 Método seqüencial para apropriar custos de departamentos de apoio para 2004 na Engenharia Castelo.

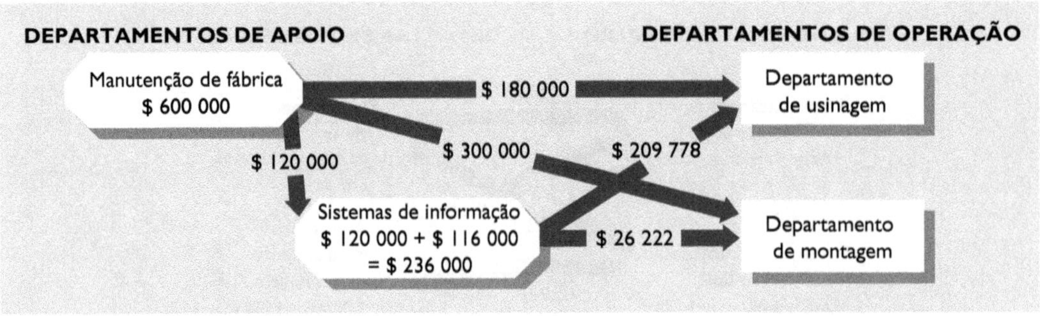

	DEPARTAMENTOS DE APOIO		DEPARTAMENTOS DE OPERAÇÃO		
	Manutenção de fábrica	**Sistemas de informação**	**Usinagem**	**Montagem**	**Total**
Custos indiretos de produção orçados antes de quaisquer apropriações de custos interdepartamentais	$ 600 000	$ 116 000	$ 400 000	$ 200 000	$ 1 316 000
Apropriação de manutenção de fábrica: (2/10, 3/10, 5,10)[a]	(600 000)	120 000	180 000	300 000	
Apropriação de sistemas de informação (8/9, 1/9)[b]	$ 0	236 000 (236 000)	209 778	26 222	
Total de custos indiretos orçados de produção de departamentos de operação		$ 0	$ 789 778	$ 526 222	$ 1 316 000

a *Base é (1 600 + 2 400 + 4 000), ou 8 000 horas; 1 600/8 000 = 2/10; 2 400/8 000 = 3/10; 4 000/8 000 = 5/10.*
b *Base é (1 600 + 200), ou 1 800 horas; 1 600/1 800 = 8/9; 200/1 800 = 1/9.*

Sob o método seqüencial, uma vez que os custos de um departamento de apoio tenham sido apropriados, nenhum custo de departamentos de apoio subseqüentes é apropriado. Uma vez apropriados os custos do departamento de manutenção de fábrica, ele não recebe nenhuma apropriação adicional de outros departamentos de apoio (classificados abaixo dele). O resultado é que o método seqüencial não reconhece o total de serviços que os departamentos de apoio fornecem um ao outro. O método recíproco reconhece plenamente todos esses serviços, como você verá a seguir.

Método recíproco de apropriação

O **método recíproco de apropriação** apropria custos ao incluir explicitamente os serviços mútuos fornecidos entre todos os departamentos de apoio. Por exemplo, o departamento de manutenção de fábrica mantém todo o equipamento de informática no departamento de sistemas de informação, que fornece o apoio de bancos de dados para a manutenção de fábrica. O método recíproco de apropriação incorpora plenamente os relacionamentos interdepartamentais nas apropriações de custos de departamentos de apoio.

O Quadro 2.5 apresenta uma maneira simples de compreender o método recíproco. Primeiro, os custos de manutenção de fábrica (MF) são apropriados para todos os outros departamentos, incluindo o de sistemas de informação (SI) (SI, 20 por cento; usinagem, 30 por cento; montagem, 50 por cento). Os custos no SI totalizam, então, $ 236 mil ($ 116 000 + $ 120 000 da primeira rodada de apropriações), como demonstra o Quadro 2.4. Os $ 236 mil são, então, apropriados para todos os outros departamentos, incluindo o de apoio MF, para os quais o departamento SI presta apoio — MF, 10 por cento; usinagem, 80 por cento; montagem, 10 por cento (veja Quadro 2.2). Os custos de MF, trazidos para $ 0, agora têm $ 23 600 da apropriação do departamento de SI. Esses custos são apropriados novamente para todos os outros departamentos, incluindo o SI, na mesma proporção em que os custos de MF foram apropriados anteriormente. Agora, os custos do departamento de SI, trazidos para $ 0, têm $ 4 720 das apropriações do departamento de MF. Esses custos são apropriados novamente na mesma proporção em que os custos de SI foram apropriados anteriormente. Rodadas sucessivas resultam em quantias cada vez menores sendo apropriadas para e reapropriadas dos departamentos de apoio até que eventualmente todos os custos tenham sido apropriados para os departamentos de operação.

Uma maneira alternativa de implementar a apropriação recíproca é formular e resolver equações lineares. Isso requer três etapas.

Quadro 2.5 Método recíproco para apropriar custos de departamentos de apoio para 2004 na Engenharia Castelo usando iterações repetidas.

	DEPARTAMENTOS DE APOIO		DEPARTAMENTOS DE OPERAÇÃO		
	Manutenção de fábrica	**Sistemas de informação**	**Usinagem**	**Montagem**	**Total**
Custos indiretos de produção orçados antes de quaisquer apropriações de custos interdepartamentais	$ 600 000	$ 116 000	$ 400 000	$ 200 000	$ 1 316 000
1ª Apropriação de manutenção de fábrica: (2/10, 3/10, 5/10)[a]	(600 000)	120 000	180 000	300 000	
		236 000			
1ª Apropriação de sistemas de informação: (1/10, 8/10, 1/10)[b]	23 600	(236 000)	188 800	23 600	
2ª Apropriação de manutenção de fábrica: (2/10, 3/10, 5/10)[a]	(23 600)	4 720	7 080	11 800	
2ª Apropriação de sistemas de informação: (1/10, 8/10, 1/10)[b]	472	(4 720)	3 776	472	
3ª Apropriação de manutenção de fábrica: (2/10, 3/10, 5/10)[a]	(472)	94	142	236	
3ª Apropriação de sistemas de informação: (1/10, 8/10, 1/10)[b]	9	(94)	75	10	
4ª Apropriação de manutenção de fábrica: (2/10, 3/10, 5/10)[a]	(9)	2	2	5	
4ª Apropriação de sistemas de informação: (1/10, 8/10, 1/10)[b]	0	(2)	2	0	
Total de custos indiretos orçados de produção de departamentos de operação	$ 0	$ 0	$ 779 877	$ 536 123	$ 1 316 000

O total de quantias dos departamentos de apoio apropriados e reapropriados (os números entre parênteses nas duas primeiras colunas).
Manutenção de fábrica: $ 600 000 + $ 23 600 + $ 472 + $ 9 = $ 624 081
Sistemas de informação: $ 236 000 + $ 4 720 + $ 94 + $ 2 = $ 240 816

a *Base é (1 600 + 2 400 + 4 000), ou 8 000 horas; 1 600 ÷ 8 000 = 2/10; 2 400 ÷ 8 000 = 3/10; 4 000 ÷ 8 000 = 5/10.*
b *Base é (200 + 1 600 + 200), ou 2 000 horas; 200 ÷ 2 000 = 1/10; 1 600 ÷ 2 000 = 8/10; 200 ÷ 2 000 = 1/10.*

Etapa 1: Expressar custos de departamentos de apoio e relacionamentos recíprocos de departamentos de apoio na forma de equações lineares. Deixe que MF represente os custos recíprocos completos de manutenção de fábrica e que SI represente os custos recíprocos completos de sistemas de informação. Nós então expressamos os dados do Quadro 2.2 da seguinte maneira:

MF = $ 600 000 + 0,1SI **(1)**
SI = $ 116 000 + 0,2MF **(2)**

O termo 0,1SI na equação (1) é a porcentagem dos serviços de sistemas de informação *consumida* por manutenção de fábrica. O termo 0,2MF na equação (2) é a porcentagem de serviços de manutenção de fábrica *consumida* por sistemas de informação. Com **custos recíprocos completos** nas equações (1) e (2), queremos dizer os próprios custos do departamento de apoio mais quaisquer apropriações de custos interdepartamentais. O número de custos recíprocos completos é, às vezes, chamado de **custos artificiais** do departamento de apoio.

Etapa 2: Resolver o conjunto de equações lineares para obter os custos recíprocos completos de cada departamento de apoio. Substituindo a equação (2) em (1):

MF = $ 600 000 + [0,1($ 116 000 + 0,2MF)]
MF = $ 600 000 + $ 11 600 + 0,02MF
0,98 MF = $ 611 600
MF = $ 624 082

Substituindo para a equação (2):

SI = $ 116 000 + 0,2($ 624 082)
SI = $ 116 000 + $ 124 816 = $ 240 816

Quando há mais de dois departamentos de apoio com relacionamentos recíprocos, *software* como o Excel pode ser usado para calcular os custos recíprocos completos de cada departamento de apoio. Os números de custos recíprocos completos também aparecem no fundo do Quadro 2.5, como as quantias totais apropriadas e reapropriadas (sujeitas a pequenas diferenças por arredondamento).

Quadro 2.6 Método recíproco para apropriar custos de departamentos de apoio para 2004 na Engenharia Castelo usando equações lineares.

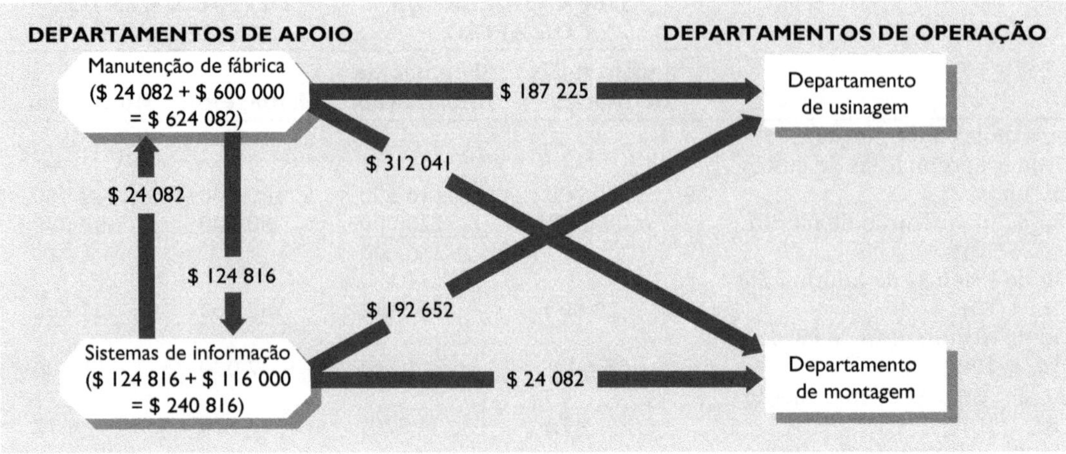

	DEPARTAMENTOS DE APOIO		DEPARTAMENTOS DE OPERAÇÃO		
	Manutenção de fábrica	**Sistemas de informação**	**Usinagem**	**Montagem**	**Total**
Custos indiretos de produção orçados antes de quaisquer apropriações de custos interdepartamentais	$ 600 000	$ 116 000	$ 400 000	$ 200 000	$ 1 316 000
Apropriação de manutenção de fábrica: (2/10, 3/10, 5,10)[a]	(624 082)	124 816	187 225	312 041	
Apropriação de sistemas de informação: (1/10, 8/10, 1/10)[b]	24 082	240 816	192 652	24 082	
Total de custos indiretos orçados de produção de departamentos de operação	$ 0	$ 0	$ 779 877	$ 536 123	$ 1 316 000

a *Base é (1 600 + 2 400 + 4 000), ou 8 000 horas; 1 600 ÷ 8 000 = 2/10; 2 400 ÷ 8 000 = 3/10; 4 000 ÷ 8 000 = 5/10.*
b *Base é (200 + 1 600 + 200), ou 2 000 horas; 200 ÷ 2 000 = 1/10; 1 600 ÷ 2 000 = 8/10; 200 ÷ 2 000 = 1/10.*

Etapa 3: Apropriar os custos recíprocos completos de cada departamento de apoio para todos os outros departamentos (tanto de apoio quanto de operação) com base nas porcentagens de consumo (com base no total de unidades de serviço fornecidas para todos os departamentos). Considere o departamento de sistemas de informação. Os custos recíprocos completos de $ 240 816 são apropriados da seguinte maneira:

Para manutenção de fábrica (1/10) × $ 240 816	=	$ 24 082
Para usinagem (8/10) × $ 240 816	=	192 652
Para montagem (1/10) × $ 240 816	=	24 082
Total		$ 240 816

O Quadro 2.6 apresenta dados resumidos pertencentes ao método recíproco.

Uma fonte de confusão para alguns gerentes no uso do método recíproco de apropriação de custos é porque os custos recíprocos completos, de $ 864 898, dos departamentos de apoio, excedem a quantia orçada de $ 716 mil.

Departamento de apoio	Custos recíprocos completos	Custos orçados	Diferença
Manutenção de fábrica	$ 624 082	$ 600 000	$ 24 082
Sistemas de informação	240 816	116 000	124 816
Total	$ 864 898	$ 716 000	$ 148 898

O custo recíproco completo de cada departamento de apoio é maior do que a quantia orçada para levar em conta que a apropriação de custos de apoio será para todos os departamentos que usufruem de seus serviços, e não apenas para os departamentos de operação. Esta é a etapa que garante que o método recíproco reconhece plenamente todos os inter-relacionamentos entre os departamentos de apoio, assim como os relacionamentos entre os departamentos de apoio e de operação. A diferença entre os custos recíprocos completos e os custos orçados para cada departamento de apoio é o total de custos apropriados entre os departamentos de apoio. O total de custos apropriados para os departamentos de operação sob o método recíproco de apropriação ainda é de apenas $ 716 mil.

Visão geral dos métodos

Suponha que a Castelo reaproprie o total de custos indiretos orçados de cada departamento de operação dos Quadros 2.3 a 2.6 para produtos individuais com base nas horas-máquina orçadas para o departamento de usinagem (quatro mil horas) e horas orçadas de mão-de-obra para o departamento de montagem (três mil horas). As taxas de apropriação de custos indiretos orçados para cada departamento de apoio por método de apropriação são:

Método de apropriação de custos do departamento de apoio	Total de custos indiretos orçados após apropriação de todos os custos de departamentos de apoio		Taxa de custos indiretos orçados por hora para propósitos de custeio do produto	
	Usinagem	Montagem	Usinagem (4 000 horas-máquina)	Montagem (3 000 horas de mão-de-obra)
Direto	$ 728 111	$ 587 889	$ 182	$ 196
Seqüencial	789 778	526 222	197	175
Recíproco	779 877	536 123	195	179

As diferenças das taxas orçadas de custos indiretos com métodos alternativos de apropriação de custos de departamentos de apoio podem, por exemplo, afetar a quantia de custos reembolsada pela Castelo pelos motores que ela fabrica sob contratos de reembolso de custos. Considere um contrato de reembolso de custos que use cem horas-máquina no departamento de usinagem e 15 horas de mão-de-obra no departamento de montagem. Os custos do departamento de apoio apropriados para esse contrato sob os três métodos ficariam assim:

Direto:	$ 21 140 ($ 182 por hora × 100 horas + $ 196 por hora × 15 horas)
Seqüencial:	22 325 ($ 197 por hora × 100 horas + $ 175 por hora × 15 horas)
Recíproco:	22 185 ($ 195 por hora × 100 horas + $ 179 por hora × 15 horas)

Os valores de custos reembolsados para a Castelo dependerão dos métodos utilizados para apropriar os custos dos departamentos de apoio para o custo total do contrato. Com a finalidade de evitar disputas em contratos de reembolso de custos que requerem a apropriação de custos de departamentos de apoio, os administradores devem sempre esclarecer o método a ser usado para a apropriação.

O método recíproco é conceitualmente o mais preciso, porque ele considera os serviços mútuos fornecidos entre todos os departamentos de apoio. A vantagem dos métodos direto e seqüencial é que são fáceis de calcular e compreender, em relação ao método recíproco. O método direto é amplamente usado (veja 'Pesquisas de Práticas Empresariais'). No entanto, com o aumento do poder de computação para fazer iterações repetidas (como no Quadro 2.5) ou para resolver conjuntos de equações simultâneas, mais empresas descobrirão que o método recíproco ficou mais fácil de implementar.

Uma outra vantagem do método recíproco é que ele destaca os custos recíprocos completos de departamentos de apoio e como eles diferem dos custos orçados ou reais dos departamentos. Sabendo os custos recíprocos completos de um departamento de apoio, é uma entrada-chave para decisões sobre terceirizar todos os serviços que o departamento de apoio oferece.

Suponha que todos os custos de departamentos de apoio da Castelo sejam variáveis sobre o período de um possível contrato de terceirização. Considere a cotação de um terceiro para, digamos, todos os serviços de sistemas de informação atualmente fornecidos pelo departamento de sistemas de informação da Castelo. Não compare a cotação com os custos de $ 116 mil relatados para o departamento de sistemas de informação, cujos custos recíprocos completos, que incluem os serviços do departamento de manutenção de fábrica fornecidos ao departamento de sistemas de informação, são de $ 240 816 para entregar duas mil horas de processamento para todos os outros departamentos na Castelo. Os custos recíprocos completos para tempo de computador são de $ 120 408 por hora ($ 240 816 ÷ 2 000 horas). Outras coisas mantidas iguais, a cotação de um terceiro para fornecer os mesmos serviços de informação que o departamento interno da Castelo, por menos do que $ 240 816, ou $ 120 408 por hora (mesmo se muito superior a $ 116 mil), melhoraria o lucro das operações da Castelo. Para entender esse ponto, observe que a economia relevante em fechar o departamento de sistemas de informação é de $ 116 mil em custos por ele demandados, *mais* $ 124 816 em custos do departamento de manutenção de fábrica. Ao fechar o primeiro, a Castelo não incorrerá mais os custos de 20 por cento do segundo (iguais a $ 124 816), incorridos para o apoio dado ao departamento de sistemas de informação. Assim, o total de economia em custos relevantes é de $ 240 816 ($ 116 000 + $ 124 816).[2] Os métodos direto e seqüencial não conseguem fornecer essas informações relevantes para tomadas de decisão sobre terceirização.

Agora, vamos considerar custos comuns, uma outra classe especial de custos para a qual contadores de custos elaboraram métodos específicos de apropriação.

2. *Questões técnicas, sobre quando usar o método recíproco em decisões sobre terceirização, são discutidas em R.S. Kaplan e A.A. Atkinson,* Advanced management accounting, *3. ed. (Upper Saddle River, NJ: Prentice Hall, 1998, pp. 73-81).*

Pesquisas de práticas empresariais

Apropriação de custos de departamentos de apoio

O uso do método direto para a apropriação de custos de departamentos de apoio é muito amplo. Pesquisas sistemáticas de métodos de apropriação de custos de departamentos de apoio estão disponíveis para a Austrália, o Japão e o Reino Unido.

Método de apropriação de custos de departamentos de apoio	Austrália	Japão	Reino Unido
1. Método direto	43%	58%	64%
2. Método seqüencial	3	27	6
3. Método recíproco	5	10	14
4. Outro método	15	1	8
5. Não apropriados	34	4	8
	100%	100%	100%

Fonte: De Blayney e Yokohama, *Comparative analysis.*

Apropriando custos comuns

Um **custo comum** é um custo para operar uma instalação, uma atividade ou objeto de custo similar, compartilhado por dois ou mais usuários. Considere José Branco, um recém-formando de Curitiba, convidado para uma entrevista de emprego com um empregador de Natal. A passagem aérea ida e volta de Curitiba a Natal custa $ 1 200. Uma semana depois, Branco também é convidado para uma entrevista em Palmas. A passagem aérea ida e volta de Curitiba a Palmas custa $ 800. Branco decide combinar as duas viagens de recrutamento para uma viagem de Curitiba/Natal/Palmas/Curitiba, que custará $ 1 500, um custo comum que beneficia ambos os empregadores em perspectiva. Duas maneiras de alocar esse custo comum entre os dois empregadores em perspectiva são o método único e o método incremental.

Método único de apropriação de custos

O **método único de apropriação de custos** usa informações pertencentes a cada usuário de um objeto de custo como uma entidade separada para determinar os pesos da apropriação de custos. Para a passagem aérea de custo comum, de $ 1 500, informações sobre as passagens aéreas de ida e volta ($ 1 200 e $ 800) separadas (únicas) são usadas para determinar os pesos de apropriação:

$$\text{Empregador de Natal:} \quad \frac{\$\ 1\ 200}{\$\ 1\ 200 + \$\ 800} \times \$\ 1\ 500 = 0{,}60 \times \$\ 1\ 500 = \$\ 900$$

$$\text{Empregador de Palmas:} \quad \frac{\$\ 800}{\$\ 800 + \$\ 1\ 200} \times \$\ 1\ 500 = 0{,}40 \times \$\ 1\ 500 = \$\ 600$$

Defensores desse método freqüentemente enfatizam o critério de justiça ou de eqüidade descrito no Quadro 2.2. O método é visto como justo porque cada empregador arca com uma partilha proporcional dos custos totais em relação aos custos individuais únicos.

Método incremental de apropriação de custos

O **método incremental de apropriação de custos** classifica os usuários individuais de um objeto de custo na ordem dos usuários mais responsáveis pelos custos comuns, e depois usa essa classificação para apropriar custos entre aqueles usuários. O usuário classificado primeiro no objeto de custo é o *usuário primário*, e a ele são apropriados os custos até os do usuário primário como um usuário único. O usuário classificado em segundo é o *primeiro usuário incremental*, e a ele são apropriados os custos adicionais advindos de dois usuários em vez de apenas do usuário primário. O usuário classificado em terceiro é o *segundo usuário incremental*, e a ele são apropriados os custos adicionais advindos de três usuários em vez de dois, e assim por diante.

Para ver como esse método funciona, considere novamente José Branco e sua passagem aérea de $ 1 500. Suponha que o empregador de Natal seja visto como a parte primária. Para Branco, ele já havia se comprometido a ir a Natal antes de aceitar o convite para a entrevista em Palmas. As apropriações de custos seriam assim:

Parte	Custos alocados	Custos remanescentes a serem apropriados para as outras partes
Natal (primário)	$ 1 200	$ 300 ($ 1 500 – $ 1 200)
Palmas (incremental)	300	0

Ao empregador de Natal é apropriada a tarifa completa de Curitiba a Natal. A porção não apropriada da tarifa completa é então apropriada para o empregador de Palmas. Se o empregador de Palmas tivesse sido escolhido como a parte primária, as apropriações de custos teriam sido assim: Palmas, $ 800 (a passagem aérea única ida e volta de Curitiba a Palmas) e Natal, $ 700 ($ 1 500 – $ 800). Quando há mais de duas partes, esse método requer que sejam classificados do primeiro ao último (digamos, com base na data em que cada empregador convidou o candidato para uma entrevista).

Sob o método incremental, a parte primária recebe a apropriação mais alta dos custos comuns. Não é nenhuma surpresa que a maioria dos usuários em situações de custos comuns queira ser vista como partes incrementais. Na maior parte dos casos, os usuários incrementais são empresas recém-formadas ou novas subunidades de uma empresa, como uma nova linha de produtos ou um novo território de vendas. As chances para a sobrevivência de curto prazo podem ser realçadas se eles arcarem com uma apropriação mais baixa dos custos comuns.

Quando ambas as partes são vistas como partes primárias, não há parte incremental. Se houver um grande custo comum que precisa ser incorrido, o uso do método incremental pode fazer com que as partes disputem quem é a incremental. Uma abordagem a ser usada em uma situação assim é a do método único de apropriação de custos.[3]

Uma palavra de cautela em relação às opções de apropriação de custos do Branco: o método por ele escolhido precisa ser aceitável para cada empregador em perspectiva. Alguns empregadores em perspectiva podem ter diretrizes para custos de recrutamento. Por exemplo, o empregador de Natal pode ter uma política em que a tarifa máxima reembolsável seja a de uma passagem comprada com sete dias de antecedência na classe econômica. Se essa quantia for menor do que a quantia que Branco receberia sob, digamos, o método único, então a diretriz de limite máximo do empregador governaria quanto poderia ser apropriado àquele empregador. Branco deve obter aprovação antes de comprar sua passagem, sobre qual método de apropriação de custos cada empregador em perspectiva acha aceitável.

Disputas sobre como apropriar custos comuns são freqüentes. A próxima seção discute o papel de dados de custos em vários tipos de contratos. Essa também é uma área em que disputas sobre apropriações de custos ocorrem com freqüência.

Apropriações de custos e contratos

Muitos contratos comerciais incluem cláusulas com base nas informações de contabilidade de custos. Por exemplo:

1. Um contrato entre o departamento de defesa e uma empresa para projeto e construção de um avião de caça novo especifica que o preço pago pelo avião deve ser baseado nos custos do fornecedor mais uma taxa fixa.
2. Um contrato de pesquisa entre uma universidade e uma agência do governo especifica que a universidade deverá ser reembolsada pelos seus custos diretos mais uma taxa de custos indiretos e uma porcentagem dos custos diretos.
3. Um contrato entre uma empresa de consultoria em energia e um hospital especifica que a empresa de consultoria deverá receber uma taxa fixa mais uma parte da economia em custos de energia proveniente da implementação das recomendações da empresa de consultoria.

Disputas contratuais ocorrem com freqüência, normalmente com respeito à apropriação de custos. As áreas de disputa entre as partes contratantes podem ser reduzidas ao explicitar as 'regras do jogo', formalizando-as por escrito antes de assinar o contrato. Tais regras envolvem a definição dos itens de custo permitidos; as definições dos termos usados, como o que constitui mão-de-obra direta; as bases de apropriação de custos permissíveis e como diferenças entre custos orçados e reais devem ser levadas em consideração.

Contratos com o governo dos EUA

O governo dos EUA reembolsa a maioria dos fornecedores de duas maneiras:

1. Ao *fornecedor é pago um preço estabelecido sem análise de dados reais do custo do contrato*. Essa abordagem é usada, por exemplo, quando há cotações concorrentes, quando há concorrência adequada em preço ou quando há um catálogo estabelecido com preços cotados para itens vendidos em quantidades substanciais para o público em geral.

3. *Uma outra abordagem é a de usar o valor Shapley, que considera cada parte primeiro como a parte primária e, depois, como a parte incremental. Dos cálculos mostrados nesta página, o empregador de Natal é apropriado $ 1 200 como a parte primária e $ 700 como a parte incremental, para uma média de $ 950 [($ 1 200 + $ 700) ÷ 2]. O empregador de Palmas é apropriado $ 800 como a parte primária e $ 300 como a parte incremental, para uma média de $ 550 [($ 800 + $ 300) ÷ 2]. A abordagem do valor Shapley apropriaria $ 950 ao empregador de Natal e $ 550 ao empregador de Palmas. Para discussão adicional, veja J. Demski,* Cost allocation games, *em S. Moriarty (Ed.),* Joint cost allocations, *(Centro para Pesquisa Econômica e Administrativa da Universidade de Oklahoma, 1981).*

2. *O fornecedor é pago após uma análise de dados reais do custo do contrato.* Em alguns casos, o contrato declarará explicitamente que o reembolso dar-se-á com base nos custos reais permissíveis mais uma taxa fixa.[4] Esse arranjo é chamado de *contrato de custo mais margem.*

Todos os contratos com agências do governo dos EUA precisam cumprir normas de contabilidade de custos emitidas pelo **Conselho de Normas para Contabilidade de Custos (CASB)**. Para contratos com o governo, o CASB tem autoridade exclusiva de fazer, pôr em vigor, emendar e rescindir normas e interpretações de contabilidade de custos. As normas são elaboradas para obter *uniformidade e consistência* em relação à mensuração, distribuição e apropriação de custos aos contratos dentro dos Estados Unidos.[5]

Em contratos com o governo, há uma interação complexa de considerações políticas e princípios contábeis. Termos como *justiça* e *eqüidade*, assim como *causa e efeito* e *benefícios recebidos*, são usados com freqüência em contratos com o governo.

Eqüidade na precificação

Em muitos contratos com o departamento de defesa, envolvendo armas e equipamentos novos, a incerteza sobre o que custaria para produzi-los é alta. Tais contratos raramente são sujeitos a cotações concorrentes. Isso se deve ao fato de nenhum fornecedor estar disposto a assumir todo o risco de receber um preço fixo pelo contrato e, subseqüentemente, incorrer custos altos para cumprir com o contrato. Assim, o estabelecimento de um preço fixo com base no mercado, para o contrato, fracassa em atrair fornecedores, ou o preço do contrato é excessivamente alto do ponto de vista do governo. Portanto, o governo assume uma parcela grande do risco de custos, potencialmente altos para completar o contrato. Ele negocia contratos usando *custos mais uma taxa fixa* como substituto dos preços de venda, normalmente estabelecidos por fornecedores no mercado. Em contratos de custos mais uma taxa fixa, os quais freqüentemente envolvem bilhões de dólares, uma apropriação de custos pode ser difícil de ser defendida com base em qualquer raciocínio de causa e efeito. Mesmo assim, as partes contratantes podem, ainda, entendê-la como sendo um meio *lógico* ou *justo* de ajudar a estabelecer uma quantia de contrato.

Alguns custos se tornam 'permissíveis', outros não. Um **custo permissível** é um custo que as partes contratantes concordam em incluir nos custos a serem reembolsados. Alguns contratos especificam como os custos permissíveis devem ser determinados. Por exemplo, somente tarifas aéreas econômicas são permissíveis em muitos contratos com o governo dos EUA. Outros contratos identificam categorias de custos não-permissíveis. Por exemplo, os custos de atividades de lobby e de bebidas alcoólicas não são custos permissíveis em contratos com o governo dos EUA. No entanto, os custos permissíveis nem sempre são tão claros. Disputas sobre contratos e alegações sobre cobranças excessivas para o governo não raro acontecem (veja 'Conceitos em Ação').

Apropriação de receitas e produtos conjugados

Questões sobre apropriação também podem ocorrer quando receitas de produtos múltiplos (por exemplo, programas diferentes de *software*) são agrupadas e vendidas por um único preço. Os métodos para a apropriação de receitas equiparam-se aos descritos para apropriações de custos comuns.

Receitas são entradas de ativos (quase sempre caixa ou contas a receber) recebidas por produtos ou serviços fornecidos a clientes. Análogo à apropriação de custos, a **apropriação de receitas** ocorre quando são relativas a um *objeto de receita* em particular, mas que não conseguem ser rastreadas mesmo de forma economicamente viável (eficaz no custo). Um **objeto de receita** é qualquer coisa para a qual uma medida separada de receita é desejada. Exemplos de objetos de receita incluem produtos, clientes e divisões. Ilustramos as questões de apropriação de receitas para a Supersoft, que desenvolve, vende e dá apoio a três *softwares*.

1. WordMaster, um programa de processamento de dados.
2. SpreadMaster, um programa de planilhas.
3. FinanceMaster, um programa de gestão de caixa e orçamentos.

---

4. *O Regulamento Federal de Aquisições (FAR) inclui a seguinte definição de 'apropriável' (em FAR 31 201-4):*
Um custo é apropriável se atribuível ou cobrável para um ou mais objetivos de custo de acordo com os benefícios relativos recebidos ou outro relacionamento eqüitativo. Sujeito ao exposto acima, um custo é apropriável a um contrato do governo se ele:
- *For incorrido especificamente para o contrato;*
- *Beneficiar o contrato e outros trabalhos, ... e puder ser distribuído a esses em uma proporção razoável quanto aos benefícios recebidos; ou*
- *For necessário para a operação global do negócio, embora não seja possível mostrar um relacionamento direto a qualquer objetivo de custo em particular.*

F. Alston, M. Worthington e L. Goldsman, Contracting with the Federal Government, *3. ed. (New York: Wiley, 1993, p. 136). Esse livro contém uma discussão extensa sobre o uso de dados de custos em contratos com o governo.*

5. *Detalhes sobre o Conselho de Normas para Contabilidade de Custos estão disponíveis no site www.fedmarket.com. O CASB faz parte do Escritório de Políticas de Compras Federais, Escritório de Administração e Orçamentos dos EUA.*

Conceitos em ação

Disputas contratuais sobre custos reembolsáveis para agências do governo dos EUA

Alegações sobre um fornecedor cobrando a mais de uma agência do governo invariavelmente chamam a atenção da mídia. Os quatro exemplos a seguir são casos em que fornecedores 'entraram em acordo com o governo sem admitirem a responsabilidade com respeito às cobranças'. Os nomes das empresas são fictícios. Esses exemplos ilustram vários tipos de disputas sobre custos que surgem na prática:

- XYZ, Ltda. concordou em pagar $ 4,5 milhões para solucionar pendências no sentido de haverem cobrado a mais da Marinha por custos de mão-de-obra. Foi alegado que os gerentes da XYZ teriam orientado os seus funcionários a cobrarem a mais pelo tempo de mão-de-obra em contratos militares, embora a administração soubesse que os funcionários não dedicaram tanto tempo ao trabalho quanto o cobrado do governo. Observe que quando horas de mão-de-obra são usadas para apropriar custos indiretos a um contrato, declarar em excesso as horas de mão-de-obra resultará em custos diretos e indiretos cobrados a mais. A cobrança em excesso é, às vezes, denominada *fraude dobrada*.
- A Corporação PQR concordou em pagar $ 2,2 milhões ao governo federal em razão das alegações de haver cobrado a mais do Departamento de Defesa por filtros de ar usados em helicópteros. Foi alegado que, durante as negociações, a PQR adquiriu uma ferramenta de máquina que reduziu significativamente o custo para produzir os filtros. Mas a PQR falhou em revelar essa informação ao governo, como exigido por lei federal. O Exército teria, de acordo com o processo, compartilhado essas economias, realizando o contrato a um preço mais baixo.
- A STV pagou $ 228 705 em danos para o governo dos EUA para encerrar um processo, alegando ter cobrado a mais do Exército por munição de carros de combate. As alegações se centralizaram nos preços que a STV afirmou ao governo que pagaria por dois componentes ($ 39,89 e $ 40,95). Foi alegado que, na verdade, a STV pagou preços inferiores ($ 39,00 e $ 39,35) como parte de um contrato de vários anos com seus fornecedores.
- A Corporação MNP concordou em pagar $ 175 milhões ao governo federal para encerrar acusações de que tenha cobrado a mais do Departamento de Serviços de Saúde e Humanos por reembolsos de Medicare (seguro de saúde federal). A MNP prestava cuidados e serviços de abrigo a pessoas idosas e a pacientes assistidos ou não pelo Medicare. O governo reembolsou a MNP com base no tempo que as enfermeiras da MNP dispenderam com pacientes assistidos pelo Medicare. O governo alegou que a MNP apresentou demonstrativos de tempo de serviço que apropriavam mais tempo e custos de enfermagem ao Medicare do que realmente haviam sido consumidos. De acordo com o governo, a MNP tinha um incentivo para fazer isso, porque as taxas de reembolso do Medicare eram mais altas do que as pagas por outros pacientes que a empresa atendia. O acordo de $ 175 milhões foi igual aos ganhos da MNP sobre os cinco anos anteriores.

Fonte: Artigos da *Defense Daily* e *Defense Weekly* e notas para a imprensa do Departamento de Justiça e do Departamento de Serviços de Saúde e Humanos dos EUA.

A Supersoft vende esses três produtos individualmente e também conjugados.

Um **produto conjugado** é um pacote de dois ou mais produtos (ou serviços) vendido por um único preço; componentes individuais com o respectivo preço unitário também podem ser vendidos como itens separados. O preço de um produto conjugado é menor do que a soma dos preços dos produtos individuais vendidos separadamente. Por exemplo, os bancos freqüentemente oferecem a clientes individuais um pacote de serviços de departamentos diferentes (conta corrente, cofre e consultoria em investimentos) por uma única taxa. Um hotel resort pode oferecer, por uma quantia única por cliente, um pacote de final de semana que inclui serviços dos departamentos de hospedagem, alimentação e recreação (golfe, tênis e exercícios físicos). Quando os gerentes departamentais têm responsabilidades de receitas ou lucros relacionados a produtos individuais, a receita conjugada precisa ser apropriada entre os produtos individuais do pacote.[6]

A Supersoft apropria receitas das vendas de seus produtos conjugados (chamadas de 'vendas agrupadas') para produtos individuais. A lucratividade do produto individual é usada para recompensar engenheiros de *software*, projetistas externos e gerentes de produtos responsáveis por desenvolver e gerenciar cada produto.

6. *Questões sobre a apropriação de receitas também ocorrem em relatórios externos. A Demonstração da Posição 97-2 (Reconhecimento de Receita de* Software*) declara que, com produtos conjugados, a apropriação de receitas "com base em evidência do objetivo específico do fornecedor de valor justo" é necessária. O "preço cobrado quando o elemento é vendido separadamente" é declarado como sendo "evidência objetiva de valor justo". Veja* Journal of Accountancy*. jan. 1998, p. 106.*

Métodos de apropriação de receitas

Como a Supersoft deve apropriar receitas agrupadas para produtos individuais? Aqui estão informações pertencentes aos três preços de venda 'únicos' e 'agrupados' em 2003:

Preço de venda	
Único	
WordMaster	$ 125
SpreadMaster	150
FinanceMaster	225
Agrupado	
Word + Spread	$ 220
Word + Finance	280
Word + Spread + Finance	380

O custo de produção por unidade de cada produto de *software* é: WordMaster, $ 18; SpreadMaster, $ 20 e FinanceMaster, $ 25.

Como vimos na seção sobre apropriações de custos comuns, os dois principais métodos de apropriação de receitas são o método único e o método incremental.

Método único de apropriação de receitas

O **método único de apropriação de receitas** usa informações específicas dos produtos, contidos num pacote, como pesos para apropriar as receitas conjugadas a produtos individuais. O termo *único* se refere ao produto como um item separado (não agrupado). Considere o grupo Word + Finance, vendido por $ 280. Quatro tipos de peso para o método único são a seguir demonstrados:

1. *Preços de venda.* Usando os preços de venda individuais de $ 125 para o WordMaster e de $ 225 para o FinanceMaster, os pesos para apropriação dos custos, de $ 280 entre os produtos, são:

$$\text{WordMaster: } \frac{\$\ 125}{\$\ 125 + \$\ 225} \times \$\ 280 = 0{,}357 \times \$\ 280 = \$\ 100$$

$$\text{FinanceMaster: } \frac{\$\ 225}{\$\ 125 + \$\ 225} \times \$\ 280 = 0{,}643 \times \$\ 280 = \$\ 180$$

2. *Custos por unidade.* Esse método usa os custos de produtos individuais (neste caso, o custo de produção por unidade) para determinar os pesos para as apropriações de receitas.

$$\text{WordMaster: } \frac{\$\ 18}{\$\ 18 + \$\ 25} \times \$\ 280 = 0{,}419 \times \$\ 280 = \$\ 117$$

$$\text{FinanceMaster: } \frac{\$\ 25}{\$\ 18 + \$\ 25} \times \$\ 280 = 0{,}581 \times \$\ 280 = \$\ 163$$

3. *Unidades físicas.* Esse método dá a cada unidade de produto no grupo o mesmo peso quando alocando receita do agrupamento para produtos individuais. Assim, com dois produtos no grupo de Word + Finance, cada produto é apropriado 50 por cento das receitas do grupo.

$$\text{WordMaster: } \frac{1}{1 + 1} \times \$\ 280 = 0{,}50 \times \$\ 280 = \$\ 140$$

$$\text{FinanceMaster: } \frac{1}{1 + 1} \times \$\ 280 = 0{,}50 \times \$\ 280 = \$\ 140$$

4. *Receitas de produtos únicos.* Receitas de produtos únicos captarão a quantidade de cada produto vendido, assim como os seus preços de venda. Suponha que as receitas únicas em 2003 sejam: WordMaster, $ 27 milhões; Spreadmaster, $ 15 milhões e FinanceMaster, $ 9 milhões. Os pesos para o grupo Word + Finance seriam:

$$\text{WordMaster: } \frac{\$\ 27 \text{ milhões}}{\$\ 27 \text{ milhões} + \$\ 9 \text{ milhões}} \times \$\ 280 = 0{,}75 \times \$\ 280 = \$\ 210$$

$$\text{FinanceMaster: } \frac{\$\ 9 \text{ milhões}}{\$\ 27 \text{ milhões} + \$\ 9 \text{ milhões}} \times \$\ 280 = 0{,}25 \times \$\ 280 = \$\ 70$$

A apropriação mais baixa de receitas para o FinanceMaster se deve, em parte, ao fato de ter sido lançado somente na metade de 2003 (julho de 2003).

As quatro abordagens para determinar pesos para o método único resultam em apropriações muito diferentes de receitas para os produtos individuais:

Pesos de alocação de receitas	WordMaster	FinanceMaster
Preços de venda	$ 100	$ 180
Custos por unidade	117	163
Unidades físicas	140	140
Receitas de produtos únicos	210	70

Qual dos métodos é preferido? Os pesos para o preço de venda e a receita de produtos únicos consideram especificamente o preço que os clientes estão dispostos a pagar pelos produtos individuais. Abordagens de peso que usam informações de receitas captam os 'benefícios recebidos' pelo cliente melhor do que os custos por unidade ou unidades físicas. A apropriação com base nas receitas de produtos únicos também tem a vantagem de atribuir mais peso ao produto que gera mais receitas e que provavelmente impulsiona as vendas do produto conjugado. O método de unidades físicas para apropriação de receitas é usado quando qualquer um dos outros métodos não pode ser usado (como quando os preços de venda são instáveis ou os custos por unidade são difíceis de calcular para produtos individuais).

Método incremental de apropriação de receitas

O **método incremental de apropriação de receitas** classifica produtos individuais em um grupo de acordo com os critérios determinados pela administração — como o produto no pacote com as maiores vendas —, e depois usa essa classificação para apropriar receitas conjugadas aos produtos individuais. O produto classificado primeiro é o *produto primário* no pacote. O produto classificado em segundo é o *primeiro produto incremental*, o produto classificado em terceiro é o *segundo produto incremental*, e assim por diante.

Como as empresas decidem sobre a classificação de produtos sob o método incremental de apropriação de receitas? Uma maneira é perguntar aos clientes a importância de cada um dos produtos individuais nas suas decisões de compra dos produtos conjugados. Outra é usar dados sobre o desempenho recente das vendas únicas dos produtos individuais no pacote. Uma terceira maneira é a alta administração usar o seu conhecimento ou intuição na classificação.

Considere novamente o pacote de Word + Finance da Supersoft. Suponha que o FinanceMaster seja designado como o produto primário. Se o preço de venda do pacote exceder o preço único do produto primário, ele será apropriado 100 por cento de sua receita única. Como o preço do pacote, de $ 280, excede o preço único de $ 225 para o FinanceMaster, ele é apropriado à receita de $ 225, com a receita remanescente de $ 55 ($ 280 – $ 225) apropriada para o WordMaster:

Produto	Receita apropriada	Receita remanescente a ser apropriada para outros produtos
FinanceMaster	$ 225	$ 55 ($ 280 – $ 225)
WordMaster	55	0
Total de receita alocada	$ 280	

Se o preço do grupo for menor ou igual ao preço único do produto primário, ao produto primário serão apropriados 100 por cento da receita do pacote. Nenhum dos outros produtos no pacote recebe alguma apropriação de receita.

Quando houver mais do que dois produtos no pacote, a receita do pacote será apropriada seqüencialmente. Suponha que o FinanceMaster seja o produto primário no pacote de três produtos da Supersoft (Finance + Spread + Word). O SpreadMaster é o primeiro produto incremental e o WordMaster, o segundo. Esse pacote é vendido a $ 380. A apropriação de $ 380 das receitas do pacote procede da seguinte maneira:

Produto	Receita apropriada	Receita remanescente a ser apropriada para outros produtos
FinanceMaster	$ 225	$ 155 ($ 380 – $ 225)
SpreadMaster	150	5 ($ 155 – $ 150)
WordMaster	5	0 ($ 5 – $ 5)
Total de receita alocada	$ 380	

Agora, suponha que FinanceMaster seja o produto primário, o WordMaster o primeiro produto incremental e o SpreadMaster, o segundo.

Produto	Receita apropriada	Receita remanescente a ser apropriada para outros produtos
FinanceMaster	$ 225	$ 155 ($ 380 – $ 225)
WordMaster	125	30 ($ 155 – $ 125)
SpreadMaster	30	0 ($ 30 – $ 30)
Total de receita alocada	$ 380	

A classificação dos produtos individuais no pacote determina as receitas a eles apropriadas. Na Supersoft, os gerentes de produtos muito provavelmente discordarão sobre como os produtos individuais contribuem para as vendas dos produtos do pacote. É possível que cada gerente de produto alegaria ser o responsável pelo produto primário no pacote de Word + Spread + Finance![7] Como o método único de apropriação de receitas não precisa das classificações dos produtos individuais no pacote, ele provavelmente não causaria debates acrimoniosos entre gerentes de produtos.

Outros métodos de alocação de receitas

O julgamento administrativo não baseado em uma fórmula específica é outro método de apropriação de receitas. Em um caso, o presidente de uma empresa de *software* decidiu emitir um conjunto de pesos de apropriação de receitas depois que os gerentes de três produtos de um pacote conjugado não chegaram a um consenso. Os pesos escolhidos pelo presidente foram de 45 por cento para o produto A, 45 por cento para o produto B e 10 por cento para o produto C. Os fatores considerados incluíram os preços de venda únicos (os três produtos eram muito similares), vendas por unidade únicas (A e B superavam dez vezes mais C), classificações de produtos por peritos independentes e percepção dos consumidores. O gerente do produto C reclamou que o peso de 10 por cento prejudicava drasticamente a contribuição do produto C às receitas do pacote. O presidente respondeu que sua inclusão no pacote aumentou consideravelmente a exposição do cliente ao produto C, o que resultaria no total das receitas do produto C serem muito maiores (mesmo com apenas 10 por cento das receitas do pacote) do que se não tivesse sido incluído no pacote.

Pedido			**Receitas apropriadas a cada produto**		
Primário	**1º Incremental**	**2º Incremental**	**FinanceMaster**	**WordMaster**	**SpreadMaster**
FinanceMaster	WordMaster	SpreadMaster	$ 225	$125	$ 30 ($380 – $ 225 – $ 125)
FinanceMaster	SpreadMaster	WordMaster	225	5 ($ 380 – $ 225 – $ 150)	150
WordMaster	FinanceMaster	SpreadMaster	225	125	30 ($ 380 – $ 125 – $ 225)
WordMaster	SpreadMaster	FinanceMaster	105 ($ 380 – $ 125 – $ 150)	125	150
SpreadMaster	FinanceMaster	WordMaster	225	5 ($ 380 – $ 150 – $ 225)	150
SpreadMaster	WordMaster	FinanceMaster	105 ($ 380 – $ 150 – $ 125)	125	150
Total:			$ 1 110	$ 510	$ 660
Receita Média Apropriada			$ 1 110 ÷ 6 = $ 185	$ 510 ÷ 6 = $ 85	$ 660 ÷ 6 = $ 110

Problema para auto-estudo

Este problema ilustrará como os métodos de apropriação de custos do departamento de apoio podem ser usados em um ambiente diferente do exemplo examinado no capítulo (Quadros 2.2 a 2.6). Nele os custos de departamentos de apoio da corporativa central são apropriados às divisões de operação. Os departamentos corporativos fornecem serviços um ao outro, assim como às divisões de operação. (O método da taxa dupla também pode ser usado nas apropriações de custos de departamentos de apoio à produção.)

A Computadores Horizontes orça as seguintes quantias para dois dos seus departamentos de apoio da corporativa central (jurídico e pessoal) para prestarem apoio um ao outro e às duas divisões de produção: a *divisão de notebooks* (DNB) e a *divisão de estações de trabalho* (DET):

	Consumo orçado por				
A ser fornecido por	**Jurídico**	**Pessoal**	**DNB**	**DET**	**Total**
Jurídico (horas)	—	250	1 500	750	2 500
(porcentagens)	—	10%	60%	30%	100%
Pessoal (horas)	2 500	—	22 500	25 000	50 000
(porcentagens)	5%	—	45%	50%	100%

Detalhes sobre o consumo real são:

7. *Calcular o valor Shapley mitigará esse problema porque cada produto será considerado como um produto primário, um primeiro e um segundo incremental. A receita apropriada a cada produto é uma média de receitas calculada para cada produto sob as diferentes suposições: FinanceMaster, $ 185; WordMaster, $ 85; e SpreadMaster, $ 110.*

A ser fornecido por	Consumo real por Jurídico	Pessoal	DNB	DET	Total
Jurídico (horas)	—	400	400	1 200	2 000
(porcentagens)	—	20%	20%	60%	100%
Pessoal (horas)	2 000	—	26 600	11 400	40 000
(porcentagens)	5%	—	66,5%	28,5%	100%

Os custos reais foram:

	Jurídico	Pessoal
Fixos	$ 360 000	$ 475 000
Variáveis	$ 200 000	$ 600 000

Os custos fixos são apropriados com base na capacidade orçada. Os custos variáveis são apropriados com base no consumo real.

Para fazer:

Qual a quantia de custos de departamentos de apoio para os departamentos jurídicos e de pessoal que será apropriada à DNB e DET usando: (a) o método direto, (b) o método seqüencial (apropriando os custos do departamento jurídico primeiro) e (c) o método recíproco usando equações lineares?

Solução

O Quadro 2.7 apresenta os cálculos para a apropriação dos custos fixos e variáveis dos departamentos de apoio. A seguir, temos um resumo desses custos:

	Divisão de *notebooks* (DNB)	Divisão de estações de trabalho (DET)
(a) Método direto		
Custos fixos	$ 465 000	$ 370 000
Custos variáveis	470 000	330 000
	$ 935 000	$ 700 000
(b) Método seqüencial		
Custos fixos	$ 458 053	$ 376 947
Custos variáveis	488 000	312 000
	$ 946 053	$ 688 947
(c) Método recíproco		
Custos fixos	$ 462 513	$ 372 487
Custos variáveis	476 364	323 636
	$ 938 877	$ 696 123

Pontos de decisão

Resumo

O formato a seguir de perguntas e respostas resume os objetivos de aprendizagem do capítulo. Cada decisão representa uma pergunta-chave relacionada a um objetivo de aprendizagem. As diretrizes são a resposta à pergunta.

Decisão	Diretrizes
1. Um gerente deveria usar o método de apropriação de custos de taxa única ou de taxa dupla?	O método de apropriação de custos de taxa única apropria custos em cada grupo de custos para objetos de custos usando a mesma taxa por unidade da base única de apropriação. No método da taxa dupla, os custos são agrupados em um grupo de custos variáveis e em um grupo de custos fixos; cada grupo usa uma base diferente de apropriação. Se os custos podem ser facilmente separados em fixos e variáveis, o método de apropriação da taxa dupla deve ser usado porque ele proporciona melhores informações para tomadas de decisão.
2. Quais fatores um gerente deveria considerar quando decidir se deve usar taxas orçadas ou reais de apropriação de custos?	Quando apropriações de custos são feitas usando taxas orçadas, os gerentes de divisões, às quais custos são apropriados, enfrentam incerteza sobre as taxas a serem usadas naquele período orçamentário. Em contrapartida, quando as taxas reais são usadas para a apropriação de custos, os gerentes não sabem quais taxas serão usadas no final do período orçamentário. Se taxas reais forem usadas, a eficiência do departamento de apoio afetará os custos apropriados ao departamento usuário.

Quadro 2.7 Métodos alternativos de apropriação de custos de departamentos de apoio corporativo à divisão de operação da Computadores Horizontes: método da taxa dupla.

	DEPARTAMENTOS DE APOIO CORPORATIVO		DEPARTAMENTOS DE PRODUÇÃO		
Método de apropriação	**Jurídico**	**Pessoal**	**DNB**	**DET**	**Total**
A. Método direto					
Custos fixos	$ 360 000	$ 475 000			
Jurídico (1 500 ÷ 2 250; 750 ÷ 2 250)	(360 000)		$ 240 000	$ 120 000	
Pessoal (22 500 ÷ 47 500; 25 000 ÷ 47 500)	$ 0	(475 000)	225 000	250 000	
		$ 0	$ 465 000	$ 370 000	$ 835 000
Custos variáveis	$ 200 000	$ 600 000			
Jurídico (400 ÷ 1 600; 1 200 ÷ 1 600)	(200 000)		$ 50 000	$ 150 000	
Pessoal (26 600 ÷ 38 000; 11 400 ÷ 38 000)	$ 0	(600 000)	420 000	180 000	
		$ 0	$ 470 000	$ 330 000	$ 800 000
B. Método seqüencial					
(Departamento jurídico primeiro)					
Custos fixos	$ 360 000	$ 475 000			
Jurídico (250 ÷ 2 500; 1 500 ÷ 2 500; 750 ÷ 2 500)	(360 000)	36 000	$ 216 000	$ 108 000	
Pessoal (22 500 ÷ 47 500; 25 000 ÷ 47 500)	$ 0	(511 000)	242 053	268 947	
		$ 0	$ 458 053	$ 376 947	$ 835 000
Custos variáveis	$ 200 000	$ 600 000			
Jurídico (400 ÷ 2 000; 400 ÷ 2 000; 1 200 ÷ 2 000)	(200 000)	40 000	$ 40 000	$ 120 000	
Pessoal (26 600 ÷ 38 000; 11 400 ÷ 38 000)	$ 0	(640 000)	448 000	192 000	
		$ 0	$ 488 000	$ 312 000	$ 800 000
C. Método recíproco					
Custos fixos	$ 360 000	$ 475 000			
Jurídico (250 ÷ 2 250; 1 500 ÷ 2 500; 750 ÷ 2 500)	(385 678)[a]	38 568	$ 231 407	$ 115 703	
Pessoal (2 500 ÷ 50 000; 22 500 ÷ 50 000; 25 000 ÷ 50 000)	25 678	(513 568)[a]	231 106	256 784	
	$ 0	$ 0	$ 462 513	$ 372 487	$ 835 000
Custos variáveis	$ 200 000	$ 600 000			
Jurídico (400 ÷ 2 000; 400 ÷ 2 000; 1 200 ÷ 2 000)	(232 323)[b]	46 465	$ 46 465	$ 139 393	
Pessoal (2 000 ÷ 40 000; 26 600 ÷ 40 000; 11 400 ÷ 40 000)	32 323	(646 465)[b]	429 899	184 243	
	$ 0	$ 0	$ 476 364	$ 323 636	$ 800 000

a *CUSTOS FIXOS*

Deixando FJ = Custos Fixos do Departamento Jurídico e FP = Custos Fixos do Departamento Pessoal, as equações simultâneas para o método recíproco são:

FJ = $ 360 000 + 0,05 FP
FP = $ 475 000 + 0,10 FJ
FJ = $ 360 000 + 0,05 ($ 475 000 + 0,10 FJ)
FJ = $ 385 678
FP = $ 475 000 + 0,10 ($ 385 678) = $ 513 568

b *CUSTOS VARIÁVEIS*

Deixando VJ = Custos Variáveis do Departamento Jurídico e VP = Custos Variáveis do Departamento Pessoal, as equações simultâneas para o método recíproco são:

VJ = $ 200 000 + 0,05 VP
VP = $ 600 000 + 0,20 VJ
VJ = $ 200 000 + 0,05 ($ 600 000 + 0,20 VJ)
VJ = $ 232 323
VP = $ 600 000 + 0,20 ($ 232 323) = $ 646 465

3. Quais métodos um gerente pode usar para apropriar custos de departamentos múltiplos de apoio aos departamentos de operação?

Os três métodos são o direto, o seqüencial e o recíproco. O método direto ignora quaisquer serviços recíprocos fornecidos entre departamentos de apoio e aloca custos de departamentos de apoio diretamente aos departamentos de operação. O método seqüencial permite o reconhecimento parcial de serviços fornecidos entre os departamentos de apoio. O método recíproco fornece reconhecimento pleno dos serviços, mas é mais complexo do que os métodos direto ou seqüencial.

4. Quais métodos um gerente pode usar para apropriar custos comuns a dois ou mais usuários?

Custos comuns são os custos de um objeto de custos (como de operar uma instalação ou executar uma atividade), compartilhados por dois ou mais usuários. O método único de apropriação de custos usa as informações que pertencem a cada usuário do objeto de custos para determinar os pesos de apropriação dos custos. O método incremental de apropriação de custos classifica os usuários individuais do objeto de custos e apropria os custos comuns primeiro para o usuário primário, e, depois, para os outros usuários incrementais.

5. Como podem ser reduzidas as disputas contratuais sobre reembolsos com base nos custos?

Faça com que as regras de distribuição de custos sejam tão explícitas quanto possível (e por escrito). Essas regras devem incluir detalhes como os itens de custos permissíveis, as bases aceitáveis para a apropriação de custos e como diferenças entre custos orçados e reais devem ser levadas em conta.

6. O que são produtos conjugados e por que dão vazão às questões de apropriação de receitas?

São produtos conjugados quando um pacote de dois ou mais produtos (ou serviços) são vendidos por um único preço. A apropriação de receitas do preço conjugado é necessária quando gerentes dos produtos individuais do pacote são avaliados sobre as receitas do produto ou os lucros das operações dos produtos.

7. Quais métodos um gerente pode usar para apropriar receitas de um pacote conjugado a produtos individuais no pacote?

Receitas podem ser apropriadas para um produto conjugado usando o método único, o método incremental ou o método recíproco.

Termos para aprender

Este capítulo e o Glossário no final do livro contêm definições de:

apropriação de receitas
Conselho de Normas para Contabilidade de Custos (CASB)
custo comum
custo permissível
custos artificiais
custos recíprocos completos
departamento de apoio
departamento de operação
departamento de produção
departamento de serviço
método da taxa única de apropriação de custos
método de apropriação de custos da taxa dupla
método direto
método direto de apropriação
método incremental de apropriação de custos
método incremental de apropriação de receitas
método recíproco de apropriação
método seqüencial de apropriação
método único de apropriação de custos
método único de apropriação de receitas
objeto de receita
produto conjugado

Material de trabalho

Questões

2-1 Faça a distinção entre os métodos de apropriação de custos de taxa única e de taxa dupla.

2-2 Descreva como o método da taxa dupla é útil para gerentes de divisão na tomada de decisão.

2-3 Como as taxas orçadas de custos motivam o gerente do departamento de apoio a melhorar a eficiência?

2-4 Dê exemplos de bases usadas para apropriar grupos de custos de departamentos de apoio aos departamentos de operação.

2-5 Por que um gerente poderia preferir que taxas orçadas, em vez de reais, de apropriação de custos indiretos, fossem usadas para custos apropriados ao seu departamento de outro departamento?

2-6 "Para assegurar apropriações não-tendenciosas de custos, os custos fixos indiretos devem ser apropriados com base no uso estimado de longo prazo pelos gerentes de departamentos usuários." Você concorda? Por quê?

2-7 Faça a distinção entre os três métodos de apropriação de custos de departamentos de apoio aos departamentos de operação.

2-8 Conceitualmente, qual é o método mais defensível para a apropriação de custos de departamentos de apoio? Por quê?

2-9 Faça a distinção entre os dois métodos de apropriação de custos comuns.

2-10 Qual é o papel do Conselho de Normas da Contabilidade de Custos quanto a contratos estabelecidos entre empresas e o governo dos EUA?

2-11 Qual é o recurso-chave para reduzir disputas sobre apropriação de custos derivadas de contratos com o governo?

2-12 Descreva como cada vez mais empresas estão enfrentando decisões sobre a apropriação de receitas.

2-13 Faça a distinção entre os métodos único e incremental de apropriação de receitas.

2-14 Identifique e discuta os argumentos dos quais os gerentes de produtos individuais podem lançar mão para apoiar o seu método preferido de apropriação de receitas.

2-15 Como poderia ser resolvida uma disputa sobre a apropriação de receitas de um produto conjugado?

Exercícios

2-16 **Métodos de apropriação de taxa única e de taxa dupla, departamento de apoio.** A usina de energia de Chicago, que serve todos os departamentos da Engenharia Meio-Oeste, tem um orçamento definido para o ano vindouro, expresso nos seguintes termos com base mensal:

Departamento de produção	Necessário no nível de produção da capacidade produtiva (horas quilowatt)	Consumo mensal médio esperado (horas quilowatt)
Rockford	10 000	8 000
Peoria	20 000	9 000
Hammond	12 000	7 000
Kankakee	8 000	6 000
Totais	50 000	30 000

Os custos mensais esperados para operar a usina de energia durante o ano orçado são de $ 15 000, assim distribuídos: $ 6 000 variáveis e $ 9 000 fixos.

Para fazer:

1. Suponha que um único grupo de custos seja usado para os custos da usina de energia. Quais quantias devem ser apropriadas a cada departamento de produção se (a) a taxa for calculada com base na capacidade produtiva e os custos forem apropriados com base na capacidade produtiva e (b) a taxa for calculada com base no consumo mensal esperado e os custos forem apropriados com base no consumo mensal esperado.
2. Suponha que o método da taxa dupla seja usado com grupos de custos separados para custos variáveis e fixos. Os custos variáveis são apropriados com base no consumo mensal esperado. Custos fixos são apropriados com base na capacidade produtiva. Quais as quantias em unidades monetárias apropriadas a cada departamento de produção? Por que você preferiria o método da taxa dupla?

2-17 **Método de apropriação de custos da taxa única, custos e quantidades orçados *versus* reais.** A Suco de Frutas Ltda. processa suco de laranja na fábrica situada em Nova América (parte da divisão de suco de laranja) e suco de tangerina na fábrica do município de Olímpia (parte da divisão de suco de tangerina). A compra de laranjas e tangerinas é feita em cooperativas da região de Araraquara e transportada em frota própria de caminhões. Cada uma das fábricas dista igualmente de Araraquara. A frota de caminhões é operada como um centro de custos. Cada fábrica é faturada pelos custos diretos e indiretos de cada viagem de ida e volta.

Os custos da frota de caminhões incluem custos diretos (custos de mão-de-obra dos motoristas, combustível e pedágios) e custos indiretos. Custos indiretos incluem a depreciação sobre pneus e o veículo, seguro e taxas de licenciamento.

No início de 2004, a divisão de suco de laranja orçou 150 viagens de ida e volta de Araraquara a Nova América, e a divisão de suco de tangerina orçou cem viagens de ida e volta de Araraquara a Olímpia. Com base nas 250 viagens orçadas (igual à capacidade produtiva da frota de caminhões), os custos indiretos orçados da frota de caminhões foram de $ 575 mil. Os seguintes resultados reais ocorreram:

Custos indiretos da frota de caminhões	$ 483 750
Número de viagens de ida e volta, Araraquara — Nova América	150
Número de viagens de ida e volta, Araraquara — Olímpia	75

A divisão da frota de caminhões usa o método da taxa única quando apropria custos indiretos dos caminhões.

Para fazer:

1. Qual é a taxa do custo indireto por viagem de ida e volta quando (a) custos orçados e viagens orçadas de ida e volta são usados e (b) quando custos reais e viagens reais de ida e volta são usados?
2. Quais são os efeitos de usar a taxa com base nos custos orçados/viagens orçadas de ida e volta em vez de a taxa com base nos custos reais/viagens reais de ida e volta para apropriar custos à divisão de suco de laranja usando o número real de viagens de ida e volta?

2-18 Método de apropriação de custos da taxa dupla, custos orçados *versus* reais e capacidade produtiva *versus* quantidades reais (continuação de 2-17). A Suco de Frutas Ltda. decide examinar o efeito de usar o método da taxa dupla para a apropriação de custos indiretos dos caminhões a cada viagem de ida e volta. No início de 2004, os custos indiretos orçados eram:

Custo variável indireto de ida e volta	$ 1 500
Custos fixos indiretos	$ 200 000

Os resultados reais para as 225 viagens de ida e volta feitas em 2004 foram:

Custos variáveis indiretos	$ 303 750
Custos fixos indiretos	180 000
	$ 483 750

Suponha que todas as outras informações sejam as mesmas do Exercício 2-17.

Para fazer:

1. Qual é a taxa dos custos indiretos por viagem de ida e volta com o método da taxa dupla, quando custos orçados–viagens orçadas de ida e volta são usados? Custos totais são calculados usando a taxa orçada vezes o consumo real (viagens) para custos variáveis e a taxa orçada vezes o consumo da capacidade produtiva para os custos fixos.
2. Do ponto de vista da divisão de suco de laranja, quais são os efeitos de usar o método da taxa dupla em vez do método da taxa única?

2-19 Apropriações de custos de departamentos de apoio, métodos direto e seqüencial. A Consultoria Fênix fornece serviços de terceirização e conselhos para clientes governamentais e corporativos. Para propósitos de custeio, a Fênix classifica os seus em dois departamentos de apoio (Administrativo/Recursos Humanos e Sistemas de Informação) e dois departamentos de operação (Consultoria Governamental e Consultoria Corporativa). Para o primeiro trimestre de 2003, a Fênix incorre os seguintes custos nos seus quatro departamentos:

Administrativo/Recursos Humanos (A/H)	$ 600 000
Sistemas de Informação (SI)	2 400 000
Clientes do Governo (GOV)	8 756 000
Clientes Corporativos (COR)	12 452 000

O nível real de relacionamentos de apoio entre os quatro departamentos para o primeiro trimestre de 2003 foi de:

	Usado por			
Fornecido por	**A/H**	**SI**	**GOV**	**COR**
A/H	—	25%	40%	35%
SI	10%	—	30%	60%

As porcentagens de apoio Administrativo/Recursos Humanos são baseadas em contagens de cabeças. As porcentagens de apoio de Sistemas de Informação são baseadas no tempo real de computador usado.

Para fazer:

1. Aproprie os custos dos dois departamentos de apoio aos custos dos departamentos de operação usando os seguintes métodos:
   a. Método direto
   b. Método seqüencial (aproprie A/H primeiro)
   c. Método seqüencial (aproprie SI primeiro)
2. Compare e explique as diferenças nos custos de departamentos de apoio apropriados a cada departamento de operação.
3. Quais abordagens poderiam ser usadas para decidir a seqüência pela qual apropriar os departamentos de apoio quando se estiver usando o método seqüencial? Qual abordagem você recomendaria que a Fênix usasse se, nos trabalhos de consultoria com o governo, fosse necessário usar o método seqüencial?

2-20 Apropriação de custos do departamento de apoio, método recíproco (continuação do 2-19). Refira-se aos dados exibidos no Exercício 2-19.

Para fazer:

1. Aproprie os custos dos dois departamentos de apoio aos custos dos departamentos de operação usando o método recíproco. Use (a) equações lineares e (b) iterações repetidas.
2. Compare e explique as diferenças na Parte 1 com aquelas da Parte 1 do Exercício 2-19. Qual dos métodos você prefere? Por quê?

Aplicação do Excel. Para aqueles alunos que desejam praticar suas habilidades com planilhas, segue uma abordagem passo a passo para a criação de uma planilha no Excel, para usar iterações repetidas para o Problema 1b.

Passo a passo

1. Abra uma planilha nova. No topo, crie uma seção de 'Dados originais' para os dados sobre custos do departamento e relacionamento de apoio fornecidos pela Consultoria Fênix. Insira os custos dos departamentos para A/H, SI, GOV e COR e o nível de relacionamento de apoio (expresso em %) entre esses departamentos exatamente no mesmo formato apresentado na página anterior.

   (Programe a sua planilha para executar todos os cálculos necessários. Não insira quaisquer quantias à mão, como apropriações de custos que necessitem de operações de somar, subtrair, multiplicar ou dividir.)
2. Pule duas linhas e crie uma seção 'Apropriação de custos — Método recíproco' usando um formato similar ao do Quadro 2.5. Crie colunas para os departamentos de apoio (A/H e SI), os departamentos de operação (GOV e COR) e para 'Totais'. Crie linhas para 'Custos de departamentos antes da apropriação de custos, 1ª apropriação de custos de A/H, 1ª apropriação de custos de SI, 2ª apropriação de custos de A/H' e '2ª apropriação de custos de SI'. Você adicionará mais linhas quando mais iterações forem necessárias.
3. Use os dados sobre custos de departamentos da sua seção de 'Dados originais' para preencher a linha de 'Custos de departamentos antes da apropriação de custos'. A seguir, use os dados sobre o nível de relacionamento de apoio entre os departamentos da sua seção de 'Dados originais' para calcular a 1ª e a 2ª apropriação de custos de A/H e SI. Continue a adicionar linhas para iterações adicionais de apropriações de custos até que os custos remanescentes a serem apropriados estejam suficientemente próximos de zero e, nesse momento, aproprie quaisquer custos remanescentes em um departamento de apoio para COR. Quando estiver terminado, inclua cálculos em linhas separadas para 'Custos totais dos departamentos de Operação' e 'Custos totais de departamentos de apoio apropriados para departamentos de operação'.
4. *Verifique a exatidão de sua planilha.* Vá até a seção de 'Dados originais' e mude o nível de relacionamentos de apoio entre o departamento de A/H e os departamentos de SI, GOV e COR de 25 por cento, 40 por cento, 35 por cento, para 25 por cento, 50 por cento e 25 por cento. Se você programou sua planilha corretamente, os custos totais (após todas as apropriações de custos) no departamento GOV devem mudar para $ 9 971 385.

2-21 Apropriação direta e seqüencial. A E-livros é uma varejista de livros on-line. A empresa tem quatro departamentos. Os dois departamentos geradores de receitas são vendas corporativas e vendas ao consumidor. Os dois departamentos de apoio são o administrativo (recursos humanos, contabilidade e assim por diante) e informações de sistemas. Cada um dos departamentos de vendas conduz as operações de comercialização e de marketing independentemente.

Os dados para setembro de 2004 consistem em:

Departamentos	Receitas	Número de funcionários	Tempo de processamento usado (em minutos)
Vendas corporativas	$ 1 334 200	42	1 920
Vendas ao consumidor	667 100	28	1 600
Administrativo	—	14	320
Sistemas de informação	—	21	1 120

Os custos incorridos em cada um dos quatro departamentos, para setembro de 2004, são:

Vendas corporativas	$ 998 270
Vendas ao consumidor	489 860
Administrativo	72 700
Sistemas de informação	234 400

Use o número de funcionários para apropriar os custos administrativos e o tempo de processamento usado para apropriar os custos de sistemas de informação.

Para fazer:

1. Aproprie os custos do departamento de apoio para os departamentos geradores de receita usando o método direto.
2. Classifique os departamentos de apoio com base na porcentagem de serviços prestada a outros departamentos de apoio. Use essa classificação para apropriar os custos com base no método seqüencial de apropriação.
3. Como você poderia ter classificado os departamentos de apoio de forma diferente?

2-22 Apropriação recíproca de custos (continuação do 2-21). Paute-se novamente na E-livros. O *controller* da E-livros está lendo um livro muito recomendado, que diz que "o método recíproco de apropriação é conceitualmente o mais defensível", procurando nele soluções.

Para fazer:

1. Descreva as características-chave do método recíproco de apropriação.
2. Aproprie os custos dos departamentos de apoio (administrativo e sistemas de informação) aos dois departamentos geradores de receitas usando o método recíproco de apropriação.
3. Sob qual condição o método recíproco é mais preciso do que os métodos direto e seqüencial? No caso apresentado neste exercício, qual dos métodos você recomendaria? Por quê?

2-23 Apropriação de custos comuns. Samuel, Sara e Tony trabalham como engenheiros na Engenharia Diadema. Eles dividem uma cobertura com uma sala que abriga uma moderna TV de 50 polegadas. Proprietário do imóvel e de todos os bens que ele contém, Tony pensa fazer a assinatura de uma TV a cabo, que tem os seguintes pacotes disponíveis:

Pacote	Por mês
A. Básico — Notícias	$ 32
B. Prêmio — Filmes	25
C. Prêmio — Esportes	30
D. Básico — Notícias + Prêmio — Filmes	50
E. Básico — Notícias + Prêmio — Esportes	54
F. Prêmio — Filmes + Prêmio — Esportes	48
G. Básico — Notícias + Prêmio — Filmes + Prêmio — Esportes	70

Samuel é viciado em notícias, tem interesse relativo em filmes e nenhum em esportes. Sara adora filmes, gosta de esportes e evita as notícias. Tony é vidrado em esportes, tem interesse relativo em notícias e nenhum interesse em filmes (ele sempre dorme antes do fim do filme). Eles todos concordam que a compra do pacote total, de $ 70, é uma situação de "ganha-ganha-ganha".

Cada um dos colegas trabalha na Diadema em turnos diferentes de oito horas; os conflitos, portanto, são mínimos.

Para fazer:

1. Quais critérios poderiam ser usados para orientar a escolha de sobre como apropriar a cobrança mensal pela assinatura, de $ 70, entre Samuel, Sara e Tony?
2. Delineie dois métodos para apropriar os $ 70 entre Samuel, Sara e Tony.

2-24 Apropriação de custos comuns. Joana Hernandes, formanda de uma universidade próxima a Porto Alegre, recebeu um convite para visitar um possível empregador em São Luiz. Poucos dias depois, ela recebeu outro convite, também de um possível empregador, de Goiânia. Ela decidiu combinar as duas visitas viajando Porto Alegre/São Luiz, São Luiz/Goiânia e Goiânia/Porto Alegre.

Joana recebeu ofertas de emprego de ambas as empresas. Ao retornar, ela decidiu aceitar a oferta de Goiânia, mas está indecisa quanto a como apropriar os custos de viagem entre os dois empregadores. Ela coletou os seguintes dados para tarifas normais de ida e volta, sem escalas:

Porto Alegre/São Luiz	$ 1 400
Porto Alegre/Goiânia	$ 1 100

Joana pagou $ 1 800 pelo vôo de três trechos (Porto Alegre/São Luiz, São Luiz/Goiânia, Goiânia/Porto Alegre). Além disso, gastou mais $ 30 na ida e na volta pelo traslado de sua casa ao aeroporto de Porto Alegre e de volta para casa.

Para fazer:

1. Como Joana deveria apropriar a tarifa de $ 1 800 entre os empregadores em São Luiz e Goiânia usando (a) o método único de apropriação e (b) o método incremental de apropriação?
2. Qual método você recomendaria para Joana usar e por quê?
3. Como Joana deveria apropriar as taxas de $ 60 em traslado entre os empregadores em São Luiz e Goiânia?

2-25 Apropriação de receitas, produtos conjugados. A Pebble Resorts opera um hotel cinco estrelas com um campo de golfe reconhecido mundialmente. Ela tem uma estrutura gerencial descentralizada, composta de três divisões:

- Alojamento (apartamentos, instalações para conferências)
- Alimentação (restaurantes e serviço de quarto)
- Recreação (campo de golfe, quadras de tênis etc.)

Começando no mês que vem, a Pebbles oferecerá uma promoção: um 'pacote romântico' para duas pessoas, por dois dias, a $ 700. A promoção inclui:

- Duas noites de estadia, para duas pessoas, em um apartamento com vista para o mar — preço separado: $ 640 ($ 320 por noite para duas pessoas).
- Duas partidas de golfe — preço separado: $ 300 ($ 150 por partida). Uma pessoa pode fazer as duas partidas ou as duas podem fazer uma partida cada.
- Jantar a luz de velas para duas pessoas no exclusivo Pebbles Pacific Restaurant — preço separado: $ 80 por pessoa.

Samantha Lee, presidente da divisão de recreação, pediu recentemente ao CEO da Pebbles Resort, detalhamento de como sua divisão compartilharia da receita de $ 700, originada do pacote. O campo de golfe estava operando a 100 por cento de sua capacidade (e mais). Sob as regras do 'pacote romântico', os participantes que antecipassem em uma semana as suas reservas garantiam acesso ao campo de golfe. Samantha observou que cada reserva no pacote deslocaria outra, no valor de $ 150, enfatizando que a alta demanda refletia a devoção de sua equipe em manter o campo de golfe classificado entre 'Os 10 Melhores Campos do Mundo' pela revista *Golf Monthly*. Como um aparte, ela também observou que as divisões de alojamento e alimentação deveriam trabalhar clientes não apenas em "eventos de pico, como o período do Ano Novo".

Para fazer:

1. Com os preços de venda como os pesos, aproprie a receita de $ 700 do 'pacote romântico' às três divisões usando:
   a. O método único de apropriação de receita;
   b. O método incremental de apropriação de receita (com recreação primeiro, seguida de alojamento e, por último, alimentação).
2. Quais as vantagens e as desvantagens de *a* e *b* na Questão1?

2-26 Apropriação de receita, produtos conjugados, complexidades adicionais (continuação do 2-25). Os itens individuais na promoção do 'pacote de fuga', da Pebble Resorts, não são totalmente usados por cada hóspede. Suponha que 10 por cento dos usuários do 'pacote romântico' não usem a opção de golfe no primeiro mês e que 5 por cento não usufruam da opção alimentação. A opção de alojamento tem um índice de consumo de 100 por cento.

Para fazer: Como a Pebble Resorts deveria reconhecer o fato de não usar a divisão da receita do pacote de $ 700 entre as divisões de alojamento, alimentação e recreação?

Problemas

2-27 Apropriação de taxa única, taxa dupla e capacidade produtiva. A Loja de Departamentos Pedroso tem um serviço gratuito de embalagem para presente para os clientes que desejem embalar adequadamente os seus presentes. A Pedroso tem capacidade produtiva mensal para embalar oito mil itens para presente, apropriada entre diferentes departamentos. Os custos fixos mensais da capacidade produtiva pelo serviço de embalar presentes são de $ 6 mil. O custo variável médio orçado para embalar um item é de $ 0,60. Embora o serviço seja gratuito para os clientes, os custos do serviço de embalagem são apropriados ao departamento em que o cliente fez a compra.

O uso real do serviço de embalagem para presente de vários dos departamentos durante o mês em curso e as respectivas necessidades na capacidade produtiva são:

Departamento	Número real de presentes embalados	Número de presentes que podem ser embalados na capacidade produtiva
Presentes	2 200	2 800
Vestuário masculino	750	1 000
Vestuário feminino	1 600	2 100
Calçados	450	700
Louça	650	900
Cama, mesa e banho	350	500

Para fazer:

1. Aproprie os custos pelo serviço de embalagem para presente a cada departamento, usando o método da taxa única com base no número real de presentes embalados.
2. Calcule a quantia apropriada para cada departamento usando o método da taxa dupla quando os custos fixos são apropriados com base na capacidade produtiva e os custos variáveis são apropriados usando o consumo real.
3. Comente os resultados das Questões 1 e 2.

2-28 Métodos de apropriação de custos da taxa única *versus* taxa dupla (W. Crum, adaptado). A Cia. Carolina projetou e construiu uma usina de energia para atender às suas três fábricas. Os dados para 2003 são os seguintes:

	CONSUMO EM QUILOWATTS-HORA		
Fábrica	Necessário no nível de produção da capacidade produtiva	Consumo orçado	Consumo real
Durham	100 000	80 000	85 000
Charlotte	60 000	50 000	40 000
Raleigh	40 000	30 000	35 000
Total	200 000	160 000	160 000

Os custos fixos orçados da usina de energia, em 2003, foram de $ 1 milhão, e os custos variáveis orçados, de $ 2 milhões.

Para fazer:

1. Aproprie os custos da usina de energia para Durham, Charlotte e Raleigh usando o método da taxa única, na qual a taxa orçada é calculada usando a capacidade produtiva, mas os custos são apropriados a Durham, Charlotte e Raleigh com base no consumo real.
2. Aproprie os custos da usina de energia para Durham, Charlotte e Raleigh usando o método da taxa única, na qual a taxa orçada é calculada com base no consumo orçado e os custos são apropriados a Durham, Charlotte e Raleigh com base no consumo real.
3. Aproprie os custos da usina de energia para Durham, Charlotte e Raleigh usando o método da taxa dupla, na qual a taxa orçada dos custos fixos é calculada usando a capacidade produtiva e os custos fixos são apropriados à Durham, Charlotte e Raleigh com base na capacidade produtiva. A taxa orçada do custo variável é calculada usando o consumo orçado e os custos variáveis são apropriados a Durham, Charlotte e Raleigh com base no consumo real.
4. Aproprie os custos da usina de energia para Durham, Charlotte e Raleigh usando o método da taxa dupla, na qual a taxa orçada dos custos fixos é calculada usando o consumo orçado e os custos fixos são apropriados a Durham, Charlotte e Raleigh com base no consumo orçado. A taxa orçada do custo variável é calculada usando o consumo orçado, e os custos variáveis são apropriados a Durham, Charlotte e Raleigh com base no consumo real.

2-29 Apropriações pela taxa única, pela taxa dupla e pela capacidade produtiva. A Raimundo Ltda. tem a sua própria usina de energia que conta com dois usuários, o departamento de corte e o departamento de soldagem. Quando os planos foram preparados para a usina de energia, a alta executiva decidiu que a sua capacidade produtiva deveria ser de 150 mil horas-máquina (HM). Os custos fixos anuais orçados de capacidade produtiva são de $ 450 mil, e os custos variáveis orçados, de $ 2,00 por hora-máquina. Os seguintes dados estão disponíveis:

	Departamento de corte	Departamento de soldagem	Total
Consumo real em 2004 (HM)	60 000	40 000	100 000
Capacidade produtiva para cada departamento (HM)	90 000	60 000	150 000

Para fazer:

1. Aproprie os custos da usina de energia aos departamentos de corte e soldagem usando o método da taxa única, na qual a taxa orçada é calculada usando a capacidade produtiva, e os custos, apropriados com base no consumo real.

2. Aproprie os custos da usina de energia aos departamentos de corte e soldagem usando o método da taxa dupla, na qual os custos fixos são apropriados com base na capacidade produtiva e os custos variáveis são apropriados com base no consumo real.
3. Aproprie os custos da usina de energia aos departamentos de corte e soldagem usando o método da taxa dupla, na qual a taxa dos custos fixos é calculada usando a capacidade produtiva, mas os custos fixos são apropriados aos departamentos de corte e soldagem com base no consumo real. Os custos variáveis são apropriados com base no consumo real.
4. Comente os resultados das Questões 1, 2 e 3.

2-30 Apropriação de custos, consumo real *versus* orçado (CMA, revisado). A Bulldog Ltda. é uma grande empresa que opera usando recursos próprios de geração de energia, distribuída entre dois departamentos de produção: o departamento A e o departamento B. A capacidade da usina de energia foi originalmente determinada pelos picos de demanda, esperados dos dois departamentos de produção. Os consumos normais esperados são, respectivamente, de 60 por cento ou 60 milhões de kWh para o departamento A, e de 40 por cento ou 40 milhões de kWh para o departamento B.

Os custos mensais orçados para a produção de energia, com base no consumo normal de cem milhões de kWh, são de $ 30 milhões em custos fixos e $ 7 500 mil em custos variáveis. Em novembro, os quilowatts-hora usados foram de 60 milhões pelo departamento A e de 20 milhões pelo departamento B. Os custos fixos reais foram de $ 30 milhões e os custos variáveis reais foram de $ 7 500 mil.

Tadeu Carneiro, o *controller*, preparou o seguinte relatório mensal:

Bulldog Ltda. — Relatório de apropriação mensal — Novembro de 2003	
Consumo da usina de energia	80 000 000 kWh
Custos reais:	
Variáveis	$ 7 500 000
Fixos	30 000 000
Total	$ 37 500 000
Taxa por kWh ($ 37 500 000 ÷ 80 000 000 kWh)	$ 0,46875
Apropriações:	
Ao departamento A (60 000 000 kWh × $ 0,46875)	$ 28 125 000
Ao departamento B (20 000 000 kWh × $ 0,46875)	9 375 000
Total apropriado	$ 37 500 000

Tadeu apropriou plenamente todos os custos da usina de energia com base nos quilowatts-hora reais consumidos em cada departamento de produção. Esse relatório será submetido aos dois gerentes de operação dos departamentos de produção.

Para fazer:

1. Discuta ao menos dois problemas apresentados pelo relatório de apropriação mensal preparado pela Carneiro para novembro de 2003.
2. Prepare um relatório revisado de apropriação mensal, para novembro de 2003, usando uma abordagem do orçamento flexível. Use taxas orçadas vezes o consumo real para os custos variáveis e taxas orçadas supondo consumo orçado (normal) para os custos fixos.
3. Discuta a possível implicação do relatório de apropriação mensal do *controller*, para novembro de 2003, no comportamento do gerente de produção do departamento B.

2-31 Apropriando custos de departamentos de apoio, métodos seqüencial e direto. A Cia. do Vale Central tem preparado orçamentos de custos indiretos de departamentos para níveis de volume normal antes das apropriações, da seguinte maneira:

Departamentos de apoio:		
Prédio e áreas	$ 10 000	
Pessoal	1 000	
Administração geral da fábrica	26 090	
Refeitório: prejuízo operacional	1 640	
Depósito	2 670	
Total		$ 41 400
Departamentos de operação:		
Usinagem	$ 34 700	
Montagem	48 900	
Total		83 600
Total para departamentos de apoio e operação		$ 125 000

A administração decidiu que os custos de inventário mais apropriados são obtidos ao usar taxas de custos indiretos de departamentos individuais. Essas taxas são elaboradas após os custos de departamentos de apoio serem apropriados aos departamentos de operação.

As bases para apropriação devem ser escolhidas a partir das abaixo elencadas:

Departamento	Horas de mão-de-obra direta de produção	Número de funcionários	Metros quadrados de espaço de piso ocupado	Horas de mão-de-obra de produção	Número de requisições
Prédio e áreas	0	0	0	0	0
Pessoal[a]	0	0	2 000	0	0
Administração geral da fábrica	0	35	7 000	0	0
Refeitório: prejuízo operacional	0	10	4 000	1 000	0
Depósito	0	5	7 000	1 000	0
Usinagem	5 000	50	30 000	8 000	2 000
Montagem	15 000	100	50 000	17 000	1 000
Total	20 000	200	100 000	27 000	3 000

a *Base usada é o número de funcionários.*

Para fazer:

1. Usando uma planilha de trabalho, aproprie os custos de departamentos de apoio pelo método seqüencial. Elabore taxas de custos indiretos por hora de mão-de-obra direta de produção para usinagem e montagem. Aproprie os custos dos departamentos de apoio pela ordem dada neste problema. Use a base de apropriação para cada departamento de apoio que você achar mais apropriada.
2. Usando o método direto, refaça a Questão 1.
3. Com base nas seguintes informações sobre dois serviços, determine o total de custos indiretos para cada serviço usando as taxas elaboradas (a) na Questão 1 e (b) na Questão 2.

	Horas de mão-de-obra direta de produção	
	Usinagem	Montagem
Serviço 88	18	2
Serviço 89	3	17

4. A empresa avalia o desempenho dos gerentes dos departamentos de operação com base na eficiência com que gerenciaram os custos totais, incluindo os apropriados. Como gerente do departamento de usinagem, qual método de apropriação, dos resultados obtidos nas Questões 1 e 2, você iria preferir? Explique.

2-32 Apropriações de custos de departamentos de apoio, grupos de custo de departamentos únicos, métodos direto, seqüencial e recíproco. A Cia. Mania desenvolve dois produtos. O produto 1 é totalmente fabricado no departamento X e o produto 2, no departamento Y. Para produzi-los, a Cia. Mania mantém dois departamentos de apoio: A (um departamento de manuseio de materiais) e B (um departamento de geração de energia).

Uma análise do trabalho realizado pelos departamentos A e B em dado período é demonstrada a seguir:

	Usado por			
Fornecido por	A	B	X	Y
A	—	100	250	150
B	500	—	100	400

O trabalho realizado no departamento A é mensurado pelas horas de mão-de-obra direta de tempo de manuseio de materiais, e o realizado no departamento B, pelos quilowatts-hora de energia dispendidos.

Os custos orçados dos departamentos de apoio para o ano vindouro são:

	Departamento A	Departamento B
Mão-de-obra variável indireta e custos de materiais indiretos	$ 70 000	$ 10 000
Supervisão	10 000	10 000
Depreciação	20 000	20 000
	$ 100 000	$ 40 000
	+ Custos de energia	+ Custos de manuseio de materiais

Os custos orçados dos departamentos de operação para o ano vindouro são de $ 1 500 mil para o departamento X e $ 800 mil para o departamento Y.

Os custos de supervisão são custos de salários. A depreciação verificada no departamento B corresponde à depreciação em linha reta do equipamento de geração de energia no seu 19º ano de uma vida útil estimada em 25 anos; o equipamento é velho mas bem mantido.

Para fazer:

1. Quais são as apropriações de custos de departamentos de apoio A e B aos departamentos de operação X e Y usando (a) o método direto, (b) o método seqüencial (aproprie o departamento A primeiro), (c) o método seqüencial (aproprie o departamento B primeiro) e (d) o método recíproco?
2. A companhia distribuidora de energia ofereceu fornecer toda a energia pretendida pela Cia. Mania e todos os serviços do departamento de energia em operação. O custo desse serviço será de $ 40 por quilowatt-hora de energia. Deveria a Cia. Mania aceitar? Explique.

2-33 Custos comuns. Jaime Mendes e Érico Júnior pretendem arrendar um prédio de escritórios para instalar, separadamente, os seus escritórios jurídicos. O prédio tem 1 500 metros quadrados de espaço físico. Mendes e Júnior precisam de 900 e 600 metros quadrados, respectivamente. Se cada um alugar o espaço por conta própria, o aluguel sairá por $ 1 o metro quadrado. Se eles alugarem o espaço conjuntamente, o aluguel cairá para $ 0,80 o metro quadrado.

Para fazer:

1. Calcule a parte respectiva de aluguel de Mendes e de Júnior usando o método único de apropriação de custos.
2. Resolva a Questão 1 usando o método incremental de apropriação de custos. Suponha que Mendes seja a parte primária.
3. Qual dos métodos você recomendaria a Mendes e a Júnior na divisão do aluguel?

2-34 Apropriação de receitas, produtos conjugados. A Pétale Parfum (PP) fabrica e vende perfumes de alta qualidade. Nos últimos meses, a PP começou a vender seus produtos de forma conjugada, mantendo a venda por unidade. As vendas, em 2003, de três produtos comercializados individualmente apresentam o seguinte resultado:

	Preço de varejo	Unidades vendidas
Único		
Fraîche	$ 100	20 000
Désarmer	80	37 500
Innocence	250	20 000
Pacote		
Fraîche + Désarmer	150	
Fraîche + Innocence	280	

Cada um dos produtos é fabricado por uma divisão diferente:

Para fazer:

1. Calcule os pesos para a apropriação de receitas para cada divisão, a cada um dos produtos conjugados, usando:
   a. O método único de apropriação de receitas com base no total das receitas dos produtos individuais.
   b. O método incremental de apropriação de receitas, com Innocence classificado em primeiro, Désarmer em segundo e Fraîche em terceiro, com base nos preços de varejo dos produtos individuais. De acordo com essa classificação, o produto primário no pacote tem a classificação mais alta e assim sucessivamente.
2. Qual dos métodos você recomendaria para a apropriação de receitas para cada divisão, por cada um dos produtos conjugados?

2-35 Disputas sobre custos indiretos (Sugerido por Howard Wright). A Companhia de Construção Naval Açores trabalha na manutenção de navios da Marinha dos EUA e de navios comerciais. Os custos indiretos do estaleiro (por exemplo, o custo do departamento de compras) são apropriados aos serviços com base nos custos de mão-de-obra direta.

Em 2004, o total de $ 150 milhões em custos de mão-de-obra direta da Açores consistia em $ 50 milhões da Marinha e $ 100 milhões originados de contratos comerciais. Os custos indiretos do estaleiro foram de $ 30 milhões.

Os auditores da Marinha examinam periodicamente os registros de fornecedores do departamento de defesa. Os auditores investigaram um contrato de um submarino nuclear, baseado na precificação de custo mais uma taxa fixa. Os auditores alegaram que a Marinha teria direito a um reembolso devido à contagem dobrada de custos indiretos em 2004.

O contrato do governo incluía a seguinte provisão:

Parágrafo 15-202. Custos diretos.

(a) Um custo direto é qualquer custo que pode ser identificado especificamente a um objeto de custo em particular. Custos diretos não estão limitados a itens incorporados ao produto final como material e mão-de-obra. Custos identificados especificamente a contrato são custos diretos e dele devem ser diretamente cobrados. Custos identificados especificamente a outros trabalhos do fornecedor são custos diretos daquele serviço e não devem ser cobrados do contrato direta ou indiretamente. Quando itens normalmente cobrados como custos indiretos são cobrados para o contrato como custos diretos, o custo de itens similares aplicado a outros serviços precisa ser eliminado dos custos indiretos apropriados ao contrato.

A Açores formou um grupo especial de expedição de compras, o EEC, visando obter materiais somente para submarino nuclear. Custos diretos, de $ 5 milhões, foram incluídos como mão-de-obra direta do trabalho no submarino, fazendo com que custos indiretos fossem normalmente apropriados aos contratos. O custo do EEC, de $ 5 milhões, não foi incluído nos custos indiretos do estaleiro. Os auditores alegaram que nenhum custo indireto deveria ter sido apropriado aos custos do EEC.

Para fazer:

1. Calcule a quantia do reembolso que a Marinha ganharia.
2. Suponha que a Marinha também tenha descoberto que $ 4 milhões dos custos indiretos do estaleiro foram destinados exclusivamente à compra de casas de máquinas dos contratos comerciais. Calcule o reembolso adicional que a Marinha reivindicaria. (Observação: Os $ 4 milhões nunca foram classificados como mão-de-obra direta. Além do mais, a Marinha alegaria que esse custo deveria ser apontado novamente como um custo direto, não como mão-de-obra direta.)

Exercício para aprendizagem em grupo

2-36 Apropriando custos de departamentos de apoio, taxas duplas; métodos direto, seqüencial e recíproco. A Magnum T.A. é especializada na montagem e instalação de sistemas de segurança de alta qualidade para os segmentos residenciais e comerciais do mercado. Os quatro departamentos na moderna fábrica de montagem são:

Departamentos de serviço	Departamentos de montagem
Apoio de engenharia	Sistemas de segurança residenciais
Apoio de sistemas de informação	Sistemas de segurança comerciais

Para 2004, o nível orçado dos relacionamentos de serviço, com base na capacidade produtiva, é de:

	Usado por			
Fornecido por	Apoio de engenharia	Apoio de sistemas de informação	Sistemas de segurança residenciais	Sistemas de segurança comerciais
Apoio de engenharia	—	0,10	0,40	0,50
Apoio de sistemas de informação	0,20	—	0,30	0,50

O nível real dos relacionamentos de serviço, para 2004, é:

	Usado por			
Fornecido por	Apoio de engenharia	Apoio de sistemas de informação	Sistemas de segurança residenciais	Sistemas de segurança comerciais
Apoio de engenharia	—	0,15	0,30	0,55
Apoio de sistemas de informação	0,25	—	0,15	0,60

A Magnum coleta custos fixos e variáveis para cada departamento em grupos de custos separados. Os custos reais em cada grupo, para 2004, são:

	Grupo de custos fixos	Grupo de custos variáveis
Apoio de engenharia	$ 2 700 000	$ 8 500 000
Apoio de sistemas de informação	8 000 000	3 750 000

Os custos fixos são apropriados com base no nível orçado de serviço. Os custos variáveis são apropriados com base no nível real de serviço.

Os custos dos departamentos de apoio apropriados a cada departamento de montagem são apropriados aos produtos com base nas unidades montadas. As unidades montadas em cada departamento durante 2004 são:

Sistemas de segurança residencial	7 950 unidades
Sistemas de segurança comerciais	3 750 unidades

Para fazer:

1. Aproprie os custos dos departamentos de apoio aos departamentos de montagem usando o método da taxa dupla e (a) o método direto, (b) o método seqüencial (aproprie apoio de sistemas de informação primeiro), (c) o método seqüencial (aproprie apoio de engenharia primeiro), (d) o método recíproco (use equações lineares) e (e) o método recíproco (use iterações repetidas). Apresente os resultados em formato semelhante ao do Quadro 2.7.
2. Compare os custos dos departamentos de apoio apropriados a cada unidade montada de sistemas de segurança residenciais e cada uma das unidade montada sob (a), (b), (c), (d) e (e) da Questão 1.
3. Quais fatores podem explicar por que o método recíproco não é, na prática, mais amplamente usado?
4. Refira-se aos resultados obtidos nas Questões 1 e 2. Qual das alternativas seria a preferida pelo gerente dos sistemas de segurança residenciais? Explique.

capítulo

3 Apropriação de custos: produtos conjuntos e subprodutos

Objetivos de aprendizagem

1. Identificar o ponto de separação em uma situação de custo conjunto
2. Distinguir produtos conjuntos de subprodutos
3. Explicar por que os custos conjuntos são apropriados a produtos individuais
4. Apropriar custos conjuntos usando quatro métodos diferentes
5. Explicar por que o método do valor da venda na separação é preferido ao alocar custos conjuntos
6. Explicar por que os custos conjuntos são irrelevantes em uma decisão de venda ou para continuar o processamento posteriormente
7. Contabilizar subprodutos usando dois métodos diferentes

Se você não sabe quem fabricou os chips do seu computador, você não está sozinho. Eles são fabricados por algumas empresas em um setor muito competitivo. Ser a marca dos chips divulgada no mercado não ajuda a vender computadores, mas a baixar preço. Compradores como Compaq, Dell e IBM procuram fornecedores com os preços mais baixos, o que permitirá que seus produtos acabados sejam comercialmente competitivos. Os chips também são usados para itens como eletrodomésticos, palm tops e telefones celulares. Os fabricantes produzem chips para diversos tipos de aparelhos, servindo-se de um processo de produção conjunta. Para eles, a questão a ser administrada é a da apropriação precisa dos custos dos diferentes tipos de chips. É aí que entram as técnicas de apropriação de custos conjuntos.

Os capítulos anteriores enfatizaram o custeio para as empresas que produzem apenas um único produto ou vários produtos em processos separados. Consideraremos, agora, um caso mais complexo, no qual as empresas produzem dois ou mais produtos simultaneamente no(s) mesmo(s) processo(s). Por exemplo, uma fábrica de processamento de abacaxi produz múltiplos produtos, como abacaxi em conserva, geléia e suco. Este capítulo examina os métodos para apropriar custos a produtos conjuntos. Alguns dos tópicos discutidos aqui estão relacionados às questões abordadas nos Capítulos 1 e 2 deste volume.

Também examinamos de que maneira os números de custos apropriados para uma finalidade, como relatório externo, podem não ser para outra, como para decisões sobre o aumento no processamento de produtos conjuntos. Este capítulo proporciona ainda outros exemplos do uso de custos diferentes para finalidades diferentes — tema básico na contabilidade de custos.

Fundamentos de custos conjuntos

Custos conjuntos são os custos de um processo que resultam na produção simultânea de múltiplos produtos. Considere a destilação de carvão, que resulta em coque, gás natural e outros produtos. O custo desse processo é denominado custo conjunto. O **ponto de separação** é a junção em um processo de produção conjunta, quando dois ou mais produtos se tornam separadamente identificáveis. Um exemplo é o ponto em que o carvão se torna coca, gás natural e outros produtos. **Custos separáveis** são todos os custos — produção, marketing, distribuição e outros — incorridos além do ponto de separação, atribuídos a cada um dos produtos específicos, identificados no ponto de separação. No ponto de separação, ou além dele, as decisões relacionadas às vendas ou ao processamento adicional de cada produto identificável podem ser feitas independentemente das decisões sobre os outros produtos.

Há inúmeros setores em que o processo de produção resulta em dois ou mais produtos, seja no ponto de separação, seja depois do processamento adicional. O Quadro 3.1 apresenta exemplos de situações de custos conjuntos em diversos setores da produção e sinaliza que nenhum produto individual pode ser desenvolvido sem haver produtos derivados, embora em alguns casos as proporções possam ser variadas. Uma refinaria não se limita apenas a produzir gasolina do petróleo bruto; ela também produz querosene, benzina e nafta. O objeto do custeio conjunto está na atribuição dos custos aos produtos individuais no ponto de separação e, neste capítulo, ele contrasta com o dos capítulos anteriores, que enfatizavam a atribuição de custos aos produtos individuais à medida que a fabricação ocorre.

Os resultados de um processo de produção conjunta podem ser classificados em duas categorias gerais: resultados de valor positivo de vendas e resultados de valor negativo de vendas. O termo **produto** descreve qualquer resultado com valor positivo de vendas (ou que possibilite a empresa evitar a incursão de custos). O valor das vendas pode ser alto ou baixo. Quando um processo de produção conjunta resulta em apenas um produto com valor de venda alto, comparado aos valores de vendas dos outros produtos do processo, ele é denominado **produto principal**. Quando um processo de produção conjunta resulta em dois ou mais produtos com valores de venda altos, comparados aos valores de venda de outros produtos, eles são denominados **produtos conjuntos**. Os outros produtos de um processo de produção conjunta que têm valores baixos de vendas, comparados ao valor de venda do produto principal ou dos produtos conjuntos, são denominados **subprodutos**. Por exemplo, se a madeira (toras) é processada em tábuas e lascas de madeira, a tábua-padrão é o produto principal, e as lascas de madeira, o subproduto. Isso porque a tábua-padrão tem um valor alto de venda em comparação com as lascas de madeira. Se, no entanto, as toras forem processadas em tábuas de alta qualidade, estas e as tábuas-padrão corresponderão aos produtos conjuntos, e as lascas de madeira, ao subproduto. Isso porque tanto a tábua de alta qualidade quanto as tábuas-padrão têm valores de venda altos em comparação às lascas de madeira.

Alguns resultados do processo de produção conjunta têm valores de venda igual a zero. Por exemplo, o processamento, em alto-mar, de hidrocarbonetos para obter petróleo e gasolina, também resulta em água que é devolvida ao oceano, cujo valor de venda é zero. Similarmente, o processamento de minério para obter ouro e prata também resulta em detritos com valor de venda igual a zero que, reciclados, são devolvidos ao solo. Nenhum lançamento é feito no sistema contábil para registrar processamentos com valor de venda igual a zero, porque não há valor a ser registrado. O Quadro 3.2 apresenta uma visão geral dos termos-chave introduzidos nesta seção.[1]

1. *Resultados de processos de produção conjunta têm receitas 'negativas' quando custos de remoção (como o de lidar com substâncias tóxicas não-vendáveis que requerem procedimentos especiais de remoção) são considerados. Tais custos deveriam ser adicionados aos de produção conjunta, alocados aos produtos conjuntos ou principais.*

Quadro 3.1 Exemplos de situações de custo conjunto.

Indústria	Produtos separáveis no ponto de separação
Agricultura e processamento de alimentos	
Cacau	Manteiga de cacau, chocolate em pó, achocolatados, loção bronzeadora
Carneiro	Cortes, tripas, couro, ossos, gordura
Porcos	Toucinho, presunto, costelinha, pernil
Leite *in natura*	Creme de leite e nata
Madeira	Tábuas de graus e formas variadas
Perus	Peito, asas, sobrecoxas, coxas
Indústrias extrativas	
Carvão	Coque, gás, benzena, piche, amônia
Minério de cobre	Cobre, prata, chumbo, zinco
Petróleo	Petróleo bruto, gás natural, LPG não-refinada
Sal	Hidrogênio, cloro, soda cáustica
Indústrias químicas	
GLP não-refinado	Butano, etano, propano
Indústria de semicondutores	
Fabricação de *chips* de wafers de silício	*Chips* de qualidades e capacidades diferentes, velocidade, expectativa de vida e tolerância à temperatura

A distinção graficamente representada no Quadro 3.2 na prática não é tão bem definida. Por exemplo, algumas empresas podem classificar o querosene obtido do refinamento do petróleo bruto como subproduto, por acreditarem que tem valor baixo de venda em relação aos da gasolina e outros subprodutos. Outras empresas podem classificar o querosene como um produto conjunto, porque acreditam que tem valor de venda alto em relação aos valores de venda da gasolina e outros produtos. Além disso, a classificação dos produtos — principal, conjunto ou subproduto — pode mudar com o tempo, em especial para aqueles como os *chips* semicondutores, de qualidade inferior, cujos preços de mercado podem aumentar ou diminuir em, digamos, 30 por cento ou mais ao ano. Quando os preços dos *chips* de qualidade inferior estão altos, eles são considerados produtos conjuntos aos de qualidade superior; quando os preços dos chips de qualidade inferior caem, eles são considerados subprodutos. Certifique-se de que você entende como os termos são usados e de que maneira os produtos são classificados pela empresa com a qual você está negociando.

Por que apropriar custos conjuntos?

Aqui estão alguns dos contextos que exigem que os custos conjuntos sejam apropriados aos produtos ou serviços individuais:

1. Apuração dos custos inventariáveis e do custo dos produtos vendidos para fins de contabilidade financeira e relatórios para as autoridades tributárias.
2. Apuração dos custos inventariáveis e do custo dos produtos vendidos para fins de relatórios internos. Tais relatórios são usados na análise da rentabilidade da divisão e afetam a avaliação do desempenho dos gerentes das divisões.
3. Reembolsos de custos de contratos às empresas que têm alguns, mas não todos, de seus produtos ou serviços reembolsados sob os contratos de custo-mais com, digamos, uma agência do governo.
4. Apuração dos acertos de seguros para indenizações de danos com base nas informações de custo pelas empresas que têm produtos conjuntos, produtos principais ou subprodutos.

Quadro 3.2 Classificação dos produtos de um processo de produção.

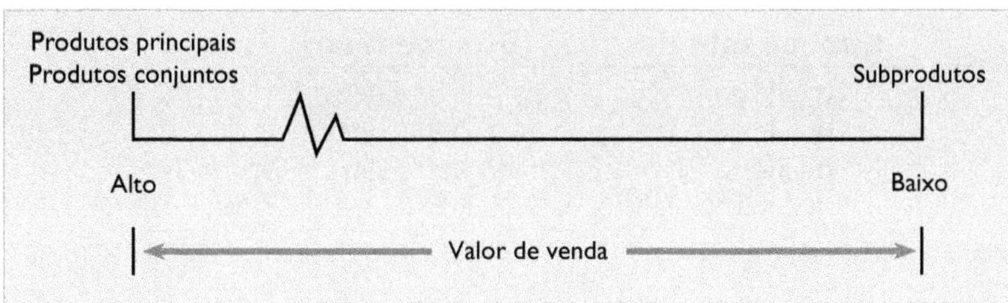

5. Regulamentação de tarifas para um ou mais dos produtos ou serviços produzidos em conjunto, sujeitos à regulamentação de preços.[2]
6. Litígios nos quais os custos dos produtos conjuntos são as entradas-chave.

ABORDAGENS PARA APROPRIAR CUSTOS CONJUNTOS

São usadas duas abordagens para apropriar custos conjuntos.

- *Abordagem 1.* Apropriar os custos conjuntos usando dados *baseados no mercado,* tais como as receitas. Este capítulo ilustra três métodos que usam essa abordagem:
  a. Método do valor de venda no ponto de separação
  b. Método do valor realizável líquido (VRL)
  c. Método do VRL da porcentagem de margem bruta constante
- *Abordagem 2.* Apropriar os custos conjuntos usando *medidas físicas,* como peso (em quilogramas) ou volume (em metros cúbicos) dos produtos conjuntos.

Nos capítulos anteriores, usamos os critérios de causa e efeito e benefícios recebidos para direcionar as decisões de apropriação de custos (veja Quadro 1.2). Os produtos conjuntos não têm uma relação de causa e efeito com os produtos individuais porque o processo de produção simultâneo resulta em múltiplos produtos. O uso do critério de benefícios recebidos leva a uma preferência pelos métodos sob a Abordagem 1. As receitas são, no geral, um indicador melhor dos benefícios recebidos do que as medidas físicas. As empresas de mineração, por exemplo, recebem mais benefícios por tonelada de ouro do que por tonelada de carvão.

No processo mais simples de produção conjunta, os produtos conjuntos são vendidos no ponto de separação sem processamentos adicionais. Começamos com o caso mais simples (Exemplo 1) para ilustrar o método do valor de venda na separação e no de medida física. A seguir, introduziremos os processos de produção conjunta que resultam em produtos que necessitam de processamento adicional além do ponto de separação (Exemplo 2). O Exemplo 2 ilustra o método do VRL e o método de porcentagem da margem bruta constante do VLR. Para ajudá-lo a focar os conceitos principais, usamos números e quantias em todos os exemplos neste capítulo que, a rigor, são muito menores do que os números apresentados na prática.

Neste capítulo os quadros usam os seguintes símbolos para distinguir um produto conjunto ou principal de um subproduto:

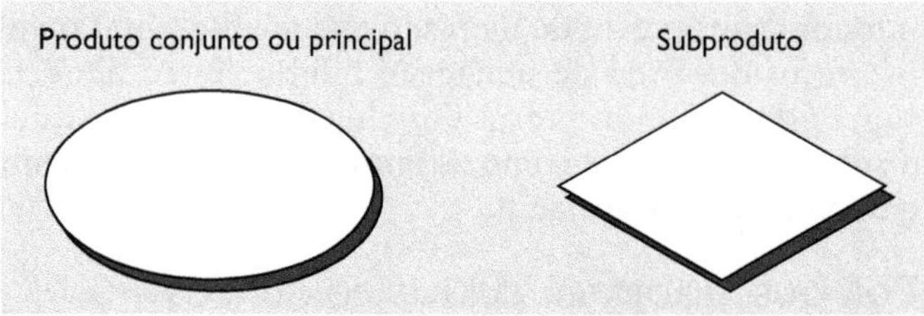

Para facilitar as comparações entre os métodos descritos anteriormente, relatamos as porcentagens das margens brutas para os produtos individuais sob cada método.

Exemplo 1: A Laticínios Coimbra compra leite *in natura* de diversas fazendas, processando-o até o ponto de separação, a fim de obter dois produtos distintos: creme de leite e nata líquida. Esses dois produtos são vendidos para uma distribuidora de laticínios, que os comercializa e os distribui para supermercados e lojas de varejo.

Os dados resumidos para 2003 são:

- Leite *in natura* processado, 110 mil galões; dez mil galões são perdidos no processo de produção devido à evaporação e manuseio indevido, resultando em 25 mil galões de creme de leite e 75 mil galões de nata líquida.

	Produção	Venda
• Creme de leite	25 000 galões	20 000 galões a $ 8 por galão
• Nata líquida	75 000 galões	30 000 galões a $ 4 por galão
• Estoques		

	Estoque inicial	Estoque final
Leite *in natura*	0 galões	0 galões
Creme de leite	0 galões	5 000 galões
Nata líquida	0 galões	45 000 galões

2. *Veja J. Crespi e J. Harris, Joint Cost Allocation Under the Natural Gas Act: An Historical Review,* Journal of Extractive Industries Accounting. *2 (2): 133-142.*

- Custo da compra de 110 mil galões de leite *in natura* e processamento até o ponto de separação para resultar em creme de leite e nata líquida, $ 400 mil.

O Quadro 3.3 descreve as relações básicas no exemplo a seguir.

Quanto dos custos conjuntos de $ 400 mil devem ser apropriados para o custo dos produtos vendidos de 20 mil galões de creme de leite e 30 mil galões de nata líquida, e quanto deve ser apropriado ao estoque final de cinco mil galões de creme de leite e 45 mil galões de nata líquida? Os custos da produção conjunta, de $ 400 mil, não podem ser rastreados para nenhum dos produtos, porque estes não são separados. Os métodos de apropriação dos custos conjuntos podem ser usados para determinar os custos do creme de leite e da nata líquida vendidos e para custear os estoques.

Valor de venda no método de separação

O **valor de venda no método de separação** apropria os custos conjuntos aos produtos conjuntos, com base no total relativo do valor de venda no ponto de separação da produção total desses produtos durante o período contábil. Ilustramos a apropriação dos custos conjuntos para os produtos individuais na proporção do total do valor de venda na separação para o Exemplo 1:

	Creme de leite	Nata líquida	Total
1. Valor de venda do total de produção no ponto de separação (creme de leite, 25 000 galões × $ 8/galão; nata líquida, 75 000 galões × $ 4/galão)	$ 200 000	$ 300 000	$ 500 000
2. Pesagem ($ 200 000 ÷ $ 500 000; $ 300 000 ÷ 500 000)	0,40	0,60	
3. Custos conjuntos apropriados (creme de leite, 0,40 × $ 400 000; nata líquida, 0,60 × $ 400 000)	$ 160 000	$ 240 000	$ 400 000
4. Custo de produção conjunta por galão (creme de leite, $ 160 000 ÷ 25 000 galões; nata líquida, $ 240 000 ÷ 75 000 galões)	$ 6,40/gal.	$ 3,20/gal.	

Este método usa o valor de vendas de *todo o período contábil de produção*. O motivo é que os custos conjuntos foram incorridos em todas as unidades produzidas, não apenas na porção vendida durante o período atual. O Quadro 3.4 apresenta a demonstração de resultados do exercício da linha de produto usando o método do valor de venda na separação. O creme de leite e a nata líquida têm porcentagens de margem bruta de 20 por cento.

O até aqui demonstrado revela por que o valor de venda no método de separação segue o critério dos benefícios recebidos da apropriação de custos. Os custos são apropriados aos produtos na proporção das receitas esperadas. Esse é um método direto e intuitivo. A base de apropriação de custos (total no valor de venda na separação) é expressa em termos de um denominador comum (a quantia de receitas), sistematicamente registrado no sistema contábil. Para usar esse método, uma empresa precisa dos preços de venda do mercado para todos os produtos no ponto de separação.

Método de medida física

O **método de medida física** apropria os custos conjuntos aos produtos conjuntos com base no peso relativo — volume ou outra medida física — no ponto de separação do total de produção desses produtos durante o período contábil. No Exemplo 1, os custos conjuntos de $ 400 mil produziram 25 mil galões de creme de leite e 75 mil galões

Quadro 3.3 Exemplo 1: Visão geral da Laticínios Coimbra.

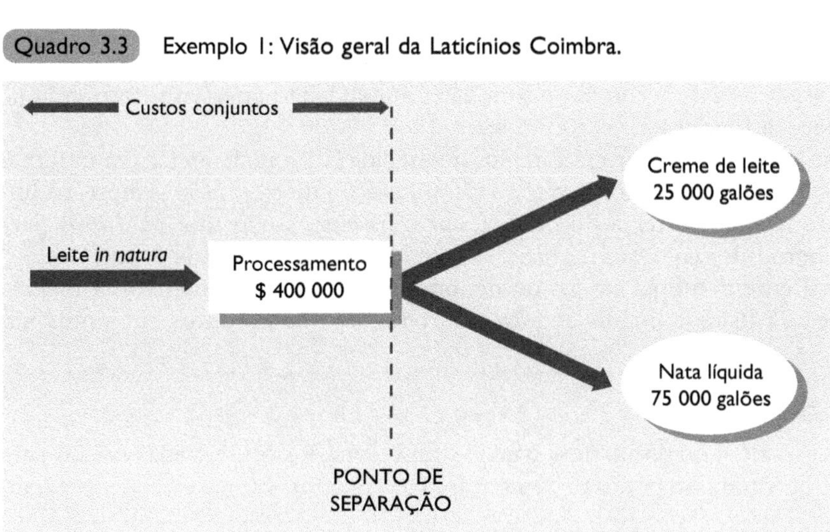

Quadro 3.4 Custos conjuntos apropriados usando o método do valor de venda na separação: demonstração de resultados da linha de produto da Laticínios Coimbra para maio de 2004.

	Creme de leite	Nata líquida	Total
Receitas (creme de leite, 20 000 gal. × $ 8/gal.; nata líquida, 30 000 gal. × $ 4/gal.)	$ 160 000	$ 120 000	$ 280 000
Custo dos produtos vendidos (custos conjuntos)			
Custos de produção (creme de leite, 0,40 × $ 400 000; nata líquida, 0,60 × $ 400 000)	160 000	240 000	400 000
Dedução do estoque final (creme de leite, 5 000 gal. × $ 6,40 gal.; nata líquida, 45 000 gal. × $ 3,20/gal.)	32 000	144 000	176 000
Custo dos produtos vendidos (custos conjuntos)	128 000	96 000	224 000
Margem bruta	$ 32 000	$ 24 000	$ 56 000
Porcentagem da margem bruta	20%	20%	20%

de nata líquida. Usando os números de galões produzidos como medida física, os custos conjuntos são apropriados da seguinte maneira:

	Creme de leite	Nata líquida	Total
1. Medida física do total de produção (galões)	25 000	75 000	100 000
2. Pesagem (creme de leite, 25 000 galões ÷ 100 000 galões; nata líquida, 75 000 ÷ 100 000 galões)	0,25	0,75	
3. Custos conjuntos apropriados (creme de leite, 0,25 × $ 400 000; nata líquida, 0,75 × $ 400 000)	$ 100 000	$ 300 000	$ 400 000
4. Custo de produção conjunta por galão (creme de leite, $ 100 000 ÷ 25 000 galões; nata líquida, $ 300 000 ÷ 75 000 galões)	$ 4/gal.	$ 4/gal.	

O Quadro 3.5 apresenta a demonstração do resultado da linha de produto usando o método de medida física. As porcentagens das margens brutas são de 50 por cento para o creme de leite e de 0 por cento para a nata líquida.

Sob o critério dos benefícios recebidos, o método da medida física é menos adequado do que o método do valor de venda na separação. Por quê? Porque ele não tem relacionamento com o poder de produção de receita dos produtos individuais. Considere uma mina de ouro que extrai minério contendo ouro, prata e chumbo. O uso de uma medida física comum (toneladas) resultaria em quase todos os custos sendo apropriados ao chumbo — o produto que pesa mais, porém de receita mais baixa. Neste caso, o método de apropriação de custos é inconsistente com o motivo de o proprietário da mina incorrer em custos de mineração: para encontrar ouro e prata, não chumbo. Em outro exemplo, se os custos conjuntos de comercialização das diversas partes de um porco fossem atribuídos aos seus vários produtos com base no peso, as costeletas de porco teriam o mesmo custo por quilo que o pé do porco, a banha, o bacon, o presunto, os ossos etc. — quando, de fato, os custos são incorridos para os produtos que geram receita. Em uma demonstração de resultados da linha de produto, as partes do porco com valor alto de venda por quilo — por exemplo, as costeletas de porco — possibilitam lucro considerável, e as partes de baixo valor de venda — por exemplo, ossos —, lucro menor.

A obtenção de medidas físicas comparáveis, para todos os produtos, nem sempre é direta. Considere os custos conjuntos da produção de petróleo e gás: o petróleo é líquido e o gás é vapor. Para usar uma medida física como barris, neste contexto, é preciso a assistência técnica de engenheiros químicos sobre como converter o vapor em uma medida que possa ser adicionada aos barris de petróleo. Por exemplo, o gás seria convertido em barris de petróleo com base na energia equivalente do gás e do petróleo. A assessoria de técnicos de fora da contabilidade poderá ser necessária ao serem usadas determinadas medidas físicas para apropriar custos conjuntos.

Determinar quais produtos de um processo conjunto incluir em cálculos de medida física pode afetar em muito as apropriações entre esses produtos. Itens sem valor de venda (como a terra na mineração de ouro) são sempre excluídos. Embora sejam produzidas muito mais toneladas de terra do que de ouro, os custos não são incorridos para produzir itens com valor de venda zero. Os subprodutos com valores baixos de venda em relação aos produtos conjuntos ou ao produto principal também são freqüentemente excluídos do denominador usado no método da medida física. A diretriz geral para o método da medida física é incluir apenas as produções dos produtos conjuntos nas apurações da pesagem.

Método do valor realizável líquido (VRL)

Em muitos casos, os produtos são processados além do ponto de separação para torná-los comercializáveis ou para aumentar os valores acima dos de seus preços de venda no ponto de separação. Para ilustrar, vamos estender o exemplo da Laticínios Coimbra.

Quadro 3.5 Custos conjuntos apropriados usando o método da medida física: Demonstração de resultados da linha de produtos da Laticínios Coimbra para maio de 2004.

	Creme de leite	Nata líquida	Total
Receitas (creme de leite, 20 000 gal. × \$ 8/gal.; nata líquida, 30 000 gal. × \$ 4/gal.)	\$ 160 000	\$ 120 000	\$ 280 000
Custo dos produtos vendidos (custos conjuntos)			
Custos de produção (creme de leite, 0,25 × \$ 400 000; nata líquida, 0,75 × \$ 400 000)	100 000	300 000	400 000
Dedução do estoque final (creme de leite, 5 000 gal. × \$ 4 gal.; nata líquida, 45 000 gal. × \$ 4/gal.)	20 000	180 000	200 000
Custo dos produtos vendidos (custos conjuntos)	80 000	120 000	200 000
Margem bruta	\$ 80 000	\$ 0	\$ 80 000
Porcentagem da margem bruta	50%	0%	28,6%

Exemplo 2: Suponha os mesmos dados do Exemplo 1, com exceção de que aqui o creme de leite e a nata líquida podem ser processados mais além:

- Creme de leite → Manteiga: 25 mil galões de creme de leite são processados para produzir 20 mil galões de manteiga a custos adicionais de processamento de \$ 280 mil. A manteiga, vendida a \$ 25 o galão, é usada na produção de produtos dela derivados.
- Nata líquida → Leite condensado: 75 mil galões de nata líquida são processados para produzir 50 mil galões de leite condensado a custos adicionais de processamento de \$ 520 mil. O leite condensado é vendido a \$ 22 o galão.

As vendas durante o período contábil foram de 12 mil galões de manteiga e 45 mil galões de leite condensado. O Quadro 3.6 descreve os relacionamentos básicos de como o leite *in natura* é convertido em creme de leite e em nata líquida em um processo de produção conjunta, e de como o creme de leite é separadamente processado em manteiga e a nata líquida em leite condensado. As informações do estoque são:

	Estoque inicial	Estoque final
Leite *in natura*	0 galões	0 galões
Creme de leite	0 galões	0 galões
Nata líquida	0 galões	0 galões
Manteiga	0 galões	8 000 galões
Leite condensado	0 galões	5 000 galões

O **método do valor realizável líquido (VRL)** apropria os custos conjuntos aos produtos conjuntos com base no VRL relativo — o valor final das vendas menos os custos separáveis — do total dos produtos conjuntos produzidos durante o período contábil. O método VRL é usado, preferentemente ao método de separação no valor de venda, apenas quando não sabemos os preços de venda do mercado para um ou mais produtos na separação. Os custos conjuntos, neste exemplo, são apropriados da seguinte maneira:

Quadro 3.6 Exemplo 2: Visão geral da Laticínios Coimbra.

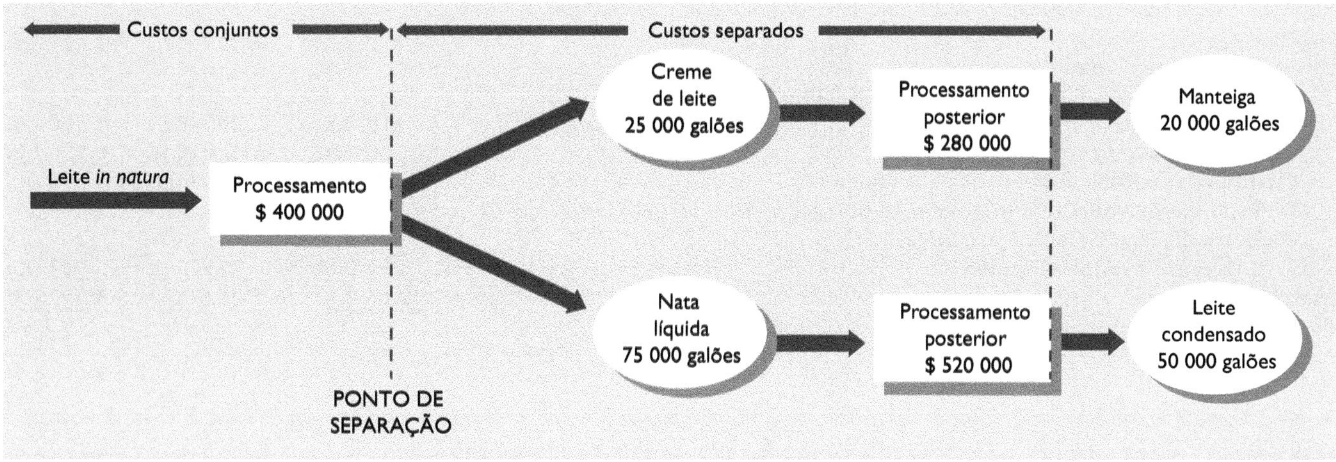

	Manteiga	Leite condensado	Total
1. Valor final de venda do total de produção (manteiga, 20 000 gal. × $ 25/gal.; leite condensado, 50 000 gal. × $ 22/gal.)	$ 500 000	$ 1 100 000	$ 1 600 000
2. Dedução dos custos separáveis para completar e vender	280 000	520 000	800 000
3. Valor realizável líquido no ponto de separação	$ 220 000	$ 580 000	$ 800 000
4. Pesagem ($ 220 000 ÷ $ 800 000; $ 580 000 ÷ $ 800 000)	0,275	0,725	
5. Custos conjuntos apropriados (manteiga, 0,275 × $ 400 000; leite condensado, 0,725 × $ 400 000)	$ 110 000	$ 290 000	$ 400 000
6. Custo de produção por galão (manteiga [$ 110 000 + $ 280 000] ÷ 20 000 galões; leite condensado [$ 290 000 + $ 520 000] ÷ 50 000 galões)	$ 19,50/gal.	$ 16,20/gal.	

O Quadro 3.7 apresenta a demonstração de resultados do exercício da linha de produto usando o método VRL estimado. As porcentagens das margens brutas são de 22 por cento para a manteiga e 26,4 por cento para o leite condensado.

O método VRL é freqüentemente implementado usando suposições simplificadas. Por exemplo, as empresas que freqüentemente mudam o número de etapas de processamento além do ponto de separação, em geral assumem um conjunto específico dessas etapas. Também, se os preços de venda dos produtos conjuntos variarem com freqüência, um dado conjunto de preços de venda poderá ser consistentemente usado por todo o período contábil.[3]

Pelo fato de o método do valor de venda na separação não exigir o conhecimento das etapas de processamento além do ponto de separação, ele é menos complexo do que o método do VRL. No entanto, usar o método do valor de venda na separação nem sempre é viável porque pode não haver preços de mercado para pelo menos um dos produtos no ponto de separação. Os preços de mercado podem estar disponíveis apenas depois que o processamento ocorrer além do ponto de separação.

Método do VRL da porcentagem da margem bruta constante

O **método do VRL da porcentagem da margem bruta constante** apropria os custos conjuntos aos produtos conjuntos de maneira a que a porcentagem geral da margem bruta seja idêntica para os produtos individuais. Este método acarreta, necessariamente, três etapas. O Quadro 3.8 mostra as três etapas para apropriar os custos conjuntos de $ 400 mil entre a manteiga e o leite condensado no exemplo da Laticínios Coimbra. À medida que descrevemos cada etapa, siga o Quadro 3.8 para uma ilustração.

- *Etapa 1:* Calcule a porcentagem geral da margem bruta para todos os produtos conjuntos juntos. Observe que o Quadro 3.8 usa o valor final das vendas do *total de produção* durante o período contábil, $ 1 600 000, *não o total de vendas* do período, para calcular a porcentagem geral da margem bruta de 25 por cento.
- *Etapa 2*: Multiplique a porcentagem geral da margem bruta e os valores finais das vendas de cada produto para calcular a margem bruta de cada produto. Subtraia a margem bruta de cada produto do valor final das suas vendas para obter o total de custos que cada produto renderá.

Quadro 3.7 Custos conjuntos apropriados usando o método VRL: Demonstração de resultados da linha de produto da Laticínios Coimbra para maio de 2004.

	Manteiga	Leite condensado	Total
Receitas (manteiga, 12 000 gal. × $ 25/gal.; leite condensado, 45 000 gal. × $ 22/gal.)	$ 300 000	$ 990 000	$ 1 290 000
Custo dos produtos vendidos			
Custos conjuntos (manteiga, 0,275 × $ 400 000; leite condensado, 0,725 × $ 400 000)	110 000	290 000	400 000
Custos separáveis	280 000	520 000	800 000
Custo dos produtos disponíveis para venda	390 000	810 000	1 200 000
Dedução do estoque final (manteiga, 8 000 gal. × $ 19,50 gal.; leite condensado, 5 000 gal. × $ 16,20/gal.)	156 000	81 000	237 000
Custo dos produtos vendidos	234 000	729 000	963 000
Margem bruta	$ 66 000	$ 261 000	$ 327 000
Porcentagem da margem bruta	22,0%	26,4%	25,3%

3. *Uma extensão do método do VRL é incluir nos custos separáveis um custo de juros imputados sobre os ativos usados além do ponto de separação. Essa extensão levanta questões de valorização desses ativos e do cálculo do custo de juros, imputados.*

Quadro 3.8 Custos conjuntos apropriados usando o método do VRL da porcentagem da margem bruta constante: Laticínios Coimbra para maio de 2004.

Etapa 1

Valor final das vendas do total de produção durante o período contábil: (20 000 gal. × $ 25/gal.) + (50 000 gal. × $ 22/gal.)	$ 1 600 000
Dedução dos custos conjuntos e separáveis ($ 400 000 + $ 280 000 + $ 520 000)	1 200 000
Margem bruta	$ 400 000
Porcentagem da margem bruta ($ 400 000 ÷ $ 1 600 000)	25%

Etapa 2

	Manteiga	Leite condensado	Total
Valor final das vendas do total de produção durante o período contábil: (manteiga, 20 000 gal. × $ 25/gal.; leite condensado, 50 000 gal. × $ 22/gal.)	$ 500 000	$ 1 100 000	$ 1 600 000
Dedução da margem bruta, usando a porcentagem geral da margem bruta (25%)	125 000	275 000	400 000
Custo dos produtos disponíveis para venda	375 000	825 000	1 200 000
Etapa 3			
Dedução dos custos separáveis para completar e vender	280 000	520 000	800 000
Custos conjuntos alocados	$ 95 000	$ 305 000	$ 400 000

- *Etapa 3:* Deduza os custos separáveis do total de custos que cada produto renderá para obter a apropriação dos custos conjuntos.

Os custos conjuntos apropriados a um produto podem ser negativos sob este método. Alguns produtos podem receber apropriações negativas de custos conjuntos para trazerem suas porcentagens de margem bruta para uma média geral. O Quadro 3.9 apresenta a demonstração de resultados da linha de produto para o método do VRL da porcentagem da margem bruta constante.

O método do VRL da porcentagem da margem bruta constante é fundamentalmente diferente dos outros dois métodos de apropriação de custos com base no mercado descritos anteriormente. O valor de venda no método de separação e o método do VRL apropriam apenas os custos conjuntos aos produtos conjuntos. Nenhum dos métodos considera os lucros obtidos antes ou depois do ponto de separação quando estão apropriando os custos conjuntos. Em contrapartida, o método do VRL da porcentagem da margem bruta constante é um método de custo conjunto e um método de apropriação dos lucros. A diferença total entre o valor de vendas da produção de todos os produtos e os custos separáveis de todos os produtos inclui (a) os custos conjuntos e (b) o total da margem bruta. A margem bruta é apropriada aos produtos conjuntos sob o método da porcentagem da margem bruta constante para determinar as apropriações dos custos conjuntos para que cada produto tenha a mesma porcentagem de margem bruta.

Quadro 3.9 Custos conjuntos apropriados usando o método VRL: Demonstração de resultados da linha de produto da Laticínios Coimbra para maio de 2004.

	Manteiga	Leite condensado	Total
Receitas (manteiga, 12 000 gal. × $ 25/gal.; leite condensado, 45 000 gal. × $ 22/gal.)	$ 300 000	$ 990 000	$ 1 290 000
Custo dos produtos vendidos			
Custos conjuntos (do Quadro 3.8)	95 000	305 000	400 000
Custos separáveis	280 000	520 000	800 000
Custo dos produtos disponíveis para venda	375 000	825 000	1 200 000
Dedução do estoque final (manteiga, 8 000 gal. × $ 18,75 gal.;[a] leite condensado, 5 000 gal. × $ 16,50/gal.)[b]	150 000	82 500	232 500
Custo dos produtos vendidos	225 000	742 500	967 500
Margem bruta	$ 75 000	$ 247 500	$ 322 500
Porcentagem da margem bruta	25%	25%	25%

a *$ 375 000 ÷ 20 000 galões = $ 18,75/gal.*
b *$ 825 000 ÷ 50 000 galões = $ 16,50/gal.*

Escolhendo um método

Qual método de apropriação dos custos conjuntos deveria ser usado? Use o método do valor de venda na separação quando os dados sobre o preço de vendas estiverem disponíveis (mesmo que haja um processamento posterior). Os motivos para usar o método do valor de venda na separação incluem:

1. *Ele mede o valor do produto conjunto imediatamente ao final do processo conjunto.* O método do valor da venda na separação é a melhor medida dos benefícios recebidos como resultado de um processamento conjunto em relação a todos os outros métodos para apropriar os custos conjuntos.
2. *Não há antecipação de decisões administrativas subseqüentes.* O método do valor de venda na separação não requer informações sobre as etapas do processamento depois da separação, caso haja processamento posterior. Em contrapartida, o método VRL e o método do VRL da porcentagem da margem bruta constante requerem informações sobre (a) a seqüência específica das decisões de processamento posterior, (b) os custos separáveis do processamento posterior e (c) o ponto em que os produtos individuais são vendidos.
3. *Disponibilidade de uma base significativa para apropriar os custos conjuntos aos produtos.* O método do valor de venda na separação e os outros métodos baseados no mercado têm uma base significativa para apropriar os custos conjuntos aos produtos, que são as receitas. Em contrapartida, o método da medida física pode não ter uma base significativa que possa ser usada para apropriar os custos conjuntos aos produtos individuais.
4. *Simplicidade.* O método do valor de venda na separação é simples. Em contrapartida, os métodos do VRL e do VRL da porcentagem da margem bruta constante podem ser complexos para o processamento de operações com produtos e pontos de separação múltiplos. Essa complexidade aumenta quando a administração faz mudanças freqüentes na seqüência específica das decisões de processamento após a separação ou no ponto de separação nos quais os produtos individuais são vendidos.

Quando os preços de venda de todos os produtos no ponto de separação não estão disponíveis, são usados outros métodos de apropriação dos custos conjuntos. O método do VRL tenta aproximar o valor das vendas na separação subtraindo os custos incorridos, depois do ponto de separação em cada produto, dos preços de venda. O método do VRL presume que todas as remarcações para cima ou margem de lucro são atribuíveis ao processo conjunto e nenhuma das remarcações para cima é atribuível aos custos separáveis. O lucro, no entanto, é atribuível a todas as fases da produção e marketing, não apenas ao processo conjunto. Apesar de suas complexidades, o método do VRL é usado quando os preços de venda na separação não estão disponíveis. Ele é uma medida melhor dos benefícios recebidos, em comparação ao método do VRL da porcentagem da margem bruta constante e ao método da medida física (veja 'Pesquisas de Práticas Empresariais').

A principal vantagem do método do VRL da porcentagem da margem bruta constante é que ele é fácil de implementar. Esse método trata os produtos conjuntos como se eles contivessem um único produto, por meio do cálculo de uma porcentagem da margem bruta agregada. O método aplica então a porcentagem da margem bruta para cada produto e de volta aos custos conjuntos apropriados a cada produto. Esse método evita as complexidades inerentes ao método do VRL para medir os benefícios recebidos por cada um dos produtos conjuntos no ponto de separação. A questão principal com o método do VRL da porcentagem da margem bruta constante é a suposição de que todos os produtos têm o mesmo índice de custo para o valor das vendas. Um índice constante de custo para o valor das vendas entre os produtos não é comum nas empresas que produzem produtos múltiplos que não envolvam custos conjuntos.

Embora haja dificuldades no uso do método da medida física — a falta de congruência com o critério dos benefícios recebidos e a possível falta de um denominador comum significativo para apropriar os custos conjuntos —, há instâncias em que ele pode ser preferível. Considere a regulamentação tributária. As medidas baseadas no mercado são difíceis de usar no contexto de regulamentação tributária ou de preços. É uma lógica circular usar os preços de venda como base para o estabelecimento de preços (taxas) e, ao mesmo tempo, usar os preços de venda para apropriar os custos nos quais os preços (taxas) são baseados. Para evitar essa lógica circular, o método da medida física poderá ser usado na regulamentação tributária.

Não apropriar custos conjuntos

Os métodos anteriores para a apropriação dos custos conjuntos aos produtos individuais são todos, de certa maneira, arbitrários, portanto, algumas empresas não apropriam os custos conjuntos aos produtos. Em vez disso, elas transportam os seus estoques no VLR. O lucro sobre cada produto é reconhecido quando a produção é completada. As indústrias que usam variações da abordagem de não-apropriação incluem a indústria frigorífica, de enlatados e de mineração.

Os contadores normalmente não transportam inventários no VRL porque, ao transportá-lo, o lucro é reconhecido *antes* que as vendas sejam feitas. Em resposta, algumas empresas que usam a abordagem de não-apropriação transportam os seus estoques no VRL menos uma margem estimada do lucro operacional. O resultado é que no ano da produção, todos os custos conjuntos daquele período contábil são comparados às receitas estimadas da produção do mesmo período. Quando são vendidos estoques do final do período no período seguinte, o custo dos produtos vendidos é o VRL menos a margem estimada do lucro operacional mostrado no estoque final do período contábil anterior.

Pesquisas de práticas empresariais

Apropriação dos custos conjuntos no campo de petróleo

A indústria petrolífera, uma das maiores do mundo, é um exemplo de indústria com custos conjuntos. A mineração e o processamento do petróleo começam com os hidrocarbonetos sendo extraídos de campos na costa ou em alto-mar. As empresas de petróleo obtêm produtos múltiplos, como o petróleo bruto, gás natural e GLP (gás liquefeito de petróleo) bruto. O GLP é posteriormente processado em butano, etano e propano. Como esses custos conjuntos de refino seriam apropriados aos diferentes produtos, com valor de venda, obtidos no processo de refino? Esses custos incluem os dos hidrocarbonetos colocados na refinaria e os custos de processamento.

Uma pesquisa focada nos métodos de apropriação dos custos conjuntos escolhidos pelos refinadores para fins de relatório externo:

Medidas baseadas no mercado	
VRL	46%
Outro	20
Medidas físicas	
Volume (barris, galões ou metros cúbicos)	27
Massa (peso ou massa molecular)	2
Outros	5
	100%

As medidas baseadas no mercado são as preferidas para a apropriação dos custos conjuntos, sendo que o método VRL é a escolha predominante. Outra medida baseada no mercado, mais comum, relatada na pesquisa, foi uma variação do método do VRL, na qual o valor final das vendas de cada produto é usado como base de apropriação sem qualquer dedução para os custos separáveis esperados de produção e marketing. Essa variação ilustra como as empresas fazem ajustes aos métodos básicos descritos neste capítulo, muitas vezes com o motivo de uma base percebida do custo–benefício.

Fonte: Adaptado de Koester e Barnett, *Petroleum refinery joint cost allocation.*

Irrelevância dos custos conjuntos para a tomada de decisão

Os custos conjuntos devem ser apropriados aos produtos conjuntos para serem usados nas tomadas de decisão de precificação para cada produto conjunto? Não. Por que não? Porque todas as apropriações de custos conjuntos são, de certa maneira, arbitrárias. Não há um relacionamento de causa e efeito que identifique os recursos demandados por cada produto conjunto que possa ser usado como base para a precificação. Do jeito que está na maioria dos custeios conjuntos, os preços de venda direcionam as apropriaçãoes de custos conjuntos; as apropriações de custos não direcionam a precificação.

Vamos considerar a irrelevância dos custos conjuntos para a tomada de decisão. Muitas empresas de produção constantemente enfrentam a decisão de um processamento posterior de um produto conjunto. Por exemplo, a Laticínios Coimbra pode vender os produtos conjuntos, creme de leite e nata líquida, no ponto de separação, ou processá-los em manteiga e leite condensado. Na indústria de refinaria de petróleo, o refinador precisa decidir se vende o gás petrolífero liquidificado bruto como um produto ou o processa em butano, etano e propano.

O Capítulo 11 do volume 1 introduziu os conceitos de *receitas relevantes* — receitas futuras esperadas que diferem entre os cursos alternativos de ação — e *custos relevantes* — custos futuros esperados que diferem entre os cursos alternativos de ação. Esses conceitos têm implicações importantes nas decisões sobre se um produto conjunto ou produto principal deve ser vendido no ponto de separação ou processado posteriormente. Os custos conjuntos incorridos até o ponto de separação são irrelevantes porque serão incorridos, independentemente do produto ser vendido no ponto de separação ou processado posteriormente. Além disso, a decisão sobre um processamento posterior não deveria ser influenciada pela quantia total dos custos conjuntos; a decisão de um processamento posterior também não deveria ser influenciada pela porção dos custos conjuntos apropriados aos produtos individuais.

Vender ou processar

A decisão de incorrer custos adicionais para o processamento posterior deveria ser baseada no lucro incremental das operações alcançáveis além do ponto de separação. O Exemplo 2 presumiu que seria rentável se o creme de leite e a nata líquida fossem processados, respectivamente, em manteiga e leite condensado. A análise incremental para essas decisões sobre o processamento posterior é:

Processamento posterior do creme de leite em manteiga

Receitas incrementais ($ 25/gal. × 20 000 gal.) – ($ 8/gal. × 25 000 gal.)	$ 300 000
Dedução dos custos incrementais de processamento	280 000
Aumento no lucro operacional com a manteiga	$ 20 000

Processamento posterior da nata líquida

Receitas incrementais ($ 22/gal. × 50 000 gal.) – ($ 4/gal. × 75 000 gal.)	$ 800 000
Dedução dos custos incrementais de processamento	520 000
Aumento no lucro operacional com o leite condensado	$ 280 000

Neste exemplo, o lucro operacional aumenta para ambos os produtos, portanto, o gerente deve processar o creme de leite em manteiga e a nata líquida em leite condensado. *Os custos conjuntos de $ 400 mil incorridos até o ponto de separação — e como eles são apropriados — são irrelevantes na decisão de um processamento posterior.* Por que irrelevante? Porque os custos conjuntos de $ 400 mil são os mesmos, ocorrendo ou não um processamento posterior.

Custos incrementais são os custos adicionais incorridos para uma atividade, como o processamento posterior. *Não presuma que todos os custos separáveis nas apropriações dos custos conjuntos são sempre custos incrementais.* Alguns custos separáveis podem ser fixos, como os custos de aluguel de prédios, onde o processamento posterior é feito; outros podem ser custos incorridos, como a depreciação sobre os equipamentos que convertem creme de leite em manteiga; alguns custos separáveis podem ser custos apropriados, como os corporativos apropriados às operações do leite condensado. Nenhum desses custos diferirá entre as alternativas de vender os produtos no ponto de separação ou de processar posteriormente.

Apropriações dos custos conjuntos e avaliação do desempenho

Potenciais conflitos entre os conceitos de custos usados nas tomadas de decisão e na avaliação do desempenho poderiam surgir nas decisões de venda ou processamento posterior. Para ver como, vamos continuar com o Exemplo 2. Suponha que os custos fixos apropriados do processamento posterior do creme de leite em manteiga sejam iguais a $ 45 mil, e que esses custos apenas serão cobrados para a manteiga e para a demonstração de resultados da linha de produto se a manteiga for produzida. Como isso poderia afetar a decisão de um processamento posterior?

Como temos visto, com base nas receitas e nos custos incrementais, o lucro operacional da Laticínios Coimbra aumentará em $ 20 mil pelo processamento do creme de leite em manteiga. Entretanto, a produção da manteiga também resulta em uma cobrança adicional para os custos fixos apropriados, de $ 45 mil. Se o gerente for avaliado com base nos custos totais (isto é, depois de apropriar todos os custos), o processamento do creme de leite em manteiga fará com que a medida de avaliação do desempenho, realizada pelo gerente, seja mais baixa em $ 25 mil (lucro operacional incremental, $ 20 mil, menos custos fixos apropriados, $ 45 mil). Assim sendo, o gerente pode ficar tentado a vender o creme de leite diretamente, em vez de processá-lo em manteiga.

Conflito similar também poderá ocorrer no que diz respeito à produção de produtos conjuntos. Considere novamente o Exemplo 1. Suponha que a Laticínios Coimbra tenha a opção de vender o leite *in natura* a um lucro de $ 20 mil. Do ponto de vista da tomada de decisão, a Coimbra deveria processar o leite *in natura* em creme de leite e nata líquida porque o total de receitas com a venda de ambos os produtos conjuntos ($ 500 mil) excede os custos conjuntos ($ 400 mil) em $ 100 mil (que é maior do que os $ 20 mil caso a Coimbra não processasse). No entanto, suponha que as linhas de produtos do creme de leite e da nata líquida fossem administradas por gerentes diferentes, sendo cada um deles avaliado com base na demonstração de resultados. Se o método da medida física da apropriação de custo for usado e o preço de venda por galão de nata líquida cair abaixo de $ 4,00 por galão, a linha de produto da nata líquida revelará uma perda (Quadro 3.5, receitas serão menores do que $ 120 mil, mas o custo dos produtos vendidos ficará inalterado em $ 120 mil). O gerente da linha da nata líquida preferirá, do ponto de vista da avaliação do seu desempenho, não produzir a nata líquida e, em vez disso, vender o leite *in natura*.

Esse conflito entre a tomada de decisão e a avaliação do desempenho será menos severo se a Coimbra usar qualquer um dos métodos de apropriação dos custos conjuntos baseados no mercado — valor da venda na separação, VRL ou VRL da porcentagem da margem bruta constante. Isso porque cada um desses métodos apropria os custos com base nas receitas, que geralmente levam a lucros positivos cada produto conjunto.

Contabilizando os subprodutos

Os processos conjuntos podem resultar não apenas em produtos conjuntos ou principais, mas também em subprodutos. Embora os subprodutos tenham valores mais baixos de venda do que os produtos conjuntos ou principais, a presença de subprodutos em um processo de produção conjunta pode afetar a apropriação dos custos conjuntos. Vamos considerar um exemplo de dois produtos consistindo em um produto principal e um subproduto.

Exemplo 3: O Frigorífico Tambuí processa carne de matadouros. Um de seus departamentos corta as paletas de carneiro e gera dois produtos:

- Carne de paleta (produto principal) — vendido a $ 60 o pacote
- Carne do jarrete (subproduto) — vendido a $ 4 o pacote (o líquido de quaisquer custos de vendas)

Os dados sob cada coluna indicam que o número de pacotes para esse departamento, em julho de 2004, é:

	Produção	Vendas	Estoque inicial	Estoque final
Carne de paleta	5 000	4 000	0	1 000
Carne do jarrete	1 000	300	0	700

Os custos conjuntos de produção desses produtos, em julho de 2004, foram de $ 250 mil, incluindo $ 150 mil para materiais diretos e $ 100 mil para custos de conversão. Ambos os produtos são vendidos no ponto de separação sem processamento posterior, como mostra o Quadro 3.10.

São apresentados dois métodos de contabilidade dos subprodutos: método A, o método de produção, reconhece os subprodutos nas demonstrações financeiras assim que a produção é completada; método B, o método de venda, retarda o reconhecimento dos subprodutos até o momento da venda. O reconhecimento dos subprodutos no momento da produção é conceitualmente correto, e o da venda ocorre com freqüência na prática, quando as quantias monetárias dos subprodutos são baixas.[4] O Quadro 3.11 apresenta a demonstração de resultados do Frigorífico Tambuí sob ambos os métodos.

Quadro 3.10 Exemplo 3: Visão geral do Frigorífico Tambuí.

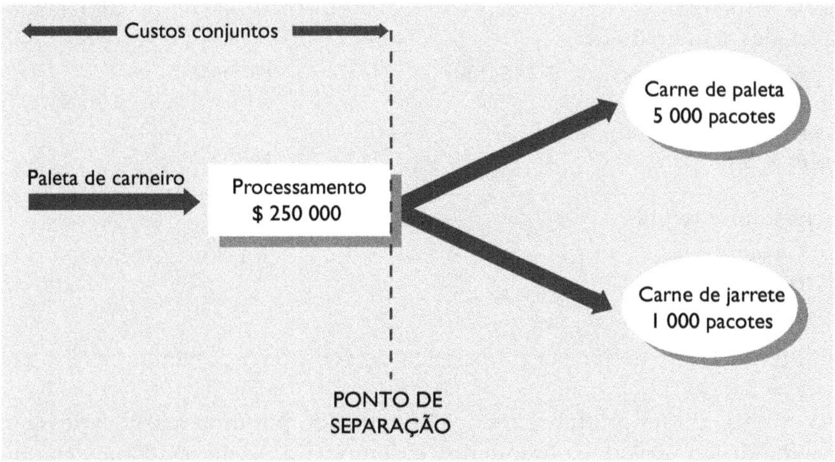

Quadro 3.11 Demonstração de resultados do Frigorífico Tambuí para julho de 2004.

	MÉTODO DE CONTABILIDADE DO SUBPRODUTO	
	Método A: Reconhecido na produção	**Método B: Reconhecido na venda**
Receitas		
Produto principal: carne de paleta (4 000 pacotes × $60/pct.)	$ 240 000	$ 240 000
Subproduto: carne de jarrete (300 pacotes × $ 4/pct.)	—	1 200
Total de receitas	240 000	241 200
Custo dos produtos vendidos		
Total de custos de produção	250 000	250 000
Dedução da receita do subproduto (1 000 × $ 4/pct.)	4 000	—
Custos líquidos de produção	246 000	250 000
Dedução do inventário do produto principal	49 200[a]	50 000[b]
Custo dos produtos vendidos	196 800	200 000
Margem bruta	$ 43 200	$ 41 200
Porcentagem da margem bruta	18,00%	17,08%
Custos inventariáveis (final do período):		
Produto principal: Carne de paleta	$ 49 200	$ 50 000
Subproduto: Carne de jarrete (700 pacotes × $ 4/pct.)[c]	2 800	0

a *(1 000 ÷ 5 000) × custo líquido de produção = (1 000 ÷ 5 000) × $ 246 000 = $ 49 200.*
b *(1 000 ÷ 5 000) × total de custo de produção = (1 000 ÷ 5 000) × $ 250 000 = $ 50 000.*
c *Registrado no preço de venda.*

4. *Discussões adicionais sobre os métodos de contabilidade dos subprodutos estão em C. Cheatham e M. Green, Teaching Accounting for Byproducts,* Management Accounting News & Views. *1988: 14-15; e D. Stout e D. Wygal, Making Byproducts a Main Product of Discussion: A Challenge to Accounting Educators,* Journal of Accounting Education. *1989: 219-233.*

Método A: subprodutos reconhecidos assim que a produção é completada

Este método reconhece o subproduto nas demonstrações financeiras — os mil pacotes de carne de jarrete — no mês em que ele é produzido, julho de 2004. O VRL do subproduto é balanceado contra os custos do produto principal (veja 'Conceitos em Ação'). Os lançamentos seguintes ilustram este método:

	Débito	Crédito
1. Produto em processamento	150 000	
Contas a pagar		150 000
Para registrar os materiais diretos comprados e usados na produção durante julho		
2. Produto em processamento	100 000	
Várias contas		100 000
Para registrar os custos de conversão no processo de produção durante julho; exemplos incluem energia, produção, suprimentos, toda a mão-de-obra de produção e depreciação da fábrica		
3. Estoque do subproduto — Carne de jarrete (1 000 pacotes × $ 4/pct.)	4 000	
Produtos acabados — Carne de paleta ($ 250 000 – $ 4 000)	246 000	
Produto em processamento ($ 150 000 + $ 100 000)		250 000
Para registrar o custo dos produtos completados durante julho		
4. a. Custo dos produtos vendidos [(4 000 pacotes ÷ 5 000 pct.) × $ 246 000]	196 800	
Produtos acabados — Carne de paleta		196 800
Para registrar o custo do produto principal vendido durante julho		
b. Caixa ou contas a receber (4 000 pacotes × $ 60/pct.)	240 000	
Receitas — Carne de paleta		240 000
Para registrar as vendas do produto principal durante julho		
5. Caixa ou contas a receber (300 pacotes × $ 4/pct.)	1 200	
Estoque do subproduto — Carne de jarrete		1 200
Para registrar as vendas do subproduto durante julho		

Este método registra o estoque do subproduto da carne de jarrete no balanço do seu preço de venda de $ 4 por pacote [(1 000 pacotes – 300 pacotes) × $ 4/pct. = $ 2 800].

Uma variação deste método seria registrar o estoque do subproduto no seu VRL reduzido por uma margem de lucro normal.[5] Quando o estoque do subproduto é vendido no período subseqüente, a demonstração de resultados combinaria com o preço *líquido* de venda registrado no estoque do subproduto.

Método B: subprodutos reconhecidos no momento da venda

Este método não faz nenhum lançamento até que a venda do subproduto ocorra. As receitas do subproduto são registradas como um item de receita na demonstração de resultados no momento da venda. Essas receitas são agrupadas a outras vendas, incluídas como outra renda ou deduzidas do custo dos produtos vendidos. No exemplo do Frigorífico Tambuí, as receitas dos subprodutos, em julho de 2004, são de $ 1 200 (300 pacotes × $ 4/pct.), porque apenas 300 pacotes de carne de jarrete foram vendidos no mês (dos mil pacotes produzidos). Os lançamentos são:

	Débito	Crédito
1. e 2. O mesmo que para o método A		
3. Produtos acabados — Carne de paleta	250 000	
Produto em processamento		250 000
Para registrar os custos dos produtos completados durante julho		
4. a. Custo dos produtos vendidos [(4 000 pacotes ÷ 5 000 pct) × $ 250 000]	200 000	
Produtos acabados — Carne de paleta		200 000
Para registrar o custo do produto principal vendido durante julho		
b. O mesmo que para o Método A		
5. Caixa ou contas a receber	1 200	
Receitas — Carne de paleta		1 200
Para registrar as vendas do subproduto durante julho		

Na prática, o Método B é usado principalmente porque as quantias monetárias dos subprodutos são imateriais. Entretanto, este método permite que os administradores *gerenciem* os ganhos relatados calculando o tempo que eles vendem os subprodutos. Os gerentes podem armazenar os subprodutos por vários períodos e dar às receitas e à renda um *pequeno impulso*, vendendo os subprodutos acumulados durante vários períodos quando as receitas e os lucros do produto principal ou dos produtos conjuntos são baixos.

5. *Uma abordagem seria presumir que todos os produtos têm a mesma margem de lucro* normal, *como a do método VRL da porcentagem da margem bruta constante. Alternativamente, a empresa poderá permitir que os produtos tenham margens de lucro diferentes, baseadas numa análise das margens obtidas por outras empresas, que os vendem como produtos individuais.*

CONCEITOS EM AÇÃO

Processamento de frango: custeio dos produtos conjuntos e subprodutos

As operações de processamento das partes de frango exemplificam as questões de custeio conjunto ou de subprodutos, passíveis de ocorrer. Praticamente todas as partes da ave são aproveitáveis: as destinadas ao consumo humano, como a carne branca do peito — produto que gera a receita mais alta —, obtida da parte frontal da ave, e a carne escura, proveniente da parte traseira, bem como os miúdos, e as comercializadas para finalidades diversas, como: as penas usadas em travesseiros e produtos esportivos; pés, ossos e intestinos vendidos para a indústria do setor de ração animal.

As avícolas usam informações de custo do produto individual para vários propósitos e um deles é a análise da rentabilidade do cliente. Os clientes (como supermercados e restaurantes) diferem bastante no *mix* de produtos que eles compram. Os dados de custo do produto individual permitem que as empresas determinem as diferenças na rentabilidade do cliente individual. Um subconjunto de produtos é congelado, o que cria uma demanda por informações de custo do produto individual para a valorização do estoque.

As empresas diferem em sobre como elas custeiam os produtos individuais. Considere duas das maiores empresas dos Estados Unidos: Avícola do Sul e Avícola da Costa Dourada (nomes fictícios).

A Avícola do Sul classifica a carne branca do peito como o único produto principal no seu sistema de custeio. Todos os outros produtos são classificados como subprodutos. Os preços de venda dos muitos subprodutos são usados para reduzir os custos de processamento do frango, alocados aos produtos principais. A carne branca do peito do frango é processada posteriormente em muitos outros produtos individuais (como filé de frango e frango marinado). Os custos separáveis desse processamento posterior são adicionados ao custo por quilo do peito de frango desossado para obter o custo dos produtos posteriormente processados.

A Avícola da Costa Dourada classifica qualquer produto vendido a um varejista como produto conjunto. Esses produtos incluem filé de frango, meio peito de frango, sobrecoxas e coxas. Todos os outros produtos são classificados como subprodutos. A receita obtida com os subprodutos é deduzida do custo de processamento do frango antes de ele ser apropriado entre os produtos conjuntos. A média dos preços de venda dos produtos vendidos para os varejistas é usada para apropriar o custo líquido de processamento do frango para os produtos conjuntos individuais. Os custos de distribuição de transporte dos produtos de frango — das indústrias de processamento para os varejistas — não são considerados na determinação dos pesos para a apropriação dos custos conjuntos.

Fonte: Adaptado de conversas com executivos da Avícola do Sul e da Avícola da Costa Dourada.

PROBLEMA PARA AUTO-ESTUDO

A Químicos Inorgânicos compra sal e o processa em soda cáustica, cloro e PVC (cloreto de polivinil). Em julho de 2003, ela comprou sal a \$ 40 mil. Os custos de conversão, de \$ 60 mil, foram incorridos até o ponto de separação, quando dois dos produtos vendáveis foram produzidos: soda cáustica e cloro, sendo que este pode, posteriormente, ser processado em PVC.

As informações de produção e venda, em julho de 2003, são:

	Produção	Vendas	Preço de venda por tonelada
Soda cáustica	1 200 toneladas	1 200 toneladas	\$ 50 por tonelada
Cloro	800 toneladas		
PVC	500 toneladas	500 toneladas	\$ 200 por tonelada

Todas as 800 toneladas de cloro foram posteriormente processadas, a um custo incremental de \$ 20 mil, para resultar em 500 toneladas de PVC. Não havia estoque inicial ou final de soda cáustica, cloro ou PVC em julho.

Há um mercado ativo para o cloro. A Químicos Inorgânicos poderia ter vendido toda a sua produção de julho a \$ 75 a tonelada.

Para fazer:

1. Aproprie os custos conjuntos de \$ 100 mil entre a soda cáustica e o cloro sob (a) o método do valor de venda na separação, (b) o método da medida física (toneladas) e (c) o método VRL.
2. Qual é a porcentagem da margem bruta para (a) soda cáustica e (b) PVC sob os três métodos de apropriação da Questão 1?

3. A Produtos para Piscinas oferece comprar 800 toneladas de cloro, em agosto de 2003, a $ 75 a tonelada. Essa venda significa que o PVC não seria produzido em agosto. Como a aceitação dessa oferta afetaria o lucro operacional da Inorgânicos em agosto de 2003?

SOLUÇÃO

1a. Método do valor de venda na separação

	Soda cáustica	Cloro	Total
1. Valor de venda na separação (soda cáustica, 1 200 tons. × $ 50/ton.; cloro, 800 tons. × $ 75/ton.)	$ 60 000	$ 60 000	$ 120 000
2. Peso (soda cáustica, $ 60 000 ÷ $ 120 000; cloro, $ 60 000 ÷ $ 120 000)	0,5	0,5	
3. Custos conjuntos apropriados ($ 40 000 + $ 60 000) (soda cáustica, 0,5 × $ 100 000; cloro, 0,5 × $ 100 000)	$ 50 000	$ 50 000	$ 100 000

1b. Método da medida física

	Soda cáustica	Cloro	Total
1. Medida física	1 200	800	2 000
2. Peso (1 200 ton. ÷ 2 000 tons.; 800 tons. ÷ 2 000 tons.)	0,6	0,4	
3. Custos conjuntos apropriados (soda cáustica, 0,6 × $ 100 000; cloro, 0,4 × $ 100 000)	$ 60 000	$ 40 000	$ 100 000

1c. Método VRL

	Soda cáustica	Cloro	Total
1. Valor final de venda da produção (soda cáustica, 1 200 tons. × $ 50/ton.; PVC do cloro, 500 tons. × $ 200/ton.)	$ 60 000	$ 100 000	$ 160 000
2. Deduzir custos separáveis	0	20 000	20 000
3. VRL no ponto de separação	$ 60 000	$ 80 000	$ 140 000
4. Peso ($ 60 000 ÷ $ 140 000; $ 80 000 ÷ $ 140 000)	3/7	4/7	
5. Custos conjuntos apropriados (soda cáustica, 3/7 × $ 100 000; cloro, 4/7 × $ 100 000)	$ 42 857	$ 57 143	$ 100 000

2a. Soda cáustica

	Valor de venda no ponto de separação	Medida física	VRL
Vendas	$ 60 000	$ 60 000	$ 60 000
Dedução dos custos conjuntos	50 000	60 000	42 857
Margem bruta	$ 10 000	$ 0	$ 17 143
Porcentagem da margem bruta	16,7%	0%	28,6%

2b. PVC

	Valor de venda no ponto de separação	Medida física	VRL
Vendas	$ 100 000	$ 100 000	$ 100 000
Dedução dos custos conjuntos	50 000	40 000	57 143
Dedução dos custos separáveis	20 000	20 000	20 000
Margem bruta	$ 30 000	$ 40 000	$ 22 857
Porcentagem da margem bruta	30,0%	40,0%	22,9%

3. Receitas incrementais do processamento posterior do cloro em PVC:

(500 tons. × $ 200/ton.) – (800 tons. × $ 75/ton.)	$ 40 000
Custos incrementais para o processamento posterior do cloro em PVC	20 000
Lucro operacional incremental do processamento posterior	$ 20 000

O lucro operacional seria reduzido em $ 20 mil caso a Inorgânicos tivesse vendido 800 toneladas de cloro para a Produtos para Piscinas, em vez de processar o cloro em PVC posteriormente.

Pontos de decisão

Resumo

O seguinte formato de perguntas e respostas resume os objetivos de aprendizagem do capítulo. Cada decisão representa uma pergunta-chave relacionada a um objetivo de aprendizagem. As diretrizes são a resposta à pergunta.

Decisão	Diretrizes
1. O que são custos conjuntos e ponto de separação?	Um custo conjunto é o custo de um único processo de produção que resulta em múltiplos produtos simultaneamente. O ponto de separação é a junção de um processo de produção conjunta quando os produtos se tornam identificáveis em separado.
2. Como os produtos conjuntos diferem dos subprodutos?	Produtos conjuntos têm um valor total de venda alto no ponto de separação. Um subproduto tem um valor total de venda baixo no ponto de separação em comparação ao valor de venda de um produto conjunto ou produto principal. Os produtos podem mudar de subprodutos para produtos conjuntos quando o valor total de suas vendas aumenta significativamente, ou muda de produtos conjuntos para subprodutos quando o valor total de suas vendas diminui de maneira significativa.
3. Por que os custos conjuntos são apropriados aos produtos individuais?	Os propósitos para apropriar os custos conjuntos aos produtos incluem o custeio do estoque para a contabilidade financeira e para o relatório interno, bem como reembolso dos custos, acertos de seguros, regulamentação tributária e litígios de custo do produto.
4. Quais métodos podem ser usados para apropriar custos conjuntos aos produtos individuais?	Os métodos disponíveis para apropriar os custos conjuntos aos produtos são valor de venda na separação: VRL, VRL da porcentagem da margem bruta constante e medida física.
5. Qual é o método preferido para a apropriação dos custos conjuntos aos produtos individuais?	O método do valor de venda na separação é usado quando existe o preço de mercado na separação porque o uso das receitas é consistente com o critério dos benefícios recebidos; ele não antecipa decisões administrativas subseqüentes sobre o processamento posterior e é simples.
6. São os custos conjuntos relevantes em uma análise de venda ou processamento posterior?	Não, os custos conjuntos e como eles são apropriados são irrelevantes na decisão de um processamento posterior porque eles são os mesmos, ocorrendo ou não o processamento.
7. Quais métodos podem ser usados para contabilizar os subprodutos?	Os métodos de contabilidade dos subprodutos diferem se os subprodutos forem reconhecidos nas demonstrações financeiras na hora da produção ou na hora da venda. O reconhecimento na hora da produção é conceitualmente correto. O reconhecimento na hora da venda é freqüentemente usado na prática porque as quantias monetárias dos subprodutos são imateriais.

Termos para aprender

Este capítulo e o Glossário no final do livro contêm definições de:

custos conjuntos
custos separáveis
método de medida física
método do valor realizável líquido (VRL)
método do VRL da porcentagem da margem bruta constante
ponto de separação
produto
produto principal
produtos conjuntos
subprodutos
valor de venda no método de separação

Material de trabalho

Questões

3-1 Dê dois exemplos de indústrias nas quais os custos conjuntos são encontrados. Para cada exemplo, quais são os produtos individuais no ponto de separação?

3-2 O que é um custo conjunto? O que é um custo separável?

3-3 Faça a distinção entre produtos conjuntos e subprodutos.

3-4 Por que o número de produtos em uma situação de custo conjunto pode diferir do número de produções? Dê um exemplo.

3-5 Forneça três motivos para a apropriação dos custos conjuntos aos produtos individuais ou serviços.

3-6 Por que o método do valor de venda na separação usa o valor de venda do total de produção no período contábil e não apenas o valor de venda do produto vendido?

3-7 Descreva uma situação em que o método do valor de venda na separação não pode ser usado, mas o método do VRL pode ser usado para a apropriação dos custos conjuntos.

3-8 Faça a distinção entre o método do valor de venda na separação e o método do VRL.

3-9 Dê duas limitações do método da medida física na apropriação de custos conjuntos.

3-10 Como uma empresa pode simplificar o uso do método do VRL quando os preços finais de venda podem variar bastante em um período contábil e a gerência freqüentemente muda o ponto no qual ela vende os produtos individuais?

3-11 Por que o método do VRL da porcentagem da margem bruta constante é algumas vezes denominado método de 'custo conjunto e apropriação de lucro'?

3-12 "Os gerentes precisam decidir se um produto é vendido na separação ou processado posteriormente. O método do valor de venda na separação da apropriação de custos conjuntos é o melhor método para gerar as informações que os gerentes precisam." Você concorda? Explique.

3-13 "Os gerentes devem considerar apenas as receitas adicionais e os custos separáveis ao tomar decisões sobre venda ou processamento posterior." Você concorda? Explique.

3-14 Descreva os dois métodos principais para contabilizar os subprodutos.

3-15 Porque os gerentes que procuraram um bônus mensal baseado no alcance de um lucro alvo operacional, preferem um método de contabilidade dos subprodutos que reconheça os subprodutos no momento da venda, não da produção?

Exercícios

3-16 Apropriação de custos conjuntos, acerto de seguro. A Pequeno Frango cria e processa as partes de frangos. Cada frango é subdividido em cinco partes principais. As informações pertencentes à produção de julho de 2004 são:

Partes	Quilo do produto	Preço de venda por quilo no atacado quando a produção é completada
Peito	100	$ 1,10
Asas	20	0,40
Sobrecoxas	40	0,70
Ossos	80	0,20
Penas	10	0,10

O custo conjunto da produção, em julho de 2004, foi de $ 100.

Um pedido especial de 20 quilos de peito e dez quilos de asas foi destruído em um incêndio. A apólice de seguro da Pequeno Frango permite o reembolso do custo dos itens perdidos. A companhia de seguro permite que a Pequeno Frango use o método de apropriação de custos conjuntos. Presume-se que o ponto de separação ocorra no final da linha de produção.

Para fazer:

1. Calcule o custo do pedido especial destruído, usando:
   - **a.** O método do valor de venda na separação.
   - **b.** O método da medida física (quilos do produto acabado)

2. Qual método de apropriação dos custos conjuntos você recomendaria que a Pequeno Frango usasse? Explique.

3-17 Produtos conjuntos e subprodutos (continuação do 3-16). A Pequeno Frango está apurando os valores do estoque final para o balanço de 31 de julho de 2004. As quantias no estoque final, em 31 de julho, são de dez quilos de peito, quatro quilos de asas, três quilos de sobrecoxas, cinco quilos de ossos e dois quilos de pena.

A gerência quer usar o método do valor de venda na separação. Entretanto, ela quer explorar o efeito sobre os valores no estoque final na classificação de um ou mais produtos como subproduto em vez de produto conjunto.

Para fazer:

1. Suponha que a Pequeno Frango classifique todos os cinco produtos como conjuntos. Quais são os valores no estoque final de cada produto, em 31 de julho de 2004?
2. Suponha que a Pequeno Frango use um método de subproduto que reconheça os subprodutos nas demonstrações financeiras no momento em que a produção é completada. O total de receitas a ser recebido, da venda dos subprodutos produzidos naquele período, é compensado contra o custo conjunto da produção dos produtos conjuntos. Quais são os valores do estoque final para cada produto conjunto em 31 de julho de 2004, supondo que os peitos e as sobrecoxas são os produtos conjuntos, e as asas, ossos e penas são os subprodutos?
3. Comente sobre as diferenças nos resultados das Questões 1 e 2.

3-18 Método do valor realizável líquido. A Ilhara Ltda. produz dois produtos conjuntos, óleo de cozinha e óleo para sabonete de um único processo de refinamento de óleo vegetal. Em julho de 2004, os custos conjuntos desse processo eram de $ 24 milhões. Os custos separáveis de processamento além do ponto de separação eram de $ 30 milhões para o óleo de cozinha e $ 7 500 mil para o óleo para sabonete. O óleo de cozinha é vendido a $ 50 por tambor. O óleo para sabonete é vendido a $ 25 por tambor. A Ilhara produziu e vendeu um milhão de tambores de óleo de cozinha e 500 mil tambores de óleo para sabonete. Não havia estoque inicial ou final para um e outro.

Para fazer:

Aproprie os custos conjuntos de $ 24 milhões usando o método do VRL.

Aplicação do Excel Para os alunos que desejam praticar as suas habilidades com planilhas, segue uma abordagem passo a passo para criar uma planilha no Excel para resolver este problema.

Passo a passo

1. Abra uma nova planilha. No topo, crie uma seção de 'Dados originais' para os dados fornecidos pela Ilhara. Crie uma linha para 'Custos conjuntos' e insira os custos conjuntos do processo de refinamento nessa linha. Pule duas linhas, crie colunas para 'Óleo de cozinha' e 'Óleo para sabonete', e crie linhas para 'Custos separáveis, preço de venda' e 'Volume de vendas', e insira os dados para a Ilhara.

(Programe a sua planilha para realizar todos os cálculos necessários. Não insira à mão quaisquer quantias, como peso para a apropriação dos custos conjuntos, que exijam operações de adição, subtração, multiplicação ou divisão.)

2. Pule duas linhas, crie uma nova seção 'Alocação dos custos conjuntos'. Crie uma tabela no mesmo formato que o da página 76, com colunas para 'Óleo de cozinha, óleo para sabonete' e 'Total', e fileiras rotuladas de 'Valor final das vendas do total da produção', 'Dedução dos custos separáveis para completar e vender', 'VRL no ponto de separação', 'Peso' e 'Apropriação dos custos conjuntos'.
3. Usando os dados da sua seção de 'Dados originais', insira os cálculos para o 'Valor final das vendas do total de produção', 'Custos separáveis para completar e vender', e 'VRL no ponto de separação para o óleo de cozinha, óleo para sabonete e total'.
4. Use os VRLs no 'Ponto de separação para o óleo de cozinha, óleo para sabonete e total' da Etapa 3 para calcular os pesos de óleo de cozinha e óleo para sabonete usados na apropriação de custo conjunto. Use esses três pesos para apropriar os custos conjuntos para o óleo de cozinha e o óleo para sabonete.
5. *Confira a exatidão da sua planilha:* Vá para a seção de 'Dados originais' e mude o preço de venda do óleo de cozinha, de $ 50 para $ 45 por tambor. Se a sua planilha foi programada corretamente, os custos conjuntos apropriados para o óleo de cozinha e o óleo para sabonete mudariam para $ 18 milhões e $ 6 milhões, respectivamente.

3-19 Métodos alternativos de apropriação de custos conjuntos, decisão de processamento posterior. A Cia. Espíritos das Madeiras produz dois produtos, terebintina e metanol (álcool da madeira), por meio de um processo conjunto. Os custos conjuntos totalizam $ 120 mil por lote de produto. Cada lote totaliza dez mil galões: 25 por cento metanol e 75 por cento terebintina. Ambos os produtos são posteriormente processados, sem ganho ou perda no volume. Os custos separáveis de processamento são: metanol, $ 3 por galão, e terebintina, $ 2 por galão. O metanol é vendido a $ 21 por galão e a terebintina, a $ 14 por galão.

Para fazer:

1. Quanto dos custos conjuntos por lote devem ser apropriados à terebintina e ao metanol, supondo que os custos conjuntos sejam apropriados com base na medida física (número de galões no ponto de separação)?
2. Se os custos conjuntos forem atribuídos com base no VRL, quanto dos custos deve ser atribuído à terebintina e ao metanol?
3. Prepare demonstrações de resultados da linha de produto por lote para as Questões 1 e 2. Suponha que não haja estoques iniciais ou finais.
4. A empresa descobriu um processo adicional no qual o metanol (álcool da madeira) pode ser transformado em uma bebida alcoólica de sabor agradável. O preço de venda dessa bebida seria de $ 60 por galão. O processamento adicional aumentaria os custos separáveis em $ 9 por galão (além dos $ 3 por galão de custos separáveis para resultar o metanol). A empresa teria que pagar taxas de exercício de 20 por cento sobre o preço de venda da bebida. Supondo que não haja nenhuma outra mudança no custo, qual é o custo conjunto aplicável ao álcool da madeira (usando o método do VRL)? Deveria a empresa produzir a bebida alcoólica? Mostre os seus cálculos.

3-20 Métodos alternativos de apropriação dos custos conjuntos, estoques finais. A Companhia Daré usa um processo químico simples para converter um material único em três itens separados, chamados de X, Y e Z. Todos os três produtos finais são simultaneamente separados no ponto único de separação.

Os produtos X e Y estão prontos para venda na separação, sem processamento posterior ou custo adicional. O produto Z, no entanto, é processado antes de ser vendido. Não há preço de mercado disponível para Z no ponto de separação.

É esperado que os preços de vendas cotados aqui permaneçam os mesmos para o ano vindouro. Durante 2004, os preços de venda dos itens e as quantias totais vendidas foram:

- X — 120 toneladas vendidas a $ 1 500 a tonelada
- Y — 340 toneladas vendidas a $ 1 000 a tonelada
- Z — 475 toneladas vendidas a $ 700 a tonelada

O total de custos conjuntos de produção para o ano foi de $ 400 mil, e foram gastos $ 200 mil adicionais para acabar o produto Z.

Não havia estoques iniciais de X, Y e Z. No final do ano, os seguintes estoques das unidades completadas estavam disponíveis: X, 180 toneladas; Y, 60 toneladas; Z, 25 toneladas. Não havia produto em processo inicial ou final.

Para fazer:

1. Apure o custo dos estoques de X, Y e Z para fins de balanço e o custo dos produtos vendidos relativos à demonstração de resultado do exercício em 31 de dezembro de 2004, usando:
   a. O método do VRL da apropriação de custo conjunto.
   b. O método do VRL da porcentagem da margem bruta constante da apropriação de custo conjunto.
2. Compare as porcentagens das margens brutas para X, Y e Z usando os dois métodos da Questão 1.

3-21 Apropriação do custo conjunto, processamento posterior. A Companhia de Refinaria Sinclair (CRS) é uma subsidiária da Sinclair Petróleo e Gasolina. A CRS opera uma refinaria que processa hidrocarbonetos a ela vendidos pela Companhia de Produção Sinclair, outra subsidiária da Sinclair Petróleo e Gasolina. A refinaria da CRS extrai três itens do processamento de hidrocarbonetos: óleo bruto, líquidos de gás natural e gás. Os dois primeiros itens são líquidos, enquanto o gás é vapor. Entretanto, o gás pode ser convertido em um líquido equivalente, usando um procedimento de conversão-padrão da indústria. Para fins de custeio, a CRS presume que todos os três itens sejam produzidos em conjunto até um ponto único de separação, em que cada item aparece separado e posteriormente processado de maneira individual.

Para agosto de 2003, temos (os números são pequenos para manter o foco nos conceitos-chave):

- Petróleo bruto — 150 barris produzidos e vendidos a $ 18 o barril. Os custos separáveis além do ponto de separação são de $ 175.
- Líquidos de gás natural — 50 barris produzidos e vendidos a $ 15 o barril equivalente. Os custos separáveis no ponto de separação são de $ 105.
- Gás — 800 barris equivalentes produzidos e vendidos a $1,30 o barril equivalente. Os custos separáveis além do ponto de separação são de $ 210.

A CRS pagou à Companhia de Produção Sinclair $ 1 400 pelo hidrocarboneto a ela entregue em agosto de 2003. O custo operacional da refinaria, em agosto, até o ponto de separação, foi de $ 400, incluindo $ 100 de gás cobrada pela Utilidade Eletro, empresa de utilidade independente. A Eletro formalizou com a CRS um contrato de longo prazo, há vários anos, quando os preços do gás eram muito mais baixos do que em 2003.

Recentemente, foi instituída uma nova lei federal que tributa o petróleo bruto em 30 por cento do lucro operacional. Nenhum imposto novo será pago sobre o líquido de gás natural ou o gás natural. Começando em agosto de 2003, a CRS precisa apresentar separadamente uma demonstração de resultados da linha de produto para o petróleo bruto. Um dos desafios da CRS é o de como apropriar o custo conjunto de produção dos três itens vendáveis. Supomos que não haja estoque inicial ou final.

Para fazer:

1. Desenhe um diagrama mostrando a situação do custo conjunto para a CRS.
2. Aproprie o custo conjunto de agosto de 2003 entre os três produtos vendáveis usando:
   a. O método da medida física.
   b. O método do VRL.
3. Mostre o lucro operacional para cada produto usando os métodos da Questão 2.
4. Discuta os prós e os contras dos dois métodos usados pela Sinclair Petróleo e Gás nas decisões de ênfase do produto.
5. Rascunhe uma carta às autoridades tributárias, de parte da Sinclair Petróleo e Gás, que justifique o método de apropriação de custo conjunto recomendado à Sinclair por você.

3-22 Apropriação do custo conjunto, método das medidas físicas (continuação do 3-21). Suponha que a CRS não consiga vender a sua produção de gás. A refinaria está localizada em uma área remota e um grupo de terroristas acabou de destruir os principais gasodutos usados para transportar o gás para o mercado. O oleoduto que transporta petróleo bruto e líquido de gás natural ainda está em operação. A Companhia de Produção Sinclair precisa agora devolver o gás para o campo em alto-mar. Os custos dos hidrocarbonetos para a CRS não serão reduzidos, mas a Produção Sinclair (não a CRS) arcará com o custo de devolver o gás. Agora, não será incorrido nenhum custo separável da produção de gás além do ponto de separação.

Para fazer:

1. Suponha que os mesmos dados para todas as três produções, para agosto de 2003, se apliquem ao novo conjunto de fatos. Mostre o lucro operacional para cada produto vendável usando o método VRL da apropriação de custo conjunto.
2. Suponha que as autoridades tributárias argumentem que para a determinação do imposto do petróleo bruto deve ser usado o método das medidas físicas para apropriar os custos conjuntos, e que todas as produções (incluindo gás, seja ele vendido ou devolvido) devem ser usadas na decisão dos pesos de apropriação dos custos. Rascunhe uma carta às autoridades tributárias, de parte da Sinclair Petróleo e Gás, sendo o mais específico possível.

3-23 Processamento posterior ou venda (R. Capettini, adaptado). A Companhia Hello produz os produtos conjuntos A, B e C de um único processo conjunto, com um custo fixo de $ 5 mil e custo variável de $ 2 por unidade de entrada. Cada produto pode ser processado posteriormente ou no ponto de separação e ser vendido ou recolhido a um dado custo. De cada unidade de entrada, a Companhia Hello produz uma unidade do produto A, três unidades do produto B e duas unidades do produto C.

Para fazer:

1. Use os dados seguintes para decidir se a Companhia Hello deve processar posteriormente cada produto ou recolhê-los (ou vendê-los) no ponto de separação, dando entrada em cinco mil unidades. Para cada produto, mostre os benefícios que a Hello teria caso seguisse seus conselhos *versus* adotar uma decisão alternativa. Suponha que em caso de a Hello não processar posteriormente um produto, ela não incorra nenhum dos custos de processamento posterior.

Produto	Preço de venda por unidade no ponto de separação	Custo de unidade para o recolhimento do produto no ponto de separação	Custo de processamento posterior: Fixo	Custo de processamento posterior: Variável por unidade	Preço de venda por unidade depois do processamento posterior
A	—	$ 0,20	$ 6 000	$ 0,90	$ 1,50
B	$ 0,50	—	1 000	1,00	1,50
C	—	0,90	10 000	1,10	5,40

2. Qual é a margem bruta da Companhia Hello no nível de entrada de cinco mil unidades?

3-24 Contabilizando para um produto principal e um subproduto (Cheatham e Green, adaptado). Belmiro João é o proprietário da Envasadora Louisiana, um atacadista no setor de refrigerantes. Um processo único de produção resulta em dois tipos de refrigerantes: Rainbow Dew (o produto principal) e Resi-Dew (o subproduto). Ambos são totalmente processados no ponto de separação e não há custos separáveis.

Para setembro de 2003, os custos operacionais são de $ 120 mil. Os dados sobre produção e vendas são os seguintes:

	Produção (em galões)	Vendas (em galões)	Preço de venda por galão
Produto principal: Rainbow Dew	10 000	8 000	$ 20
Subproduto: Resi-Dew	2 000	1 400	2

Não havia estoques iniciais em 1º de setembro de 2003. A seguir, uma visão geral das operações:

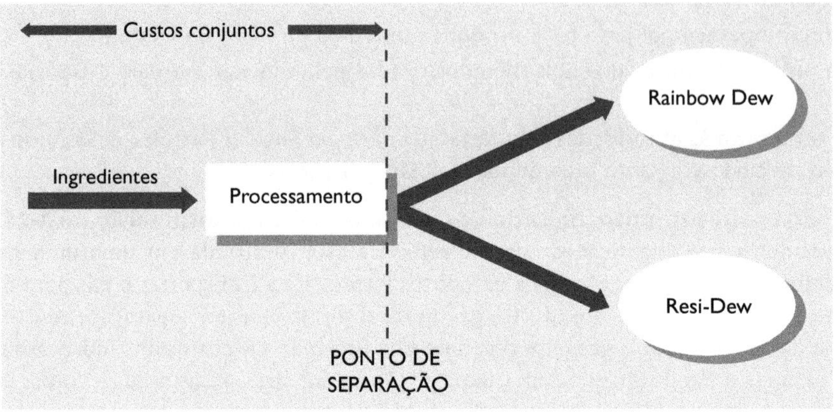

Para fazer:

1. Qual é a margem bruta da Envasadora Louisiana sob os métodos A e B da contabilidade do subproduto?
2. Quais são os custos de estoques relatados no balanço, em 30 de setembro de 2003, da Rainbow Dew e da Resi-Dew sob os dois métodos de contabilidade do subproduto da Questão 1?

3-25 Custos conjuntos e subprodutos (W. Crum). A Companhia Caldas processa minério no Departamento 1, de onde originam três produtos, L, W e X, sendo que o Produto L é processado posteriormente no Departamento 2. O Produto W é vendido sem ser processado, e o Produto X, considerado um subproduto, é processado posteriormente no Departamento 3. Os custos do Departamento 1 são de $ 800 mil, os do Departamento 2, de $ 100 mil, e os do Departamento 3, de $ 50 mil. O processamento de 600 mil quilos no Departamento 1 resulta em 50 mil quilos do produto L, 300 mil quilos do produto W e cem mil quilos do produto X.

O Produto L é vendido a $ 10 o quilo, o W, a $ 2, e o X é vendido a $ 3 o quilo. A empresa quer ter uma margem bruta de 10 por cento das receitas do produto X e reservar 25 por cento das receitas para os custos de marketing do mesmo produto.

Para fazer:

1. Calcule os custos por unidade, por quilo, para os produtos L, W e X, tratando X como um subproduto. Use o método do VRL para apropriar os custos conjuntos. Deduza o VRL do subproduto produzido do custo conjunto dos produtos L e W.
2. Apure os custos por unidade, por quilo, para os produtos L, W e X, tratando todos os três como produtos conjuntos e apropriando os custos pelo método do VRL.

Problemas

3-26 Métodos alternativos de apropriação de custos conjuntos, decisão do *mix* de produto. A Madeireira Pacífico processa madeira, vendida posteriormente a atacadistas do setor de móveis e de construção. A madeira mais comercializada é o carvalho, vendido à Madeireira Pacífico em toras que, processadas em conjunto até o ponto de separação, dão origem ao carvalho selecionado, ao carvalho branco e ao carvalho em nódulo, brutos. Cada um é então processado separadamente pela Madeireira Pacífico, obtendo-se produtos acabados: carvalho selecionado, carvalho branco e carvalho em nódulo. Os dados para agosto de 2004 são:

a. Custos de processamento conjunto (incluindo os custos das árvores) — $ 300 000

b. Produtos separáveis no ponto de separação

- Carvalho selecionado bruto, 30 mil metros quadrados de tábua
- Carvalho branco bruto, 50 mil metros quadrados de tábua
- Carvalho em nódulo bruto, 20 mil metros quadrados de tábua

c. Produto final produzido e vendido
   - Carvalho selecionado, 25 mil metros quadrados de tábua a $ 16 cada
   - Carvalho branco, 40 mil metros quadrados de tábua a $ 9 cada
   - Carvalho em nódulo, 15 mil metros quadrados de tábua a $ 7 cada

d. Custos separáveis de processamento
   - Para o carvalho selecionado, $ 60 mil
   - Para o carvalho branco, $ 90 mil
   - Para o carvalho em nódulo, $ 15 mil

Há um mercado ativo para os produtos de carvalho bruto. Os preços de venda disponíveis, em agosto de 2004, eram: carvalho selecionado bruto, $ 8 por metro quadrado de tábua; carvalho branco bruto, $ 4 por metro quadrado de tábua e carvalho em nódulo bruto, $ 3 por metro quadrado de tábua.

Para fazer:

1. Apropriar os custos conjuntos aos três produtos usando:
   a. O método do valor de vendas no ponto de separação
   b. O método da medida física
   c. O método do VRL
2. Suponha que nem todos os produtos finais, produzidos em agosto de 2004, sejam vendidos. O estoque final para agosto de 2004 foi: carvalho selecionado, mil metros quadrados de tábua; carvalho branco, dois mil metros quadrados de tábua e carvalho em nódulo, 500 metros quadrados de tábua. Quais seriam os valores do estoque final no balanço, em 30 de agosto sob cada produto, para os três métodos da Questão 1?
3. Estará a Madeireira Pacífico maximizando o total de lucro operacional, em agosto de 2004, com o processamento por completo de cada produto de carvalho bruto em produto acabado? Mostre os seus cáclulos.

3-27 Métodos alternativos de apropriação dos custos conjuntos, decisões de *mix* do produto. A Empresa de Óleo Luz do Sol compra óleo vegetal em estado natural, resultando, o seu refinamento, em quatro produtos no ponto de separação: A, B, C e D. O Produto C é totalmente processado no ponto de separação; A, B e D podem, em seguida, ser refinados individualmente em Super A, Super B e Super D. No mês mais recente (dezembro), a produção no ponto de separação foi:

- Produto A, 300 mil galões
- Produto B, 100 mil galões
- Produto C, 50 mil galões
- Produto D, 50 mil galões

Os custos conjuntos de compra e processamento do óleo vegetal em estado natural foram de $ 100 mil. A Luz do Sol não teve estoques inicial ou final. As vendas do Produto C em dezembro foram de $ 50 mil. Os Produtos A, B e D foram posteriormente refinados e vendidos. Os dados relacionados a dezembro são:

	Custos separáveis de processamento para fazer os superprodutos	Receitas
Super A	$ 200 000	$ 300 000
Super B	80 000	100 000
Super D	90 000	120 000

A Luz do Sol teve a opção de vender os produtos A, B e D no ponto de separação. Essa alternativa teria resultado nas seguintes receitas para a produção de dezembro:

- Produto A, $ 50 mil
- Produto B, $ 30 mil
- Produto D, $ 70 mil

Para fazer:

1. Calcule a porcentagem da margem bruta para cada produto vendido em dezembro, usando os seguintes métodos para apropriar os $ 100 mil de custos conjuntos:
   a. Valor das vendas na separação
   b. Medida física
   c. VRL
2. Poderia a Luz do Sol ter aumentado o seu lucro operacional em dezembro caso tivesse tomado decisões diferentes sobre o processamento posterior dos produtos A, B e D? Mostre o efeito no lucro operacional de qualquer mudança que você recomende.

3-28 Comparação dos métodos alternativos de apropriação dos custos conjuntos, decisão de processamento posterior, produtos derivados do cacau. A Chocolates Moleque fabrica e distribui produtos de chocolate a partir dos grãos do cacau processados, resultando em dois itens alternativos:

- Base líquida para chocolate em pó
- Base líquida para chocolate ao leite

Esses dois produtos são identificáveis no ponto único de separação. Cada 500 quilos de grão de cacau resulta em 20 galões de base para chocolate em pó e 30 galões de base para chocolate ao leite.

Os 20 galões de base líquida, processados posteriormente, renderão 200 quilos de chocolate em pó, e os 30 galões de base líquida, processados posteriormente, renderão 340 quilos de chocolate ao leite.

A seguir, uma visão geral das operações de produção na Chocolates Moleque:

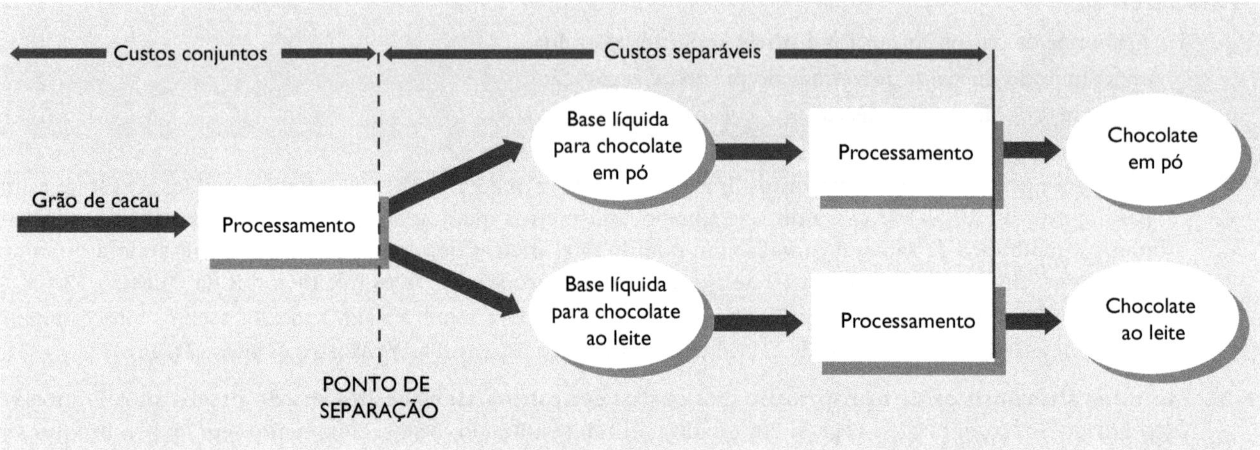

Os dados de produção e vendas, para agosto de 2003, são:

- Grãos de cacau processados, cinco mil quilos
- Custo do processamento dos grãos de cacau no ponto de separação (incluindo a compra dos grãos) = $ 10 mil

	Produção	Venda	Preço de venda
Chocolate em pó	2 000 quilos	2 000 quilos	$ 4 por quilo
Chocolate ao leite	3 400 quilos	3 400 quilos	$ 5 por quilo

Os custos separáveis, de agosto de 2003, do processamento da base líquida para chocolate em pó, são de $ 4 250, e os do chocolate ao leite, de $ 8 750.

A Moleque processa totalmente os dois produtos intermediários em chocolate em pó ou em chocolate ao leite. Há um mercado ativo para esses produtos intermediários. Em agosto de 2003, a Moleque poderia ter vendido a base líquida para chocolate em pó a $ 21 o galão, e a base líquida para chocolate ao leite a $ 26 o galão.

Para fazer:

1. Calcule como os custos conjuntos de $ 10 mil seriam apropriados entre as bases líquidas para chocolate em pó e chocolate ao leite sob os seguintes métodos:
   a. Valor de venda na separação
   b. Medida física (galões)
   c. VRL
   d. VRL da porcentagem da margem bruta constante
2. Quais são as porcentagens das margens brutas das bases líquidas para o chocolate em pó e o chocolate ao leite sob cada um dos métodos na Questão 1?
3. A Chocolates Moleque poderia ter aumentado o seu lucro operacional com a mudança na sua decisão de processar totalmente ambos os produtos intermediários? Mostre seus cálculos.

3-29 Apropriação dos custos conjuntos, processamento posterior ou venda (Adaptado do CMA). A Serraria Sonido Ltda. (SSL) compra toras de madeira de empreiteiros independentes e as processa em três itens:

- Caibro para construções residenciais (paredes, tetos)
- Peças decorativas (consoles de lareiras, vigas para teto de templos religiosos)
- Estacas usadas como suporte (suporte para interior de minas de extração de minérios, estacas para cercas exteriores ao redor de fazendas)

Esses produtos são o resultado de processos conjuntos que envolvem a remoção da casca, o corte das toras em tamanhos adequados para trabalhar (variando de oito a 16 metros de comprimento) e o corte de itens individuais, dependendo do tipo de madeira (pinho, carvalho, nogueira ou bordo) e do diâmetro da tora.

Os processos conjuntos resultam nos seguintes custos e produções de itens para um mês:

Materiais diretos (toras de madeira bruta)	$ 500 000
Descascamento (mão-de-obra e custos indiretos)	50 000
Dimensão (mão-de-obra e gastos gerais)	200 000
Corte do produto (mão-de-obra e gastos gerais)	250 000
Total de custos conjuntos	$ 1 000 000

Os resultados dos produtos e a média de valores de venda, com base por unidade do processo conjunto, são os seguintes:

Produto	Produção mensal de materiais no ponto de separação	Preço de venda do produto totalmente processado
Caibros	75 000 unidades	$ 8
Peças decorativas	5 000 unidades	100
Postes	20 000 unidades	20

Os caibros são vendidos como madeira cortada bruta, resultantes da operação de serraria sem processamento posterior. Também os postes não precisam de processamento posterior além do ponto de separação. As peças decorativas precisam ser planejadas e dimensionadas depois de emergirem da serraria. Esse processamento adicional custa $ 100 mil por mês e normalmente resulta em uma perda de 10 por cento das unidades que entram no processo. Sem o processo de planejamento e dimensionamento, há um mercado intermediário ativo para as peças decorativas inacabadas, no qual o preço de venda é, em média, de $ 60 por unidade.

Para fazer:

1. Com base nas informações dadas pela Serraria Sonido, aproprie os custos conjuntos de processamento, de $ 1 milhão, para cada uma das três linhas de produtos usando:
   - **a.** O método do valor de venda na separação
   - **b.** O método da medida física (volume em unidades)
   - **c.** O método do VRL
2. Prepare uma análise para a Serraria Sonido que compare o processamento posterior das peças decorativas (como eles atualmente fazem) com a sua venda como um produto de corte bruto imediatamente na separação.
3. Suponha que a Serraria Sonido tenha anunciado que, em seis meses, ela venderá o produto de corte bruto na separação, devido ao aumento da pressão da concorrência. Identifique pelo menos três tipos de comportamento provável demonstrados pela mão-de-obra especializada no processo de planejamento e dimensionamento como resultado do anúncio. Inclua, em sua discussão, como tal comportamento pode ser melhorado pela gerência.

3-30 Apropriação de custo conjunto, custos relevantes (R. Capettini, adaptado). Considere a seguinte situação: todos os dias, um açougueiro compra um porco de 200 quilos a $ 300. As partes do porco podem ser processadas para resultar nos três seguintes produtos:

	Preço de venda por quilo	Peso (quilos)
Bisteca de porco	$ 4,00	30
Presunto	$ 3,00	50
Bacon	$ 1,20	120
		200

Primeiro dia. O açougueiro compra um porco. O custo conjunto, de $ 300, é apropriado às partes, individualmente, com base nos pesos relativos dos produtos.

	Preço de venda	Peso (quilos)	Receitas		Custos conjuntos alocados		Lucro das operações
Bisteca de porco	$ 4,00	30	$ 120	–	$ 45,00	=	$ 75,00
Presunto	3,00	50	150	–	75,00	=	75,00
Bacon	1,20	120	144	–	180 00	=	(36,00)
			$ 414	–	$ 300,00	=	$ 114,00

Segundo dia. O açougueiro compra um porco idêntico e joga fora o bacon por estar causando prejuízo. Ele agora tem 80 quilos de 'produção boa'.

	Preço de venda	Peso (quilos)	Receitas		Custos conjuntos alocados		Lucro das operações
Bisteca de porco	$ 4,00	30	$ 120	–	$ 112,50	=	$ 7,50
Presunto	3,00	50	150	–	187,50	=	(37,50)
			$ 270	–	$ 300,00	=	$ (30,00)

Terceiro dia. O açougueiro compra outro porco idêntico e joga fora o bacon e o presunto por estarem causando prejuízo. Ele agora tem 30 quilos de 'produção boa'.

	Preço de venda	Peso (quilos)	Receitas		Custos conjuntos alocados		Lucro das operações
Bisteca de porco	$ 4,00	30	$ 120	–	$ 300,00	=	$ (180,00)
			$ 120	–	$ 300,00	=	$ (180,00)

Quarto dia. O açougueiro compra novamente um porco idêntico e joga fora o porco todo porque cada produto tem demonstrado prejuízo. Portanto, ele perde $ 300.

Para fazer:

1. Comente sobre as decisões anteriores.
2. Como os custos conjuntos seriam apropriados a todos os três produtos usando o método do valor de venda na separação?
3. Deveriam os números do lucro operacional da Questão 2 ser usados para determinar se o açougueiro lucra mais vendendo ou não os produtos individualmente? Explique de maneira sucinta.

3-31 Produtos conjuntos e subprodutos, método do VRL (CPA). A Corporação Harrison produz três itens: Alfa, Beta e Gama. Alfa e Gama são produtos conjuntos, e Beta é subproduto de Alfa. Os custos conjuntos serão apropriados ao subproduto. Os processos de produção para dado ano são os seguintes:

a. No Departamento 1, 110 mil quilos de material direto, Rho, são processados a um custo total de $ 120 mil e, em seguida, 60 por cento das unidades são transferidas para o Departamento 2, e 40 por cento das unidades (agora Gama) são transferidas para o Departamento 3.

b. No Departamento 2, o material é posteriormente processado a um total de custo adicional de $ 38 mil, sendo 70 por cento das unidades (agora Alfa) transferidas para o Departamento 4, e 30 por cento resultam em Beta — o subproduto —, a ser vendido a $ 1,20 o quilo. Os custos separáveis de marketing para o Beta são de $ 8 100.

c. No Departamento 4, Alfa é processado a um total de custo adicional de $ 23 660, depois do que está pronto para ser vendido a $ 5 o quilo.

d. No Departamento 3, Gama é processado a um total de custo adicional de $ 165 mil. Neste departamento, ocorre uma perda normal de unidades de Gama, igual a 10 por cento das unidades boas produzidas. As unidades boas restantes são então vendidas a $ 12 o quilo.

Para fazer:

1. Prepare uma tabela mostrando a apropriação dos custos conjuntos de $ 120 mil entre Alfa e Gama usando o método do VRL. O VRL do Beta deveria ser tratado como adição ao valor de venda do Alfa.
2. Independentemente da sua resposta à Questão 1, suponha que $ 102 mil do total dos custos conjuntos fossem apropriados de maneira adequada ao Alfa. Suponha, também, que havia 48 mil quilos de Alfa e 20 mil quilos de Beta disponíveis para venda. Prepare uma demonstração de resultados por meio do item de linha da margem bruta para o Alfa, usando os seguintes fatos:

   a. Durante o ano, as vendas do Alfa foram 80 por cento dos quilos disponíveis para venda. Não havia estoque inicial.

   b. O VRL do Beta disponível para venda é para ser deduzido do custo de produção do Alfa. O estoque final do Alfa é para ser baseado nos custos líquidos de produção.

   c. Todos os outros dados de custo e preço de venda estão listados de A a D acima.

3-32 Método do VRL, subprodutos (Adaptado do CMA). A Corporação Princesa cultiva, processa, embala e vende três produtos conjuntos de maçã: (a) maçãs fatiadas usadas na fabricação de tortas de maçã; (b) compota de maçã e (c) suco de maçã. A casca da maçã, processada como ração para animais, é tratada como subproduto. A Princesa usa o método do VRL para apropriar os custos dos processos conjuntos aos seus produtos conjuntos. O subproduto é inventariado no preço de venda estimado quando produzido. O VRL do subproduto é usado para reduzir os custos de produção conjunta antes do ponto de separação. Os seguintes detalhes sobre o processo de produção da Princesa estão disponíveis:

a. As maçãs são lavadas e a casca é retirada no departamento de corte. Em seguida, os miolos das maçãs são retirados e elas são aparadas para serem fatiadas. Os três produtos conjuntos e o subproduto são identificáveis depois do processamento no departamento de corte. Cada produto é então transferido a um departamento separado para o processamento final.

b. As maçãs aparadas são enviadas ao departamento de corte em fatias, onde elas são fatiadas e congeladas. Qualquer suco gerado durante o processo de corte em fatias é congelado com as fatias.

c. Os pedaços aparados da fruta são processados no departamento de esmagamento em compota de maçã. O suco gerado durante a operação é usado na compota de maçã.

d. A polpa e qualquer outra parte da maçã gerados no departamento de corte são pulverizados em um líquido no departamento de sucos, havendo, aqui, uma perda equivalente a 8 por cento do peso da produção boa.

e. A casca é triturada, transformada em ração animal e embalada no departamento de ração. Ela pode ser mantida refrigerada até quando for necessário.

Durante novembro, foi processado um total de 270 mil quilos de maçã no departamento de corte. A tabela seguinte mostra os custos incorridos em cada departamento, a proporção por peso transferido para os quatro departamentos de processamento final e o preço de venda de cada produto final.

Dados de processamento e custos
Novembro de 2003

Departamento	Custos incorridos	Proporção do produto por peso transferido aos departamentos	Preço de venda por quilo do produto final
Corte	$ 60 000		
Fatia	11 280	33%	$ 0,80
Esmagamento	8 550	30	0,55
Suco	3 000	27	0,40
Ração	700	10	0,10
Total	$ 83 530	100%	

Para fazer:

1. Para o mês de novembro de 2003, calcule:
   a. A produção de fatias de maçãs, compota, suco e ração, em quilos
   b. O VRL no ponto de separação de cada produto conjunto
   c. A quantia dos custos do departamento de corte atribuída a cada produto conjunto e a atribuída ao subproduto seguindo o método de apropriação de custos da Princesa, descrito acima
   d. A margem bruta, em unidades monetárias, para cada produto conjunto
2. Comente sobre o significado, para a gerência, das informações da margem bruta em unidades monetárias por produto conjunto para fins de planejamento e controle, em contrapartida com os propósitos de custeio do estoque.

3-33 Processamento posterior ou venda, subproduto (Adaptado do CMA). A Companhia de Mineração Castelo (CMC) produz e vende carvão bruto a granel para outras empresas de carvão e exportadores. A CMC extrai e empilha o carvão que passa então por um processo de esmagamento de uma única etapa antes de ser carregado em barcas e enviado aos clientes. A produção anual de dez milhões de toneladas, que se espera permaneça estável, tem um custo médio de $ 20 a tonelada, com preço de venda médio de $ 27 a tonelada.

A gerência atualmente está avaliando a possibilidade de um processamento posterior do carvão por dimensionamento e limpeza com a finalidade de expandir os mercados e realçar as receitas do produto. A gerência rejeitou a possibilidade de construir uma instalação maior de dimensionamento e limpeza devido ao significativo investimento de capital necessário.

Beto Romano, *controller* da CMC, pediu a Ana Cunha, engenheira de mineração, que desenvolvesse projeções de custo e receita para o processamento posterior do carvão usando uma variedade de arranjos contratuais. Depois de exaustiva discussão com fornecedores e empreiteiros, Ana preparou as seguintes projeções dos custos incrementais da produção anual da CMC para tamanho e limpeza:

Companhia de Mineração Castelo
Processos de dimensionamento e limpeza

	Custos incrementais
Mão-de-obra direta	$ 600 000 por ano
Pessoal de supervisão	$ 100 000 por ano
Custo de aluguel de equipamento pesado, operação e manutenção	$ 25 000 por mês
Contratação de dimensionamento e limpeza	$ 3,50 por tonelada
Vagão de frete para enviar fora (por vagão de 60 toneladas)	$ 240 por vagão

Além das informações de custos anteriores, as amostras de mercado obtidas por Ana revelam que as utilidades elétricas entram no contrato para o carvão dimensionado e limpo, similar ao minerado pela Castelo, a uma média de preço esperado de $ 36 a tonelada.

Ana descobriu que 5 por cento da produção bruta a granel que entra no processo de dimensionamento e limpeza será perdido. Normalmente, 75 por cento da perda do produto pode ser recuperada como granulados de carvão, que consistem de partículas, como poeira, até pedaços de dois centímetros de diâmetro. Os granulados de carvão são muito pequenos para serem destinados às utilidades elétricas, mas são vendidos aos fabricantes de aço para uso nas fornalhas.

Infelizmente, o preço dos granulados de carvão varia entre $ 14 e $ 24 por tonelada (ponto de despacho FOB), e a oportunidade do volume de mercado é errática. Embora as empresas vendam todos os seus granulados de carvão durante o ano, não é incomum ter de empilhar o produto por vários meses antes de fazer qualquer venda significativa.

Para fazer:

1. Prepare uma análise de lucratividade para a Companhia de Mineração Castelo que identifique se ela deve continuar a vender o carvão bruto a granel ou processá-lo posteriormente, por meio do dimensionamento e limpeza. (Observação: Ignore qualquer valor relacionado aos granulados de carvão na sua análise.)
2. Agora, considere o valor potencial dos granulados de carvão e prepare um adendo que revele como os valores afetam os resultados de sua análise na Questão 1.
3. Quais outros fatores deveriam ser considerados na avaliação de uma decisão de venda ou processamento posterior?

3-34 Subproduto, custos de remoção, ética. A Produtos Químicos Enrique é uma empresa multinacional, com uma de suas subsidiárias localizada em um pequeno país da Europa Oriental, cujas leis ambientais não são suficientes para 'encorajar a rápida industrialização'. Os três produtos principais da subsidiária resultam do ponto de separação de uma entrada comum. Os custos conjuntos são apropriados a cada produto usando o método do valor de venda na separação. Além dos três produtos conjuntos, um outro que resulta do ponto de separação é um material danoso ao meio ambiente, que pode tanto ser despejado nos rios quanto transformado em produtos de limpeza e vendido posteriormente. O contador de custos, responsável pela apropriação dos custos conjuntos, apresentou a seguinte análise comparativa a você, na condição de *controller*:

	Alternativas	
	Despejar no Golfo	Processar posteriormente
Receita	$ 0	$ 500 000
Custos:		
Processamento posterior	0	300 000
Custos conjuntos alocados	0	250 000
Marketing e distribuição	0	50 000
Total de custos	0	600 000
Valor realizável líquido (VRL)	$ 0	$(100 000)

Para fazer:

1. Comente a análise comparativa preparada pelo contador de custos apenas do ponto de vista financeiro. Mostre quaisquer cálculos de apoio.
2. Suponha, independentemente das suas conclusões na Questão 1, que adotar a alternativa de processamento posterior levaria a uma queda no lucro operacional da empresa. A remoção do material perigoso de qualquer outra maneira, que não fosse despejá-lo nos rios, também seria dispendiosa. Discuta as implicações legais e éticas do despejo do material perigoso nos rios.

3-35 Apropriação dos custos conjuntos, processamento posterior ou venda (Adaptado do CMA). A Empresa Farmacêutica Saúde fabrica três produtos conjuntos de um processo conjunto: Altox, Lorex e Hicol. Os dados a respeito desses três produtos para o ano fiscal findo em 31 de maio de 2003, são os seguintes:

	Altox	Lorex	Hicol
Unidades produzidas	170 000	500 000	330 000
Preço de venda por unidade na separação	$ 3,50	—	$ 2,00
Custos separáveis	—	$ 1 400 000	—
Preço de venda final por unidade	—	$ 5,00	—

O custo conjunto de produção, até o ponto de separação, no qual o Altox, Lorex e Hicol se tornam produtos separáveis, é de $ 1 800 mil.

A presidente, Arlene Matos, está revendo a possibilidade de mudar o modo como esses três produtos são processados e vendidos. As mudanças propostas para cada produto são as seguintes:

- Altox é atualmente vendido no ponto de separação para um fabricante de vitaminas. Ele também pode ser processado como medicamento para pressão alta. Entretanto, tal processamento adicional causa uma perda de 20 mil unidades de Altox. Os custos separáveis para o processamento posterior do Altox são estimados em $ 250 mil anualmente. O medicamento para pressão alta é vendido a $ 5,50 a unidade.
- Lorex é atualmente processado depois do ponto de separação e é vendido pela empresa como um antigripal. A empresa recebeu oferta de uma outra empresa farmacêutica para a compra do Lorex no ponto de separação a $ 2,25 a unidade.
- Hicol é um óleo produzido no processo conjunto e atualmente vendido no ponto de separação a um fabricante de cosméticos. O departamento de pesquisa da Empresa Farmacêutica Saúde sugeriu que ela processasse o produto posteriormente e o vendesse como pomada para aliviar dores musculares. O processamento adicional custaria anualmente $ 75 mil, e resultaria em 25 por cento a mais de unidades do produto. A pomada é vendida a $ 1,80 a unidade.

Para fazer:

1. Aproprie o custo conjunto de produção de $ 1 800 mil para o Altox, Lorex e Hicol usando o método do VRL.
2. Identifique qual dos três produtos conjuntos a Empresa Farmacêutica Saúde deveria vender no ponto de separação, no futuro, e qual dos três a empresa deveria processar posteriormente para maximizar o lucro operacional. Apóie suas decisões em cálculos apropriados.

capítulo

4

SUCATA, RETRABALHO E REFUGOS

Objetivos de aprendizagem

1. Distinguir entre sucata, retrabalho e refugos
2. Descrever os procedimentos contábeis para a sucata normal e anormal
3. Contabilizar a sucata no custeio por processo usando o método da média ponderada
4. Contabilizar a sucata no custeio por processo usando o método primeiro a entrar, primeiro a sair (PEPS)
5. Contabilizar as sucatas no custeio por processo usando o método de custeio-padrão
6. Contabilizar as sucatas no custeio por ordem/encomenda
7. Contabilizar o retrabalho no custeio por encomenda
8. Contabilizar o refugo

Qual a sua reação quando o professor lhe devolve a tarefa pedindo que a refaça? Decepção? Os gerentes se sentem do mesmo modo ao constatarem que os produtos que produzem têm defeitos. O desempenho e a produtividade ficam comprometidos quando o trabalho tem de ser refeito, causando ônus ao processo. Aos custos de retrabalho somam-se os de sucata e de refugo, que resultam da mesma atividade de fabricação, como a de vidros.

Os gerentes estão cada vez mais concentrando esforços na melhoria da qualidade e na redução de defeitos de seus produtos, serviços e atividades. Um índice de defeitos, visto como normal no passado, não é mais tolerável. Os gerentes sabem que a redução dos defeitos beneficia os custos, levando suas empresas a serem mais competitivas.

Jack Welch, ex-presidente e diretor executivo da General Electric (GE), considera a ênfase na redução de defeitos em todas as operações da GE como um dos motivos para o sucesso da empresa. Welch descreve os empenhos de qualidade da GE como "a iniciativa mais desafiadora e potencialmente recompensadora que já empreendemos". Realçar e registrar os custos dos defeitos à medida que eles ocorrem ajuda os gerentes a determinar melhor o que fazer com os defeitos e seus custos.

Neste capítulo, vamos nos concentrar nos três tipos de custos que surgem como resultado dos defeitos — sucata, retrabalho e refugo — e em meios para contabilizá-los, descrevendo como determinar (a) o custo dos produtos, (b) o custo dos produtos vendidos e (c) a valorização no estoque quando há sucata, retrabalho e refugo.

Terminologia

Os termos usados neste capítulo poderão parecer familiares; atente, porém, para o fato de que sua aplicabilidade se dá no contexto da contabilidade gerencial.

Sucata corresponde às unidades de produção — total ou parcialmente completadas — que não satisfazem os padrões exigidos pelos clientes para unidades perfeitas e são descartadas ou vendidas a preços reduzidos. Exemplos de sucata são camisas, jeans, sapatos e tapetes que apresentam defeitos e são vendidos como 'de segunda', e latas de alumínio com defeitos vendidas a fabricantes para a produção de folhas de alumínio.

Retrabalho é a recuperação das unidades acabadas que não satisfazem os padrões exigidos pelos clientes, sendo subseqüentemente consertadas e vendidas como unidades acabadas aceitáveis. Por exemplo, produtos com defeitos (como *pagers*, computadores e telefones) detectados durante ou depois da produção, mas antes de serem enviados para os clientes, às vezes podem ser retrabalhados e vendidos como produtos aceitáveis.

Refugo é a sobra de material usado na fabricação de um produto, com baixo valor de venda. Exemplos são os pedaços pequenos de madeira, as beiradas da moldagem de plásticos, tecido desfiado e cortes de tecido que sobram da confecção de ternos.

Algumas quantidades de sucata, retrabalho e refugo são inerentes a muitos processos de produção. Por exemplo, a produção de semicondutores é tão complexa e delicada que algumas unidades comprometidas não raro são produzidas, não podendo, na maior parte das vezes, ser retrabalhadas. Exemplo de sucata e retrabalho ocorre na produção de máquinas que fabricam ferramentas de alta precisão, fabricadas com exatidão; as unidades comprometidas podem ser retrabalhadas para satisfazer os padrões de compra exigidos, mas a um custo considerável. E na indústria de mineração, empresas processam minério que contém quantidades variadas de metais e pedras valiosos, em que refugos são inevitáveis, podendo seu volume ser reduzido. A seção 'Pesquisas de Práticas Empresariais' descreve a sucata, o retrabalho e o refugo na indústria de eletrônicos nos Estados Unidos.

Tipos diferentes de sucata

A contabilidade aplicada à sucata tem por objetivo determinar a magnitude dos seus custos e distinguir entre os de sucata normal e anormal.[1] Para administrar, controlar e reduzir os custos de sucata, as empresas precisam atentar para esses custos, e não ignorá-los como parte não identificada dos custos de unidades perfeitas fabricadas.

Para exemplificar o que seja a sucata normal e anormal, considere a Mendonza Plastics, que fabrica invólucros de plástico para os computadores iMac usando moldes de plástico injetados. Em outubro de 2002, a Mendonza incorreu custos de $ 615 mil para produzir 20 500 unidades, resultando em 20 mil unidades perfeitas e 500 unidades comprometidas. A Mendonza não tinha estoque inicial ou final naquele mês. Das 500 unidades rejeitadas, 400 resultaram da inadequação das máquinas de injeção de moldes para fabricar invólucros 100 por cento bons todo o tempo, a despeito de terem sido operadas cuidadosa e eficientemente. As cem unidades restantes foram danificadas devido à avaria nas máquinas e aos erros dos operadores.

Sucata normal

Sucata normal é a perda inerente em um processo de produção específico que ocorre mesmo sob eficientes condições de operação. Dependendo do processo de produção, a gerência decide a sucata a ser considerada normal. Na Mendonza Plastics, as 400 unidades sucateadas devido a limitações das máquinas de injeção dos moldes, a despeito das condições operacionais eficientes, são consideradas sucata normal. Os custos da sucata normal são incluídos como componente dos custos das unidades perfeitas fabricadas em razão da impossibilidade de serem produzidas sem gerar também algumas unidades comprometidas. No Mendonza, o custo unitário de produção é de $ 30 ($ 615 000 ÷ 20 500 unidades). O

1. *As sugestões de Samuel Laimon, Universidade de Saskatchewan, são indiscutivelmente reconhecidas.*

Pesquisas de práticas empresariais

Rejeição na indústria eletrônica

De país para país e de indústria para indústria, as taxas de unidades rejeitadas e retrabalhadas variam consideravelmente. Os dados na tabela seguinte relatam os diferentes segmentos da indústria de eletrônicos dos Estados Unidos. Os dados relatados são números médios obtidos de empresas-membro da Associação Americana de Eletrônicos. A taxa de rejeição é uma porcentagem dos itens checados pelo controle de qualidade. A taxa de retrabalho corresponde aos itens retrabalhados como porcentagem das rejeições e devoluções. A taxa de refugo relata o refugo como porcentagem de todos os materiais e produtos comprados. O índice de lucro operacional para as receitas também é relatado para cada segmento da indústria de eletrônicos.

Segmento da indústria eletrônica	Taxa de rejeição (% de rejeições)	Taxa de retrabalho (% de retrabalho)	Taxa de refugo (% de refugo)	Lucro operacional para as receitas
1. Computadores e equipamentos para escritórios (inclui computadores de grande porte, minicomputadores, microcomputadores, impressoras e equipamentos do ponto-de-venda)	2,6%	6,5%	0,6%	5,3%
2. Componentes eletrônicos e acessórios (inclui painéis de circuito impresso e semicondutores)	1,6	2,0	1,6	4,5
3. Equipamentos para produção especializada (inclui os equipamentos de produção de semicondutores)	7,5	10,0	0,4	5,7
4. Equipamentos de telecomunicações (inclui telefones, rádio e aparelhos de TV)	1,0	2,0	1,3	4,7
5. Equipamentos aeroespaciais, náuticos e militares (inclui a produção de aviões e mísseis direcionados)	—	1,5	0,5	6,5
6. Aparelhos para laboratórios e medidas (inclui instrumentos ópticos e equipamentos de controle do processo)	4,9	3,3	0,7	3,9
7. *Software* pré-embalado	1,0	0,8	0,1	4,0
8. Serviços relacionados a computadores (inclui processamento de dados e projetos de sistemas de computadores)	5,0	N/A	N/A	7,8

A taxa de rejeição para equipamentos da produção especializada é cinco vezes maior do que a taxa de rejeição de componentes eletrônicos e semicondutores. Os componentes eletrônicos e semicondutores mostram baixa porcentagem de retrabalho (em parte porque nem sempre é possível retrabalhar quando ocorre um defeito). As taxas de refugo são razoavelmente pequenas em todos os segmentos da indústria. O índice do lucro operacional para as receitas varia de 3,9 por cento para aparelhos de laboratório e mensuração, a 6,5 por cento para os equipamentos aeroespaciais, náuticos e militares. Com essas porcentagens de rentabilidade, as reduções nas taxas de rejeição e retrabalho podem aumentar significativamente a rentabilidade de muitas empresas na indústria eletrônica.

Fonte: Adaptado da Associação Americana de Eletrônicos, *Operations ratios survey.*

custo da sucata normal é de $ 12 mil ($ 30 por unidade × 400 unidades). O custo das unidades perfeitas produzidas é de $ 612 mil — o custo das unidades perfeitas em si —, $ 600 mil ($ 30 por unidade × 20 mil unidades perfeitas), mais $ 12 mil — o custo do sucata normal. O custo por unidade perfeita é de $ 30,60 ($ 612 000 ÷ 20 mil unidades).

As taxas de sucata normal são calculadas dividindo o número de suas unidades pelo total de *unidades perfeitas completadas,* não pelo total de *unidades reais iniciadas* na produção. (Na Mendonza Plastics, a taxa normal de perda é de 400 ÷ 20 000 = 0,02, ou 2%, não 400 ÷ 20 500 = 0,0195, ou 1,95%.) Por quê? Porque a sucata normal é a perda relacionada às unidades perfeitas produzidas.

Sucata anormal

Sucata anormal é a perda que não ocorreria sob condições operacionais eficientes. Ela não é inerente a um processo de produção específico. Na Mendonza, as cem unidades perdidas devido à avaria nas máquinas e aos erros dos operadores são perdas anormais. A sucata anormal geralmente é vista como controlável e evitável. Os operadores de linha e outros operários da fábrica podem, no geral, diminuir ou evitar a sucata anormal por meio da identificação da avaria nas máquinas, acidentes e coisas parecidas, tomando medidas para prevenir novas ocorrências. Para estabelecer o efeito dos custos de sucata anormal, as empresas calculam as unidades comprometidas e registram o seu custo na conta perdas com a sucata anormal, que aparece como um item de linha separado na demonstração de resultados. Na Mendonza, a perda com sucata anormal é de \$ 3 mil (\$ 30 por unidade × 100 unidades).

Muitas empresas, como a Toyota, consideram estrategicamente seus processos de produção, não os aceitando como permanentes. Em vez disso, elas redesenham constantemente seus produtos para, melhorado o processo, rebaixar o nível de sucata normal. A Toyota procura o padrão perfeito visando obter o controle da qualidade total e nível zero de defeitos, o que significa que ela considera todas as sucatas anormais.

As questões sobre a contabilidade aplicada à sucata advêm dos sistemas de custeio por processo e de custeio por encomenda. Primeiro, apresentamos a contabilidade aplicada à sucata no sistema de custeio por processo por ser extensão da abordagem relativa ao custeio por processo do Capítulo 14 do volume 1.

Custeio por processo e sucata

Como o sistema de custeio por processo contabiliza as unidades rejeitadas? Já dissemos que as unidades de sucata anormal deveriam ser contabilizadas e relatadas separadamente. Mas e as unidades de sucatas normais? Essas unidades podem ser contabilizadas (abordagem A) ou não contabilizadas (abordagem B) quando calculadas as unidades de produção — física ou equivalente — em um sistema de custeio por processo. O exemplo e a abordagem a seguir ilustram a superioridade da abordagem A sobre a B.

Contabilizar toda a sucata

Exemplo 1: *A Chipmakers, Inc., fabrica* chips *de computador para aparelhos de televisão. Todos os materiais diretos são adicionados no início do processo de produção. Para tratar das questões que advêm da sucata normal, presumimos que não haja estoque inicial, atendo-nos apenas nos custos dos materiais diretos. Em maio de 2003 foram introduzidos na produção \$ 270 mil em materiais diretos. Os dados de produção para maio indicam que dez mil unidades foram iniciadas, cinco mil unidades perfeitas foram acabadas e mil unidades foram consideradas sucatas (todas sucata normal).*[2] *O produto em processo final foi de quatro mil unidades — cada unidade 100 por cento completada de acordo com os custos dos materiais diretos. A perda é detectada na conclusão do processo.*

Um **ponto de inspeção** é o estágio do ciclo de produção no qual os produtos são examinados para determinar se são unidades aceitáveis ou não. Presume-se que a sucata ocorra no estágio de conclusão, em que acontece a inspeção em razão de não ser detectada até a inspeção. No nosso exemplo, presume-se que a sucata ocorra no final do processo. Como resultado, supõe-se que as unidades rejeitadas estejam 100 por cento acabadas no que diz respeito aos materiais diretos.

O Quadro 4.1 calcula e atribui os custos unitários de materiais diretos usando as abordagens A e B. A abordagem A mostra dez mil unidades equivalentes de produção: cinco mil unidades equivalentes em unidades perfeitas acabadas [5 000 unidades físicas × 1,00 (isto é, 100%)], quatro mil unidades em produto em processo final (4 000 unidades físicas × 100%) e mil unidades equivalentes em sucata normal (1 000 unidades físicas × 100%). A abordagem B mostra nove mil unidades equivalentes de produção: cinco mil unidades equivalentes em unidades perfeitas acabadas e quatro mil unidades equivalentes em produto em processo final. Não contabilizar as unidades equivalentes para a sucata normal (abordagem B) diminui as unidades equivalentes, resultando em um custo mais elevado de cada unidade perfeita. Um custo de \$ 30 por unidade equivalente na abordagem B, não contabilizando as unidades rejeitadas, em vez de um custo unitário de \$ 27 equivalente na abordagem A, contabilizando as unidades perdidas, é atribuído ao produto em processo que ainda não alcançou o ponto de inspeção. Os custos dos materiais diretos atribuídos às unidades perfeitas acabadas, que incluem os custos da sucata normal, são amenizados em \$ 12 mil — \$ 150 mil em vez de \$ 162 mil. As quatro mil unidades no produto em processo final contêm custos de sucata de \$ 12 mil (\$ 120 000 – \$ 108 000) que não pertencem às quatro mil unidades do produto em processo final porque elas ainda não foram inspecionadas. Os \$ 12 mil pertencem às unidades perfeitas acabadas e transferidas para estoque. As quatro mil unidades do produto em processo final sem dúvida incluem algumas unidades que serão detectadas como perdidas quando forem inspecionadas na conclusão no período contábil subseqüente. Sob a abordagem B, o produto em processo final está sendo cobrado pela perda no período atual, sendo novamente cobrado no próximo período, quando a inspeção ocorre à medida que as unidades são acabadas. Isto é, sob a abordagem B, essas unidades serão cobradas duas vezes pela perda. As distorções de custos não ocorrem sob a abordagem A, quando as unidades perdidas são reconhecidas no

2. *Para simplificar, presumimos que toda perda (normal e anormal) tenha um valor de venda líquido de zero. Se as unidades rejeitadas têm um valor de venda positivo, os custos da sucata normal e anormal seriam reduzidos para esta quantia. A seção sobre 'Custeio por Encomenda e Sucata', mais adiante, neste capítulo, apresenta a contabilidade para este caso.*

cálculo de unidades equivalentes, porque os custos da sucata normal são atribuídos apenas às unidades perfeitas produzidas. A abordagem A tem uma outra vantagem. Ela realça o custo da sucata normal como $ 27 mil, comparado com a abordagem B, que não mostra nenhum custo para a sucata normal (veja Quadro 4.1). O custo de $ 27 mil concentra a atenção da administração na redução da perda. Assim sendo, usaremos a abordagem A para apresentar o custeio por processo sem perda.

O PROCEDIMENTO DE CINCO ETAPAS PARA O CUSTEIO POR PROCESSO COM A SUCATA

Exemplo 2: *A Companhia Ângelo fabrica contêineres com madeira reciclada no departamento de forma. Os materiais diretos são adicionados no início do ciclo de produção, e os custos de conversão, durante a produção. Algumas unidades do produto são rejeitadas como resultado de defeitos, detectados apenas na inspeção das unidades acabadas. Normalmente, as unidades rejeitadas correspondem a 10 por cento da produção acabada de unidades perfeitas. Isto é, para cada dez unidades perfeitas produzidas, há uma unidade de sucata normal. Os dados resumidos para julho de 2003 são:*

Unidades físicas para julho de 2003	
Produto em processo, estoque inicial (1º de julho)	*1 500 unidades*
Materiais diretos (100% acabados)	
Custos de conversão (60% acabados)	
Iniciadas durante julho	*8 500 unidades*
Acabadas e transferidas para estoque em julho	*7 000 unidades perfeitas*
Produto em processo, estoque final (31 de julho)	*2 000 unidades*
Materiais diretos (100% acabadas)	
Custos de conversão (50% acabadas)	

Total de custos para julho de 2003		
Produto em processo, estoque inicial		
Materiais diretos (1 500 unidades equivalentes × $ 8/unidade)	*$ 12 000*	
Custos de conversão (900 unidades equivalentes × $ 10/unidade)	*9 000*	*$ 21 000*
Custos dos materiais diretos adicionados durante julho		*76 500*
Custos de conversão adicionados durante julho		*89 100*
Total de custos para contabilizar		*$ 186 600*

O procedimento de cinco etapas para o custeio por processo usado no Capítulo 14 do volume 1 precisa de apenas algumas pequenas modificações para acomodar as perdas.

Etapa 1: Resumo do fluxo das unidades físicas de produção. Identificação das unidades da sucata normal e anormal.

$$\begin{aligned}\text{Total de sucatas/perdas} &= \left(\text{Unidades iniciais} + \text{Unidades iniciadas}\right) - \left(\text{Unidades boas transferidas para estoque} - \text{Unidades finais}\right)\\ &= (1\,500 + 8\,500) - (7\,000 + 2\,000)\\ &= 10\,000 - 9\,000\\ &= 1\,000 \text{ unidades}\end{aligned}$$

Quadro 4.1 Efeito do reconhecimento de unidades equivalentes na sucata para os custos dos materiais diretos. Chipmakers, Inc. para maio de 2003.

	Abordagem A: Reconhecendo as unidades rejeitadas quando calculada a produção em unidades equivalentes	**Abordagem B: Não contabilizando as unidades rejeitadas quando calculada a produção em unidades equivalentes**
Custos para serem contabilizados	$ 270 000	$ 270 000
Divide pelas unidades equivalentes	÷ 10 000	÷ 9 000
Custo por unidade equivalente	$ 27	$ 30
Atribuição dos custos		
Unidades perfeitas acabadas: (5 000 × $ 27; 5 000 × $ 30)	$ 135 000	$ 150 000
Adiciona a perda normal: (1 000 × $ 27)	27 000	0
Custos das unidades perfeitas transferidas para estoque	$ 162 000	$ 150 000
Produto em processo final: (4 000 × $ 27; 4 000 × $ 30)	108 000	120 000
Custos contabilizados	$ 270 000	$ 270 000

A sucata normal é de 10 por cento das sete mil unidades de produção *perfeitas*, ou 700 unidades.

Sucata anormal = Total de sucata – Sucata normal
= 1 000 – 700
= 300 unidades

Etapa 2: **Cálculo da produção em termos de unidades equivalentes**. Calcule as unidades equivalentes para a sucata da mesma maneira que calculamos as unidades equivalentes para as unidades perfeitas. Seguindo a abordagem A, todas as unidades rejeitadas são incluídas no cálculo das unidades de produção. Pelo fato de o ponto de inspeção da Ângelo estar na conclusão da produção, a mesma quantidade de trabalho terá de ser feita sobre cada unidade perfeita estragada e sobre cada unidade perfeita completada.

Etapa 3: **Cálculo dos custos das unidades equivalentes**. Esta etapa é similar à Etapa 3 do Capítulo 14 do volume 1.

Etapa 4: **Resumo do total de custos a contabilizar**. O total de custos a contabilizar corresponde a todos os custos debitados do produto em processo. Os detalhes desta etapa são similares à Etapa 4 do Capítulo 14 do volume 1.

Etapa 5: **Atribuindo o total de custos às unidades acabadas, às unidades sucateadas e às unidades do produto em processo final**. Esta etapa inclui o cálculo do custo das unidades perdidas e o custo das unidades perfeitas.

Ilustramos as cinco etapas do custeio por processo para cada método de custeio do estoque: média ponderada, PEPS e custeio-padrão.

Método da média ponderada e sucata

O Quadro 4.2, Painel A, apresenta as Etapas 1 e 2 para calcular as unidades equivalentes de trabalho realizado até esta data e inclui as unidades equivalentes de sucata normal e anormal. O Quadro 4.2, Painel B, apresenta as Etapas 3, 4 e 5 (juntas elas são chamadas de planilha dos custos de produção).

A Etapa 3 apresenta os cálculos de custo das unidades equivalentes usando o método da média ponderada. Observe como, para cada categoria de custo, os custos do produto em processo inicial e os custos do trabalho realizado no período atual são totalizados e divididos pelas unidades equivalentes de todo o trabalho realizado até esta data para calcular o custo médio ponderado. A Etapa 4 resume o total de custos a ser contabilizado. A Etapa 5 atribui os custos às unidades acabadas, às unidades de sucata normal e anormal, e ao estoque final, multiplicando as unidades equivalentes calculadas na Etapa 2 pelo custo unitário equivalente calculado na Etapa 3. Observe que os custos de $ 13 825, da sucata normal, são adicionados aos custos das unidades perfeitas relacionadas. O custo por unidade perfeita acabada e transferida para estoque é igual ao total de custos transferidos, incluindo os custos da sucata normal, dividido pelo número de unidades perfeitas produzidas, $ 152 075 ÷ 7 000 unidades perfeitas = $ 21 725 por unidade perfeita. Essa quantia não é igual a $ 19,75 por unidade perfeita, a soma do custo unitário equivalente dos materiais diretos de $ 8,85 mais o custo de $ 10,90 por unidade equivalente dos custos de conversão. O custo por unidade perfeita é igual ao total de custo para os materiais diretos e os custos de conversão por unidade equivalente, $ 19,75, mais uma parte da sucata normal de $ 1 975 ($ 13 825 ÷ 7 000 unidades perfeitas) = $ 21 725 por unidade perfeita. Os custos de $ 5 925 de sucata anormal são atribuídos à conta perda com a sucata anormal e não aparecem nos custos das unidades perfeitas.[3]

Método PEPS e sucata

O Quadro 4.3, Painel A, apresenta as Etapas 1 e 2 usando o método PEPS, concentrado nas unidades equivalentes do trabalho realizado no período atual. O Quadro 4.3, Painel B, apresenta as Etapas 3, 4 e 5. Observe que, quando atribuímos os custos, o método PEPS mantém os custos do produto em processo final, separado e distinto dos custos do trabalho realizado no período atual. Presume-se que todos os custos de perda sejam relacionados às unidades completadas durante esse período, usando os custos unitários do período atual.[4]

Método do custeio-padrão e sucata

Para compreender o conteúdo desta seção é preciso que você tenha estudado os Capítulos 7 e 8 do volume 1 e o método do custeio-padrão do Capítulo 14, também do volume 1. Se não, pule para a próxima seção. O método do custeio-padrão simplifica os

3. *Os custos reais da sucata (e retrabalho) são geralmente maiores do que os custos registrados no sistema contábil, porque os custos de oportunidade de ruptura da linha de produção, armazenagem e margens de contribuição perdidas não são registrados nos sistemas contábeis. O Capítulo 5 do volume 2 discute os custos de oportunidade do ponto de vista da gestão de custos.*

4. *Se o método PEPS fosse usado na sua forma mais pura, os custos de sucata normal seriam divididos entre as unidades iniciadas e acabadas durante o período atual e as unidades acabadas do produto em processo final — usando os custos por unidade apropriados do período em que as unidades foram trabalhadas. O método PEPS mais simples e modificado, como ilustrado no Quadro 4.3, na realidade usa os custos por unidade do período atual para atribuir os custos de sucata normal aos produtos acabados do produto em processo inicial. Esse método PEPS modificado presume que todas as sucatas normais são rastreadas para o produto em processo inicial, iniciado e acabado durante o período.*

Quadro 4.2 Método da média ponderada do custeio por processo com a sucata no departamento de forma da Companhia Ângelo para julho de 2003.

PAINEL A: Etapas 1 e 2 — Resumir a produção em unidades físicas e calcular as unidades equivalentes

Fluxo de produção	Etapa 1 Unidades físicas	Etapa 2 Unidades equivalentes: Materiais diretos	Custos de conversão
Produto em processo inicial	1 500		
Iniciadas durante o período atual	8 500		
A serem contabilizadas	10 000		
Unidades perfeitas acabadas e transferidas para estoque durante o período atual	7 000	7 000	7 000
Sucata normal[a]	700		
(700 × 100%; 700 × 100%)		700	700
Sucata anormal[b]	300		
(300 × 100%; 300 × 100%)		300	300
Produto em processo final[c]	2 000		
(2 000 × 100%; 2 000 × 50%)		2 000	1 000
Contabilizados	10 000		
Trabalho realizado até esta data		10 000	9 000

a *Sucata normal é 10% das unidades perfeitas transferidas para estoque: 10% × 7 000 = 700 unidades. O grau de conclusão da sucata normal neste departamento: materiais diretos, 100%; custos de conversão, 100%.*
b *Sucata anormal = Total de sucata – Sucata normal = 1 000 – 700 = 300 unidades. O grau de término da sucata anormal neste departamento: materiais diretos, 100%; custos de conversão, 100%.*
c *Grau de término neste departamento: materiais diretos, 100%; custos de conversão, 50%.*

PAINEL B: Etapas 3, 4 e 5 — Calcular os custos das unidades equivalentes, resumir o total de custos a contabilizar e atribuir os custos às unidades acabadas, às unidades rejeitadas e às unidades no produto em processo final

		Total dos custos de produção	Materiais diretos		Custos de conversão
(Etapa 3)	Produto em processo inicial	$ 21 000	$ 12 000		$ 9 000
	Custos adicionados no período atual	165 600	76 500		89 100
	Custos incorridos até a data		88 500		98 100
	Dividido pelas unidades equivalentes do trabalho a ser realizado até a data		÷ 10 000		÷ 9 000
	Custo das unidades equivalentes do trabalho realizado até a data		$ 8, 85		$ 10,90
(Etapa 4)	Total de custos a contabilizar	$ 186 600			
(Etapa 5)	Atribuição dos custos				
	Unidades perfeitas acabadas e transferidas para estoque (7 000 unidades)				
	Custos antes de adicionar a sucata normal	$ 138 250	(7 000[d] × $ 8,85)	+	(7 000[d] × $ 10,90)
	Sucata normal (700 unidades)	13 825	(700[d] × $ 8,85)	+	(700[d] × $ 10,90)
(A)	Total de custos das unidades perfeitas acabadas e transferidas para estoque	152 075			
(B)	Sucata anormal (300 unidades)	5 925	(300[d] × $ 8,85)	+	(300[d] × $ 10,90)
	Produto em processo final (2 000 unidades)				
	Materiais diretos	17 700	2 000[d] × $ 8,85		
	Custos de conversão	10 900			1 000[d] × $ 10,90
(C)	Total do produto em processo final	28 600			
(A) + (B) + (C)	Total de custos contabilizados	$ 186 600			

d *Unidades equivalentes dos materiais diretos e custos de conversão calculados na Etapa 2, no Painel A.*

Quadro 4.3 Método do primeiro a entrar, primeiro a sair (PEPS) do custeio por processo com sucata no departamento de forma da Companhia Ângelo para julho de 2003.

PAINEL A: Etapas 1 e 2 — Resumir a produção em unidades físicas e calcular as unidades equivalentes

Fluxo de produção	Etapa 1 Unidades físicas	Etapa 2 Unidades equivalentes Materiais diretos	Custos de conversão
Produto em processo inicial	1 500		
Iniciadas durante o período atual	8 500		
A serem contabilizadas	10 000		
Unidades perfeitas acabadas e transferidas para estoque durante o período atual:			
Do produto em processo inicial[a]	1 500		
[1,500 × (100% – 100%); 1 500 × (100% – 60%)]		0	600
Iniciadas e acabadas	5 500[b]		
(5 500 × 100%; 5 500 × 100%)		5 500	5 500
Sucata normal[c]	700		
(700 × 100%; 700 × 100%)		700	700
Sucata anormal[d]	300		
(300 × 100%; 300 × 100%)		300	300
Produto em processo final[e]	2 000		
(2 000 × 100%; 2 000 × 50%)		2 000	1 000
Contabilizados	10 000		
Trabalho realizado apenas no período atual		8 500	8 100

a *O grau de término neste departamento: materiais diretos, 100%; custos de conversão, 60%.*
b *7 000 unidades físicas acabadas e transferidas para estoque menos 1 500 unidades físicas acabadas e transferidas para o estoque do produto em processo.*
c *Sucata normal é 10% das unidades perfeitas transferidas: 10% × 7 000 = 700 unidades. O grau de término da sucata normal neste departamento: materiais diretos, 100%; custos de conversão, 100%.*
d *Sucata anormal = Sucata real – Sucata normal = 1 000 – 700 = 300 unidades. O grau de término da sucata anormal neste departamento: materiais diretos, 100%; custos de conversão, 100%.*
e *Grau de término neste departamento: materiais diretos, 100%; custos de conversão, 50%.*

PAINEL B: Etapas 3, 4 e 5 — Calcular os custos das unidades equivalentes, resumir o total de custos a contabilizar e atribuir os custos às unidades acabadas, às unidades rejeitadas e às unidades no produto em processo final

		Total dos custos de produção	Materiais diretos		Custos de conversão
(Etapa 3)	Produto em processo inicial	$ 21 000			
	Custos adicionados no período atual	165 600	$ 76 500		89 100
	Dividido pelas unidades equivalentes do trabalho realizado no período atual		÷ 8 500		÷ 8 100
	Custo das unidades equivalentes do trabalho realizado no período atual		$ 9		$ 11
(Etapa 4)	Total de custos a contabilizar	$ 186 600			
(Etapa 5)	Atribuição dos custos				
	Unidades perfeitas acabadas e transferidas para estoque (7 000 unidades)				
	Produto em processo inicial (1 500 unidades)	$ 21 000			
	Materiais diretos adicionados no período atual	0	0[f] × $ 9		
	Custos de conversão adicionados no período atual	6 600			600[f] × $ 11
	Total do estoque inicial antes da sucata normal	27 600			
	Iniciadas e acabadas antes da sucata normal (5 500 unidades)	110 000	(5 500[f] × $ 9)	+	(5 500[f] × $ 11)
	Sucata normal (700 unidades)	14 000	(700[f] × $ 9)	+	(700[f] × $ 11)
(A)	Total de custos das unidades perfeitas transferidas	151 600			
(B)	Sucata anormal (300 unidades)	6 000	(300[f] × $ 9)	+	(300[f] × $ 11)
	Produto em processo final (2 000 unidades)				
	Materiais diretos	18 000	2 000[f] × $ 9		
	Custos de conversão	11 000			1 000[f] × $ 11
(C)	Total do produto em processo final	29 000			
(A) + (B) + (C)	Total de custos contabilizados	$ 186 600			

f *Unidades equivalentes dos materiais diretos e dos custos de conversão calculados na Etapa 2, do Painel A.*

cálculos para a sucata normal e anormal. Suponha que a Companhia Ângelo desenvolva os seguintes custos-padrão por unidade para o trabalho realizado no departamento de forma, em julho de 2003:

Materiais diretos	$ 8,50
Custos de conversão	10,50
Total de custos de produção	$ 19,00

Suponha que o mesmo custo-padrão por unidade também se aplique ao estoque inicial: 1 500 unidades equivalentes de materiais diretos e 900 unidades equivalentes de custos de conversão. Assim, o estoque inicial no custo-padrão é:

Materiais diretos, 1 500 unidades × $ 8,50/unidade	$ 12 750
Custos de conversão, 900 unidades × $ 10,50/unidade	9 450
Total de custos de produção	$ 22 200

O Quadro 4.4, Painel A, apresenta as Etapas 1 e 2 para calcular as unidades físicas e equivalentes. Essas etapas são as mesmas que aquelas para o método PEPS descritas no Quadro 4.3. O Quadro 4.4, Painel B, apresenta as Etapas 3, 4 e 5.

Na Etapa 3, o custo por unidade equivalente é simplesmente o custo padrão: $ 8,50 por unidade para os materiais diretos e $ 10,50 por unidade para os custos de conversão. O método do custeio-padrão torna desnecessário o cálculo dos custos das unidades equivalentes, portanto, simplifica o custeio por processo. Os custos a contabilizar na Etapa 4 estão nos custos-padrão e, conseqüentemente, diferem dos custos a contabilizar sob os métodos da média ponderada e do PEPS, que são custos reais. A Etapa 5 atribui os custos-padrão às unidades acabadas (incluindo a sucata normal), às sucatas anormais e ao estoque final do produto em processo multiplicando as unidades equivalentes, calculadas na Etapa 2, pelo custo-padrão por unidade equivalente apresentada na Etapa 3. As variações podem ser medidas e analisadas do modo descrito no Capítulo 14 do volume 1.[5]

Quadro 4.4 Uso do custo-padrão no custeio por processo com sucata no departamento de forma da Companhia Ângelo para julho de 2003.

PAINEL A: Etapas 1 e 2 — Resumir a produção em unidades físicas e calcular as unidades equivalentes

	Etapa 1	Etapa 2 Unidades equivalentes	
Fluxo de produção	**Unidades físicas**	**Materiais diretos**	**Custos de conversão**
Produto em processo inicial	1 500		
Iniciadas durante o período atual	8 500		
A serem contabilizadas	10 000		
Unidades perfeitas acabadas e transferidas para estoque durante o período atual			
Do produto em processo inicial[a]	1 500		
[1,500 × (100% – 100%); 1 500 × (100% – 60%)]		0	600
Iniciadas e acabadas	5 500[b]		
(5 500 × 100%; 5 500 × 100%)		5 500	5 500
Sucata normal[c]	700		
(700 × 100%; 700 × 100%)		700	700
Sucata anormal[d]	300		
(300 × 100%; 300 × 100%)		300	300
Produto em processo final[e]	2 000		
(2 000 × 100%; 2 000 × 50%)		2 000	1 000
Contabilizados	10 000		
Trabalho realizado apenas no período atual		8 500	8 100

a *O grau de término neste departamento: materiais diretos, 100%; custos de conversão, 60%.*
b *7 000 unidades físicas acabadas e transferidas para estoque menos 1 500 unidades físicas acabadas e transferidas para o estoque do produto em processo.*
c *Sucata normal é 10% das unidades perfeitas transferidas para estoque: 10% × 7 000 = 700 unidades. O grau de término da sucata normal neste departamento: materiais diretos, 100%; custos de conversão, 100%.*
d *Sucata anormal = Sucata real – Sucata normal = 1 000 – 700 = 300 unidades. O grau de término da sucata anormal neste departamento: materiais diretos, 100%; custos de conversão, 100%.*
e *Grau de término neste departamento: materiais diretos, 100%; custos de conversão, 50%.*

5. *Por exemplo, no Quadro 4.4, Painel B, os custos-padrão para julho são materiais diretos usados, $ 72 250, e custos de conversão, $ 85 050. Os custos reais adicionados durante julho são: materiais diretos, $ 76 500, e custos de conversão, $ 89 100, resultando em uma variação nos materiais diretos de $ 72 250 – $ 76 500 = $ 4 250 D, e uma variação nos custos de conversão de $ 85 050 – $ 89 100 = $4 050 D. Essas variações seriam então subdivididas, como nos Capítulos 7 e 8 do volume 1; a sucata anormal seria parte da variação na eficiência.*

PAINEL B: Etapas 3, 4 e 5 — Calcular os custos das unidades equivalentes, resumir o total de custos a contabilizar e atribuir custos às unidades acabadas, às unidades rejeitadas e às unidades no produto em processo final

		Total dos custos de produção	Materiais diretos	Custos de conversão
(Etapa 3)	Custo-padrão por unidade equivalente	$ 19,00	$ 8,50	$ 10,50
	Produto em processo inicial	$ 22 200		
	Custos adicionados no período atual nos preços-padrão			
	Materiais diretos, 8 500 × $ 8,50; custos de conversão, 8 100 × $ 10,50	157 300	$ 72 250	85 050
(Etapa 4)	Custos a contabilizar	$ 179 500		
(Etapa 5)	Atribuição dos custos sob custos-padrão:			
	Unidades perfeitas acabadas e transferidas para estoque P.A. (7 000 unidades)			
	Produto em processo inicial (1 500 unidades)	$ 22 200		
	Materiais diretos adicionados no período atual	0	0[f] × $ 8,50	
	Custos de conversão adicionados no período atual	6 300		600[f] × $ 10,50
	Total do estoque inicial antes da sucata normal	28 500		
	Iniciadas e acabadas antes da sucata normal (5 500 unidades)	104 500	(5 500[f] × $ 8,50)	+ (5 500[f] × $ 10,50)
	Sucata normal (700 unidades)	13 300	(700[f] × $ 8,50)	+ (700[f] × $ 10,50)
(A)	Total de custos das unidades perfeitas transferidas para estoque P.A.	146 300		
(B)	Sucata anormal (300 unidades)	5 700	(300[f] × $ 8,50)	+ (300[f] × $ 10,50)
	Produto em processo final (2 000 unidades)			
	Materiais diretos	17 000	2 000[f] × $ 8,50	
	Custos de conversão	10 500		1 000[f] × $ 10,50
(C)	Total do produto em processo final	27 500		
(A) + (B) + (C)	Total de custos contabilizados	$ 179 500		

f *Unidades equivalentes dos materiais diretos e dos custos de conversão calculados na Etapa 2, do Painel A.*

Lançamentos no diário

As informações do Painel B, nos Quadros 4.2, 4.3 e 4.4, apóiam os seguintes lançamentos no diário para a transferência de unidades perfeitas acabadas para produtos acabados e para reconhecer a perda da sucata anormal.

	Média ponderada		PEPS		Custos-padrão	
Produtos acabados	152 075		151 600		146 300	
Produto em processo — Forma		152 075		151 600		146 300
Para transferir as unidades perfeitas acabadas em julho						
Perda da sucata anormal	5 925		6 000		5 700	
Produto em processo — Forma		5 925		6 000		5 700
Para reconhecer a sucata anormal detectada em julho						

Pontos de inspeção e alocação dos custos da sucata normal

O exemplo da Companhia Ângelo presume a inspeção ao término das unidades. Entretanto, a perda pode, na realidade, ocorrer em vários estágios do ciclo de produção, embora seja detectado em apenas um ou mais pontos da inspeção. Supõe-se que o custo das unidades rejeitadas seja todos os custos incorridos pelas mesmas antes da inspeção. Quando os produtos rejeitados têm valor de venda (por exemplo, carpete vendido como 'de segunda'), o custo líquido da sucata é calculado deduzindo o valor de venda dos custos dos produtos rejeitados acumulados até o ponto de inspeção. Os custos unitários de sucata normal e anormal são os mesmos quando os dois são detectados no mesmo ponto de inspeção. Entretanto, podem ocorrer situações quando a sucata anormal é detectada em um ponto diferente do da normal. Considere os fabricantes de camisas. A sucata normal, no caso de camisas com defeito, é detectada na inspeção no final do processo de produção. Agora, suponha que uma máquina avariada venha a produzir muitas camisas no meio do processo de produção. As camisas que apresentaram defeitos seriam consideradas sucatas anormais e ocorreriam em um ponto diferente do processo de produção do da sucata normal. Nesses casos, o custo unitário da sucata anormal, baseado nos custos incorridos até a metade do processo de produção, seriam diferentes do custo unitário da sucata normal, baseado nos custos incorridos até o final do processo de produção.

Os custos da sucata anormal são contabilizados separadamente como perdas do período contábil, no qual são detectados. Entretanto, lembre-se de que os custos da sucata normal são adicionados às unidades perfeitas, que levantam uma questão adicional: deveriam os custos da sucata normal ser alocados entre as unidades acabadas e o estoque final do produto em processo? *A abordagem comum é presumir que a sucata normal ocorra no ponto de inspeção do ciclo de produção e alocar os seus custos por todas as unidades que passaram daquele ponto durante o período contábil.* No exemplo da Companhia Ângelo, presume-se que a perda ocorra quando as unidades são inspecionadas no final do ciclo de produção, portanto, nenhum custo de sucata normal é alocado ao estoque final de produto em processo.

Os custos da sucata normal são alocados ao estoque final de unidades de produto em processo — além das unidades acabadas — se as unidades do estoque final do produto em processo passarem do ponto de inspeção. Por exemplo, se o ponto de inspeção estiver no estágio intermediário de produção, qualquer produto em processo que esteja pelo menos 50 por cento acabado será alocado como medida completa dos custos de sucata normal, que serão calculados com base em todos os custos incorridos antes do ponto de inspeção. Mas se o produto em processo estiver menos de 50 por cento acabado, nenhum custo de sucata normal deverá ser a ele alocado. O anexo deste capítulo contém uma discussão da perda quando as unidades são inspecionadas em pontos diferentes do ciclo de produção.

Inspeções antecipadas e freqüentes evitam que quaisquer materiais diretos adicionais e custos de conversão sejam desperdiçados nas unidades já comprometidas. Se a inspeção pode ocorrer quando as unidades estão 80 por cento acabadas (e não 100 por cento), como para os custos de conversão, e a perda ocorrer antes do ponto de 80 por cento, a empresa pode evitar incorrer os 20 por cento finais de custos de conversão nas unidades comprometidas.

Custeio por encomenda e sucata

Os conceitos de sucata normal e anormal também se aplicam aos sistemas de custeio por encomenda. A sucata anormal é identificada separadamente, com o objetivo de evitar a sua ocorrência. Os custos da sucata anormal não são considerados como inventariáveis e são lançados como custos do período em que a sucata anormal é detectada. Os custos da sucata normal nos sistemas de custeio por encomenda — assim como nos sistemas de custeio por processo — são custos que entram no estoque P.A., embora as empresas estejam, cada vez mais, tolerando apenas pequenas quantidades de perda como normal. Quando atribuem custos, os sistemas de custeio por encomenda geralmente distinguem a *sucata normal atribuível a uma encomenda específica* da *sucata normal comum a todas as ordens de produção.*

Descrevemos a contabilidade da sucata no custeio por encomenda usando o exemplo seguinte.

> ***Exemplo 3:*** *Na Oficina de Máquinas Hull, cinco peças de avião, de um lote de produção de 50 peças, estão comprometidas. Os custos atribuídos antes do ponto de inspeção são de $ 2 mil por peça. Nesta e nas seções subseqüentes, nos concentraremos em como o custo de $ 2 mil por peça é contabilizado. Quando a perda é detectada, os produtos rejeitados são inventariados em $ 600 por peça, valor de venda líquido.*

Sucata normal atribuível a uma ordem de produção específica Quando a sucata normal ocorre devido a especificações de uma ordem específica, ela arca com os custos de sucata reduzidos pelo valor de venda da perda. O lançamento no diário para reconhecer o valor de venda (itens em parênteses indicam os lançamentos no razão auxiliar) é:

Controle dos materiais (produtos rejeitados no valor de venda líquido atual): 5 unidades × $ 600/unidade	3 000	
Controle do produto em processo (ordem de produção específica): 5 unidades × $ 600/unidade		3 000

Observe que no controle do produto em processo (ordem específica) já foi debitado (cobrado) $ 10 mil pelas peças comprometidas (5 peças comprometidas × $ 2 000 por peça). O efeito da cobrança, do lançamento de $ 3 mil, é fazer do custo líquido da sucata normal, $ 7 mil ($ 10 000 – $ 3 000), um custo adicional das 45 (50 – 5) unidades perfeitas produzidas. O total de custo das 45 unidades perfeitas é de $ 97 mil, abrangendo $ 90 mil (45 unidades × $ 2 000 por unidade) incorridos para produzir as unidades perfeitas mais o custo líquido de $ 7 mil da sucata normal. O custo por unidade perfeita é de $ 2 155,56 ($ 97 000 ÷ 45 unidades perfeitas).

Sucata normal comum a todas as ordens de produção Em alguns casos, a sucata pode ser considerada uma característica de um certo ciclo de produção. A sucata inerente à produção ocorrerá, é claro, quando uma ordem específica estiver sendo executada. Mas a sucata não é atribuível à — e conseqüentemente não é cobrado de — ordem específica, mas custeada como custos indiretos de produção. O lançamento no diário é:

Controle dos materiais (produtos rejeitados no valor de venda atual): 5 unidades × $ 600/unidade	3 000	
Controle dos custos indiretos de produção (sucata normal): ($ 10 000 – $ 3 000)	7 000	
Controle do produto em processo (ordem de produção específica): 5 unidades × $ 2 000/unidade		10 000

Quando a sucata normal é comum a todas as ordens de produção, a taxa orçada dos custos indiretos de produção inclui uma provisão para o custo da sucata normal. O custo da sucata normal é distribuído, por meio da alocação dos custos indiretos, por todas as ordens, e não descarregado em ordens específicas.[6] Por exemplo, se a Hull produzisse 140 unidades perfeitas por todas as ordens em dado mês, os $ 7 mil de custos indiretos da sucata normal seriam alocados na taxa de $ 7 000 ÷ 140 unidades perfeitas = $ 50 por unidade perfeita. Os custos indiretos da sucata normal, alocados às 45 unidades perfeitas da ordem, seriam de $ 2 250 ($ 50 × 45 unidades perfeitas). O total de custo das 45 unidades perfeitas é de $ 92 250 ÷ $ 90 000 (45 unidades × $ 2 000/unidade) incorridos para produzir as unidades perfeitas, mais $ 2 250 de custos indiretos da sucata normal. O custo por unidade perfeita é de $ 2 050 ($ 92 250 ÷ 45 unidades perfeitas).

Sucata anormal Se a sucata é anormal, a perda líquida é cobrada de uma conta de perda anormal. Diferentemente dos custos da sucata normal, os custos da sucata anormal não são incluídos como parte do custo de unidades perfeitas produzidas. O total de custo das 45 unidades perfeitas é de $ 90 mil (45 unidades × $ 2 000/unidade). O custo por unidade perfeita é de $ 2 mil ($ 90 000 ÷ 45 unidades perfeitas).

Controle dos materiais (produtos rejeitados no valor de venda atual): 5 unidades × $ 600/unidade	3 000	
Perda da sucata anormal: ($ 10 000 – $ 3 000)	7 000	
Controle do produto em processo (ordem de produção específica): 5 unidades × $ 2 000/unidade		10 000

Embora para fins de relatório externo os custos da sucata anormal sejam lançados no período e não estejam ligados a ordens de produção ou a unidades específicas, as empresas freqüentemente identificam razões específicas para a sucata anormal e, quando apropriado, ligam-na às ordens de produção ou a unidades específicas para fins de gestão de custos.

Retrabalho

Retrabalho consiste nas unidades de produção que, quando inspecionadas, acabam sendo rejeitadas, e quando consertadas são vendidas como produtos acabados aceitáveis. Mais uma vez distinguimos (1) retrabalho normal atribuível a uma ordem de produção específica, (2) retrabalho normal comum a todas as ordens de produção e (3) retrabalho anormal.

Considere os dados da Oficina de Máquinas Hull, no Exemplo 3. Suponha que as cinco unidades rejeitadas sejam retrabalhadas. O lançamento no diário para os $ 10 mil de total de custos (os detalhes desses custos são suposições) atribuídos às cinco unidades rejeitadas antes de considerar os custos de retrabalho é:

Controle do produto em processo (ordem de produção específica)	10 000	
Controle dos materiais		4 000
Controle dos salários a pagar		4 000
Custos indiretos de produção alocados		2 000

Suponha que os custos de retrabalho sejam iguais a $ 3 800 (compreendendo $ 800 de materiais diretos, $ 2 mil de mão-de-obra direta e $ 1 mil de custos indiretos de produção).

Retrabalho normal atribuível a um serviço específico Se o retrabalho é normal, mas ocorre devido a exigências de uma ordem de produção específica, os custos de retrabalho são cobrados para aquela ordem de produção. O lançamento no diário é:

Controle do produto em processo (ordem de produção específica)	3 800	
Controle dos materiais		800
Controle dos salários a pagar		2 000
Custos indiretos de produção alocados		1 000

Retrabalho normal comum a todas as ordens Quando o retrabalho é normal e não atribuível a uma ordem específica, os custos de retrabalho são cobrados nos custos indiretos de produção e distribuídos por meio da alocação dos custos indiretos por todas as ordens de produção.

Controle dos custos indiretos de produção	3 800	
Controle dos materiais		800
Controle dos salários a pagar		2 000
Custos indiretos de produção alocados		1 000

Retrabalho anormal Se o retrabalho é anormal, ele é registrado cobrando um retrabalho anormal a uma conta de perda.

Perda do retrabalho anormal	3 800	
Controle dos materiais		800
Controle dos salários a pagar		2 000
Custos indiretos de produção alocados		1 000

6. *Observe que os custos* já atribuídos aos produtos *são novamente cobrados do controle dos custos indiretos de produção, que geralmente acumula apenas os* custos incorridos, *não ambos os custos incorridos, e os custos já atribuídos.*

Contabilizar o retrabalho em um sistema de custeio por processo também requer que o retrabalho anormal seja distinguido do normal. Um sistema de custeio por processo contabiliza o retrabalho anormal do mesmo modo que um sistema de custeio por ordem de produção. A contabilidade do retrabalho normal segue a descrita para o retrabalho normal comum a todas as ordens de produção (unidades), porque massas de unidades idênticas ou similares estão sendo fabricadas.

O custeio do retrabalho detém os gerentes nos recursos desperdiçados em atividades que não seriam empreendidas se o produto fosse feito corretamente. O custo do retrabalho os leva a procurar meios de reduzi-lo projetando, por exemplo, novos produtos ou processos, treinando funcionários ou investindo em novas máquinas. Para evitar o retrabalho e simplificar a contabilidade, algumas empresas estabelecem padrão zero de retrabalho, sendo todo ele tratado como anormal e lançado como custo do período atual.

CONTABILIZANDO O REFUGO

Refugo é material que sobra quando se fabrica um produto; ele tem valor de venda baixo em comparação ao valor de venda do produto. Não há distinção entre refugo normal e anormal porque nenhum custo é ligado a ele. A única distinção feita é entre o refugo atribuível a uma ordem de produção específica e ao comum a todas as ordens de produção.

Há dois aspectos na contabilidade do refugo:

1. Planejamento e controle, incluindo o rastreamento físico
2. Custeio do estoque, incluindo quando e como ele afeta o lucro operacional

Os lançamentos iniciais para os registros de refugos ocorrem comumente em termos físicos. Em várias indústrias, itens físicos como folhas de metal impressas ou beiradas de peças plásticas moldadas, são quantificados pelo peso, pela contagem ou por algum outro meio. Os registros dos refugos não apenas ajudam a medir a eficiência, mas também a manter o rastro do refugo e, conseqüentemente, a reduzir as chances de roubo. Os registros de refugos são preparados como documentos de fonte para os resumos periódicos da quantidade de refugo real em comparação com as quantidades orçadas ou padrão. O refugo é vendido ou removido rapidamente, armazenado para venda, remoção ou reuso posterior.

O rastreamento cuidadoso do refugo geralmente se estende para os registros contábeis. As pesquisas indicam que 60 por cento das empresas mantêm uma conta distinta para os custos de refugo em algum lugar de seus sistemas contábeis. As questões aqui são similares às do Capítulo 3 deste volume, no que diz respeito à contabilidade dos subprodutos:

1. Quando o valor do refugo deve ser reconhecido nos registros contábeis: na hora em que ele é produzido ou em que ele é vendido?
2. Como as receitas dos refugos devem ser contabilizadas?

Para ilustrar, desdobraremos o exemplo da Hull. Suponha que a produção de peças para aviões gere refugos e que o refugo de um serviço tenha um valor líquido de venda de $ 900.

RECONHECENDO O REFUGO NA HORA DE SUA VENDA

Quando a quantidade monetária do refugo é baixa, o modo mais simples de contabilizar é tomar nota da quantidade de refugo retornada para armazenagem e considerar suas vendas como item de linha separado de outras receitas nas demonstrações de resultados. O único lançamento no diário é:

Venda de refugo:	Caixa ou contas a receber	900	
	Receitas dos refugos		900

Quando a quantidade monetária é significativa e o refugo é rapidamente vendido depois de produzido, a contabilidade depende de o refugo ser atribuível a uma ordem de produção específica ou comum a todas as ordens de produção.

Refugo atribuível a uma ordem de produção específica Os sistemas de custeio por ordem de produção às vezes rastreiam as receitas dos refugos para as ordens de produção que renderam o refugo. Esse método é usado apenas quando o rastreamento pode ser feito de maneira economicamente viável. Por exemplo, a Oficina de Máquinas Hull e clientes específicos, como o Departamento de Defesa dos Estados Unidos, podem chegar a um acordo que possibilita a cobrança de ordens de produção específicas com todos os custos de retrabalho e sucata e o crédito desses serviços com todas as receitas de refugo que surgem com as ordens de produção. O lançamento no diário é:

Refugo retornado para armazenagem:	Nenhum lançamento no diário [No registro do estoque são anotadas a quantidade recebida e a ordem relacionada]		
Venda de refugo:	Caixa ou contas a receber	900	
	Controle do produto em processo		900
	Lançamento feito para o registro de custo da ordem de produção específica		

Diferentemente da sucata e do retrabalho, não há nenhum custo ligado ao refugo e, em conseqüência, não é feita nenhuma distinção entre refugo normal e refugo anormal. Todas as receitas dos refugos, qualquer que seja a quantidade, são creditadas à ordem de produção específica. As receitas dos refugos reduzem os custos da ordem de produção.

Refugo comum a todas as ordens de produção O lançamento no diário neste caso é:

Refugo retornado para armazenagem:	Nenhum lançamento no diário [No registro do estoque são anotadas a quantidade recebida e a ordem relacionada]		
Venda de refugo:	Caixa ou contas a receber	900	
	Controle dos custos indiretos de produção		900
	Lançamento feito no razão auxiliar — Na coluna 'Venda de refugos' no registro de custo do departamento		

Este método não liga o refugo a uma ordem de produção ou a produtos específicos. Em vez disso, todos os produtos arcam com os custos de produção sem qualquer crédito para as receitas dos refugos, exceto de maneira indireta. As receitas esperadas dos refugos são consideradas quando do estabelecimento da taxa de custos indiretos de produção. Assim, a taxa de custos indiretos de produção é mais baixa do que seria se o orçamento dos custos indiretos não tivesse sido reduzido pelas receitas esperadas dos refugos. A contabilidade do refugo é usada nos sistemas de custeio por ordem de produção e no custeio por processo.

Reconhecendo o refugo na hora de sua produção

Nossos exemplos anteriores presumem que o refugo retornado para armazenagem é vendido rapidamente e, conseqüentemente, o seu estoque não recebe valor de custo. Às vezes, como é o caso com as beiradas de plástico moldado, o valor do refugo não é baixo, e o tempo entre armazená-lo, vendê-lo ou recusá-lo pode ser longo. Nessas situações, a empresa inventaria o refugo em uma estimativa conservadora de seu valor realizável líquido para que os custos de produção e as receitas de venda relacionadas sejam reconhecidos no mesmo período contábil. Algumas empresas tendem a retardar a venda de refugos até que o preço de mercado seja considerado atrativo. As flutuações de preço são típicas para os refugos de metal. Nesses casos, não é fácil determinar um 'valor de estoque razoável'.

Refugo atribuível a uma ordem de produção específica O lançamento no diário, no exemplo da Hull, é:

Refugo retornado para armazenagem:	Controle dos materiais	900	
	Controle do produto em processo		900

Refugo comum a todas as ordens de produção O lançamento no diário neste caso é:

Refugo retornado para armazenagem:	Controle dos materiais	900	
	Controle dos custos indiretos de produção		900

Observe que a conta de controle dos materiais é debitada no lugar da conta de caixa ou contas a receber. Quando o refugo é vendido, o lançamento no diário é:

Venda do refugo:	Caixa ou conta a receber	900	
	Controle dos materiais		900

O refugo é, às vezes, reusado como materiais diretos, e não vendido como refugo. Neste caso, o controle dos materiais é debitado no seu valor realizável líquido estimado e depois creditado no refugo sendo reusado. Por exemplo, os lançamentos quando o refugo gerado é comum a todas as ordens de produção são:

Refugo retornado para armazenagem:	Controle dos materiais	900	
	Controle dos custos indiretos de produção		900
Reuso do refugo:	Controle do produto em processo	900	
	Controle dos materiais		900

A contabilidade do refugo sob o custeio por processo é parecida com a contabilidade sob o custeio por ordem de produção — quando o refugo é comum a todas as ordens —, porque o custeio por processo se aplica à produção de massas de unidades idênticas ou similares.

Os gerentes concentram a atenção em meios para reduzir o refugo e usá-lo mais lucrativamente, em especial quando o custo do refugo é alto (veja 'Conceitos em Ação'). A General Motors Corporation redesenhou os processos de moldagem por injeção plástica para reduzir o refugo plástico que precisa ser retirado dos produtos já moldados. A General Motors também mói e reusa o refugo de plásticos como materiais diretos, economizando nos custos substanciais de matérias-primas.

Conceitos em ação

Administrando os custos ambientais e de resíduos na DuPont Corporation

A DuPont Corporation fabrica uma ampla variedade de substâncias e produtos químicos, e usa o termo *resíduo* para descrever a sucata e o refugo que gera. Além dos custos de materiais perdidos, o resíduo químico é um problema relevante devido ao impacto negativo e irreversível no meio ambiente. Leis ambientais rígidas exigem que o resíduo químico seja removido de maneira ambientalmente segura, aumentando o custo de geração de resíduos.

A DuPont calcula os custos totais do resíduo para incluir: (1) os custos dos materiais perdidos no processo químico menos os seus valores de venda; (2) os custos totais de produtos rejeitados semi-acabados e acabados; (3) os custos totais de remoção ou tratamento dos resíduos, como a cobrança do local para depositar resíduos perigosos ou os custos de depuradores e instalações de biotratamento para tratar os resíduos e (4) os custos de qualquer solvente usado para limpar a instalação ou equipamentos como resultado da geração de resíduos.

A DuPont acredita que os lucros da empresa não precisam ser obtidos à custa do meio ambiente e procura reduzir o 'impacto ambiental' de todas as suas empresas. Consistente com as recomendações da Agência de Proteção Ambiental (EPA), a DuPont foca a redução da fonte (evitar os resíduos, não sua remoção ou tratamento) como o melhor meio para obter rentabilidade e o desempenho ideal em relação à questão ambiental. A DuPont calcula o custo total dos resíduos para evidenciar aos gerentes os custos operacionais e ambientais dos resíduos, e os recompensa ao reduzi-los. Essa abordagem motiva as unidades individuais para que tomem medidas, como redesenhar os produtos, reconfigurar os processos ou investir em equipamentos de capital para reduzir os resíduos por completo. Por exemplo, a DuPont aumentou o seu rendimento de materiais no negócio de Lycra em $ 2 bilhões, de 75 por cento em 1990 para mais de 90 por cento em 1999.

O novo processo da empresa para o Terathane® — desenvolvido por uma equipe da DuPont com membros de LaPorte, Texas; Niagara Falls, Nova York; Deepwater, Nova Jersey e Wilmington, Delaware — é um bom exemplo de como a DuPont reduz os custos de resíduos. O novo processo reduziu as emissões no ar em significativas 200 mil libras, o resíduo sólido em 25 milhões de libras, o resíduo aquoso em 500 milhões de libras e o uso de vapor em mais de 150 milhões de libras, gerando, ao mesmo tempo, economias de custo de mais de $ 5 milhões ao ano.

Fonte: Adaptado do Environmental Respect Awards, DuPont Corporation, e baseado em discussões com Dale Martin, gerente, Environmental Effectiveness; C. Holliday, Sustainable Growth, the DuPont Way, *Harvard Business Review*, set. 2001, p. 129-134

Problema para auto-estudo

A Têxteis Brilho tem alguns produtos comprometidos com custo atribuído de $ 40 mil e valor de venda líquido igual a zero.

Para fazer:

Prepare um lançamento no diário para cada uma das seguintes condições sob (a) o custeio por processo (departamento A) e (b) o custeio por ordem de produção:

1. Sucata anormal de $ 40 mil
2. Sucata normal de $ 40 mil considerado como comum a todas as operações
3. Sucata normal de $ 40 mil considerado como atribuível às especificações de uma ordem de produção específica

Solução

	(a) Custeio por processo			(b) Custeio por ordem de produção		
1.	Perda com a sucata anormal	40 000		Perda com a sucata anormal	40 000	
	Produto em processo (dep. A)		40 000	Controle do produto em processo (ordem de produção específica)		40 000
2.	Não há lançamento até que todas as unidades sejam acabadas e transferidas. Os custos da sucata normal são transferidos como parte do custo das unidades perfeitas			Controle dos custos indiretos de produção	40 000	
	Produto em processo (dep. B)	40 000		Controle do produto em processo (ordem de produção específica)		40 000
	Produto em processo (dep. A)		40 000			
3.	Não aplicável			Não há lançamento. O custo da sucata normal permanece no controle do produto em processo (ordem de produção específica)		

Pontos de decisão

Resumo

O seguinte formato de perguntas e respostas resume os objetivos de aprendizagem do capítulo. Cada decisão representa uma pergunta-chave relacionada a um objetivo de aprendizagem. As diretrizes são a resposta à pergunta.

Decisão	Diretrizes
1. O que é sucata, retrabalho e refugo?	Sucata corresponde às unidades de produção que não satisfazem os padrões exigidos pelos clientes como unidades aceitáveis e que são descartadas ou vendidas a preços reduzidos. Retrabalho consiste em consertar as unidades rejeitadas para que possam ser vendidas como produtos acabados aceitáveis. Refugo é o material que sobra ao fabricar um produto; ele tem valor baixo de venda comparado ao de venda do produto.
2. O que é sucata normal e anormal e como elas são contabilizadas?	Sucata normal é inerente a um processo de produção específico e ocorre mesmo sob condições operacionais eficientes. A sucata anormal não ocorreria sob condições operacionais eficientes. Geralmente, os sistemas contábeis reconhecem ambos os tipos de sucata ao calcular o número de unidades de produção. A sucata normal é incluída no custo das unidades perfeitas produzidas; a sucata anormal é registrada como perda para o período contábil no qual ela é detectada.
3. Como o método da média ponderada do custeio por processo calcula os custos das unidades perfeitas e da sucata?	O método da média ponderada combina os custos no estoque inicial com os do período atual ao determinar os custos das unidades perfeitas (que incluem uma quantidade da sucata normal) e os da sucata anormal.
4. Como o método PEPS de custeio por processo calcula os custos das unidades perfeitas e da sucata?	O método PEPS mantém separado os custos no estoque inicial dos custos do período atual ao determinar os custos das unidades perfeitas (que incluem uma quantidade de sucata normal) e os da sucata anormal.
5. Como o método de custeio-padrão do custeio por processo calcula os custos das unidades perfeitas e da sucata?	O método do custeio-padrão usa os custos-padrão para determinar os das unidades perfeitas (que incluem uma quantidade de sucata normal) e os custos da sucata anormal.
6. Como os sistemas de custeio por ordem de produção contabilizam a sucata?	A sucata normal, específica de uma ordem de produção, é a ela atribuída ou, quando comum a todas as ordens de produção, é alocada como parte dos custos indiretos de produção. A perda com a sucata anormal é registrada como custo do período contábil no qual ele é detectado.
7. Como os sistemas de custeio por ordem de produção contabilizam o retrabalho?	As unidades completamente retrabalhadas devem ser indistingüíveis das perfeitas. O retrabalho normal pode ser atribuído a uma ordem de produção específica ou, quando comum a todas as ordens, como parte dos custos indiretos de produção. O retrabalho anormal é lançado como custo do período contábil no qual ele é detectado.
8. Como o refugo é contabilizado?	O refugo é reconhecido nos registros contábeis na hora de sua venda ou na hora de sua produção. A venda de refugos, se imaterial, é freqüentemente reconhecida como outra receita. Se material, a venda do refugo ou seu valor realizável líquido reduz os custos de uma ordem de produção específica ou, quando comum a todas as ordens, reduz os custos indiretos de produção.

Anexo: Inspeção e sucata nos estágios intermediários de conclusão no custeio por processo

Considere como a inspeção, em vários estágios de conclusão, afeta a quantidade de sucata normal e anormal. Suponha que a sucata normal seja 10 por cento das unidades perfeitas passando pela inspeção no departamento de

Continuação

forjaria da Corporação Dana, fabricante de peças para automóveis. Os materiais diretos são adicionados, no departamento de forjaria, no início da produção. Os custos de conversão são adicionados igualmente durante o processo.

Considere três casos diferentes: a inspeção ocorre (1) nos 20 por cento, (2) nos 50 por cento ou (3) nos 100 por cento do estágio de conclusão. Em todos os três casos, foi perdido um total de oito mil unidades. A sucata normal é calculada com base no número de *unidades perfeitas* que passam o ponto de inspeção *durante o período atual*. Os dados seguintes são para outubro. Observe como o número de unidades de sucata normal e anormal muda, dependendo de quando a inspeção ocorre.

	Unidades físicas: Inspeção no estágio de conclusão		
Fluxo de produção	**Em 20%**	**Em 50%**	**Em 100%**
Produto em processo inicial (25%)[a]	11 000	11 000	11 000
Começadas durante outubro	74 000	74 000	74 000
Para contabilizar	85 000	85 000	85 000
Unidades perfeitas acabadas e transferidas para estoque P.A. (85 000 – 8 000 perdidas – 16 000 final)	61 000	61 000	61 000
Sucata normal	6 600[b]	7 700[c]	6 100[d]
Sucata anormal (8 000 – sucata normal)	1 400	300	1 900
Produto em processo final (75%)[a]	16 000	16 000	16 000
Contabilizados	85 000	85 000	85 000

a *Grau de término dos custos de conversão neste departamento nas datas dos estoques do produto em processo.*
b *10% × (74 000 unidades iniciadas – 8 000 unidades perdidas), porque apenas as unidades iniciadas passaram o ponto de inspeção de 20% no período atual. O produto em processo inicial é excluído deste cálculo porque, estando 25% acabado no início do período, ele passou o ponto de inspeção no período anterior.*
c *10% × (85 000 unidades – 8 000 unidades perdidas), porque* todas *as unidades passaram o ponto de inspeção de 50% de término no período atual.*
d *10% × 61 000, porque 61 000 unidades foram completamente acabadas e inspecionadas no período atual.*

O diagrama seguinte mostra o fluxo das unidades físicas para outubro e ilustra os números da sucata normal na tabela. Observe que 61 mil unidades perfeitas foram acabadas e transferidas para estoque — 11 mil do estoque inicial do produto em processo e 50 mil iniciadas e acabadas durante o período — e 16 mil unidades estão no estoque final do produto em processo.

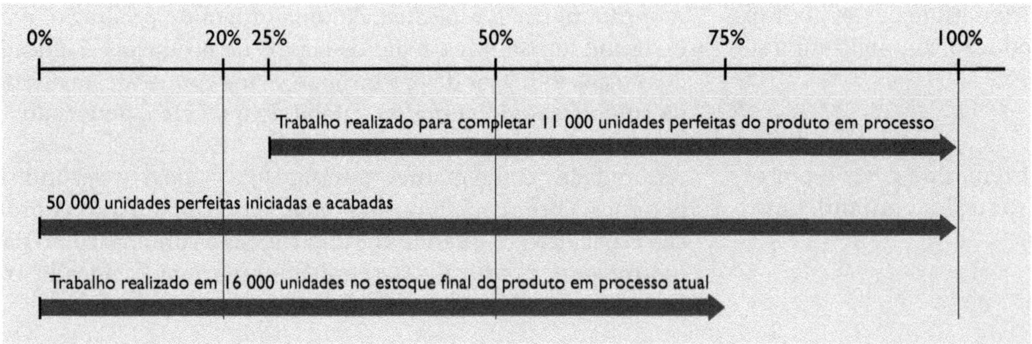

Para ver o número de unidades passando cada ponto de inspeção, considere no diagrama as linhas verticais nos pontos de inspeção de 20 por cento, 50 por cento e 100 por cento. Observe que a linha vertical em 20 por cento corta as duas linhas horizontais, 50 mil unidades perfeitas iniciadas e acabadas e 16 mil unidades no produto em processo final, para um total de 66 mil unidades perfeitas. (A linha vertical de 20 por cento não corta a linha representando o trabalho realizado nas 11 mil unidades perfeitas acabadas do produto em processo inicial, porque essas unidades já estão 25 por cento acabadas no início do período e, conseqüentemente, não são inspecionadas neste período.) A sucata normal é igual a 10 por cento de 66 mil = 6 600 unidades. Similarmente, a linha vertical no ponto de 50 por cento corta todas as três linhas horizontais, indicando que 11 000 + 50 000 + 16 000 = 77 000 unidades perfeitas passam este ponto. Neste caso, o sucateamento normal é 10 por cento de 77 mil = 7 700 unidades. No ponto de 100 por cento, é a sucata normal = 10 por cento de (11 000 + 50 000) = 6 100 unidades.

O Quadro 4.5 mostra o cálculo das unidades equivalentes sob o método da média ponderada, presumindo a inspeção no estágio de término, de 50 por cento. Os cálculos dependem dos materiais diretos e dos custos de conver-

Anexo: Inspeção e sucata nos estágios intermediários de conclusão no custeio por processo

Continuação

são incorridos para obter as unidades para este ponto de inspeção. As unidades rejeitadas têm dos materiais diretos uma medida *total* e, dos custos de conversão, uma medida de 50 por cento. Os cálculos dos custos das unidades equivalentes e a atribuição do total de custos para as unidades acabadas e para o produto em processo final são similares aos das ilustrações anteriores deste capítulo. Pelo fato de neste exemplo o estoque final do produto em processo ter passado o ponto de inspeção, as unidades arcam com os custos da sucata normal, como as unidades que foram acabadas e transferidas para estoque P.A. Por exemplo, os custos de conversão para as unidades acabadas e transferidas para estoque P.A. incluem os custos de conversão de 61 000 unidades perfeitas produzidas, mais 50% × (10% × 61 000) = 0,50 × 6 100 = 3 050 unidades equivalentes de sucata normal. Multiplicamos por 50 por cento para obter as unidades equivalentes de sucata normal porque os custos de conversão são apenas 50 por cento completos no ponto de inspeção. Os custos de conversão das unidades equivalentes no estoque final do produto em processo incluem os custos de conversão de 75 por cento de 16 mil = 12 mil unidades perfeitas equivalentes mais 50% × (10% × 16 000) = 0,50 × 1 600 = 800 unidades equivalentes de sucata normal. Tiramos 10 por cento de 16 mil, porque 16 mil unidades perfeitas, atualmente no estoque final do produto em processo, passaram o ponto de inspeção. Assim, as unidades equivalentes de sucata normal contabilizadas são 3 050 unidades equivalentes relacionadas às unidades acabadas e transferidas para estoque P.A., mais 800 unidades equivalentes relacionadas às unidades no estoque final do produto em processo para um total de 3 850 unidades equivalentes mostradas no Quadro 4.5.

Quadro 4.5 Etapas 1 e 2: Cálculo das unidades equivalentes de sucata pelo método da média ponderada no custeio por processo no departamento de forjaria da Corporação Dana para outubro.

	Etapa 1	Etapa 2 Unidades equivalentes	
Fluxo de produção	**Unidades físicas**	**Materiais diretos**	**Custos de conversão**
Produto em processo inicial[a]	11 000		
Iniciadas durante o período atual	74 000		
Para contabilizar	85 000		
Unidades perfeitas acabadas e transferidas para estoque P.A.	61 000	61 000	61 000
Sucata normal	7 700		
(7 700 × 100%; 7 700 × 50%)		7 700	3 850
Sucata anormal	300		
(300 × 100%; 300 × 50%)		300	150
Produto em processo final[b]	16 000		
(16 000 × 100%; 16 000 × 75%)		16 000	12 000
Contabilizadas	85 000		
Total de trabalho realizado até a data		85 000	77 000

a *Grau de término: materiais diretos, 100%; custos de conversão, 25%.*
b *Grau de término: materiais diretos, 100%; custos de conversão, 75%.*

Termos para aprender

Este capítulo e o Glossário no final do livro contêm definições de:

ponto de inspeção
refugo
retrabalho
sucata
sucata anormal
sucata normal

Material de trabalho

Questões

4-1 Por que no processo de fabricação é inconfundível a tendência de melhora na qualidade?

4-2 Faça a distinção entre sucata, retrabalho e refugo.

4-3 "Sucata normal é sucata planejada." Discuta.

4-4 "Custos da sucata anormal são perdas." Explique.

4-5 "O considerado como sucata normal no passado não necessariamente é aceitável como sucata normal no presente ou no futuro." Explique.

4-6 "Unidades de sucata anormal são inferidas e não identificadas." Explique.

4-7 "Na contabilidade de unidades rejeitadas, estamos lidando com a atribuição de custos, e não de custo incorrido." Explique.

4-8 "O total de matéria-prima inclui a sucata anormal e a normal, portanto, é inapropriado como base para calcular a sucata normal." Você concorda? Explique.

4-9 "O ponto de inspeção é a chave para a alocação dos custos de sucata." Você concorda? Explique.

4-10 "O custo por unidade de sucata normal é o mesmo que o de sucata anormal." Você concorda? Explique.

4-11 "No custeio por ordem de produção, os custos da sucata normal incidentes de uma ordem de produção específica realizada são dela cobrados." Você concorda? Explique.

4-12 "Os custos de retrabalho são sempre cobrados das ordens de produção específicas das quais os defeitos originaram." Você concorda? Explique.

4-13 "Os custos do retrabalho anormal devem ser cobrados de uma conta de perda, e não dos custos indiretos de produção." Você concorda? Explique.

4-14 Em que momento deve uma empresa justificar o estoque do refugo?

4-15 Como os gerentes usam as informações sobre o refugo?

Exercícios

4-16 Sucata normal e anormal em unidades. Os dados seguintes, em unidades físicas, descrevem um processo de moagem no mês de janeiro:

Produto em processo inicial	19 000
Iniciadas durante o período	150 000
Para contabilizar	169 000
Unidades sucateadas	12 000
Unidades perfeitas acabadas e transferidas para estoque P.A.	132 000
Produto em processo final	25 000
Contabilizadas	169 000

A inspeção ocorre no estágio de 100 por cento do término. A sucata normal é de 5 por cento das unidades perfeitas que passam pela inspeção.

Para fazer:

1. Calcule a sucata normal e anormal em unidades.
2. Suponha que de uma unidade comprometida, o custo por unidade equivalente seja de $ 10. Calcule a quantia de economia potencial se toda a perda fosse eliminada, presumindo que todos os outros custos não fossem afetados. Comente o seu resultado.

4-17 Método da média ponderada, sucata, unidades equivalentes (Adaptado do CMA). Considere para novembro de 2003 os seguintes dados da Cia. Gray, fabricante de flâmulas de seda que usa o custeio por processo. Todos os materiais diretos são adicionados no início do processo e os custos de conversão durante o processo. A perda é detectada na inspeção, na conclusão do processo. As unidades comprometidas são descartadas a um valor de venda de zero. A Cia. Gray usa o método da média ponderada do custeio por processo.

	Unidades físicas (flâmulas)	Materiais diretos	Custos de conversão
Produto em processo, 1º[a] de novembro	1 000	$ 1 423	$ 1 110
Iniciadas em novembro de 2003	?		
Unidades boas acabadas e transferidas para estoque P.A. durante novembro de 2003	9 000		
Sucata normal	100		
Sucata anormal	50		
Produto em processo, 30[b] de novembro	2 000		
Custos adicionados durante novembro de 2003		$ 12 180	$ 27 750

[a] *Grau de término: materiais diretos, 100%; custos de conversão, 50%.*
[b] *Grau de término: materiais diretos, 100%; custos de conversão, 30%.*

Para fazer: Calcule as unidades equivalentes para os materiais diretos e os custos de conversão. Mostre as unidades físicas na primeira coluna de sua tabela.

4-18 Método da média ponderada, atribuição de custos (continuação do 4-17).

Para fazer: Para os dados do Exercício 4-17, calcule o custo por unidade equivalente para os materiais diretos e os custos de conversão; resuma o total de custos a contabilizar e atribua-os às unidades completadas e transferidas para estoque P.A. (incluindo a sucata normal), à sucata anormal e às unidades no estoque final do produto em processo.

4-19 Método PEPS, sucata, unidades equivalentes. Paute-se nas informações constantes no Exercício 4-17. Suponha que a Cia. Gray use o método PEPS no custeio por processo em vez de o método da média ponderada.

Para fazer: Calcule as unidades equivalentes para os materiais diretos e os custos de conversão. Mostre as unidades físicas na primeira coluna da sua tabela.

4-20 Método PEPS, atribuição de custos (continuação do 4-19).

Para fazer: Para os dados do Exercício 4-17, use o método PEPS para calcular o custo por unidade equivalente para os materiais diretos e os custos de conversão, resuma o total de custos a contabilizar e atribua-os às unidades acabadas e transferidas para estoque P.A. (incluindo a sucata normal), à sucata anormal e às unidades do estoque final do produto em processo.

4-21 Método da média ponderada, sucateamento. A Empresa Wang usa o método da média ponderada do custeio por processo. Todos os materiais diretos são adicionados no início do processo; os custos de conversão, durante o processo. As unidades comprometidas são detectadas na inspeção no final do processo e descartadas a um valor de venda igual a zero. Os dados resumidos para março de 2004 são:

	Unidades físicas (flâmulas)	Materiais diretos	Custos de conversão
Produto em processo, 1º[a] de março	30 000	$ 240 000	$ 180 000
Iniciadas em março de 2004	50 000		
Unidades perfeitas acabadas e transferidas para estoque P.A. durante março de 2004	40 000		
Sucata normal	6 000		
Sucata anormal	2 000		
Produto em processo, 31[b] de março	32 000		
Custos adicionados durante março de 2004		$ 420 000	$ 583 200

a *Grau de término: materiais diretos, 100%; custos de conversão, 60%.*
b *Grau de término: materiais diretos, 100%; custos de conversão, 75%.*

Para fazer:

1. Para cada categoria de custo, calcule as unidades equivalentes. Mostre as unidades físicas na primeira coluna da sua tabela.
2. Para cada categoria de custo, calcule o custo por unidade equivalente.
3. Resuma o total de custos a contabilizar e atribua-os às unidades acabadas e transferidas para estoque P.A. (incluindo a sucata normal), à sucata anormal e às unidades do estoque final do produto em processo.

4-22 Método PEPS, sucata. Refira-se às informações do Exercício 4-21.

Para fazer: Faça o Exercício 4-21 usando o método PEPS. Observe que você precisa primeiramente calcular as unidades equivalentes do trabalho realizado no período atual (para os materiais diretos e custos de conversão) para acabar o estoque inicial do produto em processo, para iniciar e acabar novas unidades, para as unidades de sucata normal e anormal, e para produzir o estoque final do produto em processo.

4-23 Método do custeio-padrão, sucata. Refira-se às informações do Exercício 4-21. Suponha que a Empresa Wang determine os custos-padrão de $ 8 por unidade equivalente para os materiais diretos e de $ 10 por unidade equivalente para os custos de conversão do estoque inicial do produto em processo e o trabalho realizado no período atual.

Para fazer: Faça o Exercício 4-21 usando o método do custeio-padrão. Observe que você precisa primeiramente calcular as unidades equivalentes do trabalho realizado no período atual (para os materiais diretos e custos de conversão) para acabar o estoque inicial do produto em processo, para iniciar e acabar novas unidades, para as unidades de sucata normal e anormal, e para produzir o estoque final do produto em processo.

4-24 Método da média ponderada, sucata. A Superchips é especializada na fabricação de *chips* para aeronaves. Os materiais diretos são adicionados no início do processo de produção. Os custos de conversão são adicionados igualmente durante o processo. Algumas unidades desse produto são rejeitadas como resultado de defeitos não detectados antes da inspeção dos produtos acabados. Normalmente, as unidades rejeitadas correspondem a 15 por cento das unidades perfeitas transferidas para estoque P.A. As unidades comprometidas são descartadas a um valor de venda igual a zero. A Superchips usa o método da média ponderada do custeio por processo.

Os dados resumidos para setembro de 2003 são:

	Unidades físicas (microchips)	Materiais diretos	Custos de conversão
Produto em processo, 1º de setembro	400	$ 64 000	$ 10 200
Iniciadas em setembro de 2003	1 700		
Unidades perfeitas acabadas e transferidas para estoque P.A. durante setembro de 2003	1 400		
Produto em processo, 30[b] de setembro	300		
Custos adicionados durante setembro de 2003		$ 378 000	$ 153 600

a *Grau de término: materiais diretos, 100%; custos de conversão, 30%.*
b *Grau de término: materiais diretos, 100%; custos de conversão, 40%.*

Para fazer:

1. Para cada categoria de custo, calcule as unidades equivalentes. Mostre as unidades físicas na primeira coluna da sua tabela.
2. Para cada categoria de custo, calcule o custo por unidade equivalente.
3. Resuma o total de custo a contabilizar e atribua-os às unidades acabadas e transferidas para estoque P.A. (incluindo a sucata normal), à sucata anormal e às unidades do estoque final do produto em processo.

4-25 Método PEPS, sucata. Paute-se nas informações do Exercício 4-24.

Para fazer: Faça o Exercício 4-24 usando o método PEPS do custeio por processo.

Aplicação do Excel Para os alunos que desejem praticar as suas habilidades com planilha, segue uma abordagem passo a passo para trabalhar este problema.

Passo a passo

1. Abra uma nova planilha. No topo crie uma seção 'Dados originais' para os dados do departamento de montagem fornecidos pela Superchips. Insira os dados para 'Unidades físicas, materiais diretos' e 'Custos de conversão' exatamente no mesmo formato que acima.

(Programe a sua planilha para realizar todos os cálculos necessários. Não 'insira à mão' nenhuma quantia — como custos das unidades equivalentes — que requeira operações de adição, subtração, multiplicação e divisão.)

2. Pule duas linhas e crie a seção 'Problema 1', no mesmo formato que o Painel A do Quadro 4.3. Crie colunas para 'Unidades físicas, unidades equivalentes de materiais diretos' e 'Unidades equivalentes dos custos de conversão', e linhas para cada um dos itens mostrados no Quadro 4.3 (isto é, a primeira linha será 'Produto em processo inicial', e a última, 'Trabalho realizado apenas no período atual'). Use os dados da seção 'Dados originais' para completar esta seção.
3. Pule duas linhas e crie a seção 'Problema 2', no mesmo formato que o do Painel B do Quadro 4.3. Crie colunas para 'Total dos custos de produção', 'Materiais diretos' e 'Custos de conversão'.
4. Em seguida, insira os cálculos para 'Custo por unidade equivalente de trabalho realizado no período atual' para materiais diretos e custos de conversão.
5. Pule duas linhas e crie a seção 'Problema 3', no mesmo formato que as Etapas 4 e 5 do Quadro 4.3, Painel B (usando colunas para 'Total de custos de produção', 'Materiais diretos' e 'Custos de conversão' criados na Etapa 3).
6. Use os dados que você criou nas Etapas 1 a 4 para completar a seção do 'Problema 3'.
7. *Verifique a precisão da sua planilha:* Vá até a seção 'Dados originais' e mude os custos dos materiais diretos adicionados, de setembro de 2003, de $ 378 mil para $ 400 mil. Se você programou a sua planilha corretamente, o custo por unidade equivalente de trabalho realizado apenas no período atual para os materiais diretos, no Problema 2, deveria mudar para $ 235,29.

4-26 Método do custeio-padrão, sucata. Paute-se nas informações do Exercício 4-24. Suponha que a Superchips determine custos-padrão de $ 205 por unidade equivalente para os materiais diretos e $ 80 por unidade (equivalente) para os custos de conversão para o produto em processo inicial e para o trabalho realizado no período atual.

Para fazer: Faça o Exercício 4-24 usando o método do custeio-padrão.

4-27 Sucata e custeio por ordem de produção (L. Bamber). A Cozinhas Bamber produz uma variedade de itens de acordo com pedidos especiais de serviço para hospitais, refeitório de fábricas e dormitórios de universidades. Um pedido de 2 500 caixas de legumes mistos implica um custo de $ 6 por caixa: materiais diretos, $ 3; mão-de-obra direta de produção, $ 2, e custos indiretos de produção alocados, $ 1. A taxa dos custos indiretos de produção inclui uma reserva para a sucata normal. Considere cada parte independentemente.

Para fazer:

1. Suponha que um funcionário tenha derrubado 200 caixas. Suponha que parte das 200 caixas poderiam ter sido vendidas a $ 200 à vista, para um presídio na vizinhança. Prepare um lançamento no diário para registrar este evento. Calcule e explique brevemente o custo por unidade das 2 300 caixas restantes.
2. Refira-se aos dados originais. Na empresa, os inspetores rejeitaram 200 das 2 500 caixas. As caixas foram vendidas a $ 400. Suponha que a taxa de rejeição seja considerada normal. Prepare um lançamento no diário para registrar este evento e calcule o custo por unidade se:
   a. A rejeição for atribuível às especificações exatas dessa ordem de produção específica.
   b. A rejeição for característica do processo de produção e não for atribuível a essa ordem de produção específica.
   c. Os custos por unidades forem os mesmos que nas Partes 2a e 2b. Explique sucintamente sua conclusão.
3. Refira-se aos dados originais. A empresa rejeitou 200 caixas que não continham sal suficiente. O produto pode ser colocado num tonel, o sal, adicionado, e o produto, reprocessado. Esta operação, considerada normal, custará $ 200. Prepare um lançamento no diário para registrar este evento e calcule o custo por unidade se:
   a. Este custo adicional foi incorrido devido às especificações exatas dessa ordem de produção específica.
   b. Este custo adicional ocorreu regularmente em razão da dificuldade do tempero.
   c. As unidades de custos são as mesmas nas Partes 3a e 3b? Explique sucintamente sua conclusão.

4-28 Unidades retrabalhadas, custos do retrabalho. A Produtos Brancos monta lavadoras de roupas na sua fábrica, em Auburn. Em fevereiro de 2004, 60 tambores, ao preço de $ 44 cada (de um novo fornecedor que subseqüentemente faliu), apresentaram defeitos e tiveram de ser descartados com valor de venda igual a zero. A Produtos Brancos conseguiu retrabalhar todas as 60 máquinas de lavar, substituindo os tambores, comprando-os de um de seus fornecedores tradicionais. Cada tambor reposto custou $ 50.

Para fazer:

1. Quais as alternativas possíveis para contabilizar os custos dos materiais das unidades retrabalhadas?
2. A Produtos Brancos deveria usar os tambores de $ 44 ou os de $ 50 para calcular os custos dos materiais retrabalhados? Explique.
3. Quais os outros custos que a Produtos Brancos poderá incluir na sua análise do total de custos de retrabalho em razão dos tambores comprados do fornecedor que faliu?

4-29 Refugo, custeio por ordem de produção. A Companhia Mendonza tem uma instalação de custeio por ordem de produção extensa, que usa uma variedade de metais. Considere cada parte independentemente.

Para fazer:

1. A Ordem de Serviço 372 usa uma liga de metal específica, não empregada em qualquer outra ordem. Suponha que o valor do refugo seja significativo e vendido tão logo seja produzido, por $ 490. Prepare o lançamento no diário.
2. O refugo da Ordem de Serviço 372 consiste de um metal usado por muitas outras ordens. Nenhum registro é mantido do refugo gerado por ordens de serviço individuais. Suponha que o refugo seja contabilizado na hora de sua venda e que, totalizando $ 4 mil, seja vendido. Prepare dois lançamentos alternativos no diário, que poderiam ser usados para contabilizar a venda do refugo.
3. Suponha que o refugo gerado na Parte 2 retorne para armazenagem, para uso futuro, e seja feito um lançamento no diário para registrá-lo. Um mês depois, o refugo é reusado como material direto em um serviço subseqüente. Prepare os lançamentos no diário para registrar as transações.

Problemas

4-30 Método da média ponderada, sucata. A Companhia Alston opera sob o método da média ponderada do custeio por processo. Ela tem dois departamentos, limpeza e usinagem. Para ambos os departamentos, os custos de conversão são adicionados igualmente durante os processos. Os materiais diretos são adicionados, no início do processo, ao departamento de limpeza, e materiais diretos adicionais, no final do processo, ao de usinagem. A seguir, os custos e as estatísticas por unidade de produção, para maio. Todo trabalho não acabado no final de maio é 25 por cento acabado nos custos de conversão. O estoque inicial foi 80 por cento acabado nos custos de conversão em 1º de maio. Todo trabalho acabado é transferido para o próximo departamento.

	Limpeza	Usinagem
Estoques iniciais		
Limpeza: $ 1 000 materiais diretos; $ 800 custos de conversão	$ 1 800	
Usinagem: $ 6 450 custos transferidos e $ 2 450 custos de conversão		$ 8 900

	Limpeza	Usinagem
Custos adicionados durante o período atual		
Materiais diretos	$ 9 000	$ 640
Custos de conversão	$ 8 000	$ 4 950
Unidades físicas		
Unidades no estoque inicial	1 000	3 000
Unidades iniciadas este mês	9 000	7 400
Unidades perfeitas acabadas e transferidas para estoque P.A.	7 400	6 000
Sucata normal	740[a]	300[b]
Sucata anormal	260	100

[a] *A sucata normal do departamento de limpeza corresponde a 10 por cento das unidades perfeitas acabadas e transferidas para estoque P.A.*
[b] *A sucata normal do departamento de usinagem corresponde a 5 por cento das unidades perfeitas acabadas e transferidas para estoque P.A.*

Informações adicionais

1. Presume-se que a sucata ocorra no final de cada um dos dois processos, quando as unidades são inspecionadas. As unidades comprometidas são descartadas ao valor de venda de zero.
2. Suponha que não haja encolhimento, evaporação ou outra perda normal além do indicado nas informações dadas.
3. Transporte os cálculos do custo por unidade para quatro pontos decimais, quando necessário. Calcule os totais finais para o dólar mais próximo.

Para fazer: Para o departamento de limpeza, resuma o total de custos a contabilizar e atribua-os às unidades acabadas e transferidas para estoque P.A. (incluindo a sucata normal), à sucata anormal e às unidades no estoque final do produto em processo. (O Problema 4-32 explora as facetas adicionais deste.)

4-31 Método PEPS, sucata. Refira-se às informações do Problema 4-30.

Para fazer: Solucione o Problema 4-30 usando o método PEPS do custeio por processo. (O Problema 4-33 explora as facetas adicionais deste.)

4-32 Método da média ponderada, departamento de usinagem (continuação do 4-30). Paute-se nas informações do Problema 4-30.

Para fazer: Para o departamento de usinagem, resuma o total de custos a contabilizar e atribua-os às unidades acabadas e transferidas para estoque P.A. (incluindo a sucata normal), à sucata anormal e às unidades do estoque final do produto em processo.

4-33 Método PEPS, departamento de usinagem (continuação do 4-31). Refere-se às informações no Problema 4-30.

Para o departamento de usinagem, utilize o método PEPS para resumir o total de custos a serem contabilizados e atribua tais custos às unidades completadas e transferidas para fora (incluindo a sucata normal), para a sucata anormal, e às unidades no produto em processamento final.

4-34 Sucata e refugo no custeio por ordem de produção (F. Mayne). A Fabricantes de Metais Santa Cruz Ltda. tem uma ordem de produção grande a ser cumprida, a de nº 2 734, que pede a produção de vários recipientes para minério, condutos e caixas de metal para aumentar um concentrador de cobre. Os valores seguintes foram atribuídos para a ordem de produção de novembro de 2004:

Materiais diretos	$ 26 951
Mão-de-obra direta de produção	15 076
Custos indiretos de produção	7 538

O contrato com o cliente requeria que o preço total fosse baseado em uma abordagem do custo mais margem de lucro. O contrato definia custos para incluir os materiais diretos, custos de mão-de-obra direta de produção e custos indiretos de produção para serem alocados à razão de 50 por cento dos custos de mão-de-obra direta de produção.

O contrato também regia que o total de custos de todo o trabalho rejeitado fosse removido do custo faturado do serviço e que os benefícios com a venda de refugos fossem usados para reduzir o custo faturável do serviço.

Para fazer:

1. De acordo com os termos relatados no contrato, prepare lançamentos no diário para os dois itens seguintes:
   a. Houve um erro de corte no decorrer da produção. O registro de custo do serviço, até agora, para este lote, revelou valores dos materiais, de $ 650; mão-de-obra direta, de $ 500, e custos indiretos alocados, de $ 250. Pelo fato de pedaços relativamente grandes de metal serem recuperáveis, a empresa acreditava que o valor do refugo era de $ 600, e que os materiais recuperados poderiam ser usados em outros serviços. O trabalho rejeitado foi enviado para o armazém.
   b. Pedaços pequenos de metal e refugo, em novembro de 2004, chegaram a $ 1 250, preço cotado por um comerciante de refugos. Não foram feitos lançamentos no diário a respeito do refugo até que o preço tivesse sido cotado. A oferta do comerciante foi imediatamente aceita.
2. Considere a sucata normal e a anormal. Suponha que o contrato descrito anteriormente contivesse a cláusula 'uma reserva de sucata normal de 1 por cento dos custos do serviço será incluída nos custos faturáveis do serviço'.
   a. É esta cláusula suficientemente específica para definir exatamente quanto da sucata é normal e quanto é anormal? Explique.
   b. Repita a Parte 1 tendo em mente a cláusula de 'sucateamento normal de 1 por cento'. Você deve fornecer dois lançamentos no diário ligeiramente diferentes.

4-35 Custeio por ordem de produção, retrabalho. A Corporação Bristol fabrica duas marcas de motor, SM-5 e RW-8. Os custos de produção de cada motor SM-5, excluindo os custos de retrabalho, são: materiais diretos, $ 300; mão-de-obra direta, $ 60, e custos indiretos, $ 190. As unidades rejeitadas são enviadas para uma área de retrabalho separada. Os custos de retrabalho por motor SM-5 são: materiais diretos, $ 60; mão-de-obra direta, $ 45, e custos indiretos, $ 75.

Em fevereiro de 2004, a Bristol fabricou mil motores SM-5 e 500 motores RW-8. Oitenta dos motores SM-5, e nenhum dos motores RW-8, precisaram de retrabalho. A Bristol classificou 50 dos motores SM-5 como retrabalho normal causado por problemas inerentes ao processo de produção que, coincidentemente, ocorreram durante a produção do SM-5. Assim, os custos de retrabalho para os 50 motores SM-5 são custos de retrabalho normal, não atribuídos especificamente ao produto SM-5. A Bristol classifica as 30 unidades restantes dos motores SM-5 como retrabalho anormal e aloca os custos indiretos de produção com base nas horas-máquina necessárias para fabricar o SM-5 e o RW-8. Cada motor SM-5 e RW-8 exige a mesma quantidade de horas-máquina.

Para fazer:

1. Prepare lançamentos no diário para registrar a contabilidade do custo dos motores rejeitados e do retrabalho.
2. Quais foram os custos totais de retrabalho cobrados dos motores SM-5, em fevereiro de 2004?

4-36 Custeio por ordem de produção, refugo. A Corporação Wong faz dois tipos diferentes de calotas para carros: os modelos HM3 e JB4. As peças circulares de metal são moldadas em folhas de aço (deixando as beiradas como refugo), cortadas e acabadas. A operação de moldagem é idêntica para ambos os tipos de calotas. Em março, a Wong fabricou 20 mil unidades do HM3 e dez mil unidades do JB4, cujos custos unitários, antes da contabilidade do refugo, foram os seguintes:

	HM3	JB4
Materiais diretos	$ 10	$ 15
Mão-de-obra direta de produção	3	4
Custos indiretos de produção relacionados aos materiais (manuseio, armazenagem etc.)	2	3
Outros custos indiretos de produção	6	8
Custos de produção por unidade	$ 21	$ 30

Os custos de produção relacionados aos materiais são alocados aos produtos a 20 por cento dos custos dos materiais diretos. Outros custos indiretos de produção são alocados aos produtos a 200 por cento dos custos de mão-de-obra direta. Como as mesmas folhas de aço são usadas para fazer ambos os tipos de calota, a Wong não mantém um registro do refugo gerado pelos produtos individualmente. O refugo gerado durante a produção é contabilizado na hora em que ele é retornado ao armazém como compensação dos custos indiretos de produção relacionados aos materiais. O valor do refugo gerado durante março e retornado ao armazém foi de $ 7 mil.

Para fazer:

1. Prepare um lançamento no diário para resumir a contabilidade do refugo durante março.

2. Suponha que o refugo gerado em março seja vendido em abril por $ 7 mil. Prepare um lançamento no diário para contabilizar a transação.
3. Você concorda com os custos de produção por unidade, de $ 21 para o HM3, e de $ 30 para o JB4? Quais ajustes, caso haja algum, você faria? Explique brevemente a sua resposta.

4-37 Unidades físicas, inspeção nos vários estágios de conclusão (Anexo do capítulo). A sucata normal corresponde a 6 por cento das unidades perfeitas que passam pela inspeção em um processo de forjaria. Em março, foram rejeitadas dez mil unidades. Outros dados incluem: unidades iniciadas em março, 120 mil; estoque inicial de produto em processo, 14 mil unidades (20 por cento acabadas para custos de conversão) e estoque final de produto em processo, 11 mil unidades (70 por cento acabadas para custos de conversão).

Para fazer: Em formato de coluna, calcule a sucata normal e anormal em unidades, presumindo que o ponto de inspeção esteja em (a) 15 por cento do estágio de término, (b) 40 por cento do estágio de término e (c) 100 por cento do estágio de término.

4-38 Método da média ponderada, inspeção a 80 por cento do término (A. Atinkson) (Anexo do capítulo). A Fabricações Ottawa produz um brinquedo de plástico em uma operação que requer dois estágios: moldagem e acabamento. A empresa usa o método da média ponderada do custeio por processo. Durante junho, os seguintes dados foram registrados para o departamento de acabamento:

Unidades do estoque inicial	10 000
Porcentagem de término das unidades iniciais	25%
Custo dos materiais diretos do estoque inicial do produto em processo	$ 0
Unidades iniciadas	70 000
Unidades acabadas	50 000
Unidades no estoque final	20 000
Porcentagem de término das unidades finais	95%
Unidades rejeitadas	10 000
Custos adicionados durante o período atual:	
Materiais diretos	$ 655 200
Mão-de-obra direta de produção	$ 635 600
Custos indiretos de produção	$ 616 000
Produto em processo inicial:	
Custos transferidos	$ 82 900
Custos de conversão	$ 42 000
Custo das unidades transferidas durante o período atual	$ 647 500

Os custos de conversão são incorridos uniformemente durante o processo. Os custos dos materiais diretos são incorridos quando a produção está 90 por cento acabada. O ponto de inspeção se dá no estágio de 80 por cento da produção. A sucata normal corresponde a 10 por cento de todas as unidades perfeitas que passam pela inspeção. As unidades rejeitadas são descartadas a um valor líquido de venda igual a zero.

Para fazer: Para junho, resuma o total de custo a contabilizar e atribua-o às unidades acabadas e transferidas para estoque P.A. (incluindo a sucata normal), à sucata anormal e às unidades do estoque final do produto em processo.

4-39 Custeio por ordem de produção, sucata, ética (Adaptado do CMA). A Cia. Porto Rico fabrica produtos que freqüentemente requerem mudanças nas especificações ou alterações que satisfaçam as necessidades de seus clientes. Ainda assim, a Porto Rico tem conseguido estabelecer uma taxa de sucata normal de 2,5 por cento da produção normal. A sucata normal é reconhecida durante o processo orçamentário e classificada como componente dos custos indiretos de produção no cálculo da taxa dos custos indiretos.

Rose Marques, gerente de inspeção da Porto Rico, obtém as seguintes informações relativas à Ordem de Produção N1192-122, acabada pouco antes do final do ano contábil. As unidades produzidas serão entregues no início do próximo ano contábil, perfazendo um total de 122 mil unidades iniciadas, cinco mil unidades rejeitadas na inspeção final e 117 mil unidades perfeitas. As unidades rejeitadas foram vendidas a $ 7 a unidade. Rose indica que todas as rejeições estavam relacionadas à ordem de produção específica.

A seguir, o total de custos para todas as 122 mil unidades da Ordem de Produção N1192-122. O serviço foi acabado, mas os custos ainda não foram transferidos para produtos acabados.

Materiais diretos	$ 2 196 000
Mão-de-obra direta de produção	1 830 000
Custos indiretos de produção	2 928 000
Total de custos de produção	$ 6 954 000

Para fazer:

1. Calcule as quantidades de unidades de sucata normal e anormal.
2. Prepare o lançamento no diário (ou lançamentos) para contabilizar a Ordem de Produção N1192-122, incluindo sucata, venda das unidades rejeitadas e transferência dos custos para a conta produtos acabados.
3. A Cia. Porto Rico tem margens de lucro pequenas e está antecipando um lucro operacional muito baixo para o ano. O *controller*, Jaime Rocha, diz para Marta Gonçalves, contadora gerencial responsável pela Ordem de Produção N1192-122, o seguinte: "Este foi um serviço incomum. Acho que todas as cinco mil unidades comprometidas devem ser consideradas normais". Marta sabe que a taxa normal de perda, da Porto Rico, tem sido uma boa medida dos níveis de perda normal em ordens similares, no passado, e que os níveis de perda da Ordem de Produção N1192-122 foram muito maiores. Ela acredita que Rocha fez o comentário por querer mostrar um lucro operacional elevado para o ano.
   - **a.** Prepare o lançamento (ou lançamentos) no diário similar ao da Parte 2, para contabilizar a Ordem de Produção N1192-122 se toda a perda fosse considerada normal. Em quanto o lucro operacional da Porto Rico será afetado se toda a perda for considerada normal?
   - **b.** O que Marta Gonçalves deveria fazer?

Problema para aprendizagem em grupo

4-40 Método PEPS, sucata, trabalhando de trás para a frente. O departamento de cozimento da Temperos Ltda. usa o sistema de custeio por processo. Os materiais diretos são adicionados no início do processo de cozimento, bem como os custos de conversão. Considere os seguintes dados para janeiro:

	Unidades físicas	Materiais diretos	Custos de conversão
Produto em processo, 1º[a] de janeiro	10 000	$ 220 000	$ 30 000
Iniciadas em janeiro	74 000		
Unidades perfeitas acabadas e transferidas para estoque P.A. durante janeiro	61 000		
Unidades rejeitadas	8 000		
Produto em processo, 31 de janeiro	15 000		
Custos adicionados durante janeiro		$ 1 480 000	$ 942 000
Custo por unidade equivalente do trabalho realizado em janeiro		$ 20	$ 12

a *Grau de término: materiais diretos, 100%; custos de conversão, 25%.*

A Temperos usa o método PEPS do custeio por processo. A inspeção ocorre quando a produção é 100 por cento acabada. A perda normal é de 11 por cento das unidades perfeitas acabadas e transferidas para estoque P.A. durante o período atual.

Para fazer:

1. Para cada categoria de custo, calcule as unidades equivalentes de trabalho realizado no período atual (janeiro).
2. Para cada categoria de custo, calcule separadamente as unidades equivalentes do trabalho realizado para acabar o estoque inicial de produtos em processo, para iniciar e acabar novas unidades, para a sucata normal e anormal, e para produzir o estoque final do produto em processo.
3. Para cada categoria de custo, calcule a porcentagem de término do estoque final do produto em processo.
4. Resuma o total de custos a contabilizar e atribua-os às unidades acabadas e transferidas para estoque P.A. (incluindo a sucata normal), à sucata anormal e às unidades no produto em processo final.

capítulo

5 QUALIDADE, TEMPO E A TEORIA DAS RESTRIÇÕES

Objetivos de aprendizagem

1. Explicar as quatro categorias de custos em um programa de custos da qualidade
2. Usar três métodos para identificar problemas de qualidade
3. Identificar os custos relevantes e benefícios de melhorias na qualidade
4. Proporcionar exemplos de medidas não-financeiras da qualidade, de satisfação do cliente e desempenho interno
5. Descrever os benefícios de medidas financeiras e não-financeiras da qualidade
6. Descrever o tempo de resposta ao cliente e explicar por que atrasos acontecem e quais os seus custos
7. Aplicar as três medidas na teoria das restrições
8. Gerenciar gargalos

'Qualidade' — obtê-la requer muito trabalho. Empresas em todo o mundo falam sobre seu empenho em desenvolver produtos ou proporcionar serviços de 'qualidade'. Algumas oferecem nível de qualidade mais alto do que outras. O Hotel Ritz-Carlton é o primeiro hotel a ganhar, nos Estados Unidos, o Prêmio Nacional da Qualidade Malcolm Baldridge. O contínuo compromisso do Ritz-Carlton em aprimorar sua qualidade é cada vez mais evidente em todos os departamentos: da administração ao serviço de quarto. Ineficiências, quebras e variações dos níveis esperados são identificados. Qualquer setor que não alcançar os padrões-meta de serviço é analisado e discutido em reuniões semanais com o quadro de funcionários para garantir que não acontecerá de novo. Todo o quadro, do gerente geral à recepcionista recém-contratada, sabe que uma falha em satisfazer as expectativas de um hóspede poderá resultar na sua saída, em ele não voltar e em propagar a outros a insatisfação.

Clientes estão se tornando cada vez mais intolerantes em relação à má qualidade e à demora nas entregas. Para satisfazê-los, os gerentes precisam encontrar maneiras eficazes nos custos para melhorar continuamente a qualidade de seus produtos e diminuir o tempo de entrega. Este capítulo descreve como os gerentes podem identificar o que impede uma organização de desenvolver produtos de melhor qualidade e as limitações na rapidez com que são fabricados, oferecendo alternativas de solução. Explicaremos como contadores gerenciais podem auxiliar os gerentes a tomar iniciativas estratégicas para melhorar a qualidade e reduzir atrasos, bem como tomar decisões quanto ao enfrentamento de restrições múltiplas.

Qualidade como ferramenta competitiva

A Sociedade Americana para o Controle da Qualidade define *qualidade* como o total dos aspectos e características de um produto ou serviço, feito ou desempenhado, conforme especificações, para satisfazer clientes na hora da compra e durante o uso. Muitas empresas em todo o mundo — por exemplo, a Hewlett-Packard e a Ford Motor Company nos Estados Unidos e no Canadá, a British Telecom no Reino Unido, a Fujitsu e a Toyota no Japão, a Crysel no México e a Samsung na Coréia do Sul — têm enfatizado a qualidade como importante estratégia. Isso se deve ao fato de que um foco na qualidade reduz custos e aumenta a satisfação do cliente. Vários prêmios atribuídos a empresas de perfil considerado ideal — o Prêmio da Qualidade Malcolm Baldridge nos Estados Unidos, o Prêmio Deming no Japão, o Prêmio Nacional da Qualidade no México — são entregues a empresas que têm desenvolvido produtos de qualidade exemplar.

Padrões internacionais da qualidade vieram para sinalizar a conduta ideal e conceituar as empresas que priorizaram a qualidade de seus produtos e serviços: a ISO 9000, desenvolvida pela Organização Internacional para a Padronização, é um conjunto de cinco normas internacionais de gestão de qualidade, adotado por mais de 85 países. A ISO 9000 possibilita às empresas efetivamente documentar e certificar os elementos de seus processos de produção que levam à qualidade. Para assegurar que fornecedores entreguem produtos de alta qualidade a custos competitivos, empresas como a DuPont e a General Electric exigem que os seus fornecedores obtenham a certificação ISO 9000. Documentar provas de qualidade por meio da ISO 9000 tornou-se condição *sine qua non* para competir no mercado global.

Focar a qualidade de um produto levará à excelência no resultado, reduzirá custos de fabricação, gerará índices de satisfação mais elevados para os clientes que dele se servirem e receitas futuras almejadas pelas empresas. O desempenho da Dell Computer no quesito qualidade elevou o nível de satisfação dos clientes e impulsionou o aumento em 5 740 por cento nas suas receitas, 7 963 por cento nos seus lucros e 7 762 por cento no preço das suas ações no período de dez anos, encerrado em setembro de 2001. Em alguns casos, como no dos *chips*, o benefício alcançado pelas empresas que priorizam a qualidade está na preservação das receitas, e não na geração de receitas mais altas. Uma empresa que não investe na qualidade provavelmente sofrerá um declínio em sua participação no mercado, nas receitas e nos lucros.

Enquanto cresce a responsabilidade voltada ao ambiente interno das corporações, os gerentes estão aplicando os recursos de gestão da qualidade para encontrar maneiras eficazes no seu uso, visando reduzir os prejuízos ambientais e econômicos causados pela poluição do ar, da água e do solo, assim como vazamentos de produtos químicos nocivos ao equilíbrio do ecossistema. Sob a U.S. Clean Air Act, os custos de danos ambientais podem ser extremamente altos. A Exxon pagou $ 125 milhões em multas e restituições sobre o $ 1 bilhão em pagamentos cíveis devido ao vazamento de petróleo do Exxon Valdez, que causou danos irreparáveis à costa do Alasca. Uma das normas de gestão ambiental, a ISO 14000 encoraja as organizações a buscar incansavelmente a observação de metas ambientais desenvolvendo (1) sistemas de gestão ambiental para reduzir custos ambientais e (2) auditorias ambientais e sistemas de avaliação do desempenho para analisar e proporcionar *feedback* sobre metas projetadas.

Enfocamos dois aspectos básicos da qualidade: a *qualidade do projeto* e a *conformidade da qualidade*.

A **qualidade do projeto** se refere a quão rigorosamente as características de um produto ou serviço satisfazem as necessidades e os desejos dos clientes. Suponha que usuários de máquinas fotocopiadoras desejem modelos que combinem fotocópias, fax, escaneamento e impressão eletrônica. Equipamentos que deixam de satisfazer tais necessidades obviamente falharam na qualidade de seus projetos. Se clientes de determinado banco desejam serviços bancários *on-line*, deixar de oferecê-los representaria falha na qualidade do projeto.

A **conformidade da qualidade** se refere ao desempenho de um produto ou serviço relativo às especificações de projeto e de produto. Por exemplo, se uma copiadora operar mal o papel ou sofrer avaria constante, fracassará em satisfazer a conformidade da qualidade. Um banco, que deposita um cheque de um cliente em conta errada, fracassa na conformidade da qualidade.

Para garantir que o desempenho satisfaça o cliente, empresas precisam primeiro projetar produtos cuja qualidade satisfaça o cliente. Depois, precisam satisfazer especificações de projeto por meio da conformidade com a qualidade. O diagrama a seguir ilustra que o desempenho real pode ficar aquém da satisfação do cliente devido ao fracasso na qualidade do desempenho e da não conformidade com a qualidade.

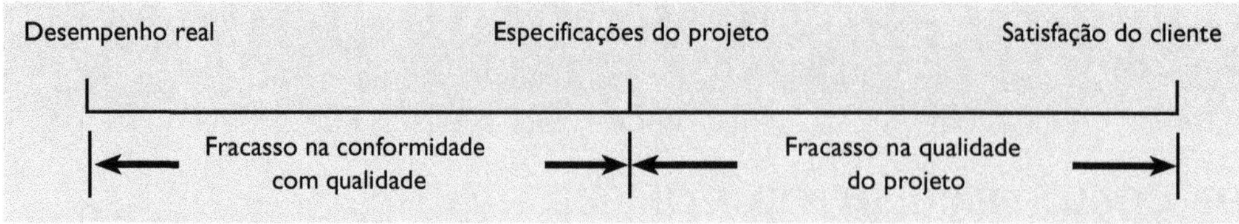

O que precisamos determinar é como medir os custos da qualidade. Primeiro, considere o caso da conformidade com a qualidade; ela é mais fácil de explicar.

Custos da qualidade

Os **custos da qualidade (CDQ)** se referem aos custos incorridos para prevenir, ou que surgem como resultado da fabricação de um produto de baixa qualidade. Custos da qualidade são classificados em quatro categorias; exemplos para cada categoria estão listados no Quadro 5.1.

1. **Custos de prevenção** — custos incorridos para prevenir a fabricação de produtos que não estejam em conformidade com as especificações.
2. **Custos de avaliação** — custos incorridos para detectar qual das unidades individuais de produtos não está em conformidade com a qualidade.
3. **Custos de falhas internas** — custos incorridos em um produto defeituoso antes de ser despachado para clientes.
4. **Custos de falhas externas** — custos incorridos em um produto defeituoso após ser despachado para clientes.

Os itens do Quadro 5.1 vêm de todas as funções do negócio da cadeia de valor e são mais amplos do que os custos de falhas internas de sucata, retrabalho e refugo na produção, considerados no Capítulo 4 deste volume.

Ilustraremos as questões na gestão da qualidade — cálculo dos custos da qualidade, identificação de problemas na qualidade e de medidas para melhorar a qualidade — usando a Corporação Photon, que fabrica muitos produtos. Vamos nos concentrar nas copiadoras da Photon, que renderam um lucro operacional de $ 24 milhões sobre receitas de $ 300 milhões (nas vendas de 20 mil copiadoras) em 2003. A Photon determina os custos da qualidade de suas copiadoras adaptando a abordagem de sete etapas do custeio baseado em atividade descrita no Capítulo 5 do volume 1.

Etapa 1: **Identificar o produto escolhido**. O produto são as 20 mil copiadoras que a Photon fabricou e vendeu. A meta da Photon é calcular os custos totais da qualidade dessas máquinas.

Etapa 2: **Identificar os custos diretos da qualidade da Photon**. As copiadoras não têm nenhum custo direto da qualidade.

Etapa 3: **Escolher as bases de alocação de custos usados para alocar os custos indiretos da qualidade ao produto**. A Coluna 1 do Quadro 5.2, Painel A, classifica as atividades que resultam em custos de prevenção, avaliação, falha interna e falha externa e indica, entre parênteses, as funções do negócio da cadeia de valor em que esses custos ocorrem. Por exemplo, a atividade de inspeção implica custos de avaliação e ocorre na função de produção. A Photon identifica o número de horas de inspeção como base para a

Quadro 5.1 Itens pertencentes aos relatórios de custos da qualidade.

Custos de prevenção	Custos de avaliação	Custos de falhas internas	Custos de falhas externas
Engenharia do projeto Engenharia do processo Avaliações de fornecedores Manutenção preventiva de equipamento Treinamento na qualidade Materiais novos usados para fabricar produtos	Inspeção Fabricação de produtos e inspeção do processo *on-line* Testes de produtos	Sucata Retrabalho Refugo Manutenção de quebras Engenharia de produção/do processo em falhas internas	Suporte ao cliente Engenharia de produção/do processo em falhas externas Custos de reparos sob garantia Indenizações por responsabilidade

Quadro 5.2 Análise de custos da qualidade (CDQ) por atividade para copiadoras na Corporação Photon.

PAINEL A: RELATÓRIO DE CDQ

Categoria de custo da qualidade e cadeia de valor (1)	Base de alocação ou direcionador de custo — Taxa[a] (2)	Base de alocação ou direcionador de custo — Quantidade (3)	Custos totais (4) = (2) × (3)	Porcentagem das receitas (5) = (4) ÷ $ 300 000 000
Custos de prevenção				
Engenharia do projeto (P&D/Projeto)	$ 80 por hora	40 000 horas	$ 3 200 000	1,1%
Engenharia do processo (P&D/Projeto)	$ 60 por hora	45 000 horas	2 700 000	0,9
Total de custos de prevenção			5 900 000	2,0
Custos de avaliação				
Inspeção (Produção)	$ 40 por hora	240 000 horas	9 600 000	3,2
Total de custos de avaliação			9 600 000	3,2
Custos de falhas internas				
Retrabalho (Produção)	$ 100 por hora	100 000 horas	10 000 000	3,3
Total de custos de falhas internas			10 000 000	3,3
Custos de falhas externas				
Suporte ao cliente (Marketing)	$ 50 por hora	12 000 horas	600 000	0,2
Transporte (Distribuição)	$ 240 por hora	3 000 cargas	720 000	0,2
Reparos sob garantia (Atendimento ao cliente)	$ 110 por hora	120 000 horas	13 200 000	4,4
Total de custos de falhas externas			14 520 000	4,8
Total de custos da qualidade			$ 40 020 000	13,3%

a *Quantias presumidas.*

PAINEL B: ANÁLISE DO CUSTO DE OPORTUNIDADE

Categoria de custo da qualidade (1)	Total da margem de contribuição estimada perdida (2)	Porcentagem das vendas (3) = (2) ÷ $ 300 000 000
Custos de falhas externas		
Margem de contribuição e renda estimadas, perdidas, das vendas	$ 12 000 000[b]	4,0%
Total dos custos de falhas externas	$ 12 000 000	4,0%

b *Calculado como receitas totais menos todos os custos variáveis (se unidade de produção, de apoio ao produto ou de apoio à empresa) sobre a perda em vendas em 2003. Se a má qualidade fizer com que a Photon perca vendas em anos subseqüentes também, os custos de oportunidade serão ainda maiores.*

alocação de custos para a atividade de inspeção. Para evitar detalhes desnecessários na explicação dos conceitos aqui abordados, não forneceremos informações sobre as quantidades totais de cada base de alocação de custos.

Etapa 4: **Identificar os custos indiretos da qualidade associados a cada base de alocação de custos**. Esses são os custos totais (variáveis e fixos) incorridos em cada uma das atividades de custos da qualidade — como inspeções — em todas as operações da Photon. A fim de evitar detalhes desnecessários para compreender os pontos aqui descritos, não forneceremos informações sobre tais custos.

Etapa 5: **Calcular a taxa por unidade de cada base de alocação de custos usada para alocar custos indiretos da qualidade ao produto**. Para cada atividade, os custos totais (calculados na Etapa 4) são divididos pela quantidade total da base de alocação de custos (calculada na Etapa 3) para calcular a taxa por unidade de cada base de alocação de custos. A Coluna 2 do Quadro 5.2, Painel A, mostra essas taxas (sem os cálculos de apoio), incluindo os $ 40 por hora para a atividade de inspeção.

Etapa 6: **Calcular os custos indiretos da qualidade alocados ao produto**. Primeiro, a Photon precisa determinar as quantidades de cada uma das bases de alocação usadas pelas copiadoras (Coluna 3, Painel A). Por exemplo, as copiadoras usam 240 mil horas de inspeção. Os custos indiretos da qualidade das copiadoras, mostrados na Coluna 4, Painel A, são iguais à quantidade total da base de alocação de custos usada pelas copiadoras para cada atividade, multiplicada pela taxa de alocação de custos da Etapa 5. Por exemplo, os custos de inspeção relativos à qualidade, para as copiadoras, são de $ 9 600 mil ($ 40 por hora × 240 mil horas de inspeção).

Etapa 7: Calcular os custos totais da qualidade ao somar todos os custos diretos e indiretos da qualidade distribuídos para o produto. O custo total da qualidade para a Photon no relatório de CDQ para copiadoras é de $ 40,02 milhões, ou 13,3 por cento de receitas atuais, como você pode ver no final das Colunas 4 e 5 no Painel A.

Os custos totais da qualidade mostrados em relatórios de CDQ excluem itens de custos da qualidade como os de oportunidade, os da margem de contribuição e renda, os devidos a perda de vendas e produção ou os preços mais baixos como resultado da má qualidade. Por que os custos da oportunidade são excluídos? Porque eles não são registrados em sistemas de contabilidade financeira e são difíceis de estimar. O departamento de pesquisa de marketing da Photon estima vendas perdidas de duas mil copiadoras em 2003 devido a falhas externas. A margem de contribuição e o lucro operacional perdidos, de $ 12 milhões (Quadro 5.2, Painel B), medem os custos financeiros das vendas perdidas estimadas devido a problemas na qualidade. Os custos totais da qualidade, incluindo os custos de oportunidade, totalizam $ 52,02 milhões ($ 40,02 milhões no Painel A + $ 12 milhões no Painel B) ou 17,3 por cento das receitas atuais. Os custos de oportunidade são responsáveis por 23 por cento ($ 12 milhões ÷ $ 52,02 milhões) dos custos totais da qualidade da Photon.

O relatório de CDQ e a análise do custo de oportunidade destacam os altos custos de falhas internas e externas da Photon. Para reduzir os custos da qualidade, a Photon precisa identificar e reduzir as falhas causadas por problemas de qualidade.

Técnicas utilizadas para analisar problemas da qualidade

As três técnicas para identificar e analisar problemas de qualidade são os mapas de controle, os diagramas Pareto e os diagramas de causa e efeito.

Mapas de controle

Controle estatístico da qualidade (CEQ), também denominado controle estatístico do processo (CEP), é um meio formal de distinguir entre variações aleatórias e não-aleatórias em um processo de operação. Variações aleatórias ocorrem, por exemplo, quando eventuais oscilações de energia ou na temperatura fazem com que, em um processo químico, sejam gerados produtos comprometidos. Variações não-aleatórias ocorrem quando, resultantes de um problema sistemático, como leituras imprecisas de temperaturas, produtos com defeito são identificados. Um **mapa de controle**, uma das ferramentas do CEQ, é um gráfico de uma série de observações sucessivas de dada etapa, procedimento ou operação em particular tomada a intervalos regulares de tempo. Cada observação é graficamente registrada, atinentes às amplitudes especificadas que representam os limites dentro dos quais as observações devem cair. Apenas as observações fora dos limites de controle são normalmente consideradas como não-aleatórias e merecedoras de investigação.

O Quadro 5.3 apresenta mapas de controle para os índices de defeitos diários observados nas linhas de produção nas copiadoras da Photon. Foi presumido que os índices de defeitos, nos 60 dias anteriores, para cada uma das linhas de produção, proporcionassem uma boa base que servisse para calcular a distribuição dos índices de defeitos diários. A média aritmética (μ, leia-se mu) e o desvio-padrão (σ, leia-se sigma) são os dois parâmetros da distribuição usados nos mapas de controle no Quadro 5.3. Com base na experiência, a empresa decide que qualquer observação fora da amplitude de $\mu \pm 2\sigma$ deve ser investigada.

Para a linha de Produção A, todas as observações estão dentro da amplitude de $\pm 2\sigma$ da média, portanto, a gerência acredita não ser necessária qualquer investigação. Para a linha de Produção B, as duas últimas observações sinalizam

Quadro 5.3 Mapas de controle estatístico da qualidade: índice diário de defeitos de copiadoras na Corporação Photon.

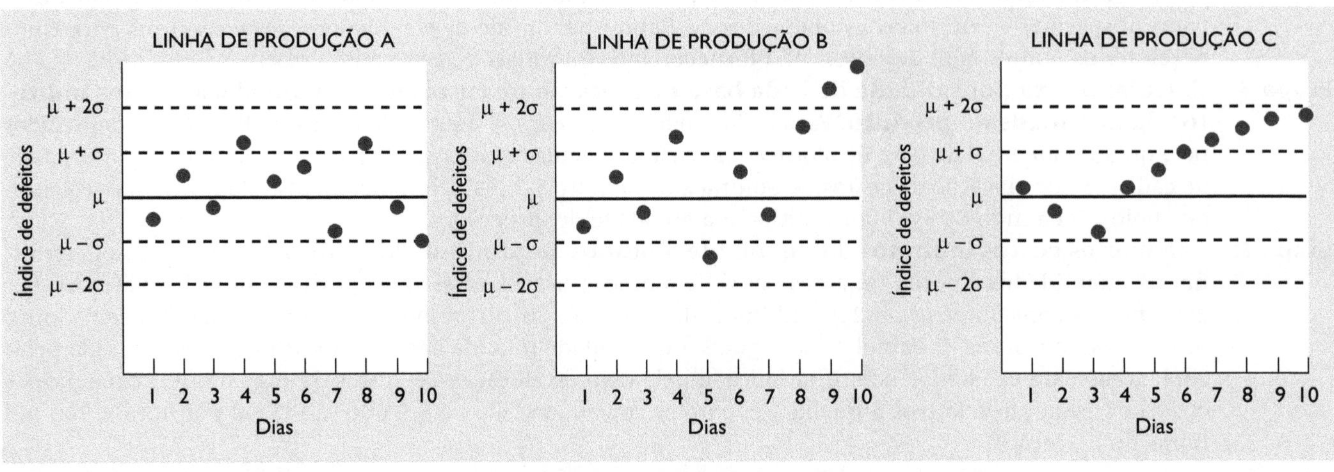

que uma ocorrência fora do controle é muito provável. Dada a regra do ± 2σ, ambas as observações seriam investigadas. A linha de Produção C ilustra um processo que não daria início a uma investigação sob a regra de ± 2σ, mas que pode muito bem estar fora de controle. Isso porque as oito últimas observações mostram um sentido claro e as seis últimas estão ficando cada vez mais distantes da média. Procedimentos estatísticos foram desenvolvidos usando a tendência assim como a variação para avaliar se um processo está fora de controle.

Diagramas Pareto

As observações fora dos limites de controle servem como entradas para os *diagramas Pareto*. Um **diagrama Pareto** é um gráfico que indica quão freqüentemente cada tipo de defeito ocorre, classificado do mais ao menos freqüente. O Quadro 5.4 apresenta um diagrama Pareto relacionado a problemas da qualidade das copiadoras da Photon. O problema mais freqüente consiste em cópias manchadas e sem definição, resultando em elevados custos de retrabalho, agravando-se nas situações em que o problema precisa ser solucionado em estabelecimentos comerciais particulares, envolvendo custos relacionados à garantia e reparos.

Diagramas de causa e efeito

Os problemas mais freqüentes e mais caros identificados pelo diagrama Pareto são analisados utilizando *diagramas de causa e efeito*. Um **diagrama de causa e efeito** identifica causas em potencial de defeitos. O Quadro 5.5 apresenta o diagrama de causa e efeito descrevendo os motivos das cópias manchadas e sem definição, identificando quatro categorias de causas em potencial da falha: fatores humanos, fatores de métodos e desenho, fatores relacionados à máquina e fatores de materiais e componentes. Com a adição de setas proporcionando razões mais detalhadas do defeito, esse diagrama se assemelha à estrutura óssea de um peixe (por isso, diagramas de causa e efeito são também chamados de *diagramas espinha de peixe*).[1] A análise de problemas de qualidade é facilitada com o uso de equipamento automatizado e computadores que registram o número e os tipos de defeitos, bem como as condições operacionais havidas na hora da ocorrência dos defeitos. Usando essas entradas, programas de computador preparam, simultaneamente, os mapas de controle, os diagramas Pareto e os diagramas espinha de peixe.

Custos relevantes e benefícios de melhorias na qualidade

Uma análise do diagrama de causas e efeitos da Photon revela que a estrutura de aço (ou chassi) da copiadora é muitas vezes mal transportada ao deixar o armazém de um fornecedor até a fábrica da Photon. A estrutura necessita ser produzida dentro de especificações muito precisas, pois, caso contrário, componentes da copiadora (como tambores, espelhos e lentes) não se encaixarão exatamente na estrutura. O mau acondicionamento e o transporte realizado de maneira indevida causam abalos na estrutura, fazendo com que a copiadora venha a produzir cópias de má qualidade.

Quadro 5.4 Diagrama Pareto para copiadoras na Corporação Photon.

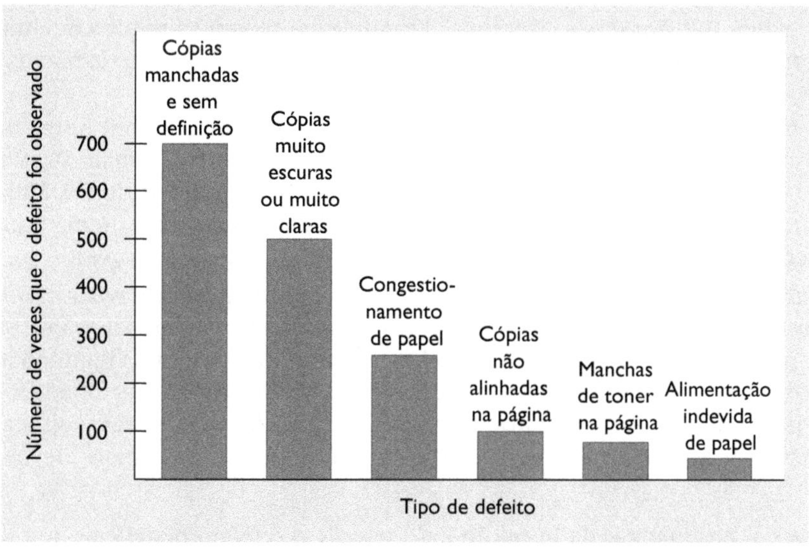

1. *Nos EUA, gerentes de empresas eletrônicas consideram os seguintes fatores (classificados em ordem de importância com 1 = mais importante) como motivadores de melhorias na qualidade: (1) melhor projeto do produto, (2) melhor projeto do processo, (3) melhor treinamento de operadores, (4) melhores produtos dos fornecedores e (5) investimentos em tecnologia e equipamentos. Veja G. Foster e L. Sjoblom, Survey of Quality Practices in the U.S. Electronics Industry,* Journal of Management Accounting Research. *8:1996, 55-86.*

Quadro 5.5 Diagrama de causas e efeitos para fotocópias manchadas e sem definição na Corporação Photon.

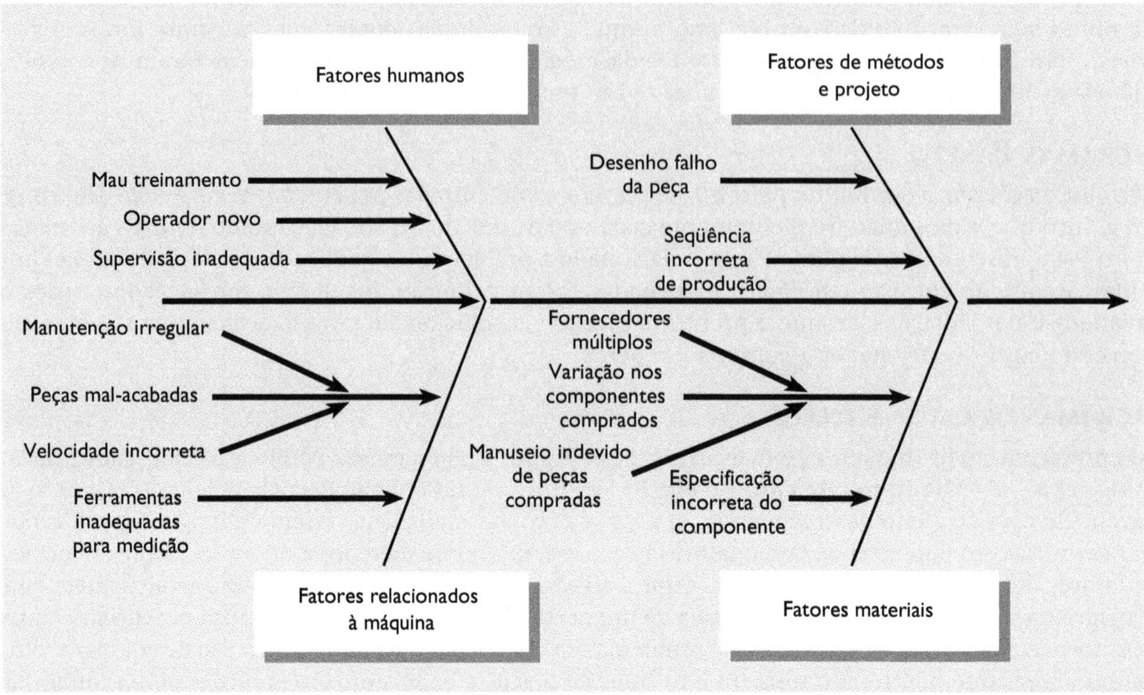

A equipe de engenheiros responsável por solucionar o problema oferece duas alternativas: (1) inspecionar mais as estruturas imediatamente na entrega ou (2) reprojetar e fortalecer as estruturas e embalagens usadas no transporte, evitando avarias.

Para avaliar cada alternativa *versus* o *status quo*, a gerência identifica os custos relevantes e os benefícios para cada solução. Lembre-se de que a análise do custo e da receita relevantes ignora as quantias alocadas, como explicado no Capítulo 11 do volume 1. A pergunta-chave é: *como os custos totais e as receitas totais mudarão sob cada solução?*

A Photon considera o horizonte de tempo de apenas um ano para analisar cada solução, já que ela planeja lançar uma linha completamente nova de copiadoras. A linha nova é tão diferente que a escolha tanto da alternativa da inspeção quanto do reprojeto não terá nenhum efeito nas vendas das copiadoras nos anos futuros.

O Quadro 5.6 mostra os custos relevantes e os benefícios para cada alternativa.

1. *Custos incrementais estimados*: $ 400 mil para a alternativa da inspeção; $ 460 mil para a alternativa do reprojeto.
2. *Economias nos custos de menos retrabalho, suporte ao cliente e reparos*: O Quadro 5.6, Coluna 1, mostra que a redução do retrabalho resulta em uma economia de $ 40 por hora. O Quadro 5.2, Painel A, Coluna 2, mostra um custo total por hora de retrabalho de $ 100. Por que a diferença? Porque a Photon conclui que enquanto ela melhora a qualidade, ela apenas economizará os $ 40 em custos variáveis por hora de retrabalho, e não os $ 60 de custos fixos por hora de retrabalho.

   O Quadro 5.6, Coluna 2, mostra que a alternativa da inspeção espera eliminar 24 mil horas de retrabalho e economizar custos variáveis de $ 960 mil ($ 40 por hora × 24 000 horas de retrabalho). A alternativa do reprojeto espera eliminar 32 mil horas de retrabalho e economizar custos variáveis de $ 1 280 mil ($ 40 por hora de retrabalho × 32 000 horas de retrabalho). O Quadro 5.6 também mostra a economia esperada no custo variável de suporte ao cliente, transporte e reparos sob garantia para as duas alternativas.
3. *Aumento da margem de contribuição de vendas mais elevadas resultantes do reconhecimento pelo empenho empreendido quanto à qualidade e desempenho:* $ 1 500 mil por 250 copiadoras sob a alternativa da inspeção e $ 1 800 mil por 300 copiadoras sob a alternativa do reprojeto. Esse benefício é importante. Melhorias na qualidade nem sempre conseguem ser traduzidas em custos menores. Por exemplo, a demissão de trabalhadores para reduzir custos afetaria adversamente o moral dos funcionários e prejudicaria iniciativas futuras, voltadas a obter qualidade. A administração precisa sempre buscar oportunidades para gerar receitas mais elevadas a partir da melhora na qualidade.

O Quadro 5.6 mostra que ambas as alternativas da inspeção e do reprojeto rendem benefícios líquidos em relação ao *status quo*. No entanto, os benefícios líquidos esperados, da alternativa do reprojeto, são acima de $ 972 mil.

A Photon pode usar o relatório de CDQ para examinar como o incurso de custos relativos à qualidade em dada categoria afeta os custos relacionados à qualidade em outras categorias. No nosso exemplo, o reprojeto da estrutura aumenta os custos de prevenção (engenharia do projeto e do processo), diminui os custos de falhas internas (retrabalho)

Quadro 5.6 Efeito estimado das medidas de melhoria da qualidade sobre os custos da qualidade para copiadoras na Corporação Photon.

Itens relevantes	Custos relevantes e benefícios de Inspeção adicional das estruturas recebidas (2)	 Reprojeto das estruturas (3)
Custos adicionais da engenharia do projeto	—	$ 160 000
Custos adicionais da engenharia do processo	—	300 000
Custos adicionais de inspeção e testes	$ 400 000	—
Economia em custos de retrabalho		
$ 40 por hora × 24 000 horas de retrabalho a menos	(960 000)	—
$ 40 por hora × 32 000 horas de retrabalho a menos		(1 280 000)
Economia em custos de suporte ao cliente		
$ 20 por hora × 2 000 horas de suporte ao cliente a menos	(40 000)	
$ 20 por hora × 2 800 horas de suporte ao cliente a menos		(56 000)
Economia em custos de transporte para peças de reparo		
$ 180 por carga × 500 cargas movidas a menos	(90 000)	
$ 180 por carga × 700 cargas movidas a menos		(126 000)
Economia em custos de reparos sob garantia		
$ 45 por hora × 20 000 horas de reparo a menos	(900 000)	
$ 45 por hora × 28 000 horas de reparo a menos		(1 260 000)
Total da margem de contribuição de vendas de		
250 copiadoras adicionais	(1 500 000)	
300 copiadoras adicionais		(1 800 000)
Economia líquida em custos e margem de contribuição adicional	$ (3 090 000)	$ (4 062 000)
	$ 972 000 (diferença)	

e de falhas externas (reparos sob garantia). Relatórios de CDQ proporcionam mais subsídios quando os gerentes comparam tendências relacionadas a tempo. Em programas da qualidade bem-sucedidos, os custos da qualidade como uma porcentagem das receitas e a soma dos custos de falhas internas e externas como porcentagem dos custos totais da qualidade, diminuem com o tempo. Muitas empresas — por exemplo, Compaq e Toyota — acreditam dever eliminar todos os custos de falhas e ter defeito zero.

Custos da qualidade do projeto

Até agora, concentramo-nos em medir o custo da conformidade da qualidade e respectivos métodos, incluindo modificações do projeto, recursos que as empresas usam para reduzir defeitos e custos da qualidade. Além da conformidade com a qualidade, as empresas precisam também estar atentas no sentido de desenvolver projetos que venham ao encontro das expectativas e necessidades do cliente — por exemplo, ao produzir copiadoras que combinem as funções de fax, *scanner* e impressão eletrônica se for isso o que os clientes desejam. Muitos dos custos da qualidade do projeto são bastante difíceis de medir objetivamente, o que leva muitas empresas a não considerar os custos financeiros da qualidade do projeto, optando por medidas não-financeiras.

Medidas não-financeiras da qualidade e satisfação do cliente

Para avaliar quão bem seu desempenho real satisfaz as necessidades e expectativas de clientes, as empresas suplementam medidas financeiras com medidas não-financeiras da qualidade do projeto e da conformidade com a qualidade. Medidas não-financeiras indicam as necessidades e as preferências futuras de clientes, assim como áreas específicas que precisam de melhora. Nesse sentido, medidas não-financeiras da qualidade são indicadores de tendências do desempenho futuro de longo prazo, ao contrário de medidas financeiras da qualidade que focam curto prazo. Contadores gerenciais normalmente mantêm e apresentam medidas não-financeiras.

Focamos primeiro as medidas não-financeiras da satisfação do cliente, incluindo medidas não-financeiras da qualidade do projeto e falhas externas, e, depois, examinamos medidas do desempenho interno, incluindo medidas não-financeiras de prevenção, avaliação e falhas internas.

Medidas não-financeiras da satisfação do cliente

Para avaliar seu desempenho, empresas como Dell (veja 'Conceitos em Ação'), Federal Express e General Electric medem a satisfação do cliente ao longo do tempo. Algumas medidas são:

CONCEITOS EM AÇÃO

QUEST da Dell Computer

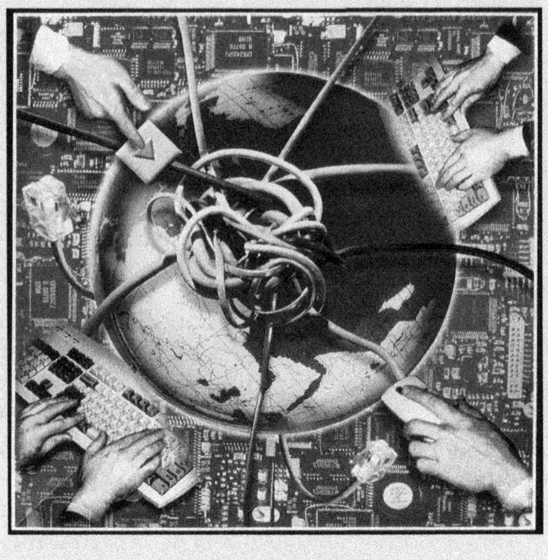

O que estava por trás do fenomenal aumento de 7 762 por cento no preço das ações, 5 740 por cento no crescimento das receitas e aumento de 7 963 por cento nos lucros da Dell Computer para dez anos, findos em setembro de 2001? Certamente não foi uma margem bruta elevada: a da Dell foi de modestos 22 por cento das receitas. O responsável por esses números é QUEST — Quality Underlies Every Single Task (Qualidade é Básico para Toda e Qualquer Tarefa) —, uma iniciativa voltada aos funcionários da gestão da qualidade total. QUEST é o alicerce para a execução e a inovação da Dell, potencializando a qualidade de produto, agilizando a produção e melhorando o pronto atendimento ao cliente no pós-venda.

Sob a abordagem QUEST, os trabalhadores são organizados em equipes de vendedores, montadores, verificadores, técnicos, expedidores e pessoal de manutenção. Uma equipe QUEST começa a trabalhar na fabricação de um computador somente após o vendedor receber um pedido. Apenas uma pessoa — o montador — constrói o sistema do começo ao fim. Verificadores testam o produto rigorosamente nos quesitos confiabilidade e desempenho, muitas vezes por mais de 24 horas. Na fase seguinte, os técnicos instalam o sistema operacional e sob encomenda, e os expedidores, por sua vez, despacham o produto diretamente para os clientes. A Dell não vende computadores no varejo.

O sucesso da Dell é construído em torno da satisfação do cliente. A revista *Fortune* classificou a Dell como um dos dois melhores fabricantes de computadores, envolvendo a satisfação do cliente. Clientes citaram a qualidade e a confiabilidade do *hardware*, desempenho e velocidade, serviço e suporte como razões da sua satisfação. Como essa empresa alcança classificações tão altas de satisfação do cliente?

- *Ajudando clientes a configurar seus produtos para satisfazer os requisitos e as especificações dos clientes.* Como resultado, todo *hardware* e *software* são projetados para ser compatíveis e perfeitamente integrados aos sistemas existentes.
- *Produzindo um produto de alta qualidade.* Durante o processo de produção, operadores recebem *feedback* imediato sobre o produto. Se o produto falhar em algum teste, os operadores fazem um diagnóstico para corrigir o problema. A Dell não assume nenhum risco em relação ao desempenho nos procedimentos de testes. Por exemplo, os *notebooks* precisam suportar chacoalhadas intermitentes em uma mesa de vibração, exposição a temperaturas extremas e uma série de testes de quedas.
- *Fornecendo excelente suporte técnico após a entrega dos produtos aos seus clientes.* As dúvidas dos clientes são prontamente atendidas pela equipe de suporte técnico, com orientações altamente confiáveis.

Fonte: Adaptado de K. Chambers, Inside the Cell. *Dell Insider*. maio-jun. 1997; e Relatório Anual da Dell Computer, 2000. Para maiores informações, visite o site da Dell Computer, www.dell.com.

- Informações de pesquisas de marketing sobre preferências de clientes e satisfação do cliente em relação a aspectos específicos do produto
- Número de unidades com defeito despachadas para clientes como porcentagem do total de unidades despachadas
- Número de reclamações de clientes (empresas estimam que para cada cliente que formaliza uma queixa há de dez a 20 outros que tiveram experiências ruins com o produto ou serviço, mas que não se manifestaram)
- Porcentagem de produtos que falham em pouco tempo ou com freqüência
- Atrasos em entregas (diferença entre a data de entrega programada e a data requisitada pelo cliente)
- Índice de entregas pontuais (porcentagem de despachos feitos em ou antes da data programada de entrega)

A gerência monitora se esses números melhoram ou se se agravam ao longo do tempo. Se houver melhora, a gerência pode ficar mais confiante de o lucro operacional vir a ser positivo nos anos futuros, dando-se o contrário caso os números se revelem piorados.

Além das medidas não-financeiras rotineiras, muitas empresas, como a DaimlerChrysler e a Toyota, conduzem pesquisas para medir a satisfação dos clientes. As pesquisas proporcionam uma perspectiva mais aprofundada das experiências e preferências dos clientes sobre o desempenho dos produtos. Elas também proporcionam projeções daquilo que os clientes gostariam de ter nos produtos futuramente ofertados.

Medidas não-financeiras do desempenho interno

Para satisfazer seus clientes, os gerentes precisam melhorar constantemente a qualidade do trabalho desenvolvido dentro de suas empresas. A maioria das empresas usa medidas não-financeiras da qualidade interna para suplementar as medidas financeiras, como os custos de prevenção, avaliação e falhas internas. Por exemplo, a Analog Devices, fabricante de semicondutores, segue tendências de medidas da qualidade como:

- Número de defeitos para cada linha de produto
- Produtividade do processo (índice de produção perfeita para a produção total)
- Giro de funcionários (índice do número de funcionários que deixam a empresa para o número médio total de funcionários)

Muitas empresas vão além e tentam compreender os fatores que levam a uma melhor qualidade interna (veja o Capítulo 13 do volume 1 que trata do *balanced scorecard*). Por exemplo, algumas empresas medem a delegação de autoridade aos funcionários e a satisfação dos funcionários como critérios da qualidade interna.

- A medida da delegação de autoridade aos funcionários é o índice do número de processos nos quais os funcionários têm o direito de tomar decisões sem consultar supervisores, levando em consideração o número total de processos.
- A medida da satisfação dos funcionários é o índice de funcionários dando notas altas relacionadas à satisfação no trabalho em relação ao número total de funcionários pesquisados.

Para um único período de relatos, as medidas não-financeiras da qualidade podem não significar muito, mas passam a ser relevantes quando os gerentes examinam tendências no tempo à medida que buscam melhorar o desempenho. Para proporcionar informações sobre tendências, o contador gerencial necessita examinar as medidas não-financeiras precisas e consistentes.

Avaliando o desempenho da qualidade

Medidas financeiras e não-financeiras da qualidade têm vantagens diferentes.

Vantagens de medidas de CDQ

1. Consistente com o papel de direção da atenção da contabilidade gerencial, o CDQ foca a atenção dos gerentes nos custos da má qualidade.
2. Medidas financeiras de CDQ auxiliam na solução de problemas ao comparar os custos e os benefícios de diferentes programas de melhoria da qualidade, estabelecendo prioridades para a redução de custos.
3. O CDQ proporciona uma única medida resumida do desempenho da qualidade para avaliar trocas entre custos de prevenção, custos de avaliação, custos de falhas internas e custos de falhas externas.

Vantagens de medidas não-financeiras da qualidade

1. Medidas não-financeiras da qualidade são fáceis de quantificar e compreender.
2. Medidas não-financeiras da qualidade direcionam a atenção para processos físicos, como o rendimento do processo, focando a atenção no problema específico das áreas que necessitam de melhora.
3. Medidas não-financeiras da qualidade, como o número de defeitos, proporcionam *feedback* imediato de curto prazo sobre o sucesso ou insucesso dos esforços de melhoria da qualidade.
4. Medidas não-financeiras da qualidade, como as da satisfação do cliente, são indicadores úteis do desempenho futuro de longo prazo.

Medidas de CDQ e não-financeiras suplementam uma à outra. A maioria das organizações usa os dois tipos de medida para mensurar o desempenho da qualidade. Algumas corporações, como o McDonald's, avaliam os funcionários e as franquias individuais servindo-se de medidas múltiplas da qualidade e da satisfação do cliente. Um cliente misterioso — alguém de fora contratado pelo McDonald's para avaliar o desempenho do restaurante — atribui uma nota a cada restaurante, atendo-se a quesitos como qualidade, limpeza e atendimento. O desempenho de cada restaurante em cada uma dessas dimensões é avaliado no tempo e comparado com os demais.

Tempo como ferramenta competitiva

As empresas estão cada vez mais considerando o tempo como critério de estratégia.[2] Desempenhar correta e rapidamente ajuda a aumentar as receitas e a diminuir os custos. Uma empresa de mudanças, como a United Van Lines,

2. *Veja G. Stalk e T. Hout,* Competing against time. *New York: Free Press, 1990.*

será capaz de gerar mais receitas ao transportar mudanças em condições ideais e obedecendo a critérios de rapidez e pontualidade, quesitos a que empresas como AT&T, General Electric e Wal-Mart atribuem não apenas receitas mais altas, mas também custos mais baixos. Elas citam, por exemplo, a necessidade de estocar menos considerando a rapidez em atender às exigências de clientes.

Empresas precisam medir o tempo para poder administrá-lo adequadamente. Neste capítulo, focamos as *medidas operacionais do tempo*, que revelam quão rapidamente as empresas respondem às demandas de clientes por seus produtos e serviços, e o nível de presteza em cumprir as datas de entrega programadas. Duas medidas operacionais comuns do tempo são o tempo de resposta ao cliente e o desempenho pontual.

Tempo de resposta ao cliente

O **tempo de resposta ao cliente** é o tempo que decorre do momento em que um cliente entra com um pedido por um produto ou serviço até o momento em que o produto ou serviço é a ele entregue. Respostas rápidas aos clientes são de importância estratégica em atividades como construção, bancos, locação de carros e *fast food*. Algumas empresas, como a Boeing, precisam pagar multas para compensar seus clientes — as linhas aéreas comerciais — por receitas e lucros perdidos como resultado dos atrasos na entrega dos aviões encomendados pelas linhas aéreas, dentro do prazo especificado em contrato.

O Quadro 5.7 descreve os componentes de tempo de resposta ao cliente. No caso da Boeing, *tempo de recebimento* consiste no tempo que o departamento de marketing leva para especificar os requisitos exatos de fabricação requeridos pelo cliente. **Tempo de avanço da produção** (também denominado **tempo do ciclo de produção**) é o tempo entre o momento em que um pedido é recebido pela produção até o momento em que se torna um produto acabado. O tempo de avanço da produção é a soma do tempo de espera e de produção de um pedido. O pedido de compra de uma aeronave, encaminhado à Boeing, pode demandar prazo de espera em razão de o equipamento necessário para processá-lo estar destinado ao atendimento de pedidos anteriores. O *tempo de entrega* consiste no tempo que leva para entregar ao cliente um pedido completo.

Várias empresas adotaram o tempo de avanço da produção como base para a alocação dos custos indiretos de produção aos produtos. Elas acreditam que o uso do tempo de avanço da produção como base para a alocação de custos motiva os gerentes a reduzir o tempo de demanda na produção. No tempo, os custos totais de gastos gerais diminuem e o lucro operacional aumenta.

Desempenho pontual

O **desempenho pontual** consiste na pontualidade com que dado produto ou serviço é entregue, do momento em que o pedido é apresentado até a sua entrega. Considere a Federal Express, que especifica um preço por pacote e tempo de entrega até às 10h30 da manhã do dia seguinte pelo serviço expresso de *courrier*. A Federal Express mede o desempenho pontual pela freqüência com que consegue cumprir o tempo de entrega por ela proposto. O desempenho pontual é um dos fatores que mais pesa no crescimento do índice de satisfação do cliente. Linhas aéreas comerciais conquistam passageiros fiéis como resultado da constância com que a pontualidade do serviço se apresenta. Mas há uma troca entre o tempo de resposta ao cliente e o desempenho pontual. Programar tempos deliberadamente mais longos de resposta ao cliente, como fazem as linhas aéreas, prolongando as horas de chegada programadas, faz com que seja mais fácil alcançar o desempenho pontual — mas poderá irritar os clientes.

Critérios de tempo e custos do tempo

A gestão do tempo de resposta ao cliente e o desempenho pontual requerem a compreensão das causas e dos custos de atraso, que podem ocorrer, por exemplo, desde uma máquina em uma unidade de produção ao caixa de uma loja.

Quadro 5.7 Componentes do tempo de resposta ao cliente.

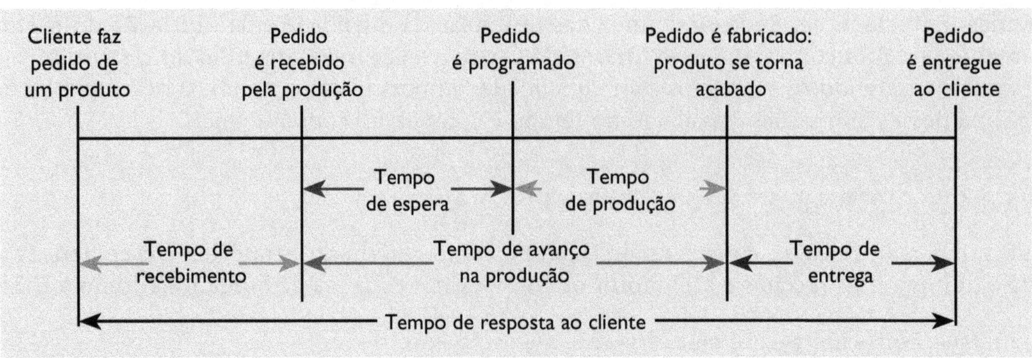

Incerteza e gargalos como critérios de tempo

Um **critério de tempo** é qualquer fator em que uma mudança em um fator causa alteração na velocidade com que uma atividade é desenvolvida. Dois critérios de tempo por nós considerados são:

- Incerteza sobre quando os clientes farão seus pedidos por produtos ou serviços. Por exemplo, quanto mais aleatoriamente a Boeing receber pedidos por seus aviões, mais provável é que filas irão se formar e atrasos irão ocorrer.
- Gargalos devidos a uma capacidade limitada. Um **gargalo** ocorre em uma operação quando o trabalho a ser desempenhado se aproxima ou excede a capacidade disponível para desempenhá-lo. Por exemplo, um gargalo resulta e causa atrasos quando entram pedidos que precisam ser processados em um equipamento específico e ele está sendo usado para processar outros pedidos. Gargalos também ocorrem quando muitas pessoas tentam ver a mesma informação no *site* de uma empresa (veja 'Conceitos em Ação' a seguir).

Considere a Indústria Falcão (IF), que usa um torno para converter barras de aço em uma engrenagem especial para bombas, cuja produção é iniciada apenas após a entrada de um pedido. Para focar o tempo de avanço de produção, supomos que o tempo de recebimento e o tempo de entrega da IF sejam mínimos.

A IF espera receber 30 pedidos de engrenagens, mas poderá receber dez, 30 ou 50 pedidos, e cada um será de mil unidades, demandando cem horas de tempo de produção (oito horas de tempo de preparação para limpar e preparar a máquina e 92 horas de tempo de processamento). A capacidade anual da máquina é de quatro mil horas. Se a IF receber os 30 pedidos esperados, o total do tempo de produção necessário da máquina será de três mil horas (100 horas por pedido × 30 pedidos), ou seja, dentro da capacidade disponível da máquina de quatro mil horas. Embora a capacidade de uso projetada possibilite trabalhar com folgas, filas e atrasos ainda podem ocorrer em razão da incerteza de sobre quando novos pedidos poderão entrar podendo, a máquina, estar processando um pedido recebido anteriormente.

No caso do produto único, sob certas suposições em relação ao padrão dos pedidos dos clientes e como eles serão processados,[3] o **tempo médio de espera**, a quantidade média de tempo em que um pedido ficará na fila antes de ser encaminhado e processado, é igual a:

Conceitos em ação

Superando gargalos na Internet

Muitas empresas estão usando a Internet para comprar e vender produtos e serviços, e para fornecer aos clientes informações a eles atinentes. Com o aumento da dependência da empresa na Internet, a incapacidade dela em lidar com o excesso de tráfego no seu *site* pode tornar-se um problema sério. Como disse o diretor financeiro de uma empresa, uma hora de tempo parado na rede pode significar "oito milhões de dólares em comércio que não aconteceram". Um estudo conduzido em 1999 descobriu que mais de 40 por cento dos compradores *on-line* abandonaram uma transação porque o *site* com o qual eles estavam lidando era muito lento na resposta.

As razões da resposta lenta incluem falhas de *software* e de energia elétrica. Mas uma das grandes razões tem a ver com os gargalos: o excesso de pessoas tentando ver as mesmas informações em um servidor ao mesmo tempo. Para aliviar o gargalo, as empresas — como EMC, Hitachi e outras — desenvolveram tecnologia denominada *espelhos remotos*, que permite que uma empresa copie, ou 'espelhe', bancos de dados enormes em muitos locais diferentes e geograficamente remotos.

As idéias básicas para essa tecnologia foram desenvolvidas no início da década de 90 e eram denominadas 'séries redundantes de discos baratos' (ou RAID). A tecnologia RAID equipa um computador com dois discos separados para armazenagem. Dados novos são gravados simultaneamente em ambos os discos (um dos quais permanecendo invariavelmente 'redundante'), resultando em, se um disco 'cair', o outro poderá assumir quase de imediato.

O início do *e-commerce*, no final da década de 90, estimulou uma adaptação da tecnologia RAID na forma de espelhos remotos: bancos de dados eram copiados, via Internet, em dispositivos de armazenamento em computador localizados bastante distantes um do outro. A cópia extra serve como um *backup* no caso de o sistema cair, mas ela também alivia o problema de congestionamento na Internet. A Exodus Communications, que gerencia na Internet os *sites* de muitas empresas, usa a tecnologia de espelhos remotos para redirigir instantaneamente o tráfego em torno de pontos problemáticos na rede para *sites* de dados que têm menos tráfego e tempos de resposta mais rápidos. Espelhos remotos permitem que empresas aliviem eficientemente as restrições dos gargalos, aumentem a capacidade e melhorem o tempo de resposta ao cliente.

Fonte: Risk Management. maio 2001; *Wall Street Journal.* 20 mar. 2001; *Business Wire.* 4 out. 1999; e uma enquete conduzida pela www.esearch.com em 1999.

3. *As suposições técnicas são (a) que os pedidos de clientes pelo produto seguem a distribuição Poisson, com uma média igual ao número esperado de pedidos (30 no nosso exemplo) e (b) que os pedidos são processados com base no primeiro a entrar, primeiro a sair (PEPS). O padrão Poisson de chegada para pedidos de clientes tem sido razoável em muitos ambientes do mundo real. A suposição PEPS pode ser modificada. Sob as suposições modificadas, os efeitos básicos de filas e atrasos ainda vão acontecer, mas as fórmulas precisas serão diferentes.*

$$\frac{\begin{array}{c}\text{Número médio}\\ \text{anual de pedidos}\\ \text{de engrenagens}\end{array} \times \left(\begin{array}{c}\text{Tempo de produção}\\ \text{por pedido}\\ \text{de engrenagens}\end{array}\right)^2}{2 \times \left[\begin{array}{c}\text{Capacidade anual}\\ \text{da máquina}\end{array} - \left(\begin{array}{c}\text{Número médio anual}\\ \text{de pedidos de engrenagens}\end{array} \times \begin{array}{c}\text{Tempo de produção por}\\ \text{pedido de engrenagens}\end{array}\right)\right]}$$

$$= \frac{30 \times (100)^2}{2 \times [4\,000 - (30 \times 100)]} = \frac{30 \times 10\,000}{2 \times (4\,000 - 3\,000)} = \frac{300\,000}{2 \times 1\,000} = \frac{300\,000}{2\,000} = 150 \text{ horas por pedido}$$

O tempo de produção por pedido entra no numerador, na fórmula, como um termo ao quadrado. Indica o impacto desproporcionalmente grande dos tempos de produção incidentes sobre o tempo de espera. Quanto mais longo for o tempo de produção, maior será a chance de a máquina estar em uso quando um pedido chegar, e mais longos serão os atrasos. O denominador, nesta fórmula, é uma medida da capacidade ociosa, ou folga. Quanto menor for a capacidade ociosa, maior será a chance de que a máquina estará processando um pedido recebido anteriormente e maiores serão os atrasos.

Nossa fórmula descreve apenas o tempo *médio* de espera. Um pedido específico pode chegar quando a máquina estiver livre, caso em que a produção será iniciada de pronto. Em outras situações, a IF poderá receber um pedido enquanto dois outros estarão esperando para ser processados, e isso significa que o atraso será mais longo que 150 horas. O tempo de avanço médio de produção de um pedido é de 250 horas (150 horas de tempo médio de espera + 100 horas de tempo de produção).

Agora, suponha que a IF esteja considerando se deve lançar um novo produto, um pistão para bombas. Ela espera receber dez pedidos de pistões, cada um deles de 800 unidades, para o ano vindouro. Cada pedido precisará de 50 horas de tempo de produção, sendo três horas para preparação e 47 horas para processamento. A demanda esperada não será afetada se a IF lançar ou não os pistões.

O tempo médio de espera *antes* de um pedido ser preparado é dado pela seguinte fórmula, extensão da fórmula anterior utilizada no caso de um único produto.

$$\frac{\left[\begin{array}{c}\text{Número médio}\\ \text{anual de}\\ \text{pedidos de}\\ \text{engrenagens}\end{array} \times \left(\begin{array}{c}\text{Tempo de}\\ \text{produção por}\\ \text{pedido de}\\ \text{engrenagens}\end{array}\right)^2\right] + \left[\begin{array}{c}\text{Número médio}\\ \text{anual de}\\ \text{pedidos de}\\ \text{pistões}\end{array} \times \left(\begin{array}{c}\text{Tempo de}\\ \text{produção de}\\ \text{pedido de}\\ \text{pistões}\end{array}\right)^2\right]}{2 \times \left[\begin{array}{c}\text{Capacidade}\\ \text{anual}\\ \text{da máquina}\end{array} - \left(\begin{array}{c}\text{Número médio}\\ \text{anual de pedidos}\\ \text{de engrenagens}\end{array} \times \begin{array}{c}\text{Tempo de produção}\\ \text{por pedido}\\ \text{de engrenagens}\end{array}\right) - \left(\begin{array}{c}\text{Número médio}\\ \text{anual de pedidos}\\ \text{por pistões}\end{array} \times \begin{array}{c}\text{Tempo de}\\ \text{produção por}\\ \text{pedido de pistões}\end{array}\right)\right]}$$

$$= \frac{[30 \times (100)^2] + [10 \times (50)^2]}{2 \times [4\,000 - (30 \times 100) - (10 \times 50)]} = \frac{(30 \times 10\,000) + (10 \times 2\,500)}{2 \times (4\,000 - 3\,000 - 500)}$$

$$= \frac{300\,000 + 25\,000}{2 \times 500} = \frac{325\,000}{1\,000} = 325 \text{ horas por pedido}$$

A introdução dos pistões faz com que o tempo médio de espera mais do que dobre, de 150 para 325 horas, porque a introdução dos pistões faz com que a capacidade ociosa diminua, aumentando a probabilidade de que, a qualquer momento, novos pedidos cheguem enquanto pedidos atuais estão sendo fabricados ou esperando ser fabricados. O tempo médio de espera é muito sensível ao encolhimento da capacidade ociosa.

O tempo de avanço médio de produção de um pedido de engrenagens é de 425 horas (325 horas de tempo médio de espera + 100 horas de tempo de produção), e, para um pedido de pistões, ele é de 375 horas (325 horas de tempo médio de espera + 50 horas de tempo de produção). Observe que um pedido de pistões passa 86,7 por cento (325 ÷ 375) de seu tempo de avanço para a produção simplesmente esperando que ela comece.

Dado os efeitos antecipados no tempo de avanço da produção ao adicionar os pistões, deveria a IF produzi-los? O contador gerencial provavelmente terá de avaliar a lucratividade de um produto novo, considerando as restrições de capacidade. O contador gerencial da IF precisa identificar e analisar as receitas e os custos relevantes ao adicionar os pistões e, especialmente, avaliar os efeitos dos custos dos atrasos que resultarem sobre todos os produtos.

Receitas e custos relevantes do tempo

Para determinar as receitas e os custos relevantes de adicionar os pistões, considere as seguintes informações adicionais:

Produto	Número médio anual de pedidos	Preço médio de venda por pedido se o tempo de avanço médio de produção por pedido for de: Menos de 300 horas	Mais de 300 horas	Custo de materiais diretos por pedido	Custo por hora de manter estoque por pedido
Engrenagens	30	$ 22 000	$ 21 500	$ 16 000	$ 1,00
Pistões	10	10 000	9 600	8 000	0,50

No nosso exemplo, os tempos de avanço na produção afetam receitas e custos. As receitas são afetadas porque os clientes estão dispostos a pagar um preço mais alto por uma entrega mais rápida. Quanto aos custos, os de materiais diretos e os custos de manter estoque são os únicos que serão afetados pela introdução dos pistões (todos os outros custos não são afetados, sendo, portanto, irrelevantes). Os custos de manter estoque de materiais diretos normalmente consistem dos custos de oportunidade de investimento alocados a estoque (veja o Capítulo 11 do volume 1) e os custos relevantes do armazenamento, como de aluguel de espaço, sucata, deterioração e manuseio de materiais. As empresas normalmente calculam os custos de manutenção de estoque com base em unidade e por ano. Para simplificar os cálculos, expressamos os custos de manutenção de estoque com base no pedido por hora. Como na maioria das empresas, supomos que a IF adquira materiais diretos no momento em que o pedido é recebido pela produção e, portanto, incorre custos de manutenção de estoque na duração do tempo de avanço de produção.

O Quadro 5.8 apresenta as receitas e os custos relevantes para as alternativas: 'introduzir pistões' e 'não introduzir pistões'. A decisão é de não introduzir pistões. Esse é o caso apesar de os pistões terem uma margem de contribuição positiva de $ 1 600 ($ 9 600 – $ 8 000) por pedido. Além disso, a IF tem capacidade para processar os pistões (mesmo introduzindo os pistões, a IF usará, na média, apenas 3 500 das quatro mil horas-máquina disponíveis). Então, por que é melhor para a IF não produzir os pistões? *Por causa dos efeitos negativos que a produção dos pistões terá sobre o produto existente: engrenagens.* A tabela a seguir apresenta os *custos do tempo* — ou seja, a perda esperada em receitas e o aumento esperado nos custos como resultado dos atrasos causados devido ao uso da capacidade da máquina para fabricar os pistões.

Produto	Efeito de aumentar o tempo de avanço médio de produção: Perda esperada em receitas para engrenagens (1)	Aumento esperado em custos de estocagem para todos os produtos (2)	Perda esperada em receitas mais aumento esperado em custos para introduzir pistões (3) = (1) + (2)
Engrenagens	$ 15 000[a]	$ 5 250[b]	$ 20 250
Pistões	—	1 875[c]	1 875
Total	$ 15 000	$ 7 125	$ 22 125

a *($ 22 000 – $ 21 500) por pedido × 30 pedidos esperados = $ 15 000.*
b *(425 – 250) horas por pedido × $ 1,00 por hora × 30 pedidos esperados = $ 5 250.*
c *(375 – 0) horas por pedido × $ 0,50 por hora × 10 pedidos esperados = $ 1 875.*

Quadro 5.8 Determinando receitas e custos relevantes esperados e custos da decisão da Indústria Falcão sobre a introdução de pistões.

Itens relevantes	Alternativa 1: introduzir pistões (1)	Alternativa 2: não introduzir pistões (2)	Diferença (3) = (1) – (2)
Receitas esperadas	$ 741 000[a]	$ 660 000[b]	$ 81 000
Custos variáveis esperados	560 000[c]	480 000[d]	(80 000)
Custos esperados para manter estoque	14 625[e]	7 500[f]	(7 125)
Total de custos esperados	574 625	487 500	(87 125)
Receitas esperadas menos custos esperados	$ 166 375	$ 172 500	$ (6 125)

a *($ 21 500 × 30) + ($ 9 600 × 10) = $ 741 000; tempo de avanço médio para produção será acima de 300 horas.*
b *($ 22 000 × 30) = $ 660 000; tempo de avanço médio para produção será abaixo de 300 horas.*
c *($ 16 000 × 30) + ($ 8 000 × 10) = $ 560 000.*
d *$ 16 000 × 30 = $ 480 000.*
e *(Tempo de avanço médio de produção das engrenagens × Custos de estocagem por unidade por pedido de engrenagens × Número esperado de pedidos de engrenagens) + (Tempo de avanço médio de produção dos pistões × Custos de estocagem por unidade por pedido de pistões × Número esperado de pedidos de pistões) = (425 × $ 1,00 × 30) + (375 × $ 0,50 × 10) = $ 12 750 + $ 1 875 = $ 14 625.*
f *Tempo de avanço médio de produção de engrenagens × Custos de estocagem por unidade por pedido de engrenagens × Número esperado de pedidos de engrenagens = 250 × $ 1,00 × 30 = $ 7 500.*

A introdução de pistões faz com que o tempo de avanço médio de produção de engrenagens aumente de 250 para 425 horas. O custo de tempos mais longos de avanço na produção é um aumento nos custos para manter o estoque de engrenagens e uma redução nas receitas das engrenagens (causado pelo fato de o tempo de avanço médio de produção das engrenagens exceder 300 horas). Os custos esperados de tempos mais longos de avanço, causados pela introdução de pistões, $ 22 125, excede a margem de contribuição esperada de $ 16 mil ($ 1 600 por pedido × 10 pedidos esperados) da venda de pistões em $ 6 125 (a diferença calculada no Quadro 5.8).

O nosso ambiente simples[4] ilustra que, quando a incerteza da demanda for alta, é desejável ter alguma capacidade ociosa. Aumentar a capacidade de um recurso de gargalo reduz o tempo de avanço de produção e atrasos. Uma maneira de aumentar a capacidade é investir em equipamento novo, como sistemas flexíveis de produção que podem ser programados para mudar rapidamente da produção de um produto para a de outro. Atrasos também podem ser reduzidos por meio da programação cuidadosa de pedidos de uso das máquinas — por exemplo, ao agrupar serviços similares de processamento.

Para monitorar o desempenho com atrasos, muitas empresas usam medidas não-financeiras. Algumas medidas, como o tempo de resposta ao cliente e o desempenho com pontualidade, focam a satisfação do cliente. Outras medidas, como o tempo de produção e o de espera, enfatizam o desempenho interno. Medidas não-financeiras do tempo ajudam as empresas a identificar as áreas que precisam de melhorias.

TEORIA DAS RESTRIÇÕES E ANÁLISE DA CONTRIBUIÇÃO DO PROCESSAMENTO

Nesta seção, consideramos produtos feitos de peças múltiplas e processados em diferentes máquinas. Com peças e máquinas múltiplas, as dependências ocorrem nas operações — algumas operações não podem ser iniciadas até que as peças de uma operação anterior estejam disponíveis. Além do mais, algumas operações são gargalos e outras não.

A **teoria das restrições (TDR)** descreve métodos para maximizar o lucro operacional quando confrontado com algumas operações com e sem gargalo.[5] A TDR define três medidas:

1. A **contribuição do processamento** é igual à receita menos o custo de materiais diretos dos produtos vendidos.
2. O **investimento** é igual à soma dos custos relevantes de materiais diretos, produtos em processo e estoques de produtos acabados, custos de P&D e custos de equipamento e prédios.
3. Os **custos operacionais** são iguais a todos os custos operacionais (além de materiais diretos) incorridos para execução do processamento. Os custos operacionais incluem salários e ordenados, aluguel, instalações e depreciação.

O objetivo da TDR é aumentar a contribuição do processamento enquanto reduz investimentos e custos operacionais. *A TDR considera um horizonte de tempo de séries curtas e supõe que os custos operacionais sejam custos fixos.* As etapas na gestão das operações de gargalo são:

Etapa 1: Reconhecer que gargalos de operações determinam a execução do processamento de todo o sistema.

Etapa 2: Encontrar os gargalos de operações ao identificar operações com quantidades grandes de estoque esperando para ser trabalhado.

Etapa 3: Manter as operações com gargalos ocupadas e subordinar todas as operações sem gargalos às de gargalos. Ou seja, as necessidades das operações com gargalos determinam a programação de produção das operações sem gargalos.

A Etapa 3 remete a um dos conceitos descritos no Capítulo 11 do volume 1: para maximizar o lucro operacional, a fábrica precisa maximizar a margem de contribuição (nesse caso, a contribuição do processamento) do recurso restrito ou de gargalo. Por essa razão, a Etapa 3 sugere que a máquina com gargalo precisa ser mantida sempre em operação, não devendo esperar por serviços. Para alcançar esse objetivo, muitas vezes as empresas mantêm um pequeno estoque de produtos em processo esperando pela máquina com gargalo. Esta estabelece o ritmo para todas sem gargalo. Por exemplo, os trabalhadores que operam máquinas sem gargalo são instruídos a não produzirem mais itens do que a máquina com gargalo pode processar, pois, do contrário, haveria estoque em excesso sem que houvesse aumento na contribuição do processamento.

Etapa 4: Tomar medidas para aumentar a eficiência e a capacidade da operação com gargalo: o objetivo é aumentar a diferença entre a contribuição do processamento e os custos incrementais para aumentar a eficiência e a

4. *Outras complexidades, como a análise de uma rede de máquinas, programação por prioridade e levando em consideração a incerteza sobre tempos de processamento, vão além do escopo deste livro. Nesses casos, os efeitos básicos de filas e atrasos persistem, mas as fórmulas precisas são mais complexas.*

5. *Veja E. Goldratt e J. Cox,* The goal. *New York: North River Press, 1986; E. Goldratt,* The theory of constraints. *New York: North River Press, 1990; E. Noreen, D. Smith, e J. Mackey,* The theory of constraints and its implications for management accounting. *New York: North River Press, 1995.*

capacidade. O papel do contador gerencial na Etapa 4 é calcular a contribuição do processamento, identificar os custos relevantes e irrelevantes e fazer análises de custo-benefício de medidas alternativas.

Ilustramos a Etapa 4 usando dados da Indústria Cardeal (IC). A IC fabrica portas de automóveis em duas operações: estampa e prensa.

	Estampa	**Prensa**
Capacidade por hora	20 unidades	15 unidades
Capacidade anual (6 000 horas de capacidade disponível em cada operação; 6 000 horas × 20 unidades/hora; 6 000 horas × 15 unidades/hora)	120 000 unidades	90 000 unidades
Produção e vendas anuais	90 000 unidades	90 000 unidades
Outros custos operacionais fixos (excluindo materiais diretos)	$ 720 000	$ 1 080 000
Outros custos operacionais fixos por unidade produzida ($ 720 000 ÷ 90 000 unidades; $ 1 080 000 ÷ 90 unidades)	$ 8 por unidade	$ 12 por unidade

Cada porta é vendida a $ 100 e tem custos de materiais diretos de $ 40. Os custos variáveis em outras funções da cadeia de valor — P&D, projeto de produtos e processos, marketing, distribuição e atendimento ao cliente — são irrisórios. A produção da IC restringe-se à capacidade de 90 mil unidades na operação de prensa. O que a IC pode fazer para aliviar a restrição de gargalo da operação da prensa? Medidas desejáveis incluem:

a. *Eliminar o tempo parado (tempo em que a prensa não está sendo preparada ou processando produtos) na operação com gargalo.* A IC está considerando posicionar permanentemente dois trabalhadores na operação da prensa para descarregarem as unidades acabadas assim que um lote for processado, e preparar a máquina para processar o lote seguinte. Suponha que o custo anual dessa medida seja de $ 48 mil e o efeito seja o de aumentar a saída do gargalo em mil portas ao ano. Deveria a IC incorrer em custos adicionais? Sim, porque a contribuição relevante do processamento da IC aumenta em $ 60 mil [(preço de venda por porta, $ 100, – custos de materiais diretos por porta, $ 40) × 1 000 portas], o que excede o custo adicional de $ 48 mil. Todos os outros custos são irrelevantes.

b. *Processar apenas aquelas peças ou produtos que aumentem a contribuição do processamento, e não peças ou produtos que permanecerão em estoques de produtos acabados ou de reposição.* A fabricação de produtos que permanecerão em estoque não aumenta a contribuição do processamento.

c. *Mudar produtos que não precisam ser produzidos na máquina com gargalo para máquinas sem gargalo ou para instalações externas de processamento.* Suponha que a Corporação Esparta, um empreiteiro externo, ofereça fazer a operação de prensa de 1 500 portas a $ 15 por unidade, das peças que a IC fornecer. O preço cotado da Esparta é maior que os custos operacionais da própria IC no departamento de prensa, que são de $ 12 por porta. Deveria a IC aceitar a oferta? Sim, porque a prensa é a operação do gargalo. Conseguir portas adicionais prensadas pela Esparta aumenta a contribuição do processamento em $ 90 mil [($ 100 – $ 40) por porta × 1 500 portas], enquanto os custos relevantes aumentam em $ 22 500 ($ 15 por porta × 1 500 portas). O fato é que o custo por unidade da IC, menor que o preço cotado da Esparta, não faz parte da análise.

Suponha que as Indústrias Gemini, outra empreiteira externa, ofereçam prensar duas mil portas dos materiais diretos que a IC fornecer a $ 6 por unidade. O preço da Gemini é mais baixo do que o custo operacional da IC de $ 8 por porta no departamento de prensagem. Deveria a IC aceitar a proposta? Não, porque os outros custos operacionais são custos fixos. A IC não vai economizar quaisquer custos ao terceirizar as operações de prensagem. Sob a alternativa da terceirização, os custos serão superiores a $ 12 mil ($ 6 000 por porta × 2 000 portas). Prensar mais portas não aumentará a contribuição do processamento, restrita pela capacidade da prensa.

d. *Reduzir o tempo de preparação e de processamento nas operações de gargalo (por exemplo, ao simplificar o projeto ou reduzir o número de peças no produto).* Suponha que a IC consiga reduzir o tempo de preparação na operação de prensa ao incorrer custos adicionais de $ 55 mil ao ano. Suponha, também, que a redução no tempo de preparação permite que a IC prense mais 2 500 portas ao ano. Deveria a IC incorrer em custos para reduzir o tempo de preparação? Sim, porque a contribuição do processamento aumenta em $ 150 mil [($ 100 – $ 40 por porta) × 2 500 portas], o que excede os custos adicionais incorridos de $ 55 mil. Considerará a IC vantajoso incorrer em custos para reduzir o tempo de usinagem na operação de prensagem sem gargalo? Não. Outros custos operacionais aumentarão, mas a contribuição do processamento permanecerá inalterada porque o gargalo não foi aliviado.

e. *Melhorar a qualidade de peças ou produtos fabricados na operação do gargalo.* Muitas vezes, a má qualidade é mais dispendiosa em uma operação de gargalo do que a sem gargalo. O custo da má qualidade em uma operação sem gargalo é o custo dos materiais desperdiçados. Se IC produzir mil portas com defeito em uma operação de prensagem, o custo da má qualidade será de $ 40 mil (custo de materiais diretos por porta, $ 40, × 1 000 portas). Nenhuma contribuição do processamento é perdida porque a operação de prensagem tem capacidade ociosa. Apesar da produção defeituosa, a operação pode produzir e transferir 90 mil portas de boa qualidade para a operação da prensa. Em uma operação com gargalo, o custo da má qualidade é o custo dos materiais desperdiçados *mais* o custo de oportunidade da contribuição do processamento perdida. Capacidade com gargalo não é desperdiçada na produção de unidades com defeito e poderia ser usada para gerar contribuição adicional do processamento. Se a IC produzir mil unidades com defeito na operação de prensa, o custo da má qualidade será de $ 100 mil: custos de materiais diretos de $ 40 mil (custo de materiais diretos por porta, $ 40 × 1 000 portas) mais a contribuição perdida do processamento de $ 60 mil [($ 100 – $ 40) × 1 000 portas].

Os altos custos da má qualidade na operação com gargalo significam que o tempo no gargalo não deve ser desperdiçado processando unidades com defeito. Ou seja, a inspeção deve ser efetuada antes de processar as peças na operação com gargalo para assegurar que apenas unidades de boa qualidade sejam transferidas para a operação com gargalo. Além disso, programas de melhoria de qualidade devem colocar uma ênfase especial em minimizar defeitos nas máquinas com gargalo.

Se as medidas na Etapa 4 forem bem-sucedidas, a capacidade da operação de prensa aumentará e eventualmente excederá a capacidade da operação de prensagem. O gargalo deslocar-se-á então para a operação de estampa. A partir de então, a IC concentrar-se-á nas medidas de melhoria contínua no sentido de aumentar a eficiência e a capacidade da operação de prensagem. Por exemplo, o contrato com a Indústria Gemini para prensar duas mil portas a $ 6 por porta de materiais diretos fornecidos pela IC agora se torna atraente. Por quê? Porque a contribuição do processamento aumenta em $ 100 – $ 40 por porta × 2 000 portas = $ 120 000, enquanto os custos aumentam em $ 12 mil ($ 6 por porta × 2 000 portas).

A teoria das restrições enfatiza a gestão das operações com gargalo como sendo a chave para melhorar o desempenho das operações de produção como um todo. Ela foca na maximização de curto prazo da contribuição do processamento — receitas menos custos de materiais diretos. Como a TDR considera os custos operacionais como sendo difíceis de alterar no curto prazo, ela não identifica atividades e critérios de custos individuais. Portanto, a TDR é menos útil para a gestão de custos de longo prazo. Sistemas de custeio baseado em atividades, porém, têm uma perspectiva de prazos mais longos, focando a melhoria de processos ao eliminar atividades que não adicionam valor e ao reduzir os custos do desempenho de atividades que adicionam valor. Portanto, os sistemas ABC são mais úteis na precificação no longo prazo, controle de custos e planejamento de lucros de longo prazo e da gestão da capacidade. A ênfase de curto prazo da TDR sobre a maximização da contribuição do processamento ao gerenciar gargalos complementa o foco de longo prazo da gestão estratégica de custos de sistemas ABC.[6]

Problema para auto-estudo

A Mudanças Sávio transporta bens móveis de uma cidade para outra dentro dos Estados Unidos. Ela mede a qualidade do serviço em termos de (a) tempo necessário para transportar bens, (b) entregas pontuais (dois dias da data de entrega acordada) e (c) número de despachos perdidos ou danificados. A Sávio está considerando investir em um novo sistema de programação e rastreamento que custa $ 160 mil ao ano, que deve ajudá-la a melhorar o desempenho no que diz respeito aos itens (b) e (c). As seguintes informações descrevem o atual desempenho da Sávio e o desempenho esperado caso o novo sistema venha a ser implementado:

	Desempenho atual	**Desempenho futuro esperado**
Desempenho pontual nas entregas	85%	95%
Custo variável por caixa perdida ou danificada	$ 60	$ 60
Custo fixo por caixa perdida ou danificada	$ 40	$ 40
Número de caixas perdidas ou danificadas por ano	3 000 caixas	1 000 caixas

A Sávio espera que cada ponto porcentual de aumento no desempenho pontual resulte em aumentos de receita de $ 20 mil ao ano. A porcentagem da margem de contribuição da Sávio é de 45 por cento.

Para fazer:

1. A Sávio deveria adquirir o novo sistema? Mostre seus cálculos.
2. Calcule a quantia mínima de aumento de receita necessária para que os benefícios do novo sistema se igualem aos custos.

6. *Para uma avaliação excelente da TDR, gestão das operações, contabilidade de custos e o relacionamento entre TDR e custeio baseado em atividades, veja A. Atkinson,* Cost accounting, the theory of constraints, and costing. *Issue Paper, CMA, Canadá, dez. 2000.*

SOLUÇÃO

1. Os custos adicionais do novo sistema de programação e rastreamento são de \$ 160 mil ao ano. Os benefícios anuais adicionais do novo sistema de programação e rastreamento são:

Receitas anuais adicionais de uma melhora em 10% no desempenho pontual, de 85% para 95%, \$ 20 000 por 1% × 10 pontos percentuais	\$ 200 000
Margem de contribuição de 45% das receitas anuais adicionais (0,45 × \$ 200 000)	\$ 90 000
Redução nos custos por ano de menos caixas perdidas ou danificadas (apenas custos variáveis são relevantes) [\$ 60 por caixa × (3 000 – 1 000) caixas]	120 000
Total de benefícios adicionais	\$ 210 000

Como os benefícios adicionais de \$ 210 mil excedem os custos de \$ 160 mil, Sávio deveria investir no sistema novo.

2. Contanto que a Sávio ganhe uma margem de contribuição de \$ 40 mil (para cobrir custos incrementais de \$ 160 mil, menos a economia nos custos relevantes variáveis de \$ 120 mil) em vendas anuais adicionais, investir no sistema novo é benéfico. Essa margem de contribuição corresponde às vendas adicionais de \$ 40 000 ÷ 0,45 = \$ 88 889.

PONTOS DE DECISÃO

RESUMO

O seguinte formato de perguntas e respostas resume os objetivos de aprendizagem do capítulo. Cada decisão representa uma pergunta-chave relacionada a um objetivo de aprendizagem. As diretrizes são a resposta à pergunta.

Decisão	Diretrizes
1. Quais são as quatro categorias de custos de um programa de custos da qualidade?	As quatro categorias de custos em um programa de custos da qualidade são os custos de prevenção (custos incorridos para evitar a produção de produtos que não estão em conformidade com as especificações), os custos de avaliação (custos incorridos para detectar quais das unidades individuais de produtos não estão em conformidade com as especificações), os custos de falhas internas (custos incorridos por um produto que não estão em conformidade antes de ser despachado para os clientes), e custos de falhas externas (custos incorridos por um produto que não estão em conformidade após o mesmo ter sido despachado para os clientes).
2. Quais são os métodos que os gerentes podem usar para identificar problemas da qualidade e melhorá-la?	Os três métodos para identificar problemas da qualidade e para melhorá-la são (a) mapas de controle para distinguir variações aleatórias das não aleatórias em um processo de operação; (b) diagramas Pareto, que indicam a freqüência em que cada tipo de falha ocorre e (c) diagramas de causa e efeito, que identificam causas em potencial pela falha.
3. Como os gerentes identificam os custos e os benefícios relevantes das melhorias na qualidade?	Os custos relevantes da melhoria na qualidade são os custos incrementais para implementar o programa da qualidade. Os benefícios relevantes são as economias em custos e o aumento estimado na margem de contribuição das vendas mais altas devido à melhora na qualidade.
4. Quais medidas não-financeiras da satisfação do cliente e do desempenho interno os gerentes podem usar?	Medidas não-financeiras da satisfação do cliente incluem o número de reclamações de clientes e o índice de entregas pontuais. Medidas não-financeiras do desempenho da qualidade interna incluem os níveis de defeitos de produtos e os rendimentos do processo.
5. Por que os gerentes devem usar medidas financeiras e não-financeiras da qualidade?	Medidas não-financeiras são úteis para avaliar as trocas entre os custos de prevenção, os custos de avaliação e os custos de falhas. Medidas não-financeiras identificam áreas problemáticas que precisam de melhoria e servem como indicadores do desempenho futuro de longo prazo.

6. O que é tempo de resposta ao cliente? Quais são as razões por, e os custos de, atrasos?	Tempo de resposta ao cliente é a duração de tempo entre o momento em que um cliente coloca um pedido por um produto ou serviço até o momento em que o produto ou serviço é entregue ao cliente. Atrasos ocorrem devido a (a) incerteza sobre quando clientes pedirão produtos ou serviços, e (b) gargalos devidos à limitação na capacidade. Operações com gargalo são as que se aproximam ou excedem a capacidade disponível. Os custos de atrasos incluem receitas mais baixas e um aumento nos custos para estocar itens.
7. Quais são as três medidas que os gerentes precisam para implementar a teoria das restrições?	As três medidas na teoria das restrições são (a) contribuição do processamento (igual receitas menos custo de materiais diretos dos produtos vendidos); (b) investimentos (igual à soma de custos de materiais nos estoques de materiais diretos, produtos em processo e produtos acabados, custos de P&D e custos de equipamentos e prédios) e (c) custos operacionais (igual a todos os custos operacionais, fora os custos de materiais diretos, incorridos para render contribuição do processamento).
8. Quais são as medidas que os gerentes podem tomar para gerenciar gargalos?	As quatro etapas na gestão de gargalos são (a) reconhecer que a operação de gargalo determina a contribuição do processamento, (b) encontrar o gargalo, (c) manter o gargalo ocupado e subordinar todas as operações sem gargalo à operação com gargalo e (d) aumentar a eficiência e a capacidade do gargalo.

Termos para aprender

Esse capítulo e o Glossário no final do livro contêm as definições de:

conformidade da qualidade
contribuição do processamento
critério de tempo
custos da qualidade (CDQ)
custos de avaliação
custos de falhas externas
custos de falhas internas
custos de prevenção
desempenho pontual
diagrama de causa e efeito
diagrama Pareto
gargalo
mapa de controle
qualidade do projeto
tempo de avanço da produção
tempo de resposta ao cliente
tempo do ciclo de produção
tempo médio de espera
teoria das restrições (TDR)

Material de trabalho

Questões

5-1 Descreva dois benefícios da melhoria na qualidade.

5-2 Como a conformidade com a qualidade difere da qualidade do projeto? Explique.

5-3 Cite dois itens classificados como custos de prevenção.

5-4 Faça a distinção entre custos de falhas internas e custos de falhas externas.

5-5 Descreva três métodos que empresas usam para identificar problemas na qualidade.

5-6 "Empresas devem focar as medidas financeiras da qualidade pois estas são as únicas medidas da qualidade que podem ser ligadas ao desempenho do resultado líquido." Você concorda? Explique.

5-7 Dê dois exemplos de medidas não-financeiras da satisfação do cliente.

5-8 Dê dois exemplos de medidas não-financeiras do desempenho interno.

5-9 Faça a distinção entre o tempo de resposta ao cliente e o tempo de avanço da produção.

5-10 "Não há nenhuma troca entre o tempo de resposta ao cliente e o desempenho pontual." Você concorda? Explique.

5-11 Dê duas razões para que ocorram atrasos.

5-12 "Empresas devem sempre fazer e vender todos os produtos cujos preços de venda excedam os custos variáveis." Supondo que os custos fixos sejam irrelevantes, você concorda? Explique.

5-13 Descreva as três principais medidas usadas na teoria das restrições.

5-14 Descreva as quatro etapas-chave na gestão de operações com gargalo.

5-15 Descreva três maneiras para melhorar o desempenho de uma operação com gargalo.

Exercícios

5-16 **Custos da qualidade** (CMA, adaptado). A Borges Ltda. produz equipamento telefônico. Jairo Holanda, presidente, decidiu destinar mais recursos para a melhoria da qualidade do produto após constatar que os produtos de sua empresa haviam sido classificados em quarto lugar na qualidade do produto em uma pesquisa realizada com usuários de equipamento telefônico. O programa de melhoria na qualidade da Borges está a dois anos em operação e o relatório de custos mostrado abaixo foi emitido recentemente.

Relatório semestral dos custos da qualidade, Borges Ltda. (em milhares)

	30/6/2003	31/12/2003	30/6/2004	31/12/2004
Custos de prevenção				
Manutenção de máquinas	$ 215	$ 215	$ 190	$ 160
Treinamento de fornecedores	5	45	20	15
Análise dos projetos	20	102	100	95
Total dos custos de prevenção	240	362	310	270
Custos de avaliação				
Inspeção no recebimento	45	53	36	22
Testes finais	160	160	140	94
Total dos custos de avaliação	205	213	176	116
Custos de falhas internas				
Retrabalho	120	106	88	62
Perdas	68	64	42	40
Total dos custos de falhas internas	188	170	130	102
Custos de falhas externas				
Reparos sob garantia	69	31	25	23
Devoluções de clientes	262	251	116	80
Total dos custos de falhas externas	331	282	141	103
Total dos custos da qualidade	$ 964	$ 1 027	$ 757	$ 591
Total da produção e receitas	$ 4 120	$ 4 540	$ 4 650	$ 4 510

Para fazer:

1. Calcule o índice de cada categoria de CDQ em relação às receitas para cada período. O programa da qualidade da Borges tem sido um sucesso? Explique.
2. Jairo Holanda acreditava que um programa de melhoria da qualidade era essencial e que a Borges Ltda. não podia mais se dar ao luxo de ignorar a importância da qualidade do produto. Discuta como a Borges poderia medir o custo de oportunidade da não-implementação do programa de melhoria da qualidade.

5-17 **Análise dos custos da qualidade, medidas não-financeiras da qualidade**. A Corporação Arpão fabrica e vende moedores industriais. A tabela a seguir apresenta as informações financeiras relacionadas ao desempenho da qualidade em 2004 e 2005 (em milhares):

	2005	2004
Receitas	$ 12 500	$ 10 000
Inspeção da produção	85	110
Perda	200	250
Engenharia do desenho	240	100
Custo de produtos devolvidos	145	60
Equipamento de teste do produto	50	50
Suporte ao cliente	30	40
Custos de retrabalho	135	160
Manutenção preventiva do equipamento	90	35

	2005	2004
Indenizações de responsabilidade do produto	100	200
Inspeção de materiais no recebimento	40	20
Manutenção corretiva	40	90
Mão-de-obra para testes do produto	75	220
Treinamento	120	45
Reparos sob garantia	200	300
Avaliação de fornecedores	50	20

Para fazer:

1. Classifique os itens de custo na tabela em categorias de prevenção, avaliação, falha interna ou falha externa.
2. Calcule o índice de cada categoria de CDQ para receitas em 2004 e 2005. Comente sobre as tendências em custos da qualidade entre 2004 e 2005.
3. Dê dois exemplos de medidas não-financeiras da qualidade que a Arpão Ltda. poderia aplicar como parte de um esforço de controle da qualidade total.

Aplicação do Excel. Para os alunos que desejarem praticar as suas habilidades com planilhas, segue uma abordagem passo a passo para a criação de uma planilha no Excel para solucionar esse problema.

Passo a passo

1. Abra uma planilha nova. Crie uma linha para 'Receitas' e colunas para '2005' e' 2004'.

(Programe a sua planilha para executar todos os cálculos necessários. Não insira quaisquer quantias a mão, sendo os custos de prevenção como porcentagem de vendas que necessitem de operações de somar, subtrair, multiplicar ou dividir.)

2. Pule duas linhas e crie colunas para 'Custos' e 'Custos como porcentagem de receitas' para 2004. Crie linhas para cada item de custos de prevenção (por exemplo, 'Manutenção preventiva') e 'Total de custos de prevenção'; cada item de custos de avaliação e 'Total dos custos de avaliação'; cada item de custos de falhas internas e 'Total dos custos de falhas internas' e cada item de custos de falhas externas e 'Total dos custos de falhas externas'. Finalmente, crie uma linha para 'Total dos custos da qualidade'.
3. Insira os cálculos para o custo total como porcentagem de receitas de cada categoria de custos da qualidade (por exemplo, total de custos de prevenção).
4. Pule duas linhas e crie uma seção 'Análise de tendências de CDQ', com linhas para 'Custos de prevenção, custos de avaliação, custos de falhas internas e custos de falhas externas', 'Total de custos da qualidade' e colunas para 'Porcentagem de vendas de 2005' e 'Porcentagem de vendas de 2004'. Preencha esta seção usando os dados que você criou nas Etapas 2 e 3.
5. Crie um gráfico de barras para comparar cada uma das categorias e os custos totais da qualidade em 2005 e em 2004 ao destacar as colunas de 'Porcentagem de vendas de 2005' e 'Porcentagem de vendas de 2004' clicando no ícone de gráficos. Escolha 'Coluna' sob o tipo de gráfico. Formate como necessário e clique em 'Terminar'.
6. *Verifique a exatidão de sua planilha.* Altere as receitas em 2005 de $ 12 500 para $ 9 500. Se você programou a sua planilha corretamente, o total de custos de prevenção como porcentagem de receitas para 2005 deve mudar para 5,3 por cento.

5-18 Análise dos custos da qualidade, medidas não-financeiras da qualidade. A Indústria Ontário fabrica dois tipos de geladeira, Olívia e Solta. As informações sobre cada geladeira são como segue:

	Olívia	**Solta**
Unidades fabricadas e vendidas	10 000 unidades	5 000 unidades
Preço de venda	$ 2 000	$ 1 500
Custos variáveis por unidade	$ 1 200	$ 800
Horas gastas no projeto	6 000	1 000
Horas de teste e inspeção por unidade	1	0,5
Porcentagem de unidades retrabalhadas na fábrica	5%	10%
Custos de retrabalho por geladeira	$ 500	$ 400
Porcentagem de unidades consertadas no local do cliente	4%	8%
Custos de reparos por geladeira	$ 600	$ 450
Estimativa de vendas perdidas provenientes da má qualidade	—	300 unidades

As taxas por hora de mão-de-obra para as duas atividades são:

- Projeto $ 75 por hora
- Testes e inspeção $ 40 por hora

Para fazer:

1. Calcule os custos da qualidade, para Olívia e Solta, classificados nas categorias de custos de prevenção, de avaliação, de falhas internas e de falhas externas.
2. Para cada tipo de geladeira, calcule o índice de cada categoria de CDQ como porcentagem de receitas. Compare e comente os custos da qualidade para Olívia e Solta.
3. Dê dois exemplos de medidas não-financeiras da qualidade que a Indústria Ontário poderia monitorar como parte de um programa de controle da qualidade total.

5-19 Medidas não-financeiras da qualidade e tempo (CMA, adaptado). A Companhia de Comutação do Leste (CCL) produz equipamento de telecomunicações. Charles Santiago, presidente da CCL, acredita que a qualidade do produto seja a chave para ganhar uma vantagem competitiva. Santiago implementou um programa de gestão da qualidade total (TQM) com ênfase na satisfação do cliente. As seguintes informações estão disponíveis para o primeiro ano (2004) do programa de TQM comparado com o ano anterior.

	2003	**2004**
Número total de unidades produzidas e vendidas	10 000	11 000
Unidades entregues antes da data programada de entrega	8 500	9 900
Número de unidades defeituosas despachadas	400	330
Número de reclamações de clientes que não por unidades defeituosas	500	517
Tempo médio de quando um cliente coloca um pedido por uma unidade até quando a unidade é entregue ao cliente	30 dias	25 dias
Número de unidades retrabalhadas durante a produção	600	627
Tempo de avanço da produção	20 dias	16 dias
Horas de mão-de-obra direta e indireta de produção	90 000	100 000

Para fazer:

1. Para cada um dos anos, de 2003 e 2004, calcule:
   a. Porcentagem de unidades defeituosas despachadas
   b. Taxa de entregas pontuais
   c. Reclamações de clientes como porcentagem de unidades despachadas
   d. Porcentagem de unidades retrabalhadas durante a produção
2. Com base nos seus cálculos da Questão 1, terá melhorado o desempenho da CCL na qualidade e na pontualidade?
3. Felipe Laerte, membro do conselho administrativo da CCL, comenta que independentemente do efeito que o programa tem tido sobre a qualidade, a produção por hora de mão-de-obra declinou entre 2003 e 2004. Laerte acredita que produção mais baixa por hora de mão-de-obra levará a um aumento nos custos e a um lucro operacional mais baixo.
   a. Como terá Laerte concluido que a produção por hora de mão-de-obra declinou em 2004 em relação a 2003?
   b. Por que a produção por hora de mão-de-obra poderia declinar em 2004?

Você acha que uma produção mais baixa por hora de mão-de-obra reduzirá o lucro operacional em 2004?

5-20 Melhorias na qualidade, custos relevantes e receitas relevantes. A Corporação Photon fabrica e vende 20 mil copiadoras por ano. Os custos variáveis e fixos de retrabalho e reparos são:

	Custos variáveis	**Custos fixos**	**Custos totais**
Custos de retrabalho por hora	$ 40	$ 60	$ 100
Custos de reparos			
Custos de suporte ao cliente por hora	20	30	50
Custos de transporte por carga	180	60	240
Custos de reparos sob garantia por hora	45	65	110

Os engenheiros da Photon estão trabalhando atualmente na solução do problema de coloração das cópias e a proposta é demudar a lente da copiadora. A nova lente custará $ 50 a mais do que a lente antiga. Cada copiadora usa uma lente. A Photon usa um horizonte de tempo de um ano para esta decisão, porque ela planeja lançar uma copiadora nova no final do ano. Ela acredita que mesmo melhorando a qualidade, ela não será capaz de economizar nenhum dos custos fixos de retrabalho e reparos.

Com a mudança da lente, a Photon espera (1) economizar 12 mil horas em retrabalho, (2) economizar 800 horas em suporte ao cliente, (3) transportar 200 cargas a menos, (4) economizar oito mil horas em reparos e (5) vender cem copiadoras a mais para uma margem de contribuição total de $ 600 mil.

Para fazer: A Photon deveria mudar para a lente nova? Mostre os seus cálculos.

5-21 Tempo de resposta ao cliente, entregas pontuais. A Pizzafest faz e entrega pizzas em residências e escritórios na área central de Boston. Uma das estratégias-chave para a Pizzafest é uma entrega rápida e pontual. A Pizzafest fornece as seguintes informações para 2004 sobre o tempo de resposta ao cliente — o tempo exato do momento em que o pedido é feito até a entrega.

	Janeiro-Junho	Julho-Dezembro
Pizzas entregues em 30 minutos ou menos	100 000	150 000
Pizzas entregues entre 31 e 45 minutos	200 000	260 000
Pizzas entregues entre 46 e 60 minutos	80 000	70 000
Pizzas entregues entre 61 e 75 minutos	20 000	20 000
Total de pizzas entregues	400 000	500 000

Para fazer:

1. Para janeiro-junho e julho-dezembro de 2004, calcule a porcentagem de pizzas entregues em cada um dos quatro intervalos de tempo (30 minutos ou menos, 31-45 minutos, 46-60 minutos e 61-75 minutos). Com base nesses cálculos, você terá o tempo de resposta ao cliente melhorado nos meses de julho-dezembro comparativamente a janeiro-junho?
2. Quando os clientes telefonam para a Pizzafest, muitas vezes eles pedem quanto tempo levará para a pizza ser entregue em suas residências ou escritórios. Se a Pizzafest programar um intervalo de tempo longo, muitas vezes os clientes não farão o pedido e, em sendo um intervalo de tempo muito curto e a pizza não for entregue a tempo, os clientes ficarão aborrecidos e a Pizzafest perderá vendas seguidas. Com base nos dados de janeiro-junho, qual tempo de resposta ao cliente a Pizzafest deveria programar se:
   a. Ela quiser um desempenho de entregas pontuais de 75 por cento?
   b. Ela quiser um desempenho de entregas pontuais de 95 por cento?
3. Se a Pizzafest houvesse cotado os tempos de resposta ao cliente que você calculou nas Partes 2a e 2b, teria ela cumprido as metas de desempenho para entregas pontuais de 75 e 95 por cento, respectivamente, para julho-dezembro de 2004? Explique.
4. A Pizzafest está considerando dar uma garantia de pontualidade em janeiro-junho de 2005. Se a pizza não for entregue dentro de 60 minutos da entrada do pedido, o cliente ganhará a pizza de graça. A Pizzafest estima que fará vendas adicionais de 20 mil pizzas como resultado dessa garantia. Ela estima que fracassará em entregar um total de 15 mil pizzas pontualmente. O preço médio de uma pizza é de $ 13 e o custo variável de uma pizza é de $ 7.
   a. Qual é o efeito sobre o lucro operacional da Pizzafest ao fazer essa oferta?
   b. Quais fatores não-financeiros e qualitativos a Pizzafest deve considerar antes de fazer essa oferta?
   c. Quais medidas a Pizzafest pode tomar para reduzir o tempo de resposta ao cliente?

5-22 Tempo de espera, bancos. O Banco Regal tem uma pequena filial em Orillia, no Canadá. O atendimento é feito por um caixa, em horário corrido de cinco horas (300 minutos) por dia (a capacidade operacional), sendo que cada cliente demanda cinco minutos de atendimento (tempo de atendimento). A filial de Orillia pretende atender 40 clientes por dia. (Observe que o número de clientes corresponde ao número de pedidos na discussão do capítulo.)

Para fazer:

1. Usando a fórmula da p. 136, calcule quanto tempo, em média, um cliente esperará na fila antes de ser atendido.
2. Na média, quanto tempo um cliente esperará na fila caso a filial atenda 50 clientes por dia?
3. O banco está considerando maneiras para reduzir o tempo de espera. Quanto tempo os clientes terão de esperar, na média, se o tempo para atender cada um for reduzido para quatro minutos e o banco espera atender 50 clientes por dia?

5-23 Tempo de espera, custos relevantes e receitas relevantes. A filial de Orillia, do Banco Regal, está pensando em oferecer serviços adicionais aos seus clientes. O atendimento funciona cinco horas (300 minutos) por dia (a capacidade operacional). Se lançar os novos serviços, o banco espera atender uma média de 60 clientes por dia, em vez da média de 40 clientes atendidos atualmente, levando quatro minutos de atendimento por cliente (tempo de atendimento), independentemente de esses serviços serem oferecidos ou não. (Observe que o número de clientes corresponde ao número de pedidos na discussão do capítulo.)

Para fazer:

1. Usando a fórmula da p. 136, calcule quanto tempo, na média, um cliente esperará na fila antes de ser atendido.
2. A política do Banco Regal é a de que o tempo médio de espera na fila não deve exceder cinco minutos. O banco não consegue reduzir o tempo de atendimento a um cliente em menos do que quatro minutos sem afetar negativamente a qualidade. Para reduzir o tempo médio de espera dos 60 clientes que espera atender por dia, o banco decide manter o atendimento de 336 minutos por dia. Verifique se ao manter essa proposta o banco será capaz de alcançar a meta de tempo médio de espera de cinco minutos ou menos.

3. O banco espera gerar, na média, $ 30 em lucro operacional adicional por dia como resultado da oferta dos novos serviços. O caixa é pago a $ 10 por hora e é empregado em incrementos de uma hora (ou seja, o caixa pode ser empregado por cinco, seis ou sete horas, e assim sucessivamente, mas não por uma fração de hora). Se o banco quiser que o tempo médio de espera não seja mais do que cinco minutos, deveria ele oferecer os novos serviços?

5-24 Teoria das restrições, contribuição do processamento, custos relevantes. A Corporação Maguila fabrica arquivos envolvendo duas operações: usinagem e acabamento. Ela fornece as seguintes informações.

	Usinagem	Acabamento
Capacidade anual	100 000 unidades	80 000 unidades
Produção anual	80 000 unidades	80 000 unidades
Custos fixos de operação (excluindo materiais diretos)	$ 640 000	$ 400 000
Custos fixos de operação por unidade produzida ($ 640 000 ÷ 80 000; $ 400 000 ÷ 80 000)	$ 8 por unidade	$ 5 por unidade

Cada arquivo é vendido a $ 72 e tem custos de materiais diretos de $ 32 incorridos no começo da operação de usinagem. Maguila não tem nenhum outro custo variável e pode vender a produção que fabricar. As perguntas a seguir elencadas referem-se apenas aos dados acima, não havendo entre elas nenhuma ligação.

Para fazer:

1. A Maguila está considerando usar alguns moldes e ferramentas modernas na operação de acabamento, o que aumentaria a produção anual de acabamento em mil unidades. O custo anual dos moldes e das ferramentas é de $ 30 mil. Deve a Maguila adquiri-las? Mostre os seus cálculos.
2. O gerente de produção do departamento de usinagem submeteu uma proposta para fazer *set ups* mais rápidos, o que aumentaria a capacidade anual do departamento de usinagem em dez mil unidades e custaria $ 5 mil ao ano. Deve a mudança ser implementada? Mostre os seus cálculos.

5-25 Teoria das restrições, contribuição do processamento, custos relevantes. Paute-se nas informações do Exercício 5-24 e responda as seguintes perguntas, não havendo entre elas nenhuma ligação.

Para fazer:

1. Um fornecedor oferece fazer a operação de acabamento de 12 mil unidades a $ 10 a unidade, o dobro dos $ 5 por unidade que custaria à Maguila para fazê-lo por conta própria. Deve a oferta do empreiteiro ser aceita? Mostre os seus cálculos.
2. A Corporação Caça oferece usinar quatro mil unidades a $ 4 a unidade, metade dos $ 8 por unidade que custaria à Maguila para fazê-lo por conta própria. Deve a oferta da empreiteira ser aceita? Mostre os seus cálculos.

5-26 Teoria das restrições, contribuição do processamento, qualidade. Refira-se às informações do Exercício 5-24 para responder as seguintes questões, não havendo entre elas nenhuma ligação.

Para fazer:

1. A Maguila produz duas mil unidades na operação de usinagem que apresentam defeitos. Qual é o custo desses itens para a Maguila? Explique resumidamente sua resposta.
2. A Maguila produz duas mil unidades na operação de acabamento que apresentam defeitos. Qual é o custo desses itens para a Maguila? Explique resumidamente sua resposta.

Problemas

5-27 Melhorias na qualidade, custos relevantes e receitas relevantes. A Corporação Thomas vende 300 mil válvulas V262 para a indústria automobilística e de caminhões, com capacidade de produção de 110 mil horas-máquina e pode produzir três válvulas por hora-máquina. A margem de contribuição por unidade da V262 é de $ 8. A Thomas vende apenas 300 mil válvulas porque 30 mil (10 por cento das válvulas perfeitas) precisam ser retrabalhadas, demandando uma hora-máquina para retrabalhar três válvulas, totalizando dez mil horas de capacidade usadas no processo de retrabalho. Os custos de retrabalho da Thomas são de $ 210 mil e consistem em:

- Materiais diretos e mão-de-obra direta de retrabalho (custos variáveis): $ 3 por unidade
- Custos fixos de equipamento, aluguel e alocação de custos indiretos: $ 4 por unidade

Os designers de processo da Thomas desenvolveram uma modificação que manteria a velocidade do processo e asseguraria 100 por cento de qualidade e nenhum retrabalho. O novo processo custaria $ 315 mil por ano. As seguintes informações adicionais estão disponíveis:

- A demanda pelas válvulas V262 da Thomas é de 370 mil por ano.

- A Corporação Jackson pediu para a Thomas fornecer 22 mil válvulas T971 (outro produto) caso implemente o novo projeto. A margem de contribuição por válvula T971 é de $ 10, sendo possível produzir duas válvulas T971 por hora-máquina com 100 por cento de qualidade e nenhum retrabalho.

Para fazer:

1. Suponha que os designers da Thomas implementem o novo projeto. Deve o pedido da Jackson, de 22 mil válvulas T971, ser aceito? Mostre os seus cálculos.
2. Deve a Thomas implementar o novo projeto? Mostre os seus cálculos.
3. Quais os fatores não-financeiros e qualitativos que a Thomas precisa considerar ao decidir se deve ou não implementar o novo projeto?

5-28 Melhorias na qualidade, custos relevantes e receitas relevantes. A Corporação Bege usa moldes multicoloridos para fazer abajures de plástico, cuja demanda é de monta. A operação de moldagem tem capacidade de produção de 200 mil unidades por ano, com venda assegurada de toda a produção ao valor de $ 40 a unidade.

A Bege consegue iniciar em apenas 200 mil unidades a produção, devido a limitações na capacidade das máquinas de moldagem. Se uma unidade produzida na operação de moldagem apresentar defeito, ela é rejeitada com valor líquido igual a zero. Das 200 mil unidades iniciadas na operação de moldagem, 30 mil (15 por cento) são perdidas. Os custos de perda, com base nos custos totais de produção (fixos e variáveis) incorridos até a operação de moldagem, totalizam $ 25 por unidade assim discriminados:

Materiais diretos (varáveis)	$ 16 por unidade
Mão-de-obra direta de produção, mão-de-obra de prepração e de manuseio de materiais (variáveis)	3 por unidade
Equipamento, aluguel e outros custos indiretos alocados, incluindo custos de inspeção e testes das peças rejeitadas (fixos)	6 por unidade
Total	$ 25 por unidade

Os designers da Bege determinaram que a inclusão de um tipo diferente de material aos materiais diretos existentes reduziria a perda para zero, mas aumentaria os custos variáveis em $ 4 por abajur no departamento de moldagem.

Para fazer:

1. A Bege deve usar o novo material? Mostre seus cálculos.
2. Quais fatores não-financeiros e qualitativos a Bege deve considerar ao tomar essa decisão?

5-29 Controle estatístico da qualidade, operações de linhas aéreas. A Peoples Skyway opera vôos diários de ida e volta na rota Londres — Nova York usando uma frota de três aeronaves 747: o Espírito de Birmingham, o Espírito de Glasgow e o Espírito de Manchester. A quantidade orçada de combustível para cada vôo de ida e volta é o consumo médio de combustível. Nos últimos 12 meses, o consumo médio de combustível por viagem de ida e volta tem sido de cem galões, com um desvio-padrão de dez galões. Uma unidade-galão equivale a mil galões.

Cilla Black, a gerente de operações da Peoples Skyway, usa uma abordagem de controle estatístico da qualidade (CEQ) para decidir se deve investigar o consumo de combustível por vôo de ida e volta. Ela investiga os vôos com consumo de combustível acima de dois desvios-padrão da média.

Em outubro, Black recebe o seguinte relatório de consumo de combustível por viagem de ida e volta dos três aviões que operam na rota Londres — Nova York:

Vôo	Espírito de Birmingham (unidades-galão)	Espírito de Glasgow (unidades-galão)	Espírito de Manchester (unidades-galão)
1	104	103	97
2	94	94	104
3	97	96	111
4	101	107	104
5	105	92	122
6	107	113	118
7	111	99	126
8	112	106	114
9	115	101	117
10	119	93	123

Para fazer:

1. Usando a regra de $\pm 2\sigma$, quais decisões sobre investigações de variações seriam tomadas?
2. Apresente mapas de CEQ para o consumo de combustível das viagens de ida e volta para cada um dos 747 em outubro. Quais inferências você pode tirar dos mapas?
3. Alguns gerentes propõem que a Peoples Skyway apresente os mapas de CEQ em termos monetários em vez de em termos físico-quantitativos (unidades-galão). Quais as vantagens e desvantagens de usar custos monetários de combustível em vez de unidades-galão nos mapas CEQ?

5-30 Compensação atrelada à rentabilidade, às entregas pontuais e às medidas de desempenho externo da qualidade. A Pacific-Dunlop fornece pneus para as principais empresas automotivas, mantendo duas fábricas na América do Norte, em Detroit e Los Angeles, respectivamente. O plano de bônus trimestral para cada gerente de fábrica tem três componentes:

a. *Desempenho na lucratividade.* Adicionar 2 por cento do lucro operacional.

b. *Desempenho com entregas pontuais.* Adicionar $ 10 mil caso o desempenho com entregas pontuais para os dez clientes mais importantes for de 98 por cento ou mais. Se o desempenho com a pontualidade para esses clientes estiver abaixo de 98 por cento não adicione nada.

c. *Desempenho com a qualidade do produto.* Deduzir 50 por cento do custo de devoluções de vendas dos dez clientes mais importantes.

Os dados trimestrais para 2004 para as fábricas de Detroit e Los Angeles são:

	Janeiro-Março	Abril-Junho	Julho-Setembro	Outubro-Dezembro
Detroit				
Lucro operacional	$ 800 000	$ 850 000	$ 700 000	$ 900 000
Índice de entregas pontuais[a]	98,4%	98,6%	97,1%	97,9%
Custo de devoluções de vendas[a]	$ 18 000	$ 26 000	$ 10 000	$ 25 000
Los Angeles				
Lucro operacional	$1 600 000	$ 1 500 000	$ 1 800 000	$ 1 900 000
Índice de entregas pontuais[a]	95,6%	97,1%	97,9%	98,4%
Custo de devoluções de vendas[a]	$ 35 000	$ 34 000	$ 28 000	$ 22 000

a *Para os dez clientes mais importantes.*

Para fazer:

1. Calcule os bônus pagos em cada trimestre de 2004 para os gerentes de fábrica de Detroit e Los Angeles.
2. Discuta os três componentes do plano de bônus como medidas de lucratividade, entregas pontuais e qualidade do produto.
3. Por que você iria querer avaliar os gerentes de fábrica com base em ambos os lucros operacionais e o índice de entregas pontuais?
4. Dê um exemplo do que poderia acontecer se o índice de entregas pontuais fosse eliminado como medida de avaliação.

5-31 Tempos de espera, tempos de avanço da produção. A SRG Ltda. usa uma máquina de moldagem por injeção para fazer um produto plástico, o Z39, iniciando a produção somente após a confirmação dos pedidos pelos clientes. A SRG estima que receberá 50 pedidos do Z39 (cada pedido é de mil unidades) durante o próximo ano. Cada pedido do Z39 levará 80 horas-máquina. A capacidade anual da máquina é de cinco mil horas.

Para fazer:

1. Calcule (a) o tempo médio que um pedido do Z39 esperará na fila antes de ser processado e (b) o tempo médio de avanço da produção por pedido do Z39.
2. A SRG está considerando lançar um novo produto, o Y28, com a previsão de receber 25 pedidos (cada pedido é de 200 unidades) no decorrer do próximo ano, demandando, cada pedido, 20 horas-máquina. A demanda média pelo Z39 não será afetada com o lançamento do Y28. Calcule (a) o tempo médio de espera para um pedido recebido e (b) o tempo médio de avanço da produção por pedido para cada produto caso a SRG lance o Y28.

5-32 Tempos de espera, receitas relevantes e custos relevantes (continuação do 5-31). A SRG ainda está decidindo se deve lançar o Y28. A tabela a seguir fornece informações sobre preços de venda, custos variáveis e custos de estocagem do Z39 e do Y28. A SRG incorrerá custos variáveis e de estocagem adicionais relativos ao Y28 apenas se lançar o Y28. Os custos fixos, totalizando 40 por cento dos custos variáveis, são alocados para todos os produtos produzidos e vendidos durante o ano.

Produto	Número médio anual de pedidos	Preço de venda médio por pedido se o tempo médio de avanço da produção por pedido for: Menos de 320 horas	Mais de 320 horas	Custo variável por pedido	Custo de estocagem por pedido por hora
Z39	50	$ 27 000	$ 26 500	$ 15 000	$ 0,75
Y28	25	8 400	8 000	5 000	0,25

Para fazer:

1. Deve a SRG fabricar e vender o Y28? Mostre os seus cálculos.
2. Deve a SRG fabricar e vender o Y28 caso os dados do Exercício 5-31 sejam mudados da seguinte forma: preço de venda médio por pedido de $ 6 400 em vez de $ 8 400, caso o tempo médio de avanço da produção por pedido for abaixo de 320 horas; e de $ 6 mil em vez de $ 8 mil, caso o tempo médio de avanço da produção por pedido for acima de 320 horas? Todos os outros dados para o Y28 permanecem iguais.

5-33 Tempos de avanço da produção, receitas relevantes e custos relevantes. A Corporação Brandt faz chicotes de fios para a indústria de aeronaves e está em dúvida sobre quando e quantos pedidos de clientes irá receber, com a produção tendo início apenas após a confirmação dos pedidos pelos clientes. Recentemente, a Brandt comprou uma nova máquina para fazer dois tipos de chicote de fios, um para os aviões da Boeing (B7) e outro para os aviões da Airbus Industries (A3). A capacidade anual da nova máquina é de seis mil horas. As seguintes informações estão disponíveis para o próximo ano:

Cliente	Número médio anual de pedidos	Tempo de produção necessário	Preço de venda médio por pedido caso o tempo médio de avanço da produção por pedido for: Menos de 200 horas	Mais de 200 horas	Custo variável por pedido	Custo de estocagem por pedido por hora
B7	125	40 horas	$ 15 000	$14 400	$ 10 000	$ 0,50
A3	10	50 horas	13 500	12 960	9 000	0,45

Para fazer:

1. Calcule os tempos médios de avanço da produção por pedido (a) se a Brandt fabricar apenas B7 e (b) se a Brandt fabricar ambos o B7 e o A3.
2. Embora o A3 tenha uma margem de contribuição positiva, os gerentes estão avaliando se a Brandt deve (a) fazer e vender apenas o B7 ou (b) fazer e vender ambos, o B7 e o A3. Qual das alternativas maximizaria o lucro operacional da Brandt? Mostre os seus cálculos.
3. Quais os outros fatores que a Brandt deve considerar ao escolher entre as alternativas da Questão 2?

5-34 Teoria das restrições, contribuição do processamento, custos relevantes. A Indústria Colorado fabrica e instala equipamentos eletrônicos de testes, certificando-se do bom funcionamento do equipamento após instalado no estabelecimento do cliente. Informações adicionais sobre os departamentos de produção e de instalação estão a seguir elencados (capacidades estão expressas em termos do número de unidades de equipamento eletrônico de teste):

	Equipamento fabricado	Equipamento instalado
Capacidade anual	400 unidades ao ano	300 unidades ao ano
Equipamento fabricado e instalado	300 unidades ao ano	300 unidades ao ano

A Colorado fabrica apenas 300 unidades por ano porque o departamento de instalação tem capacidade para instalar apenas 300 unidades. O equipamento é vendido a $ 40 mil a unidade (instalado) e tem custos de materiais diretos de $ 15 mil. Todos os custos, fora os custos de materiais diretos, são fixos. As questões a seguir se referem apenas aos dados acima, não havendo entre elas nenhuma ligação.

Para fazer:

1. Os engenheiros da Colorado descobriram uma maneira de reduzir o tempo de produção do equipamento. O novo método custaria $ 50 a mais por unidade e permitiria que a Colorado fabricasse 20 unidades adicionais por ano. Deve a Colorado implementar o novo método? Mostre seus cálculos.

2. Os projetistas da Colorado propuseram uma mudança em materiais diretos que aumentaria os custos de materiais diretos em $ 2 mil por unidade. Essa mudança possibilitaria à Colorado instalar 320 unidades de equipamento a cada ano. Se a Colorado fizer a mudança, ela implementará o projeto novo em todos os equipamentos vendidos. Deve a Colorado usar o novo desenho? Mostre seus cálculos.
3. Uma nova técnica de instalação foi desenvolvida, permitindo que os engenheiros da Colorado instalem por ano dez novas unidades de equipamento. O novo método aumentará os custos de instalação em $ 50 mil ao ano. Deve a Colorado implementar a nova técnica? Mostre seus cálculos.
4. A Colorado está considerando como motivar os funcionários no sentido de melhorar a produtividade (produção por hora). Uma das propostas é avaliar e compensar os trabalhadores nos departamentos de produção e instalação com base na produtividade. Você considera a nova proposta uma boa idéia? Explique resumidamente.

5-35 Teoria das restrições, contribuição do processamento, qualidade, custos relevantes. A Indústria RD fabrica produtos farmacêuticos em dois departamentos: mistura e produção. Informações adicionais sobre os dois departamentos estão relacionadas abaixo. Cada tablete contém 0,5 grama de materiais diretos.

	Produção	**Mistura**
Capacidade por hora	150 gramas	200 tabletes
Capacidade mensal (duas mil horas disponíveis em cada um dos departamentos)	300 000 gramas	400 000 tabletes
Produção mensal	200 000 gramas	390 000 tabletes
Custos fixos de operação (excluindo materiais diretos)	$ 16 000	$ 39 000
Custos fixos de operação por tablete ($ 16 000 ÷ 200 000; $ 39 000 ÷ 390 000)	$ 0,08 por grama	$ 0,10 por tablete

O departamento de mistura faz 200 mil gramas de mistura de materiais diretos (o suficiente para 400 mil tabletes) porque o departamento de produção tem capacidade para processar apenas 400 mil tabletes. Todos os custos de materiais diretos são incorridos no departamento de mistura. A RD incorre $ 156 mil em custos de materiais diretos. O departamento de produção fabrica apenas 390 mil tabletes dos 200 mil gramas de mistura processada; 2,5 por cento da mistura de materiais diretos se perde no processo de produção. Cada tablete é vendido a $ 1. Todos os custos, fora os custos de materiais diretos, são fixos. As questões a seguir se referem apenas aos dados acima. Não há nenhuma ligação entre as questões.

Para fazer:

1. Um empreiteiro externo faz a seguinte oferta: caso a RD forneça ao empreiteiro dez mil gramas da mistura, ele fabricará 19 500 tabletes para a RD (levando em consideração a perda normal de 2,5 por cento durante o processo de confecção do tablete) a $ 0,12 por tablete. Deve a oferta da empresa ser aceita? Mostre seus cálculos.
2. Uma outra empresa oferece preparar 20 mil gramas da mistura por mês de materiais diretos fornecidos pela RD, ao preço de $ 0,07 por grama. Deve a RD aceitar a oferta? Mostre seus cálculos.
3. Os engenheiros da RD elaboraram um método que melhoraria a qualidade na operação de produção e reduziria a perda atual de dez mil tabletes. A troca custaria $ 7 mil por mês. Deve a RD implementar o novo método? Mostre seus cálculos.
4. Suponha que a RD também perca dez mil gramas da mistura na operação de mistura. Essas perdas podem ser reduzidas para zero se a empresa estiver disposta a gastar $ 9 mil por mês em métodos de melhoria da qualidade. Deve a RD adotar o método de melhoria da qualidade? Mostre seus cálculos.
5. Quais são os benefícios em melhorar a qualidade na operação de mistura e melhorar a qualidade na operação de confecção de tabletes?

5-36 Melhoria da qualidade, diagrama Pareto, diagrama de causa e efeito. A Companhia Mello fabrica, vende e instala copiadoras, com ênfase na redução de defeitos e falhas nas operações de produção. A empresa quer aplicar os mesmos princípios da gestão da qualidade total para gerenciar as contas a receber.

Para fazer:

1. Com base nos seus conhecimentos e experiência, o que você classificaria como falhas em contas a receber?
2. Dê exemplos de atividades de prevenção que reduziriam as falhas em contas a receber.
3. Desenhe um diagrama Pareto dos tipos de falhas em contas a receber e um diagrama de causa e efeito de possíveis causas de um tipo de falha em contas a receber.

5-37 Ética e qualidade. Informações de um relatório da qualidade para 2004, preparado por Linda Wilson, *controller* assistente da Citocel, fabricante de motores elétricos, estão a seguir.

Receitas	$ 10 000 000
Inspeção da produção	90 000
Responsabilidade sob garantia	260 000
Testes de produtos	210 000
Perda	230 000
Engenharia do projeto	200 000
Porcentagem de reclamações de clientes	5%
Índice de entregas pontuais	93%

Davi Paranhos, gerente de fábrica da Citocel, está cotado para receber um bônus caso os custos totais da qualidade, como a porcentagem de receitas, for abaixo de 10 por cento, a de reclamações de clientes for abaixo de 4 por cento e o índice de entregas pontuais exceder 92 por cento. Paranhos não está contente que o índice de reclamações dos clientes tenha alcançado 5 por cento porque, quando Linda preparou seu relatório, ela realmente havia feito a pesquisa de avaliação do índice de satisfação dos clientes. Paranhos esperava que Linda fosse menos pró-ativa e esperasse que os clientes reclamassem. A preocupação de Paranhos em relação à abordagem de Linda é a de que ela introduz subjetividade aos resultados e também falha em captar a necessidade real dos clientes. "Quando você espera que o cliente tome a iniciativa de reclamar, é porque certamente será devido a algo realmente importante. Nas pesquisas, os clientes mencionam o que lhes vier à cabeça, mesmo que não seja importante."

João Rocha, *controller*, pede para falar com Linda e explica a razão das preocupações de Paranhos. "Acho que Davi tem razão. Veja o que você pode fazer." Linda acredita que as reclamações dos clientes são legítimas e que eles estão preocupados com a qualidade e o atendimento. Ela acredita ser importante que a Citocel seja pró-ativa, e que obtenha *feedback* sistemático e rápido dos clientes para, posteriormente, usar as informações no sentido de implementar melhorias no atendimento. Está ciente, também, de que a Citocel não efetuou pesquisas de opinião no passado e, não fosse pelas pesquisas feitas por ela, Paranhos provavelmente ganharia o bônus, e está confusa sobre como lidar com o pedido de Rocha.

Para fazer:

1. Calcule o índice de cada categoria de custo da qualidade (prevenção, avaliação, falha interna e falha externa) para as receitas em 2004. Estariam abaixo de 10 por cento os custos totais da qualidade, como porcentagem da receita?
2. Seria, para Linda, antiético modificar a sua análise? Quais medidas deveria ela tomar para resolver a situação?

Problema para aprendizagem em grupo

5-38 Melhoria da qualidade, teoria das restrições. A Corporação Wellington faz tecido estampado em duas operações: tecelagem e impressão, cuja demanda é grande. Os custos de materiais diretos são os únicos custos variáveis da Wellington, podendo ela vender tudo o que produzir, a $ 1 250 o rolo, para um distribuidor que comercializa, distribui e presta atendimento ao cliente que optou pelo produto.

	Tecelagem	Impressão
Capacidade mensal	10 000 rolos	15 000 rolos
Produção mensal	9 500 rolos	8 550 rolos
Custos de materiais diretos por rolo de tecido processado em cada operação	$ 500	$ 100
Custos fixos operacionais	$ 2 850 000	$ 427 500
Custos fixos operacionais por rolo ($ 2 850 000 ÷ 9 500; $ 427 500 ÷ 8 550)	$ 300 por rolo	$ 50 por rolo

A Wellington consegue iniciar a produção de apenas dez mil rolos de tecido no departamento de tecelagem devido a restrições na capacidade das máquinas de tecelagem. Se na operação de tecelagem ocorrer algo que vier a causar defeito no tecido, ele será considerado perdido e o valor líquido de venda será igual a zero. Dos dez mil rolos de tecido iniciados na operação de tecelagem, 500 (5 por cento) são considerados perdidos. Os custos de perda, por rolo, com base no total de custos (variáveis e fixos) de produção, por rolo, incorrido até o final da operação de tecelagem, totalizam $ 785 por rolo, como a seguir:

Custos de materiais diretos por rolo (variáveis)	$ 500
Custos fixos operacionais por rolo ($ 2 850 000 ÷ 10 000 rolos)	285
Total de custos de produção por rolo no departamento de tecelagem	$ 785

Os rolos bons do departamento de tecelagem (chamados de tecido cinza) são enviados ao departamento de estamparia. Dos 9 500 rolos bons iniciados na operação de estamparia, 950 (10 por cento) são rejeitados e rendem um valor líquido de venda igual a zero. Os custos de perda, com base no total de custos (variáveis e fixos) de produção por unidade, incorridos até o final da operação de estamparia, totalizam $ 930 por rolo, calculados da seguinte forma:

Total de custos de produção por rolo no departamento de tecelagem		$ 785
Custos de produção do departamento de impressão		
Custos de materiais diretos por rolo (variáveis)	$ 100	
Custos fixos operacionais por rolo ($ 427 950 ÷ 9 500 rolos)	45	
Total de custos de produção por rolo no departamento de impressão		145
Total de custos de produção por rolo		$ 930

O total de vendas mensais de tecido da Corporação Wellington é igual à produção do departamento de estamparia. Cada questão se refere apenas aos dados acima, não havendo entre elas nenhuma ligação.

Para fazer:

1. O departamento de estamparia está considerando a compra de cinco mil rolos adicionais de tecido cinza de um fornecedor externo a $ 900 o rolo. O gerente está preocupado em virtude de o custo de compra do tecido cinza ser mais alto do que o custo de produção da Wellington. A qualidade do tecido cinza adquirido fora é similar ao fabricado pela Wellington. O departamento de estamparia espera que 10 por cento dos rolos obtidos do fornecedor externo sejam perdidos. Deve o tecido cinza ser comprado do fornecedor externo? Mostre seus cálculos.
2. Os engenheiros da Wellington desenvolveram um método que reduziria o índice de perda do departamento de estamparia em 6 por cento. A implementação do novo método custaria $ 350 mil por mês. Deve a Wellington implementar a mudança? Mostre seus cálculos.
3. A equipe de engenharia do projeto propôs uma modificação que reduziria o índice de perda do departamento de tecelagem para 3 por cento. A modificação custaria $ 175 mil ao mês à empresa. Deve a Wellington implementar a mudança? Mostre seus cálculos.

capítulo

6

GESTÃO DO ESTOQUE, *JUST-IN-TIME* E CUSTEIO RETROCEDIDO

Objetivos de aprendizagem

1. Identificar cinco categorias de custos associadas a produtos à venda
2. Equilibrar custos de pedido com custos de estocagem usando o modelo de decisão do lote econômico de compra (LEC)
3. Identificar e reduzir os conflitos que podem ocorrer entre o modelo de decisão LEC e os modelos usados na avaliação do desempenho
4. Usar uma abordagem da cadeia de fornecimento na gestão do estoque
5. Distinguir os sistemas do planejamento de requisitos de materiais (MRP) dos sistemas *just-in-time* (*JIT*) na produção
6. Identificar as características de um sistema de produção *just-in-time*
7. Utilizar o custeio retrocedido
8. Descrever meios diferentes em que o custeio retrocedido pode simplificar os sistemas de custeio tradicionais

Já aconteceu de você ter de passar por pessoas acomodadas em seus lugares para chegar a uma poltrona quando o filme está para começar? Você é daqueles que geralmente chegam nas salas de aulas faltando apenas alguns segundos para o início? Se a resposta for sim, no mundo atual sua atitude não será considerada apropriada. Mas na atividade de gestão de estoque, os materiais que chegam dentro do prazo (*just-in-time*) de a produção começar não apenas são planejados, como desejáveis. No Regal Marine, o espaço de armazenagem para os materiais diretos, que estão esperando para ser usados na produção de barcos a motor, é dispendioso, e os itens mais importantes como madeira, motores e tecido para revestimento chegam à fábrica no momento preciso da fase da produção. Assim, a Regal Marine não incorre custos de armazenagem e evita investir dinheiro em estoque de materiais diretos. Uma boa gestão do estoque ajuda a manter a Regal Marine atuando em condições ideais.

A gestão do estoque é uma parte importante no planejamento do lucro para empresas industriais e comerciais. Muitas vezes, os custos dos materiais são responsáveis por mais de 40 por cento do total de custos das empresas industriais e mais de 70 por cento do total de custos das empresas comerciais. As informações contábeis podem ter um papel-chave na gestão do estoque. Primeiro, consideramos os sistemas de varejo e depois os industriais.

Gestão do estoque nas organizações varejistas

Gestão do estoque é o planejamento, a coordenação e o controle das atividades relacionadas ao fluxo do estoque em, por meio e fora de uma organização. Considere a divisão das operações de três varejistas, apresentadas a seguir, para os quais o custo dos produtos vendidos constitui o maior item de custo.

	Kroger	Safeway	Wal-Mart
Receitas	100,0%	100,0%	100,0%
Deduz os custos:			
Custo dos produtos vendidos	76,8	70,4	78,4
Custos de venda e administrativos	18,3	22,5	16,0
Outros custos, juros e impostos	3,5	4,4	2,7
Total de custos	98,6	97,3	97,1
Lucro líquido	1,4%	2,7%	2,9%

As porcentagens do lucro líquido para as receitas são baixas, o que significa que as melhores decisões a respeito da compra e administração de produtos para venda podem causar aumentos percentuais significativos no lucro líquido.

Custos associados a produtos para venda

A gestão de estoques para aumentar o lucro líquido exige a gestão eficaz de custos integrantes de cinco categorias, a saber:

1. **Preços do bem** — o custo dos produtos adquiridos de fornecedores, incluindo o frete de vinda e os custos de transporte. Esses custos geralmente compõem a maior categoria de custo dos produtos para venda. Os descontos relacionados ao volume de pedidos de compra e os termos de crédito dos fornecedores afetam os preços do bem.
2. **Custos de pedido** — os custos para preparar e emitir os pedidos de compra, recebimento e inspeção dos itens incluídos nos pedidos; comparar as faturas recebidas, pedidos de compra e registros de entregas para fazer os pagamentos. Os custos de pedido incluem o custo de obter aprovação de compra, assim como outros custos especiais de processamento.
3. **Custos de estocagem** — são custos que surgem enquanto se mantém o estoque de produtos para venda. Os custos de estocar incluem o custo de oportunidade do investimento empatado no estoque (veja Capítulo 11 do volume 1) e os custos associados com armazenagem, como o aluguel de espaço, seguro, obsolescência e perda.
4. **Custos de falta de estoque** — são custos que resultam de uma empresa não ter um item específico para o qual há demanda — falta de estoque —, precisando agir rapidamente para satisfazê-la sob pena de sofrer prejuízos. Uma empresa pode responder à falta de estoque apressando o pedido de um fornecedor, o que implicará custos adicionais de pedido e custos associados a transporte, ou, também, perder vendas devido à falta de estoque. Nesse caso, o custo de oportunidade da falta de estoque inclui a margem de contribuição perdida sobre a venda não concluída devido à falta do item no estoque, mais qualquer margem de contribuição perdida sobre as vendas futuras devido à insatisfação do cliente causada pela falta de estoque.
5. **Custos de qualidade** — são os custos que resultam em um produto ou serviço não estar em conformidade com as especificações do cliente. Há quatro categorias de custos de qualidade —

custos de prevenção, custos de avaliação, custos de falha interna e custos de falha externa — descritas no Capítulo 5 deste volume.

Vendo sob o ângulo dessas cinco categorias de custo, você perceberá que nem todos os custos relevantes de administração de produtos à venda estão disponíveis nos sistemas contábeis financeiros conhecidos. Os custos de oportunidade, não registrados nesses sistemas, são um componente significativo em várias dessas categorias de custo.

A tecnologia de agrupamento de informações aumenta a confiabilidade e a rapidez nas informações do estoque e reduz os custos nas cinco categorias de custo. Por exemplo, a tecnologia do código de barra permite que um *scanner* registre compras e vendas individualmente: assim que a unidade é escaneada, é criado um registro instantâneo das movimentações no estoque que ajuda na administração dos custos de compra, estocagem e falta de estoque.

Modelo de decisão do lote econômico de compra

A primeira decisão na administração de produtos para venda está relacionada a quanto pedir de um certo produto. O **lote econômico de compra (LEC)** é um modelo de decisão que calcula a quantidade ideal de estoque a ser pedido, sob um conjunto de suposições. A versão mais simples de um modelo LEC presume que haja apenas os custos de pedidos e de estocagem, e presume que:

1. A mesma quantidade é pedida em cada ponto de reabastecimento.
2. A demanda, os custos de pedido e de estocagem são certamente conhecidos. O **prazo de entrega do pedido de compra** — o prazo entre fazer o pedido e sua entrega — também é conhecido com certeza.
3. Os preços unitários do produto não são afetados pela quantidade pedida. Essa suposição faz com que os custos do bem sejam irrelevantes para determinar o LEC, porque os preços de compra de todas as unidades adquiridas serão os mesmos, independentemente do volume de unidades pedidas.
4. Não há falta de estoque. A base para essa suposição é a de que os custos da falta de estoque são tão altos que os gerentes mantêm estoque adequado para evitá-los.
5. Ao decidir o volume de um pedido de compra, os gerentes consideram os custos de qualidade apenas até o ponto em que eles não afetam os custos de pedido ou de estocagem.

Dadas essas suposições, a análise LEC ignora os preços de compra, os custos de falta de estoque e os custos de qualidade. LEC é a quantidade pedida que reduz os custos relevantes de pedido e de estocagem (isto é, os custos de pedido e de estocagem afetados pela quantidade de itens pedidos):

Total de custos relevantes = Custos relevantes de pedidos + Custos relevantes de estocagem

Exemplo: *A Vídeo Galore, uma loja de aluguel de fitas de vídeo, também vende fitas virgens, comprando-as da Sontek a \$ 14 o pacote, que, por sua vez, paga pelo frete de entrega. Não há necessidade de inspeção na entrega porque a Sontek tem a reputação de entregar mercadoria de qualidade. A demanda anual da Vídeo Galore é de 13 mil pacotes, totalizando 250 pacotes por semana. A Vídeo Galore exige um retorno anual sobre o investimento de 15 por cento. O prazo de entrega do pedido de compra é de duas semanas. Os custos relevantes por pedido de compra são de \$ 200.*

Os custos relevantes de estocagem por pacote, por ano, são:

Retorno anual exigido sobre o investimento, 0,15 × \$ 14	*\$ 2,10*
Seguro relevante, manuseio de materiais, quebras e outros, por ano	*3,10*
Total	*\$ 5,20*

Qual é o LEC dos pacotes de fitas de vídeo?

A fórmula para o modelo do LEC é:

$$\text{LEC} = \sqrt{\frac{2DP}{C}}$$

onde,

D = Demanda em unidades para um período especificado (um ano neste exemplo)
P = Custos relevantes por pedido de compra
C = Custos relevantes de estocagem de uma unidade em estoque pelo período usado para D (um ano)

A fórmula indica que o LEC aumenta com a demanda e os custos de pedido, e diminui com os custos de estocagem. Para a Vídeo Galore:

$$\text{LEC} = \sqrt{\frac{2 \times 13\ 000 \times \$\ 200}{\$\ 5{,}20}} = \sqrt{1\ 000\ 000} = 1\ 000 \text{ pacotes}$$

A compra de mil pacotes por pedido reduz o total de custos de pedido e de estocagem.

O total de custos relevantes (TCR) anuais para qualquer quantidade (Q) de pedido pode ser calculado da seguinte maneira:

$$\text{TCR} = \text{Custos relevantes anuais de pedidos} + \text{Custos relevantes anuais de estocagem}$$

$$= \left(\begin{array}{c}\text{Número de}\\ \text{pedidos de compra}\\ \text{por ano}\end{array} \times \begin{array}{c}\text{Custos relevantes}\\ \text{por pedido de}\\ \text{compra}\end{array}\right) + \left(\begin{array}{c}\text{Média de}\\ \text{estoque em}\\ \text{unidades}\end{array} \times \begin{array}{c}\text{Custos relevantes}\\ \text{anuais de estocagem}\\ \text{de uma unidade}\end{array}\right)$$

$$\text{TCR} = \left(\frac{D}{Q} \times P\right) + \left(\frac{Q}{2} \times C\right)$$

$$= \frac{DP}{Q} + \frac{QC}{2}$$

Nesta fórmula, Q pode ser qualquer quantidade de pedido, não apenas LEC.
Quando Q = 1 000 unidades,

$$\text{TCR} = \frac{13\,000 \times \$\,200}{1\,000} + \frac{1\,000 \times \$\,5{,}20}{2}$$

$$= \$\,2\,600 + \$\,2\,600 = \$\,5\,200$$

O número de entregas em cada período (um ano neste exemplo) é:

$$\frac{D}{\text{LEC}} = \frac{13\,000}{1\,000} = 13 \text{ entregas}$$

O Quadro 6.1 mostra o total anual de custos relevantes de pedido (DP/Q) e inventário de estoque ($QC/2$) sob vários tamanhos de pedidos (Q), e ilustra a possibilidade de substituição entre os dois tipos de custo. Quanto maior for a quantidade que o pedido contém, menores serão os custos relevantes anuais relacionados a ele, porém mais altos serão os custos relevantes anuais de estocagem. *O total de custos relevantes anuais no LEC é mínimo, considerando que os custos relevantes de pedido e de estocagem são iguais.*

Quando pedir, supondo certeza

A segunda decisão na administração dos produtos à venda diz respeito a quando concretizar o pedido de certo produto. O **ponto de reabastecimento** é o nível do estoque disponível, indicativo da necessidade ou não de um novo pedido de compra. O ponto de reabastecimento é mais fácil de calcular quando a demanda e o prazo de entrega do pedido de compra são conhecidos:

$$\text{Ponto de reabastecimento} = \begin{array}{c}\text{Número de unidades por}\\ \text{unidade de tempo}\end{array} \times \begin{array}{c}\text{Prazo de entrega}\\ \text{dos pedidos de compra}\end{array}$$

Quadro 6.1 Análise gráfica dos custos de pedido e dos custos de estocagem para a Vídeo Galore.

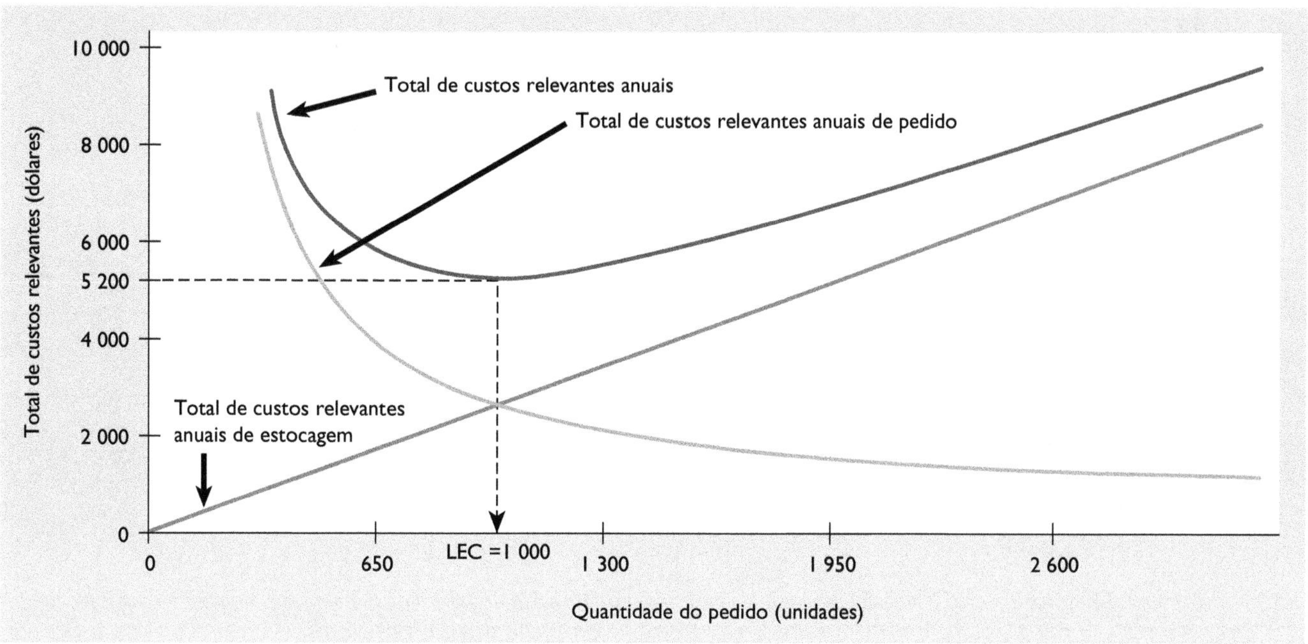

No nosso exemplo da Vídeo Galore, escolhemos uma semana como a unidade de tempo para a fórmula do ponto de reabastecimento:

Quantidade econômica de pedido	1 000 pacotes
Número de unidades vendidas por semana	250 pacotes por semana
Prazo de entrega do pedido de compra	2 semanas

Ponto de reabastecimento = 250 pacotes por semana × 2 semanas = 500 pacotes

A Vídeo Galore fará o pedido de mil pacotes cada vez que o estoque cair para 500 pacotes. O gráfico no Quadro 6.2 mostra o comportamento do nível do estoque de fitas de vídeo, presumindo que a demanda ocorra uniformemente durante cada semana.[1] Se o prazo de entrega do pedido de compra for de duas semanas, um novo pedido será feito quando o nível do estoque cair para 500 pacotes, portanto, os mil pacotes pedidos chegarão exatamente na hora em que o estoque for zero.

Estoque de segurança

Supomos que a demanda e o prazo de entrega do pedido de compra são conhecidos. Os varejistas, em dúvida sobre a demanda, o prazo de entrega ou a quantidade que os fornecedores podem disponibilizar, mantêm um **estoque de segurança**, que é o estoque mantido regularmente, independentemente da quantidade de estoque pedida usando o modelo LEC. O estoque de segurança é usado como garantia a aumentos inesperados na demanda, incerteza sobre os prazos de entrega e impossibilidade de os fornecedores atenderem ao pedido. Os gerentes da Vídeo Galore esperam que a demanda seja de 250 pacotes por semana, considerando a possibilidade de vir a ser de 400 pacotes por semana. Caso os gerentes da Vídeo Galore entendam que os custos da falta de estoque são muito altos, poderão decidir manter um estoque de segurança de 300 pacotes. Os 300 pacotes correspondem à demanda máxima de 150 (400 – 250) pacotes por semana vezes as duas semanas de prazo de entrega do pedido de compra. O cálculo do estoque de segurança depende das previsões de demanda. Os gerentes terão uma idéia — geralmente baseados na experiência — da amplitude da demanda semanal.

Uma distribuição de freqüência baseada nos níveis de demanda diários ou semanais anteriores forma a base para o cálculo dos níveis do estoque de segurança. Suponha que um dos sete níveis diferentes de demanda ocorrerá durante o prazo de entrega do pedido de compra de duas semanas na Vídeo Galore.

Total da demanda por duas semanas	**200 unidades**	**300 unidades**	**400 unidades**	**500 unidades**	**600 unidades**	**700 unidades**	**800 unidades**
Probabilidade (soma para 1,00)	0,06	0,09	0,20	0,30	0,20	0,09	0,06

Quadro 6.2 Nível do estoque dos pacotes de fitas para a Vídeo Galore[a].

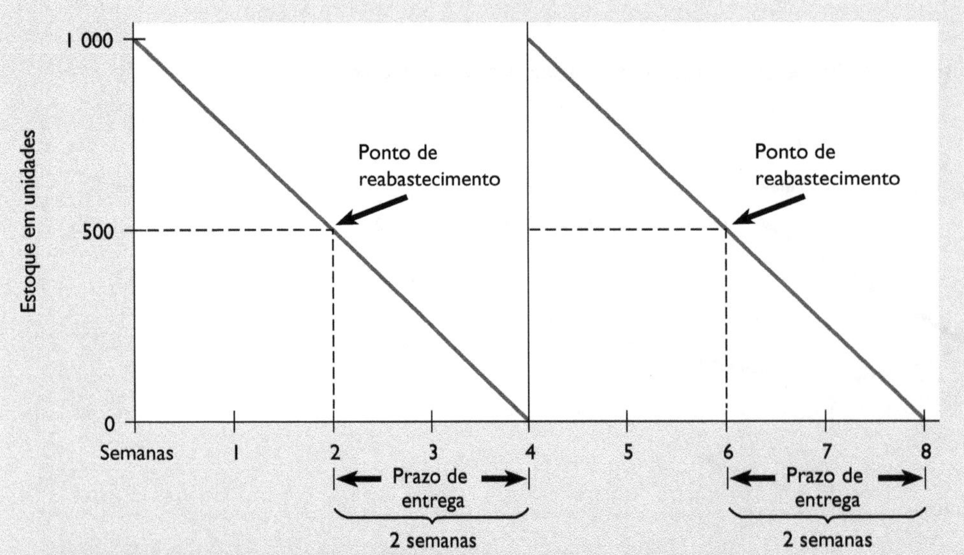

a *Este quadro presume que a demanda e o prazo de entrega do pedido são certos:*
Demanda = 250 pacotes de fita por semana
Prazo de entrega do pedido de compra = 2 semanas

1. *Essa fórmula conveniente, mas especial, não se aplica quando o recibo dos pedidos deixa de aumentar o estoque no ponto de reabastecimento (por exemplo, quando o prazo de entrega é de três semanas e o pedido corresponde ao suprimento de uma semana). Nesses casos, o pedido se prolongará.*

Vemos que o nível de demanda mais provável é de 500 unidades para as duas semanas, porque tem maior probabilidade de vir a ocorrer. Vemos, também, uma probabilidade de 0,35 de que a demanda seja de 600, 700 ou 800 pacotes (0,20 + 0,09 + 0,06 = 0,35).

Se um cliente quiser comprar fitas de vídeo e a loja não tiver nenhuma em estoque, a Vídeo Galore poderá entrar com um pedido de urgência a um custo adicional de $ 4 por pacote. Os custos relevantes da falta de estoque, nesse caso, são de $ 4 por pacote. O nível ideal do estoque de segurança é a quantidade de estoque de segurança que reduza a soma dos custos relevantes anuais de falta de estoque e de estocagem. Lembre-se: os custos relevantes de estocagem da Vídeo Galore são de $ 5,20 por unidade, por ano.

O Quadro 6.3 classifica o total anual de custos relevantes de falta de estoque e estocagem quando o ponto de reabastecimento é de 500 unidades. Precisamos apenas considerar os níveis do estoque de segurança de zero, cem, 200 e 300 unidades, porque a demanda excederá as 500 unidades de estoque disponível no reabastecimento em 0 caso a demanda seja de 500; em cem caso a demanda seja de 600; em 200 caso a demanda seja de 700 e em 300 caso a demanda seja de 800. Como mostra o Quadro 6.3, o total de custos relevantes anuais de falta de estoque e de estocagem seria reduzido em $ 1 352 quando é mantido um estoque de segurança de 200 pacotes. Considere o estoque de segurança de 200 unidades como estoque extra mantido pela Vídeo Galore. Por exemplo, o estoque total de fitas da Vídeo Galore, na hora do reabastecimento de seu LEC de mil unidades, seria de 700 unidades (o ponto de reabastecimento de 500 unidades mais o estoque de segurança de 200 unidades).

Estimando os custos relacionados ao estoque e seus efeitos

Como nos capítulos anteriores, você precisa determinar quais custos são relevantes na tomada e avaliação das decisões. Aqui, você precisa determinar os custos relevantes para as decisões relativas a estoque.

Considerações na obtenção de estimativas dos custos relevantes

A implementação do modelo de decisão LEC requer estimativas precisas dos custos relevantes anuais de estocagem. Os custos relevantes de estocagem consistem nos *custos incrementais relevantes* mais o *custo relevante de oportunidade do capital.*

O que são os *custos incrementais relevantes* de estocagem? Apenas os custos da empresa compradora — por exemplo, salários e aluguel dos armazéns, custos da obsolescência e custos de quebras — que mudam com a quantidade de estoque mantido. Considere os salários pagos ao pessoal do setor administrativo, do almoxarifado e pessoas que manuseiam materiais. Esses custos são irrelevantes se não forem afetados pelas mudanças nos níveis de estoque. Entretanto, suponha que, à medida que os estoques diminuem, o total de custos de salários diminui, pois os escrituários, pessoal

Quadro 6.3 Cálculo do estoque de segurança para a Vídeo Galore quando o ponto de reabastecimento é de 500 unidades.

Nível do estoque de segurança em unidades (1)	Níveis de demanda resultante da falta de estoque (2)	Falta de estoque em unidades[a] (3) = (2) − 500 − (1)	Probabilidade da falta de estoque (4)	Custos[b] relevantes da falta de estoque (5) = (3) × $ 4	Número de pedidos por ano[c] (6)	Custos esperados da falta de estoque[d] (7) = (4) × (5) × (6)	Custos relevantes de estocagem[e] (8) = (1) × $ 5,20	Total de custos relevantes (9) = (7) + (8)
0	600	100	0,20	$ 400	13	$ 1 040		
	700	200	0,09	800	13	936		
	800	300	0,06	1 200	13	936		
						$ 2 912	$ 0	$ 2 912
100	700	100	0,09	400	13	$ 468		
	800	200	0,06	800	13	624		
						$ 1 092	$ 520	$ 1 612
200	800	100	0,06	400	13	$ 312	$ 1 040	$ 1 352
300	—	—	—	—	—	$ 0[f]	$ 1 560	$ 1 560

a *Nível de demanda resultante das faltas de estoque – Estoque disponível durante o prazo de entrega (excluindo o estoque de segurança), 500 unidades – Estoque de segurança.*

b *Unidades faltantes no estoque × Custos relevantes da falta de estoque de $ 4,00 por unidade.*

c *Demanda anual, 13 000 ÷ 1 000 LEC = 13 pedidos por ano.*

d *Probabilidade de falta de estoque × Custos relevantes da falta de estoque × Número de pedidos por ano.*

e *Estoque de segurança × Custos relevantes anuais de estocagem de $ 5,20 por unidade (suponha que o estoque de segurança esteja regularmente disponível e que não há estoque em excesso).*

f *A um nível de estoque de segurança de 300 unidades, não ocorrerá falta de estoque e, conseqüentemente, os custos esperados de falta de estoque serão iguais a $ 0.*

do almoxarifado e os que manuseiam os materiais são transferidos para outras atividades ou dispensados. Nesse caso, os salários pagos são custos relevantes de estocagem. Similarmente, os custos de espaço físico — que não podem ser usados para propósitos lucrativos quando os estoques diminuem — são irrelevantes. Mas se o espaço tiver aplicação que gere lucro ou o total de custo do aluguel estiver ligado à quantidade de espaço ocupada, os custos do espaço físico serão custos relevantes de estocagem.

O que é o *custo relevante de oportunidade do capital*? É o retorno perdido pelo investimento de capital em estoque, e não em algum outro lugar. Ele é calculado como a taxa mínima de retorno multiplicada por esses custos por unidade que (a) variam com o número de unidades compradas e (b) são incorridos na hora em que as unidades são recebidas. (Exemplos desses custos por unidade são o preço das unidades compradas, o frete e a inspeção no recebimento.) Os custos de oportunidade não são calculados sobre os investimentos (digamos, em prédios) se esses investimentos não forem afetados pelas mudanças nos níveis de estoque.

No caso da falta de estoque, o cálculo do custo de oportunidade relevante requer uma estimativa da margem de contribuição perdida sobre as vendas perdidas por causa da falta de estoque, assim como a margem de contribuição perdida sobre as vendas futuras perdidas por causa da insatisfação do cliente, resultante da falta de estoque.

Custos de um erro de previsão

Prever custos relevantes é difícil e raramente isento de falhas, o que levanta a seguinte questão: Qual é o custo quando os custos relevantes reais diferem dos custos relevantes estimados, usados na tomada de decisão?

Vamos ver a Vídeo Galore novamente. Suponha que os custos relevantes por pedido de compra sejam de \$ 100, em vez da estimativa de \$ 200 que usamos anteriormente. Podemos calcular o custo do erro de *previsão* usando uma abordagem de três etapas.

Etapa 1: Calcular o resultado monetário da melhor medida que poderia ser tomada, dada a quantia real da entrada de custo. Usando D = 13 000 unidades, P = \$ 100 e C = \$ 5,20:

$$\text{LEC} = \sqrt{\frac{2DP}{C}}$$

$$= \sqrt{\frac{2 \times 13\,000 \times \$\,100}{\$\,5{,}20}} = \sqrt{500\,000}$$

$$= 707 \text{ pacotes (arredondando)}$$

O total de custos relevantes anuais quando LEC = 707 pacotes é:

$$\text{TCR} = \frac{DP}{Q} + \frac{QC}{2}$$

$$= \frac{13\,000 \times \$\,100}{707} + \frac{707 \times \$\,5{,}20}{2}$$

$$= \$\,1\,839 + \$\,1\,838 = \$\,3\,677$$

Etapa 2: Calcular o resultado monetário da melhor medida, com base na quantia incorreta da entrada de custo prevista. A ação planejada, quando os custos relevantes por pedido de compra são previstos em \$ 200, é comprar mil pacotes em cada pedido. O total de custos relevantes anuais usando essa quantidade de pedido quando D = 13 000 unidades, P = \$ 100 e C = \$ 5,20, é:

$$\text{TCR} = \frac{13\,000 \times \$\,100}{1\,000} + \frac{1\,000 \times \$\,5{,}20}{2}$$

$$= \$\,1\,300 + \$\,2\,600 = \$\,3\,900$$

Etapa 3: Calcular a diferença entre os resultados monetários da Etapa 1 e da Etapa 2.

	Resultado monetário
Etapa 1	\$ 3 677
Etapa 2	3 900
Diferença	\$ (223)

O custo do erro de previsão, \$ 223, é menos do que os 7 por cento do total de custos relevantes. A curva do total de custos relevantes anuais do Quadro 6.1 é, de certa maneira, reta, pelas quantidades de pedidos, de 650 para 1 300 unidades. *A raiz quadrada no modelo do LEC reduz a sensibilidade da decisão de pedido aos erros na previsão de seus parâmetros.*

Avaliando os gerentes e as questões de congruência dos objetivos

O que acontece se a quantidade de pedido escolhida, baseada no modelo de decisão LEC, não for a mesma que a quantidade de pedido que os gerentes que estão implementando as decisões de administração do estoque escolheriam para fazer com que os próprios desempenhos parecessem melhores? Por exemplo, como não há custos de oportunidade registrados nos sistemas contábeis financeiros, existe a possibilidade de um conflito entre a quantidade ideal de pedido do modelo do LEC e a quantidade de pedido que o gerente de compra (que é avaliado nos números contábeis financeiros) considerará como ideal. Se os custos de oportunidade dos investimentos empatados em estoque forem excluídos dos custos anuais de estocagem quando da avaliação do desempenho do gerente, eles estarão inclinados a comprar lotes maiores de materiais. Empresas como a Coca-Cola e o Wal-Mart solucionaram esse conflito avaliando o desempenho para que os custos de estocagem, *incluindo uma taxa mínima de retorno sobre o investimento,* sejam cobrados do gerente responsável pela administração dos níveis de estoque. Para reduzir os custos de oportunidade dos investimentos empatados no estoque, os gerentes têm um incentivo para reduzir os níveis de estoque.

COMPRAS *JUST-IN-TIME*

Compra *just-in-time* (*JIT*) é a compra de materiais (ou produtos) que devem ser entregues assim que necessário para que a produção (ou vendas) possa ter prosseguimento. Considere a compra *JIT* da Hewlett Packard (HP) na fabricação de seus computadores. A HP tem acordos de longo prazo com os fornecedores para os principais componentes dessa linha de produtos. Cada fornecedor tem a obrigação de fazer entregas freqüentes de pedidos pequenos diretamente na fábrica, com base na programação de produção que a HP compartilha com os fornecedores. Pelo fato de a HP manter muito pouco estoque, um fornecedor que não entrega os componentes na hora, ou que entrega componentes que não satisfazem os padrões de qualidade acordados, pode fazer com que uma instalação de montagem da HP não satisfaça as próprias entregas programadas.

PARÂMETROS DAS COMPRAS *JIT* E DO MODELO LEC

As empresas que se rendem às compras *JIT* para reduzir custos de estocagem (parâmetro *C* no modelo LEC) dizem que, no passado, esses custos foram muito maiores do que o estimado, porque os custos de armazenagem, manuseio, roubo e capital não foram apropriadamente identificados. Ao mesmo tempo, o custo de fazer um pedido de compra (parâmetro *P* no modelo LEC) está diminuindo porque:

- As empresas estão estabelecendo acordos de compra de longo prazo, definindo os termos de preço e qualidade por um período de tempo maior. Os pedidos de compra individuais, cobertos por esses acordos, não requerem negociações adicionais a respeito do preço ou qualidade.
- As empresas estão usando *links* eletrônicos, como a Internet, para fazer os pedidos de compras. O custo de pedidos pela Internet é estimado como sendo uma pequena fração do custo dos pedidos realizados por telefone ou pelo correio.
- As empresas estão usando os cartões de pedidos de compras (similares aos cartões de crédito para consumidores, como VISA e Mastercard). Contanto que a equipe de compras permaneça dentro dos limites monetários preestabelecidos de transações totais e individuais, os mecanismos tradicionais, de mão-de-obra intensiva, para aprovação das compras, não são necessários.

O Quadro 6.4 classifica a sensibilidade do LEC da Vídeo Galore às mudanças nos custos de estocagem e de pedido. O Quadro 6.4 apóia as compras *JIT*: o LEC diminui e a freqüência de pedidos aumenta à medida que aumentam os custos relevantes de estocagem e que diminuem os custos relevantes por pedido de compra.

BENEFÍCIOS RELEVANTES E CUSTOS RELEVANTES DAS COMPRAS *JIT*

A compra *JIT* não é guiada somente pelo modelo LEC. O modelo LEC é projetado apenas para enfatizar a troca entre custos de estocagem e custos de pedidos. Entretanto, a gestão do estoque também inclui os preços dos produtos, de falta de estoque e de qualidade. Adquirir materiais ou produtos de qualidade, receber as entregas em tempo e evitar falta de estoque são procedimentos importantes nas compras *JIT*.

Suponha que a Vídeo Galore tenha estabelecido recentemente um *link* de pedido de compra de empresa para empresa, pela Internet, com a Sontek. A Vídeo Galore inicia um pedido de compras de fitas por meio de um único

Quadro 6.4 Sensibilidade do LEC para as variações nos custos relevantes de pedidos e de estocagem para a Vídeo Galore[a].

Custos relevantes de estocagem por pacote por ano	Custos relevantes por pedido de compra			
	$ 200	**$ 150**	**$ 100**	**$ 30**
$ 5,20	LEC = 1 000	LEC = 866	LEC = 707	LEC = 387
7,00	862	746	609	334
10,00	721	624	510	279
15,00	589	510	416	228

a *Presumindo que a demanda anual seja sempre de 13 mil pacotes.*

pedido no computador. Os pagamentos pelos lotes entregues são feitos eletronicamente, e não por entrega individual. Essas mudanças reduzem os custos de pedidos de $ 200 para apenas $ 2 por pedido de compra. A Vídeo Galore usará o *link* mudando ou não para as compras *JIT*. A Vídeo Galore está negociando com a Sontek para que ela entregue cem pacotes de fitas 130 vezes por ano (cinco vezes a cada duas semanas), em vez de entregar mil pacotes 13 vezes por ano, como calculado no Quadro 6.1. A Sontek está disposta a fazer as entregas freqüentes, mas adicionaria a pequena quantia de $ 0,02 ao preço por pacote de fitas. O retorno mínimo sobre o investimento da Vídeo Galore permaneceria em 15 por cento. Suponha que os custos relevantes de seguro, manuseio dos materiais, quebras e outros permaneçam a $ 3,10 por pacote, por ano.

Suponha também que a Vídeo Galore não incorra custos de falta de estoque sob a sua política atual de compras, porque a demanda e os prazos de entrega dos pedidos de compra durante cada período de quatro semanas são conhecidos. A Vídeo Galore está preocupada que os níveis mais baixos de estoque, da implementação das compras *JIT*, levará a mais falta de estoque porque as variações na demanda e os atrasos no fornecimento de fitas são mais prováveis nos intervalos curtos de tempo entre os pedidos entregues sob as compras *JIT*. Apesar dos processos de produção flexíveis da Sontek, que possibilitam que ela responda rapidamente às mudanças nos padrões de demanda, a Vídeo Galore espera incorrer custos de falta de estoque em 150 pacotes de fitas por ano sob a política de compras *JIT*. Caso haja falta de estoque, a Vídeo Galore terá de fazer um pedido urgente de pacotes de fitas de um outro fornecedor a um custo adicional de $ 4 por pacote. Deve a Vídeo Galore implementar a opção de compras *JIT* de 130 entregas por ano?

O Quadro 6.5 compara os custos relevantes da Vídeo Galore sob a política atual de compras e a política *JIT*, e mostra a economia líquida de custos de $ 1 245,85 por ano com a mudança para a política *JIT*.

Avaliação do fornecedor, custos relevantes da qualidade e entregas pontuais

As empresas que implementam a compra *JIT* escolhem seus fornecedores cuidadosamente e prestam atenção especial ao desenvolvimento de parcerias de longo prazo com os fornecedores, alguns deles bem posicionados para apoiar as compras *JIT*. A Frito-Lay, uma fornecedora de batatas fritas e outros salgadinhos, faz entregas mais freqüentes para as lojas varejistas do que qualquer um dos seus concorrentes. A estratégia corporativa da empresa enfatiza o serviço aos varejistas, a consistência, o frescor e a qualidade dos produtos entregues.

Quais são os custos relevantes na escolha dos fornecedores? Considere novamente a Vídeo Galore. A Denton Corporation, um outro fornecedor de fitas de vídeo, oferece suprir todas as necessidades de fitas de vídeo da Vídeo Galore a um preço de $ 13,80 por pacote — menos que o preço da Sontek, de $ 14,02 —, sob os mesmos termos de entrega *JIT* que a Sontek oferece. A Denton propõe um link de pedido de compra na Internet idêntico ao da Sontek, fazendo os custos de pedidos da Vídeo Galore a $ 2 por pedido de compra. Os custos relevantes de seguro, manuseio dos materiais, quebras e outros seriam de $ 3,00 por pacote, por ano, se ela comprasse da Denton, *versus* $ 3,10 se ela

Quadro 6.5 Custos relevantes anuais da política atual de compras e da política de compras *JIT* para a Vídeo Galore.

	Custos relevantes sob	
Item relevante	**Política atual de compras**	**Política de compras *JIT***
Preços dos produtos		
$ 14 por unidade × 13 000 unidades por ano	$ 182 000,00	
$ 14,02 por unidade × 13 000 unidades por ano		$ 182 260,00
Custos de pedido		
$ 2 por pedido × 13 pedidos por ano	26,00	
$ 2 por pedido × 130 pedidos por ano		260,00
Custos de oportunidade de estocagem, retorno mínimo sobre o investimento		
0,15 por ano × $ 14 custo por unidade × 500[a] unidades de estoque em média por ano	1 050,00	
0,15 por ano × $ 14,02 custo por unidade × 50[b] unidades de estoque em média por ano		105,15
Outros custos de estocagem (seguro, manuseio dos materiais, quebras etc.)		
$ 3,10 por unidade por ano × 500[a] unidades de estoque em média por ano	1 550,00	
$ 3,10 por unidade por ano × 50[b] unidades de estoque em média por ano		155,00
Custos de falta de estoque		
Sem falta de estoque	0	
$ 4 por unidade × 150 unidades por ano		600,00
Total de custos relevantes anuais	$ 184 626,00	$ 183 380,15
Diferença anual favorecendo a compra *JIT*	$ 1 245,85	

a *Quantidade do pedido ÷ 2 = 1 000 ÷ 2 = 500.*
b *Quantidade do pedido ÷ 2 = 100 ÷ 2 = 50.*

comprasse da Sontek. Deveria a Vídeo Galore comprar da Denton? Para responder, precisamos considerar os custos relevantes de qualidade e desempenho da entrega.

A Vídeo Galore tem usado a Sontek no passado e sabe que ela entregará fitas de qualidade na hora. A Vídeo Galore não inspeciona os pacotes de fitas que a Sontek fornece. A Denton, no entanto, não desfruta da mesma excelente reputação pela qualidade. A Vídeo Galore antecipa os seguintes aspectos negativos em usar a Denton:

- Custos de inspeção de $ 0,05 por pacote.
- Média de falta de estoque de 360 pacotes de fitas por ano, exigindo pedidos urgentes a um custo adicional de $ 4 por pacote.
- Devoluções de produto de 2,5 por cento de todos os pacotes vendidos devido à baixa qualidade das fitas. A Vídeo Galore estima custos adicionais de $ 10 para manusear cada pacote retornado.

O Quadro 6.6 mostra os custos relevantes em comprar da Sontek e da Denton. Embora a Denton esteja oferecendo um preço mais baixo por pacote, há uma economia líquida de custos de $ 1 873,35 por ano comprando as fitas da Sontek. A venda de mercadorias de alta qualidade também tem benefícios não-financeiros. A venda das fitas de alta qualidade da Sontek realça a reputação da Vídeo Galore e aumenta a satisfação de clientes, o que pode levar a uma maior lucratividade futura.

Gestão do estoque e análise da cadeia de fornecimento

Os níveis de estoque mantidos pelos varejistas são influenciados pelos padrões de demanda de seus clientes e os relacionamentos de fornecimento com os seus distribuidores e fabricantes, os fornecedores para seus fabricantes e assim sucessivamente. A *cadeia de fornecimento* descreve o fluxo de produtos, serviços e informações das fontes iniciais de materiais e serviços para a entrega dos produtos, independentemente de essas atividades ocorrerem na mesma organização ou em outras organizações. Pesquisas mostram que há ganhos significativos para as empresas na cadeia de fornecimento com a coordenação de suas atividades e compartilhamento de informações.

A experiência da Procter and Gamble (P&G) com os produtos Pampers ilustra os ganhos com a coordenação da cadeia de fornecimento. Apesar de os bebês usarem fraldas constantemente, os varejistas que comercializam o produto identificaram uma variação na demanda semanal aleatória quando as famílias realmente compravam fraldas descartáveis. Antecipando até mais variação na demanda e falta de informação sobre o estoque disponível com

Quadro 6.6 Custos relevantes anuais de comprar da Sontek e da Denton.

Item relevante	Custos relevantes de comprar de Sontek	Denton
Preços dos produtos		
$ 14,02 por unidade × 13 000 unidades por ano	$ 182 260,00	
$ 13,80 por unidade × 13 000 unidades por ano		$ 179 400,00
Custos de pedido		
$ 2 por pedido × 130 pedidos por ano	260,00	
$ 2 por pedido × 130 pedidos por ano		260,00
Custos de inspeção		
Nenhuma inspeção necessária	0	
$ 0,05 por unidade × 13 000 unidades		650,00
Custos de oportunidade de estocar, retorno mínimo sobre o investimento		
0,15 por ano × $ 14,02 × 50[a] unidades de estoque em média por ano	105,15	
0,15 por ano × $ 13,80 × 50[a] unidades de estoque em média por ano		103,50
Outros custos de estocar (seguro, manuseio dos materiais, quebras, e daí em diante)		
$ 3,10 por unidade por ano × 50[a] unidades de estoque em média por ano	155,00	
$ 3,00 por unidade por ano × 50[b] unidades de estoque em média por ano		150,00
Custos de falta de estoque		
$ 4 por unidade × 150 unidades por ano	600,00	
$ 4 por unidade × 360 unidades por ano		1 440,00
Custos de devoluções de clientes		
Nenhuma devolução de clientes	0	
$ 10 por unidade devolvida × 2,5% × 13 000 unidades devolvidas		3 250,00
Total de custos relevantes anuais	$ 183 380,15	$ 185 253,50
Diferença anual a favor da Sontek	$ 1 873,35	

a *Quantidade do pedido ÷ 2 = 100 ÷ 2 = 50.*

os fabricantes, os pedidos dos varejistas para o fabricante (P&G) tornaram-se mais variáveis. A variação nos pedidos foi piorada pelas promoções comerciais que fizeram com que os varejistas aproveitassem os preços mais baixos para estocar. Similarmente, a alta variação de pedidos na P&G traduziu-se em mais variação nos pedidos aos fornecedores da P&G.

A variação observada pelos fornecedores nas quantidades demandadas, comparada à dos fabricantes, e destes comparada à dos varejistas, é denominada 'efeito do chicote'.[2] A conseqüência do efeito do chicote é a de que os níveis elevados de estoque são mantidos em todos os estágios da cadeia de fornecimento.

Em uma cadeia de fornecimento, as empresas podem se beneficiar coordenando atividades e compartilhando informações. Suponha que todos os varejistas compartilhem informações diárias sobre a Pampers com a P&G e seus fornecedores. Os dados de venda reduzem o nível de incerteza dos fabricantes e seus fornecedores sobre a demanda varejista pela Pampers. A redução na incerteza da demanda, combinada com o compartilhamento de dados do estoque por toda a cadeia de fornecimento, leva à (a) pouca falta de estoque em nível de varejo, à (b) fabricação reduzida da Pampers que os varejistas não necessitam imediatamente, a (c) poucos pedidos de fabricação que precisam ser acelerados e a (d) estoques mais baixos mantidos por cada empresa na cadeia de fornecimento. Os benefícios da coordenação na P&G foram tantos que varejistas, como o Wal-Mart, contrataram a P&G para administrar seus estoques de varejo. Essa prática é denominada *estoque administrado pelo fornecedor*. A administração da cadeia de fornecimento, no entanto, não deixa de ter desafios (veja 'Pesquisas de Práticas Empresariais').

Os gerentes de companhias de fabricação também desenvolveram vários sistemas para planejar e implementar a produção e o estoque dentro de suas plantas. Consideraremos agora dois tipos de sistemas amplamente utilizados: o planejamento de requisitos de materiais (MRP) e a produção *just-in-time* (*JIT*).

Pesquisas de práticas empresariais

Desafios na obtenção de benefícios na análise da cadeia de fornecimento

Os estudos relacionados às cadeias de fornecimento, relatados na imprensa especializada, freqüentemente citam uma ampla variedade de benefícios para fabricantes e varejistas. Tais benefícios incluem pouca falta de estoque, fabricação reduzida de itens que não são subseqüentemente demandados em nível de varejo, redução nos pedidos urgentes de fabricação e níveis de estoque mais baixos. Uma pesquisa com 220 varejistas e fabricantes realça algumas das principais questões que as empresas que adotam uma abordagem da cadeia de fornecimento para a gestão do estoque precisam endereçar para alcançar plenamente os benefícios.

Uma questão é decidir quais informações compartilhar entre as empresas na cadeia de fornecimento. Os fabricantes fizeram a seguinte classificação (em termos de importância) sobre as informações que eles gostariam de receber dos varejistas que estocam seus produtos:

1. Previsão de vendas dos varejistas para os produtos
2. Dados de vendas sobre os produtos (como as vendas diárias de cada loja varejista)
3. Estratégias de precificação e propaganda do varejista
4. Níveis de estoque em cada loja varejista

Uma segunda questão é a redução dos obstáculos para que fabricantes e varejistas alcancem os benefícios da abordagem da cadeia de fornecimento. Os respondentes citaram os seguintes obstáculos:

1. Obstáculos de comunicação — incluindo a má vontade de algumas das partes em compartilhar as informações
2. Obstáculos de confiança — incluindo a preocupação de que algumas partes não cumpram os compromissos acordados
3. Obstáculos dos sistemas de informações — incluindo problemas causados pela incompatibilidade dos sistemas de informação de partes diferentes
4. Recursos limitados — incluindo problemas, porque as pessoas e recursos financeiros deduzidos para suportar uma iniciativa da cadeia de fornecimento não são adequados

A adoção de uma abordagem da cadeia de fornecimento exige que diversas organizações cooperem e se comuniquem sobre um conjunto amplo de questões. Os respondentes enfatizaram que esse desafio nem sempre foi cumprido com sucesso. Não é de surpreender que nem todas as iniciativas da cadeia de fornecimento alcançaram os benefícios financeiros e operacionais inicialmente projetados.

Fonte: Research Incorporated, *Synchronizing the Supply Through Collaborative Design.*

2. *Veja H. Lee, V. Padmanabhan e S. Whang.* The Bullwhip Effect in Supply Chains. *Sloan Management Review. 1997. Esses autores discutem as quatro principais causas do efeito do chicote: (1) previsão da demanda, (2) lote de pedido, (3) flutuação de preço e (4) jogo de racionamento e escassez.*

GESTÃO DO ESTOQUE E MRP

O **planejamento de requisitos de materiais (MRP)** é um sistema de fabricação de produtos para estoque com base nas previsões de demanda. O MRP usa (1) as previsões de demanda para os produtos finais; (2) a conta detalhada dos insumos, componentes e submontagem para cada produto final; e (3) as quantidades de materiais, componentes e estoque de produtos para cada estágio de produção. Levando em consideração o prazo de entrega necessário para comprar materiais e fabricar os componentes e produtos acabados, a programação principal de produção especifica a quantidade e o momento oportuno de cada item ser produzido. Quando a produção começa como programada, as fases de cada departamento são forçadas na linha de produção, sejam elas necessárias ou não. Essa 'forçada' pode, às vezes, resultar em acúmulo de estoque à medida que as unidades de trabalho recebem tarefas ainda não prontas para ser processadas.

A gestão do estoque é um desafio em um sistema MRP. Um dos motivos para as tentativas fracassadas de implementação dos sistemas MRP é a falha em coletar e atualizar os registros dos estoques. O contador gerencial pode auxiliar em um MRP mantendo registros precisos dos estoques e seus custos. Por exemplo, após tornar-se ciente do total de estocagem dos produtos acabados, a National Semiconductor fez um contrato com a Federal Express para enviar os seus *chips*, via aérea, de Cingapura para empresas de clientes em todo o mundo, em vez de armazenar produtos em vários armazéns (e geograficamente dispersos). A mudança possibilitou à National movimentar os produtos da fábrica para o cliente em quatro em vez de 45 dias, e reduzir os custos de distribuição de 2,6 para 1,9 por cento das receitas. Esses benefícios subseqüentemente levaram a National a terceirizar todas as atividades de despacho para a Federal Express, incluindo os despachos entre as próprias fábricas nos Estados Unidos, Escócia e Malásia.

O contador gerencial pode, também, ajudar a estimar os custos de *set up* e os do tempo de manutenção para as operações de produção. *Os custos de* set up *em uma operação de produção são análogos aos custos de pedidos no modelo LEC.* Quando os custos de *set up* das máquinas são elevados — como é o caso de uma fornalha em uma metalúrgica —, processar lotes maiores de materiais e incorrer custos maiores de estocagem fica mais barato porque reduz o número de *set ups* a serem feitos. Da mesma forma, quando os custos de tempo de manutenção são elevados, há grandes benefícios em manter a produção contínua.

O MRP é uma abordagem forçada. Agora, consideraremos a produção *JIT*, uma abordagem 'baseada na demanda'.

GESTÃO DO ESTOQUE E PRODUÇÃO *JIT*

A **produção *just-in-time* (*JIT*)**, também denominada **produção magra**, é um sistema de produção com base na demanda porque cada componente em uma linha de produção é produzido logo que e apenas quando necessário na etapa seguinte na linha de produção. Em uma linha de produção *JIT*, a atividade de fabricação, em qualquer estação de trabalho específica, é estimulada pela necessidade da fase seguinte de produção. A demanda dá início a cada etapa do processo de produção, começando pelo pedido do cliente, que, por sua vez, gerará a demanda pelos materiais diretos no início do processo. A característica de 'puxada pela demanda' dos sistemas de produção *JIT* cria uma coordenação íntima entre as unidades de trabalho, suavizando o fluxo dos produtos, apesar das quantidades baixas de estoque. Os sistemas de produção *JIT* têm por objetivo (1) satisfazer a demanda do cliente de maneira oportuna, (2) com produtos de alta qualidade e (3) pelo total de custos mais baixos possíveis, simultaneamente.

Um sistema de produção *JIT* tem as seguintes características:

- Organiza a produção em **células de produção**, um agrupamento de todos os diferentes tipos de equipamentos usados para fazer determinado produto. Os materiais se movimentam de uma máquina para outra, e várias operações são desempenhadas seqüencialmente. Os custos de manuseio dos materiais são minimizados.
- Emprega e treina os funcionários para que tenham múltiplas habilidades e sejam capazes de desempenhar uma variedade de operações e tarefas, incluindo pequenos consertos e manutenção de rotina dos equipamentos.
- Agressivamente elimina os defeitos. Devido às fortes ligações entre as unidades de trabalho na linha de produção e servindo-se de um mínimo de estoque, as falhas detectadas em uma unidade rapidamente afetam a seguinte. O *JIT* requer urgência na solução dos problemas e na eliminação das raízes dos defeitos. Os baixos níveis de estoque permitem que os gerentes rastreiem os problemas nas unidades anteriores no processo de produção, onde eles podem ter sido originados.
- Reduz o *tempo de 'set up'* — o tempo necessário para ter os equipamentos, ferramentas e materiais prontos para iniciar a produção de um componente ou produto — e reduz o *tempo de entrega de fabricação* — o tempo de quando o pedido é recebido na linha de produção até que se torne um produto acabado. A redução do tempo de *set up* faz com que a produção em lotes menores seja mais econômica, o que, por sua vez, reduz os níveis de estoque. A redução do tempo de entrega de fabricação possibilita que uma empresa responda rapidamente às mudanças na demanda dos clientes (veja 'Conceitos em Ação').
- Seleciona apenas os fornecedores capazes de entregar materiais de qualidade no momento oportuno. A maioria das empresas que implementa a *produção JIT* também implementa *compras JIT*. As fábricas *JIT* esperam que os fornecedores *JIT* façam entregas de produtos de alta qualidade diretamente na fábrica, no momento que se fizer necessário.

CONCEITOS EM AÇÃO

Escrever um livro é tão fácil quanto fazer uma xícara de café com leite

A gestão da produção *just-in-time* e da cadeia de fornecimento permitiu que muitas empresas reduzissem os custos totais de estoque. Os recentes progressos na tecnologia digital, no entanto, estão levando as técnicas administrativas um passo adiante, tornando possível o que talvez seja a forma mais extrema de fabricação baseada na demanda. Servindo-se da tecnologia, permite que as editoras possam, em questão de minutos, finalizar um procedimento de impressão e entregar um pedido.

As editoras e vendedores de livros há muito têm sido tolhidos pela ineficiência na gestão do estoque. O gosto dos consumidores por livros varia bastante e as livrarias tentam estocar uma grande variedade, resultando em rotatividade lenta e fazendo com que os custos de estocagem sejam elevados. Entretanto, em as livrarias não tendo os livros que os clientes desejam, elas incorrem custos de falta de estoque. As editoras, por sua vez, há muito têm sido afetadas pelos custos de compra. Por décadas, os livros foram impressos em grandes máquinas impressoras que requeriam a impressão de mil cópias por vez para que fossem economicamente viáveis. Isso acarretava muitas edições consideradas fora de catálogo (e conseqüentemente indisponíveis) por a demanda não ser significativa.

Entra, então, a tecnologia da 'impressão por demanda', que permite o escaneamento de um livro em um arquivo digital para que ele possa estar disponível para impressão em uma potente impressora a *laser* quando há demanda por ele. Pelo fato de os custos de *set up* para cada impressão serem mínimos, a impressão de uma única cópia é economicamente viável. No final dos anos 1990 e início de 2000, uma série de empresas, incluindo a Ingram e Baker & Taylor (dois dos maiores atacadistas de livros nos Estados Unidos), estabeleceram subsidiárias de impressão por demanda denominadas, respectivamente, Lightning Source e Replica Books. Um empresário que tinha esperança de eventualmente instalar máquinas de impressão por demanda nas lojas de varejo disse que, na sua visão do futuro, "fazer um livro na Starbucks não será mais difícil do que fazer uma xícara de café com leite".

É claro que algumas limitações no uso desse tipo de tecnologia já foram identificadas como, por exemplo, servirem apenas a edições de tiragem reduzida, e não a *bestsellers* (os quais vendem milhares de cópias por dia). Além disso, ela é voltada aos livros brochura consistindo, principalmente, de textos com uma única cor, sendo contraproducente o seu uso na impressão de livros de capa dura, em cores.

Os benefícios dessa tecnologia são custos de estocagem mais baixos (porque os livros poderiam, na maioria das circunstâncias, ser vendidos *imediatamente* após serem produzidos) e custos de falta de estoque mais baixos (porque a editora e o varejista não perderiam vendas). Porém, haveria os custos adicionais de escanear os livros em arquivos digitais e armazená-los em servidores. E a qualidade? Embora a qualidade dos livros produzidos por meio da tecnologia da impressão por demanda ser boa, não se compara à qualidade de livros impressos em equipamentos tradicionais.

Fonte: New York Times (18/12/00), *Wall Street Journal* (1/6/99) e entrevistas com editoras.

SISTEMAS DE PLANEJAMENTO DOS RECURSOS DA EMPRESA (ERP)[3]

O sucesso de um sistema *JIT* depende da velocidade dos fluxos de informações dos clientes para os fabricantes e destes para os fornecedores. Os fluxos de informações são problema para as grandes empresas com sistemas de informação fragmentados (para vendas, fabricação e compras), distribuídos por dezenas de sistemas não conectados. O sistema de planejamento dos recursos da empresa (ERP) contém um único banco de dados, que os coleta e alimenta nas aplicações que sustentam todas as atividades comerciais da empresa. Por exemplo, usando um sistema ERP, um vendedor pode fechar um contrato com um cliente na Alemanha, checar os limites de crédito do cliente e fazer um pedido de produção. O sistema, digamos, no Brasil, programa a fabricação, as requisições de materiais de estoque, os componentes de pedidos dos fornecedores e o envio do produto. Ele também credita as comissões de venda para o vendedor e registra todas as informações de custeio e da contabilidade financeira.

Os sistemas ERP proporcionam acesso às informações operacionais aos gerentes de escalões inferiores, funcionários, clientes e fornecedores. Esse benefício, acoplado à coordenação rigorosa entre as funções comerciais, possibilita que os sistemas ERP mudem rapidamente os planos de fabricação e distribuição em resposta às mudanças na oferta e procura. As empresas acreditam que o sistema ERP é essencial na sustentação das iniciativas *JIT* devido ao seu efeito nos prazos de entrega. Usando o sistema ERP, a Autodesk, uma fabricante de *software* de desenho digitalizado, reduziu

3. *Para uma análise mais acurada, veja T. H. Davenport. Putting the Enterprise into the Enterprise System.* Harvard Business Review. *jul./ago. 1998.*

os prazos de entrega dos pedidos de duas semanas para um dia; a Fujitsu reduziu os prazos de entrega de 18 para 1,5 dia. Os sistemas ERP também ajudam na previsão da demanda e a fazer o planejamento das requisições de materiais como parte de seus módulos de operações e logística.

Embora a implementação rigorosa dos sistemas em uma empresa afunile os processos administrativos e financeiros e reduza os custos, ela também pode fazer o sistema grande e pesado. Devido à sua complexidade, os fornecedores dos sistemas ERP, como SAP, Baan, Peoplesoft e Oracle, fornecem *softwares* padronizados, mas que, a um custo considerável, podem ser personalizados. Sem uma certa personalização, as características singulares e distintas que conferem a vantagem estratégica não estarão disponíveis. O desafio, quando da implementação dos sistemas ERP, é obter o equilíbrio certo entre os sistemas comuns a todos os negócios da empresa onde quer que estejam localizados e sistemas que, por questões estratégicas, são projetados para ser singulares.

Benefícios financeiros do *JIT* e custos relevantes

Os defensores pioneiros viam o benefício da produção *JIT* como custos mais baixos de estocagem. *Mas há outros benefícios além dos estoques: maior transparência do processo de produção, ênfase elevada na eliminação das causas específicas do retrabalho, refugo e desperdício, e prazos mais baixos de entrega.* No cálculo dos benefícios e custos relevantes da redução dos estoques nos sistemas de produção *JIT*, o analista de custo deve considerar todos os benefícios.

Considere a Hudson Corporation, fabricante de conexões de cobre. A Hudson está considerando a implementação de um sistema de produção *JIT*. Para tanto, ela precisa incorrer $ 100 mil em custos anuais de ferramentas para reduzir os tempos de *set up*. A Hudson espera que o *JIT* reduza o estoque médio em $ 500 mil, e que os custos relevantes de seguro, armazenagem, manuseio dos materiais e *set up* declinem em $ 30 mil por ano. A taxa mínima de retorno sobre os investimentos em estoque é de 10 por cento ao ano. Deve a Hudson implementar o sistema de produção *JIT*? Com base nos números fornecidos, estaríamos tentados a dizer não. Isso porque a economia nos custos relevantes anuais em custos de estocagem chegaria a $ 80 mil [(10% de $ 500 000) + $ 30 000)], o que é menos do que os custos anuais adicionais de ferramentas, de $ 100 mil.

Nossa análise, no entanto, está incompleta. Não consideramos os outros benefícios de estoques mais baixos na produção *JIT*. Por exemplo, a Hudson estima que a implementação do *JIT* melhorará a qualidade e reduzirá o retrabalho em 500 unidades a cada ano, resultando em uma economia de $ 50 por unidade. Adicionalmente, a qualidade melhor e a entrega mais rápida permitirão que a Hudson cobre $ 2 a mais por unidade sobre as 20 mil unidades que vende a cada ano. Os benefícios anuais relevantes do *JIT* sobre qualidade e entrega e os níveis mais baixos de estoque são iguais a $ 65 mil (economia com o retrabalho, $ 50/unidade, × 500 unidades + margem de contribuição adicional, $ 2/ unidade, × 20 000 unidades). O total dos benefícios anuais relevantes e da economia de custo é igual a $ 145 mil ($ 80 000 + $ 65 000), o qual excede os custos anuais de implementação do *JIT*, de $ 100 mil. Isso nos dá que a Hudson deveria implementar um sistema de produção *JIT*.

Medidas de desempenho e controle na produção *JIT*

Além das observações pessoais, a lista seguinte descreve as medidas que os gerentes usam para avaliar e controlar a produção *JIT* e como se espera que essas medidas sejam afetadas.

1. Medidas financeiras do desempenho, como o índice de rotatividade do estoque (custos dos produtos vendidos/ estoque), das quais se espera um declínio.
2. Medidas não-financeiras do desempenho de prazo, estoque e qualidade, como
   - Prazo de entrega da fabricação, queda esperada
   - Unidades produzidas por hora, aumento esperado
   - Número de dias do estoque em mãos, queda esperada
   - $\dfrac{\text{Total de tempo de } \textit{set up} \text{ das máquinas}}{\text{Total de tempo de fabricação}}$, queda esperada
   - $\dfrac{\text{Número de unidades que precisa de retrabalho ou refugo}}{\text{Número total de unidades começadas e acabadas}}$, queda esperada

A observação pessoal e as medidas não-financeiras de desempenho proporcionam as medidas mais oportunas, intuitivas e fáceis de entender sobre o desempenho da fábrica. O *feedback* rápido e preciso é decisivo, porque a falta de estoques em um sistema com base na demanda faz com que a detecção e a solução rápida de problemas sejam imprescindíveis.

Efeitos do *JIT* nos sistemas de custeio

Ao reduzir o manuseio dos materiais, a armazenagem e a inspeção, os sistemas *JIT* reduzem os custos indiretos. Os sistemas *JIT* também facilitam a identificação direta de alguns custos geralmente classificados como indiretos. Por exemplo, o uso de células de produção torna a identificação dos custos de manuseio dos materiais e de operações das máquinas mais eficazes para calcular o custo dos produtos específicos ou famílias de produtos fabricadas nessas células.

Esses custos podem então se tornar custos diretos desses produtos. Além disso, o uso de funcionários com habilidades múltiplas nessas células permite que os custos de *set up*, manutenção e inspeção da qualidade sejam identificados como custos diretos.

A próxima seção discute o *custeio retrocedido*, que é um sistema de custeio por ordem de serviço que se adapta à produção *JIT*, e cuja operação é menos onerosa do que a maioria dos sistemas de custeio tradicionais descritos nos Capítulos 4, 7, 8 e 9 do volume 1.

Custeio retrocedido

Organizar a fabricação em células, reduzir os defeitos e o prazo de entrega da fabricação e garantir a entrega em tempo oportuno dos materiais permite que a compra, produção e venda ocorram rapidamente, com estoques mínimos. A ausência de estoques faz com que as escolhas sobre as suposições do fluxo monetário (como a média ponderada e o primeiro a entrar, primeiro a sair) ou os métodos de custeio do estoque (como o custeio por absorção e o custeio variável) não sejam importantes: todos os custos de produção do período contábil fluem diretamente para o custo do produto vendido. A conversão rápida dos materiais diretos em produtos acabados, que são imediatamente vendidos, simplifica bastante o custeio por ordem de serviço.

Custeio por ordem de serviço normal ou padrão

Sistemas de custeio tradicional, normal ou padrão (Capítulos 4, 7 e 8 do volume 1) usam a **identificação seqüencial**, em que qualquer método de custeio do produto, o registro de lançamentos contábeis ocorre na mesma ordem das compras reais e do progresso na produção. Os custos são identificados seqüencialmente à medida que os produtos passam por esses quatro estágios em um ciclo, da compra dos materiais diretos para a venda dos produtos acabados.

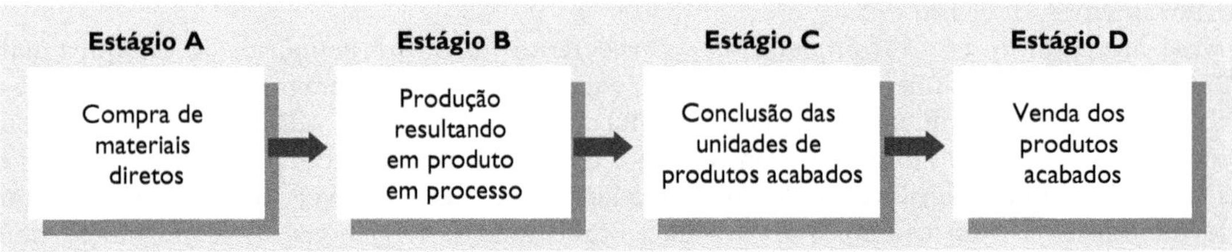

Um sistema de custeio de identificação seqüencial tem quatro *pontos de gatilho*, correspondendo aos estágios A, B, C e D. O **ponto de gatilho** consiste de um estágio no ciclo de compra de materiais diretos (estágio A) à venda dos produtos acabados (estágio D), onde lançamentos são feitos no sistema contábil.

Uma abordagem alternativa à da identificação seqüencial é o **custeio retrocedido**, que é um sistema de custeio que omite o registro de alguns, ou todos, os lançamentos contábeis relacionados ao ciclo da compra de materiais diretos à venda dos produtos acabados. Quando os lançamentos contábeis são omitidos para um ou mais estágios no ciclo, os lançamentos contábeis, para o subseqüente, usam os custos normais ou padrão para trabalhar de trás para a frente, com a finalidade de 'retroceder' os custos no ciclo onde os lançamentos contábeis *não* foram feitos.

Os exemplos seguintes ilustram o custeio retrocedido. Eles diferem no número e na localização dos pontos iniciais:

	Número de lançamentos contábeis nos pontos iniciais	**Localização no ciclo quando os lançamentos contábeis são feitos**
Exemplo 1	3	Estágio A: Compra de materiais diretos Estágio C: Conclusão das unidades boas de produtos acabados Estágio D: Venda dos produtos acabados
Exemplo 2	2	Estágio A: Compra de materiais diretos Estágio D: Venda dos produtos acabados
Exemplo 3	2	Estágio C: Conclusão das unidades boas de produtos acabados Estágio D: Venda dos produtos acabados

Em todos os três exemplos, não há lançamentos no sistema contábil para o produto em processo (estágio B) porque a produção JIT *leva a grandes reduções em produtos em processo.*

Ilustramos o custeio retrocedido usando os dados da Silicon Valley Computer (SVC), que produz teclados para computadores pessoais. Em abril, não havia estoque inicial de materiais diretos. Além disso, o produto em processo inicial e final é igual a zero.

A SVC tem apenas uma categoria de custo direto de produção (materiais diretos) e uma categoria de custo indireto de produção (custos de conversão). Todos os custos de mão-de-obra estão incluídos nos custos de conversão. Da conta de materiais e lista de operações (descrição das operações a ser realizadas), a SVC determina que em abril o custo-padrão dos materiais diretos por unidade de teclado é de $ 19, e o custo-padrão de conversão é de $ 12.

A SVC compra, em abril, $ 1 950 mil em materiais diretos. Para focar os conceitos básicos, vamos supor que em abril a SVC não tenha variações nos materiais diretos, mês em que os custos reais de conversão incorridos são iguais a $ 1 260 mil. Em abril, a SVC produz cem mil unidades de teclados bons e vende 99 mil. Quaisquer custos de conversão, alocados a menor ou a maior, são lançados no custo de produtos vendidos no final do mês.

Exemplo 1: Pontos de gatilho na compra de materiais diretos (Estágio A), conclusão de unidades boas de produtos acabados (Estágio C) e venda de produtos acabados (Estágio D)

Neste exemplo, a SVC tem duas contas de estoque:

Tipo	Título da conta
Combinação de estoque de materiais e materiais no produto em processo	Estoque: controle de materiais e de produto em processo
Produtos acabados	Controle de produtos acabados

O ponto de gatilho 1 ocorre quando os materiais são comprados. Esses custos são cobrados do estoque: controle de materiais e de produtos em processo. Os custos reais de conversão são registrados como incorridos sob o custeio retrocedido, assim como nos outros sistemas de custeio, e cobrado do controle dos custos de conversão. Os custos de conversão são alocados aos produtos no ponto de gatilho 2 — a transferência das unidades para o controle de produtos acabados. O ponto de gatilho 3 ocorre na hora em que os produtos acabados são vendidos.

A SVC usa as seguintes etapas para atribuir os custos às unidades vendidas e aos estoques.

Etapa 1: Registrar materiais diretos comprados durante o período contábil.

Lançamento (a)	Estoque: Controle de materiais e controle do produto em processo	1 950 000	
	Controle de contas a pagar		1 950 000

Etapa 2: Registrar custos de conversão incorridos durante o período contábil.

Lançamento (b)	Estoque: Controle dos custos de conversão	1 260 000	
	Várias contas (como salários a pagar)		1 260 000

Etapa 3: Determinar o número de unidades de produtos acabados durante o período contábil. Cem mil unidades boas foram fabricadas em abril.

Etapa 4: Calcular os custos normais ou padrão por unidade acabada. O custo-padrão é de $ 31 ($ 19 de materiais diretos + $ 12 de custos de conversão) por unidade.

Etapa 5: Registrar o custo dos produtos acabados completados durante o período contábil. 100 000 unidades ×($ 19 + $ 12) = 3 100 000.

Lançamento (c)	Controle de produtos acabados	3 100 000	
	Estoque: Controle dos materiais e controle do produto em processo		1 900 000
	Custos de conversão alocados		1 200 000

A quinta etapa é a que dá ao custeio retrocedido o seu nome. Observe que os custos não foram registrados seqüencialmente com o fluxo do produto ao longo da sua rota na produção, por meio do produto em processo e produtos acabados. Em vez disso, o ponto de gatilho da produção volta e puxa os custos-padrão de materiais diretos para a fabricação dos produtos acabados.

Etapa 6: Registrar o custo-padrão de produtos vendidos durante o período contábil. Custo-padrão de 99 mil unidades vendidas em abril (99 000 unidades × $ 31 por unidade = $ 3 069 000):

Lançamento (d)	Custo dos produtos vendidos	3 069 000	
	Controle dos produtos acabados		3 069 000

Etapa 7: Registrar os custos de conversão alocados a maior ou a menor. Os custos reais de conversão podem ser alocados a maior ou a menor em um período contábil. O Capítulo 4 do volume 1 discutiu várias maneiras de tratar os custos indiretos de produção alocados a maior ou a menor. As empresas que usam o custeio retrocedido têm estoques baixos, portanto, o rateio dos custos de conversão alocados a maior ou a menor entre os produtos acabados e o custo dos produtos vendidos muitas vezes não é necessário. Muitas empresas lançam os custos de conversão alocados a maior ou a menor para o custo de produtos vendidos apenas no final do ano. Outras empresas, como SVC, fazem-no mensalmente. O lançamento contábil para reconhecer a diferença entre os custos reais de conversão incorridos e os custos-padrão de conversão alocados é:

Lançamento (e)	Custos de conversão alocados	1 200 000	
	Custo dos produtos vendidos	60 000	
	Controle dos custos de conversão		1 260 000

Os saldos para o estoque final em abril são:

Estoque: Controle dos materiais e controle de produtos em processo	
($ 1 950 000 – $ 1 900 000)	$ 50 000
Controle dos produtos acabados, 1 000 unidades × $ 31/unidade	
($ 3 100 000 – $ 3 069 000)	31 000
Total	$ 81 000

O Quadro 6.7, Painel A, resume os lançamentos contábeis para esse exemplo. O Quadro 6.8, Painel A, possibilita uma visão geral do razão dessa versão de custeio retrocedido. A eliminação da conta de produto em processo reduz a quantia de detalhes no sistema contábil. As unidades na linha de produção ainda podem ser identificadas em termos físicos, mas 'não há uma atribuição de custos' para os pedidos de serviços específicos enquanto elas estiverem no ciclo de produção. De fato, não há registros de pedidos de serviços ou tempo de mão-de-obra no sistema contábil. A Champion International usa um método similar ao Exemplo 1 na sua fábrica de papéis especiais.

Quando a SVC tiver um estoque mínimo de produto em processo, os três pontos de gatilho, para fazer os lançamentos no Exemplo 1, levarão o sistema de custeio retrocedido da SVC a registrar custos similares ao registrado sob a identificação seqüencial. No Exemplo 1, quaisquer estoques de materiais diretos ou produtos acabados são reconhecidos no sistema de custeio retrocedido da SVC quando eles aparecem primeiro (como seria feito em um sistema de custeio usando a identificação seqüencial).

Contabilizando as variações

A contabilidade para as variações entre os custos reais e os custos-padrão é basicamente a mesma sob todos os sistemas de custeio-padrão. Os procedimentos estão descritos nos Capítulos 7 e 8 do volume 1. No Exemplo 1, se a SVC tivesse uma variação desfavorável no preço dos materiais diretos, de $ 42 mil, o lançamento (a) seria:

Estoque: Controle dos materiais e controle do produto em processo	1 950 000	
Variância no preço dos materiais diretos	42 000	
Controle das contas a pagar		1 992 000

Os custos de materiais diretos geralmente correspondem a uma proporção grande do total de custos de produção, algumas vezes bem acima de 60 por cento. Conseqüentemente, muitas empresas irão pelo menos medir a variação na eficiência dos materiais diretos no total comparando, fisicamente, o que permaneceu no estoque de materiais diretos contra o que deveria permanecer, com base na produção de produtos acabados para o período contábil. No nosso exemplo, suponha que a comparação revele uma variação desfavorável na eficiência de materiais, de $ 90 mil. O lançamento contábil seria:

Variação na eficiência dos materiais diretos	90 000	
Estoque: Controle dos materiais e controle do produto em processo		90 000

Os custos indiretos de produção alocados a menor ou a maior podem ser divididos em várias variações nos custos indiretos (variação no dispêndio, na eficiência e no volume de produção), como explicado no Capítulo 8 do volume 1, e depois fechados para o custo dos produtos vendidos, se eles forem irrelevantes em quantia.

Exemplo 2: Pontos de gatilho são compras de materiais diretos (Estágio A) e venda de produtos acabados (Estágio D)

Esse exemplo usa os dados da SVC para ilustrar um sistema de custeio retrocedido, diferente do sistema de custeio de identificação seqüencial, do que o sistema de custeio retrocedido no Exemplo 1. Este e o Exemplo 1 têm o mesmo ponto de gatilho, compra de materiais diretos. Mas o segundo ponto de gatilho, no Exemplo 2, é a venda e não a conclusão dos produtos acabados. O sistema de custeio da Toyota, na sua fábrica em Kentucky, é similar a esse exemplo. Há duas justificativas para esse sistema contábil:

- Remover o incentivo para que os gerentes produzam para o estoque. Se o estoque de produtos acabados incluir os custos de conversão, os gerentes poderão reforçar o lucro operacional produzindo mais unidades do que são vendidas. Tendo a venda como o ponto de gatilho 2, em vez da conclusão da produção, elimina o incentivo de um gerente em produzir para estocar, registrando os custos de conversão como custos do período em vez de custos registrados no estoque.
- Fazer com que os gerentes se concentrem mais nas unidades de venda.

Neste exemplo, há apenas uma conta de estoque: materiais diretos, estejam eles armazenados, no processo ou em produtos acabados.

Tipo	Título da conta
Combina o estoque de materiais diretos e quaisquer materiais diretos nos estoques do produto em processo e produtos acabados	Controle do estoque

O Quadro 6.7, Painel B, apresenta os lançamentos para o Exemplo 2. Os dois pontos de gatilho são representados pelas transações (a) e (d). O lançamento (a) é estimulado pelo mesmo ponto de gatilho como no Exemplo 1, a compra de materiais diretos. O lançamento (b) para os custos de conversão incorridos é registrado da mesma maneira como no Exemplo 1. O ponto de gatilho 2 é a venda de produtos acabados (não a conclusão de unidades acabadas, como no Exemplo 1), portanto, não há lançamento correspondente ao lançamento (c) do Exemplo 1. O custo das unidades acabadas é calculado apenas quando os produtos acabados são vendidos [o que corresponde ao lançamento (d) do Exemplo 1]: 99 000 unidades vendidas × $ 31 por unidade = $ 3 069 000, que é composto de materiais diretos (99 000 unidades × $ 19 por unidade = $ 1 881 000) e custos de conversão alocados (99 000 unidades × $ 12 por unidade = $ 1 188 000).

Nenhum custo de conversão é registrado no estoque. Isto é, comparado com o Exemplo 1, o Exemplo 2 não atribui $ 12 mil ($ 12 por unidade × 1 000 unidades) dos custos de conversão para o estoque de produtos acabados. Conseqüentemente, o Exemplo 2 aloca $ 12 mil a menos em custos de conversão para o estoque em relação aos custos de conversão alocados para o estoque no Exemplo 1. Dos $ 1 260 mil em custos de conversão, $ 1 188 mil são alocados como custo-padrão às unidades vendidas. Os $ 72 mil ($ 1 260 000 – $ 1 188 000) restantes de custos de conversão são alocados a menor. O lançamento (e) no Quadro 6.7, Painel B, apresentará o lançamento contábil se a SVC, como muitas outras empresas, lançar mensalmente esses custos alocados a menor, adicionados ao custo dos produtos vendidos.

O saldo final em abril do controle do estoque é de $ 69 mil ($ 50 000 de materiais diretos ainda em mãos + $ 19 000 de materiais diretos embutidos nas mil unidades produzidas mas não vendidas durante o período). O Quadro 6.8, Painel B, proporciona uma visão geral do razão desta versão do custeio retrocedido. Os lançamentos são baseados no Quadro 6.7, Painel B. A abordagem descrita no Exemplo 2 é a que mais se aproxima dos custos calculados usando a identificação seqüencial, quando uma empresa mantém estoques mínimos no produto em processo e nos produtos acabados.

Exemplo 3: Pontos de gatilho são conclusão de unidades boas acabadas (Estágio C) e venda dos produtos acabados (Estágio D)

Este exemplo tem dois pontos de gatilho. O Quadro 6.7, Painel C, apresenta os lançamentos contábeis. Contrastando com o Exemplo 2, o primeiro ponto de gatilho, no Exemplo 3, é retardado até a conclusão das unidades boas acabadas. Ele é representado pela transação (c). Pelo fato de a compra dos materiais diretos não ser um ponto de gatilho, não há lançamento correspondente à transação (a) — compras de materiais diretos. O Quadro 6.8, Painel C, proporciona uma visão geral do razão dessa versão do custeio retrocedido. Os lançamentos são baseados no Quadro 6.7, Painel C.

Compare o lançamento (c) no Quadro 6.7, Painel C, com os lançamentos (a) e (c) no Quadro 6.7, Painel A. A versão mais simples, no Exemplo 3, ignora os $ 1 950 mil de compras de materiais diretos [mostrado na entrada (a) no Exemplo 1]. No final de abril, $ 50 mil de materiais diretos comprados ainda não haviam sido colocados na produção ($ 1 950 000 – $ 1 900 000 = $ 50 000), e o custo desses materiais diretos ainda não havia sido lançado no sistema de custeio do estoque. A versão do custeio retrocedido, no Exemplo 3, é própria para um sistema de produção *JIT*, onde o estoque de materiais diretos e o de produto em processo são mínimos.

Estendendo o Exemplo 3, os sistemas de custeio retrocedido poderiam usar a venda dos produtos acabados como o único ponto de gatilho. Essa versão do custeio retrocedido seria a mais apropriada para um sistema de produção *JIT* com estoques mínimos de materiais diretos, produto em processo e produtos acabados. Isso porque o sistema de custeio retrocedido não manteria contas no estoque.

Considerações especiais sobre o custeio retrocedido

Os procedimentos contábeis ilustrados nos Exemplos 1, 2 e 3 não se aderem estritamente aos princípios contábeis geralmente aceitos. Por exemplo, o produto em processo, que é um ativo, existe, mas não é reconhecido nas demonstrações financeiras. Os defensores do custeio retrocedido, no entanto, citam o princípio contábil geralmente aceito da materialidade em apoio às versões do custeio retrocedido. Como ilustram os três exemplos, o custeio retrocedido pode aproximar os custos, que seriam registrados sob os métodos de custeio seqüencial, variando o número de pontos de gatilho e onde eles estão localizados. Se houver quantias relevantes nos estoques de materiais diretos e de produtos acabados, o ajuste dos lançamentos pode ser incorporado no custeio retrocedido (como explicado a seguir).

O custeio retrocedido não está restrito às empresas que adotam o método de produção *JIT*. Aquelas que têm produção que requerem um curto prazo de entrega ou as que possuem níveis de estoque periodicamente estáveis devem encontrar a versão de custeio retrocedido que registrará os custos de maneira similar à abordagem de identificação seqüencial.

Suponha que haja diferenças relevantes no lucro operacional e estoques baseados em um sistema de custeio retrocedido e em um sistema de custeio-padrão convencional. Pode-se registrar um lançamento de ajuste para fazer com que o número do retrocedido satisfaça os requisitos de relatório externo. Por exemplo, os lançamentos do retrocedido, no Exemplo 2, resultariam em custear todos os custos de conversão para o custo de produtos vendidos ($ 1 188 000 nos custos-padrão + $ 72 000 lançados de custos de conversão alocados a menor = $ 1 260 000). Mas suponha que os custos de conversão fossem considerados suficientemente materiais em quantia para ser incluídos no controle do estoque. O lançamento (e), fechando as contas de custos de conversão, mudaria da seguinte maneira:

Lançamento original (e)	Custos de conversão alocados	1 188 000	
	Custo dos produtos vendidos	72 000	
	Controle dos custos de conversão		1 260 000
Lançamento revisto (c)	Custos de conversão alocados	1 188 000	
	Controle do estoque (1 000 unidades × $ 12)	12 000	
	Custo dos produtos vendidos	60 000	
	Controle dos custos de conversão		1 260 000

Os críticos dizem que o custeio retrocedido não deixa traços para auditoria — a habilidade do sistema contábil em apontar com precisão os usos de recursos em cada etapa do processo de produção. A ausência de grandes quantias de estoque de materiais e estoque do produto em processo significa que os gerentes podem acompanhar o curso das operações com observações pessoais, monitoramento por computador e medidas não-financeiras.

Quadro 6.7 Lançamentos diários no custeio retrocedido.

PAINEL A, EXEMPLO 1: Três pontos de gatilho — Compra de materiais diretos, conclusão de produtos acabados e venda de produtos acabados

Transações			
(a) Compra de materiais diretos[a]	Estoque: Controle dos materiais e em processo	1 950 000	
	Controle das contas a pagar		1 950 000
(b) Incorre custos de conversão	Controle dos custos de conversão	1 260 000	
	Várias contas		1 260 000
(c) Conclusão dos produtos acabados[a]	Controle dos produtos acabados	3 100 000	
	Estoque: Controle dos materiais e em processo		1 900 000
	Custos de conversão alocados		1 200 000
(d) Venda dos produtos acabados[a]	Custo dos produtos vendidos	3 069 000	
	Controle dos produtos acabados		3 069 000
(e) Custos de conversão alocados a maior ou a menor	Custos de conversão alocados	1 200 000	
	Custo dos produtos vendidos	60 000	
	Controle dos custos de conversão		1 260 000

PAINEL B, EXEMPLO 2: Dois pontos de gatilho — Compra de materiais diretos e venda de produtos acabados

Transações			
(a) Compra de materiais diretos[a]	Controle do estoque	1 950 000	
	Controle das contas a pagar		1 950 000
(b) Incorre custos de conversão	Controle dos custos de conversão	1 260 000	
	Várias contas		1 260 000
(c) Conclusão dos produtos acabados	Nenhum lançamento		
(d) Venda dos produtos acabados[a]	Controle dos produtos vendidos	3 069 000	
	Controle do estoque		1 881 000
	Custos de conversão alocados		1 188 000
(e) Custos de conversão alocados a maior ou a menor	Custos de conversão alocados	1 188 000	
	Custo dos produtos vendidos	72 000	
	Controle dos custos de conversão		1 260 000

PAINEL C, EXEMPLO 3: Dois pontos de gatilho — Conclusão de produtos acabados e venda de produtos acabados

Transações			
(a) Compra de materiais diretos	Nenhum lançamento		
(b) Incorre custos de conversão	Controle dos custos de conversão	1 260 000	
	Várias contas		1 260 000
(c) Conclusão dos produtos acabados[a]	Controle dos produtos acabados	3 100 000	
	Controle das contas a pagar		1 900 000
	Custos de conversão alocados		1 200 000
(d) Venda dos produtos acabados[a]	Custo dos produtos vendidos	3 069 000	
	Controle dos produtos acabados		3 069 000
(e) Custos de conversão alocados a maior ou a menor	Custos de conversão alocados	1 200 000	
	Custo dos produtos vendidos	60 000	
	Controle dos custos de conversão		1 260 000

a *Um ponto de gatilho.*

Quadro 6.8 Visão geral do razão do custeio retrocedido.

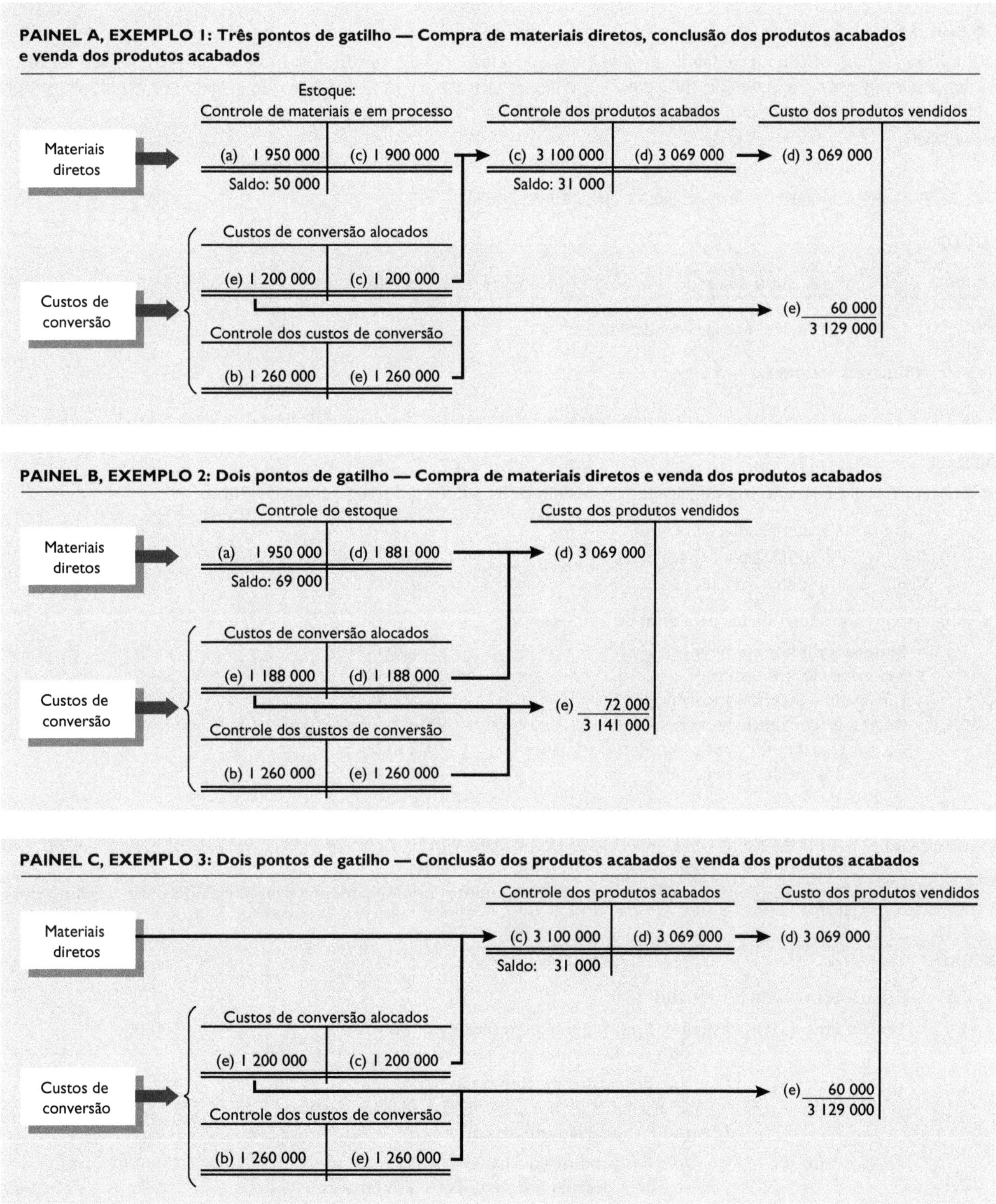

Quais são as implicações dos sistemas de custeio *JIT* e retrocedido para os sistemas de custeio baseado em atividades (ABC)? Simplificar o processo de produção, como em um sistema *JIT*, faz com que mais custos sejam diretos e reduz a extensão das alocações de custos indiretos. Os sistemas ABC simplificados são geralmente adequados às empresas que estão implementando o *JIT*. Mas mesmo os sistemas ABC mais simples podem realçar o custeio retrocedido. Os custos nos sistemas ABC rendem custos de conversão orçados por unidade mais precisos para os produtos diferentes no sistema de custeio retrocedido. Os dados de custo baseado em atividades também são úteis no custeio do produto, na tomada de decisão e na gestão de custos.

Problemas para auto-estudo

Problema 1:

A Empresa Lee tem uma unidade fabril em Cingapura que fabrica rádios-transistores. Um dos componentes é o transistor XT. A demanda esperada em março de 2003 é de 5 200 desses transistores. A Lee estima que o custo por pedido de compra seja de $ 250. O custo de estocagem para uma unidade do XT é de $ 5.

Para fazer:

1. Calcule o LEC para o transistor XT.
2. Calcule o número de entregas do XT em abril de 2003.

Solução

1. LEC $= \sqrt{\dfrac{2 \times 5\,200 \times \$\,250}{\$\,5}}$

   $=$ 721 transistores (arredondando)

2. Número de entregas $= \dfrac{5\,200}{721}$

   $=$ 7,2 (arredondado para oito entregas em março de 2003)

Problema 2:

A Empresa Campo Pequeno usa um sistema de custeio retrocedido com três pontos de gatilho:

- Compra de materiais diretos
- Conclusão de unidades boas acabadas
- Venda dos produtos acabados

Não há estoque inicial. Os dados para abril de 2003 são:

Materiais diretos comprados	$ 880 000
Materiais diretos usados	850 000
Custos de conversão incorridos	422 000
Custos de conversão alocados	400 000
Custos transferidos para os produtos acabados	1 250 000
Custos dos produtos vendidos	1 190 000

Para fazer:

1. Prepare lançamentos diários resumidos para abril (sem descartar os custos de conversão alocados a maior ou a menor). Suponha que não há variações nos materiais diretos.
2. Sob um sistema de produção *JIT* ideal, como os montantes nos lançamentos contábeis difeririam dos lançamentos na Parte 1?

Solução

1. Lançamentos contábeis para abril são:

Lançamento **(a)**	Estoque: Controle dos materiais e em processo	880 000	
	Controle das contas a pagar (compra de materiais diretos)		880 000
Lançamento **(b)**	Controle dos custos de conversão	422 000	
	Várias contas (como controle dos salários a pagar)		422 000
	(custos de conversão incorridos)		
Lançamento **(c)**	Controle dos produtos acabados	1 250 000	
	Estoque: Controle dos materiais e em processo		850 000
	Custos de conversão alocados		400 000
	(custo-padrão dos produtos acabados completados)		
Lançamento **(d)**	Custo dos produtos vendidos	1 190 000	
	Controle de produtos acabados		1 190 000
	(custo-padrão dos produtos acabados vendidos)		

2. Sob um sistema de produção *JIT*, se o prazo de entrega da fabricação por unidade for muito pequeno, poderia haver estoque zero no final de cada dia. O lançamento (c) seria de $ 1 190 mil da produção dos produtos acabados [para combinar com os produtos acabados vendidos no lançamento (d)] e não $ 1 250 mil. Se o departamen-

to de marketing pudesse apenas vender produtos custando $ 1 190 mil, o sistema de produção *JIT* pediria que as compras de materiais diretos e os custos de conversão fossem menores do que $ 880 mil e $ 422 mil, respectivamente, nos lançamentos (a) e (b).

Pontos de decisão

Resumo

O seguinte formato de perguntas e respostas resume os objetivos de aprendizagem do capítulo. Cada decisão representa uma pergunta-chave relacionada a um objetivo de aprendizagem. As diretrizes são a resposta à pergunta.

Decisão	Diretrizes
1. Quais são as cinco categorias de custos associados aos produtos para venda?	Essas categorias são custos de compra (preços de produtos adquiridos dos fornecedores), custos de pedidos (custos de preparar um pedido de compra e recebimento dos produtos), custos de estocagem (custos de manter o estoque dos produtos para venda), custos de falta de estoque (custos que surgem quando um cliente demanda uma unidade de produto e aquela unidade não está disponível) e custos de qualidade (custos de prevenção, avaliação, falha interna e falha externa)
2. Como os gerentes usam o modelo LEC?	O modelo de decisão do lote econômico de compra (LEC) calcula a quantidade ideal de estoque a pedir, equilibrando os custos de pedido e de estocagem. Quanto maior a quantidade do pedido, mais alta a demanda dos custos anuais de estocagem e mais baixos os custos anuais de pedido. O modelo LEC inclui os custos registrados no sistema contábil financeiro e os custos de oportunidade não registrados no sistema contábil financeiro.
3. Como as empresas reduzem o conflito entre o modelo de decisão LEC e os modelos usados na avaliação do desempenho?	O custo de oportunidade do investimento empatado em estoque é uma entrada-chave no modelo de decisão LEC. Algumas empresas incluem custos de oportunidade ao avaliar os gerentes para que o modelo de decisão LEC seja consistente com o modelo de avaliação do desempenho.
4. O que é uma cadeia de fornecimento e qual é o benefício dessa análise?	A cadeia de fornecimento descreve o fluxo dos produtos, serviços e informações das fontes iniciais de materiais e serviços para a entrega dos produtos aos consumidores, independentemente de essas atividades ocorrerem na mesma organização ou em outras organizações. O uso da análise da cadeia de fornecimento permite que as empresas coordenem suas atividades e reduzam os estoques por toda essa cadeia.
5. Como os sistemas de requisitos de materiais (MRP) diferem dos sistemas de produção *just-in-time* (*JIT*)?	Os sistemas de planejamento de requisitos de materiais (MRP) usam uma abordagem 'forçada' que fabrica produtos acabados para estoque com base nas previsões de demanda. Os sistemas de produção *just-in-time* (*JIT*) usam a abordagem baseada na demanda, em que os produtos são produzidos apenas para satisfazer os pedidos dos clientes.
6. Quais são as características de um sistema de produção *JIT*?	As cinco características do sistema de produção *JIT* são (a) organizar a produção em células de produção, (b) empregar e treinar funcionários com habilidades múltiplas, (c) enfatizar a gestão da qualidade total, (d) reduzir o prazo de entrega de produção e o tempo de *set up* e (e) construir relacionamentos fortes com os fornecedores.
7. O que é custeio retrocedido?	O custeio retrocedido retarda o registro de alguns dos lançamentos contábeis relacionados ao ciclo da compra dos materiais diretos à venda dos produtos acabados.

8. Como o custeio retrocedido simplifica o custeio por ordem de produção?	Os sistemas tradicionais de custeio por ordem de produção usam a identificação seqüencial, em que o registro dos lançamentos ocorre na mesma ordem que as compras reais e progride na produção. A maioria dos sistemas de custeio retrocedido não registra lançamentos contábeis para o estágio do produto em processo da produção. Alguns sistemas de custeio retrocedido também não registram os lançamentos para a compra dos materiais diretos ou a conclusão dos produtos acabados.

Termos para aprender

Este capítulo e o Glossário no final do livro contêm definições de:

células de produção
compra *just-in-time* (*JIT*)
custeio retrocedido
custos de estocagem
custos de falta de estoque
custos de pedido
custos de qualidade
estoque de segurança
gestão do estoque
identificação seqüencial
lote econômico de compra (LEC)
planejamento de requisitos de materiais (MRP)
ponto de gatilho
ponto de reabastecimento
prazo de entrega do pedido de compra
preços do bem
produção magra
produção *just-in-time* (*JIT*)

Material de trabalho

Questões

6-1 Por que as melhores decisões a respeito da compra e administração dos produtos para venda freqüentemente causam aumentos percentuais significativos no lucro líquido?

6-2 Nomeie cinco categorias de custo que são importantes na gestão de produtos para venda em uma organização varejista.

6-3 Quais as suposições feitas ao usar a versão mais simples do modelo de decisão do lote econômico de compra (LEC)?

6-4 Dê um exemplo de custo incluído nos custos anuais de estocagem ao usar um modelo de decisão LEC.

6-5 Dê três exemplos de custos de oportunidade não registrados nos sistemas contábeis, embora sejam relevantes no modelo LEC.

6-6 Quais são as etapas no cálculo do custo de um erro de previsão ao usar o modelo de decisão LEC?

6-7 Por que as questões sobre a congruência dos objetivos aparecem quando um modelo LEC é usado para direcionar as decisões sobre quanto pedir?

6-8 Descreva a compra *JIT* e os seus benefícios.

6-9 Quais são os três fatores que causam reduções no custo de fazer um pedido de compra de materiais?

6-10 Descreva como a Internet pode ser usada para reduzir os custos de fazer pedidos de compra.

6-11 O que é uma análise da cadeia de fornecimento e de que maneira ela pode beneficiar os fabricantes e varejistas?

6-12 Quais são alguns dos obstáculos enfrentados por empresas que adotam uma abordagem da cadeia de fornecimento?

6-13 Quais são as principais características em um sistema de produção *JIT*?

6-14 Faça a distinção entre os sistemas de custeio por ordem de produção, usando a identificação seqüencial do custeio retrocedido.

6-15 Descreva três versões diferentes do custeio retrocedido.

Exercícios

6-16 Lote econômico de compra para o varejista. A Mundo do Futebol (MF) opera uma mega loja de artigos esportivos e usa o modelo de decisão LEC para decidir sobre estoque. Ela agora está considerando as decisões de estoque da linha de camisetas do San Francisco 49ers, um item bastante popular. Os dados para 2004 são:

- Demanda anual esperada pelas camisetas dos 49ers: 10 000
- Custos por pedido de compra: $ 225
- Custos de estocagem por ano: $ 10 por camiseta

Cada camiseta custa para a MF $ 40 e é vendida a $ 75. Os custos de estocagem, de $ 10 por camiseta por ano, compreendem o retorno mínimo sobre o investimento de $ 4,80 (12% × $ 40 preço de compra) mais $ 5,20 em custos relevantes de seguro e custos relacionados ao manuseio e roubo. O prazo de entrega da compra é de sete dias. A MF funciona 365 dias por ano.

Para fazer:

1. Calcule o LEC.
2. Calcule o número de pedidos a ser feito a cada ano.
3. Calcule o ponto de reabastecimento.

6-17 Lote econômico de compra, efeito das mudanças de parâmetros (continuação do 6-16). A Produtos Atléticos (PA) fabrica as camisetas do San Francisco 49ers que a Mundo do Futebol comercializa. A PA instalou recentemente um *software* que permite que os seus clientes conduzam a compra em uma única etapa, usando a tecnologia mais moderna de *sites* na Web, desenvolvida pela Cysco Systems. O custo da MF por pedido de compra será de $ 20 usando a nova tecnologia.

Para fazer:

1. Calcule o LEC para as camisetas do San Francisco 49ers usando o custo de pedido revisto de $ 20 por pedido de compra. Suponha que todos os dados do Exercício 6-16 sejam os mesmos. Comente o resultado.
2. Suponha que a PA proponha dar 'assistência' ao MF. A PA permitiria que os clientes da MF pedissem diretamente do *site* na Web da PA, que, por sua vez, enviaria diretamente para os clientes. Ela pagaria $ 10 para a MF para cada camiseta do San Francisco 49ers comprada por um dos clientes da MF. Como essa oferta afetaria a gestão do estoque na MF? Deveria a MF aceitar a oferta da PA? Explique.

6-18 LEC para um varejista. O Centro dos Tecidos compra e vende tecidos para uma grande variedade de usuários. Um dos produtos por ele comercializados é o brim, usado na produção de jeans e sacolas. O fornecedor do brim paga todos os fretes de entrega, não sendo necessária a sua inspeção na entrega porque o fornecedor é bastante conceituado. O escritório de compras do Centro dos Tecidos coletou as seguintes informações:

Demanda anual pelo tecido de brim	20 000 metros
Custos de pedido por pedido de compra	$ 160
Custos de estocagem por ano	20% dos custos de compra
Requisitos para o estoque de segurança	Nenhum
Custo do brim	$ 8 por metro

O prazo de entrega da compra é de duas semanas. O Centro dos Tecidos está aberto 250 dias por ano (50 semanas por cinco dias por semana).

Para fazer:

1. Calcule o LEC para o brim.
2. Calcule o número de pedidos a ser feito a cada ano.
3. Calcule o ponto de reabastecimento para o brim.

6-19 LEC para o fabricante. A Corporação Belmonte fabrica condicionadores de ar. Ela compra, a cada ano, 12 mil unidades de um tipo de peça específica para o compressor CO29 a um custo de $ 50 por unidade. A Belmonte exige uma taxa de retorno mínima sobre o investimento de 12 por cento. Além disso, os custos relevantes de estocagem (para seguro, manuseio dos materiais, quebras e outros) são de $ 2 por unidade. Os custos relevantes por pedido de compra são de $ 120.

Para fazer:

1. Calcule o LEC da Belmonte para o CO29.
2. Calcule o total de custos relevantes de pedidos e de estocagem da Belmonte.

3. Suponha que a demanda seja uniforme durante todo o ano e seja conhecida. O prazo de entrega da compra é de meio mês. Calcule o ponto de reabastecimento da Belmonte para o CO29.

Aplicação do Excel Para os alunos que desejarem praticar as suas habilidades com a planilha, segue uma abordagem passo a passo para a criação de uma planilha no Excel para resolver este problema.

Passo a passo

1. Abra uma nova planilha. No topo, crie uma seção de 'Dados originais' para os dados fornecidos pela Corporação Belmonte, com fileiras para 'Demanda anual, custo de compra por unidade, retorno mínimo sobre o investimento (%)' e 'Custos relevantes de pedido por pedido de compra'.

(Programe a sua planilha para desempenhar todos os cálculos necessários. Não insira a mão nenhuma quantia, como o pedido de quantidade econômica, que requer operações de soma, subtração, multiplicação e divisão.)

2. Pule duas linhas, crie uma seção de 'Custos relevantes de estocagem por unidade anual' num formato similar ao do final da página 156. Crie linhas e insira cálculos para 'Retorno mínimo anual sobre o investimento', 'Custos relevantes de seguro, manuseio dos materiais e quebras por ano' e 'Total de custos de estocagem por unidade anual'.
3. Pule duas linhas, crie uma seção de 'Problema 1', com linhas para cada uma das entradas na fórmula EOQ: *D, P* e *C*. Inclua um cálculo para o 'Lote econômico de compra' em uma linha separada.
4. Pule duas linhas, crie uma seção 'Problema 2'. Crie linhas e insira os cálculos para 'Custos relevantes anuais de pedido' e 'Custos relevantes anuais de estocagem' e 'Total de custos relevantes'.
5. Pule duas linhas, crie uma seção 'Problema 3'. Crie linhas e insira os cálculos para 'Demanda mensal' e 'Prazo de entrega da compra (em meses)' e o 'Ponto de reabastecimento'.
6. *Verifique a exatidão da sua planilha:* Vá para a seção de 'Dados originais' e mude o retorno mínimo sobre o investimento de 12 para 15 por cento. Se você programou a sua planilha corretamente, o total de custo de estocagem por unidade por ano deveria *aumentar* para $ 10, e o lote econômico de compra deveria *diminuir* para 551 unidades.

6-20 Sensibilidade do LEC às mudanças nos custos relevantes de pedido e de estocagem. A demanda anual da Empresa Alia para o modelo X253 é de dez mil unidades. A Alia não está certa sobre os custos relevantes de estocagem por unidade, por ano, e o custo relevante por pedido de compra. A tabela a seguir apresenta seis combinações possíveis dos custos de estocagem e de pedidos.

Custo relevante de estocagem por unidade por ano	Custo relevante de pedidos por pedido de compra
$ 10	$ 300
$ 10	$ 200
$ 15	$ 300
$ 15	$ 200
$ 20	$ 300
$ 20	$ 200

Para fazer:

1. Determine o LEC para a Alia para cada uma das alternativas de custo relevante de pedido e de estocagem.
2. Como a sua resposta da Questão 1 fornece informações sobre o impacto no LEC das mudanças nos custos relevantes de pedido e de estocagem?

6-21 Tamanho do pedido para o varejista, LEC, compra *just-in-time*. O Mercado 24 Horas opera uma cadeia de supermercados. O refrigerante mais vendido é o Fruitslice, cuja demanda (*D*) em abril foi estimada em seis mil caixas (24 latas em cada caixa). Em março, a unidade de Memphis estimou os custos por pedido de compra (*P*) para o Fruitslice em $ 30. Os custos de estocagem (*C*) de cada caixa de Fruitslice em estoque, por um mês, foram estimados em $ 1. No final de março, o Mercado 24 Horas, de Memphis, revisou os seus custos de estocagem em $ 1,50 por caixa por mês, para cobrir um aumento nos custos relacionados à armazenagem.

Durante março, o Mercado 24 Horas reestruturou o seu relacionamento com os fornecedores, reduzindo o seu número de 600 para 180. Os contratos de longo prazo foram assinados apenas com aqueles fornecedores que concordaram em fazer inspeções na qualidade do produto antes do envio. Cada pedido de compra agora será feito por meio de *links* na rede de computadores dos fornecedores. O Mercado 24 Horas de Memphis estimou que essas mudanças reduzirão os custos por pedido de compra para $ 5. O Mercado 24 Horas ficou aberto 30 dias em abril.

Para fazer:

1. Calcule o LEC em abril para o refrigerante Fruitslice. Suponha que:

a. $D = 6\ 000$, $P = \$\ 30$, $C = \$\ 1$
b. $D = 6\ 000$, $P = \$\ 30$, $C = \$\ 1{,}50$
c. $D = 6\ 000$, $P = \$\ 5$, $C = \$\ 1{,}50$

2. Como a sua resposta da Questão 1 fornece informações sobre a movimentação do varejista em direção às políticas de compra *JIT*?

6-22 Produção *JIT*, benefícios relevantes, custos relevantes. A Corporação Evans fabrica telefones sem fio e está decidindo se implementa um sistema de produção *JIT*, o que demandaria custos anuais de ferramentas de $ 150 mil. A Evans estima que os seguintes benefícios anuais surgiriam com a produção *JIT*.

a. A média de estoque declinaria em $ 700 mil, de $ 900 mil para $ 200 mil.
b. Os custos de seguro, manuseio dos materiais e de *set up*, que atualmente totalizam $ 200 mil, declinariam em 30 por cento.
c. A ênfase na qualidade, inerente aos sistemas *JIT*, reduziria os custos de retrabalho em 20 por cento. A Evans atualmente incorre $ 350 mil em retrabalho.
d. A qualidade melhor permitiria que a Evans aumentasse os preços de venda de seus produtos em $ 3 por unidade. Ela vende 30 mil unidades por ano.

A taxa de retorno mínima sobre o investimento em estoque é de 12 por cento por ano.

Para fazer:

1. Calcule o benefício líquido ou custo para a Corporação Evans com a implementação do sistema de produção *JIT*.
2. Quais outros fatores não-financeiros e qualitativos a Evans deveria considerar antes de decidir se deve ou não implementar um sistema *JIT*?
3. Suponha que a Evans implemente a produção *JIT*. (a) Dê exemplos das medidas do desempenho que ela poderia usar para avaliar e controlar a produção *JIT*. (b) Qual é o benefício para a Evans da implementação de um sistema de planejamento dos recursos da empresa (PRE)?

6-23 Custeio retrocedido e produção *JIT*. A Corporação Guerreiro monta computadores de mão que têm capacidades reduzidas comparativamente à dos *laptops*, levando seis horas para ser montado. A Guerreiro usa um sistema de produção *JIT* e um sistema de custeio retrocedido com três pontos de gatilho:

- Compra de materiais diretos (matéria-prima)
- Conclusão de unidades acabadas
- Venda dos produtos acabados

Não havia estoque inicial dos materiais ou dos produtos acabados. Os dados seguintes são para agosto de 2003.

Materiais diretos comprados (matéria-prima)	$ 2 754 000
Materiais diretos usados (matéria-prima)	2 733 600
Custos de conversão incorridos	723 600
Custos de conversão alocados	750 400

A Guerreiro registra os materiais diretos comprados e os custos de conversão incorridos nos custos reais. Quando os produtos acabados são vendidos, o sistema de custeio retrocedido extrai os custos-padrão dos materiais diretos ($ 102 por unidade) e os custos-padrão de conversão ($ 28 por unidade). A Guerreiro produziu 26 800 unidades acabadas em agosto de 2003 e vendeu 26 400 unidades. O custo real dos materiais diretos por unidade, em agosto de 2003, foi de $ 102, e os custos reais de conversão por unidade foram de $ 27.

Para fazer:

1. Prepare lançamentos contábeis resumidos para agosto de 2003 (sem descartar os custos de conversão alocados a maior ou a menor).
2. Informe os lançamentos da Questão 1 em contas T para estoque aplicável: diretos e em processo, controle dos custos de conversão, custos de conversão alocados e custo dos produtos vendidos.
3. Sob um sistema de produção *JIT* ideal, como as quantias nos seus lançamentos contábeis difeririam das da Questão 1?

6-24 Custeio retrocedido, dois pontos de gatilho, compra de materiais e venda (continuação do 6-23). Paute-se nos mesmos fatos do Exercício 6-23, exceto que a Guerreiro agora usa um sistema de custeio retrocedido com os dois pontos de gatilho seguintes:

- Compra de materiais diretos (matéria-prima)
- Venda dos produtos acabados

A conta de controle do estoque incluirá os materiais diretos comprados, mas que ainda não estão na produção, materiais em processamento e materiais nos produtos acabados mas não vendidos. Nenhum custo de conversão é registrado no estoque. Quaisquer custos de conversão alocados a maior ou a menor são lançados para o custo dos produtos vendidos.

Para fazer:

1. Prepare lançamentos contábeis resumidos para agosto de 2003, incluindo a disposição dos custos de conversão alocados a maior ou a menor.
2. Informe os lançamentos da Questão 1 em contas T para controle do estoque, controle dos custos de conversão, custos de conversão alocados e custo dos produtos vendidos.

6-25 Custeio retrocedido, dois pontos de gatilho, conclusão da produção e venda (continuação do 6-23). Paute-se nos mesmos fatos do Exercício 6-23, exceto que agora a Guerreiro usa apenas dois pontos de gatilho, a conclusão de unidades acabadas e a venda dos produtos acabados. Quaisquer custos de conversão alocados a maior ou a menor são lançados mensalmente em custo dos produtos vendidos.

Para fazer:

1. Prepare lançamentos diários resumidos para agosto de 2003, incluindo a disposição dos custos de conversão alocados a maior ou a menor.
2. Informe os lançamentos na Parte 1 em contas T para controle dos produtos acabados, controle dos custos de conversão, custos de conversão alocados e custo dos produtos vendidos.

Problemas

6-26 Efeito de quantidades diferentes de pedidos nos custos de pedidos e nos custos de estocar, LEC. A Koala Blue vende uma ampla linha de mercadorias australianas na sua loja, em Santa Mônica. Ela vende 26 mil pacotes de roupa de cama Ken Done (dois lençóis e duas fronhas) a cada ano. A Koala Blue paga pelas mercadorias à Ken Done $ 104 por pacote. Os custos por pedido de compra são de $ 72, e os de estocagem, de $ 10,40 por ano.

Lilian Carmo, gerente da loja em Santa Mônica, pediu que se verificasse como os custos de pedidos e de estocagem variam com as quantidades diferentes de pedidos. A Ken Done Mercadorias garante o custo de compra de $ 104 por pacote para as 26 mil unidades orçadas a serem compradas no próximo ano.

Para fazer:

1. Calcule os custos anuais de pedidos, os anuais de estocagem e as somas para as quantidades de pedidos de compra de 300, 500, 600, 700 e 900. Qual é o LEC? Comente os resultados.
2. Suponha que a Ken Done tenha implantado uma rede computadorizada de pedidos. Lilian estima que os custos de pedidos da Koala Blue serão reduzidos a $ 40 por pedido de compra. Como a redução nos custos de pedidos afetará o LEC da Koala Blue na comercialização de roupas de cama?

6-27 LEC, incerteza, estoque de segurança, ponto de reabastecimento (Adaptado do CMA). A Companhia Star distribui uma ampla variedade de produtos elétricos. Um dos itens que mais vendem é um motor elétrico padrão. A gerência da Companhia Star usa o modelo de decisão LEC para determinar o número ideal de motores a pedir. A gerência agora quer determinar quanto manter no estoque de segurança.

A Companhia Star estima que a demanda anual (300 dias úteis) seja de 30 mil motores elétricos. Usando o modelo de decisão LEC, a empresa encomenda três mil motores por vez. O prazo de entrega para um pedido é de cinco dias. Os custos anuais de estocagem de segurança são de $ 10. A gerência também estima que os custos adicionais de falta de estoque sejam de $ 20 para cada motor que eles não têm.

A Companhia Star analisou a demanda durante 200 períodos de reabastecimento passados. Os registros indicam os seguintes padrões:

Prazo de entrega durante a demanda	Número de vezes que a quantidade foi demandada
440	6
460	12
480	16
500	130
520	20
540	10
560	6
	200

Para fazer:

1. Determine o nível do estoque de segurança para os motores elétricos que a Companhia Star deveria manter para poder minimizar os custos esperados de falta de estoque e os custos de estocagem. Ao calcular os custos de estocagem, suponha que o estoque de segurança esteja disponível o tempo todo e que não há superestocagem causada pelas quedas na demanda esperada. (Considere os níveis de estoque de segurança de 0, 20, 40 e 60 unidades.)
2. Qual seria o novo ponto de reabastecimento da Companhia Star?
3. Quais fatores a Companhia Star deveria ter considerado na estimativa dos custos de falta de estoque?

6-28 LEC, custo do erro de previsão. Rafael Menardi é o proprietário de uma oficina de conserto de caminhões e usa um modelo LEC em cada uma das peças usadas. Inicialmente, ele previu que a demanda anual para os pneus de serviço pesado fosse de dois mil. Cada pneu tem um preço de compra de $ 50. Os custos incrementais por pedido de compra são de $ 40. Os custos incrementais de estocagem, por ano, são de $ 4 por pneu mais 10 por cento do preço de compra do fornecedor por pneu.

Para fazer:

1. Calcule o LEC para os pneus, juntamente com a soma dos custos relevantes anuais de pedidos e os custos relevantes anuais de estocagem.
2. Suponha que o Menardi esteja correto nas suas previsões, exceto no preço de compra. Se ele tivesse feito estimativas sem falhas, teria previsto que o preço de compra cairia para $ 30. Qual o custo do erro de previsão?

6-29 Compra *JIT*, benefícios relevantes, custos relevantes (Adaptado do CMA). A Corporação Margo é um fornecedor automotivo que usa máquinas de tornear automatizadas para fabricar peças de precisão de barras de aço. O estoque de aço bruto da Margo é, em média, de $ 600 mil. João Oliva, presidente da Margo, e Helena Góes, *controller*, estão preocupados em relação aos custos de estocagem. O fornecedor de aço está disposto a fornecer o aço em lotes menores sem cobrança adicional. Helena identificou os seguintes efeitos em adotar um programa de estoque *JIT* para eliminar virtualmente o estoque de aço.

- Sem programar qualquer hora extra, as vendas perdidas devido à falta de estoque aumentariam em 35 mil unidades por ano. Entretanto, incorrendo prêmios de horas extras de $ 40 mil por ano, o aumento nas vendas perdidas seria reduzido para 20 mil unidades. Essa seria a quantia máxima de hora extra viável para a Margo.
- Dois armazéns atualmente usados para a armazenagem das barras de aço não serão mais necessários. A Margo alugaria um deles, mediante contrato de aluguel que pode ser cancelado, a um custo anual de $ 60 mil. O outro armazém é de propriedade da Margo e tem 12 mil metros quadrados. Três quartos desse armazém poderia ser alugado a $ 1,50 o metro quadrado por ano. Os custos de seguro e imposto predial, que totalizam $ 14 mil por ano, seriam eliminados.

É esperado que os investimentos de capital de longo prazo feitos pela Margo produzam uma taxa anual de retorno de 20 por cento. A demonstração de resultados orçada, da Corporação Margo para o ano findo em 31 de dezembro de 2003 (em milhares), é a seguinte:

Receitas (900 000 unidades)		$ 10 800
Custo dos produtos vendidos		
Custos variáveis	$ 4 050	
Custos fixos	1 450	
Total dos custos dos produtos vendidos		5 500
Margem bruta		5 300
Custos de marketing e distribuição		
Custos variáveis	$ 900	
Custos fixos	1 500	
Total de custos de marketing e distribuição		2 400
Lucro operacional		$ 2 900

Para fazer:

1. Calcule a economia estimada em dólares (perda) para a Corporação Margo que resultaria em 2003 na adoção do método de controle do estoque *JIT*.
2. Identifique e explique outros fatores que a Margo deveria considerar antes de decidir se instala ou não um sistema *JIT*.

6-30 Benefícios e custos relevantes da compra *JIT*. A Instrumentos Médicos Hardesty está considerando a implementação do *JIT* em 2003. A demanda anual da Hardesty pelo produto XJ-200, um bisturi cirúrgico, é de

20 mil unidades. Se a Hardesty implementar o *JIT*, é esperado que o preço de compra do bisturi aumente de $ 10 para $ 10,05 devido a entregas freqüentes da Morrison Ltda., que goza de excelente reputação nos quesitos qualidade e confiabilidade. Os custos de pedidos permanecerão $ 5 por pedido. Entretanto, o número anual de pedidos feitos será de 200, em vez dos 20 atuais. Como resultado dos pedidos freqüentes, o tamanho do pedido da Hardesty será diminuído proporcionalmente. A taxa mínima de retorno sobre o investimento da Hardesty é de 20 por cento. Outros custos de estocagem (seguro, manuseio dos materiais e outros) permanecerão a $ 4,50 por unidade. Atualmente, a Hardesty não tem custos de falta de estoque. Os níveis baixos de estoque com a implementação do *JIT* levarão a custos de falta de estoque de $ 3 por unidades em cem unidades durante o ano.

Para fazer:

1. Calcule a economia estimada em dólares (perda) para a Instrumentos Médicos Hardesty com a adoção da compra *JIT* usando o formato do Quadro 6.5.
2. Sob quais condições seria benéfico para a Hardesty deixar que a Morrison administrasse todo o estoque na cadeia de fornecimento?

6-31 Avaliação do fornecedor e custos relevantes de qualidade e entrega em tempo oportuno (continuação do 6-30). A Instrumentos Médicos Hardesty implantou um sistema de compra *JIT* em 2003 e selecionou a Morrison Ltda. como seu fornecedor. A Corporação Herriott também fabrica o XJ-200 e ofereceu-se para suprir todas as necessidades da Hardesty em relação ao XJ-200 a um preço de $ 9,75 por unidade (menos do que o preço da Morrison, de $ 10,05) sob os mesmos termos de entrega *JIT* oferecidos pela Morrison. Os custos relevantes de seguro de estocagem, manuseio dos materiais e outros, da Hardesty, seriam de $ 4,40 por unidade caso ela comprasse da Herriott. Devido à qualidade mais baixa apresentada pelos produtos da Herriott, a Hardesty antecipa as seguintes conseqüências negativas em comprar dela:

- A Hardesty incorreria custos de inspeção de $ 0,08 por unidade.
- A média de falta de estoque, de 800 unidades por ano, ocorreria das entregas atrasadas, exigindo pedidos urgentes a um custo de $ 3 por unidade.
- Os clientes provavelmente devolveriam 10 por cento de todas as unidades vendidas devido à baixa qualidade do produto. A Hardesty estima que os custos adicionais de lidar com cada unidade retornada sejam de $ 6.

Para fazer: Calcule os custos relevantes em comprar (1) da Morrison e (2) da Herriott usando o formato do Quadro 6.6. De quem a Hardesty deveria comprar o XJ-200?

6-32 Avaliação do fornecedor, custos relevantes de qualidade e entregas em tempo oportuno. A Artigos Esportivos Copeland está avaliando dois fornecedores de bolas de futebol, a Big Red e a Quality Sports. As informações pertinentes a cada fornecedor potencial são as seguintes:

Item relevante	Big Red	Quality Sports
Preço de compra por unidade (caixa)	$ 50	$ 51
Custos de pedidos por pedido	$ 6	$ 6
Custos de inspeção por unidade	$ 0,02	0
Seguro, manuseio dos materiais e outros por unidade por ano	$ 4,00	$ 4,50
Demanda anual	12 000 unidades	12 000 unidades
Quantidade média de estoque mantido durante o ano	100 unidades	100 unidades
Retorno mínimo sobre o investimento	15%	15%
Custos de falta de estoque por unidade	$ 20	$ 10
Falta de estoque por ano	350 unidades	60 unidades
Devoluções dos clientes	300 unidades	25 unidades
Custos de devolução do cliente por unidade	$ 25	$ 25

Para fazer: Calcule os custos relevantes em comprar (1) da Big Red e (2) da Quality Sports usando o formato do Quadro 6.6. De quem a Copeland deveria comprar as bolas de futebol?

6-33 Custeio retrocedido e produção *JIT*. A Corporação Aton fabrica medidores elétricos. Em agosto, não havia estoques iniciais de materiais diretos e produto em processo inicial ou final. A Aton usa um sistema de produção *JIT* e custeio retrocedido com três pontos de gatilho para fazer os lançamentos no sistema contábil:

- Compra de materiais diretos — debitado do estoque: controle direto e em processo
- Conclusão de unidades acabadas — debitado do controle dos produtos acabados
- Venda dos produtos acabados

O custo-padrão por medidor da Aton, em agosto, é: materiais diretos, $ 25; custos de conversão, $ 20. Os dados seguintes se aplicam à fabricação de agosto:

Materiais diretos comprados	$ 550 000
Custos de conversão incorridos	$ 440 000
Número de unidades acabadas fabricadas	21 000
Número de unidades acabadas vendidas	20 000

Para fazer:

1. Prepare lançamentos contábeis resumidos para agosto (sem descartar os custos de conversão alocados a maior ou a menor). Suponha não haver variações nos materiais diretos.
2. Informe os lançamentos da Questão 1 nas contas T para estoque: controle direto e em processo, controle dos custos de conversão, custos de conversão alocados e custo dos produtos vendidos.

6-34 Custeio retrocedido, dois pontos de gatilho, compra de materiais e venda (continuação do 6-33). Suponha que o segundo ponto para a Corporação Aton seja a venda — e não a produção — dos produtos acabados. E também a conta do estoque está restrita apenas aos materiais diretos, estejam eles em armazenagem, em processo ou em produtos acabados. Nenhum custo de conversão é registrado no estoque. Eles são alocados às unidades vendidas no custo-padrão. Quaisquer custos de conversão alocados a maior ou a menor são lançados mensalmente para custo dos produtos vendidos.

Para fazer:

1. Prepare lançamentos contábeis resumidos para agosto, incluindo a disposição dos custos de conversão alocados a maior ou a menor. Suponha não haver variações nos materiais diretos.
2. Informe os lançamentos da Questão 1 nas contas T para controle dos produtos acabados, controle dos custos de conversão, custos de conversão alocados e custo dos produtos vendidos.

6-35 Retrocedido, dois pontos de gatilho, término da produção e venda (continuação do 6-33). Suponha os mesmos fatos como os do Problema 6-33, exceto que agora existem apenas dois pontos de gatilho: o término de unidades acabadas boas de produtos e a venda dos produtos acabados.

Para fazer:

1. Prepare lançamentos resumidos no diário, incluindo a disposição de custos de conversão alocados a menor e a maior. Presuma que não haja variações nos materiais diretos.
2. Poste os lançamentos nos requerimentos 1 das contas T para o controle dos produtos acabados, controle dos custos de conversão, custos de conversão alocados e custo dos produtos vendidos.

6-36 Custeio retrocedido, manipulação do lucro, ética. Carolina Brown, diretora financeira da Silicon Valley Computer, é uma defensora entusiasta da produção *JIT*. A divisão de teclados da SVC, que produz teclados para computadores, tem feito melhorias consideráveis nas suas operações com a bem-sucedida implementação do *JIT*. O presidente da divisão de teclados pretende adotar o custeio retrocedido.

Carolina discute a proposta do custeio retrocedido com Renato Lopes, *controller* da SVC, totalmente contra o custeio retrocedido, argumentando que, com isso, estaria abrindo a 'caixa de Pandora' e permitindo que os gerentes das divisões manipulem o lucro operacional relatado, da divisão. Um membro do grupo de Ricardo fez um esboço das três variações possíveis do custeio retrocedido mostrados no Quadro 6.8. Ricardo atenta para o fato de que nenhum desses três métodos rastreia o produto em processo. Ele afirma que essa omissão permitiria que os gerentes 'alterassem artificialmente' o lucro operacional relatado, por meio da manipulação dos níveis de produto em processo. Ele alega que no custeio retrocedido os lançamentos não são feitos até que ocorra uma venda.

"Suponha que a divisão já tenha alcançado o lucro-meta operacional e queira deslocar alguns dos lucros deste para o próximo ano", ele diz. "Sob o custeio retrocedido, com a venda do produto acabado no ponto de gatilho, a divisão será incentivada a não fazer este ano vendas de produtos nele produzidos, o que considero um incentivo bizarro. Não tenho mais nada a dizer sobre a razão de ficarmos com um sistema de custeio por ordem de produção usando a identificação seqüencial."

Ricardo conclui que, enquanto os números contábeis relatados forem centrais ao desempenho e às revisões de bônus da SVC, o custeio retrocedido nunca deverá ser adotado.

Para fazer:

1. Quais fatores a SVC deveria considerar ao decidir se adota ou não uma versão do custeio retrocedido?
2. São suficientemente importantes as preocupações de Ricardo sobre a manipulação do lucro para que a SVC não adote o custeio retrocedido?
3. Quais são as outras maneiras que a SVC teria para motivar os gerentes a não 'mudarem artificialmente' o lucro relatado?

Problema para aprendizagem em grupo

6-37 Custeio retrocedido. A conversa seguinte ocorreu entre Brian Richardson, gerente de fábrica da Engenharia Glendale, e Charles Cheng, *controller* da fábrica. A Glendale fabrica peças de componentes automotivos, como engrenagens e virabrequins, para fabricantes de automóveis. Brian está entusiasmado com a implementação do *JIT* e sobre simplificar e estreitar a produção e outros processos comerciais.

Brian disse a Charles: "Eu gostaria de simplificar substancialmente a nossa contabilidade no novo ambiente *JIT*. Não podemos registrar apenas um lançamento quando enviamos os produtos para nossos clientes? Não quero que nossa equipe perca tempo identificando o estoque de um estágio para outro, quando temos tão pouco estoque".

Charles respondeu: "Acho que você está certo sobre simplificar a contabilidade, mas ainda temos uma quantidade moderada de estoque de materiais diretos e produtos acabados que variam de período para período, dependendo da demanda pelos produtos específicos. Acabar com toda a contabilidade do estoque pode ser um problema".

Ao que Brian respondeu: "Você sabe da minha vontade de simplificar, simplificar, simplificar. Eu sei que há custos a serem simplificados, mas acredito que, no longo prazo, as simplificações pagam dividendos. Por que você e sua equipe não estudam as questões envolvidas e eu levarei o assunto para ser discutido na próxima reunião com a gerência sênior da fábrica?".

Para fazer:

1. Qual versão do custeio retrocedido você recomenda que Cheng adote? Lembre-se da vontade de Brian em simplificar a contabilidade o máximo possível. Desenvolva uma sustentação para sua recomendação.
2. Pense sobre os três exemplos de custeio retrocedido mostrado no Quadro 6.8. Esses exemplos diferem no que diz respeito ao número e tipos de pontos de gatilho usados. Suponha que seu objetivo na implementação do custeio retrocedido seja simplificar a contabilidade, mas apenas se ela combinar com a abordagem da identificação seqüencial. Qual versão do custeio retrocedido você proporia se:
   a. A Glendale não tivesse estoques de materiais diretos nem de produto em processo, mas tivesse estoque de produtos acabados?
   b. A Glendale não tivesse estoques de produto em processo nem de produtos acabados, mas tivesse estoque de materiais diretos?
   c. A Glendale não tivesse estoques de materiais diretos, nem de produto em processo e nem de produtos acabados?
3. O custeio retrocedido tem seus críticos. Em um artigo na revista *Management Accounting*, entitulado Beware of New Accounting Myths, R. Calvasina, E. Calvasina e G. Calvasina declaram:

   > *O sistema periódico (retrocedido) nunca foi um reflexo das necessidades de registro de um sistema de produção. Nos ambientes operacionais altamente padronizados da presente era* JIT, *o sistema apropriado para ser usado é um sistema contábil perpétuo, baseado em um conjunto de custos-padrão atualizado e realista. Para os contadores gerenciais fazerem o retrocedido com base nos custos reais, é voltar para os dias dos banheiros externos.*

   Comente essa declaração.

capítulo

7 ORÇAMENTO DE CAPITAL E ANÁLISE DE CUSTOS

Objetivos de aprendizagem

1. Reconhecer o foco de vários anos do orçamento de capital
2. Entender os seis estágios do orçamento de capital de um projeto
3. Usar e avaliar os dois principais métodos dos fluxos de caixa descontados (FCD): o método do valor presente líquido (VPL) e o método da taxa interna de retorno (TIR)
4. Usar e avaliar o método de recuperação de investimento (*pay back*)
5. Usar e avaliar a taxa de retorno contábil (TRC)
6. Identificar e reduzir os conflitos do uso do FCD para as decisões de orçamento de capital e da contabilidade de competência na avaliação do desempenho
7. Identificar as entradas e saídas de caixa relevantes para as decisões de orçamento de capital

A Deer Valley Resort, um dos mais conhecidos *resorts* de esqui, possui uma abordagem singular para assegurar que os esquiadores tenham uma experiência agradável e tranqüila nas montanhas de Utah. Ela limita a venda de ingressos do teleférico todos os dias, visando reduzir as filas, para a satisfação do esquiador. Embora os proprietários limitem a venda dos ingressos, não pretendem fazer o mesmo com o potencial de crescimento e de lucratividade, levando os gerentes a elaborar planos de ampliação e de reestruturação para melhorar e expandir o negócio.

Durante cada temporada de esqui, os gerentes de departamentos formulam requisições para melhorias nas instalações. Os custos financeiros e não-financeiros e os benefícios são planejados. Planos que podem variar da reforma de uma sala de jantar à construção de uma cabana de esqui totalmente nova são avaliados, priorizados e colocados no orçamento de capital projetado para dez anos, e recursos são assegurados para perseguir os projetos mais urgentes. O compromisso com o planejamento cuidadoso e o prazer do esquiador pode ser parte do motivo pelo qual a Deer Valley foi escolhida para recepcionar vários eventos importantes durante os Jogos Olímpicos de Inverno de 2002.

Os gerentes enfrentam de maneira contínua o desafio de equilibrar os fatores de longo e curto prazos. Descreveremos de que forma os gerentes incorporam as considerações financeiras e não-financeiras nas decisões de planejamento de longo prazo. Introduziremos os métodos do orçamento de capital — assim chamados porque falam sobre como uma organização seleciona os projetos cujo objetivo é aumentar o 'capital' (o valor monetário) da organização. Esses métodos auxiliam os gerentes na análise de projetos prolongados.

Antes de descrever os métodos específicos do orçamento de capital, vamos realçar como a análise de custos de projeto de orçamento de capital difere da análise de custos por período encontrada em grande parte da contabilidade.

Duas dimensões da análise de custos

O Quadro 7.1 ilustra duas dimensões diferentes da análise de custos: (1) horizontalmente, de ponto a ponto, como dimensão do projeto, e (2) verticalmente, para cima, como dimensão do período contábil. Cada projeto é representado como um retângulo horizontal por meio do tempo, distinto de outros retângulos também horizontais. Cada projeto começa e acaba em períodos e espaços de tempo diferentes, mais longos que um ano. O orçamento de capital enfoca a análise de cada projeto ao longo de sua vida, considerando *todos* os fluxos de caixa ou a economia de caixa oriunda do investimento nele demandado. O retângulo vertical para o período contábil de 2004 representa a dimensão da determinação da renda e o planejamento e controle rotineiros que passam por todos os projetos.

O sistema contábil, que corresponde à dimensão do projeto do Quadro 7.1, considera as receitas e os custos do ciclo de vida (descrito no Capítulo 12 do volume 1). Por exemplo, uma análise do ciclo de vida do projeto de um novo carro, da Ford Motor Company, poderia abranger um período de sete anos. Ela acumularia as receitas do novo carro assim como os custos de todas as funções comerciais na cadeia de valor, do P&D ao atendimento ao cliente incorridos no projeto.

Estágios do orçamento de capital

Orçamento de capital consiste em tomar decisões de planejamento de longo prazo para investimentos em projetos e é uma ferramenta de tomada de decisão e controle utilizada durante vários anos. Há seis estágios para o orçamento de capital:

Etapa 1: **Estágio de identificação** *Distinguir quais os tipos de projetos de dispêndio de capital necessários para alcançar os objetivos e estratégias em uma organização.* Por exemplo, a estratégia de diferenciação do produto — para aumentar a lucratividade — poderia ser promovida pelos projetos de novos produtos, clientes ou mercados. Ou uma estratégia de liderança de custo poderia ser promovida pelos projetos que melhoram a produtividade e a eficiência. Identificar em quais tipos de projetos de capital investir é, em grande parte, responsabilidade dos gerentes de linha e deveriam ser sempre guiadas pelos objetivos e estratégia da organização.

Etapa 2: **Estágio de pesquisa** *Explorar os investimentos de capital alternativos que alcançarão os objetivos da organização.* As equipes multifuncionais de todas as partes da cadeia de valor avaliam as tecnologias, máquinas e projetos alternativos. Algumas alternativas são logo rejeitadas. Outras são avaliadas por completo no próximo estágio: o de aquisição de informações.

Quadro 7.1 As dimensões do projeto e de tempo do orçamento de capital.

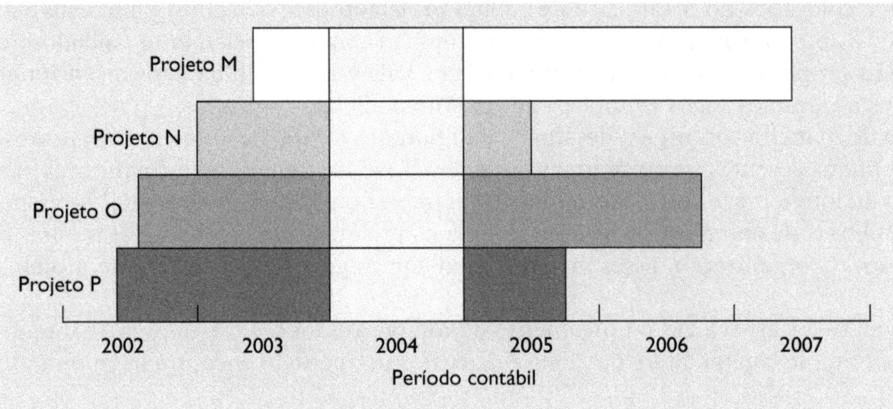

Etapa 3: **Estágio de aquisição de informações** *Considerar os custos e benefícios esperados da proposta do investimento de capital.* Esses custos e benefícios podem ser quantitativos ou qualitativos. O orçamento de capital enfatiza os fatores financeiros quantitativos, mas os efeitos dos fatores não-financeiros quantitativos e qualitativos também são considerados.

Etapa 4: **Estágio de seleção** *Escolher projetos para ser implementados.* As organizações escolhem os projetos cujos benefícios excedem os custos por quantias altas. A análise quantitativa formal usa os modelos de decisão baseados nos custos e benefícios financeiros esperados. Os gerentes reavaliam as conclusões alcançadas com base na análise formal, usando julgamentos para considerar os fatores não-financeiros.

Etapa 5: **Estágio de financiamento** *Obter fundos para o projeto.* As fontes de financiamento incluem o fluxo de caixa gerado internamente (dentro da organização), ações e títulos da dívida vendidos nos mercados de capital. Financiamento é responsabilidade do tesoureiro, que é supervisionado pelo diretor financeiro da organização.

Etapa 6: **Estágio da implementação e controle** *Dar início aos projetos e monitorar suas realizações.* Quando um projeto é implementado, a empresa avalia se os investimentos de capital estão em conformidade com a programação e dentro do orçamento. À medida que o projeto gera entradas de caixa, o monitoramento e o controle incluem uma auditoria posterior ao investimento, comparando as projeções feitas na época em que o projeto foi selecionado com os resultados reais.

Trabalharemos com as informações do Hospital São Genaro, uma empresa com fins lucrativos, para ilustrar o orçamento de capital. Um dos objetivos do São Genaro é melhorar a produtividade do departamento de raio X. Como primeiro passo para atingir o objetivo, o gerente do São Genaro *identifica* uma nova máquina de raio X mais moderna como possível substituto para a máquina em operação. O estágio de *pesquisa* resulta em vários modelos alternativos, mas a equipe técnica do hospital considera como sendo o mais apropriado o modelo XCAM8. Na fase seguinte, o gerente *colhe informações* para fazer uma avaliação mais detalhada da XCAM8. As informações financeiras quantitativas para a análise formal são as seguintes:

As receitas permanecerão inalteradas, independentemente de a nova máquina de raio X ser ou não adquirida. O São Genaro cobra taxa fixa de diagnósticos específicos, não importa o número de radiografias tiradas. O único benefício financeiro relevante na compra da nova máquina de raio X é a economia em caixa dos custos operacionais.

A máquina de raio X em operação pode ser mantida por cinco anos e terá valor residual de venda de $ 0 no final desse período. O investimento inicial líquido mínimo, após os impostos, da nova máquina, é de $ 379 100, calculado da seguinte maneira:

Custo da nova máquina	*$ 390 000*
Investimento no capital de giro (suprimentos e peças extras para a nova máquina)	*9 000*
Fluxo de caixa após os impostos pela venda da máquina em operação	*(19 900)*
Investimento inicial líquido, após os impostos, da nova máquina	*$ 379 100*

O gerente espera que a nova máquina tenha uma vida útil de cinco anos e valor residual de venda final de $ 0 no final desse período. A nova máquina é mais rápida e mais fácil de operar e tem capacidade de radiografar áreas maiores, aditivos que diminuirão os custos de mão-de-obra e reduzirão o número médio de radiografias tiradas por paciente. O gerente espera que o investimento resulte em uma economia anual, após os impostos, em custos operacionais de $ 100 mil para cada um dos primeiros quatro anos e $ 91 mil no ano 5. Essas economias geralmente ocorrem uniformemente durante todo o ano. Para simplificar os cálculos, supõe-se que todos os fluxos de caixa das operações ocorram no final do ano. *É esperado que o investimento adicional no capital de giro, de $ 9 mil, seja totalmente recuperado no final do ano 5.*

O gerente do São Genaro também identifica os seguintes benefícios não-financeiros quantitativos e qualitativos em investir na nova máquina de raio X.

1. Radiografias de melhor qualidade levando a diagnósticos mais precisos e melhor tratamento do paciente.
2. Segurança melhorada dos técnicos e pacientes. A eficiência da nova máquina de raio X implica que técnicos em raio X e pacientes estariam menos expostos a possíveis efeitos prejudiciais da radiação.

Os benefícios não-financeiros, quantitativos e qualitativos, não são considerados na análise financeira formal.

No estágio de *seleção*, o gerente decide se compra ou não a nova máquina de raio X. Este capítulo discutirá os seguintes métodos de orçamento de capital para analisar as informações financeiras:

1. Valor presente líquido (VPL)
2. Taxa interna de retorno (TIR)
3. Recuperação do investimento (*pay back*)
4. Taxa de retorno da contabilidade de competência (TRC)

Ambos os métodos, VPL e TIR, são fluxos de caixa descontados.

Fluxo de caixa descontado

Os **métodos do fluxo de caixa descontado (FCD)** medem todos os futuros fluxos de entrada e saída esperados de um projeto à medida que eles ocorrem em um único ponto no tempo. A principal característica dos métodos do FCD é o valor do dinheiro no tempo. O **valor do dinheiro no tempo** considera que um dólar (ou qualquer outra unidade monetária) recebido hoje vale mais do que um dólar recebido em qualquer tempo futuro. O motivo é o de que $ 1 recebido hoje pode ser investido a, digamos, 10 por cento ao ano, crescendo, portanto, para $ 1,10 ao final de um ano. O valor do dinheiro no tempo é o custo de oportunidade (o retorno de $ 0,10 dos quais você abdicou por ano) em não ter o dinheiro hoje. Similarmente, $ 1 recebido daqui a um ano vale $ 1 ÷ 1,10 = $ 0,9091 hoje. Desse modo, os métodos do fluxo de caixa descontado ponderam explicitamente os fluxos de caixa pelo valor de tempo do dinheiro. Assim, $ 100 recebidos daqui um ano serão ponderados a $ 0,9091 para render um fluxo de caixa descontado de $ 90,91, o que é hoje o valor de $ 100 no próximo ano. O FCD foca nas entradas e saídas de caixa, e não o lucro operacional, como determinado pelo regime de competência contábil.

As tabelas e fórmulas de juros compostos usados na análise do FCD estão no Anexo A. Se você não estiver familiarizado com os juros compostos, não prossiga até que tenha estudado o Anexo A, cujas tabelas serão usadas com freqüência neste capítulo. Os dois métodos do FCD aqui descritos são o método do valor presente líquido (VPL) e o método da taxa interna de retorno (TIR). Os métodos do FCD usam a **taxa mínima de retorno (TMR)**, que é a taxa de retorno mínima anual aceitável sobre um investimento. A TMR é o retorno que uma organização esperaria receber em vez de um investimento de risco comparável. A TMR é também denominada **taxa de desconto, taxa mínima de retorno estabelecida, custo de capital** ou **custo de oportunidade do capital**. Suponha que a taxa mínima de retorno para o projeto da máquina de raio X do Hospital São Genaro seja de 8 por cento ao ano.

Método do valor presente líquido

O **método do valor presente líquido (VPL)** calcula o ganho monetário esperado, ou perda, de um projeto descontando todos os futuros fluxos de entrada e saída esperados para o ponto presente no tempo, usando a taxa mínima de retorno. Apenas os projetos com um VPL igual a zero ou positivo são aceitáveis. Isso porque o retorno desses projetos é igual ou excede o custo de capital — o retorno disponível com o investimento do capital em outro lugar. Se todas as coisas permanecerem iguais, quanto mais alto o VPL, melhor. Para usar o método do VPL, aplique as três etapas seguintes:

Etapa 1: **Fazer um diagrama das entradas e saídas de caixa relevantes**. O lado direito do Quadro 7.2 mostra setas que descrevem os fluxos de caixa. As saídas aparecem entre parênteses. O diagrama ajuda o profissional que irá decidir a visualizar e organizar os dados de maneira sistemática. Observe que o Quadro 7.2 inclui a saída para a aquisição da nova máquina no começo do ano 1 (também referido como final do ano 0). O método do VPL especifica os fluxos de caixa, independentemente da fonte dos fluxos de caixa, como de operações, compra ou venda de equipamentos, investimento ou recuperação do capital de giro. Não use os conceitos do regime de competência contábil, como vendas feitas a crédito ou despesas não-financeiras, na determinação das entradas e saídas de caixa.

Etapa 2: **Escolher a tabela correta de juros compostos do Anexo A**. No nosso exemplo, podemos descontar o fluxo de caixa de cada ano usando a Tabela 2, ou podemos calcular o valor presente de uma anuidade, uma série de fluxos de caixa iguais em intervalos de tempo iguais, usando a Tabela 4, ambas no Anexo A. Se usarmos a Tabela 2, encontraremos os fatores de desconto para os períodos 1–5 sob a coluna de 8 por cento. A abordagem 1 do Quadro 7.2 usa os cinco fatores de desconto. Pelo fato de o investimento produzir uma anuidade, podemos usar a Tabela 4. Encontramos o fator de desconto para cinco períodos sob a coluna de 8 por cento. A abordagem 2 mostra que o fator de desconto é de 3,993, que é a soma dos cinco fatores de desconto usados na abordagem 1. Para obter a quantia do valor presente, multiplique cada fator de desconto pela quantia representada por cada seta da direita no Quadro 7.2.

Etapa 3: **Somar os números do valor presente para determinar o valor presente líquido**. Se o VPL é igual a zero ou positivo, o projeto deveria ser aceito; a taxa esperada de retorno é igual ou excede a taxa mínima de retorno. Se o VPL for negativo, o projeto deveria ser rejeitado; a taxa esperada de retorno está abaixo da taxa mínima de retorno.

O Quadro 7.2 indica um VPL de $ 20 200 na taxa mínima de retorno de 8 por cento ao ano. O projeto é desejável com base nas informações financeiras quantificáveis. Os fluxos de caixa do projeto são adequados para (1) recuperar o investimento inicial líquido no projeto e (2) obter um retorno maior do que 8 por cento ao ano sobre o investimento empatado no projeto durante a vida útil.

É claro que o gerente do São Genaro também precisa ponderar os fatores não-financeiros, como a redução de riscos na saúde do paciente e dos técnicos das radiografias e diagnósticos, e tratamentos melhores para os pacientes. Se o VPL tivesse sido negativo, o gerente precisaria decidir se os benefícios positivos não-financeiros excederiam o VPL negativo.

Quadro 7.2 Método do valor presente líquido: Nova máquina de raio X do Hospital São Genaro.

Investimento inicial líquido	$ 379 100
Vida útil	5 anos
Entrada anual de caixa	$ 100 000
Taxa mínima de retorno	8 %

	Total do valor presente	Valor presente de $ 1 descontado em 8%	Esboço dos fluxos de caixa relevantes no final do ano: 0	1	2	3	4	5
Abordagem 1: Descontando o fluxo de caixa de cada ano separadamente[a]								
Investimento inicial líquido	$ (379 100)	1,000	$ (379 100)					
Fluxo anual de caixa	92 600	0,926		$ 100 000				
	85 700	0,857			$ 100 000			
	79 400	0,794				$ 100 000		
	73 500	0,735					$ 100 000	
	68 100	0,681						$ 100 000
Valor presente líquido	$ 20 200							
Abordagem 2: Usando a tabela de anuidade[b]								
Investimento inicial líquido	$ (379 100)	1,000	$ (379 100)					
				$ 100 000	$ 100 000	$ 100 000	$ 100 000	$ 100 000
Entrada anual de caixa	399 300	3,993						
Valor presente líquido	$ 20 200							

Observação: *Os parênteses denotam as saídas de caixa relevantes em todos os quadros deste capítulo.*

a *Valores presentes da Tabela 2, Anexo A, no final do livro.*

b *Valores presentes da anuidade da Tabela 4, Anexo A. A tabela de valor da anuidade de 3 993 é a soma das taxas de desconto individuais 0,926 + 0,857 + 0,794 + 0,735 + 0,681, sujeita a erro de arredondamento.*

Faça uma pausa aqui. Não prossiga até que você tenha realmente entendido o que vê no Quadro 7.2. Compare a abordagem 1 com a abordagem 2 do Quadro 7.2 para ver como a Tabela 4, no Anexo A, simplesmente agrega os fatores do valor presente na Tabela 2. Isto é, a tabela fundamental é a Tabela 2. A Tabela 4 simplesmente reduz os cálculos quando há anuidade.

Método da taxa interna de retorno

O **método da taxa interna de retorno (TIR)** calcula a taxa de desconto na qual o valor presente dos fluxos de caixa de um projeto é igual ao valor presente das saídas de caixa esperadas. Isto é, TIR é a taxa de desconto que faz o VPL = $ 0. O Quadro 7.3 apresenta os fluxos de caixa e mostra os cálculos para o VPL usando uma taxa de desconto anual de 10 por cento para o projeto da máquina de raio X do Hospital São Genaro. A uma taxa de desconto de 10 por cento, o VPL do projeto é $ 0. Portanto, a TIR é de 10 por cento ao ano.

Como determinamos a taxa de desconto que resulta no VPL = $ 0? Na maioria dos casos, os analistas que estão resolvendo os problemas de orçamento de capital têm uma calculadora ou programa de computador que fornece a taxa interna de retorno. Sem uma calculadora ou um programa de computador, a abordagem de tentativa e erro pode fornecer a resposta.

Etapa 1: Tente uma taxa de desconto e calcule o VPL do projeto usando a taxa de desconto.

Etapa 2: Se o VPL calculado for menor que zero, tente uma taxa de desconto mais baixa. (Uma taxa de desconto mais baixa aumentará o VPL. Lembre-se de que você está tentando encontrar uma taxa de desconto para a qual o VPL seja = $ 0.) Se o VPL for maior que zero, tente uma taxa de desconto mais alta para baixá-lo. Continue ajustando a taxa de desconto até que o VPL seja = $ 0. No exemplo do São Genaro, uma taxa de desconto de 8 por cento resulta em um VPL de +$ 20 200 (veja Quadro 7.2). Uma taxa de desconto de 12 por cento resulta em um VPL de $ 18 600 (3 605, o fator de anuidade do valor presente da Tabela 4, × $ 100 000 menos $ 379 100). Portanto, a taxa de desconto que faz com que o VPL seja = $ 0 precisa estar entre 8 e 12 por cento. Tentamos 10 por cento e obtemos um VPL = $ 0. Conseqüentemente, a TIR é de 10 por cento ao ano.

Os cálculos passo a passo da taxa interna de retorno são mais fáceis quando as entradas de caixa são iguais, como no nosso exemplo. As informações do Quadro 7.3 podem ser expressas por:

Quadro 7.3 Método da taxa interna de retorno: Nova máquina de raio X do Hospital São Genaro.

Investimento inicial líquido	$ 379 100
Vida útil	5 anos
Entrada anual de caixa	$ 100 000
Taxa mínima de retorno	10%

	Total do valor presente	Valor presente de $ 1 descontado em 10%	Esboço dos fluxos de caixa relevantes no final do ano: 0	1	2	3	4	5
Abordagem 1: Descontando o fluxo de caixa de cada ano separadamente[a]								
Investimento inicial líquido	$ (379 100)	1,000	$ (379 100)					
Fluxo anual de caixa	90 900	0,909		$ 100 000				
	82 600	0,826			$ 100 000			
	75 100	0,751				$ 100 000		
	68 300	0,683					$ 100 000	
	62 100	0,621						$ 100 000
Valor presente líquido[b] (a diferença de zero prova que a taxa de retorno interna é de 10%)	$ 0							
Abordagem 2: Usando a tabela de anuidade[a]								
Investimento inicial líquido	$(379 100)	1,000	$(379 100)					
				$100 000	$100 000	$100 000	$100 000	$100 000
Entrada anual de caixa	379 100	3,791[c]						
Valor presente líquido	$ 0							

a *Valores presentes da anuidade da Tabela 2, Anexo A, no final do livro.*

b *A soma é $ (100) devido aos erros de arredondamento. Arredondamos para $ 0.*

c *Os valores presentes da anuidade da Tabela 4, Anexo A. O valor da tabela da anuidade de 3 791 é a soma das taxas de desconto individuais 0,909 + 0,826 + 0,751 + 0,683 + 0,621, sujeita a erro de arredondamento.*

$$\$\ 379\ 100 = \text{Valor presente da anuidade de } \$\ 100\ 000 \text{ a } X\% \text{ por ano por 5 anos}$$

Ou, qual fator F na Tabela 4 (Anexo A) satisfará esta equação?

$$\$\ 379\ 100 = \$\ 100\ 000F$$
$$F = \$\ 379\ 100 \div \$\ 100\ 000 = 3\ 791$$

Na linha de cinco períodos da Tabela 4, encontre a coluna de porcentagem que mais se aproxime de 3 791. Esta é exatamente 10 por cento. Se o fator (F) estiver entre os fatores em duas colunas, a interpolação de linha reta é usada para aproximar a TIR. A interpolação está ilustrada no 'Problema para Auto-Estudo'.

Um projeto é aceito apenas se a TIR for igual ou exceder a taxa mínima de retorno (TMR). No exemplo do São Genaro, a máquina de raio X tem uma TIR de 10 por cento, que é maior do que a TMR de 8 por cento. Com base nos fatores financeiros, o São Genaro deveria investir na nova máquina. No geral, as regras de decisões do VPL e da TIR resultam em decisões consistentes de aceitação e rejeição do projeto. Se a TIR exceder a TMR, então o projeto terá um VPL positivo (favorecendo a aceitação). Se a TIR for igual à TMR, VPL = $ 0. Se a TIR for menor do que a TMR, o VPL será negativo (favorecendo a rejeição). Obviamente, os gerentes preferem os projetos com TIRs mais elevadas do que o contrário, se todas as outras coisas permanecerem iguais. A TIR de 10 por cento significa que as entradas de caixa do projeto são adequadas para (1) recuperar o investimento inicial líquido no projeto e (2) obter um retorno de exatamente 10 por cento sobre o investido no projeto durante sua vida útil.

Comparação dos métodos do valor presente líquido e da taxa interna de retorno

Uma das grandes vantagens do método do VPL é que ele expressa os cálculos em unidades monetárias, não em porcentagens. Assim sendo, podemos somar os VPLs de projetos individuais para calcular o VPL de uma combinação de projetos. Em contrapartida, as TIRs de projetos individuais não podem ser adicionadas ou apuradas médias para representar a TIR de uma combinação de projetos.

'Pesquisas de Práticas Empresariais', no entanto, relata o amplo uso do método da TIR. Por quê? Provavelmente porque os gerentes acham que o método da TIR é mais fácil de entender e porque, em alguns casos, as decisões não seriam afetadas pelo uso de um método ou de outro. Entretanto, em alguns casos, como comparando dois projetos com linhas e investimentos desiguais, os dois métodos não indicarão a mesma decisão.

Os gerentes que usam o método da TIR presumem que a taxa de reinvestimento dos fluxos de caixa seja igual à de retorno obtida sobre o projeto. Essas oportunidades de investimentos podem não estar disponíveis. Os gerentes que usam o método do VPL presumem que os fundos obtidos dos projetos concorrentes possam ser reinvestidos na TMR (taxa média de retorno) da empresa. O método do VPL é geralmente visto como um método melhor do que o da TIR. Paute-se em literatura de finanças corporativas para obter mais detalhes sobre essas questões.

Uma outra vantagem do método do VPL é a de que ele pode ser usado quando a TMR varia durante a vida de um projeto. Suponha que a máquina de raio X considerada pelo São Genaro tenha uma TMR de 9 por cento ao ano nos anos 1 e 2 e de 12 por cento ao ano nos anos 3, 4 e 5. O total do valor presente das entradas de caixa pode ser calculado como $ 378 100 (os cálculos não são mostrados).

Dado o investimento inicial líquido de $ 379 100, os cálculos do VPL indicam que o projeto não é desejável: VPL é – $ 1 000 ($ 378 100 – $ 379 100). Não é possível usar o método da TIR neste caso. As TMRs diferentes em anos diferentes (9 por cento anualmente para os anos 1 e 2 *versus* 12 por cento anualmente para os anos 3, 4 e 5) significam que não há uma única TMR contra a qual a TIR (número único) possa ser comparada para decidir se o projeto deveria ser aceito ou rejeitado.

Análise da sensibilidade

Para apresentar os pontos básicos dos métodos do VPL e da TIR, presumimos que os valores esperados dos fluxos de caixa ocorrerão com certeza. Obviamente, tais previsões não são certas. Para examinar como um resultado do projeto mudará se os resultados financeiros previstos não forem alcançados ou se uma suposição básica mudar, os gerentes podem usar a *análise da sensibilidade*, uma técnica de 'e se' introduzida no Capítulo 3 do volume 1.

A análise da sensibilidade pode ser obtida de várias maneiras. Suponha que o gerente do São Genaro acredite que as economias previstas sejam difíceis de prever. Ele pergunta: "Qual é a economia mínima anual de caixa que faz com que o investimento na máquina de raio X pretendida valha a pena — isto é, leve ao VPL = $ 0?" Para os dados do Quadro 7.2, deixe A = fluxo de caixa anual e deixe o VPL = $ 0. O investimento inicial líquido é de $ 379 100, e o fator do valor presente na taxa mínima de retorno anual para uma anuidade de cinco anos de $ 1 é de 3 993. Então:

$$\begin{aligned} \text{VPL} &= \$\,0 \\ (3{,}993A) - \$\,379\,100 &= \$\,0 \\ 3{,}993A &= \$\,379\,100 \\ A &= \$\,94\,941 \end{aligned}$$

Na taxa de desconto de 8 por cento ao ano, o fluxo de caixa anual pode cair para $ 94 941 (uma queda de $ 100 000 – $ 94 941 = $ 5 059) antes de o VPL cair para $ 0. Se o gerente acreditar que ele pode obter economias anuais de caixa de pelo menos $ 94 941, ele pode justificar o investimento na nova máquina de raio X em termos financeiros.

O Quadro 7.4 mostra que as variações (1) nas entradas anuais de caixa e (2) na TMR afetam significativamente o VPL do projeto da máquina de raio X. Os VPLs também podem variar com as vidas úteis diferentes de um projeto. A análise da sensibilidade ajuda os gerentes a focarem nas decisões mais sensíveis às suposições diferentes e a se preocuparem menos com as decisões menos sensíveis.

Método de recuperação do investimento (*pay back*)

Agora consideraremos o terceiro método para analisar os aspectos financeiros do projeto. A **recuperação do investimento** mede o tempo que levará para recuperar, na forma de futuros fluxos de caixa esperados, o investimento inicial líquido em um projeto. Como o VPL e a TIR, o método de recuperação do investimento não faz distinção entre as fontes dos fluxos de caixa, como as de operações, compra ou venda de equipamentos, investimento ou recuperação do capital de giro. Consideraremos em primeiro lugar este caso.

Quadro 7.4 Cálculos do valor presente líquido para o Hospital São Genaro sob suposições diferentes das entradas anuais de caixa e da taxa mínima de retorno[a]

	Entradas anuais de caixa				
Taxa mínima de retorno	**$ 80 000**	**$ 90 000**	**$ 100 000**	**$ 110 000**	**$ 120 000**
6%	$ (42 140)	$ (20)	$ 42 100	$ 84 220	$ 126 340
8%	$ (59 660)	$ (19 730)	$ 20 200	$ 60 130	$ 100 060
10%	$ (75 820)	$ (37 910)	$ 0	$ 37 910	$ 75 820

a *Todas as entradas nas células presumem que a vida útil do projeto seja de cinco anos.*

Fluxos de caixa uniformes

No exemplo do São Genaro, a máquina de raio X custa $ 379 100, com vida útil esperada de cinco anos e gera fluxo de caixa *uniforme* de $ 100 mil a cada ano. A recuperação do investimento é:

$$\text{Recuperação} = \frac{\text{Investimento inicial líquido}}{\text{Aumento uniforme nos fluxos de caixa futuros}}$$

$$= \frac{\$\ 379\ 100}{\$\ 100\ 000} = 3{,}8 \text{ anos}^{1}$$

O método da recuperação do investimento realça a liquidez, um fator que freqüentemente tem um papel-chave nas decisões de orçamento de capital. Os gerentes preferem os projetos com prazos de recuperação mais curtos (projetos que são mais líquidos) aos projetos com prazo de recuperação mais longos, se todas as outras coisas forem iguais. Projetos com prazo de recuperação mais curtos dão mais flexibilidade a uma organização, porque os fundos para os outros projetos se tornam disponíveis mais rapidamente. E também os gerentes não se sentem muito confiantes em relação às previsões dos fluxos de caixa que se estendem muito no futuro.

Sob o método de recuperação do investimento, as organizações escolhem um período de interrupção para um projeto: quanto maiores forem os riscos de um projeto, mais curto será o período de interrupção. As empresas japonesas favorecem o método de recuperação do investimento sobre outros métodos (veja 'Pesquisas de Práticas Empresariais') e usam períodos de interrupção que vão de três a cinco anos. Os projetos com um período de recuperação que seja menor que o período de interrupção são aceitáveis, e aqueles com um período de recuperação que seja mais longo que o período de interrupção são rejeitados. Se o período de interrupção do São Genaro, sob o método de recuperação, for de três anos, ele rejeitará a nova máquina.

O método de recuperação do investimento é fácil de entender. Assim como os métodos dos FCD, o método de recuperação não é afetado pelas convenções contábeis de competência, como a depreciação. A recuperação do investimento é uma medida útil quando (1) é necessária à seleção preliminar de muitas propostas e (2) os fluxos de caixa esperados de um projeto nos anos posteriores são por demais incertos.

Dois pontos fracos do método de recuperação são que (1) ele falha em incorporar o valor de tempo do dinheiro e (2) ele não considera os fluxos de caixa de um projeto depois do período de recuperação. Considere uma alternativa para a máquina de raio X de $ 379 100. Uma outra máquina de raio X, com uma vida útil de três anos e valor de venda terminal de $ 0, requer um investimento inicial líquido de apenas $ 300 mil, e também resultará em entradas de caixa de $ 100 mil ao ano. Primeiro, compare os períodos de recuperação do investimento:

$$\text{Máquina 1} = \frac{\$\ 379\ 100}{\$\ 100\ 000} = 3{,}8 \text{ anos}$$

$$\text{Máquina 2} = \frac{\$\ 300\ 000}{\$\ 100\ 000} = 3{,}0 \text{ anos}$$

O critério da recuperação favorece a máquina 2, com a recuperação mais curta. Se o período de interrupção é de três anos, a máquina 1 deixaria de satisfazer o critério de recuperação.

Considere, em seguida, o VPL das duas opções de investimento usando a taxa mínima de retorno de 8 por cento do São Genaro para o investimento na máquina de raio X. A uma taxa de desconto de 8 por cento, o VPL da máquina 2 é de –$ 42 300 (2,577, o fator de anuidade do valor presente para três anos a 8 por cento ao ano da Tabela 4, vezes $ 100 000 = $ 257 700 menos o investimento inicial líquido de $ 300 mil). A máquina 1, como já sabemos, tem VPL positivo de $ 20 200 (do Quadro 7.2). O critério do VPL sugere que o São Genaro deveria adquirir a máquina 1. A máquina 2, com VPL negativo, deixaria de satisfazer o critério do VPL.

O método de recuperação do investimento dá uma resposta diferente da do método do VPL neste exemplo, porque ele ignora os fluxos de caixa depois do período de recuperação e ignora o valor de tempo do dinheiro. Um outro problema com o método de recuperação do investimento é o de que a escolha de um período de interrupção muito curto para a aceitação de um projeto poderá promover a seleção apenas de projetos de vida curta. Uma organização tenderá a rejeitar os projetos de longo prazo com VPLs positivos.

Fluxos de caixa não-uniformes

Quando os fluxos de caixa não são uniformes, o cálculo da recuperação do investimento assume uma forma cumulativa: os fluxos de caixa do ano são acumulados até que a quantia do investimento inicial líquido seja recuperada. Suponha que o Escritório Jurídico Ventura esteja considerando a compra de equipamentos de videoconferência a $ 150 mil. É esperado que o equipamento proporcione um total de economias de caixa de $ 380 mil durante os

1. *As economias de caixa da nova máquina de raio X ocorrem uniformemente* durante *o ano, mas para simplificar o cálculo do VPL e da TIR, presumimos que eles ocorram no* final *de cada ano. Uma interpretação literal dessa suposição significaria uma recuperação de quatro anos, porque o São Genaro apenas recuperará o seu investimento quando as entradas de caixa ocorrerem no final do ano 4. Os cálculos mostrados no capítulo, no entanto, melhor se aproximam da recuperação do investimento do São Genaro com base nos fluxos de caixa uniformes durante o ano.*

próximos cinco anos, devido à redução nos custos de viagem e no uso mais eficaz do tempo do executivo. As economias de caixa ocorrem uniformemente durante cada ano, mas não ao longo dos anos. A recuperação do investimento ocorre no terceiro ano:

Ano	Economias de caixa	Economias de caixa cumulativas	Investimento inicial líquido ainda a ser recuperado no final do ano
0	—	—	$ 150 000
1	$ 50 000	$ 50 000	100 000
2	60 000	110 000	40 000
3	80 000	190 000	—
4	90 000	280 000	—
5	100 000	380 000	—

A interpolação em linha reta dentro do terceiro ano revela que os $ 40 000 finais, necessários para recuperar o investimento de $ 150 000 (isto é, $ 150 000 – $ 110 000 recuperados no final do ano 2), serão alcançados na metade do ano 3 (em que ocorrerão economias de caixa de $ 80 000):

$$\text{Recuperação} = 2 \text{ anos} + \left(\frac{\$\ 40\ 000}{\$\ 80\ 000} \times 1 \text{ ano} \right) = 2{,}5 \text{ anos}$$

O exemplo da videoconferência tem uma única saída de caixa de $ 150 mil no ano 0. Quando um projeto tem saídas de caixa múltiplas, ocorrendo em pontos de tempo diferentes, essas saídas são somadas para obter um número do total de saídas de caixa para o projeto. Não é feito nenhum ajuste para o valor do dinheiro no tempo ao somar essas saídas de caixa ao cálculo do período de recuperação do investimento.

Método da taxa de retorno contábil

Consideraremos agora um quarto método para analisar os aspectos financeiros dos projetos de orçamento de capital. A **taxa de retorno contábil (TRC)** divide um regime de competência contábil do lucro anual médio de um projeto por um regime de competência contábil de seu investimento. Ela também é chamada de **taxa de retorno contábil**. Ilustramos a TRC para o exemplo do São Genaro usando o investimento inicial líquido do projeto como a quantia no denominador:

$$\text{Taxa de retorno contábil} = \frac{\text{Aumento no lucro anual médio esperado após os impostos das operações}}{\text{Investimento inicial líquido}}$$

Se o São Genaro comprar a nova máquina de raio X, o aumento na economia anual média esperada após os impostos dos custos operacionais será de $ 98 200. Essa quantia é o total da economia das operações após os impostos, de $ 491 000 ($ 100 mil por 4 anos e $ 91 mil no ano 5) ÷ 5 anos. Como a nova máquina tem um valor de venda final de $ 0, a depreciação em linha reta sobre a nova máquina é de $ 78 mil por ano ($ 390 000 ÷ 5 anos). O investimento inicial líquido é de $ 379 100. A TRC sobre o investimento inicial líquido é igual a:

$$\text{TRC} = \frac{\$\ 98\ 200 - \$\ 78\ 000}{\$\ 379\ 100} = \frac{\$\ 20\ 200 \text{ por ano}}{\$\ 379\ 100} = 0{,}053 \text{ ou } 5{,}3\% \text{ ao ano}$$

A TRC de 5,3 por cento ao ano indica a taxa na qual um dólar de investimento gera lucro operacional após os impostos. A TRC sobre a nova máquina é baixa por dois motivos: (1) usar a quantia do investimento inicial faz com que o denominador seja maior e (2) a depreciação anual precisa ser deduzida do lucro anual operacional no numerador. Os projetos cujas TRC excedam uma taxa mínima de retorno contábil específico são considerados aceitáveis (quanto mais alta a TRC, mais o projeto é considerado melhor).

O método da TRC é similar ao da TIR, pois ambos calculam uma porcentagem da taxa de retorno. A TRC calcula o retorno usando os números do lucro operacional depois de considerar a competência e os impostos, ao passo que o método da TIR calcula o retorno com base nos fluxos de caixa após os impostos e no valor do dinheiro no tempo. Como os fluxos de caixa e o valor do dinheiro no tempo são centrais às decisões de orçamento de capital, o método da TIR é considerado melhor que o método da TRC.

Os cálculos da TRC são fáceis de entender e usam os números relatados nas demonstrações financeiras. Diferentemente do método de recuperação, que ignora os fluxos de caixa depois do período de recuperação, o método da TRC considera o lucro obtido durante a vida útil esperada de um projeto. Diferentemente do método do VPL, o método da TRC usa os números do lucro da contabilidade segundo regime de competência; ele não rastreia os fluxos de caixa e ignora o valor do dinheiro no tempo. Os críticos citam esses argumentos como desvantagens do método da TRC.

PESQUISAS DE PRÁTICAS EMPRESARIAIS

Comparação internacional dos métodos de orçamento de capital

Quais os métodos que as empresas ao redor do mundo usam para analisar as decisões de investimento de capital? As porcentagens na tabela seguinte indicam quão freqüentemente métodos específicos de orçamento de capital são usados em oito países. As porcentagens relatadas excedem os 100 por cento porque muitas empresas pesquisadas usam mais de um método.

	Estados Unidos[a,h]	Australia[b]	Canadá[c]	Irlanda[d]	Japão[b]	Escócia[e]	Coréia do Sul[f]	Reino Unido[g]
Recuperação	59%	61%	50%	84%	52%	78%	75%	76%
TIR	52%	37%	62%	84% (TIR e VPL)	4%	58%	75%	39%
VPL	28%	45%	41%		6%	48%	60%	38%
TRC	13%	24%	17%	24%	36%	31%	68%	28%
Outro	44%	7%	8%	—	5%	—	—	7%

Algumas observações sobre essas pesquisas:

1. As empresas nos Estados Unidos, Austrália, Canadá, Irlanda, Escócia, Coréia do Sul e Reino Unido tendem a usar dois métodos, na média, para avaliar os investimentos de capital. (A soma das porcentagens do orçamento de capital nas colunas para cada um desses países é de aproximadamente 200 por cento.)
2. As empresas japonesas tendem a usar um método. (A soma das porcentagens do orçamento de capital para o Japão é de aproximadamente 100 por cento.)
3. O método de recuperação do investimento é um método popular entre as empresas em todos os países. As empresas japonesas usam o método de recuperação do investimento como o método principal da análise nas decisões de orçamento de capital. As empresas nos Estados Unidos, Austrália, Canadá, Irlanda, Escócia, Coréia do Sul e Reino Unido usam os métodos dos fluxos de caixa descontados (FCD) (TIR e VPL) de maneira extensiva.
4. O método da TRC fica atrás dos métodos dos FCD nos Estados Unidos, Austrália, Canadá, Irlanda, Escócia e Reino Unido. Está empatado com os métodos dos FCD na Coréia do Sul, sendo preferido aos métodos dos FCD no Japão.
5. Empresas menores freqüentemente usam menos os métodos dos FCD do que empresas maiores. Uma pesquisa das pequenas empresas dos Estados Unidos (receitas de menos de $ 5 milhões) descobriu que o método de recuperação do investimento era o método principal para 43 por cento das empresas, TRC para 22 por cento, TIR para 16 por cento, PVL para 11 por cento e outros métodos para 8 por cento. Os motivos alegados em razão da preferência pelo método de recuperação do investimento foi a ênfase na liquidez, a dificuldade das pequenas empresas em terem acesso ao capital e a simplicidade.

a Adaptado de Smith e Sullivan, *Survey of cost.*
b Blayney e Yokoyama, *Comparative analysis.*
c Jog e Srivastava, *Corporate financial.*
d Clarke e O'Dea, *Management accounting.*
e Sangster, *Capital investiment.*
f Kim e Song, *Accounting practices.*
g Block, *Capital budgeting.*
h Bruner, Eades, Harris e Higgins, *Best practices.*

AVALIANDO OS GERENTES E QUESTÕES DE CONGRUÊNCIA DOS OBJETIVOS

Um gerente que usa os métodos FCD para tomar decisões de orçamento de capital pode incorrer em decisões que não sejam condizentes com as tomadas se a TCR for usada na avaliação do desempenho. Considere o gerente do departamento de raio X do Hospital São Genaro. O VPL indica que o gerente deveria comprar a nova máquina de raio X porque ela tem um VPL positivo de $ 20 200.

Suponha que a alta administração do São Genaro use a TCR para julgar o desempenho. O gerente do departamento de raio X poderá rejeitar a nova máquina se a TCR de 5,3 por cento sobre o investimento reduzir a TCR para todo o departamento de raio X e afetar negativamente o desempenho apresentado pelo departamento.

É óbvio que há inconsistência entre usar o método do VPL como o melhor para as decisões de orçamento de capital e depois usar um método diferente para avaliar o desempenho em períodos de tempo mais curtos. Os gerentes são tentados a tomar decisões de orçamento de capital com base nos resultados contábeis de curto prazo, mesmo que essas decisões, em termos do FCD, não sejam no melhor interesse, no longo prazo, da organização. Essas tentações se tornarão mais sólidas se os gerentes forem freqüentemente transferidos (ou promovidos), ou se os seus bônus forem afetados pelo nível do resultado contábil de ano para ano.[2]

Fluxos de caixa relevantes na análise do fluxo de caixa descontado

Um dos maiores desafios no orçamento de capital, especialmente na análise dos FCD, é determinar quais fluxos de caixa são relevantes ao se fazer uma seleção de investimento. Os fluxos de caixa relevantes são as diferenças nos futuros fluxos de caixa esperados, como resultado de um investimento. No São Genaro, os fluxos de caixa relevantes são as diferenças, nos futuros fluxos de caixa esperados, entre continuar a usar a máquina antiga ou comprar a nova. *Quando estiver lendo esta seção, concentre-se na identificação dos futuros fluxos de caixa esperados e nas diferenças nos futuros fluxos de caixa esperados.*

Para ilustrar a análise do fluxo de caixa relevante, considere o exemplo do São Genaro e suposições adicionais relatadas a seguir:

1. O São Genaro é uma empresa lucrativa. A alíquota do imposto de renda é de 40 por cento sobre o lucro operacional anual.
2. As economias de caixa das operações da nova máquina de raio X são de $ 120 mil nos anos 1-4 e de $ 105 mil no ano 5.
3. O São Genaro usa o método de depreciação em linha reta, o que significa que uma quantia igual é subtraída a cada ano.
4. Os ganhos e perdas sobre a venda de ativos depreciáveis são tributados na mesma alíquota que a do lucro operacional.
5. Os efeitos tributários das entradas e saídas de caixa ocorrem ao mesmo tempo em que ocorrem as entradas e saídas de caixa.
6. A São Genaro usa uma taxa mínima de retorno de 8 por cento para descontar os fluxos de caixa após os impostos.

Os dados resumidos para as máquinas de raio X são:

	Antiga máquina de raio X	Nova máquina de raio X
Preço de compra	—	$ 390 000
Valor contábil atual	$ 40 000	—
Valor de venda atual	6 500	Não se aplica
Valor de venda terminal daqui cinco anos	0	0
Depreciação anual	8 000[a]	78 000[b]
Capital de giro exigido	6 000	15 000

a *$ 40 000 ÷ 5 anos = $ 8 000 depreciação anual.*
b *$ 390 000 ÷ 5 anos = $ 78 000 depreciação anual.*

Fluxos relevantes após os impostos

Usamos a *abordagem diferencial* na tomada de decisão introduzida no Capítulo 11 do volume 1. Comparamos (1) as saídas de caixa como resultado da substituição da máquina antiga com (2) as economias nas saídas de caixa futuras usando a nova máquina, não a antiga.

É importante entender primeiro como o imposto de renda afeta os fluxos de caixa em cada ano. Imposto de renda é um fato na vida da maioria das corporações e pessoas. Como disse Benjamin Franklin: "Duas coisas na vida são certas: morte e impostos". O Quadro 7.5 mostra como o investimento na nova máquina afetará o fluxo de caixa das

2. *Os gerentes muitas vezes estão interessados em como a aceitação de um projeto afetará um plano de bônus baseado nos números relatados da contabilidade anual. Não presuma que a TCR, calculada pela fórmula da página 193, seja o número apropriado para usar no exame do efeito que a adoção de um projeto terá sobre o plano de bônus do gerente. É necessário examinar, de ano para ano, como a TCR é calculada ao determinar os bônus. Por exemplo, na fórmula, o numerador é o 'aumento no lucro anual médio esperado após os impostos das operações'. Durante um projeto, o aumento médio não precisa ser o mesmo a cada ano. Suponha que o presidente do Hospital São Genaro receba um bônus anual único de $ 50 mil se a TCR sobre os ativos exceder 8 por cento naquele ano. O projeto A tem uma TCR, durante sua vida de cinco anos, de 10 por cento e valor presente líquido de $ 20 mil. O projeto B tem uma TCR durante sua vida de cinco anos, de 9 por cento e valor presente líquido de $ 18 mil. O projeto A tem entradas de caixa nos anos 1 e 5, mas zero de entrada de caixa nos anos 2, 3 e 4. O projeto B tem entradas de caixa iguais nos anos 1 e 5. É mais provável que o presidente receba um bônus mais elevado com o projeto B — o projeto com o VPL mais baixo.*

Quadro 7.5 Efeito líquido de imposto de renda no fluxo de caixa das operações no ano 1 para o investimento do Hospital São Genaro na nova máquina de raio X.

PAINEL A: DOIS MÉTODOS BASEADOS NA DEMONSTRAÇÃO DE RESULTADOS

(S)	Economias de custos	$ 120 000
(D)	Deduções da depreciação adicional	70 000
(OI)	Aumento no lucro operacional	50 000
(T)	Imposto de renda (taxa do imposto de renda $t \times OI$)= 40% × $ 50 000	20 000
(NI)	Aumento no lucro líquido	$ 30 000
	Aumento no fluxo de caixa das operações, impostos de renda líquidos	
	Método 1: $S - T$ = $ 120 000 – $ 20 000 = $ 100 000 ou	
	Método 2: $NI + D$ = $ 30 000 + $ 70 000 = $ 100 000	

PAINEL B: MÉTODO DE ITEM POR ITEM

	Efeito dos fluxos de caixa das operações	
(S)	Economias de custos de caixa	$ 120 000
$(t \times S)$	Deduz o imposto de renda da saída de caixa em 40%	48 000
$S - t \times S = (1 - t) \times S$	Fluxo de caixa das operações após os impostos (excluindo os efeitos de depreciação)	72 000
	Efeito da depreciação	
(D)	Deduções da depreciação adicional, $ 70 000	
$(t \times D)$	Economia de caixa do imposto de renda com as deduções da depreciação adicional em 40% × $ 70 000	28 000
$(1-t) \times S + (t \times D)$ = S – (t × S) + (t × D)	Fluxo de caixa das operações, líquido dos impostos de renda	$ 100 000

operações do São Genaro e o imposto de renda no ano 1. Lembre-se de que o São Genaro economizará $ 120 mil nas saídas de caixa das operações antes dos impostos com o investimento na nova máquina, mas registrará a depreciação adicional de $ 70 mil ($ 78 000 – $ 8 000).

O Painel A mostra que o fluxo de caixa das operações no ano 1, líquido do imposto de renda, é igual a $ 100 mil, usando dois métodos baseados na demonstração de resultados. O primeiro método foca apenas os itens de caixa, a economia de caixa de $ 120 mil menos os impostos de renda de $ 20 mil. O segundo método começa com o aumento de $ 30 mil no lucro líquido (calculado depois das deduções da depreciação adicional para fins tributários), somando de volta a depreciação adicional, de $ 70 mil, porque ela é um custo operacional que reduz o lucro líquido, mas não representa saída de caixa.

O Painel B do Quadro 7.5 descreve um terceiro método que será usado com freqüência no cálculo do fluxo de caixa das operações, líquido do imposto de renda. A maneira mais fácil de interpretar o terceiro método é pensar no governo como sendo um parceiro do São Genaro, com 40 por cento (igual à alíquota de IR). Cada vez que o São Genaro obtém economias de custos, *S* (ou receitas em excesso aos custos), seu lucro é mais alto por *S*, portanto, ele pagará 40 por cento das economias de caixa (0,40*S*) em impostos. Isso resulta em um fluxo de caixa das operações após os impostos de *S* – 0,40*S*, o que neste exemplo é $ 120 000 – (0,40 × $ 120 000) = $ 72 000, ou $ 120 000 × (1 – 0,40) = $ 72 000.

Para alcançar as economias de caixa mais altas, *S*, o São Genaro incorreu em taxas mais altas de depreciação, *D*, do investimento na nova máquina. O custo da depreciação em si não afeta o fluxo de caixa porque a depreciação é um custo não-monetário, mas o custo mais alto da depreciação *diminui* a renda tributável do São Genaro em *D*, economizando saídas de caixa do imposto de renda de 0,40*D*, o que neste exemplo é 0,40 × $ 70 000 = $ 28 000.

Deixando t = alíquota do imposto de renda, o fluxo de caixa das operações, líquido do imposto de renda, neste exemplo é igual às economias de caixa, *S*, menos os pagamentos de impostos sobre essas economias, $t \times S$, mais as economias tributárias sobre as deduções da depreciação, $t \times D$: $ 120 000 – (0,40 × $ 120 000) + (0,40 × $ 70 000) = $ 120 000 – $ 48 000 + $ 28 000 = $ 100 000.

Pela mesma lógica, cada vez que o São Genaro mostrar um ganho dos ativos, *G*, ele mostrará saídas tributárias, $t \times G$; cada vez que ele mostrar uma perda sobre a venda de ativos, *L*, ele mostrará benefícios ou economias tributárias, $t \times L$.

Um projeto de investimento de capital tem três categorias de fluxos de caixa: (1) investimento inicial líquido no projeto, que inclui a aquisição de um novo ativo e adições necessárias para o capital de giro, menos o fluxo de caixa da venda atual de um ativo existente; (2) o fluxo de caixa das operações após os impostos (incluindo as economias tributárias de caixa das deduções anuais da depreciação); e (3) fluxo de caixa após os impostos da venda terminal de um ativo e recuperação do capital de giro. Usamos o exemplo do São Genaro para discutir essas três categorias.

À medida que você trabalhar pelos fluxos de caixa em cada uma das três categorias, paute-se no Quadro 7.6. Ele esboça as entradas e saídas de caixa relevantes para as decisões do São Genaro de comprar a nova máquina, como descrito nos itens 1 a 3 a seguir. Observe que o total de fluxos de caixa relevantes para cada ano é igual aos fluxos de caixa relevantes dos Quadros 7.2 e 7.3 para ilustrar os métodos VPL e TIR.

1. Investimento inicial líquido. Três componentes dos fluxos de caixa do investimento inicial líquido são (a) saída de caixa para comprar a máquina, (b) saída de caixa do capital de giro e (c) entrada de caixa da venda atual da máquina antiga.

1a. *Investimento inicial na máquina.* Essas saídas de caixa, feitas para a compra de instalações e equipamentos, ocorrem no início da vida do projeto e incluem as saídas de caixa para transportar e instalar o item. No exemplo do São Genaro, o custo de $ 390 mil (incluindo transporte e instalação) da máquina de raio X é uma saída de caixa no ano 0. Esses fluxos de caixa são relevantes na decisão de orçamento de capital porque serão incorridos apenas se o São Genaro decidir comprar a nova máquina.

1b. *Investimento inicial no capital de giro.* Os investimentos iniciais em instalação e equipamentos são geralmente acompanhados pelos investimentos iniciais incrementais no capital de giro. Esses investimentos incrementais tomam a forma de ativos circulantes, como contas a receber e estoques, menos os passivos circulantes, como contas a pagar. Os investimentos no capital de giro são similares aos investimentos em instalação e equipamentos, pois necessitam de caixa.

O exemplo do São Genaro presume um investimento inicial incremental de $ 9 mil no capital de giro (para o estoque de suprimentos e peças extras), se a nova máquina for adquirida. Os investimentos incrementais do capital de giro são a diferença entre o capital de giro necessário para operar a nova máquina ($ 15 mil) e o investimento no capital de giro necessário para operar a máquina antiga ($ 6 mil). O investimento adicional do capital de giro é uma saída de caixa no ano 0.

1c. *Fluxo de caixa após os impostos da venda atual da máquina antiga.* Qualquer caixa recebido da venda da máquina antiga é uma entrada de caixa relevante (no ano 0). Ela é relevante porque é um futuro fluxo de caixa esperado que difere entre as alternativas de investir ou não na nova máquina. Se o São Genaro investir na nova máquina de raio X, ele venderá a máquina antiga por $ 6 500. Lembre-se de que o valor contábil (que é o custo original menos a depreciação acumulada) do equipamento antigo é irrelevante para a decisão (Capítulo 11 do volume 1). É um custo passado ou incorrido. Nada pode mudar o que já foi gasto.

Para calcular as conseqüências tributárias de venda da máquina antiga, calculamos o ganho ou a perda na venda:

Valor atual de venda da máquina antiga (dado, p. 195)	$ 6 500
Deduza o valor contábil atual da máquina antiga (dado, p. 195)	40 000
Perda sobre a venda da máquina	$ (33 500)

Qualquer perda na venda dos ativos diminui o resultado tributável e, conseqüentemente, em economias tributárias. O fluxo de caixa após os impostos da venda da máquina antiga é igual:

Valor atual de venda da máquina antiga (dado, p. 195)	$ 6 500
Economia tributária sobre a perda (0,40 × $ 33 500)	13 400
Entrada de caixa após os impostos da venda atual da máquina antiga	$ 19 900

A soma dos itens **1a, 1b** e **1c** aparece no Quadro 7.6 como o investimento inicial líquido no ano zero para a nova máquina de raio X igual a $ 379 100 (o investimento inicial na máquina, $ 390 mil; mais o investimento adicional no capital de giro, $ 9 mil; menos a entrada de caixa após os impostos da venda da máquina antiga, $ 19 900).

2. Fluxo de caixa das operações. Esta categoria inclui a diferença entre o fluxo de caixa das operações de cada ano sob as duas alternativas. As organizações fazem investimentos de capital com a finalidade de gerar entradas de caixa no futuro, que podem resultar da produção e venda de produtos ou serviços adicionais ou, como para o São Genaro, das economias de caixa nos custos das operações. O fluxo de caixa anual das operações pode representar saídas líquidas de caixa em alguns anos. Por exemplo, a produção de petróleo pode precisar de grandes dispêndios a cada, digamos, cinco anos, para melhorar as taxas de extração do petróleo. Concentre-se sempre no fluxo de caixa das operações e não nas receitas e despesas sob o regime de competência.

As economias nos fluxos de caixa das operações (para mão-de-obra e materiais) — $ 120 mil em cada um dos primeiros quatro anos e $ 105 mil no quinto ano — são relevantes porque são futuros fluxos de caixa esperados que diferirão entre as alternativas de investir ou não na nova máquina. Os efeitos desses fluxos de caixa estão relatados a seguir.

2a. *O fluxo de caixa anual das operações após os impostos (excluindo os efeitos da depreciação).* A alíquota de imposto de renda de 40 por cento reduz o benefício da economia do fluxo de caixa das operações de $ 120 mil para os anos 1-4 com a nova máquina de raio X. O fluxo de caixa após os impostos (excluindo a depreciação) é:

Fluxo de caixa anual das operações com a nova máquina	$ 120 000
Deduz os pagamentos de imposto de renda (0,40 × $ 120 000)	48 000
Fluxo de caixa anual das operações após os impostos	$ 72 000

Quadro 7.6 Entradas e saídas de caixa relevantes para a nova máquina de raio X do Hospital São Genaro.

	Esboço dos fluxos de caixa relevantes no final do ano					
	0	1	2	3	4	5
1a. Investimento inicial na máquina	$ (390 000)					
1b. Investimento inicial no capital de giro	(9 000)					
1c. Fluxo de caixa após os impostos do valor de venda atual da máquina antiga	19 900					
Investimento inicial líquido após os impostos	(379 100)					
2a. Fluxo de caixa anual das operações após os impostos (excluindo os efeitos da depreciação)		$ 72 000	$ 72 000	$ 72 000	$ 72 000	$ 63 000
2b. Economias em caixa do imposto de renda das deduções anuais da depreciação		28 000	28 000	28 000	28 000	28 000
3a. Fluxo de caixa após os impostos da venda da máquina no final do projeto						0
3b. Fluxo de caixa após os impostos da recuperação do capital de giro						9 000
Total de fluxos de caixa relevantes, como mostrado nos Quadros 7.2 e 7.3	$ (379 100)	$ 100 000	$ 100 000	$ 100 000	$ 100 000	$ 100 000

Para o ano 5, o fluxo de caixa após os impostos (excluindo os efeitos da depreciação) é:

Fluxo de caixa anual das operações com a nova máquina	$ 105 000
Deduz os pagamentos de imposto de renda (0,40 × $ 105 000)	42 000
Fluxo de caixa anual das operações após os impostos	$ 63 000

O Quadro 7.6, item 2a, mostra as quantias de $ 72 mil para cada um dos anos de 1-4 e $ 63 mil para o ano 5.

Para reforçar a idéia de se concentrar nos fluxos de caixa, considere o seguinte fato adicional no exemplo do Hospital São Genaro. Suponha que o total de custos indiretos do departamento de raio X não mudará se a nova máquina for comprada ou se a antiga for mantida. Os custos indiretos do departamento de raio X são alocados às máquinas de raio X individuais — o São Genaro tem várias —, com base nos custos de mão-de-obra para operar cada máquina. Como a nova máquina de raio X teria custos de mão-de-obra mais baixos, os custos indiretos a ela alocados seriam de $ 30 mil a menos do que a quantia alocada para a máquina que ela substituiria. Como deveria o São Genaro incorporar a queda de $ 30 mil nos custos indiretos alocados na análise do fluxo de caixa relevante?

Para responder a essa questão, precisamos perguntar: "Diminuirão o *total* dos custos indiretos do departamento de raio X como resultado da aquisição da nova máquina?" No nosso exemplo, eles não diminuem. O total de custos indiretos permanece o mesmo, sendo a máquina adquirida ou não. Muda apenas o custo indireto alocado para as máquinas individuais. Os custos indiretos alocados para a nova máquina são $ 30 mil a menos do que a quantia alocada para a máquina que ela substituiria. A diferença de $ 30 mil nos custos indiretos será alocada para *outras* máquinas no departamento. Não ocorre nenhuma economia do fluxo de caixa no total dos custos indiretos. Assim sendo, os $ 30 mil não devem ser incluídos como parte da economia anual de caixa das operações.

Em seguida, considere os efeitos da depreciação. *A linha do item de depreciação é, em si, irrelevante na análise do FCD.* Ela é uma alocação de custos não-monetária, ao passo que os FCD são baseados nas entradas e saídas de *caixa*. Nos métodos do FCD, o custo inicial do equipamento é considerado como saída de caixa de *quantia total* no ano 0. A dedução das despesas com a depreciação das entradas de caixa das operações resultaria em contar a quantia total duas vezes. *Entretanto, a depreciação resulta em economias em caixa do imposto de renda. As economias tributárias são um fluxo de caixa relevante.*

2b. *Economias em caixa do imposto de renda das deduções anuais da depreciação.* As deduções tributárias da depreciação, na realidade, compensam parcialmente o custo de aquisição da nova máquina de raio X. A tabela seguinte calcula as economias em caixa do imposto de renda das deduções da depreciação adicional a cada ano como resultado da aquisição da nova máquina.

Ano	Dedução da depreciação na nova máquina de raio X (p. 195)	Dedução da depreciação na antiga máquina de raio X (p. 195)	Diferença na dedução da depreciação	Alíquota do imposto de renda	Aumento nas economias em caixa do imposto de renda das deduções da depreciação com a nova máquina de raio X
1	\$ 78 000	\$ 8 000	\$ 70 000	40%	\$ 28 000
2	\$ 78 000	\$ 8 000	\$ 70 000	40%	\$ 28 000
3	\$ 78 000	\$ 8 000	\$ 70 000	40%	\$ 28 000
4	\$ 78 000	\$ 8 000	\$ 70 000	40%	\$ 28 000
5	\$ 78 000	\$ 8 000	\$ 70 000	40%	\$ 28 000

O Quadro 7.6, item 2b, mostra a quantia de \$ 28 mil para os anos 1-5.[3]

Motivado pela política econômica, geralmente para encorajar (ou em alguns casos, desencorajar) os investimentos, as leis tributárias do governo especificam quais métodos de depreciação e quais vidas depreciáveis serão permitidos. Suponha que o governo, sob as leis tributárias dos EUA, permitisse que fosse usada a depreciação acelerada. Essa permissão resultaria em deduções mais altas da depreciação nos primeiros anos. Caso pudesse, deveria o São Genaro usar a depreciação acelerada? Sim, porque há uma regra geral no planejamento tributário para as empresas lucrativas. Quando há uma escolha legal, deduza a depreciação (ou qualquer outra dedução) o mais cedo possível antes que seja tarde. Isso porque as economias no imposto de renda ocorrem mais cedo, causando um aumento nos VPLs.

3. Venda do investimento no final do projeto. A venda do investimento geralmente aumenta a entrada de caixa quando o projeto termina. Os erros de previsão no valor residual de venda raramente são críticos em projetos de longa duração, porque o valor presente das quantias a serem recebidas no futuro distante é geralmente pequeno. Dois componentes do valor final de um investimento são (a) o fluxo de caixa após os impostos da venda das máquinas e (b) o fluxo de caixa após os impostos da recuperação do capital de giro.

3a. *Fluxo de caixa após os impostos da venda das máquinas*. No final da vida útil do projeto, o valor de venda da máquina pode ser de \$ 0 ou uma quantia consideravelmente menor do que o investimento inicial líquido. A entrada de caixa relevante é a diferença nos valores de venda após os impostos esperados no final de cinco anos sob as duas alternativas, comprar a nova máquina ou manter a antiga.

A máquina em operação e a nova têm valores residuais de venda igual a zero no final do ano 5. Conseqüentemente, a diferença nos valores de venda residual após os impostos é também de \$ 0. A abordagem geral para calcular as quantias relevantes (ilustradas para a nova máquina) é:

Valor de venda da nova máquina no ano 5	\$ 0
Dedução do valor contábil da nova máquina no final do ano 5	0
Ganho (ou perda) na venda da nova máquina	\$ 0
Valor de venda da nova máquina no ano 5	\$ 0
Dedução dos impostos pagos sobre o ganho (some os impostos economizados na perda), 0,40 × \$ 0	0
Entrada de caixa após os impostos da venda da nova máquina	\$ 0

3b. *Fluxo de caixa da recuperação do capital de giro*. O investimento inicial no capital de giro em geral é totalmente recuperado quando o projeto é terminado. Nessa hora, os estoques e as contas a receber, necessárias para sustentar o projeto, não são mais necessários. O São Genaro recebe caixa igual ao valor contábil de seu capital de giro. Assim, não há ganho ou perda sobre o capital de giro e, conseqüentemente, não há conseqüências tributárias. A entrada de caixa relevante é a diferença no capital de giro esperado, recuperado sob as duas alternativas. No final do ano 5, o São Genaro recupera \$ 15 mil em caixa do capital de giro se investir na nova máquina de raio X *versus* \$ 6 mil se continuar a usar a máquina antiga. A entrada de caixa relevante no ano 5, se o São Genaro investir na nova máquina, é de \$ 9 mil (\$ 15 000 – \$ 6 000).

Alguns projetos de investimento de capital *reduzem* o capital de giro. Suponha que um projeto de produção integrada por computador (PIC), com uma vida de sete anos, reduzirá os estoques e, conseqüentemente, o capital de giro em \$ 20 milhões — de, digamos, \$ 50 milhões para \$ 30 milhões. Essa redução será representada como *entrada* de caixa de \$ 20 milhões para o projeto no ano zero. No final de sete anos, a recuperação do capital de giro mostrará uma *saída* de caixa incremental relevante de \$ 20 milhões. Isso porque a empresa recupera apenas \$ 30 milhões do capital de giro sob o PIC, e não os \$ 50 milhões de capital de giro que teria recuperado caso não tivesse implementado o PIC.

3. *Se o São Genaro fosse um hospital sem fins lucrativos e não estivesse sujeito ao imposto de renda, o fluxo de caixa das operações seria igual a \$ 120 mil nos anos 1-4 e \$ 105 mil no ano 5. As economias em caixa das operações não seriam reduzidas em 40 por cento e também não haveria economias em caixa do imposto de renda devido à depreciação.*

O Quadro 7.6 mostra os itens 3a e 3b sob a coluna no ano 5. Os fluxos de caixa relevantes no Quadro 7.6 servem como entradas para os métodos de orçamento de capital descritos anteriormente no capítulo.

Administrando o projeto

O estágio 6 do orçamento de capital — implementação e controle — é voltado para a administração do projeto. Veremos agora os dois aspectos de administração de um projeto: controle administrativo da atividade de investimento em si e controle administrativo do projeto como um todo.

Controle administrativo da atividade de investimento

Os projetos de orçamento de capital, como a compra de uma máquina de raio X ou de equipamentos de videoconferência, são fáceis de implementar. Outros projetos, como prédios, shopping centers ou novas instalações de produção, são complexos e levam muito tempo. Neste último caso, o monitoramento e controle das programações de investimento e orçamentos são críticos para o sucesso do projeto em geral.

Controle administrativo do projeto — Auditoria depois do investimento

Uma auditoria depois do investimento proporciona à gerência *feedback* sobre o desempenho de um projeto, para que os gerentes possam comparar os resultados reais aos custos e benefícios esperados quando o projeto foi selecionado. Suponha que os resultados reais (como as economias em caixa das operações da nova máquina de raio X, no exemplo do São Genaro) sejam muito mais baixos do que o esperado. A gerência deve então investigar para determinar se esse resultado ocorreu porque as estimativas originais foram extremamente otimistas ou por causa de problemas de implementação. Qualquer uma dessas explanações é uma preocupação.

As estimativas otimistas podem resultar na aceitação de um projeto que deveria ter sido rejeitado. Para desencorajar estimativas otimistas, empresas como a DuPont mantêm registros comparativos dos resultados reais com as estimativas feitas pelos gerentes de área ao procurar aprovação para investimentos de capital, tendo em vista que os problemas de implementação são preocupantes em razão de os retornos do projeto não serem previsíveis. Auditorias realizadas depois do investimento desencorajam estimativas irreais e apontam as áreas da implementação que necessitam de ações corretivas.

Esse tipo de auditoria requer atenção e cuidado, devendo ser realizado apenas após os resultados do projeto estarem estabilizados, pois sua instalação precoce pode fornecer *feedback* enganoso. A obtenção de resultados reais para comparar com estimativas geralmente não é fácil. Por exemplo, as economias reais de custos de mão-de-obra da nova máquina de raio X podem não ser comparáveis às economias estimadas porque o número real e os tipos de radiografias tiradas talvez sejam diferentes das quantidades previstas durante o estágio de seleção. Outros benefícios, como o impacto no tratamento do paciente, podem ser difíceis de quantificar.

Considerações estratégicas no orçamento de capital

A estratégia de uma empresa é a fonte de decisões de orçamento de capital. As decisões estratégicas feitas pela United Airlines, pelo Westin Hotels, pela Federal Express e pela Pizza Hut no processo de expansão na Europa e Ásia precisaram de investimentos de capital em vários países. A decisão estratégica da Barnes & Nobles de alavancar as vendas de livros pela Internet exigiu investimentos de capital criando a BarnesandNobles.com e infra-estrutura na Internet. A decisão da General Electric de entrar na indústria televisiva resultou em um grande investimento para adquirir a NBC. A decisão da Merck de desenvolver um novo medicamento que reduzisse o colesterol levou a grandes investimentos em P&D e marketing. A decisão da General Motors de construir uma nova linha de carros levou a enormes investimentos no seu projeto do Saturn.

A estratégia básica de algumas decisões de investimento de capital é a liderança na tecnologia. Muitas empresas, as automotivas por exemplo, investiram em tecnologia de produção integrada por computador (PIC) para melhorar a qualidade, reduzir os tempos de produção e aumentar a flexibilidade (por exemplo, ser capaz de trocar rapidamente o equipamento para fabricar carros de duas portas em vez de quatro portas). Nas unidades de produção que usam o PIC, os computadores dão instruções que rápida e automaticamente ajustam e operam os equipamentos para fabricar muitos produtos diferentes. Os computadores monitoram os produtos e controlam diretamente o processo para garantir uma produção livre de defeitos e de alta qualidade. A função da mão-de-obra de produção é restrita à programação do computador, apoio à engenharia e manutenção das máquinas robóticas.

As decisões de investimento de capital que são, por natureza, estratégicas exigem que os gerentes considerem uma ampla variedade de fatores que podem ser difíceis de estimar. Alguns investimentos estratégicos são feitos para evitar que a empresa fique em desvantagem com a concorrência. Por exemplo, enquanto as empresas de telefones celulares acrescentam características que permitem que os clientes se conectem à Internet e enviem e recebam mensagens por e-mail, uma empresa que não oferece essas características pode sofrer um declínio na participação no mercado. O benefício dos investimentos de capital, neste caso, não são receitas mais altas, mas a prevenção de um declínio em receitas e lucros, benefícios difíceis de quantificar.

Considere algumas das dificuldades em justificar os investimentos na tecnologia PIC. Quantificar o benefício de fabricar eficientemente muitos produtos diferentes, em resposta às mudanças nas preferências dos clientes, requer algumas noções das possíveis mudanças na demanda do cliente a ocorrer ainda muitos anos à frente. Um outro benefício em investir na tecnologia PIC é que ela aumenta o conhecimento e a experiência do operário com a automatização. O benefício desse conhecimento e experiência é de difícil mensuração. O quadro 'Conceitos em Ação' descreve as questões de mensuração que surgem ao se tentar justificar investimentos em equipamentos de controle da poluição.

Ativos intangíveis e orçamento de capital

As empresas fazem investimentos estratégicos em ativos intangíveis, como os nomes de marca, as bases dos clientes e o capital intelectual dos funcionários. A alta gerência pode usar uma ferramenta de orçamento de capital, como o VPL, para avaliar os ativos intangíveis da empresa.

Considere a base de clientes como ativo intangível. A análise do VPL realça o valor dos clientes no longo prazo. A Batata Suprema produz batatas vendidas em lojas de varejo e está, atualmente, analisando dois de seus clientes: a Lojas Brilho e a Sempre Aberto. A Batata Suprema prevê as seguintes entradas de caixa líquida (em milhares) de cada cliente para os próximos cinco anos:

	2003	2004	2005	2006	2007
Lojas Brilho	$ 1 450	$ 1 305	$ 1 175	$ 1 058	$ 950
Sempre Aberto	690	1 160	1 900	2 950	4 160

Conceitos em ação

Orçamento de capital para a prevenção da poluição

Em resposta às preocupações relacionadas à questão ambiental, o governo aprovou muitas leis restritivas ao impacto negativo sobre o meio ambiente, causado por empresas cuja atividade é poluidora. Muitas empresas viram nessas leis apenas imposição de custos adicionais. Mas o comportamento já está mudando, com a maioria das empresas implementando sistemas de controle de substâncias prejudiciais ao ecossistema e racionalizando o uso de recursos naturais como energia, água e solo. O uso inteligente dos métodos de orçamento de capital é uma parte importante nesse esforço.

Suponha que uma empresa invista em novos equipamentos de produção que permitam que ela use materiais diretos mais baratos e não tóxicos. As economias de custo anuais, associadas ao uso dos novos equipamentos, incluem economias nos custos dos materiais diretos e na remoção do lixo tóxico. Entretanto, se a análise do orçamento de capital acabar neste ponto, o investimento poderá revelar um VPL negativo, com a empresa rejeitando o projeto por razões puramente financeiras.

Mas empresas como a DuPont consideram outros benefícios financeiros, que envolvem economias de custo nas atividades de controle da poluição, como o monitoramento e teste, requisições de permissão e relatórios legais de conformidade. Esses são custos 'escondidos', pois estão incluídos nas contas de custos indiretos em geral, mas não identificados com processos específicos de produção. Pode haver, também, impactos 'escondidos' sobre as receitas de uma empresa. Por exemplo, o treinamento periódico dos funcionários nas atividades de controle da poluição aumenta os custos e resulta em receitas perdidas como resultado de ter de parar a produção por algumas horas cada vez que uma sessão de treinamento é iniciada.

Uma outra maneira de obter economia é não incorrer em multas e penalidades pela não observância da lei ou devido a acidentes ecológicos que causem danos ao ecossistema. É mais difícil estimar tais custos e a estimativa é geralmente baseada na análise estatística de dados históricos para empresa ou indústria específicas, cálculos de probabilidades e julgamento profissional. Muitas empresas acreditam que adotar uma estimativa financeira imprecisa é melhor do que ignorar inteiramente a responsabilidade com as questões de preservação ambiental.

Por último, há benefícios financeiros intangíveis, como obter receitas mais altas ao se tornar uma empresa ambientalmente mais responsável. A Home Depot, a maior varejista de materiais de construção dos Estados Unidos, compra itens de madeira de uma lista restrita de fornecedores preferidos, por atuarem dentro de práticas ambientalmente corretas.

Fonte: D. Jacque Grinnell e Herbert G. Hunt, 'Capital Budgeting for Pollution Prevention'. *Journal of Cost Management*. jul./ago. 1999; Environment Protection Agency, *Valuing Potential Environmental Liabilities for Managerial Decision Making*. dez. 1996; conversas com a empresa de consultoria SmithObrien e gerentes de empresas.

Qual cliente é mais rentável para a Batata Suprema? Vendo apenas o período atual, 2003, a Lojas Brilho proporciona mais de 200 por cento de entradas de caixa líquida mais altas do que a Sempre Aberto ($ 1 450 *versus* $ 690). Um novo quadro emerge quando olhamos todo o período de cinco anos. Usando a taxa de 10 por cento da Batata Suprema, o VPL do cliente Sempre Aberto é de $ 7 610, comparado com $ 4 591 da Lojas Brilho (cálculos não são mostrados). Observe como o VPL capta, na sua estimativa de valor do cliente, o crescimento futuro da Sempre Aberto. Os gerentes podem usar essas informações para alocar recursos, como acrescentar vendedores para atender os clientes específicos. A Batata Suprema pode agora usar os cálculos do VPL para examinar os efeitos dos meios alternativos para aumentar a lealdade e reter clientes, como, por exemplo, introduzindo cartões de compras freqüentes.

A comparação nas mudanças de ano para ano nas estimativas do VPL do cliente indica se os gerentes tiveram sucesso na manutenção de relacionamentos rentáveis de longo prazo com seus clientes. Suponha que o VPL da base do cliente da Batata Suprema caia 15 por cento em um ano. A gerência pode então examinar os motivos do declínio, como um desconto agressivo no preço concedido pelos vendedores ou precificação agressiva pelos concorrentes, e desenvolver estratégias apropriadas para o futuro.

A Capital One, uma empresa de serviços financeiros, usa o VPL para estimar o valor de diferentes clientes de cartão de crédito. As empresas de telefones celulares, como Cellular One e Verizon, tentam fazer com que os clientes façam contratos de muitos anos de serviço. O objetivo é evitar que os clientes mudem freqüentemente de uma empresa para outra. Quanto mais alta a probabilidade de mudança, mais baixo é o NPV do cliente para as empresas de telecomunicações.

Problema para auto-estudo

Parte A

Voltando ao projeto da máquina de raio X do Hospital São Genaro, suponha que ele seja uma organização sem fins lucrativos: as entradas de caixa anuais esperadas das economias de custo das operações são de $ 130 mil nos anos 1 a 4 e $ 121 mil no ano 5. Todos os outros fatos permanecem inalterados: um investimento inicial líquido de $ 379 100, uma vida útil de cinco anos, um valor residual de venda de $ 0, e uma taxa de desconto de 8 por cento. As entradas de caixa no ano 5 são de $ 130 mil, que inclui uma recuperação do capital de giro de $ 9 mil.

Para fazer:

Calcular o seguinte:

1. Valor presente líquido
2. Taxa interna de retorno
3. Período de recuperação do investimento (*pay back*)
4. Taxa de retorno contábil sobre o investimento inicial líquido (TRC).

Solução

1. $VPL = (\$\ 130\ 000 \times 3\ 993) - \$\ 379\ 100$
   $= \$\ 519\ 090 - \$\ 379\ 100 = \$\ 139\ 990$

2. Há várias abordagens para calcular a TIR. Uma é usar uma calculadora com a função TIR, o que resultará em uma TIR de 21,2 por cento. Outra abordagem é usar a Tabela 4 do Anexo A no final do livro:

$$\$\ 379\ 100 = \$\ 130\ 000F$$
$$F = \frac{\$\ 379\ 100}{\$\ 130\ 000} = 2\ 916$$

Na linha do período 5 da Tabela 4, a coluna mais próxima de 2 916 é 22 por cento. Para obter um número mais preciso, use a interpolação em linha reta:

	Valor presente	Fatores
20%	2,991	2,991
TIR	—	2,916
22%	2,864	—
Diferença	0,127	0,075

$$TIR = 20\% + \frac{0{,}075}{0{,}127}(2\%) = 21{,}2\% \text{ por ano}$$

3. $$\text{Recuperação} = \frac{\text{Investimento inicial líquido}}{\text{Aumento uniforme nos fluxos de caixa futuros anuais}}$$
   $= \$\ 379\ 100 \div \$\ 130\ 000 = 2{,}9$ anos

4.

$$\text{TRC} = \frac{\text{Aumento no lucro médio anual esperado das operações}}{\text{Investimento inicial líquido}}$$

$$\text{Aumento nas economias médias anuais esperadas das operações} = [(\$\ 130\ 000 \times 4) + \$\ 121\ 000] \div 5 \text{ anos}$$

$$= \$\ 641\ 000 \div 5 \text{ anos} = \$\ 128\ 200$$

$$\text{Depreciação anual média} = \$\ 390\ 000 \div 5 \text{ anos} = \$\ 78\ 000$$

$$\text{Aumento no lucro médio anual esperado das operações} = \$\ 128\ 200 - \$\ 78\ 000 = \$\ 50\ 200$$

$$\text{TRC} = \frac{\$\ 50\ 200}{\$\ 379\ 100} = 13{,}2\% \text{ por ano}$$

Parte B

Suponha que o Hospital São Genaro esteja sujeito a uma alíquota de 40 por cento de impostos. Todas as outras informações da Parte A ficam inalteradas. Calcule o VPL do projeto da nova máquina de raio X.

Solução

O Quadro 7.7 mostra os cálculos usando um formato ligeiramente diferente do formato utilizado neste capítulo. O item 2a é o ponto em que a nova suposição de fluxo de caixa, de $ 130 mil, afeta a análise do VPL (comparada com o Quadro 7.6). Para os anos 1 a 4, o fluxo de caixa após os impostos (excluindo os efeitos da depreciação) é:

Quadro 7.7 Método do valor presente líquido incorporando o imposto de renda: Nova máquina de raio X do Hospital São Genaro com os fluxos das operações de caixa anuais revistos.

	Total do valor presente	Valor presente de $ 1 descontado em 8%	Esboço dos fluxos de caixa relevantes no final do ano: 0	1	2	3	4	5
1a. Investimento inicial na máquina (efeitos antes dos impostos)	$ (390 000)	1,000	$ (390 000)					
1b. Investimento inicial no capital de giro	(9 000)	1,000	$ (9 000)					
1c. Fluxo de caixa depois dos impostos da venda da máquina antiga	19 900	1,000	$ 19 900					
Investimento inicial líquido após os impostos	(379 100)							
2a. Fluxo de caixa anual após os impostos das operações (excluindo os efeitos da depreciação)								
Ano 1	72 228	0,926		$ 78 000				
Ano 2	66 846	0,857			$ 78 000			
Ano 3	61 932	0,794				$ 78 000		
Ano 4	57 330	0,735					$ 78 000	
Ano 5	49 441	0,681						$ 72 600
2b. Economias em caixa do imposto de renda devido à depreciação								
Ano 1	25 928	0,926		$ 28 000				
Ano 2	23 996	0,857			$ 28 000			
Ano 3	22 232	0,794				$ 28 000		
Ano 4	20 580	0,735					$ 28 000	
Ano 5	19 068	0,681						$ 28 000
3. Fluxo de caixa depois dos impostos da								
a. Venda da máquina	0	0,681						0
b. Recuperação do capital de giro	6 129	0,681						$ 9 000
Valor presente líquido se a nova máquina for comprada	$ 46 610							

Fluxo de caixa anual das operações com a nova máquina	$	130 000
Deduz os pagamentos de imposto de renda (0,40 × $ 130 000)		52 000
Fluxo de caixa anual após os impostos das operações	$	78 000

Para o ano 5, o fluxo após os impostos (excluindo os efeitos de depreciação) é:

Fluxo de caixa anual das operações com a nova máquina	$	121 000
Deduz os pagamentos de impostos de renda (0,40 × $ 121 000)		48 400
Fluxo de caixa anual após os impostos das operações	$	72 600

O VPL do Quadro 7.7 é de $ 46 610. Como calculado na Parte A, o VPL, quando não há imposto de renda, é de $ 139 990.

Pontos de decisão

Resumo

O seguinte formato de perguntas e respostas resume os objetivos de aprendizagem do capítulo. Cada decisão representa uma pergunta-chave relacionada a um objetivo de aprendizagem. As diretrizes são a resposta à pergunta.

Decisão	Diretrizes
1. Sobre qual período de tempo o orçamento de capital é feito?	O orçamento de capital é um processo de planejamento de longo prazo para os projetos de capital propostos. A vida de um projeto é geralmente mais longa do que um ano, portanto, as decisões do orçamento de capital consideram receitas e custos por períodos mais longos. Porém, o regime de competência mede a renda de ano para ano.
2. Quais são os seis estágios do orçamento de capital?	Os seis estágios são (a) o estágio de identificação, (b) o estágio de pesquisa, (c) o estágio de obtenção de informações, (d) o estágio de seleção, (e) o estágio de financiamento e (f) o estágio de implementação e controle.
3. Quais são os dois métodos do fluxo de caixa descontado (FCD)? Quais são as suas vantagens?	Os dois principais métodos do fluxo de caixa descontado são o método do valor presente líquido (VPL) e o método da taxa interna de retorno (TIR). O método do VPL calcula o ganho ou perda financeira líquida esperado de um projeto, trazendo para o presente todos os futuros fluxos de entrada e saída esperados, usando a taxa mínima de retorno. Um projeto é aceitável em termos financeiros se ele tiver um VPL positivo. O método da TIR calcula a taxa de retorno (também denominada taxa de desconto), na qual o valor presente das entradas de caixa esperadas de um projeto é igual ao valor presente das saídas de caixa esperadas do projeto. Um projeto é aceitável em termos financeiros se a sua TIR exceder a taxa mínima de retorno. O FCD é a melhor abordagem para o orçamento de capital. Ele inclui, de modo explícito, todos os fluxos de caixa do projeto e reconhece o valor de tempo do dinheiro.
4. O que é o método de recuperação do investimento? Qual é a sua limitação?	O método de recuperação do investimento mede o tempo que leva para recuperar, na forma de entradas de caixa, a quantia total de caixa investida em um projeto. O método de recuperação do investimento negligencia os fluxos de caixa depois do período de recuperação e o valor do dinheiro no tempo.
5. O que é o método da taxa de retorno contábil (TRC)? Qual é a sua limitação?	A taxa de retorno contábil (TRC) divide o lucro médio contábil anual do projeto pelo valor do investimento. A TRC considera a lucratividade, mas não considera o valor do dinheiro no tempo.

6. Quais conflitos podem surgir entre o uso dos métodos do fluxo de caixa descontado para as decisões de orçamento de capital e o regime de competência na avaliação do desempenho? Como esses conflitos podem ser reduzidos?	O uso do regime de competência para avaliar o desempenho de um gerente ou divisão pode criar conflitos com o uso dos métodos do FCD para o orçamento de capital. Freqüentemente, a decisão tomada usando um método do FCD não registrará resultados bons no lucro operacional nos anos iniciais do projeto sob o regime de competência. Por esse motivo, os gerentes são tentados a não usar os métodos FCD, embora as decisões neles baseadas sejam melhores para a empresa no longo prazo. Esse conflito pode ser reduzido pela avaliação de um gerente com base em cada projeto, observando suas habilidades em obter os valores e o momento de ocorrência dos fluxos de caixa previstos.
7. Quais são as entradas e saídas de caixa relevantes para as decisões do orçamento de capital? Como os conceitos do regime de competência deveriam ser considerados?	As entradas e saídas de caixa relevantes na análise do FCD são as diferenças nos fluxos de caixa futuros esperados como resultado de fazer um investimento. Apenas as entradas e saídas de caixa interessam; os conceitos da contabilidade são irrelevantes para os métodos do FCD. O imposto de renda economizado, como resultado das deduções da depreciação, é relevante porque diminui as saídas de caixa, mas a depreciação em si é um item não-financeiro.

Anexo: Orçamento de capital e inflação

O exemplo do Hospital São Genaro (Quadros 7.2 a 7.6) não inclui os ajustes para a inflação nas receitas e custos relevantes. **Inflação** é o declínio no poder geral de compra da unidade monetária. Uma taxa de inflação de 10 por cento ao ano significa que o que você poderia comprar com $ 100 no início do ano, custará a você $ 110 no final do ano.

Por que é importante considerar a inflação no orçamento de capital? Porque os declínios no poder geral de compra da unidade monetária, como em dólares, aumentarão os fluxos de caixa futuros acima do que eles teriam sido na ausência da inflação. Esses fluxos de caixa farão com que o projeto pareça melhor do que ele realmente é, a menos que o analista reconheça que os fluxos de caixa aumentados são medidos em dólares com menos poder de compra do que os dólares inicialmente investidos.

Quando estiver analisando a inflação, faça a distinção entre a taxa real de retorno e a taxa nominal de retorno:

- **Taxa real de retorno** É a taxa de retorno demandada para cobrir o risco de investimento em não havendo inflação. A taxa real é composta de dois elementos: (a) um elemento livre de risco (é a taxa pura de retorno sobre as obrigações do governo de longo prazo e livres de risco quando não há inflação esperada) e (b) um elemento de risco operacional (é o prêmio exigido por arcar com o risco).
- **Taxa nominal de retorno** É a taxa de retorno exigida para cobrir o risco de investimento e o declínio no poder geral de compra da unidade monetária como resultado da inflação esperada. A taxa nominal é composta de três elementos: (a) um elemento livre de risco quando não há inflação esperada, (b) um elemento de risco operacional e (c) um elemento de inflação. Os itens (a) e (b) compõem a taxa real de retorno para cobrir o risco do investimento. O elemento de inflação é o prêmio acima da taxa real. As taxas de retorno obtidas nos mercados financeiros são taxas nominais, porque os investidores querem ser compensados pelos riscos de investimentos que eles assumem e pelo declínio esperado no poder geral de compra, como resultado da inflação, ou pelo dinheiro que eles recebem de volta.

Suponha que a taxa real de retorno para investimentos de alto risco nos equipamentos de transmissão de dados via celular, na Network Communications, seja de 20 por cento ao ano, e que a taxa de inflação esperada seja de 10 por cento ao ano. A taxa nominal de retorno é:

$$\begin{aligned}\text{Taxa nominal} &= (1 + \text{Taxa real})(1 + \text{Taxa de inflação}) - 1\\ &= (1 + 0{,}20)(1 + 0{,}10) - 1\\ &= (1{,}20 \times 1{,}10) - 1 = 1{,}32 - 1 = 0{,}32 \text{ ou } 32\%\end{aligned}$$

A taxa nominal de retorno está relacionada à taxa real de retorno e à taxa de inflação:

Taxa real de retorno	0,20
Taxa de inflação	0,10
Combinação (0,20 × 0,10)	0,02
Taxa nominal de retorno	0,32

Observe que a taxa nominal, 0,32, é ligeiramente mais alta do que 0,30, a taxa real (0,20) mais a taxa de inflação (0,10). Isso porque a taxa nominal reconhece que a inflação de 10 por cento também diminui o poder de compra da taxa real de retorno, de 20 por cento, obtida durante o ano. O componente de composição representa a compensação adicional que os investidores procuram para a queda no poder de compra do retorno real durante o ano da inflação.[4]

Método do valor presente líquido e inflação

Ao incorporar a inflação ao método do VPL, mantenha-se sempre focado na *consistência interna*. Há duas abordagens internas consistentes.

- *Abordagem nominal* — prevê as entradas e saídas de caixa em unidades monetárias nominais *e* usa uma taxa nominal como a taxa mínima de retorno.
- *Abordagem real* — prevê as entradas e saídas de caixa em unidades monetárias reais *e* usa uma taxa real como a taxa mínima de retorno.

Vamos limitar a nossa discussão à abordagem nominal mais simples. Considere um investimento em que são esperadas vendas de cem unidades e uma entrada líquida de caixa de \$ 1 mil (\$ 10 por unidade) a cada ano por dois anos de *inflação ausente*. Se for esperado uma inflação de 10 por cento a cada ano, as entradas líquidas de caixa das vendas de cada unidade serão de \$ 11 (\$ 10 × 1,10) no ano 1 e \$ 12,10 (\$ 11 × 1,10 ou \$ 10 × $(1,10)^2$) no ano 2, resultando em entradas líquidas de caixa de \$ 1 100 no ano 1 e de \$ 1 210 no ano 2. As entradas líquidas de caixa, de \$ 1 100 e \$ 1 210, são entradas de caixa nominais porque incluem o efeito da inflação. *Entradas de caixa nominais são os fluxos de caixa registrados no sistema contábil.* As entradas de caixa de \$ 1 mil a cada ano são fluxos de caixa reais. O sistema contábil não registra esses fluxos de caixa. A abordagem nominal é mais fácil de entender e de usar por usar fluxos de caixa nominais dos sistemas contábeis e taxas nominais de retorno dos mercados financeiros.

Suponha que a Network Communications possa comprar o equipamento para produzir e vender um produto de transmissão de dados via celular a um investimento inicial de \$ 750 mil. É esperado que ele tenha vida útil de quatro anos e valor residual de venda igual a \$ 0. É esperado uma taxa anual de inflação de 10 por cento durante o período de quatro anos. A Network Communications requer uma taxa nominal de retorno após os impostos de 32 por cento.

A tabela seguinte apresenta as quantias previstas de entradas líquidas de caixa, reais (supondo que não haja inflação) e nominais (isto é, depois de considerar a inflação cumulativa), do equipamento durante os próximos quatro anos (excluindo o investimento de \$ 750 mil no equipamento e antes de qualquer pagamento de imposto de renda):

Ano (1)	Entradas de caixa antes dos impostos em dólares reais (2)	Fator da taxa de inflação cumulativa[a] (3)	Entradas de caixa antes dos impostos em dólares nominais (4) = (2) × (3)
1	\$ 500 000	$(1,10)^1 = 1,1000$	\$ 550 000
2	600 000	$(1,10)^2 = 1,2100$	726 000
3	600 000	$(1,10)^3 = 1,3310$	798 600
4	300 000	$(1,10)^4 = 1,4641$	439 230

a *1,10 = 1,00 + 0,10 taxa de inflação.*

Continuamos a fazer a suposição de que os fluxos de caixa ocorrem no final de cada ano. A alíquota do imposto de renda é de 40 por cento. Para fins tributários, o custo do equipamento será depreciado usando-se o método da linha reta.

O Quadro 7.8 mostra o cálculo do PVL com os fluxos de caixa em dólares nominais e usando uma taxa de desconto nominal. Os cálculos do Quadro 7.8 incluem o investimento inicial líquido na máquina, as entradas de caixa anuais após os impostos das operações (excluindo os efeitos da depreciação) e as economias em caixa do imposto de renda das deduções anuais da depreciação. O projeto tem um valor presente líquido de \$ 202 513 e deveria ser aceito.

4. *A taxa real de retorno pode ser expressa em termos da taxa nominal de retorno da seguinte maneira:*

$$\text{Taxa real} = \frac{1 + \text{Taxa nominal}}{1 + \text{Taxa de inflação}} - 1 = \frac{1 + 0{,}32}{1 + 0{,}10} - 1 = 0{,}20 \text{ ou } 20\%$$

Quadro 7.8 Método do valor presente líquido usando a abordagem nominal para a inflação para o novo equipamento da Network Communications.

1. Investimento inicial líquido depois dos impostos

Ano	Saídas de investimentos
0	$ (750 000)

2a. Fluxo de caixa anual depois dos impostos das operações (excluindo os efeitos da depreciação)

Ano (1)	Fluxo de caixa anual das operações (2)	Saídas do imposto de renda (3) = 0,40 × (2)	Fluxo de caixa anual depois dos impostos das operações (4) = (2) – (3)
1	$ 550 000	$ 220 000	$ 330 000
2	726 000	290 400	435 600
3	798 600	319 440	479 160
4	439 230	175 692	263 538

2b. Economias em caixa do imposto de renda das deduções anuais da depreciação

Ano (1)	Depreciação (2)	Economias em caixa de impostos (3) = 0,40 × (2)
1	$ 187 500[b]	$ 75 000
2	187 500	75 000
3	187 500	75 000
4	187 500	75 000

	Total do valor presente	Fator de desconto do valor presente[a] em 32%	Esboço dos fluxos de caixa relevantes após os impostos no final do ano: 0	1	2	3	4
1.	$ (750 000)	1,000	$ (750 000)				
2a.	250 140	0,758		$ 330 000			
	250 034	0,574			$ 435 600		
	208 435	0,435				$ 479 160	
	86 704	0,329					$ 263 538
	795 313						
2b.	56 850	0,758		$ 75 000			
	43 050	0,574			$75 000		
	32 625	0,435				$75 000	
	24 675	0,329					$75 000
	157 200						
Valor presente líquido	$ 202 513						

a *A taxa nominal de desconto de 32% é composta da taxa real de retorno de 20% e da taxa de inflação de 10% [(1 + 0,20) (1+ 0,10)] – 1 = 0,32.*
b *$ 750 000 ÷ 4 = $ 187 500.*

Termos para aprender

Este capítulo e o Glossário no final do livro contêm definições de:

custo de capital
custo de oportunidade do capital
inflação
método da taxa interna de retorno (TIR)
método do fluxo de caixa descontado (FCD)
método do valor presente líquido (VPL)
orçamento de capital
recuperação do investimento (*pay back*)
taxa de desconto
taxa de retorno contábil
taxa mínima de retorno (TMR)
taxa mínima de retorno estabelecida
taxa nominal de retorno
taxa real de retorno
valor do dinheiro no tempo

Material de trabalho

Questões

7-1 "Orçamento de capital tem o mesmo foco que o regime de competência contábil." Você concorda? Explique.

7-2 Liste e descreva brevemente cada um dos seis estágios no orçamento de capital.

7-3 Qual é a essência do método do fluxo de caixa descontado?

7-4 "Apenas os resultados quantitativos são relevantes nas análises do orçamento de capital." Você concorda? Explique.

7-5 Como a análise da sensibilidade pode ser incorporada à análise do FCD?

7-6 O que é o método da recuperação do investimento? Quais são os pontos fortes e fracos?

7-7 Descreva o método da taxa de retorno contábil. Quais são seus pontos fortes e fracos?

7-8 "O problema com as técnicas do fluxo de caixa descontado é que elas ignoram os custos da depreciação." Você concorda? Explique.

7-9 "Sejamos mais práticos. O FCD não é o evangelho. Os gerentes não deveriam ficar tão encantados com o FCD a ponto de as considerações estratégicas serem deixadas de lado." Você concorda? Explique.

7-10 "Todos os custos indiretos são relevantes na análise do VPL." Você concorda? Explique.

7-11 Bill Watts, presidente das Editoras Western, aceita um projeto de orçamento de capital defendido pela divisão X, na qual ele passou os dez primeiros anos. No mesmo dia, o presidente rejeita a proposta de um projeto de orçamento de capital da divisão Y, o que deixa o gerente enfurecido. Ele acredita que o projeto da sua divisão (Y) tem uma taxa interna de retorno de pelo menos dez pontos percentuais acima do projeto da divisão X. Ele comenta: "Qual é o propósito de toda o detalhamento da análise FCD? Se o Watts está entusiasmado com determinado projeto, ele pode fazer com que os proponentes daquele projeto 'massageiem' os números para que ele pareça um vencedor". Qual conselho você daria ao gerente da divisão Y?

7-12 Faça a distinção entre as categorias diferentes de fluxo de caixa que uma empresa que paga impostos deveria considerar na decisão de substituir um equipamento.

7-13 Descreva três situações em que o imposto de renda pode afetar as entradas e saídas de caixa, na decisão de uma empresa que paga impostos, na substituição de um automóvel.

7-14 Como as ferramentas do orçamento de capital auxiliam na avaliação de um gerente responsável por manter clientes de uma empresa de telefonia celular?

7-15 Faça a distinção da taxa nominal de retorno e da taxa real de retorno.

Exercícios

7-16 **Exercícios com juros compostos, sem imposto de renda.** Para ter certeza de que você entendeu como usar as tabelas do Anexo A do final deste livro, resolva os exercícios seguintes. Ignore as considerações de imposto de renda. As respostas certas, arredondadas para o dólar mais próximo, aparecem nas últimas páginas deste capítulo.

Para fazer:

1. Você acabou de ganhar $ 5 mil. Quanto dinheiro você terá ao final de dez anos, caso o invista a 6 por cento de juros compostos anualmente? E a 14 por cento?
2. Daqui a dez anos, o valor do principal não pago da hipoteca da sua casa será de $ 89 550. Quanto você tem de investir hoje a juros compostos anualmente, de 6 por cento, para acumular os $ 89 550 em dez anos?
3. Se a hipoteca não paga da sua casa, em dez anos, for de $ 89 550, quanto dinheiro você terá de investir anualmente, a 6 por cento, para ter exatamente a quantia em mãos ao final do décimo ano?
4. Você planeja economizar $ 5 mil dos seus ganhos no final de cada ano, pelos próximos dez anos. Quanto dinheiro você terá no final do décimo ano se você investir as suas economias a juros compostos de 12 por cento ao ano?
5. Você acabou de completar 65 anos e a apólice de seguro lhe pagou o valor total de $ 200 mil. Se você investir a quantia a 6 por cento, quanto dinheiro você pode retirar da sua conta, em parcelas iguais a cada ano, para que no final de dez anos (75 anos de idade) não haja nada sobrando?
6. Você estimou que para os primeiros dez anos depois da aposentadoria, você precisará de uma entrada anual de caixa de $ 50 mil. Quanto dinheiro você precisa investir a 6 por cento ao ano, na sua idade, para se aposentar e obter essa entrada anual de caixa? E a 20 por cento?

7. A tabela a seguir mostra duas alternativas de entradas projetadas de caixa das operações, cada uma delas requer o mesmo investimento inicial líquido de $ 10 mil agora:

Ano	Entradas anuais de caixa	
	Plano A	Plano B
1	$ 1 000	$ 5 000
2	2 000	4 000
3	3 000	3 000
4	4 000	2 000
5	5 000	1 000
Total	$ 15 000	$ 15 000

A taxa mínima de retorno anual é de 6 por cento. Todas as entradas de caixa ocorrem no final de cada ano. Em termos de valor presente líquido, qual plano é o mais desejável? Mostre seus cálculos.

7-17 Comparação das abordagens ao orçamento de capital, sem imposto de renda. O Grupo BD está pensando em comprar, a um custo de $ 220 mil, alguns equipamentos novos para embalagem, esperando economizar $ 50 mil em custos das operações por ano. A vida útil estimada é de dez anos, e ele terá valor residual de venda de $ 0. A taxa mínima de retorno é de 16 por cento. Ignore o imposto de renda nas suas respostas.

Para fazer:

Calcule o seguinte:

1. Valor presente líquido
2. Período de recuperação (*pay back*)
3. Taxa interna de retorno
4. Taxa de retorno contábil baseado no investimento inicial líquido. (Suponha depreciação em linha reta.)

7-18 Métodos do orçamento de capital, sem imposto de renda. O Hospital Municipal, uma organização sem fins lucrativos, estima que pode economizar $ 28 mil ao ano em custos das operações pelos próximos dez anos se comprar uma máquina de exames oculares a um custo de $ 110 mil. É esperado um valor residual de venda de $ 0. A taxa mínima de retorno do Hospital Municipal é de 14 por cento.

Para fazer:

1. Calcule o seguinte:
   a. Valor presente líquido
   b. Período de recuperação
   c. Taxa interna de retorno
   d. Taxa de retorno contábil com base no investimento inicial líquido. (Suponha depreciação em linha reta.)
2. Quais fatores o Hospital Municipal deveria considerar em decidir se compra ou não o equipamento para exames oculares?

7-19 Orçamento de capital, impostos de renda. Paute-se nos mesmos fatos do Exercício 7-18, exceto que agora o Hospital Municipal é uma entidade que paga impostos. A alíquota de imposto de renda é de 30 por cento para todas as transações que afetam o imposto de renda.

Para fazer:

1. Refaça os cálculos da Questão 1 do Exercício 7-18.
2. Como os cálculos da Questão 1 seriam afetados se o equipamento tivesse valor residual de venda de $10 mil ao final do ano 10? Suponha que as deduções da depreciação sejam baseadas no custo de aquisição de $ 110 mil usando o método de linha reta. Responda brevemente em palavras sem usar novos cálculos.

7-20 Orçamento de capital com fluxos de caixa desiguais, sem imposto de renda. A Refsol está considerando a compra de uma máquina de envasamento para fins especiais, por $ 23 mil. É esperado que ela tenha vida útil de quatro anos com valor residual de venda de $ 0. O gerente da fábrica estima as seguintes economias nos custos das operações em caixa:

Ano	Quantia
1	$ 10 000
2	8 000
3	6 000
4	5 000
Total	$ 29 000

A Refsol usa uma taxa mínima de retorno de 16 por cento nas decisões de orçamento de capital. Ignore os impostos de renda na sua análise.

Para fazer:

Calcule o seguinte:

1. Valor presente líquido
2. Período de recuperação (*pay back*)
3. Taxa interna de retorno
4. Taxa de retorno contábil com base no investimento inicial líquido. (Suponha uma depreciação em linha reta. Use as economias anuais médias nos custos das operações em caixa ao calcular o numerador da taxa de retorno contábil.)

7-21 Comparação de projetos, sem impostos de renda (Adaptado do CMA). O Centro de Saúde Vale é uma organização sem fins lucrativos. Jaime Búfalo, presidente, desenvolveu um plano de expansão que envolve um novo prédio, para o que contratou uma empreiteira, a Cavaco Construção, que está pronta para começar assim que o contrato for assinado, com prazo de finalizar o serviço em dois anos.

A empreiteira ofereceu à Vale três planos de pagamento, a saber:

- *Plano I* — Pagamento de $ 200 mil na assinatura do contrato e de $ 3 milhões no término do serviço. O final do segundo ano é o prazo de término do serviço.
- *Plano II* — Pagamento de $ 1 milhão na assinatura do contrato e de $ 1 milhão no final de cada um dos dois anos subseqüentes.
- *Plano III* — Pagamento de $ 100 mil na assinatura do contrato e de $ 1 milhão no final de cada um dos três anos subseqüentes.

Búfalo pediu à tesoureira, Elisa Mators, uma avaliação dos três planos de pagamento. A Vale tem uma taxa mínima de retorno de 12 por cento.

Para fazer:

1. Usando o método do valor presente líquido, calcule o custo comparativo de cada um dos três planos de pagamentos que estão sendo considerados pelo Centro de Saúde Vale.
2. Qual plano de pagamento a tesoureira deveria recomendar? Explique.
3. Discuta os fatores financeiros, além do custo do plano, e os fatores não-financeiros que deveriam ser considerados na seleção de um plano de pagamento ideal.

7-22 Métodos de recuperação do investimento e VPL, sem imposto de renda (Adaptado do CMA). A Cardeal é uma pequena empresa que vem analisando propostas de dispêndio de capital para a compra de equipamentos. O orçamento de capital está limitado em $ 500 mil, o valor máximo que ela poderá vir a obter.

Ricardo Lopes, um consultor financeiro autônomo, está preparando uma análise dos quatro projetos que Walter Mendes, presidente da Cardeal, está considerando. Lopes projetou fluxos de caixa futuros para cada compra potencial. As informações concernentes aos quatro projetos são as seguintes:

	Projeto A	Projeto B	Projeto C	Projeto D
Saída de caixa projetada				
Investimento inicial líquido	$ 200 000	$ 190 000	$ 250 000	$ 210 000
Entradas de caixa projetadas				
Ano 1	$ 50 000	$ 40 000	$ 75 000	$ 75 000
Ano 2	50 000	50 000	75 000	75 000
Ano 3	50 000	70 000	60 000	60 000
Ano 4	50 000	75 000	80 000	40 000
Ano 5	50 000	75 000	100 000	20 000

Para fazer:

1. Devido à limitação do caixa da Cardeal, Walter acha que o método de recuperação do investimento, para calcular os investimentos, seria o melhor método para a escolha dos projetos de orçamento de capital.
   - **a.** Explique o que o método de recuperação avalia e como ele é usado. Inclua na sua explanação vários benefícios e limitações do método.
   - **b.** Calcule o período de recuperação para cada um dos quatro projetos. Ignore as considerações tributárias.

2. Lopes gostaria de comparar os projetos usando o método do valor presente líquido. A taxa mínima de retorno para a Cardeal é de 12 por cento. Todos os fluxos de caixa ocorrem no final do ano. Calcule o valor presente líquido para cada projeto. Ignore as considerações tributárias.
3. Quais projetos, caso haja algum, você recomendaria para ser financiado? Relate brevemente seus motivos.

7-23 FCD, taxa de retorno contábil, capital de giro, avaliação do desempenho, sem imposto de renda. A Companhia Haleluia recebeu a oferta de uma máquina de corte de metal por $ 110 mil. É esperado que a máquina tenha vida útil de oito anos, com um valor residual de venda de $ 30 mil. É esperado que as economias nos custos das operações em caixa sejam de $ 25 mil ao ano. Entretanto, é necessário capital de giro adicional para manter a máquina operando eficientemente e sem paradas. O capital de giro inclui itens como filtros, lubrificantes, mancais, abrasivos, tubos exaustores flexíveis e correias. Esses itens precisam ser continuamente substituídos; portanto, é preciso ser mantido um investimento contínuo de $ 8 mil, sendo este investimento totalmente recuperável (será 'transformado em caixa') no final da vida útil. A taxa mínima de retorno da Haleluia é de 14 por cento. Ignore os tributos na sua análise.

Para fazer:

1. Calcule o valor presente líquido.
2. Calcule a taxa interna de retorno
3. Calcule a taxa de retorno contábil baseada no investimento inicial líquido. Presuma a depreciação em linha reta.
4. Você tem autoridade para fazer a decisão de compra. Por que você estaria relutante em basear a sua decisão nos métodos FCD?

7-24 Compra de novos equipamentos, imposto de renda. A Editora Universidade Nacional publica livros didáticos de contabilidade e finanças. A empresa estima que ela possa economizar $ 100 mil em custos das operações a cada ano, pelos próximos quatro anos, se ela comprar a PR2020, uma máquina impressora moderna, a um custo de $ 230 mil. A máquina impressora terá um valor residual de venda de $ 30 mil no final do ano 4. Não será necessária nenhuma mudança no capital de giro. A Nacional quer uma taxa mínima de retorno após os impostos de 12 por cento. A alíquota do imposto de renda é de 40 por cento.

Para fazer:

1. Suponha que a Nacional use a depreciação em linha reta para fins tributários. Calcule (a) o valor presente líquido, (b) o período de recuperação e (c) a taxa interna de retorno.
2. Compare os métodos do orçamento de capital da Questão 1.

7-25 Compra de novos equipamentos, imposto de renda. A Apresentações Gráficas prepara slides e outros recursos para profissionais que rotineiramente se servem desses recursos em palestras. Ela estima que possa economizar em caixa $ 35 mil em custos das operações para os próximos cinco anos se comprar novos equipamentos de slides coloridos, a um custo de $ 75 mil, que terá, ao final do ano 5, valor residual de venda de $ 0. Não será necessária nenhuma mudança no capital de giro. A Apresentações Gráficas quer uma taxa mínima de retorno após os impostos de 12 por cento. A alíquota de imposto de renda é de 40 por cento.

Para fazer:

1. Suponha que a Apresentações Gráficas use a depreciação em linha reta. Calcule (a) o valor presente líquido, (b) o período de recuperação e (c) a taxa interna de retorno.
2. Compare os métodos do orçamento de capital da Questão 1.

Aplicação do Excel Para os alunos que desejarem praticar as suas habilidades com a planilha, segue uma abordagem passo a passo para trabalhar este problema.

Passo a passo

1. Abra uma nova planilha. No topo, crie uma seção de 'Dados originais' para os dados fornecidos pela Apresentações Gráficas, com linhas para 'Taxa mínima de retorno após os impostos, economias recorrentes nos custos das operações em caixa' e 'Investimento inicial da estação de trabalho'.

(Programe sua planilha para desempenhar todos os cálculos necessários. Não insira a mão nenhuma quantia, como o período de recuperação, que exija operações de adição, subtração, multiplicação e divisão.)

2. Pule duas linhas, crie uma seção '1a. Valor presente líquido' similar ao Quadro 7.7. Crie uma linha para 'Investimento inicial na estação de trabalho'. Em seguida, sob cada um dos itens seguintes, crie cinco linhas para os anos 1 a 5: 'Fluxo de caixa anual após os impostos das operações' (excluindo os efeitos da depreciação) e 'Economias em caixa do imposto de renda devido às deduções anuais da depreciação'. Crie colunas rotuladas de 'Fluxos de caixa relevantes após os impostos', 'Fatores de desconto do valor presente a 12 por cento', e 'Total do valor presente'.

3. Use a seção de 'Dados originais' para preencher a coluna de 'Fluxos de caixa relevantes'. Em seguida, insira os cálculos para os fatores de desconto do valor presente e o total do valor presente desses fluxos de caixa nas próximas duas colunas. Inclua um cálculo para o 'Valor presente líquido para o investimento na estação de trabalho' em uma fileira separada nesta seção.
4. Pule duas linhas, crie uma seção '1b. Período de recuperação'. Insira um cálculo para o período de recuperação nesta seção.
5. Para calcular a taxa interna de retorno, vá para o menu de ferramentas, selecione 'Resolver'. Ajuste a célula-meta igual à célula onde você calculou o valor presente líquido do investimento na unidade de trabalho da Etapa 3. Peça para que o 'Resolver' ajuste essa célula para um valor de zero. Sob 'Mudando de células', escolha a célula na seção de 'Dados originais' que contenha a 'Taxa mínima de retorno após os impostos'. Clique em 'Resolver'. Uma nova janela se abrirá. Sob 'Relatórios', escolha 'Resposta', clique em 'Restaurar os valores originais' e clique em 'OK'. Você agora terá uma nova planilha intitulada 'Relatório de resposta I', que contém os cálculos da taxa interna de retorno do 'Resolver'.
6. *Verifique a exatidão da sua planilha:* Vá para a seção de 'Dados originais' e mude a taxa mínima de 'Retorno após os impostos' de 12 para 15 por cento. Se você programou a sua planilha corretamente, o valor presente líquido do investimento na unidade de trabalho deverá *diminuir* para $ 15 508.

7-26 Vendendo uma fábrica, impostos de renda (Adaptado do CMA). A Corporação Waterford, uma fabricante de roupas, tem uma fábrica que será desativada em 31 de dezembro de 2002. Foi pedido que João Chaves, *controller* corporativo, avaliasse três situações a respeito da fábrica.

- *Opção 1:* A fábrica, que foi totalmente depreciada para fins tributários, pode ser vendida imediatamente por $ 9 milhões.
- *Opção 2:* A fábrica pode ser alugada para a Tecelagem Auburn, um dos fornecedores da Waterford, por quatro anos. Sob os termos do contrato, a Auburn pagaria $ 2 400 mil de aluguel por ano para a Waterford (pagável no final do ano) e concederia à Waterford um desconto anual do preço normal do tecido comprado (suponha que o desconto seja recebido no final do ano para cada um dos quatro anos). A Auburn arcaria com todos os custos de propriedade da fábrica. A Waterford espera vender a fábrica por $ 2 milhões ao final do contrato de quatro anos.
- *Opção 3:* A fábrica seria usada por quatro anos para confeccionar jaquetas a serem comercializadas nas Olimpíadas. Os custos fixos indiretos (uma saída de caixa), antes do aperfeiçoamento de qualquer equipamento, são estimados em $ 200 mil anualmente para o período de quatro anos. É esperado que as jaquetas sejam vendidas a $ 42 cada; que os custos variáveis unitários sejam de $ 33 e as seguintes produções e vendas de jaquetas: 2003, 200 mil unidades; 2004, 300 mil unidades; 2005, 400 mil unidades e 2006, cem mil unidades. Para poder fabricar as jaquetas, alguns dos equipamentos da fábrica teriam de ser aperfeiçoados a um custo imediato de $ 1 500 mil, os quais seriam depreciados usando o método da linha reta durante os quatro anos em que eles estariam em uso. Por causa dos aperfeiçoamentos nos equipamentos, a Waterford poderia vender a fábrica por $ 3 milhões no final de quatro anos. Não é necessária nenhuma mudança no capital de giro.

A Waterford trata todos os fluxos de caixa como se eles ocorressem no final do ano, e usa uma taxa mínima de retorno após os impostos de 12 por cento. A Waterford está sujeita a uma alíquota de imposto de renda de 40 por cento.

Para fazer:

1. Calcule o valor presente de cada uma das opções e determine qual opção a Waterford deveria selecionar usando o critério do VPL.
2. Quais fatores não-financeiros a Waterford deveria considerar antes de fazer a sua escolha?

PROBLEMAS

7-27 Substituição do equipamento, sem imposto de renda. A Chips Superfast fabrica e entrega protótipos de *chips* para os seus clientes em 24 horas. A instalação atual de produção foi estabelecida quando a empresa começou a operar em Dublin, Irlanda, em 1997. Ela está desatualizada, o que restringe o crescimento futuro. No próximo ano, 2004, a Superfast esperar entregar 460 protótipos de *chips* a um preço médio de $ 80 mil por protótipo. O vice-presidente de marketing da Superfast prevê o crescimento de 50 protótipos de *chips* por ano até 2010. Isto é, a demanda é de 460 em 2004, 510 em 2005, 560 em 2006, e assim sucessivamente.

A fábrica atual não pode produzir mais de 450 protótipos anualmente. Para satisfazer a demanda futura, a Superfast precisa modernizar a fábrica atual ou substituí-la. Os equipamentos antigos são totalmente depreciados e podem ser vendidos por $ 3 milhões. Se as instalações atuais forem modernizadas, esses custos serão capitalizados e depreciados durante a vida útil da instalação atualizada. Os equipamentos antigos são mantidos como parte da alternativa de modernizar. A seguir, alguns dados sobre as duas opções disponíveis para a Superfast:

	Modernizar	Substituir
Investimento inicial em 2004	$ 28 000 000	$ 49 000 000
Preço de venda terminal em 2010	$ 5 000 000	12 000 000
Vida útil	7 anos	7 anos
Total anual dos custos das operações em caixa por protótipo	$ 62 000	$ 56 000

A Superfast usa a depreciação em linha reta para os relatórios de renda, presumindo um valor de venda terminal de zero. Para simplificar, supomos que não há mudanças nos preços ou custos nos anos futuros. O investimento será feito no início de 2004 e todas as transações depois disso ocorrem no último dia do ano. A taxa mínima de retorno da Superfast é de 12 por cento.

Não há diferenças entre as alternativas de modernizar ou substituir em termos do capital de giro exigido. A Chips Superfast tem isenção tributária especial até 2010.

Para fazer:

1. Faça um esboço das entradas e saídas de caixa das alternativas de modernizar e substituir durante o período de 2004 a 2010.
2. Calcule o período de recuperação do investimento para as alternativas de modernizar e substituir.
3. Calcule o valor presente líquido das alternativas de modernizar e substituir.
4. Quais fatores a Chips Superfast deveria considerar entre as alternativas?

7-28 Substituição dos equipamentos, imposto de renda (continuação do 7-27). Suponha os mesmos fatos do Problema 7-27, exceto que a fábrica está localizada em Austin, Texas. A Superfast não tem nenhuma isenção tributária especial, pagando alíquota de imposto de 30 por cento sobre toda a renda. Os resultados das vendas dos equipamentos, acima do valor contábil, são tributados na mesma alíquota de 30 por cento.

Para fazer:

1. Faça um esboço das entradas e saídas de caixa após os impostos das alternativas de modernizar e substituir durante o período de 2004 a 2010.
2. Calcule o valor presente das alternativas de modernizar e substituir.
3. Suponha que a Superfast esteja planejando construir várias outras fábricas. Ela quer ter a melhor vantagem tributária possível. Espanha, Malásia e Austrália já demonstraram interesse na construção de uma fábrica em seus países. Use os dados do Problema 7-27 e deste problema para descrever brevemente as características tributárias que seriam atraentes e vantajosas para a Superfast. Você deveria discutir a magnitude e o momento oportuno das deduções de custo na sua descrição.

7-29 FCD, análise da sensibilidade, sem imposto de renda (Adaptado do CMA). A Engenharia Bristol fabrica componentes eletrônicos. A empresa desenvolveu um aparelho que a gerência acredita poder ser comercializado como jogo eletrônico.

As informações para o novo produto foram obtidas das melhores estimativas dos gerentes de marketing e produção, a saber:

Volume anual de vendas	1 000 000 unidades
Preço de venda	$ 10 por unidade
Custos variáveis em caixa	$ 4 por unidade
Custos fixos em caixa	$ 2 000 000 por ano
Investimento exigido	$ 12 000 000
Vida do projeto	5 anos

No final da vida útil de cinco anos, haverá um valor residual de venda de $ 0. A taxa mínima de retorno da Engenharia Bristol sobre este projeto é de 14 por cento.

A indústria de jogos eletrônicos é um novo mercado para a Bristol, e a gerência está preocupada com a confiabilidade das estimativas. O *controller* propôs a aplicação da análise da sensibilidade para os fatores selecionados. Ignore os tributos nos seus cálculos.

Para fazer:

1. Qual é o valor presente desta proposta de investimento?
2. Qual é o efeito no valor presente líquido das duas mudanças seguintes nas suposições? (Trate cada uma delas independentemente.)
   a. Redução de 10 por cento no preço de venda
   b. Aumento de 10 por cento no custo variável unitário
3. Discuta como a gerência usaria os dados desenvolvidos nas Questões 1 e 2 na sua consideração do investimento de capital proposto.

7-30 VPL e rentabilidade do cliente, sem imposto de renda. A Granitos Cristiano vende balcões de granito para a indústria de construção e conta com três clientes: a Construtora Casa, a Cozinhas Sob Medida e a Construtora Fama. A seguir, os dados de receita e custos da Granitos Cristiano, por cliente, para o ano findo em 31 de dezembro de 2003:

	Construtora Casa	**Cozinhas Sob Medida**	**Construtora Fama**
Receitas	$ 45 000	$ 325 000	$ 860 000
Custo dos produtos vendidos	22 000	180 000	550 000
Custos das operações	10 000	75 000	235 000

José Cristiano, o proprietário, estima que as receitas e custos aumentarão anualmente, como segue:

	Construtora Casa	**Cozinhas Sob Medida**	**Construtora Fama**
Receitas	5%	6%	8%
Custo dos produtos vendidos	4%	4%	4%
Custos das operações	4%	4%	4%

A taxa mínima de retorno da Granitos Cristiano é de 10 por cento. Suponha que (a) todas as transações ocorram no final do ano, (b) todas as receitas sejam entradas de caixa e (c) todos os custos sejam saídas de caixa. Ignore as considerações tributárias.

Para fazer:

1. Calcule o lucro das operações por cliente para 2003 e para cada ano do período de 2004 a 2008.
2. A Cristiano estima o valor de cada cliente calculando o valor presente líquido projetado do cliente durante os próximos cinco anos (2004 a 2008). Use os lucros das operações calculadas na Questão 1 para calcular o valor de cada um dos seus três clientes.
3. Recentemente, a Cozinhas Sob Medida (CM) tem ameaçado mudar de fornecedor. A CM quer um desconto no preço de 20 por cento sobre as receitas para 2004 a 2008, que foram estimadas para a CM na Questão 1 acima, se ela continuar usando a Cristiano como fornecedor. Qual é o VPL de cinco anos da CM depois de incorporar o desconto de 20 por cento? Quais outros fatores a Cristiano deveria considerar antes de tomar sua decisão final?

7-31 VPL do *JIT*, imposto de renda (Adaptado do CMA). A Corporação Rose produz móveis para escritórios e os vende, no varejo, para os distribuidores de móveis. A gerência da Rose está revendo uma proposta de compra de um sistema de estoque *just-in-time* (*JIT*) para atender melhor seus clientes. O sistema *JIT* incluirá um sistema de computadores e equipamentos de manuseio de materiais. A decisão será baseada na probabilidade de o novo sistema *JIT* reduzir os custos para a organização nos próximos cinco anos.

O sistema de computadores, incluindo *hardware* e *software*, inicialmente custará $ 1 250 mil. Os equipamentos de manuseio dos materiais custarão $ 450 mil. Ambos terão vida útil de cinco anos para fins tributários da depreciação (em linha reta) calculada sob a suposição de um valor residual de venda de $ 0. É esperado que no final de cinco anos, os equipamentos de manuseio dos materiais recém-adquiridos sejam vendidos por $ 150 mil. O sistema de computadores terá um valor residual de venda de $ 0 no final de cinco anos.

Outros fatores a serem considerados durante os próximos cinco anos, para esta proposta, envolvem:

- Devido à melhoria no serviço, resultante do novo sistema *JIT*, a Rose realizará um aumento nas receitas de $ 800 mil durante o primeiro ano. A Rose espera que o aumento nas receitas de $ 800 mil continue a crescer em 10 por cento por ano daí em diante.
- A margem de contribuição é de 60 por cento.
- Os custos anuais de pedido de materiais aumentarão em $ 50 mil devido ao nível mais alto de pedidos de compra.
- Haverá queda única no investimento do capital de giro de $ 150 mil no final do primeiro ano.
- Haverá economia de 20 por cento no aluguel de armazém porque será necessário menos espaço. O aluguel anual atual é de $ 300 mil.

A Rose usa uma taxa mínima de retorno após os impostos de 10 por cento e está sujeita a uma alíquota de imposto de renda de 40 por cento. Suponha que todos os fluxos de caixa ocorram no final do ano para fins tributários, exceto para quaisquer quantias iniciais referentes à compra.

Para fazer:

1. Prepare uma análise dos efeitos após os impostos para a compra do sistema *JIT* na Rose usando o método do valor presente líquido para avaliar os dispêndios de capital. Certifique-se de mostrar todos os seus cálculos.

2. Determine se a Rose deveria comprar o sistema *JIT*. Explique sua resposta.

7-32 Substituição de uma máquina, imposto de renda, sensibilidade (Adaptado do CMA). A Companhia WRL opera um centro de lanches no Aeroporto Hartsfield. Em 10 de janeiro de 2000, a WRL comprou uma máquina especial de corte de bolachas, que tem sido usada por três anos. A WRL está considerando a compra de uma máquina mais nova e mais eficiente. Se comprada, a nova máquina seria adquirida hoje, 1º de janeiro de 2003. A WRL espera vender 300 mil bolachas em cada um dos próximos quatro anos. O preço de venda esperado de cada bolacha é em média de $ 0,50.

A WRL tem duas opções: (1) continuar a operar a máquina antiga ou (2) vender a máquina antiga e comprar a máquina nova. O vendedor da nova máquina não ofereceu a possibilidade de troca como parte do pagamento. As informações seguintes foram obtidas para ajudar a gerência a decidir qual opção é a mais desejável:

	Máquina antiga	**Máquina nova**
Custos da compra inicial da máquina	$ 80 000	$ 120 000
Valor residual de venda no final da vida útil, suposto para fins de depreciação	$ 10 000	$ 20 000
Vida útil a partir da data de aquisição	7 anos	4 anos
Custos anuais esperados das operações		
Custo variável por bolacha	$ 0,20	$ 0,14
Total de custos fixos	$ 15 000	$ 14 000
Método de depreciação usado para fins tributários	Linha reta	Linha reta
Preços de venda estimados das máquinas		
1º de janeiro de 2003	$ 40 000	$ 120 000
31 de dezembro de 2006	$ 7 000	$ 20 000

A WRL está sujeita a uma alíquota de imposto de renda de 40 por cento. Suponha que qualquer ganho ou perda sobre a venda das máquinas seja tratado como resultado tributável comum e afetará os impostos pagos pela WRL no ano em que ele ocorrer. A WRL tem uma taxa mínima de retorno após os impostos de 16 por cento.

Para fazer:

1. Use o método do valor presente líquido para determinar se a WRL deveria manter a máquina antiga ou adquirir a máquina nova.
2. Quanto mais, ou menos, teriam de ser as economias recorrentes após os impostos das operações em caixa, para que a WRL obtivesse exatamente a taxa mínima de retorno após os impostos de 16 por cento? Todos os outros dados sobre o investimento não mudam.
3. Suponha que as diferenças financeiras entre os valores presentes líquidos das duas opções sejam tão mínimas que a WRL mantém-se indiferente entre as duas propostas. Identifique e discuta os fatores não-financeiros e qualitativos que a WRL deveria considerar.

7-33 Orçamento de capital, inflação, imposto de renda, anexo (Adaptado de J. Fellingham). Abigail Correia é gerente da divisão de atendimento ao cliente de uma loja de eletrodomésticos. Ela está considerando a compra de um equipamento que custará $ 10 mil em 31 de dezembro de 2003. O equipamento tem previsão de vida útil de cinco anos. Abigail estima que as economias incrementais em caixa antes dos impostos, com o uso-máquina do equipamento, serão de $ 3 mil anualmente. Os $ 3 mil são medidos nos preços atuais e serão recebidos no final de cada ano. Para fins tributários, ela depreciará o equipamento usando o método de linha reta, supondo um valor residual de venda de $ 0. A Abigail exige uma taxa real de retorno após os impostos de 10 por cento (isto é, a taxa de retorno é 10 por cento quando todos os fluxos de caixa forem denominados, em 31 de dezembro de 2003).

Para fazer: Trate cada um dos casos seguintes de maneira independente.

1. Não há imposto de renda, mas a taxa anual de inflação é de 20 por cento. Qual é o valor presente líquido do equipamento? As economias em caixa a cada ano serão aumentadas por um fator igual à taxa cumulativa de inflação. Use a taxa nominal de desconto nos seus cálculos.
2. A taxa anual de inflação é de 20 por cento e a taxa tributária é de 40 por cento. Qual é o valor presente líquido do equipamento? Use a mesma taxa nominal de desconto da Questão 1 nos seus cálculos.

7-34 Ética, orçamento de capital (Adaptado do CMA). A Companhia Evans precisa expandir a capacidade de produção para satisfazer a demanda crescente pelos seus produtos. A primeira alternativa é expandir a unidade de produção atual, localizada perto de um terreno baldio no coração da cidade. A segunda alternativa é converter um armazém, que já é da Evans, localizado a 20 quilômetros fora da cidade. O *controller* da Evans, Jorge Safir, instrui Helena Dantas, assistente do *controller*, a usar os cálculos do valor presente líquido para avaliar ambas as propostas. Ao completar sua análise, Helena relatou ao Safir que a proposta para expandir a instalação de produção atual tem valor presente líquido levemente positivo e a de converter o armazém tem valor presente líquido bastante negativo.

Safir não gostou das conclusões de Helena. Ele devolve as propostas a ela com o seguinte comentário: "Você deve ter cometido algum erro. A proposta do armazém deveria parecer melhor e ter valor presente líquido positivo. Trabalhe com projeções e estimativas".

Helena suspeita que Safir esteja ansioso para que a proposta do armazém seja a escolhida porque sua localização eliminaria a longa viagem para a cidade. Sentindo-se sob pressão, ela checa os cálculos, mas não encontra nenhum erro. Ela revê também as projeções e estimativas e as considera bastante razoáveis. Mesmo assim, ela substitui algumas das estimativas originais por estimativas mais favoráveis à proposta do armazém, embora tenham menos chances de vir a ocorrer. A proposta revista ainda tem valor presente líquido negativo, assim, Helena fica confusa sobre o que deveria fazer.

Para fazer:

1. Referindo-se ao 'Modelos de Conduta Ética para os Contadores Gerenciais', descrito no Capítulo 1 do volume 1, explique:
   - **a.** Se a conduta de Jorge Safir não foi ética quando ele deu instruções específicas para que Helena Dantas revisse a proposta.
   - **b.** Se a proposta, revista por Helena, para a conversão do armazém, não foi ética.
2. Identifique os passos que Helena Dantas deveria tomar na tentativa de resolver essa situação.

Problema para aprendizagem em grupo

7-35 Custos relevantes, terceirização, orçamento de capital, imposto de renda. A Companhia Strubel fabrica atualmente tantas unidades quantas forem necessárias da Peça nº 789. Davi Lima, gerente geral da Companhia Strubel, recebeu uma oferta da Cia. Gabriella para o fornecimento da Peça nº 789. Os planos atuais pedem que a Gabriella forneça mil unidades da Peça nº 789, por ano, a \$ 50 a unidade, podendo iniciar o fornecimento em 1º de janeiro de 2004, mantendo-o por cinco anos, pois, a partir dessa data, a Strubel não precisará mais da peça. A Gabriella pode suportar quaisquer mudanças na demanda da Strubel fornecendo a peça a \$ 50 a unidade, independentemente da quantidade.

Ramon Gaozales, *controller* da Companhia Strubel, apresentou os seguintes custos para a fabricação de mil unidades da Peça nº 789:

Materiais diretos	\$ 22 000
Mão-de-obra direta	11 000
Custos indiretos de fabricação	7 000
Depreciação da máquina	10 000
Engenharia de produto e processo	4 000
Aluguel	2 000
Alocação dos custos indiretos da fábrica	5 000
Total de custos	\$ 61 000

As seguintes informações adicionais estão relatadas abaixo:

- **a.** A Peça nº 789 é feita em uma máquina usada exclusivamente para a sua fabricação. A máquina foi adquirida em 1º de janeiro de 2003, a um custo de \$ 60 mil, tem vida útil de seis anos e valor residual de venda de \$ 0. A depreciação é calculada no método de linha reta.
- **b.** A máquina poderia ser vendida hoje a \$ 15 mil.
- **c.** Os custos de engenharia do produto e processos são incorridos para garantir que o processo de produção da Peça nº 789 funcione normalmente. Embora esses custos sejam fixos, no curto prazo os custos de engenharia do produto e processos de \$ 4 mil serão incorridos para 2004, mas não deste ponto em diante.
- **d.** Os custos de aluguel, de \$ 2 mil, são alocados aos produtos com base no espaço físico ocupado para a fabricação do produto. Se a Peça nº 789 for descontinuada, o espaço atualmente ocupado para fabricá-la se tornará disponível. A empresa poderá, então, usar o espaço para armazenagem e economizar \$ 1 mil atualmente pagos para armazenar fora.
- **e.** Os custos indiretos da fábrica são alocados para cada departamento com base nos valores de mão-de-obra direta de produção. Esses custos não mudarão no total, mas os custos indiretos da fábrica não serão alocados para a Peça nº 789 caso ela seja terceirizada.

Suponha que a Strubel exija uma taxa mínima de retorno de 12 por cento para esse projeto.

Para fazer:

1. Deveria Davi Lima terceirizar a Peça nº 789? Prepare uma análise quantitativa usando o método do valor presente líquido. Suponha que todos os fluxos de caixa, menos a venda da máquina, ocorram no final de cada ano.
2. Descreva qualquer análise da sensibilidade que pareça aconselhável, mas você não precisa realizar nenhum cálculo da sensibilidade.
3. Quais outros fatores deveria o Lima considerar ao tomar a decisão?
4. Lima está especialmente preocupado em relação aos bônus para 2004, que é baseado no lucro contábil da Strubel. Qual decisão Lima tomará se ele quiser maximizar seu bônus em 2004?

Respostas aos exercícios em juros compostos (Exercício 7-16)

A abordagem geral desses exercícios está centralizada em uma pergunta-chave: Qual das quatro tabelas básicas do Anexo A deveria ser usada? Nenhum cálculo deveria ser feito até que essa questão básica tivesse sido respondida com confiança.

1. *Da Tabela 1.* Os $ 5 mil são o valor presente, *P*, de seus ganhos. O valor futuro, *S*, deles em dez anos será:

$$S = P(1 + r)^n$$

O fator de conversão, $(1 + r)^n$, está na linha 10 da Tabela 1.

Substituindo a 6%: S = 5 000(1,791) = $ 8 955
Substituindo a 14%: S = 5 000(3,707) = $ 18 535

2. *Da Tabela 2.* $ 89 500 é uma *quantia do valor futuro*. Você quer o valor presente daquela quantia, $P = S \div (1 + r)^n$. O fator de conversão, $1 \div (1 + r)^n$, está na linha 10 da Tabela 2. Substituindo,

P = $ 89 550(0,558) = $ 49 969

3. *Da Tabela 3.* $ 89 550 é o *valor futuro*. Você está procurando uma quantia uniforme (anuidade) para guardar anualmente. Observe que $ 1 investido cada ano por dez anos a 6 por cento tem um valor futuro de $ 13,181 depois de dez anos, da linha 10 na Tabela 3.

$$S_n = \text{Depósito anual (F)}$$
$$\$\ 89\,550 = \text{Depósito anual } (13{,}181)$$
$$\text{Depósito anual} = \frac{\$\ 89\,550}{13{,}181} = \$\ 6\,794$$

4. *Da Tabela 3.* Você está procurando a *quantia do valor futuro* de uma anuidade de $ 5 mil por ano. Observe que $ 1 investido a cada ano por dez anos a 12 por cento tem valor futuro de $ 17 549 depois de dez anos.

S_n = $ 5 000F, onde F é o fator de conversão
S_n = $ 5 000(17,549) = $ 87 745

5. *Da Tabela 4.* Ao completar 65 anos de idade, você receberá $ 200 mil, valor presente na época. Você precisa encontrar a anuidade que equivale ao principal investido em dez anos. Para receber $ 1 a cada ano, durante dez anos, quando a taxa de juros é de 6 por cento, é exigido que você aplique hoje $ 7,360, da linha 10 da Tabela 4.

$$P_n = \text{Retirada anual } (F)$$
$$\$\ 200\,000 = \text{Retirada anual } (7{,}360)$$
$$\text{Retirada anual} = \frac{\$\ 200\,000}{7{,}360} = \$\ 27\,174$$

6. *Da Tabela 4.* Você precisa encontrar o valor presente de uma anuidade por dez anos.

A 6%: P_n = Retirada anual (F)
P_n = $ 50 000 (7,360)
P_n = $ 368 000

A 20% P_n = $ 50 000 (4,192)
P_n = $ 209 600, um número muito mais baixo

7. Plano B é preferível. O valor do plano B excede o valor do plano A em $ 980 ($ 3 126 – $ 2 146):

		Plano A		Plano B	
Ano	**Fator do PV a 6%**	**Entradas de caixa**	**PV das entradas de caixa**	**Entradas de caixa**	**PV das entradas de caixa**
0	1,000	$ (10 000)	$ (10 000)	$ (10 000)	$ (10 000)
1	0,943	1 000	943	5 000	4 715
2	0,890	2 000	1 780	4 000	3 560
3	0,840	3 000	2 520	3 000	2 520
4	0,792	4 000	3 168	2 000	1 584
5	0,747	5 000	3 735	1 000	747
			$ 2 146		$ 3 126

Mesmo parecendo que os planos A e B têm o mesmo total de entrada de caixa durante os cinco anos, o plano B tem preferência sobre o plano A, porque possui maiores entradas de caixa ocorrendo mais cedo.

capítulo

8

Sistemas de controle gerencial, preços de transferência e considerações multinacionais

Objetivos de aprendizagem

1. Descrever um sistema de controle gerencial e as três propriedades-chave
2. Descrever benefícios e custos da descentralização
3. Explicar os preços de transferência e quatro critérios usados para avaliá-los
4. Calcular os preços de transferência usando os três métodos
5. Ilustrar como os preços de transferência baseados no mercado promovem a congruência dos objetivos em mercados perfeitamente competitivos
6. Evitar tomar decisões subótimas quando os preços de transferência são baseados nos custos totais mais margem de lucro
7. Entender a amplitude em que se baseiam duas divisões ao negociar o preço de transferência quando há capacidade não usada
8. Construção de uma diretriz geral para determinar um preço de transferência mínimo
9. Incorporar as considerações tributárias no preço de transferências de empresas multinacionais

Por que comprar componentes empregados na produção de produtos eletrônicos desenvolvidos por sua empresa quando ela pode fabricá-los a um custo menor? Fabricar os componentes internamente propiciaria economia de custos significativa. Parece a coisa certa a fazer, não é mesmo? Talvez nem sempre. Às vezes, o preço de transferência — o preço que uma divisão de uma empresa cobra pelo produto que ela fornece a uma outra divisão — dificulta para os gerentes a compra de peças de divisões internas. Isso faz com que eles comprem componentes de fornecedores autônomos, resultando em capacidade ociosa na divisão que os fabrica. Muitas empresas, como a Information Systems Corporation, lidam com essa questão, obtendo graus variados de sucesso.

Qual empresa tem o melhor sistema de controle gerencial: Ford ou Toyota? Michelin ou Pirelli? A resposta está na eficiência com que cada sistema de controle alcança o objetivo de direcionar e melhorar as decisões em benefício da empresa como um todo de maneira a reduzir custos e como o sistema influencia o comportamento de usuários. Este capítulo desenvolve *links* entre estratégia, estrutura da organização, sistemas de controle gerencial e informações contábeis. Examinaremos os benefícios e custos das estruturas organizacionais centralizadas e descentralizadas e veremos a precificação dos produtos e serviços transferidos entre as subunidades da mesma empresa. Enfatizamos como as informações contábeis, como os custos, orçamentos e preços ajudam no planejamento e coordenação das ações das subunidades. Este capítulo abordará as questões de modo 'mais suave' do que os anteriores, apresentando relativamente menos números. Mesmo assim, os conceitos são relevantes para o aprimoramento dos conhecimentos dos profissionais da área.

Sistemas de controle gerencial

O **sistema de controle gerencial** é um meio de agrupar e usar informações para auxiliar e coordenar as decisões de planejamento e controle no gerenciamento de uma organização e para direcionar o comportamento de gerentes e funcionários. O sistema de controle gerencial da General Electric agrupa e relata informações para o controle gerencial em vários níveis:

1. *Em nível total da organização* — por exemplo, preço de ações, lucro líquido, retorno sobre o investimento, fluxo de caixa das operações, total de emprego, controle da poluição e contribuições para a comunidade.
2. *Em nível de cliente/mercado* — por exemplo, satisfação do cliente, o tempo de entrega de pedidos a clientes e custo dos produtos concorrentes.
3. *Em nível da instalação individual* — por exemplo, custos dos materiais, custos de mão-de-obra, taxa de absenteísmo e acidentes em várias divisões ou funções do negócio (P&D, produção e distribuição).
4. *Em nível da atividade individual* — por exemplo, o tempo e os custos incorridos para recebimento, armazenagem, montagem ou envio de produtos ao destino final; taxas de refugo, defeitos e unidades retrabalhadas em uma linha de fabricação; número de transações de vendas e receita por vendedor e número de despachos, por funcionário, nos centros de distribuição.

Como indicam esses exemplos, os sistemas de controle gerencial trabalham com informações financeiras (por exemplo, lucro líquido, custos dos materiais e custos de armazenagem) e não-financeiras (por exemplo, o tempo que leva para responder aos pedidos dos clientes, taxas de absenteísmo e acidentes). Algumas das informações são obtidas de dentro da empresa, como o lucro líquido e o número de envios por funcionário. Outras são obtidas de fora da empresa, como o preço das ações e os custos dos produtos dos concorrentes. Algumas empresas apresentam informações financeiras e não-financeiras em um único relatório denominado *balanced scorecard* (veja Capítulo 13 do volume 1 para mais detalhes).

Os quatro níveis do sistema de controle gerencial da General Electric indicam os diferentes tipos de informações de que os gerentes precisam para desempenhar tarefas diferentes. Por exemplo, a executiva, em nível total da empresa, precisa de informações sobre os preços das ações para avaliar quanto valor ao acionista a empresa criou. O preço das ações é menos importante para gerentes de linha que administram atividades individuais em um armazém, onde a informação necessária recai sobre o tempo que leva para receber e armazenar estoques e materiais.

Os sistemas de controle gerencial normatizam sistemas de controle formais e informais. O sistema de controle gerencial formal de uma empresa inclui regras, procedimentos e medidas de desempenho e planos de incentivo precisos que regem o comportamento de gerentes e funcionários e consiste de vários sistemas. O sistema contábil gerencial é um sistema contábil formal que fornece informações a respeito de custos, receitas e lucros, seguido dos sistemas de recursos humanos que fornecem informações sobre recrutamento, treinamento, absenteísmo e acidentes, e sistemas de qualidade que fornecem informações sobre refugo, defeitos, retrabalho e entregas atrasadas.

O sistema de controle gerencial informal inclui aspectos como valores compartilhados, lealdade e compromisso mútuo entre os membros da empresa, cultura da empresa e normas implícitas sobre o comportamento desejável de gerentes e funcionários. Exemplos de *slogans* de empresas que reforçam valores e lealdade são: 'Na Ford, qualidade é o serviço nº 1' e 'Na Home Depot, preços baixos são apenas o começo'.

Avaliando sistemas de controle gerencial

Para ser eficaz, os sistemas de controle gerencial devem estar firmemente alinhados com as estratégias e objetivos da empresa. Exemplos de estratégias são o desenvolvimento de produtos inovadores para aumentar a participação no mercado no segmento de produtos-chave ou maximizar o lucro de curto prazo reduzindo custos e abdicando de investimentos arriscados de longo prazo em P&D. Em a gerência decidindo, sábia ou imprudentemente, maximizar o lucro de curto prazo, será atribuição do sistema de controle gerencial reforçar esse objetivo. O sistema de controle deve proporcionar aos gerentes informações a respeito das margens de contribuição sobre produtos individuais, auxiliando-os a tomar decisões de curto prazo e também relacionar as recompensas dos gerentes com o lucro de curto prazo.

Os sistemas de controle gerencial devem ser desenvolvidos para adaptar a estrutura da empresa e definir, para os gerentes de área, responsabilidades no processo decisório. Considere o gerente do P&D na GlaxoSmithKline, uma empresa farmacêutica. No caso dele, o sistema de controle gerencial deve focar nas atividades de P&D voltadas a projetos de novos medicamentos, o número de profissionais necessário, as datas programadas para completar projetos diferentes e o preparo de relatórios comparando o desempenho real e orçado.

Agora, considere o gerente de uma linha de produto da Heinz, uma empresa de produtos alimentícios, responsável pela fabricação, venda e distribuição de *ketchup*. O sistema de controle gerencial da empresa deve proporcionar a esse gerente informações sobre o nível de satisfação dos clientes, participação no mercado, custos de produção e rentabilidade da linha de produto — informações que o ajudam a planejar e a controlar melhor as operações. O gerente da linha de *ketchup* da Heinz requer informações bastante diferentes das informações requeridas pelo gerente de P&D da GlaxoSmithKline. Mas em ambos os casos, as informações fornecidas são destinadas a auxiliar o gerente na tomada de decisão.

Os sistemas eficazes de controle gerencial devem, também, motivar gerentes e funcionários. **Motivação** é o desejo de alcançar um objetivo selecionado (o aspecto da congruência de objetivos) em combinação com o empenho resultante da busca do objetivo (o aspecto do esforço).

A **congruência dos objetivos** ocorre quando indivíduos e grupos trabalham para alcançar os objetivos da empresa — isto é, os gerentes trabalham alinhados com os objetivos da diretoria. Discutimos as questões de congruência dos objetivos em capítulos anteriores. Por exemplo, no orçamento de capital, tomar decisões com base nos fluxos de caixa descontados de longo prazo pela taxa mínima de retorno é método ideal para alcançar os objetivos da empresa. Mas se o sistema de controle gerencial avaliar os gerentes com base no lucro contábil pelo regime de competência de curto prazo, eles estarão tentados a tomar decisões que maximizam o lucro contábil, o que, no longo prazo, pode não ser o melhor para o interesse da organização como um todo.

Esforço é o empenho em alcançar um objetivo. Ele vai além do empenho físico — como um operário ao produzir com agilidade —, envolvendo ações coordenadas físicas e de raciocínio.

Os sistemas de controle gerencial levam gerentes e funcionários a se empenharem motivando-os a partir de recompensas por resultados alcançados que variam de financeiras (como dinheiro, cotas de ações, uso de veículo da empresa ou de associar-se a um clube) a não-financeiras (como poder e orgulho em trabalhar com uma empresa bem-sucedida).

Estrutura da organização e descentralização

Os sistemas de controle gerencial precisam encaixar-se com a estrutura da organização. A organização, cuja estrutura é descentralizada, tem questões a mais a considerar para que o seu sistema de controle gerencial seja eficaz.

Descentralização é a liberdade para que gerentes de nível médio da organização tomem decisões. A **autonomia** revela o grau de liberdade concedido na tomada de decisões. Quanto mais liberdade, mais autonomia. À medida que discutimos as questões sobre descentralização e autonomia, servimo-nos das *subunidades* para abordar a qualquer parte de uma organização. Uma subunidade pode ser uma divisão grande, como a divisão Chevrolet, da General Motors, ou um grupo pequeno, como o departamento de propaganda de uma loja de roupas com apenas dois funcionários. A descentralização dá poderes aos gerentes e funcionários das subunidades para que tomem medidas decisivas.

Descentralização total significa o mínimo de restrições e o máximo de liberdade para que gerentes de nível intermediário, dentro de uma organização, tomem decisões; já a centralização total significa o contrário: o máximo de restrições e o mínimo de liberdade na tomada de decisões. A maioria das empresas está estruturada entre esses dois extremos, porque, assim como a descentralização gera benefícios, também gera custos.

Benefícios da descentralização

Quanto da descentralização é salutar? Os gerentes tentam obter níveis de descentralização que maximizam os benefícios sobre os custos. Do ponto de vista prático, a administração raramente pode quantificar os benefícios ou os custos da descentralização. Ainda assim, a abordagem de custo-benefício a auxilia na gestão dessa questão.

Os defensores das tomadas de decisões descentralizadas e das concessões de responsabilidade aos gerentes das subunidades advogam os seguintes benefícios:

1. *Cria maior receptividade a necessidades específicas.* As boas decisões não podem ser feitas sem informações adequadas. Comparados com a administração, os gerentes das subunidades são mais bem informados sobre clientes, concorrentes, fornecedores e funcionários, assim como sobre fatores específicos que afetam o desempenho como meios para diminuir os custos e melhorar a qualidade. A Eastman Kodak relata que duas vantagens da descentralização são: "aumento no conhecimento do mercado da empresa e melhorias no atendimento ao cliente".
2. *Agiliza a tomada de decisão, resultando em benefícios.* A descentralização acelera a tomada de decisão, gerando vantagem na concorrência frente a organizações que adotam o sistema centralizado de gestão. A centralização retarda a tomada de decisão à medida que a decisão tem impeditivos de ordem burocrática para que seja implementada. A Interlake, fabricante de equipamentos de manuseio de materiais, cita os benefícios da descentralização: "Atribuímos poderes de tomada de decisão de maneira mais ampla para as áreas que têm contato com produtos e clientes". Os equipamentos da Interlake são fabricados individualmente, obedecendo a critérios de clientes específicos. Delegar a tomada de decisão para a força de trabalho permite que ela responda mais rapidamente às mudanças nas exigências apontadas pelos clientes.
3. *Aumenta a motivação dos gerentes das subunidades.* Os gerentes das subunidades ficam mais motivados ao ter autonomia. A Johnson & Johnson, uma empresa altamente descentralizada, acredita que "Descentralização = Criatividade = Produtividade".
4. *Auxilia os gerentes no desenvolvimento e aprendizagem.* Atribuir maior responsabilidade aos gerentes torna o grupo experiente e desenvolve o talento, possibilitando alcançar posições hierárquicas mais elevadas. Sinaliza, também, quais colaboradores não têm potencial para gerir. De acordo com a Tektronix, uma empresa de instrumentos eletrônicos: "As unidades descentralizadas proporcionam aos gerentes gerais um campo de treinamento que possibilita visualizar estratégias meio para que os campeões no gerenciamento de produtos possam ter lastro para fazer valer as suas idéias".
5. *Aguça o foco dos gerentes das subunidades.* Em um ambiente descentralizado, o gerente de uma pequena subunidade tem um objetivo no qual concentrar esforços. Uma subunidade pequena é mais flexível e mais ágil do que uma subunidade grande, e pode se adaptar rapidamente às mudanças nas oportunidades de mercado. E também a administração, aliviada da carga de decisões operacionais diárias, pode dispender mais tempo e esforço no planejamento estratégico de toda a organização.

Custos da descentralização

Os defensores de tomadas de decisão mais centralizadas atentam para os seguintes custos na descentralização da tomada de decisão:

1. *Leva à **tomada de decisão subótima** (também denominada **incongruência** ou **tomada de decisão disfuncional**), identificada quando os benefícios da decisão para uma subunidade são mais do que compensados pelos custos ou perdas de benefícios para a organização como um todo.* O custo ocorre em razão de a administração haver desistido do controle na tomada de decisão.

A tomada de decisão subótima pode ocorrer quando (1) há falta de harmonia ou congruência entre os objetivos da empresa em geral, os objetivos das subunidades e os objetivos individuais daqueles que tomam decisões, ou (2) não há orientação para os gerentes das subunidades a respeito dos efeitos de suas decisões em outras partes da empresa. É mais provável que tomadas de decisão subótima ocorram quando as subunidades são mais interdependentes, como quando o produto final de uma subunidade é usado ou vendido por uma outra subunidade. Por exemplo, um gerente de produção-fábrica, avaliado com base nos custos de produção-produção, pode ser indiferente às sutilezas do departamento de vendas para programar um pedido de urgência para um cliente se a alteração nas programações de produção aumentarem os custos de produção-produção. No entanto, do ponto de vista da empresa, é preferível fornecer o produto para o cliente porque este está disposto a pagar um preço prêmio e porque a empresa espera que ele faça mais pedidos no futuro.

2. *Foca a atenção do gerente na subunidade e não na empresa como um todo.* Os gerentes das subunidades se vêem competindo com os demais gerentes como se fossem concorrentes rivais. Conseqüentemente, eles não estarão dispostos a compartilhar informações ou a prestar assistência quando uma outra subunidade enfrentar uma emergência. E também os gerentes das subunidades podem usar as informações que eles têm sobre as condições internas em benefício próprio, e não para os objetivos da empresa. Por exemplo, eles poderão requisitar da empresa mais recursos do que o necessário para reduzir esforço.
3. *Aumenta os custos de consolidar as informações.* Os gerentes podem gastar muito tempo obtendo informações sobre diferentes subunidades da empresa para coordenar suas ações.
4. *Resulta na duplicação de atividades.* Várias subunidades da empresa podem conduzir à mesma atividade separadamente. Por exemplo, pode haver a duplicação das funções de pessoal (contabilidade, recursos humanos e legal) se uma empresa for altamente descentralizada. A centralização dessas funções ajuda a consolidar, simplificar e usar menos recursos para essas atividades.

Comparação dos benefícios e custos

Para escolher a estrutura de uma organização que implementará a estratégia de uma empresa, a administração precisa comparar os benefícios e custos da descentralização, freqüentemente de função em função. Por exemplo, a função do *controller* pode ser descentralizada para muitos propósitos na solução de problemas e para direcionar a atenção (como preparar orçamentos operacionais e relatórios do desempenho), mas altamente centralizada para outros propósitos (como processamento das contas a receber e desenvolvimento das estratégias tributárias). Descentralizar orçamentos e relatórios permite que o gerente de marketing de uma subunidade, por exemplo, ajuste o relatório viabilizando ao gerente informações específicas, necessárias na tomada de decisões mais precisas, aumentando o resultado. A centralização das estratégias tributárias permite que a empresa compense o resultado de uma subunidade, com perdas em outras subunidades, para avaliar o impacto sobre a organização como um todo.

As pesquisas de empresas americanas e européias relatam que decisões mais freqüentemente no nível descentralizado e menos freqüentemente no nível corporativo estão relacionadas às fontes de suprimento, ao *mix* e à propaganda do produto. Nessas áreas, os gerentes das subunidades precisam tomar decisões rápidas com base nas informações internas. As decisões relacionadas ao tipo e fonte de financiamento de longo prazo são feitas menos freqüentemente no nível descentralizado e mais freqüentemente no nível corporativo. Nesses casos, os gerentes corporativos têm informações melhores sobre os termos de financiamento nos diferentes mercados e podem obter melhores taxas. Os benefícios da descentralização são geralmente maiores quando as organizações enfrentam incertezas, demandam conhecimento interno detalhado para desempenhar várias atividades e há pouca interdependência entre as divisões.

Descentralização nas empresas multinacionais

As empresas multinacionais — que operam em vários países — são freqüentemente descentralizadas, porque o controle centralizado de uma empresa com subunidades ao redor do mundo geralmente é física e praticamente impossível. E também a língua, os costumes, a cultura, as práticas comerciais, as regras, as leis e as regulamentações variam de forma significativa de país para país. A descentralização permite que gerentes em países diferentes tomem decisões que explorem conhecimentos do comércio local e políticos e que liderem com as incertezas em seus próprios ambientes. A Philips, uma multinacional de produtos eletrônicos, com matriz na Holanda, delega as decisões de marketing e preços dos negócios nos mercados da Índia e de Cingapura aos gerentes desses países. As empresas multinacionais em geral revezam os gerentes entre os mercados estrangeiros e matrizes corporativas. O revezamento de serviço, combinado com a descentralização, ajuda a desenvolver nos gerentes habilidades para operar no ambiente global.

É claro que há desvantagens em descentralizar as empresas multinacionais, e podemos citar a falta de controle como a mais significativa. A Barings PLC, uma empresa britânica de bancos de investimentos, faliu e teve de ser vendida quando um de seus negociantes em Cingapura fez com que a empresa perdesse mais de $ 1 bilhão em negociações não autorizadas e não detectadas até depois de terem sido feitas. Outro exemplo é o do negociante da Sumitomo Corporation que acumulou $ 2,6 bilhões em perdas na negociação de cobre porque controles medíocres falharam em detectar a magnitude das atividades do negociante. As corporações multinacionais que implementam a tomada de decisão descentralizada geralmente também desenvolvem sistemas de controle gerencial para medir e monitorar o desempenho da divisão. A tecnologia da informação e da comunicação facilita o fluxo de informações para relatórios e controle.

Escolhas sobre os centros de responsabilidade

Para medir o desempenho das subunidades centralizadas ou descentralizadas, o sistema de controle gerencial usa um ou um misto dos quatro tipos de centros de responsabilidade apresentados no Capítulo 6 do volume 1:

- *Centro de custo* — o gerente é responsável apenas pelos custos.
- *Centro de receita* — o gerente é responsável apenas pelas receitas.
- *Centro de lucro* — o gerente é responsável pelas receitas e pelos custos.
- *Centro de investimento* — o gerente é responsável pelos investimentos, receitas e custos.

A centralização ou descentralização não é mencionada na descrição desses centros porque cada um deles pode ser encontrado em empresas centralizadas ou descentralizadas.

Uma interpretação incorreta comum é a de que o *centro de lucro* — e, em alguns casos, o *centro de investimentos* — é sinônimo de uma unidade descentralizada, e o *centro de custo* é sinônimo de uma subunidade centralizada. *Os centros de lucro podem ser encontrados em uma organização altamente centralizada e os centros de custos encontrados em uma organização altamente descentralizada.* Por exemplo, os gerentes em uma divisão organizada como um centro de lucro têm pouca liberdade nas tomadas de decisões. Eles precisam obter aprovação da matriz corporativa para qualquer dispêndio acima de, digamos, $ 10 mil, e poderão ser forçados a fazer o que a equipe central determinar. Em outra empresa, as divisões podem ser organizadas como centros de custos, mas seus gerentes têm maior autonomia nos dispêndios de capital e em comprar materiais e serviços. Resumindo, os rótulos 'centro de lucro' e 'centro de custos' são independentes do grau de centralização ou de descentralização adotadas por uma empresa.

Preços de transferência

Em organizações descentralizadas, grande parte do poder na tomada de decisão está nas subunidades. Nesses casos, o sistema de controle gerencial freqüentemente usa *preços de transferência* para coordenar as ações das subunidades e avaliar o desempenho.

O **preço de transferência** é o que uma subunidade (departamento ou divisão) cobra por um produto ou serviço fornecido para uma outra subunidade da mesma organização. Se, por exemplo, um fabricante de carros tiver uma divisão separada que fabrica motores, o preço de transferência será o preço que a divisão de motores cobra quando transfere os motores para a divisão de montagem de carros. O preço de transferência cria receitas para a subunidade vendedora (a divisão de motores no nosso exemplo) e custos de compra para a subunidade compradora (a divisão de montagem no nosso exemplo), afetando o lucro operacional de cada subunidade. Os lucros operacionais podem ser usados para avaliar o desempenho da subunidade e motivar gerentes. O produto ou serviço transferido entre as subunidades de uma organização é denominado **produto intermediário**. Ele pode, posteriormente, ser trabalhado pela subunidade recebedora ou, se transferido da produção para o marketing, vendido para um cliente externo.

De certa maneira, o preço de transferência é um fenômeno curioso. As atividades dentro de uma organização são, por natureza, não comercializadas; os produtos e serviços não são comprados e vendidos como nos mercados abertos. Ainda assim, estabelecer os preços para transferências entre subunidades de uma empresa tem características distintas daquelas existentes no mercado. O raciocínio para os preços de transferência é o de que os gerentes de subunidades (como o gerente da divisão de motores), ao tomar decisões, precisam focar apenas em como elas afetarão o desempenho da subunidade, sem avaliar os impactos no desempenho de toda a empresa. De certo modo, os preços de transferência facilitam o processamento de informações e as tarefas na tomada de decisão dos gerentes das subunidades. Em um sistema de preço de transferência bem desenvolvido, otimizar o desempenho da subunidade (o desempenho do gerente da divisão) leva à otimização do desempenho da empresa como um todo.

Como em todos os sistemas de controle gerencial, os preços de transferência devem ajudar a traçar estratégias no sentido de alcançar os objetivos da empresa e adaptar sua estrutura organizacional. Mais especificamente, eles devem promover a *congruência dos objetivos* e um nível alto e sustentado de *esforço gerencial*. As subunidades que vendem um produto ou serviço devem ser motivadas a manter os custos baixos; as subunidades que compram o produto ou serviço devem ser motivadas a adquirir e a usar as entradas de recursos eficientemente. O preço de transferência também deve ajudar a administração a avaliar o desempenho das subunidades individuais e os seus gerentes. Se a administração favorece um grau elevado de descentralização, os preços de transferência também devem promover um grau elevado de autonomia da subunidade na tomada de decisão. Isto é, o gerente de uma subunidade, procurando maximizar o lucro operacional para a sua subunidade, deve ter a liberdade de negociar com outras subunidades da empresa (com base nos preços de transferência), ou de negociar com empresas de fora.

Métodos de preço de transferência

Há três métodos para determinar os preços de transferência:

1. *Preços de transferência baseados no mercado.* A administração opta por usar o preço de um produto ou serviço similar disponível publicamente em, digamos, uma associação comercial em um *site* na *Web*. Ela pode também selecionar, para o preço interno, o preço externo que uma subunidade cobra de particulares.
2. *Preços de transferência baseados no custo.* A administração opta por usar um preço de transferência baseado nos custos de produção do produto em questão. Exemplos incluem os custos variáveis e fixos de produção e os custos totais do produto. Os custos totais do produto incluem todos os custos de produção mais os custos de outras funções do negócio (P&D, projeto, marketing, distribuição e atendimento ao cliente). Os custos usados nos preços de transferência podem ser reais ou orçados. Às vezes, o preço de transferência baseado no custo inclui uma margem de lucro que representa um retorno sobre o investimento da subunidade.
3. *Preços de transferência negociados.* Em alguns casos, as subunidades de uma empresa são livres para negociar o preço de transferência entre si e depois decidir se compram ou vendem internamente ou se transacionam com empresas de particulares. As subunidades podem usar informações sobre custos e preços de mercado nessas negociações, mas não há nenhuma exigência de que o preço de transferência escolhido acarrete qualquer relacionamento específico com os dados de mercado. Os preços de transferência negociados são geralmente empregados quando os preços de mercado são voláteis e as mudanças ocorrem constantemente. O preço de transferência negociado é o resultado de um processo de barganha entre as subunidades vendedoras e compradoras.

Para ver como cada um desses métodos de preço de transferência funciona, e para ver as diferenças que há entre eles, examinaremos preço de transferência da Petróleo Horizonte Ltda. a partir de quatro critérios: congruência dos objetivos, esforço gerencial, avaliação do desempenho da subunidade e autonomia da subunidade (se for desejado).

Uma ilustração do preço de transferência

A Petróleo Horizonte tem duas divisões. Cada uma opera como um centro de lucro. A divisão de transportes compra petróleo bruto em Matamoros, México, e também opera um oleoduto que transfere o petróleo bruto de Matamoros para Houston, Texas. A divisão de refino administra uma refinaria em Houston que refina o petróleo bruto em gasolina. Vamos supor que a gasolina seja o único produto vendável da refinaria e que é preciso dois barris de petróleo bruto para produzir um barril de gasolina.

Os custos variáveis de cada divisão variam no que diz respeito a um único direcionador de custo em cada divisão: barris de petróleo bruto transportados pela divisão de transportes e barris de gasolina produzidos pela divisão de refino. Os custos fixos unitários são baseados na quantidade anual orçada do petróleo bruto a ser transportado e na quantidade anual orçada de gasolina a ser produzida. A Petróleo Horizonte registra todos os custos e receitas de suas operações fora dos Estados Unidos em dólares americanos usando a taxa de câmbio predominante.

- A divisão de transportes obteve direitos de certos campos petrolíferos na área de Matamoros, como um contrato de longo prazo para comprar o petróleo bruto produzido desses campos a $ 12 por barril. A divisão transporta o petróleo para Houston, 'vendendo-o' posteriormente à divisão de refino. O oleoduto de Matamoros tem capacidade de transportar para Houston 40 mil barris de petróleo bruto por dia.
- A divisão de refino tem operado na capacidade total (30 mil barris de petróleo bruto por dia), usando o petróleo fornecido pela divisão de transportes da Horizonte (uma média de dez mil barris por dia) e petróleo trazido de outros produtores e entregues na refinaria de Houston (uma média de 20 mil barris por dia a $ 21 por barril).
- A divisão de refino vende a gasolina que produz a $ 58 o barril.

O Quadro 8.1 resume os custos variáveis e fixos da Petróleo Horizonte por barril de petróleo bruto na divisão de transportes e os custos variáveis e fixos por barril de gasolina na divisão de refino e apresenta também os preços do mercado externo para a compra do petróleo bruto e os preços do mercado externo da venda da gasolina. O que está faltando no Quadro 8.1 é o preço real de transferência da divisão de transportes para a divisão de refino. O preço de transferência irá variar dependendo do método usado. Os preços de transferência da divisão de transportes para a divisão de refino sob cada um dos três métodos são:

- Método A: Preço de transferência, de $ 21 por barril de petróleo bruto, baseado no preço de concorrência de mercado em Houston.
- Método B: Preços de transferência baseados nos custos de, digamos, 110 por cento dos custos totais, quando estes são os custos do petróleo bruto comprado mais os próprios custos fixos e variáveis da divisão de transportes: 1,10 × ($ 12 + $ 1 + $ 3) = $ 17,60.
- Método C: Preço de transferência negociado, de $ 19,25 por barril de petróleo bruto, que está entre os preços de transferência baseados no mercado e nos custos.

Quadro 8.1 Dados operacionais para a Petróleo Horizonte.

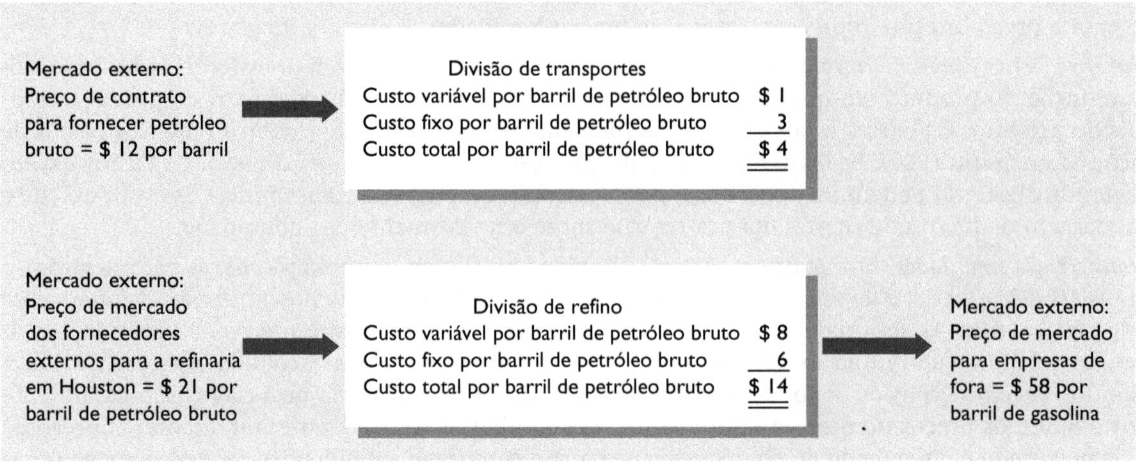

O Quadro 8.2 apresenta os lucros operacionais das divisões de cem barris de petróleo bruto comprados sob cada método de preço de transferência. Os preços de transferência geram receita para a divisão vendedora e custos correspondentes para a divisão compradora que se anulam quando os resultados das divisões são consolidados. O quadro

Quadro 8.2 Lucro operacional das divisões da Petróleo Horizonte para cem barris de petróleo bruto sob os métodos alternativos de preço de transferência.

	Método A: Transferências internas a preços de mercado	**Método B: Transferências internas a 110% dos custos totais**	**Método C: Transferências internas a preços negociados**
Divisão de transporte			
Receitas, $ 21, $ 17,60, $ 19,25 × 100 barris de petróleo bruto	$ 2 100	$ 1 760	$ 1 925
Menos:			
Custos de aquisição do petróleo bruto, $ 12 × 100	1 200	1 200	1 200
Custos variáveis da divisão, $ 1 × 100 barris de petróleo bruto	100	100	100
Custos fixos da divisão, $ 3 × 100 barris de petróleo bruto	300	300	300
Lucro operacional da divisão	$ 500	$ 160	$ 325
Divisão de refinaria			
Receitas, $ 58 × 50 barris de gasolina	$ 2 900	$ 2 900	$ 2 900
Menos:			
Custos transferidos, $ 21, $ 17,60, $ 19,25 × 100 barris de petróleo bruto	2 100	1 760	1 925
Custos variáveis da divisão, $ 8 × 50 barris de gasolina	400	400	400
Custos fixos da divisão, $ 6 × 50 barris de gasolina	300	300	300
Lucro operacional da divisão	$ 100	$ 440	$ 275
Lucro operacional de ambas as divisões	$ 600	$ 600	$ 600

presume que todos os três métodos de preço de transferência resultam em preços que estão em um intervalo que não faz com que os gerentes da divisão mudem os relacionamentos comerciais mostrados no Quadro 8.1. Isto é, o lucro total das operações da Petróleo Horizonte de compra, transporte e refino de cem barris de petróleo bruto, e a venda de 50 barris de gasolina é o mesmo, $ 600 — *igual* a receitas de $ 2 900 menos os custos de compra do petróleo bruto de $ 1 200, *menos* os custos de transporte de $ 400 e *menos* os custos de refinaria de $ 700 —, *independentemente dos preços internos de transferência usados*. Observe também que os três métodos, somando-se os lucros operacionais das duas divisões, são iguais ao lucro total das operações da Petróleo Horizonte, de $ 600. Mantendo igual o lucro total das operações, focamos nossa atenção nos efeitos dos métodos diferentes de preço de transferência sobre o lucro operacional de cada divisão. As seções subseqüentes deste capítulo não mantêm essa suposição.

Considere primeiro os métodos A e B nas duas primeiras colunas do Quadro 8.2. O lucro operacional da divisão de transportes será de $ 340 a mais ($ 500 – $ 160) se os preços de transferência forem baseados nos preços de mercado (usando o método A), em vez de 110 por cento dos custos totais (usando o método B). Entretanto, o lucro operacional da divisão de refino será de $ 340 a mais ($ 440 – $ 100) se os preços de transferência forem baseados em 110 por cento dos custos totais (usando o método B), em vez dos preços de mercado (usando o método A). Se o único critério da divisão de transportes fosse maximizar o lucro operacional de sua própria divisão, ela iria preferir os preços de transferência baseados nos de mercado. Em contrapartida, a divisão de refino preferiria os preços de transferência a 110 por cento dos custos totais para maximizar o lucro operacional de sua própria divisão. Dá para entender por que os gerentes das subunidades muito se interessam em estabelecer os preços de transferência, especialmente aqueles cujos salários ou promoções dependam diretamente do lucro operacional da subunidade. Para reduzir o foco excessivo dos gerentes nas suas próprias subunidades, muitas empresas os remuneram com base nos lucros operacionais da subunidade e de toda a empresa.

Se os preços de mercado do petróleo bruto na área de Houston oscilassem em resposta às condições locais de oferta e procura, então, sob o método baseado no mercado A, os lucros operacionais das divisões de transportes e refino também oscilariam. Mas elas podem, em vez disso, preferir negociar um preço de transferência mais estável e no longo prazo. O método C presume um preço de transferência de $ 19,25, o qual está entre os preços de transferência com base no custo total e de mercado. No nosso exemplo, o preço de transferência negociado divide o lucro operacional de $ 600 quase que igualmente entre as divisões ($ 325 para a divisão de transportes e $ 275 para a divisão de refino). Observe que o método B também tem o efeito de proteger ambas as divisões das oscilações nos preços do petróleo bruto em Houston. Como mostra o Quadro 8.2, o preço de transferência, de $ 17,60, depende apenas dos totais de custos da divisão de transportes. O preço do mercado bruto em Houston é irrelevante para este cálculo.

O exemplo ilustra como a escolha de um método de preço de transferência divide entre as áreas/setores o lucro operacional total da empresa. As seções subseqüentes deste capítulo ilustram que a escolha de um método de preço de transferência e os critérios de decisão dos gerentes podem determinar o tamanho do resultado de setores. Consideramos esse efeito à medida que expandimos a discussão de preços de transferência baseados no mercado, nos custos e negociados.

Preços de transferência baseados no mercado

Mercado perfeitamente competitivo

A transferência de produtos ou serviços a preços de mercado geralmente leva a excelentes decisões quando satisfeitas três condições: (1) O mercado para o produto intermediário é perfeitamente competitivo, (2) as interdependências das subunidades são mínimas e (3) não há custos ou benefícios adicionais para a empresa como um todo na compra ou venda no mercado externo, em vez de negociações internas. Há **mercado perfeitamente competitivo** quando um produto homogêneo com preços de compra iguais aos de venda e nenhum comprador ou vendedor individual pode, com suas próprias ações, afetar esses preços. Ao usar os preços de transferência em mercados perfeitamente competitivos, uma empresa relata (1) congruência dos objetivos, (2) esforço gerencial, (3) avaliação do desempenho da subunidade e (4) autonomia da subunidade.

Considere a Petróleo Horizonte e suponha que haja um mercado perfeitamente competitivo para o petróleo bruto na área de Houston. Como resultado, a divisão de transportes pode vender e a de refino pode comprar quanto petróleo elas quiserem a $ 21 o barril. A Horizonte gostaria que os seus gerentes comprassem e vendessem o petróleo bruto internamente. Pense sobre as decisões que os gerentes da Horizonte teriam de tomar se cada um deles tivesse a opção de comprar ou vender o petróleo bruto externamente. Se o preço de transferência entre as divisões de transportes e refino da Horizonte for estabelecido abaixo de $ 21, o gerente da divisão de transportes será motivado a vender todo o petróleo a compradores de fora da área de Houston a $ 21 o barril. Se o preço de transferência for estabelecido acima de $ 21, o gerente da divisão de refino será motivado a comprar o petróleo bruto necessário de fornecedores externos. Apenas o preço de transferência, de $ 21, motivará a divisão de transportes e a divisão de refino a comprar e vender internamente. Isto é, nenhuma das divisões lucra com a compra e venda no mercado externo.

Suponha que os gerentes das divisões sejam avaliados sobre os lucros individuais das operações das divisões. A divisão de transportes venderá, interna ou externamente, tanto petróleo quanto conseguir transportar lucrativamente, e a divisão de refinaria comprará, interna ou externamente, tanto petróleo quanto conseguir refinar. A um preço de transferência de $ 21 por barril, as ações que maximizam o lucro operacional da divisão também são as que maximizam o da Petróleo Horizonte como um todo. Além disso, os gerentes da divisão serão motivados a exercer o esforço gerencial para maximizar o lucro operacional das próprias divisões. Os preços de mercado também servem para avaliar a viabilidade econômica e rentabilidade de cada divisão individualmente. Por exemplo, se, sob os preços de transferência baseados no mercado, a divisão de refino constantemente mostrasse lucros pequenos ou negativos, a Horizonte pode decidir fechá-la e simplesmente transportar e vender o petróleo para outras refinarias na área de Houston.

Distress prices

Quando a oferta ultrapassa a demanda, os preços de mercado podem cair bem abaixo das médias históricas. Se for esperado que a queda nos preços seja temporária, os baixos preços de mercado serão denominados *distress prices*. Em geral, decidir se um preço atual de mercado é um *distress price* é difícil. Os preços de mercado de várias *commodities* agrícolas, como trigo e aveia, têm permanecido por muitos anos no que os observadores acreditavam fossem níveis temporários de baixa.

Qual preço de transferência deve ser usado para julgar se o *distress price* prevalece? Algumas empresas usam os *distress prices* em si, mas outras usam as médias de preço de longo prazo, ou preços 'normais' de mercado. No curto prazo, o gerente da subunidade vendedora deve alcançar o *distress price* contanto que ele exceda os custos incrementais de fornecimento do produto ou serviço. Senão, a divisão vendedora deve parar de vender o produto ou serviço para a divisão compradora; a divisão compradora deve comprar o produto ou serviço de um fornecedor externo. Essas ações aumentariam o lucro operacional da divisão e de toda a empresa. Se for usado o preço de mercado de longo prazo, forçar o gerente a comprar internamente a um preço acima do preço real de mercado prejudicará o desempenho da divisão compradora no curto prazo e subestimará sua rentabilidade. No entanto, o uso do preço de mercado de longo prazo proporciona uma medida melhor da viabilidade da divisão fornecedora. Agora, se o preço permanecer no longo prazo, a empresa deve usar o *distress prices* como preço de transferência. Se o *distress price* for mais baixo do que os custos variáveis e fixos que poderiam ser economizados se as unidades de produção fossem fechadas, o gerente da subunidade vendedora deverá vender suas unidades de produção e a subunidade compradora deverá comprar o produto de um fornecedor externo.

Preços de transferência baseados nos custos

Os preços de transferência baseados nos custos são úteis quando os preços de mercado não estão disponíveis, são inapropriados e muito difíceis de obter. Por exemplo, o produto pode ser especializado ou diferente dos disponíveis externamente em termos de qualidade e atendimento ao cliente.

Bases do custo total

Na prática, muitas empresas usam os preços de transferência baseados nos custos totais. Para aproximar os preços de mercado, os preços de transferência baseados nos custos totais são, às vezes, estabelecidos com base no custo total mais margem. Esses preços de transferência, no entanto, podem levar a decisões subótimas. Suponha que a Petróleo Horizonte faça uma transferência interna a 110 por cento dos custos totais. Lembre-se, a divisão de refino compra, em média, 20 mil barris de petróleo bruto por dia de um fornecedor de Houston, que o entrega na refinaria a um preço de $ 21 por barril. Para reduzir os custos do petróleo bruto, a divisão de refino localizou um produtor independente em Matamoros — a Corporação GulfMex — disposto a vender 20 mil barris de petróleo bruto a $ 16 o barril, entregue no oleoduto da Horizonte em Matamoros. Dada a estrutura organizacional da Horizonte, a divisão de transportes compraria os 20 mil barris de petróleo da GulfMex, vendendo-os posteriormente à divisão de refino. O oleoduto tem capacidade não-utilizada e pode enviar 20 mil barris a um custo variável de $ 1 por barril sem afetar o envio de dez mil barris de petróleo bruto por dia adquirido sob acordo contratual de longo prazo. Incorrerá a Petróleo Horizonte em custos mais baixos comprando petróleo bruto da GulfMex, em Matamoros, ou comprando petróleo bruto do fornecedor de Houston? Revelará a divisão de refino os custos mais baixos de compra do petróleo bruto usando o petróleo da GulfMex ou usando o atual fornecedor de Houston?

A análise seguinte mostra que o lucro operacional da Petróleo Horizonte poderia ser maximizado comprando o petróleo da GulfMex. A análise compara os custos incrementais em ambas as divisões sob as duas alternativas. A análise presume que os custos fixos da divisão de transportes serão os mesmos, independentemente da alternativa escolhida. Isto é, ela não pode economizar nenhum dos seus custos fixos se não transportar os 20 mil barris de petróleo bruto da GulfMex por dia.

- *Alternativa 1:* Comprar 20 mil barris do fornecedor de Houston a $ 21 o barril. O total de custos para a Horizonte é de 20 000 barris × $ 21 por barril = $ 420 000.
- *Alternativa 2:* Comprar 20 mil barris em Matamoros a $ 16 o barril e transportá-los para Houston a um custo variável de $ 1 por barril. O total de custos para a Horizonte é de 20 000 barris × ($ 16 + $ 1) por barril = $ 340 000.

Há uma redução no total de custos para a Petróleo Horizonte de \$ 80 mil (\$ 420 000 – \$ 340 000) com a aquisição do petróleo da GulfMex.

Suponha que o preço de transferência da divisão de transportes para a divisão de refino seja 110 por cento do custo total. A divisão de refino verá os seus custos divisionais relatados aumentar se o petróleo bruto for comprado da GulfMex:

$$\text{Preço de transferência} = 1{,}10 \times \left(\begin{array}{c}\text{Preço de compra}\\ \text{da}\\ \text{GulfMex}\end{array} + \begin{array}{c}\text{Custo variável por}\\ \text{unidade da divisão}\\ \text{de transportes}\end{array} + \begin{array}{c}\text{Custo fixo por}\\ \text{unidade da divisão}\\ \text{de transportes}\end{array} \right)$$

$$= 1{,}10 \times (\$\ 16 + \$\ 1 + \$\ 3) = 1{,}10 \times \$\ 20 = \$\ 22$$

- *Alternativa 1:* Comprar 20 mil barris do fornecedor de Houston a \$ 21 o barril. O total de custos para a divisão de refino é de 20 000 barris × \$ 21 por barril = \$ 420 000.
- *Alternativa 2:* Comprar 20 mil barris da divisão de transportes comprada da GulfMex. O total de custos para a divisão de refino é de 20 000 barris × \$ 22 por barril = \$ 440 000.

Como um centro de lucro, a divisão de refino pode maximizar o lucro operacional da divisão no curto prazo comprando do fornecedor de Houston por \$ 420 000.

O método de preço de transferência levou a divisão de refino a considerar o custo fixo (e a margem de lucro de 10 por cento) da divisão de transportes como um custo variável. Isso porque a divisão de refino vê cada barril que ela obtém da divisão de transportes como um custo variável de \$ 22 por barril; se forem transferidos dez barris, o custo para a divisão de refino será de \$ 220; se forem transferidos cem barris, o custo será de \$ 2 200. Do ponto de vista da Petróleo Horizonte como um todo, o custo variável por unidade é de \$ 17 (\$ 16 para comprar o petróleo da GulfMex mais \$ 1 para transportá-lo para Houston). Os \$ 5 restantes (\$ 22 – \$ 17) por barril são o custo fixo da divisão de transportes mais a margem de lucro. Comprar o petróleo bruto em Houston custa \$ 21 adicionais por barril para a Horizonte. Para a empresa, é mais barato comprar da GulfMex em Matamoros. Mas a divisão de refino vê o problema de maneira diferente. Do seu ponto de vista, ela prefere comprar do fornecedor de Houston a um custo de \$ 420 mil (20 000 barris × \$ 21 por barril) porque comprar da Gulfmex custa \$ 440 mil (20 000 barris × \$ 22 por barril) para a divisão. Neste exemplo, o preço de transferência baseado no custo total mais margem de lucro não leva à congruência dos objetivos.

Qual preço de transferência promoverá a congruência de objetivos para as divisões de transportes e de refino? O preço mínimo de transferência é de \$ 17 por barril. Um preço de transferência abaixo de \$ 17 não oferece incentivo para a divisão de transportes em comprar o petróleo bruto da GulfMex, em Matamoros, ao passo que um preço de transferência acima de \$ 17 por unidade gera margem de contribuição para cobrir os custos fixos. O preço máximo de transferência é de \$ 21 por barril. Um preço de transferência acima de \$ 21 fará com que a divisão de refino compre o petróleo do mercado externo e não da divisão de transportes. Um preço de transferência entre os preços mínimos e máximos de \$ 17 e \$ 21 promoverá a congruência de objetivos: Cada divisão aumentará o próprio lucro operacional relatado comprando o petróleo bruto da GulfMex, em Matamoros, aumentando, ao mesmo tempo, o lucro operacional da Petróleo Horizonte. Por exemplo, um preço de transferência baseado nos custos totais de \$ 20, sem margem de lucro, alcançará a congruência de objetivos; a divisão de transportes não mostrará lucro operacional e será avaliada como um centro de custo.

Na ausência de preço de transferência baseado no mercado, a gerência sênior da Horizonte não pode determinar facilmente a rentabilidade do investimento feito na divisão de transportes e, conseqüentemente, se deve manter ou vender o oleoduto. Além disso, se o preço de transferência tivesse sido baseado nos custos reais da divisão de transportes, este não proporcionaria nenhum incentivo para que a divisão controlasse os custos. Isso porque todas as ineficiências de custos da divisão de transportes seriam passadas adiante como parte do preço real de transferência com base no custo total. Entretanto, pesquisas indicam que, apesar das limitações, os gerentes preferem usar os preços de transferência baseados no custo total porque eles representam valores relevantes para as decisões no longo prazo, facilitam a precificação externa sobre os custos variáveis e fixos e são mais baratos de administrar.

O uso dos preços de transferência baseados no custo total requer a alocação dos custos fixos de cada subunidade aos produtos. Os preços baseados no total de custos levantam muitas questões. Como os custos indiretos são alocados aos produtos? Foram identificados atividades, grupos de custos e bases corretas de alocação de custos? Devem as taxas escolhidas de custo fixo ser reais ou orçadas? As questões, aqui, são similares às que surgem na alocação dos custos fixos, introduzida no Capítulo 1 deste volume. Os cálculos dos preços de transferência baseados no custo total, usando direcionadores de custos baseados em atividades, proporcionam uma alocação mais refinada dos custos aos produtos. Usar custos e taxas orçados permite que ambas as divisões saibam o preço de transferência de antemão. Isso supera o problema de ineficiência nos custos reais passados adiante para a divisão compradora, porque os preços de transferência são baseados em custos orçados (eficientes), não no que os custos reais acabam sendo. E também as variações na quantidade total de unidades produzidas pela divisão vendedora não afetam o preço de transferência.

Bases do custo variável

A transferência de 20 mil barris de petróleo bruto da divisão de transporte para a divisão de refino, ao custo variável de \$ 17 por unidade, alcança a congruência dos objetivos, como mostrado na seção anterior. A divisão de refino compraria da divisão de transportes porque os custos variáveis dessa divisão (que também são custos incrementais relevantes para a Petróleo Horizonte como um todo) são menores do que o preço de $ 21 cobrado dos fornecedores externos. A um preço de transferência de $ 17 por barril, a divisão de transportes registraria perda das operações. Ao mesmo tempo, a *divisão de refino* mostraria grandes lucros porque ela seria cobrada apenas pelos custos variáveis da divisão de transportes. Uma abordagem para encaminhar esse problema é fazer com que a divisão de refino faça a transferência para cobrir os custos fixos e gerar algum lucro operacional para a divisão de transportes, enquanto esta continua a fazer transferências ao custo variável. O pagamento fixo é o preço que a divisão de refino paga por usar a capacidade da divisão de transportes. O lucro obtido por cada divisão pode então ser usado para avaliar o desempenho de cada uma delas e seu gerente.

Rateando a diferença entre preços máximo e mínimo de transferência

Uma abordagem alternativa ao preço de transferência baseado no custo é a de que a Horizonte escolha um preço de transferência que divida, justamente, a diferença de $ 4 entre o preço máximo de $ 21 por barril que a divisão de refino está disposta a pagar, e o preço mínimo de $ 17 que a divisão de transportes está disposta a cobrar. Suponha que a Horizonte aloque a diferença de $ 4 com base nos custos variáveis orçados da divisão de transportes e da divisão de refino para uma certa quantidade de petróleo bruto. Usando os dados do Quadro 8.2, os custos variáveis são os seguintes:

Custos variáveis da divisão de transportes para transportar cem barris de petróleo bruto	$ 100
Custos variáveis da divisão de refino para refinar cem barris de petróleo bruto e produzir 50 barris de gasolina	400
	$ 500

Da diferença de $ 4 nos preços de transferência ($ 21 – $ 17), a divisão de transportes fica com ($ 100 ÷ $ 500) × $ 4,00 = $ 0,80, e a divisão de refino com ($ 400 ÷ $ 500) × $ 4,00 = $ 3,20. Isto é, o preço de transferência entre a divisão de transportes e a divisão de refino seria de $ 17,80 por barril de petróleo ($ 16 de custo de compra + $ 1 de custo variável + $ 0,80 que fica com a divisão de transportes). Essa abordagem é um preço orçado de transferência mais o custo variável. O 'mais' indica o estabelecimento de um preço de transferência acima do custo variável.

Para decidir sobre a alocação de $ 0,80 e $ 3,20 da contribuição de $ 4,00 para o total do lucro operacional da empresa, por barril, as divisões precisam compartilhar informações sobre os custos variáveis. De fato, cada divisão não opera (pelo menos para esta transação) de maneira totalmente descentralizada. Como a maioria das organizações é, de qualquer maneira, híbrida de centralização e descentralização, essa abordagem merece sérias considerações em os preços de transferência sendo significativos. Observe que cada divisão tem um incentivo para superestimar os custos variáveis para receber um preço de transferência mais favorável.

Precificação dupla

Raramente há um único preço de transferência baseado no custo que simultaneamente satisfaça os critérios de congruência dos objetivos, esforço gerencial, avaliação do desempenho da subunidade e autonomia da subunidade. Como resultado, algumas empresas escolhem a **precificação dupla**, usando dois métodos separados de precificação para cada transferência de uma subunidade para outra. Um exemplo de precificação dupla ocorre quando a divisão vendedora recebe um preço baseado no custo total e a divisão compradora paga o preço de mercado pelos produtos transferidos internamente. Suponha que a Petróleo Horizonte compre petróleo bruto da GulfMex, em Matamoros, a $ 16 por barril. Uma maneira de registrar o lançamento no diário para a transferência entre a divisão de transportes e a divisão de refino é:

1. Debitar a divisão de refino (a divisão compradora) com o preço de transferência baseado no mercado, de $ 21 por barril de petróleo bruto.
2. Creditar a divisão de transportes (a divisão vendedora) com o preço de transferência de 110 por cento do custo total de $ 22 por barril de petróleo bruto.
3. Debitar uma conta de custo corporativo pela diferença de $ 1 ($ 22 – $ 21) entre os dois preços de transferência.

O sistema de precificação dupla promove a congruência de objetivos porque esta faz com que a divisão de refino não saia perdendo se ela comprar o petróleo da divisão de transportes, em vez de um fornecedor externo a $ 21 o barril. O sistema de precificação dupla concede à divisão de transportes um subsídio corporativo. O efeito da precificação dupla é que o lucro operacional para a Petróleo Horizonte como um todo é menor do que a soma dos lucros das operações das divisões.

Na prática, a precificação dupla não é muito usada, embora reduza a incongruência de objetivos associada a um método puro de preços de transferência baseados no custo. Uma das preocupações com a precificação dupla é a de que ela leva a problemas no cálculo do resultado tributável das subunidades localizadas em jurisdições tributárias diferentes, como no nosso exemplo, onde a divisão de transportes é tributada no México, enquanto a divisão de refino é tributada nos Estados Unidos. Uma segunda preocupação é a de que o gerente da subunidade fornecedora não tem incentivo suficiente para controlar os custos com um sistema de precificação dupla porque esta divisão registra receitas baseadas nos custos reais. Uma terceira preocupação é a de que a precificação dupla isola os gerentes dos atritos do mercado porque os custos, não os preços de mercado, afetam as receitas da divisão fornecedora.

Preços de transferência negociados

Os preços de transferência negociados resultam de um processo de barganha entre as subunidades vendedoras e compradoras. Considere novamente o preço de transferência entre as divisões de transportes e refino da Petróleo Horizonte. A divisão de transportes tem capacidade não-utilizada que ela pode usar para transportar o petróleo de Matamoros para Houston. Ela irá apenas comprar petróleo da GulfMex e vendê-lo à divisão de refino se o preço for igual ou exceder $ 17 por barril de petróleo bruto — este é o seu custo variável. A divisão de refino apenas comprará o petróleo da divisão de transportes se o preço não exceder $ 21 por barril — este é o preço que ela pode pagar, comprando o petróleo em Houston.

Do ponto de vista da Petróleo Horizonte como um todo, o lucro operacional é maximizado caso a divisão de refino compre o petróleo bruto da divisão de transportes, e não do mercado de Houston (custo incremental por barril de $ 17 *versus* $ 21). Ambas as divisões estão interessadas em negociar entre si (alcançando, conseqüentemente, a congruência de objetivos) caso o preço de transferência se estabeleça entre $ 17 e $ 21. Por exemplo, um preço de transferência de $ 19,25 por unidade aumentará o lucro operacional da divisão de transportes em $ 19,25 – $ 17 = $ 2,25 por barril, o que aumentará o lucro operacional da divisão de refino em $ 21 – $ 19,25 = $ 1,75 por barril, porque a divisão de refino agora pode comprar o petróleo bruto, internamente, a $ 19,25, em vez de $ 21 no mercado externo.

Onde, entre $ 17 e $ 21, o preço de transferência por barril será estabelecido? Sob um preço de transferência negociado, a resposta depende de vários fatores: o poder de barganha das duas divisões; as informações que a divisão de transportes tem sobre a demanda pelos serviços por parte da divisão de refino, de fora, e as informações que a divisão de refino tem sobre outras fontes disponíveis de petróleo bruto. As negociações se tornam particularmente sensíveis porque a Petróleo Horizonte pode agora avaliar o desempenho de cada divisão com base no seu lucro operacional. O preço negociado pelas duas divisões não terá, no geral, nenhum relacionamento com os custos ou preços de mercado. Mas as informações de custo e mercado são geralmente pontos de partida úteis no processo de negociações. Um preço de transferência negociado solidamente preserva a autonomia da divisão porque ele é o resultado das negociações entre os gerentes das divisões. Ele também tem a vantagem de que cada gerente é motivado a levar adiante esforços para aumentar o lucro operacional da divisão. A desvantagem é o tempo e energia gastos nas negociações.

Em 'Pesquisas de Práticas Empresariais' é possível saber com que freqüência os diferentes métodos de preço de transferência são usados ao redor do mundo.

Diretriz geral para as situações de preços de transferência

O Quadro 8.3 resume as propriedades dos métodos diferentes de preço de transferência usando os critérios descritos neste capítulo. Como indica o quadro, não há método de preço de transferência que satisfaça todos os critérios. As condições de mercado, o objetivo do sistema de preço de transferência e os critérios de congruência dos objetivos, esforço gerencial, avaliação do desempenho da subunidade e autonomia da subunidade (se for desejado) precisam ser considerados simultaneamente. O preço de transferência pelo qual uma empresa eventualmente irá optar depende das circunstâncias econômicas e da decisão prestes a acontecer. A diretriz geral a seguir elencada (fórmula) é um primeiro e útil passo no estabelecimento de um preço mínimo de transferência em muitas situações:

$$\text{Preço mínimo de transferência} = \text{Custo incremental por unidade incorrido até o ponto de transferência} + \text{Custo de oportunidade por unidade para a subunidade vendedora}$$

Custo incremental, neste contexto, significa o custo adicional de produzir e transferir produtos e serviços. *Custo de oportunidade*, aqui, é a margem de contribuição máxima abdicada pela subunidade vendedora caso os produtos e serviços sejam transferidos internamente. Por exemplo, se a subunidade vendedora estiver operando na capacidade, o custo de oportunidade de transferir uma unidade internamente, em vez de vendê-la externamente, é igual ao preço de mercado menos o custo variável porque, ao transferir uma unidade internamente, a subunidade abdica da margem de contribuição que teria obtido vendendo a unidade no mercado externo. Fazemos a distinção entre custo incremental e custo de oportunidade porque o sistema contábil registra o custo incremental, mas não o custo de oportunidade. A diretriz mede um preço *mínimo* de transferência porque a subunidade vendedora será motivada a vender o produto à subunidade compradora apenas se o preço de transferência cobrir o custo incremental que a subunidade vendedora incorre para produzir o produto e o custo de oportunidade de que abdica ao vender o produto internamente, em vez de fazê-lo no mercado externo. Ilustraremos a diretriz geral em algumas situações específicas usando os dados da Petróleo Horizonte.

1. *Há um mercado perfeitamente competitivo para o produto intermediário e a divisão vendedora não conta com capacidade ociosa.* Se o mercado para o petróleo bruto em Houston for perfeitamente competitivo, a divisão de transportes pode vender todo o petróleo que transporta para o mercado externo a $ 21 o barril e não terá capacidade ociosa. O custo incremental da divisão de transportes (como mostrado no Quadro 8.1) é de $ 13 por unidade (custo de compra de $ 12 por barril mais custo variável de transporte de $ 1 por barril) para o petróleo compra-

Pesquisas de práticas empresariais

Práticas domésticas e multinacionais de preço de transferência

Quais as práticas de preço de transferência usadas ao redor do mundo? As tabelas seguintes indicam como os métodos predominantemente específicos de preço de transferência são usados em diferentes países.

A. Métodos domésticos de preço de transferência

Métodos	Estados Unidos[a]	Austrália[b]	Canadá[c]	Japão[a]	Índia[d]	Reino Unido[e]	Nova Zelândia[f]
Baseado no mercado	26%	13%	34%	34%	47%	26%	18%
Baseado no custo:							
Custos variáveis	3	—	6	2	6	10	10
Absorção ou custo total	49	—	37	44	47	38	61
Outros	1	—	3	—	—	1	—
Total	53%	65%	46%	46%	53%	49%	71%
Negociado	17%	11%	18%	19%	—	24%	11%
Outro	4%	11%	2%	1%	—	1%	—
	100%	100%	100%	100%	100%	100%	100%

B. Métodos multinacionais de preço de transferência

Métodos	Estados Unidos[a]	Austrália[b]	Canadá[c]	Japão[a]	Índia[d]	Reino Unido[e]	Nova Zelândia[f]
Baseado no mercado	35%	—	37%	37%	—	31%	—
Baseado no custo:							
Custos variáveis	0	—	5	3	—	5	—
Absorção ou custo total	42	—	26	38	—	28	—
Outros	1	—	2	—	—	5	—
Total	43%	—	33%	41%	—	38%	—
Negociado	14%	—	26%	22%	—	20%	—
Outro	8%	—	4%	—	—	11%	—
	100%	—	100%	100%	—	100%	—

Observação: os traços indicam que as informações não foram reveladas na pesquisa.

As pesquisas indicam que para a precificação doméstica os gerentes, em todos os países, usam preços de transferência baseados no custo mais freqüentemente do que preços baseados no mercado. Para a precificação multinacional os gerentes com freqüência usam métodos baseados nos custos e no mercado. Muitas empresas multinacionais têm preços de transferência baseados no mercado em algumas divisões e preços de transferência baseados nos custos em outras.

Quais os fatores considerados importantes pelos gerentes nas decisões sobre a precificação doméstica? A evidência das pesquisas indica o seguinte (em ordem de importância): (1) maximizar os lucros consolidados após os impostos, (2) avaliação do desempenho, (3) motivação gerencial, (4) precificação e *mix* do produto e (5) reconhecimento no mercado externo.[a,h]

Os fatores citados nas decisões sobre a política de preço de transferência multinacional são (em ordem de importância) (1) alíquotas de impostos e outras diferenças tributárias entre os países, (2) lucro total da empresa, (3) restrições de repatriamento de renda ou dividendos, (4) disponibilidade das informações do preço de mercado e (5) posição competitiva das subsidiárias nos mercados respectivos.[a,c,i]

a Adaptado de Tang, *Transfer pricing.*
b Joye e Blayney, *Cost management accounting.*
c Tang, *Canadian transfer.*
d Govindarajan e Ramamurthy, *Transfer pricing.*
e Drury, Braund, Osborne e Tayles, *A survey of management accounting.*
f Hoque e Alam, *Organization size.*
g Mostafa, Sharp e Howard, *Transfer pricing.*
h Price Waterhouse, *Transfer pricing practices.*
i J. Elliott, *International transfer pricing.*

do sob o contrato de longo prazo de \$ 17 por barril (custo de compra de \$ 16 mais custo variável de transporte de \$ 1) para o petróleo comprado nos preços atuais de mercado da GulfMex. O custo de oportunidade, por barril, da divisão de transportes para a transferência interna do petróleo é a margem de contribuição, por barril, abdicada por não ter vendido o petróleo no mercado externo: \$ 8 pelo petróleo comprado sob o contrato de longo prazo (preço de mercado de \$ 21 menos custo variável de \$ 13) e \$ 4 pelo petróleo comprado da GulfMex (preço de mercado de \$ 21 menos custo variável de \$ 17). Em qualquer um dos casos,

Quadro 8.3 Comparação dos diferentes métodos de preço de transferência.

Critérios	Preço de mercado	Baseado no custo	Negociado
Alcança a congruência dos objetivos	Sim, quando os mercados são competitivos	Freqüentemente, mas nem sempre	Sim
Útil para avaliar o desempenho da subunidade	Sim, quando os mercados são competitivos	Difícil, a menos que o preço exceda o custo total	Sim, mas os preços de transferência são afetados pelos poderes de barganha
Motiva o esforço gerencial	Sim	Sim, quando baseado nos custos orçados; menos incentivo para controlar os custos se as transferências forem baseadas nos custos reais	Sim
Preserva a autonomia da subunidade	Sim, quando os mercados são competitivos	Não, porque ele é baseado em uma regra	Sim, porque ele é baseado em negociações entre as subunidades
Outros fatores	Pode não haver nenhum mercado ou os mercados podem ser imperfeitos ou de *distress prices*	Útil para determinar o custo total dos produtos e serviços; fácil de implementar	Barganha e negociações levam tempo e podem precisar ser repetidamente revistas, à medida que as condições mudam

$$\text{Preço mínimo de transferência por barril} = \text{Custo incremental por barril} + \text{Custo de oportunidade por barril}$$
$$= \$\,13 + \$\,8 = \$\,21$$
ou
$$= \$\,17 + \$\,4 = \$\,21$$

O preço mínimo de transferência por barril é o preço de mercado, de $ 21. Os preços de transferência baseados no mercado são ideais em mercados perfeitamente competitivos, quando não há capacidade ociosa na divisão vendedora.

2. *Há um mercado intermediário que não é perfeitamente competitivo e a divisão vendedora tem capacidade ociosa.* Em mercados não-perfeitamente competitivos, o uso da capacidade pode apenas ser aumentado pelas quedas nos preços. A capacidade ociosa ocorre porque as quedas nos preços nem sempre são compensatórias — ela diminui o lucro operacional.

   Se a divisão de transportes tem capacidade ociosa, o custo de oportunidade da transferência do petróleo internamente é igual a zero porque a divisão não abdica de vendas externas ou da margem de contribuição das transferências internas. Nesse caso,

$$\text{Preço mínimo de transferência por barril} = \text{Custo incremental por barril} = \text{\$ 13 por barril de petróleo comprado sob o contrato de longo prazo, ou \$ 17 por barril comprado da GulfMex em Matamoros}$$

   qualquer preço de transferência acima do custo incremental, mas abaixo de $ 21 — o preço passível de ser praticado pela divisão de refino na compra do petróleo bruto em Houston —, motiva a divisão de transportes a transportar o petróleo para a de refino e desta a comprar o petróleo da primeira. Nessa situação, a empresa poderia usar um preço de transferência baseado no custo ou permitir que as duas divisões negociem um preço de transferência entre si.

   No geral, quando os mercados não são perfeitamente competitivos, o potencial para influenciar a demanda e o lucro operacional por meio dos preços complica a mensuração dos custos de oportunidade. O preço de transferência depende da mudança constante nos níveis de oferta e procura. Não há apenas um preço de transferência. Mais precisamente, uma tabela apresenta os preços de transferência para várias quantidades fornecidas e demandadas, dependendo dos custos incrementais e dos de oportunidade das unidades transferidas.

3. *Não há mercado para o produto intermediário.* Tal situação ocorreria para o caso da Petróleo Horizonte se o petróleo bruto transportado pela divisão de transportes pudesse ser usado apenas pela refinaria de Houston (por causa, digamos, do alto teor de alcatrão), indesejável por outras empresas. Aqui, o custo de oportunidade de fornecer o

petróleo bruto internamente é igual a zero porque a incapacidade de vender petróleo externamente significa que a margem de contribuição não foi abdicada. Para a divisão de transportes da Petróleo Horizonte, o preço mínimo de transferência sob a diretriz geral é o custo incremental por barril ($ 13 ou $ 17). Como no caso anterior, qualquer preço de transferência entre o custo incremental e $ 21 alcançará a congruência dos objetivos.

Preço de transferência multinacional e considerações tributárias

Os preços de transferência geralmente têm implicações tributárias. Os fatores tributários incluem não apenas o imposto de renda, mas também encargos sociais, impostos aduaneiros, tarifas, imposto sobre valor adicionado, imposto relacionado ao meio ambiente e outros tributos governamentais. O nosso objetivo, aqui, é ressaltar os fatores tributários e, mais especificamente, o imposto de renda como consideração importante na determinação dos preços de transferência. (Considerações mais completas dos aspectos tributários nas decisões de preço de transferência estão além do escopo deste livro.)

Considere os dados da Petróleo Horizonte do Quadro 8.2. Suponha que a divisão de transportes, baseada no México, pague os impostos de renda ao México em 30 por cento do lucro operacional, e que a divisão de refino, baseada nos Estados Unidos, pague impostos a 20 por cento do lucro operacional. A Petróleo Horizonte minimizaria o total de pagamentos de impostos com um método de preço de transferência de 110 por cento dos custos totais, como mostra a tabela seguinte, porque esse método minimiza a renda reconhecida no México, onde ela é tributada a uma taxa mais alta do que nos Estados Unidos.

	Operacional para cem barris de petróleo bruto			**Imposto de renda sobre cem barris de petróleo bruto**		
Método do preço de transferência	**Divisão de transporte (México) (1)**	**Divisão de refino (EUA) (2)**	**Total (3) = (1) + (2)**	**Divisão de transporte (México) (4) = 0,30 × (1)**	**Divisão de refino (EUA) (5) = 0,20 × (2)**	**Total (6) = (4) + (5)**
Preço de mercado	$ 500	$ 100	$ 600	$ 150,00	$ 20	$ 170,00
110% dos custos totais	160	440	600	48,00	88	136,00
Preço negociado	325	275	600	97,50	55	152,50

As considerações tributárias levantam questões adicionais. As questões fiscais podem conflitar com outros objetivos dos preços de transferência. Suponha que o mercado de petróleo em Houston seja perfeitamente competitivo. Nesse caso, o preço de transferência baseado no mercado alcança a congruência de objetivos e proporciona incentivos para o esforço gerencial. Ele também ajuda a Horizonte a avaliar a rentabilidade da divisão de transportes. Mas do ponto de vista do imposto de renda, ele é oneroso. Para minimizar o imposto de renda, a Horizonte favoreceria o uso de 110 por cento dos custos totais para resultados tributários. As leis tributárias nos Estados Unidos e México, no entanto, restringem essa opção. Mais especificamente, as autoridades tributárias mexicanas, cientes dos incentivos da Horizonte em minimizar os impostos de renda reduzindo a renda declarada no México, desafiariam qualquer tentativa de transferir renda para a divisão de refino por meio de um preço de transferência excessivamente baixo (veja também 'Conceitos em Ação').

A Seção 482, do Código da Receita Federal dos Estados Unidos, disciplina a tributação do preço de transferência multinacional. Ela requer que os preços de transferência entre uma empresa e a sua divisão estrangeira ou subsidiária — para a propriedade tangível e intangível — sejam iguais aos preços que seriam cobrados por uma terceira parte, não relacionada em uma transação comparável. As regulamentações relacionadas na Seção 482 reconhecem que os preços de transferência podem ser baseados no mercado ou no custo mais margem, onde o mais representa as margens de lucro sobre transações comparáveis.[1]

Se em Houston o mercado do petróleo bruto fosse perfeitamente competitivo, seria exigido que a Horizonte usasse o preço de mercado para as transferências da divisão de transportes para a divisão de refino. A Horizonte poderia argumentar, com sucesso, que o preço de transferência deve ser estabelecido abaixo do de mercado porque a divisão de transportes não incorre custos de marketing ou distribuição quando vende o petróleo bruto para a divisão de refino. Sob o Código do Imposto de Renda dos EUA, a Horizonte poderia obter aprovação antecipada do acordo do preço de transferência com as autoridades tributárias, denominado *acordo prévio de preços (APP)*, cuja duração é específica. O objetivo do programa APP é evitar as onerosas disputas de preço de transferência entre contribuintes e autoridades tributárias.

1. *R. Feinschreiber (ed.),* Transfer pricing handbook. *3. ed. New York, John Wiley & Sons, 2001; L. Eden,* Taxing multinationals: transfer pricing and corporate income taxation in North America. *Toronto, Universidade de Toronto Press, 1998; M. Levey, Transfer pricing — what next?,* International Finance Law Review. *jun. 2001; J. Henshall, S. Wrappe e K. Chung, Transfer Pricing,* International tax review. *abr. 2001.*

Conceitos em ação

Receita Federal dos EUA, Agência Tributária Nacional do Japão e jogos de preços de transferência

Autoridades tributárias e oficiais de todo o mundo prestam bastante atenção nos impostos pagos pelas corporações estrangeiras que operam dentro de suas fronteiras. No centro da questão estão os preços de transferência que as empresas usam para transferir produtos de um país para outro.

Por exemplo, em 1993, a Receita Federal dos EUA (IRS) investigou e concluiu que a Nissan Motor Company havia diminuído os impostos por ela pagos aos EUA, estabelecendo preços de transferência nos carros de passeio e caminhões importados do Japão em níveis inacreditavelmente altos. A Nissan argumentou que ela havia mantido margens baixas nos Estados Unidos para aumentar a participação no mercado no longo prazo em um mercado bastante competitivo. Eventualmente, a Nissan concordou em pagar ao IRS $ 170 milhões, mas ela não sofreu nenhuma perda, porque a Agência Tributária Nacional do Japão (ATN) (a autoridade tributária no Japão) reembolsou a Nissan no total do pagamento efetuado ao IRS.

Ainda em 1993, a ATN alegou que a Coca-Cola Corporation havia registrado um resultado tributável menor no Japão, cobrando preços de transferência 'excessivos' para a subsidiária local por materiais e concentrados importados da sua empresa mãe, e pela cobrança 'excessiva' de pagamentos de *royalties* sobre a subsidiária japonesa para o uso da sua marca e assessórios de venda e produção. A ATN atentou para o fato de que os *royalties* pagos pela subsidiária japonesa da Coca-Cola eram mais altos do que os pagos por outras empresas na mesma indústria. Ela também disse que a subsidiária japonesa pagou *royalties* por produtos que havia desenvolvido por conta própria. A ATN impôs tributações e penalidades de $ 150 milhões. A Coca-Cola registrou queixa no IRS dizendo que a tributação do governo japonês resultou que a mesma renda foi tributada duas vezes, porque ela já havia pago o imposto sobre esse resultado nos Estados Unidos. Essa queixa levou a negociações entre as autoridades tributárias japonesas e americanas para decidir qual país tributaria a renda japonesa da Coca-Cola. Em um acordo de compromisso, em 1998, a ATN do Japão reduziu a cobrança de impostos sobre a Coca-Cola de $ 150 para $ 50 milhões. De sua parte, o IRS reduziu a responsabilidade fiscal sobre o resultado americano da Coca-Cola.

Em 2000, a ATN do Japão e o IRS tiveram de negociar acordos em uma outra disputa a respeito dos preços de transferência. Desta vez, a subsidiária japonesa da Coca-Cola teve de registrar $ 450 milhões adicionais de resultado tributável, de 1993 até 1999, o que significa que ela devia, aproximadamente, $ 170 milhões em impostos atrasados e penalidades. Para evitar a dupla tributação, o IRS reembolsou à Coca-Cola o imposto pago nos Estados Unidos.

As disputas sobre o que constitui um preço de transferência 'justo' surgem devido à ausência de um preço de mercado facilmente observável para o produto transferido. As disputas sobre preços de transferência multinacional provavelmente permanecerão significativas, dadas as quantias substanciais e crescentes de investimentos multinacionais.

Fonte: Adaptado de C. Pass, Transfer pricing in multinational companies, *Management Accounting*, set. 1994; Coca-Cola gets 10 billion yen reprieve in back taxes, *The Yomiuri Shimbun*, 24 fev. 1998; *Financial Times*, 3 set. 1999 e *Daily Yomiuri*, 24 fev. 1998 e 30 abr. 2000.

Para alcançar os vários objetivos do preço de transferência — como minimizar o imposto de renda, alcançar a congruência dos objetivos e motivar o esforço gerencial —, uma empresa pode escolher manter um conjunto de registros contábeis para fins tributários e um segundo conjunto para relatórios administrativos internos. A dificuldade, aqui, é que as autoridades tributárias podem interpretar os dois conjuntos de livros como se a empresa tivesse manipulado a renda tributável declarada para evitar pagamentos de impostos. Para evitar problemas causados pela manutenção de dois conjuntos de livros, as empresas que escolhem as estratégias de preços de transferência para minimizar os impostos podem usar outras técnicas de controle gerencial.

Considere uma empresa americana que faça equipamentos para armazenagem de dados de grande capacidade, vendidos por meio da rede subsidiária própria em diferentes países. Para minimizar os impostos, suponha que a empresa americana estabeleça um alto preço de transferência. Ao estabelecer o preço de transferência deliberadamente alto, reduz o lucro operacional das subsidiárias em cada país, embora não tenham controle na determinação do preço de transferência. Para neutralizar esse efeito negativo sobre o resultado, a empresa avalia os gerentes de venda apenas pelas receitas menos os custos de marketing incorridos em seus respectivos países. Isto é, os preços de transferência para adquirir o produto, incorridos pelas subsidiárias em outros países, são adicionados de volta ao lucro operacional delas para fins de avaliação do desempenho. A dificuldade com essa abordagem é que ela cria incentivos para que em cada país as subsidiárias maximizem as receitas, em vez de lucros em dólar de custos de marketing. Os gerentes corporativos precisam então entrar em ação e enumerar as prioridades dos produtos, baseados nas informações disponíveis da rentabilidade total de produto.

Os fatores adicionais que surgem nos preços de transferência multinacional incluem tarifas e impostos aduaneiros cobrados sobre a importação de produtos em um país. As questões aqui são similares às considerações tributárias; as empresas terão incentivos para baixar os preços de transferência dos produtos importados em um país para reduzir as tarifas e impostos aduaneiros cobrados sobre esses produtos.

Além das motivações em escolher os preços de transferência já descritos, os preços de transferência multinacionais são, às vezes, influenciados pelas restrições que alguns países colocam sobre os pagamentos de dividendos para as unidades extrafronteira. Ao aumentar os preços dos produtos ou serviços transferidos para as divisões desses países, as empresas procuram aumentar o caixa pago fora deles sem violar as restrições de remessas de dividendos.

Problema para auto-estudo

A Corporação Pilercat é uma empresa altamente descentralizada. Cada gerente de divisão tem autoridade plena para decidir a respeito de fornecedores ou vendas. A divisão de maquinaria da Pilercat tem sido o principal fornecedor de virabrequins que a divisão de tratores precisa a cada ano, no total de dois mil.

A divisão de tratores, no entanto, acabou de anunciar que ela planeja, para o próximo ano, comprar os virabrequins de dois fornecedores externos a $ 200 a unidade, em razão de a divisão de maquinaria ter, recentemente, anunciado aumento no preço, para $ 220 a unidade, também para o próximo ano (de $ 200 por unidade no ano em curso).

Juan Gómez, gerente da divisão de maquinaria, acredita que o aumento de 10 por cento se justifica, pois resulta de uma cobrança mais alta da depreciação sobre alguns equipamentos especiais novos para fabricar o virabrequim e aumento nos custos de mão-de-obra. Gómez quer que o presidente da Corporação Pilercat oriente a divisão de tratores a comprar todos os virabrequins de sua divisão ao preço de $ 220. O custo incremental por unidade que a Pilercat incorre para produzir cada virabrequim é o custo variável da divisão de maquinaria, de $ 190. O custo fixo por unidade na divisão de maquinaria é de $ 20.

Para fazer:

1. Calcule a vantagem ou desvantagem em termos do lucro anual das operações da Corporação Pilercat se a divisão de tratores comprar os virabrequins internamente da divisão de maquinaria sob cada um dos seguintes casos:
   a. A divisão de maquinaria não tem uso alternativo para as instalações usadas na fabricação do virabrequim.
   b. A divisão de maquinaria pode usar as instalações para outras operações de produção que resultarão em economias anuais das operações em caixa, de $ 29 mil.
   c. A divisão de maquinaria não tem uso alternativo para suas instalações e o fornecedor externo baixou o preço para $ 185 a unidade.
2. Como presidente da Pilercat, como você responderia ao pedido de Juan de fazer com que a divisão de tratores compre todos os virabrequins da divisão de maquinaria? Seria a sua resposta diferente de acordo com o descrito em a, b e c na Questão 1? Explique.

Solução

1. Os cálculos para a divisão de tratores caso compre internamente os virabrequins, por um ano, são:

	Caso		
	a	**b**	**c**
Total dos custos de compra se comprar de um fornecedor externo (2 000 virabrequins × $ 200, $ 200, $ 185 por virabrequim)	$ 400 000	$ 400 000	$ 370 000
Custos incrementais de comprar da divisão de maquinaria (2 000 virabrequins × $ 190 por virabrequim)	380 000	380 000	380 000
Total de custos de oportunidade da divisão de maquinaria	—	29 000	—
Total de custos relevantes	$ 380 000	$ 409 000	$ 380 000
Vantagem (desvantagem) do lucro anual das operações para a Pilercat em comprar da divisão de maquinaria	$ 20 000	$ (9 000)	$ (10 000)

A 'diretriz geral' introduzida neste capítulo é um primeiro passo para o estabelecimento de preço de transferência que pode ser usado para ressaltar as alternativas:

Caso	Custo incremental por unidade incorrido até o ponto de transferência		Custo de oportunidade por unidade para a divisão		Preço de transferência fornecedora	Preço de mercado externo
a	$ 190	+	$ 0	=	$ 190	$ 200
b	$ 190	+	$ 14,50 ($ 29 000 ÷ 2 000)	=	$ 204,50	$ 200
c	$ 190	+	$ 0	=	$ 190	$ 185

Comparando o preço de transferência ao do mercado externo, a divisão de tratores maximizará o lucro anual das operações da Pilercat como um todo, comprando da divisão de maquinaria no caso **a** e comprando de um fornecedor externo nos casos **b** e **c**.

2. A Corporação Pilercat é uma empresa altamente descentralizada. Se não fossem feitas transferências forçadas, a divisão de tratores usaria um fornecedor externo, uma decisão que seria melhor para os interesses da empresa como um todo nos casos **b** e **c** da Questão 1, mas não no caso **a**.

   Suponha que no caso **a** a divisão de maquinaria se recuse a satisfazer o preço de $ 200. A decisão significa que a empresa terá $ 20 mil a menos no curto prazo. Deveria a administração interferir e forçar uma transferência a $ 200? Essa interferência baratearia a filosofia da descentralização. Muitos dos executivos não interfeririam porque eles veriam os $ 20 mil como custo inevitável da decisão inconsistente que pode ocorrer sob a descentralização. Mas quão alto este custo precisaria ser antes que a tentação de interferir fosse irresistível? De $ 30 mil? De $ 40 mil?

   Qualquer interferência da administração na tomada de decisão em níveis secundários enfraqueceria a descentralização. É claro que a interferência pode, ocasionalmente, ser necessária para evitar disparates, mas em ela sendo recorrente, aliada a restrições, redundaria em uma empresa centralizada.

Pontos de decisão

Resumo

O seguinte formato de perguntas e respostas resume os objetivos de aprendizagem do capítulo. Cada decisão representa uma pergunta-chave relacionada a um objetivo de aprendizagem. As diretrizes são a resposta à pergunta.

Decisão	Diretrizes
1. O que é um sistema de controle gerencial e como ele deveria ser desenvolvido?	Um sistema de controle gerencial é um meio de agrupar e usar informações para auxiliar e coordenar as decisões de planejamento e controle por toda a organização e para direcionar o comportamento dos gerentes e funcionários. Os sistemas de controle gerencial eficazes são (a) estritamente alinhados com a estratégia da organização, (b) se encaixam na estrutura da organização e (c) motivam gerentes e funcionários a se empenhar no sentido de alcançar os objetivos da organização.
2. Quais são os benefícios e custos da descentralização?	Os benefícios da descentralização incluem (a) maior receptividade às necessidades locais, (b) ganhos na tomada rápida de decisões, (c) maior motivação dos gerentes das subunidades, (d) maior desenvolvimento e aprendizagem gerencial e (e) foco aguçado dos gerentes da subunidade. Os custos da descentralização incluem (a) tomadas de decisão subótima (perda de controle), (b) duplicação de atividades, (c) avaliação do desempenho da subunidade e (d) autonomia da subunidade (se desejado).
3. O que é um preço de transferência e o que ele pretende alcançar?	Um preço de transferência é o preço que uma subunidade cobra por um produto ou serviço fornecido para uma outra subunidade da mesma organização. Os preços de transferência procuram alcançar (a) congruência dos objetivos, (b) esforço gerencial, (c) avaliação do desempenho da subunidade e (d) autonomia da subunidade (se desejado).
4. Quais métodos podem ser usados para calcular os preços de transferência?	Os preços de transferência podem ser (a) baseados no mercado, (b) baseados no custo ou (c) negociados. Os diferentes métodos de preço de transferência produzem receitas e custos diferentes para as subunidades individuais, e, conseqüentemente, lucros diferentes das operações para elas.
5. Qual preço de transferência deve ser usado se o mercado para o produto a ser transferido é perfeitamente competitivo?	Em mercados perfeitamente competitivos, quando não há capacidade ociosa e os gerentes das divisões podem comprar e vender quanto quiserem ao preço de mercado. Estabelecer o preço de transferência com base no preço de mercado motiva os gerentes das divisões a negociar internamente e a adotar exatamente as mesmas ações ao negociar com o mercado externo.

6. Quais problemas podem ocorrer quando o custo total mais margem de lucro é usado como preço de transferência?	Um preço de transferência baseado no custo mais margem de lucro pode levar a decisões subótimas porque ele leva a divisão compradora a considerar os custos como fixos e a margem de lucro como custos variáveis. A divisão compradora pode então comprar produtos de um fornecedor externo, esperando economias em custos variáveis que, de fato, não ocorrerão.
7. Qual é a amplitude sobre a qual duas divisões negociarão um preço de transferência quando há capacidade ociosa?	Quando há capacidade ociosa, a amplitude do preço de transferência para as negociações geralmente está entre o preço mínimo a que a divisão vendedora se dispõe a vender (o custo variável por unidade) e o preço máximo que a unidade compradora está disposta a pagar (o preço praticado por fornecedores externos).
8. Qual é a diretriz geral para determinar um preço mínimo de transferência?	A diretriz geral diz que o preço mínimo de transferência é igual ao custo incremental unitário incorrido até o ponto de transferência mais o custo de oportunidade unitário para a divisão vendedora, resultando na transferência interna de produtos ou serviços.
9. Quais são as considerações tributárias ao determinar os preços de transferência?	Os preços de transferência podem reduzir os pagamentos de impostos reconhecendo mais resultados em países com alíquotas mais baixas de impostos e menos resultado em países com alíquotas altas de impostos. Entretanto, as regulamentações tributárias de diferentes países restringem os preços de transferência que as empresas podem usar.

Termos para aprender

Esse capítulo e o Glossário no final deste livro contêm definições de:

autonomia
congruência dos objetivos
descentralização
esforço
incongruência
mercado perfeitamente competitivo
motivação
precificação dupla
preço de transferência
produto intermediário
sistema de controle gerencial
tomada de decisão disfuncional
tomada de decisão subótima

Material de trabalho

Questões

8-1 O que é um sistema de controle gerencial?

8-2 Descreva os três critérios que você usaria para avaliar se um sistema de controle gerencial é eficaz.

8-3 Qual é o relacionamento entre motivação, congruência dos objetivos e esforço?

8-4 Liste três benefícios e dois custos da descentralização.

8-5 "As organizações adotam uma filosofia consistente de descentralização ou centralização em todas as suas funções de negócio." Você concorda? Explique.

8-6 "O preço de transferência é restrito aos centros de lucro." Você concorda? Explique.

8-7 Quais são os três métodos para determinar os preços de transferência?

8-8 Quais propriedades os sistemas de preço de transferência devem ter?

8-9 "Todos os métodos de preço de transferência dão o mesmo lucro das operações nas divisões." Você concorda? Explique.

8-10 Sob quais condições um preço de transferência baseado no mercado é ótimo?

8-11 Qual é a limitação em potencial dos preços de transferência baseados no custo?

8-12 Dê dois motivos de o sistema de precificação dupla em preços de transferência não ser amplamente usado.

8-13 "As informações de custo e preço não têm função nos preços de transferência negociados." Você concorda? Explique.

8-14 "Sob a diretriz geral para o preço de transferência, o preço mínimo de transferência variará dependendo de a divisão fornecedora ter ou não capacidade ociosa." Você concorda? Explique.

8-15 Por que os gerentes devem considerar as questões tributárias ao escolher um método de preço de transferência?

Exercícios

8-16 **Descentralização, centros de responsabilidade**. A Corporação Rainha fabrica e vende produtos de iluminação. As divisões de venda e marketing da Rainha são organizadas ao longo das linhas de produtos — luminárias de parede, lâmpadas embutidas, luzes de trilho e outras. A divisão de produção fabrica itens de iluminação para todas as divisões de venda e de marketing.

Durante o processo de planejamento, cada divisão de venda e de marketing especifica a quantidade de cada tipo de luminária a ser fabricada. A gerência sênior atribui então a tarefa de fabricação das luminárias às diferentes unidades da divisão de produção. Pelo fato de a capacidade de fabricação ser limitada, um pouco da produção também é terceirizada. A gerência sênior determina a programação de fabricação com base em estudos detalhados, feitos para medir o tempo e o custo de fabricação de tipos diferentes de produtos de iluminação.

Os gerentes de produção são avaliados com base no alcance da produção-meta dentro dos custos orçados.

Para fazer:

1. As instalações de fabricação da divisão de produção são centros de custo ou centros de lucro? Explique.
2. A Corporação Rainha está considerando descentralizar as decisões de marketing e de fabricação deixando que os gerentes de fabricação e de marketing negociem diretamente os preços para a fabricação de vários produtos.
   a. Como a Rainha deve avaliar os gerentes de fabricação e de marketing sob esta proposta?
   b. Você recomendaria que a Corporação Rainha descentralizasse as decisões de marketing e de fabricação? Explique.

8-17 **Descentralização, congruência dos objetivos, centros de responsabilidade**. A Produtos Químicos Hexton consiste de sete divisões que operam independentemente. As divisões de operações são auxiliadas por um número de grupos de suporte, como P&D, recursos humanos e gerência ambiental. O grupo da gestão ambiental consiste de 20 engenheiros ambientais. Esses engenheiros precisam buscar negócios das divisões operacionais — isto é, os projetos com os quais eles trabalham precisam ser mutuamente acordados e pagos por uma das divisões de operação. Sob as regras da Hexton, o grupo ambiental precisa cobrar das divisões operacionais pelos serviços ambientais com base no custo.

Para fazer:

1. O grupo da gestão ambiental é centralizado ou descentralizado?
2. Que tipo de centro de responsabilidade é o grupo da gestão ambiental?
3. Quais os benefícios e problemas que você vê em estruturar o grupo da gestão ambiental dessa maneira? Leva isso à congruência dos objetivos e motivação? Explique.

8-18 **Preço de transferência multinacional, efeito dos métodos alternativos de preço de transferência, minimização tributária global**. A Computadores Fácil de Usar Ltda., com matriz em São Francisco, fabrica e vende computadores. Ela conta três divisões, cada uma delas localizada em um país diferente:

a. Divisão da China — fabrica componentes de memória e teclados.
b. Divisão da Coréia do Sul — monta os computadores usando peças fabricadas internamente e componentes de memória e teclados da divisão da China.
c. Divisão dos Estados Unidos — embala e distribui os computadores.

Cada divisão é operada como um centro de lucro. Os custos para o trabalho feito em cada divisão para um único computador são:

Divisão da China	Custo variável	= 1 000 yuan
	Custo fixo	= 1 800 yuan
Divisão da Coréia do Sul	Custo variável	= 360 000 won
	Custo fixo	= 480 000 won
Divisão dos Estados Unidos	Custo variável	= $ 100
	Custo fixo	= $ 200

- Alíquota do imposto de renda da China sobre o lucro das operações da divisão chinesa: 40 por cento

- Alíquota do imposto de renda da Coréia do Sul sobre o lucro operacional da divisão coreana: 20 por cento
- Alíquota do imposto de renda dos Estados Unidos sobre o lucro operacional da divisão americana: 30 por cento

Cada computador é vendido para lojas de varejo nos Estados Unidos a $ 3 200. Suponha que as taxas de câmbio sejam:

8 yuan	=	$ 1 dólar
1 200 won	=	$ 1 dólar

As divisões da China e da Coréia do Sul vendem parte de suas produções a partir de tabela individual. A divisão da China vende o pacote de memória/teclado comparável, usado nos Computadores Fácil de Usar, a um fabricante chinês por 3 600 yuan. A divisão da Coréia do Sul vende o mesmo computador a um distribuidor sul-coreano por 1 560 mil won.

Para fazer:

1. Calcule o lucro operacional por unidade após os impostos, obtido por cada divisão, sob os seguintes métodos de preço de transferência: (a) preço de mercado, (b) 200 por cento dos custos totais e (c) 300 por cento dos custos variáveis. (O imposto de renda *não está* incluído nos cálculos dos preços de transferência baseados no custo.)
2. Qual(is) método(s) de preço de transferência maximizará(ão) o lucro líquido por unidade da Computadores Fácil de Usar?

Aplicação do Excel Para aqueles alunos que desejarem praticar as suas habilidades com planilhas, segue uma abordagem passo a passo para criar uma planilha no Excel para trabalhar este problema.

Passo a passo

1. Abra uma nova planilha. No topo, crie uma seção de 'Dados originais' para os dados fornecidos pela Computadores Fácil de Usar. Crie linhas para os dados da taxa de câmbio rotuladas 'Yuan por US dólar' e 'Won por US dólar'. Pule duas linhas. Sob o título 'Divisão da China', crie filas para 'Preço por unidade, Custo variável por unidade, Custo fixo por unidade' e 'Taxa do imposto tributário'. Crie mais dois conjuntos das mesmas filas sob o título 'Divisão da Coréia do Sul' e 'Divisão dos EUA'. Insira os dados de preço e custos na moeda da divisão do país.

(Programe sua planilha para desempenhar todos os cálculos necessários. Não insira 'a mão' nenhuma quantia, como o lucro líquido por unidade, que requeira operações de adição, subtração, multiplicação e divisão.)

2. Pule duas linhas, crie uma seção 'Problema 1' num formato similar ao do Quadro 8.2. Crie colunas para cada um dos três métodos de preço de transferência. Sob o título 'Divisão da China', crie linhas para 'Receitas unitárias da divisão, Custo variável unitário da divisão, Custo fixo unitário da divisão, Lucro unitário das operações da divisão, Valor do imposto' e 'Lucro líquido unitário da divisão'. Sob os títulos 'Divisão da Coréia do Sul' e 'Divisão do EUA', crie linhas para 'Receitas unitárias da divisão, Custos unitários transferidos para dentro, Custo variável unitário da divisão, Custo fixo unitário da divisão, Lucro unitário das operações da divisão, Valor do imposto' e 'Lucro líquido unitário da divisão'. Quando inserir os cálculos nesta seção, use os dados das taxas de câmbio da seção de 'Dados originais' para converter para dólares americanos.
3. Pule duas linhas, crie uma seção 'Problema 2'. Crie colunas para cada um dos três métodos de preço de transferência. Crie linhas para 'Divisão da China, Divisão da Coréia do Sul e Divisão dos EUA' e 'Computadores Fácil de Usar'. Insira o lucro líquido da divisão sob cada um dos métodos de preço de transferência que você calculou na Etapa 2 nesta seção. Na linha do 'Computadores Fácil de Usar', insira o lucro líquido total sob cada um dos métodos de preço de transferência.
4. *Verifique a exatidão da sua planilha:* Vá para a seção de 'Dados originais' e mude a alíquota de imposto de renda para a 'Divisão da Coréia do Sul' de 20 para 35 por cento. Se você programou sua planilha corretamente, o lucro líquido total para a Computadores Fácil de Usar, sob o método de preço de mercado, deve mudar para $ 1 278.

8-19 Métodos de preço de transferência, congruência dos objetivos. A Madeireira Columbia tem uma divisão de madeira bruta e uma divisão de madeira acabada. Os custos variáveis são:

- Divisão de madeira bruta: $ 100 por cem metros de tábua de madeira bruta
- Divisão de madeira acabada: $ 125 por cem metros de tábua de madeira acabada

Suponha que não haja perda em metros de tábua no processamento de madeira bruta em madeira acabada. A madeira bruta pode ser vendida a $ 200 os cem metros de tábua e a madeira acabada, a $ 275 os cem metros de tábua.

Para fazer:

1. Deve a Madeireira Columbia processar a madeira bruta para a sua forma acabada? Mostre seus cálculos.
2. Suponha que as transferências internas sejam feitas a 110 por cento dos custos variáveis. Maximizará cada uma das divisões a sua contribuição no lucro das operações da divisão adotando a ação que seja melhor para o interesse da Madeireira Columbia? Explique.
3. Suponha que as transferências internas sejam feitas ao preço de mercado. Maximizará cada uma das divisões a sua contribuição no lucro das operações da divisão adotando a ação que seja melhor para o interesse da Madeireira Columbia? Explique.

8-20 Efeito dos métodos alternativos de preço de transferência sobre o lucro das operações da divisão (adaptado do CMA). A Corporação Ájax tem duas divisões. A divisão de mineração produz a tolidina, que é então transferida para a divisão de metais, que, após processá-la, vende para os clientes ao preço de $ 150 a unidade. A Ájax solicitou que a divisão de mineração transferisse a sua produção total anual de 400 mil unidades de tolidina para a divisão de metais a 110 por cento do custo total de produção. Quantidades ilimitadas de tolidina podem ser compradas e vendidas no mercado externo ao preço de $ 90 a unidade.

A tabela seguinte fornece os custos unitários de produção das divisões de mineração e metais para 2004:

	Divisão de mineração	**Divisão de metais**
Materiais diretos	$ 12	$ 6
Custos de mão-de-obra direta de produção	16	20
Custos indiretos de produção	32[a]	25[b]
Total de custos unitários de produção	$ 60	$ 51

a *Custos indiretos de produção na divisão de mineração são 25 por cento fixos e 75 por cento variáveis.*
b *Custos indiretos de produção na divisão de metais são 60 por cento fixos e 40 por cento variáveis.*

Para fazer:

1. Calcule os lucros das operações das divisões de mineração e de metais para as 400 mil unidades de tolidina transferidas sob os seguintes métodos de preço de transferência: (a) preço de mercado e (b) 110 por cento dos custo totais de produção.
2. Suponha que a Ájax recompense cada gerente de divisão com um bônus, calculado como 1 por cento do lucro operacional da divisão (se positivo). Qual a quantia de bônus a ser paga para cada gerente de divisão sob os métodos de preço de transferência da Questão 1? Qual método de preço de transferência o gerente de cada divisão preferirá usar?
3. Quais argumentos Brian Jones, gerente da divisão de mineração, faz para apoiar o método de preço de transferência que ele prefere?

8-21 Preço de transferência, diretriz geral, congruência de objetivos (adaptado do CMA). A Motores Nogo Ltda. opera uma empresa com múltiplas divisões descentralizadas. A divisão Igo, da Motores Nogo, compra a maior parte de seus *airbags* da divisão de *airbags*, cujos custos incrementais de fabricação são de $ 110 por unidade. Ela trabalha atualmente a uma capacidade de 80 por cento. O preço atual de mercado para os *airbags* é de $ 140 por unidade.

Para fazer:

1. Usando a diretriz geral apresentada no capítulo, qual é o preço mínimo a ser praticado pela divisão na venda dos *airbags* para a divisão Igo?
2. Suponha que a Motores Nogo exija que as divisões com capacidade ociosa, ao vender internamente, o façam a custos incrementais. Avalie a política de preço de transferência usando os critérios de congruência dos objetivos e avaliação do desempenho da divisão, motivando o esforço gerencial e preservando a autonomia da divisão.
3. Se as duas divisões fossem negociar um preço de transferência, qual seria a amplitude dos possíveis preços de transferência? Avalie a política de preço de transferência negociada usando os critérios de congruência dos objetivos, avaliação do desempenho da divisão, motivando o esforço gerencial e preservando a autonomia da divisão.
4. Você prefere a política de preço de transferência da Questão 2 ou da 3? Explique brevemente.

8-22 Diretriz geral, amplitude do preço de transferência. A Companhia Trevo fabrica e vende televisores montados na divisão de montagem. As telas para os televisores são compradas da divisão de telas, que vem operando na capacidade. Os custos incrementais de produção das telas são de $ 70 por unidade, podendo ser vendidas no mercado externo a um preço de $ 110 por tela. Em a divisão de telas querendo vendê-las no mercado externo, incorrerá custos variáveis de marketing e de distribuição de $ 4 por unidade. Similarmente, se a divisão de montagem comprar as telas de fornecedores externos, ela incorrerá custos variáveis de compra de $ 2 por tela.

Para fazer:

1. Usando a diretriz geral apresentada no capítulo, qual é o preço mínimo de transferência a ser praticado pela divisão de telas ao vendê-las para a divisão de montagem?
2. Suponha que os gerentes das divisões ajam autonomamente para maximizar o lucro operacional de suas próprias divisões, negociando internamente ou comprando e vendendo no mercado. Se os gerentes das duas divisões fossem negociar um preço de transferência, qual seria a amplitude dos preços de transferência aceitáveis?

8-23 Precificação de transferência multinacional, minimização tributária global. A Companhia Mornay fabrica equipamentos de telecomunicações na fábrica de Wisconsin, nos Estados Unidos. A empresa tem divisões de comercialização no mundo todo. A divisão de marketing da Mornay, em Viena, Áustria, importa mil unidades do Produto 4A36 dos Estados Unidos. As seguintes informações estão disponíveis:

Alíquota do imposto de renda nos EUA sobre o lucro operacional da divisão americana	40%
Alíquota do imposto de renda na Áustria sobre o lucro operacional da divisão austríaca	44%
Tarifa de importação austríaca	10%
Custo unitário variável de produção do Produto 4A36	$ 350
Custo unitário total de produção do Produto 4A36	$ 500
Preço de venda (líquido dos custos de marketing e distribuição) na Áustria	$ 750

Suponha que as autoridades tributárias na Áustria e nos Estados Unidos apenas permitam os preços de transferência que estejam entre o custo total unitário e um preço de mercado de $ 650, baseado em importações comparáveis para a Áustria. A tarifa de importação austríaca é cobrada sobre o preço em que o produto é transferido para dentro da Áustria. Qualquer tarifa de importação paga para as autoridades austríacas é despesa dedutível para calcular o imposto de renda devido na Áustria.

Para fazer:

1. Calcule o lucro operacional depois dos impostos obtidos pelas divisões americanas e austríacas com a transferência de mil unidades do Produto 4A36 em (a) custo total unitário de produção e (b) preço de mercado de importações comparáveis. (O imposto de renda não está incluído no cálculo dos preços de transferência baseados no custo.)
2. Qual preço de transferência a Companhia Mornay deve escolher para minimizar o total de tarifas de importação e imposto de renda da empresa? Lembre-se de que o preço de transferência precisa estar entre o custo total unitário de produção, de $ 500, e o preço de mercado, de $ 650, das importações comparáveis na Áustria. Explique o seu raciocínio.

8-24 Preço de transferência multinacional, congruência dos objetivos (continuação do 8-23). Suponha que a divisão americana possa vender o total de unidades fabricadas do Produto 4A36, a $ 600 a unidade, no mercado americano, livre de todos os custos de marketing e distribuição.

Para fazer:

1. Do ponto de vista da Companhia Mornay como um todo, o lucro operacional após os impostos seria maximizado se ela vendesse as mil unidades do Produto 4A36 nos Estados Unidos ou na Áustria? Mostre seus cálculos.
2. Suponha que os gerentes das divisões ajam autonomamente para maximizar o lucro operacional após os impostos de suas divisões. Resultará o preço de transferência, calculado na Parte 2 do Exercício 8-23, em o gerente da divisão americana tomando medidas determinadas como desejáveis na Questão 1 deste exercício? Explique.
3. Qual é o preço mínimo de transferência com o qual o gerente da divisão americana concordaria? Resultaria este preço de transferência em Companhia Mornay, como um todo, tendo de pagar mais tarifas de importação e impostos do que na resposta da Questão 2 do Exercício 8-23? Se sim, quanto?

8-25 Disputa do preço de transferência. A Corporação Alison-Camara, fabricante de tratores e outros equipamentos agrícolas, é organizada ao longo de linhas descentralizadas, com cada divisão de produção operando como um centro de lucro separado. O gerente de cada divisão tem plena autoridade sobre todas as decisões envolvendo a venda da sua produção, externamente ou para as outras divisões da Alison-Camara. No passado, a divisão C sempre comprou componentes específicos para motores de trator da divisão A. Entretanto, ao saber que a divisão A estaria aumentando o preço de venda para $ 150, o gerente da divisão C decidiu comprar o componente de fornecedores externos.

A divisão C pode comprar o componente a $ 135 no mercado aberto. A divisão A insiste que, devido à recente instalação de alguns equipamentos e das altas cobranças de depreciação resultantes, ela não conseguirá obter retorno adequado sobre o investimento a menos que aumente o seu preço. O gerente da divisão A apela para a administração da Alison-Camara em busca de apoio na disputa travada com a divisão C, e fornece os seguintes dados operacionais:

Compras anuais da C do componente do motor de trator	1 000 unidades
Custos variáveis unitários de A do componente do motor de trator	$ 120
Custos fixos unitários de A do componente do motor de trator	$ 20

Para fazer:

1. Suponha que não haja uso alternativo para as instalações internas. Determine se a empresa como um todo se beneficiará das compras da divisão C do componente de fornecedores externos a $ 135 a unidade. A quanto o preço de transferência deve ser estabelecido para que os gerentes das divisões — agindo nos interesses de suas próprias divisões — tomem medidas que atendam melhor ao interesse da empresa como um todo?
2. Suponha que as instalações da divisão A não estivessem ociosas. Por não produzir as mil unidades para a divisão C, os equipamentos da divisão A seriam usados para outras operações de produção que resultariam em economias anuais das operações em caixa de $ 18 mil. Deve a divisão C comprar de fornecedores externos? Mostre seus cálculos.
3. Suponha que não haja usos alternativos para as instalações da divisão A e que o preço dos fornecedores externos caia $ 20. Deve a divisão C comprar dos fornecedores externos? A quanto deve ser estabelecido o preço de transferência do componente para que os gerentes das divisões — agindo no interesse de suas próprias divisões — tomem medidas que atendam melhor ao interesse da empresa como um todo?

8-26 Problema de preço de transferência (continuação do 8-25). Refira-se ao Exercício 8-25. Suponha que a divisão A possa vender mil unidades para outros clientes a $ 155 por unidade, com custos variáveis de marketing de $ 5 por unidade.

Para fazer Determine se a Alison-Camara beneficiar-se-á caso a divisão C compre os mil componentes de fornecedores externos a $ 135 por unidade. Mostre seus cálculos.

Problemas

8-27 Preço de transferência pertinente. A Europa Ltda. tem duas divisões, A e B, que fabricam bicicletas caras. A divisão A produz a estrutura da bicicleta e a divisão B a finaliza. Há um mercado para a submontagem e para o produto final. Cada divisão foi designada como um centro de lucro. O preço de transferência para a submontagem foi estabelecido ao preço médio de mercado de longo prazo. Os dados seguintes estão disponíveis para cada divisão:

Preço de venda para o produto final	$ 300
Preço de venda médio de longo prazo para o produto intermediário	200
Custos incrementais para o término na divisão B	150
Custos incrementais na divisão A	120

O gerente da divisão B fez os seguintes cálculos:

Preço de venda para o produto final		$ 300
Custos transferidos para dentro (mercado)	$ 200	
Custos incrementais para o término	150	350
Contribuição (perda) sobre o produto		$ (50)

Para fazer:

1. Devem as transferências ser feitas para a divisão B se não houver capacidade ociosa na divisão A? É o preço de mercado o preço de transferência correto? Mostre seus cálculos.
2. Suponha que a capacidade máxima da divisão A para este produto seja de mil unidades por mês, e as vendas para o mercado intermediário sejam agora de 800 unidades. Devem as 200 unidades ser transferidas para a divisão B? A qual preço de transferência? Suponha que, por uma série de razões, a divisão A manterá o preço de venda de $ 200 indefinidamente. Isto é, a divisão A não está considerando baixar o preço para os compradores externos, mesmo se houver capacidade ociosa.
3. Suponha que a divisão A tenha cotado um preço de transferência de $ 150 para mais de 200 unidades. Qual seria a contribuição para a empresa como um todo se a transferência fosse feita? Como gerente da divisão B, estaria você inclinado a comprar a $ 150? Explique.

8-28 Precificação em mercados imperfeitos (continuação do 8-27). Paute-se no Exercício 8-27.

Para fazer:

1. Suponha que o gerente da divisão A tenha a opção de (a) cortar o preço externo para $ 195, com a certeza de que as vendas aumentarão para mil unidades, ou (b) manter o preço externo de $ 200 para as 800 unidades e transferir as 200 unidades para a divisão B a um preço que produziria o mesmo lucro operacional para a divisão A. Qual preço de transferência produziria o mesmo lucro operacional para a divisão A? É esse preço

consistente com o recomendado pela diretriz geral, no capítulo, para que resultasse em uma decisão desejável para a empresa como um todo?

2. Suponha que se o preço de venda para o produto intermediário caísse para $ 195, as vendas externas poderiam aumentar para 900 unidades. A divisão B quer adquirir 200 unidades se o preço de transferência for aceitável. Para simplificar, suponha que não haja mercado externo para as cem unidades finais da capacidade da divisão A.
   a. Usando a diretriz geral, qual(is) é(são) o(s) preço(s) de transferência mínimo(s) que deve(m) levar a uma decisão econômica correta? Ignore as considerações de avaliação do desempenho.
   b. Compare o total de contribuições sob as alternativas para mostrar por que o(s) preço(s) de transferência recomendado(s) leva(m) a uma decisão econômica desejável.

8-29 Efeito dos métodos de preço de transferência alternativos sobre o lucro operacional da divisão. A Produtos Oceânicos, uma empresa de pesca de atum, tem duas divisões:

a. Divisão de pesca — opera uma frota de 20 barcos.
b. Divisão de processamento — processa o atum fresco em filés. Os filés são vendidos a distribuidores varejistas a $ 5 o quilo.

A divisão de processamento tem um rendimento de 500 quilos de filés de atum, processados dos mil quilos de atum fresco fornecidos pela divisão de pesca. Os dados de custos para cada divisão são os seguintes:

Divisão de pesca		**Divisão de processamento**	
Custo variável por quilo de atum fresco	$ 0,20	Custo variável por quilo de atum processado	$ 0,80
Custo fixo por quilo de atum fresco	$ 0,40	Custo fixo por quilo de atum processado	$ 0,60

A Produtos Oceânicos escolheu processar internamente todo o atum fresco trazido pela divisão de pesca. Outros processadores de atum compram o atum fresco dos operadores de barcos a $ 1,00 o quilo.

Para fazer:

1. Calcule o lucro operacional da Produtos Oceânicos de pescar mil quilos de atum fresco e processá-los em filés.
2. Calcule os preços de transferência que serão usados para as transferências internas da divisão de pesca para a divisão de processamento sob os seguintes métodos de preço de transferência:
   a. *150 por cento dos custos totais*. Custos totais são os custos variáveis e fixos da própria divisão.
   b. *Preço de mercado*.
3. A Produtos Oceânicos recompensa o gerente da divisão com bônus, calculado a 10 por cento do lucro operacional da divisão (se positivo). Qual bônus será pago a cada gerente de divisão sob os dois métodos de preço de transferência na Questão 2? Qual método de preço de transferência o gerente de cada divisão preferirá usar?

8-30 Problemas de congruência dos objetivos com os métodos de preço de transferência custo mais margem de lucro, sistema de precificação dupla (continuação do 8-29). Suponha que a Produtos Oceânicos use um preço de transferência de 150 por cento do custo total. Paulo Forgiano decide implementar a descentralização na Produtos Oceânicos. Um memorando é enviado para todos os gerentes de divisão: "Começando imediatamente, cada divisão da Produtos Oceânicos está livre para tomar as próprias decisões a respeito da compra de materiais diretos e da venda de produtos acabados".

Para fazer:

1. Dê dois exemplos de problemas de congruência dos objetivos que poderiam ocorrer se a Produtos Oceânicos continuasse a usar o método de preço de transferência de 150 por cento dos custos totais e a política de descentralização fosse adotada.
2. Forgiano está investigando se a política de precificação dupla reduziria os problemas de congruência dos objetivos na Produtos Oceânicos. As transferências fora da divisão de pesca serão feitas a 150 por cento dos custos totais. As transferências para dentro da divisão de processamento serão feitas ao preço de mercado. Usando a política de precificação dupla, calcule o lucro operacional de cada divisão para a pesca de mil quilos de atum fresco processado e comercializado pela Produtos Oceânicos.
3. Calcule a soma dos lucros operacionais das divisões da Questão 2. Por que esse total pode não ser igual ao lucro operacional da empresa, no geral, da pesca de mil quilos de atum fresco e seu processamento?
4. Quais problemas podem ocorrer se a Produtos Oceânicos usar o sistema de preço de transferência dupla descrito na Questão 2?

8-31 Preço de transferência multinacional, minimização tributária global. A Diamantes Industriais Ltda., baseada em Los Angeles, tem duas divisões:

a. *Divisão de mineração nas Filipinas* — opera uma mina contendo um rico filão de diamantes.
b. *Divisão de processamento nos Estados Unidos* — lapida os diamantes para serem comercializados.

Os custos da *divisão de mineração* nas Filipinas são:

- Custos variáveis, quatro mil pesos por quilo de diamantes brutos.
- Custos fixos, oito mil pesos por quilo de diamantes brutos.

A Diamantes Industriais tem uma política corporativa de processamento de diamantes em Los Angeles. Várias empresas de lapidação de diamantes, nas Filipinas, compram o diamante bruto de outras empresas locais de mineração a 16 mil pesos por quilo. Suponha que a taxa de câmbio internacional seja de 40 pesos = $ 1 dólar. Os custos da divisão de processamento são:

- Custos variáveis, $ 200 por quilo de diamantes lapidados.
- Custos fixos, $ 600 por quilo de diamantes lapidados.

Suponha que sejam necessários dois quilos de diamantes brutos para render um quilo de diamante lapidado. Os diamantes lapidados são vendidos a $ 4 mil por quilo.

Para fazer:

1. Calcule o preço de transferência (em dólares americanos) de um quilo de diamante bruto transferido da divisão de mineração nas Filipinas para a divisão de processamento nos EUA sob dois métodos: (a) 300 por cento dos custos totais e (b) preço de mercado.
2. Suponha um mundo sem imposto de renda. Suponha, também, que mil quilos dos diamantes industriais brutos são minerados pela divisão Filipinas e depois processados e vendidos pela divisão de processamento nos EUA. Calcule o lucro operacional (em dólares americanos) de cada divisão da Diamantes Industriais sob os dois métodos de preço de transferência da Questão 1.
3. Suponha que a alíquota de imposto de renda seja de 20 por cento nas Filipinas e de 35 por cento nos Estados Unidos. Calcule o lucro operacional depois dos impostos (em dólares americanos) para cada divisão sob os métodos de preço de transferência da Questão 1. (O imposto de renda não está incluído no cálculo do preço de transferência baseado no custo. A Diamantes Industriais não paga impostos americanos sobre a renda já tributada nas Filipinas.)
4. Qual método de preço de transferência na Questão 1 maximizará o total de lucro operacional, depois dos impostos, da Diamantes Industriais? Mostre seus cálculos.
5. Quais fatores, além da minimização tributária global, a Diamantes Industriais poderá considerar na escolha do método de preço de transferência para as transferências entre as suas divisões?

8-32 Precificação de transferência multinacional e taxação (adaptado de Richard Lambert). A Corporação Anita, com matriz nos Estados Unidos, produz modernas máquinas de fresar, mantendo duas subsidiárias de comercialização, uma no Brasil e outra na Suíça, que vendem seus produtos. A Anita está produzindo uma nova máquina a um custo de $ 500 mil. Não há mercado para o equipamento nos Estados Unidos. O equipamento pode ser vendido no Brasil a $ 1 milhão, mas a subsidiária brasileira incorreria custos de transporte e modificações de $ 200 mil. Alternativamente, o equipamento pode ser vendido na Suíça a $ 950 mil, mas a subsidiária suíça incorreria custos de transporte e modificações de $ 250 mil. A empresa americana pode vender seus produtos para a subsidiária brasileira ou suíça, mas não para ambas. A Corporação Anita e as empresas subsidiárias operam de maneira bastante descentralizada. Os gerentes de cada empresa têm autonomia considerável e estão interessados em maximizar o lucro de suas próprias unidades.

Para fazer:

1. Do ponto de vista da Anita e respectivas subsidiárias, deveria ela fabricar o equipamento? Se fabricar, onde deverá vendê-lo para maximizar o total de lucro das operações? Qual seria o lucro operacional da Anita e subsidiárias com a venda? Ignore qualquer efeito tributário.
2. Qual amplitude de preços de transferência resultará no alcance das ações determinadas como desejáveis na Questão 1? Explique sua resposta.
3. As alíquotas de imposto de renda efetivas são as seguintes: 40 por cento nos Estados Unidos, 60 por cento no Brasil e 15 por cento na Suíça. As autoridades tributárias nos três países estão incertas sobre o custo do produto intermediário e permitirão qualquer preço de transferência entre $ 500 mil e $ 700 mil. Se Anita e subsidiárias desejam maximizar o lucro operacional depois dos impostos, (a) o equipamento deve ser fabricado e (b) para onde e a que preço deverá ele ser transferido e vendido? Mostre seus cálculos.
4. Agora, suponha que os gerentes ajam autonomamente para maximizar o lucro operacional depois dos impostos de suas próprias subsidiárias. As autoridades tributárias permitirão preços de transferência apenas entre $ 500 mil e $ 700 mil. Qual subsidiária fica com o produto e a que preço? Sua resposta é a mesma que a da Questão 3? Explique a razão de sim ou não.

8-33 Preço de transferência, congruência de objetivos. A Corporação Sater fabrica e vende dez mil sistemas de som portáteis por ano, montados pela divisão de montagem, que compra os toca-fitas da divisão de toca-fitas. Esta pode fabricar, no máximo, 12 mil toca-fitas, cuja demanda é sólida. Qualquer toca-fita que não é vendido para a divisão de montagem pode ser vendido no mercado externo a $ 35 a unidade. A divisão de toca-fitas vende atualmente dez mil toca-fitas para a divisão de montagem e dois mil no mercado externo. O custo incremental de fabricação é de $ 25 por unidade.

Um componente crucial na produção de toca-fitas de alta qualidade é o mecanismo da cabeça. A divisão de toca-fitas fabrica o mecanismo da cabeça para seus produtos. Muitas empresas externas ofereceram fornecer os toca-fitas para a Sater. Para garantir a qualidade, ela exige que qualquer fornecedor externo, que queira lhe vender toca-fitas, precise comprar o mecanismo da cabeça da divisão de toca-fitas. A divisão de toca-fitas cobrará $ 18 por unidade pelo mecanismo da cabeça, cujo custo incremental de fabricação é de $ 12 por unidade fora os custos incrementais de fabricação, de $ 25 por unidade. A divisão de toca-fitas tem capacidade não usada para a fabricação do mecanismo da cabeça. Isto é, mesmo se a divisão de toca-fitas fabricar o mecanismo da cabeça para os fornecedores externos, ainda assim ela conseguirá fabricar as 12 mil unidades para venda no mercado externo a $ 35 a unidade.

A Corporação Johnson atualmente negocia fornecer dez mil toca-fitas para a divisão de montagem a um preço na faixa de $ 37 a $ 43. Fechando negócio, a Johnson comprará o mecanismo da cabeça da divisão de toca-fitas a $ 18 a unidade.

Para fazer: Considere cada questão independentemente.

1. Do ponto de vista da Corporação Sater como um todo, deve a divisão de montagem aceitar a oferta da Corporação Johnson (a) a um preço de $ 37 por toca-fita? (b) a um preço de $ 43 por toca-fita? Mostre seus cálculos.
2. Qual preço de transferência para os toca-fitas resultará em decisões por parte das divisões de toca-fitas e de montagem que sejam desejáveis para a Corporação Sater como um todo? Explique sua resposta.

8-34 Precificação de transferência, utilização da capacidade (adaptado de J. Patell). A Companhia de Instrumento Califórnia (CIC) consiste na divisão de semicondutores e na divisão de controle do processo, sendo que cada uma delas opera como um centro de lucro independente. A divisão de semicondutores emprega artesãos que produzem dois tipos diferentes de componentes eletrônicos, o novo *superchip* de alto desempenho e um produto mais antigo, denominado *okay-chip*. Esses dois produtos têm as seguintes características de custos:

	Superchip	**Okay-chip**
Materiais diretos	$ 2	$ 1
Mão-de-obra direta de produção 2 horas × $ 14; 0,5 hora × $ 14	28	7

Os custos indiretos anuais na divisão de semicondutores totalizam $ 400 mil, todos fixos. Devido ao alto grau de habilidade exigida dos artesãos, a capacidade de produção da divisão de semicondutores é estabelecida a 50 mil horas por ano.

Um cliente faz um pedido de no máximo 15 mil *superchips* por ano, a um preço de $ 60 por *chip*. Se a CIC não conseguir satisfazer toda a sua demanda, o cliente reduzirá a própria produção. O resto da capacidade da divisão de semicondutores é dedicada ao *okay-chip*, para o qual há uma demanda ilimitada a $ 12 por *chip*.

A divisão de controle do processo produz apenas um produto, uma unidade de controle do processo, com a seguinte estrutura de custo:

- Materiais diretos (placa de circuito): $ 60
- Mão-de-obra direta de produção (5 horas × $ 10): $ 50

Os custos indiretos fixos da divisão de controle do processo são de $ 80 mil por ano. O preço atual de mercado para a unidade de controle é de $ 132 por unidade.

Uma pesquisa conjunta acabou de revelar que um único *superchip* poderia substituir a placa de circuito atualmente usada para fazer a unidade de controle. O uso do *superchip* exigiria uma hora extra de mão-de-obra por unidade de controle para um total de seis horas por unidade de controle.

Para fazer:

1. Calcule a margem de contribuição por hora da venda do *superchip* e do *okay-chip*. Se não forem feitas transferências do *superchip* para a divisão de controle do processo, quantos *superchips* e *okay-chips* a divisão de semicondutores deveria vender? Mostre seus cálculos.
2. A divisão de controle do processo espera vender cinco mil unidades de controle este ano. Do ponto de vista da CIC como um todo, devem cinco mil *superchips* ser transferidos para a divisão de controle do processo para substituir as placas de circuito? Mostre seus cálculos.

3. Se a demanda pelas unidades de controle está certa em cinco mil unidades, mas o *preço é incerto*, qual dever ser o preço de transferência do *superchip* para garantir que as ações dos gerentes das divisões maximizem o lucro operacional para a CIC como um todo? (Todos os outros dados permanecem inalterados.)
4. Se a demanda pelas unidades de controle está certa em 12 mil unidades, mas o *preço é incerto*, qual deve ser o preço de transferência do *superchip* para garantir que as ações dos gerentes das divisões maximizem o lucro operacional para a CIC como um todo? (Todos os outros dados permanecem inalterados.)

8-35 Ética, preço de transferência. A divisão Belmonte, das Indústrias Durham, fabrica o componente R47, que é transferido para a divisão de Alston a 200 por cento dos custos variáveis. O custo variável do R47 é de $ 14 por unidade. Joel Lago, contador gerencial da divisão Belmonte, chama Hélio Silva, seu assistente, ao escritório. Lago diz: "Não estou certo sobre as distinções de custos variáveis e fixos que você está fazendo. Eu acho que o custo variável é mais alto do que $ 14 por unidade".

Hélio sabe que custos variáveis mais altos implicarão aumento dos lucros da divisão Belmonte, elevando o bônus dos funcionários da divisão. Entretanto, ele não está confortável em fazer quaisquer mudanças porque usou o mesmo método para classificar os custos como fixos ou variáveis nos últimos anos. Mesmo assim, ele reconhece que as distinções de custos fixos e variáveis nem sempre são claras.

Para fazer:

1. Calcule a margem de contribuição da divisão Belmonte ao transferir dez mil unidades do R47 em 2001 (a) se o custo variável é de $ 14 por unidade e (b) se o custo variável é de $ 16 por unidade.
2. Avalie se a sugestão feita por Lago a Hélio, a respeito dos custos variáveis, é ética. Seria ético para Hélio revisar o custo variável por unidade? Quais medidas Hélio deve tomar para resolver a situação?

Problema para aprendizagem em grupo

8-36 Congruência dos objetivos, imposto de renda, condições diferentes de mercado. A Corporação São Ramon faz bombas d'água. A divisão de motores faz os motores e os fornece para a divisão de montagem, onde as bombas são montadas. A São Ramon é uma corporação bem-sucedida e rentável que atribui grande parte de seu sucesso ao estilo operacional descentralizado. Cada gerente de divisão é compensado com base no lucro operacional da divisão.

A divisão de montagem adquire, atualmente, todos os motores da divisão de motores. O gerente da divisão de montagem poderia comprar motores similares no mercado a $ 400 cada.

A divisão de motores opera, atualmente, a 80 por cento de sua capacidade de produção de quatro mil unidades e tem os seguintes custos:

Materiais diretos ($ 125 por unidade × 3 200 unidades)	$ 400 000
Mão-de-obra direta de produção ($ 50 por unidade × 3 200 unidades)	160 000
Custos variáveis indiretos de produção ($ 25 por unidade × 3 200 unidades)	80 000
Custos fixos indiretos de produção	520 000

Todas as 3 200 unidades da divisão de motores são, atualmente, transferidas para a divisão de montagem. Nenhum motor é vendido no mercado externo.

A divisão de motores acabou de receber um pedido de duas mil unidades, a $ 375 por motor, que utilizaria metade da capacidade da fábrica. O pedido — para um motor ligeiramente diferente do que aqueles que a divisão de motores atualmente faz, mas que leva a mesma quantidade de tempo de fabricação — deve ser aceito por completo ou rejeitado. Para produzir o novo motor seriam necessários, por unidade, materiais diretos de $ 100, mão-de-obra direta de produção por unidade de $ 40 e custos variáveis de produção indiretos unitários de $ 25.

Para fazer:

1. Do ponto de vista da Corporação São Ramon como um todo, deve a divisão de motores aceitar o pedido para as duas mil unidades? Mostre seus cálculos.
2. Qual amplitude de preços de transferência resultará no alcance de ações determinadas como desejáveis na Questão 1 se os gerentes das divisões agirem de maneira descentralizada?
3. O gerente da divisão de montagem propôs um preço de transferência igual aos custos totais dos motores, incluindo uma alocação de custos indiretos. A divisão de motores aloca os custos indiretos para os motores com base na capacidade total da fábrica, usada para fabricar os motores.
   a. Calcule o preço de transferência para os motores transferidos para a divisão de montagem sob esse acordo.
   b. Você acha que o preço de transferência calculado na Questão 3a resultará no alcance de ações determinadas como desejáveis na Questão 1 se os gerentes das divisões agirem de maneira descentralizada?
   c. Comente, no geral, sobre uma vantagem e uma desvantagem em usar os custos totais da divisão produtora como base para estabelecer preços de transferência.

4. Agora, considere o efeito do imposto de renda.
   a. Suponha que a divisão de montagem está localizada em um estado que impõe uma alíquota de 10 por cento sobre a renda obtida dentro de suas fronteiras, e que a divisão de motores esteja localizada em um estado que não impõe nenhuma alíquota de imposto sobre a renda obtida dentro de suas fronteiras. Qual preço de transferência seria escolhido pela Corporação São Ramon para minimizar os pagamentos de impostos estaduais para a corporação como um todo? Suponha que apenas os preços de transferência que são maiores ou iguais aos custos totais de produção fabricação e menores ou iguais ao preço de mercado de motores 'substancialmente similares', sejam aceitáveis por parte das autoridades tributárias.
   b. Suponha que a Corporação São Ramon anuncie o preço de transferência calculado na Questão 4a para precificar todas as transferências entre as divisões de motores e de montagem. O gerente de cada divisão age então autonomamente para maximizar o lucro operacional da divisão. Agindo os gerentes de maneira descentralizada, alcançarão eles as ações determinadas como desejáveis na Questão 1? Explique.

5. Considere as respostas das Questões 1 a 4 e suponha que a divisão de motores manterá negociações externas como descrito na Questão 1. Qual política de preço de transferência você recomendaria para a São Ramon usar? Você continuaria a avaliar o desempenho da divisão com base nos lucros operacionais das divisões? Explique.

capítulo

9

Indicadores de desempenho, remuneração e considerações internacionais

Objetivos de aprendizagem

1. Avaliar o desempenho sob perspectivas financeiras e não-financeiras
2. Elaborar indicador de desempenho com base na contabilidade
3. Analisar o retorno sobre o investimento (ROI — *Return on Investiment*) usando o método DuPont
4. Usar indicador do lucro residual (RI — *Residual Incom*) e compreender suas vantagens
5. Descrever o método do valor econômico adicionado (EVA® — *Economic Value Added*)
6. Distinguir os métodos de avaliação dos ativos pelo custo atual e pelo custo histórico
7. Indicar as dificuldades ao comparar o desempenho de divisões operando em países diferentes
8. Compreender o papel de salários e incentivos na premiação de gerentes
9. Descrever o papel do contador gerencial ao ajudar as organizações a desenvolver sistemas melhores de remuneração

No final do semestre escolar, você receberá uma nota que representa o indicador de seu desempenho no curso. A nota pode ser composta por vários elementos — tarefas, provas, exames e talvez sua participação em sala de aula. Alguns desses elementos são objetivos e fáceis de ser mensurados; outros são subjetivos e dependem da percepção de seu professor a respeito de sua contribuição. O mesmo ocorre com as corporações, que passam por um processo semelhante de 'atribuição de notas'. O desempenho é medido, regularmente, a partir de perspectivas financeiras e não-financeiras.

O McDonald's, uma das maiores cadeias de restaurantes do mundo, usa uma variedade de indicadores de desempenho que se alinham com as metas financeiras. Gerentes participam do estabelecimento da meta de desempenho para, posteriormente, receberem *feedback* regular sobre como estão se saindo. A empresa anuncia a postura de seus funcionários em relação aos clientes: "Eles adoram te ver sorrir".

Talvez tão importantes quanto os sorrisos dos clientes são os dos funcionários que satisfizeram ou excederam as expectativas.

Discutimos a avaliação do desempenho em muitos capítulos anteriores, cada vez dentro de um contexto contábil específico. O Capítulo 11 do volume 1 descreveu uma situação em que a decisão correta, com base em uma análise de custos relevantes (a compra de equipamento novo), poderá não ser implementada porque um indicador de desempenho induziu o gerente a tomar uma outra decisão. Este capítulo discute de forma geral a modelagem, a implementação e o uso de indicadores de desempenho.

A avaliação do desempenho é parte integrante de qualquer sistema de controle gerencial. A tomada de decisões estratégicas sobre planejamento e controle requer informações sobre o desempenho de subunidades diferentes da organização. Para ser eficaz, indicadores de desempenho (tanto financeiros quanto não-financeiros) e prêmios precisam motivar gerentes e funcionários em todos os níveis a se empenhar em realizar as estratégias e atingir as metas da empresa.

Indicadores financeiros e não-financeiros do desempenho

Muitos indicadores de desempenho, como o lucro operacional, dependem de informações financeiras internas. As empresas estão cada vez mais suplementando indicadores financeiros internos com medidas baseadas em (a) informações financeiras externas (como os preços das ações), (b) informações não-financeiras internas (como índices de defeitos, *bad times* e número de novas patentes) e (c) informações não-financeiras externas (como índices de satisfação do cliente e participação no mercado). Esses indicadores são freqüentemente usados como referências para estabelecer comparações com outras subunidades dentro da empresa e com outras empresas.

Algumas organizações apresentam medidas financeiras e não-financeiras do desempenho para suas subunidades em um único relatório, denominado *balanced scorecard* (Capítulo 13 do volume 1). Organizações diferentes enfatizam elementos diferentes nos seus *BSC*s, mas a maioria deles inclui (1) indicadores de rentabilidade; (2) medidas de satisfação do cliente; (3) medidas internas de eficiência, qualidade e tempo e (4) medidas de inovação.[1] Empresas como a ExxonMobil e Citibank usam indicadores do *BSC* para avaliar o desempenho de subunidades e respectivos gerentes.

Alguns indicadores de desempenho, como o número de novas patentes, têm um horizonte de tempo longo. Outras medidas, como as variações na eficiência de materiais diretos e variações nos custos indiretos de fabricação, têm um horizonte de tempo curto. Neste capítulo, vamos nos concentrar nos indicadores de desempenho mais amplamente usados para subunidades da organização cobrindo um horizonte de tempo médio a longo. Esses são indicadores financeiros internos, baseados nos números contábeis rotineiramente relatados pelas organizações.

A elaboração de tais indicadores de desempenho com base na contabilidade requer seis etapas:

Etapa 1: **Escolher indicadores de desempenho que se alinham com as metas financeiras da alta direção**. Por exemplo, constituiriam o melhor indicador de desempenho financeiro de uma subunidade o lucro operacional, o lucro líquido, o retorno sobre os ativos ou as receitas?

Etapa 2: **Escolher o horizonte de tempo de cada indicador de desempenho definido na Etapa 1.** Por exemplo, devem os indicadores de desempenho — como o retorno sobre os ativos — ser calculados para um horizonte de um ou de vários anos?

Etapa 3: **Definir os componentes em cada indicador de desempenho na Etapa 1.** Por exemplo, os ativos devem ser definidos como ativos totais ou ativos líquidos (ativos totais menos os passivos totais)?

Etapa 4: **Escolher uma fonte de avaliação para cada indicador de desempenho definido na Etapa 1.** Por exemplo, devem os ativos ser medidos pelo custo histórico ou custo atual?

1. *Veja R. Kaplan e D. Norton,* The balanced scorecard. *Boston: Harvard Business School Press, 1996; e S. Hronec,* Vital signs. *New York: American Management Association, 1993.*

Etapa 5: **Escolher um nível-meta de desempenho**. Por exemplo, devem todas as subunidades ter metas idênticas, como a mesma taxa exigida de retorno sobre os ativos?

Etapa 6: **Escolher a periodicidade do *feedback***. Por exemplo, devem os relatórios de desempenho de produção ser enviados para a alta diretoria diária, semanal ou mensalmente?

Essas seis etapas não precisam ser efetuadas seqüencialmente. As questões consideradas em cada uma delas são interdependentes e a alta direção, muitas vezes, procederá por meio delas inúmeras vezes antes de decidir sobre um ou mais indicadores de desempenho com base na contabilidade. As respostas às questões levantadas em cada etapa dependem de a alta diretoria acreditar em quanto a eficiência de cada medida alternativa satisfará os critérios comportamentais de congruência de metas, esforço gerencial, avaliação do desempenho da subunidade e autonomia da subunidade discutidos no Capítulo 8 deste volume.

Escolhendo entre indicadores de desempenho diferentes: etapa 1

Quatro indicadores são comumente usados para avaliar o desempenho econômico das subunidades de uma empresa. Exemplificaremos tais indicadores por meio da rotina do Hospitality Inns.

O Hospitality Inns opera três hotéis, um em cada uma das seguintes cidades: São Francisco, Chicago e Nova Orleans. O Quadro 9.1 resume os dados de cada hotel para o ano de 2003. No momento, o Hospitality Inns não aloca o total da dívida de longo prazo da empresa aos três hotéis separadamente. O quadro indica que o hotel de Nova Orleans gera o lucro operacional mais elevado, de $ 510 mil, em comparação com $ 300 mil do hotel de Chicago e $ 240 mil do hotel de São Francisco. Mas significaria essa comparação que o hotel de Nova Orleans é o mais 'bem-sucedido'? O ponto fraco da comparação com base apenas no lucro operacional é que ignora as diferenças na *magnitude do investimento* em cada hotel. **Investimento** se refere aos recursos ou ativos usados para gerar lucro. A questão não se refere à magnitude do lucro operacional, mas ao lucro operacional em relação ao investimento feito para obtê-lo.

Três das abordagens para a avaliação do desempenho incluem uma medida de investimento: retorno sobre o investimento, lucro residual e valor econômico adicionado. Uma quarta abordagem, retorno sobre as vendas, não mede o investimento.

Retorno sobre o investimento

O **retorno sobre o investimento (ROI)** é uma medida contábil do lucro dividida por uma medida contábil do investimento.

$$\text{Retorno sobre o investimento (ROI)} = \frac{\text{Lucro}}{\text{Investimento}}$$

O retorno sobre o investimento é a abordagem mais popular para avaliar o desempenho. O ROI é popular por duas razões: mistura todos os ingredientes da rentabilidade — receitas, custos e investimento — em uma única porcenta-

Quadro 9.1 Dados financeiros anuais do Hospitality Inns em 2003 (em milhares).

	Hotel São Francisco (1)	Hotel Chicago (2)	Hotel Nova Orleans (3)	Total (4) = (1) + (2) + (3)
Receitas do hotel	$ 1 200 000	$ 1 400 000	$ 3 185 000	$ 5 785 000
Custos variáveis do hotel	310 000	375 000	995 000	1 680 000
Custos fixos do hotel	650 000	725 000	1 680 000	3 055 000
Lucro operacional	$ 240 000	$ 300 000	$ 510 000	$ 1 050 000
Despesas de juros sobre dívida de longo	—	—	—	450 000
prazo de 10%	—	—	—	600 000
Lucro antes dos impostos de renda	—	—	—	180 000
Impostos de renda a 30%	—	—	—	$ 420 000
Lucro líquido				
Valores contábeis líquidos para 2003:				
Ativos circulantes	$ 400 000	$ 500 000	$ 660 000	$ 1 560 000
Ativos permanentes	600 000	1 500 000	2 340 000	4 440 000
Total de ativos	$ 1 000 000	$ 2 000 000	$ 3 000 000	$ 6 000 000
Passivos circulantes	$ 50 000	$ 150 000	$ 300 000	$ 550 000
Exigível a longo prazo	—	—	—	4 500 000
Patrimônio líquido	—	—	—	1 000 000
Total de passivos e patrimônio líquido				$ 6 000 000

gem, podendo ser comparado com a taxa de retorno sobre oportunidades outras, dentro ou fora da empresa. No entanto, como qualquer indicador único do desempenho, o ROI deve ser usado cautelosamente e em conjunto com outros indicadores.

O ROI também é denominado *taxa de retorno contábil* (Capítulo 7 deste volume). Normalmente, os gerentes usam o termo ROI quando avaliam o desempenho de uma divisão ou de um projeto. As empresas variam no modo de definir o que entra no lucro no numerador e no investimento, no denominador do cálculo ROI. Algumas empresas usam o lucro operacional para o numerador; outras preferem calcular o ROI após os impostos e usam o lucro líquido. Algumas empresas usam o total de ativos no denominador, outras preferem apenas os ativos financiados pelo capital de terceiros de longo prazo e patrimônio líquido, e usam o total de ativos menos os passivos circulantes.

O Hospitality Inns pode elevar o ROI ao aumentar as receitas ou reduzir os custos (cada um dos quais aumenta o numerador), ou ao reduzir o investimento (o qual reduz o denominador). O ROI pode proporcionar mais informações sobre o desempenho quando ele é representado pelos seus componentes:

$$\frac{\text{Lucro}}{\text{Investimento}} = \frac{\text{Lucro}}{\text{Receitas}} \times \frac{\text{Receitas}}{\text{Investimento}}$$

também escrito como:

ROI = Retorno sobre vendas × Giro do investimento

Essa abordagem é conhecida como *método DuPont de análise da rentabilidade*. O método DuPont reconhece dois ingredientes básicos para gerar lucro: aumentar o lucro por unidade de receita e usar ativos para gerar mais receitas. Uma melhoria em qualquer um dos ingredientes, sem alterar o outro, aumenta o ROI.

Considere o ROI de cada um dos três hotéis do Hospitality no Quadro 9.1. Para os nossos cálculos, usamos o lucro operacional de cada hotel para o numerador e o total de ativos de cada hotel para o denominador.

Hotel	Lucro operacional	÷	Ativos totais	=	ROI
São Francisco	$ 240 000	÷	$ 1 000 000	=	24%
Chicago	300 000	÷	2 000 000	=	15%
Nova Orleans	510 000	÷	3 000 000	=	17%

A partir desses dados, o hotel de São Francisco parece fazer o melhor uso de seus ativos totais.

Suponha que a alta direção do Hospitality Inns adote um ROI-meta de 30 por cento para o hotel de São Francisco. Como esse retorno pode ser alcançado? Ilustramos o método DuPont para o hotel de São Francisco e mostramos como esse método pode ser usado para descrever três maneiras alternativas pelas quais ele poderá aumentar o ROI de 24 para 30 por cento. Outras alternativas, como aumentar o preço da diária, poderiam aumentar ambos, as receitas por unidade de ativos totais e o lucro operacional por unidade de receitas.

	Lucro operacional / Receitas	×	Receitas / Ativos totais	=	Lucro operacional / Ativos totais
ROI Atual	$\frac{\$\ 240\ 000}{\$\ 1\ 200\ 000}$	×	$\frac{\$\ 1\ 200\ 000}{\$\ 1\ 000\ 000}$	=	0,20 × 1,20 = 0,24 ou 24%
Alternativo					
A. Reduzir ativos (como contas a receber), mantendo constantes as receitas e o lucro operacional por unidade de receita.	$\frac{\$\ 240\ 000}{\$\ 1\ 200\ 000}$	×	$\frac{\$\ 1\ 200\ 000}{\$\ 800\ 000}$	=	0,20 × 1,50 = 0,30 ou 30%
B. Aumentar receitas (através de um índice mais elevado de ocupação), mantendo constantes os ativos e o lucro operacional por unidade de receita.	$\frac{\$\ 300\ 000}{\$\ 1\ 500\ 000}$	×	$\frac{\$\ 1\ 500\ 000}{\$\ 1\ 000\ 000}$	=	0,20 × 1,50 = 0,30 ou 30%
C. Reduzir custos (através, digamos, de manutenção eficiente) para aumentar o lucro operacional por unidade de receitas, mantendo constantes as receitas e os ativos.	$\frac{\$\ 300\ 000}{\$\ 1\ 200\ 000}$	×	$\frac{\$\ 1\ 200\ 000}{\$\ 1\ 000\ 000}$	=	0,25 × 1,20 = 0,30 ou 30%

O ROI deixa claros os benefícios que os gerentes podem obter ao reduzir seu investimento em ativos circulantes ou de longo prazo. Alguns gerentes estão cientes da necessidade de aumentar receitas ou de controlar custos, mas eles prestam menos atenção à redução de sua base de investimentos. Reduzir a base de investimentos significa reduzir caixa ocioso, gerenciar o crédito criteriosamente, determinar níveis apropriados de estoques e investir cuidadosamente nos ativos permanentes.

Lucro residual

O **lucro residual (RI)** é uma medida contábil do lucro menos uma quantia em moeda para o retorno mínimo sobre uma medida contábil do investimento.

Lucro residual (RI) = Renda – (Taxa mínima de retorno × Investimento)

A taxa mínima de retorno multiplicado pelo investimento é o *custo imputado do investimento*. **Custos imputados** são custos reconhecidos em situações particulares que normalmente não são reconhecidos em sistemas contábeis financeiros.

Suponha que os investimentos da Hospitality Inns sejam 50 por cento financiados por dívida de longo prazo e 50 por cento por patrimônio líquido. A dívida de longo prazo carrega um custo de juros de 10 por cento ao ano, registrado nos livros do Hospitality Inns sob o regime contábil da competência. O patrimônio líquido do Hospitality Inns carrega um custo de 14 por cento ao ano, que representam o custo de oportunidade para os seus investidores — o retorno perdido por não investirem em outras oportunidades de risco similar. O custo do patrimônio líquido — como todos os custos de oportunidade — não é registrado no sistema contábil financeiro do Hospitality Inns. Ele é um custo imputado que, mesmo assim, é um custo econômico real do montante de investimento financiado pelo patrimônio líquido. O custo médio ponderado de capital para investimentos no Hospitality Inns é de 50% × custo da dívida + 50% × custo do patrimônio líquido = 0,50 × 10% + 0,50 × 14% = 5% + 7% = 12%. Essa é a taxa mínima de retorno usada para calcular a RI do Hospitality Inns. Um grande componente da taxa mínima de retorno é um custo imputado.

Suponha que cada hotel tenha riscos semelhantes. O Hospitality Inns define o lucro residual para cada hotel como o lucro operacional menos a taxa mínima de retorno de 12 por cento sobre o total de ativos do hotel:

Hotel	Lucro operacional	–	Taxa mínima de retorno	×	Investimento	=	Lucro residual
São Francisco	$ 240 000	–	$ 120 000 (0,12	×	$ 1 000 000)	=	$ 120 000
Chicago	$ 300 000	–	$ 240 000 (0,12	×	$ 2 000 000)	=	$ 60 000
Nova Orleans	$ 510 000	–	$ 360 000 (0,12	×	$ 3 000 000)	=	$ 150 000

Considerando a taxa mínima de retorno anual, o hotel de Nova Orleans tem o melhor RI.

Algumas empresas preferem o indicador RI porque os gerentes irão se concentrar em maximizar um valor absoluto, como as unidades monetárias de RI, em vez de uma porcentagem, como no ROI. O objetivo de maximizar a RI significa que se uma divisão obtém um retorno acima do mínimo exigido sobre os investimentos, ela deve se expandir.

O objetivo de maximizar o ROI pode induzir os gerentes de subunidades altamente rentáveis a rejeitar projetos que, do ponto de vista da empresa como um todo, deveriam ser aceitos. Suponha que o Hospitality Inns esteja considerando melhorar os serviços e a decoração dos apartamentos no hotel de São Francisco, o que iria aumentar o lucro operacional do hotel em $ 70 mil e seus ativos totais em $ 400 mil. O ROI para a expansão é de 17,5 por cento ($ 70 000 ÷ $ 400 000), o que é atraente para o Hospitality Inns, porque excede a taxa mínima de retorno. No entanto, ao fazer a expansão, o ROI do hotel de São Francisco diminuirá:

$$\text{ROI antes da melhoria} = \frac{\$\ 240\ 000}{\$\ 1\ 000\ 000} = 0{,}24 \text{ ou } 24\%$$

$$\text{ROI após a melhoria} = \frac{\$\ 240\ 000 + \$\ 70\ 000}{\$\ 1\ 000\ 000 + \$\ 400\ 000} = \frac{\$\ 310\ 000}{\$\ 1\ 400\ 000} = 0{,}221 \text{ ou } 22{,}1\%$$

O bônus anual pago ao gerente de São Francisco pode diminuir se o ROI afetar o cálculo do bônus e a opção da melhoria for a escolhida. Conseqüentemente, o gerente poderá não encarar a expansão de modo favorável. Em contrapartida, se o bônus anual for uma função de RI, o gerente de São Francisco poderá encarar a expansão de modo favorável:

RI antes da melhoria = $ 240 000 – (0,12 × $ 1 000 000) = $ 120 000
RI após a melhoria = $ 310 000 – (0,12 × $ 1 400 000) = $ 142 000

O alinhamento dos objetivos (assegurando que gerentes de subunidades trabalhem voltados para as metas da empresa) é mais provável de ser alcançado usando o RI do que o ROI como indicador do desempenho do gerente da subunidade.

Valor econômico adicionado[2]

O *valor econômico adicionado* é um tipo específico de valor após os impostos, residual, que recentemente tem atraído considerável atenção. O **valor econômico adicionado (EVA®)** é igual ao lucro operacional após IR *menos* o custo médio ponderado do capital (após IR) *multiplicado* pelos ativos totais menos passivos circulantes.

$$\text{Valor econômico adicionado (EVA®)} = \text{Lucro operacional após IR} - \left[\text{Custo médio ponderado do custo do capital} \times \left(\text{Ativos totais} - \text{Passivos circulantes}\right)\right]$$

2. *S. O'Byrne e D. Young,* EVA and value-based management: A practical guide to implementation. *New York: McGraw-Hill, 2000; J. Stein, J. Shiely e I. Ross,* The EVA Challenge: Implementing value added change in an organization. *New York: John Wiley and Sons, 2001.*

EVA® substitui os seguintes números nos cálculos do IR: (1) lucro igual ao lucro operacional após IR, (2) um taxa exigida de retorno igual ao custo médio ponderado (após IR) de capital e (3) investimento igual aos ativos totais menos os passivos circulantes.[3]

Nós usamos os dados do Hospitality Inns no Quadro 9.1 para ilustrar os cálculos básicos de EVA®. O custo médio ponderado de capital (WACC) é igual ao custo médio *após IR* de todos os recursos de longo prazo usados pelo Hospitality Inns. A empresa tem duas fontes de fundos de longo prazo: (a) dívida de longo prazo com valor de mercado e valor contábil de $ 4,5 milhões emitida a uma taxa de juros de 10 por cento e (b) o patrimônio líquido que também tem valor de mercado de $ 4,5 milhões (mas um valor contábil de $ 1 milhão).[4] Como os juros são dedutíveis para cálculo de impostos e a alíquota do imposto de renda é de 30 por cento, o custo após IR do financiamento da dívida é de 0,10 × (1 – alíquota) = 0,10 × (1 – 0,30) = 0,10 × 0,70 = 0,07 ou 7 por cento. O custo do patrimônio líquido é o custo de oportunidade para os investidores por não investirem o seu capital em outro investimento, que é similar em risco ao do Hospitality Inns. O custo do patrimônio líquido do Hospitality é 14 por cento.[5] O cálculo do WACC, usando valores de mercado da dívida e do patrimônio liquido, é:

$$\text{WACC} = \frac{(7\% \times \text{Valor de mercado da dívida}) + (14\% \times \text{Valor de mercado do patrimônio})}{\text{Valor de mercado da dívida} + \text{Valor de mercado do patrimônio}}$$

$$= \frac{(0{,}07 \times \$\ 4\ 500\ 000) + (0{,}14 \times \$\ 4\ 500\ 000)}{\$\ 4\ 500\ 000 + \$\ 4\ 500\ 000}$$

$$= \frac{\$\ 945\ 000}{\$\ 9\ 000\ 000} = 0{,}105 \text{ ou } 10{,}5\%$$

A empresa aplica a mesma WACC a todos os seus hotéis porque cada hotel enfrenta riscos semelhantes.

Ativos totais menos passivos circulantes (veja o Quadro 9.1) também podem ser calculados como:

$$\begin{aligned} \text{Ativos totais} - \text{Passivos circulantes} &= \text{Ativos permanentes} + \text{Ativos circulantes} - \text{Passivos circulantes} \\ &= \text{Ativos permanentes} + \text{Capital de giro} \\ \text{onde capital de giro} &= \text{Ativos circulantes} - \text{Passivos circulantes} \end{aligned}$$

O lucro operacional, após IR, do hotel, é:

$$\text{Lucro operacional} \times (1 - \text{alíquota}) = \text{Lucro operacional} \times (1 - 0{,}30) = \text{Lucro operacional} \times 0{,}70$$

Os cálculos EVA® para o Hospitality Inns estão elencados a seguir:

Hotel	Lucro operacional após IR	–	[Custo médio ponderado de capital	×	(Ativos totais	–	Passivos circulantes)]	=			Valor econômico adicionado (EVA®)
São Francisco	$ 240 000 × 0,7	–	[0,105	×	($ 1 000 000	–	$ 50 000)]	=	$ 168 000 –	$ 99 750 =	$ 68 250
Chicago	$ 300 000 × 0,7	–	[0,105	×	($ 2 000 000	–	$ 150 000)]	=	$ 210 000 –	$ 194 250 =	$ 15 750
Nova Orleans	$ 510 000 × 0,7	–	[0,105	×	($ 3 000 000	–	$ 300 000)]	=	$ 357 000 –	$ 283 500 =	$ 73 500

O hotel de Nova Orleans tem o EVA® mais alto. O valor econômico adicionado, como o lucro residual, cobra os gerentes pelo custo de seus investimentos em ativos permanentes e capital de giro. Valor é criado somente se o lucro operacional após IR exceder o custo de capital investido. Para melhorar o EVA®, os gerentes precisam (a) ganhar mais lucro operacional após IR, com o mesmo capital, (b) usar menos capital para ganhar o mesmo lucro operacional após IR, ou (c) investir o capital em projetos com retornos altos.

Gerentes em empresas como a Briggs and Stratton, Coca-Cola, CSX, Equifax e FMC usam o impacto estimado sobre o EVA® para guiar suas decisões. Gerentes de divisão acham o EVA® útil porque ele permite incorporar o custo do capital a decisões no nível de divisões, o que geralmente é apenas disponível no nível da empresa toda. A comparação do EVA® real com o EVA® estimado é útil para avaliar o desempenho e proporcionar *feedback* aos gerentes sobre o desempenho. A CSX, uma empresa ferroviária, usa o EVA® para decisões como a operação de trens com três locomotivas em vez de quatro, e a programação de chegadas exatamente na hora do descarregamento. O

---

3. *Quando empresas estão implementando o EVA®, elas fazem vários ajustes ao lucro operacional e aos ativos relatados sob os princípios contábeis geralmente aceitos (GAAP). Por exemplo, quando calcular o EVA®, custos como P&D, de reestruturação e arrendamentos, que têm benefícios de longo prazo, são registrados como ativos (que por sua vez são amortizados), em vez de como custos operacionais atuais. O objetivo desses ajustes é obter uma melhor representação dos ativos econômicos, especialmente os ativos intangíveis, usados para gerar lucro. Naturalmente, os ajustes específicos aplicáveis a uma empresa dependerão de circunstâncias individuais.*

4. *O valor de mercado do Hospitality Inns excede o valor contábil porque valores contábeis, baseados em custos históricos, não medem os valores atuais dos ativos da empresa, e porque vários ativos intangíveis, como a marca registrada da empresa, não são mostrados a valor atual no Balanço Patrimonial de acordo com princípios contábeis geralmente aceitos.*

5. *Para detalhes sobre como calcular o custo do patrimônio líquido ajustado ao risco, veja J. Van Horne,* Financial management and policy, *12ª ed. Upper Saddle River, NJ: Prentice Hall, 2002.*

resultado? Lucro maior por causa de uma redução nos custos de combustíveis e menores investimentos de capital em locomotivas.

Retorno sobre vendas

O indicador de lucro sobre receitas (ou vendas) — muitas vezes chamado de *retorno sobre vendas (ROS)* — é um indicador freqüentemente usado para avaliar o desempenho financeiro. ROS é um componente do ROI no método DuPont de análise da rentabilidade. Para calcular o ROS de um dos hotéis do Hospitality, nós usamos o lucro operacional dividido pelas receitas:

Hotel	Lucro operacional	÷	Receitas (vendas)	=	Retorno sobre vendas (ROS)
São Francisco	$ 240 000	÷	$ 1 200 000	=	0,200 ou 20,0%
Chicago	300 000	÷	1 400 000	=	0,214 ou 21,4%
Nova Orleans	510 000	÷	3 185 000	=	0,160 ou 16,0%

O hotel de Chicago tem o ROS mais alto, mas o seu desempenho é classificado como pior do que os outros hotéis ao usar medidas como ROI, RI e EVA®.

Comparando indicadores de desempenho

A tabela a seguir resume o desempenho e a classificação de cada hotel sob os quatro indicadores de desempenho:

Hotel	ROI	RI	EVA®	ROS
São Francisco	24% (1)	$ 120 000 (2)	$ 68 250 (2)	20,0% (2)
Chicago	15% (3)	$ 60 000 (3)	$ 15 750 (3)	21,4% (1)
Nova Orleans	17% (2)	$ 150 000 (1)	$ 73 500 (1)	16,0% (3)

As classificações de RI e EVA® são as mesmas, que diferem das classificações do ROI e dos ROS. Considere as classificações de ROI e RI para os hotéis de São Francisco e Nova Orleans. O hotel de Nova Orleans tem um ROI mais baixo. Embora o lucro operacional seja apenas ligeiramente maior do que o dobro do lucro operacional do hotel de São Francisco — $ 510 mil *versus* $ 240 mil —, seus ativos totais são três vezes maiores — $ 3 milhões *versus* $ 1 milhão. O hotel de Nova Orleans tem um RI mais alto porque gera um lucro mais alto após cobrir o retorno mínimo do investimento, de 12 por cento. O hotel de Chicago tem o ROS mais alto, porém o ROI mais baixo. Isso porque, embora ele tenha um lucro muito alto por unidade de receita, ele gera receitas muito baixas por unidade de ativo investido. Seria um desses métodos melhor do que os outros para medir desempenho? Não, porque cada um avalia um aspecto diferente do desempenho. Por exemplo, em mercados onde o crescimento de receitas é limitado e os níveis de investimento são fixos, o ROS é o indicador mais significativo do desempenho de uma subunidade.

Para avaliar o desempenho geral de maneira agregada, indicadores como ROI, RI ou EVA® são mais apropriados do que o ROS porque eles consideram ambos, o lucro gerado e os investimentos feitos. ROI indica qual investimento gera o retorno mais alto. Medidas de RI e EVA® superam alguns dos problemas de alinhamento dos objetivos existentes com o ROI. Alguns gerentes preferem o EVA® porque ele considera explicitamente os efeitos tributários, e os valores antes dos impostos do RI, não. Outros gerentes preferem o RI antes dos impostos por ser mais fácil de calcular, e porque, na maioria dos casos, ele leva às mesmas conclusões que o EVA®. 'Pesquisas de Práticas Empresariais' indica que, geralmente, as empresas usam medidas financeiras múltiplas para avaliar o desempenho.

Escolhendo o horizonte de tempo dos indicadores de desempenho: etapa 2

A Etapa 2 da elaboração de indicadores de desempenho com base contábil é a escolha do horizonte de tempo dos indicadores de desempenho. Os cálculos ROI, RI, EVA® e ROS representam os resultados de um único período, um ano no nosso exemplo. Gerentes podem tomar medidas que causem aumentos nas medidas no curto prazo, mas que entram em conflito com os interesses de longo prazo da empresa. Por exemplo, gerentes podem reduzir P&D e manutenção da fábrica nos últimos três meses de um ano fiscal para alcançar um nível-meta de lucro operacional. Por essa razão, muitas empresas avaliam as subunidades com base em ROI, RI, EVA® e ROS sobre um período de diversos anos.

Uma outra razão para avaliar subunidades sobre um horizonte de vários anos é que os benefícios de medidas tomadas no período atual podem não aparecer nos indicadores de desempenho de curto prazo, como o ROI ou o RI do ano atual. Por exemplo, o investimento em um hotel novo pode afetar adversamente o ROI e o RI no curto prazo, mas beneficiar o ROI e o RI no longo prazo.

Pesquisas de práticas empresariais

Exemplos de indicadores-chave do desempenho financeiro em empresas diferentes no mundo todo[a]

Pesquisas indicam o uso extensivo do lucro líquido como indicador do desempenho, e uma dependência de vários indicadores.[b] A porcentagem das maiores empresas dos EUA que usam indicadores específicos do desempenho financeiro como os mais importantes são: lucro em comparação com o orçamento, 49 por cento; retorno sobre o investimento, 29 por cento; valor econômico adicionado, 14 por cento; retorno sobre as vendas, 3 por cento; outras medidas, 5 por cento[c]. Quando se compara as empresas dos EUA com as do Japão, parece que as empresas dos EUA preferem ROI (ou EVA®) a ROS, enquanto as empresas japonesas usam mais ROS do que ROI.[d] Alguns pesquisadores especulam que os gerentes japoneses preferem ROS por ser mais fácil de calcular e porque, mais cedo ou mais tarde, a obtenção de uma margem específica de vendas provavelmente beneficiará o ROI. Desenfatizar o ROI tem outras vantagens. Por exemplo, os gerentes não ficam induzidos a atrasar investimento em instalações ou equipamentos por causa dos efeitos negativos que isso pode ter sobre o ROI no curto prazo. A tabela a seguir apresenta exemplos representativos de indicadores financeiros usados nos diferentes países.

Empresa	Sede	Produto/Negócio	Medidas-chave do desempenho financeiro
Ford Motor	EUA	Automotivo	Lucro, ROS e ROI
Quaker Oats	EUA	Produtos alimentícios	Lucro, RI, EVA®
Guinness	R.U.	Produtos de consumo	Lucro, ROS
Krones	Alemanha	Maquinaria/equipamento	Receita, renda
Mayne Nickless	Austrália	Segurança/transporte	ROI e ROS
Mitsui	Japão	Comércio	Receita, lucro
Pirelli	Itália	Pneus/fabricação	Lucro, fluxo de caixa
Swedish Match	Suécia	Produtos de consumo	ROI

a Adaptado de R. Schlank, *Evaluating the performance*; Business International Corporation, *101 more checklists*; e G.B. Stewart, *EVA®, Fact and fantasy*.

b S. Kalagnanam, *The use of nonfinancial*; K. Yasukata, *A survey of*.

c R. Tang, *Transfer pricing*.

d K. Smith e C. Sullivan, *Survey of cost management*; P. Scarbrough, A. Nanni, e M. Sakurai, *Japanese management accounting*.

Uma análise com vários anos destaca uma outra vantagem da medida RI: o valor presente líquido de todos os fluxos de caixa sobre a vida de um investimento é igual ao valor presente líquido das medidas RIs.[6] Tal característica significa que se os gerentes usarem o método do valor presente líquido para tomar decisões sobre investimentos (como prescrito no Capítulo 7 deste volume), então o uso de RI de múltiplos anos para avaliar os desempenhos de gerentes realizará a congruência de metas.

Uma outra maneira de motivar os gerentes a ter uma perspectiva de longo prazo é compensá-los com base nas mudanças no preço de mercado das ações da empresa. Isso estende os horizontes de tempo dos gerentes porque os preços das ações incorporam com mais rapidez os efeitos futuros esperados de decisões atuais.

Escolhendo definições para indicadores de desempenho: etapa 3

Para ilustrar a Etapa 3 da elaboração de indicadores de desempenho com base contábil, consideramos quatro definições alternativas do investimento que as empresas usam:

6. *Estamos gratos a S. Reichelstein por apontar esta igualdade. Para ver a equivalência, suponha que o investimento de $ 400 mil no hotel de São Francisco aumente o lucro operacional em $ 70 mil por ano da seguinte maneira: aumento em fluxos de caixa operacionais de $ 150 mil a cada ano, por cinco anos, menos depreciação de $ 80 mil ($ 400 000 ÷ 5) por ano, supondo depreciação em linha reta um valor residual de $ 0. A depreciação reduz a quantia do investimento em $ 80 mil a cada ano. Supondo uma taxa mínima de retorno de 12 por cento, os valores presentes líquidos dos fluxos de caixa e dos lucros residuais ficam assim:*

Ano	0	1	2	3	4	5	Valor presente líquido
(1) Fluxo de caixa após IR	–$ 400 000	$ 150 000	$ 150 000	$ 150 000	$ 150 000	$ 150 000	
(2) Valor presente de $ 1 descontado a 12%	1	0,89286	0,79719	0,71178	0,63552	0,56743	
(3) Valor presente: (1) × (2)	–$ 400 000	$ 133 929	$ 119 578	$ 106 767	$ 95 328	$ 85 114	$ 140 716
(4) Lucro operacional		$ 70 000	$ 70 000	$ 70 000	$ 70 000	$ 70 000	
(5) Ativos no início do ano		$ 400 000	$ 320 000	$ 240 000	$ 160 000	$ 80 000	
(6) Custo do capital: (5) × 12%		$ 48 000	$ 38 400	$ 28 800	$ 19 200	$ 9 600	
(7) Lucro residual: (4) – (6)		$ 22 000	$ 31 600	$ 41 200	$ 50 800	$ 60 400	
(8) Valor presente da RI: (7) × (2)		$ 19 643	$ 25 191	$ 29 325	$ 32 284	$ 34 273	$ 140 716

1. *Total de ativos disponíveis* — inclui todos os ativos, independentemente de seu propósito pretendido.
2. *Total de ativos empregados* — total de ativos disponíveis menos a soma de ativos ociosos mais os ativos comprados para expansão futura. Por exemplo, se o hotel de Nova Orleans, no Quadro 9.1, tiver terreno reservado para uma expansão em potencial, o total de ativos empregados pelo hotel excluirá o custo daquele terreno.
3. *Total de ativos menos os passivos circulantes* — total de ativos excluindo aqueles ativos financiados a curto prazo. Um aspecto negativo nesta definição é que ela pode encorajar os gerentes de subunidades a usarem uma quantia excessiva de recursos de curto prazo porque assim se reduz a quantia do investimento.
4. *Patrimônio líquido* — calculado ao distribuir passivos entre subunidades e deduzir a quantia distribuída do total de ativos de cada subunidade. Uma desvantagem deste método é que ele combina decisões operacionais feitas por gerentes de hotéis com decisões financeiras tomadas pela alta direção.

Empresas que usam ROI ou RI geralmente definem investimento como o total de ativos disponíveis. Quando a alta direção orienta um gerente de uma subunidade a carregar ativos extras ou ociosos, o total de ativos empregados pode ser mais informativo do que o total de ativos disponíveis. Empresas que adotam o EVA® definem investimento como o total de ativos empregados menos os passivos circulantes. A lógica para usar o total de ativos empregados menos os passivos circulantes é que o gerente da subunidade muitas vezes influencia as decisões sobre passivos circulantes da subunidade.

Escolhendo formas de avaliação para indicadores de desempenho: etapa 4

Para elaborar indicadores de desempenho com base contábil, precisamos considerar maneiras diferentes de medir ativos incluídos nos cálculos dos investimentos. Os ativos devem ser avaliados pelo custo histórico ou pelo custo atual? Deve o valor contábil bruto (o custo original) ou o valor contábil líquido (o custo original menos a depreciação acumulada) ser usado para ativos depreciáveis?

Custo atual

O **custo atual** é aquele de comprar hoje um ativo idêntico ao atualmente possuído ou o custo de comprar um ativo que proporciona serviços como aquele atualmente possuído se não for possível comprar um semelhante. É claro que avaliar ativos a custos atuais resultará em ROIs diferentes comparados com os ROIs calculados com base nos custos históricos.

Ilustramos os cálculos do ROI com custos atuais usando os dados para o Hospitality Inns (Quadro 9.1), e depois comparamos os ROIs com base nos custos atuais com os ROIs com base nos custos históricos. Suponha que tenhamos as seguintes informações sobre os ativos permanentes para cada hotel:

	São Francisco	Chicago	Nova Orleans
Idade das instalações (final de 2003)	8 anos	4 anos	2 anos
Valor contábil bruto (custo original)	$ 1 400 000	$ 2 100 000	$ 2 730 000
Depreciação acumulada	$ 800 000	$ 600 000	$ 390 000
Valor contábil líquido (final de 2003)	$ 600 000	$ 1 500 000	$ 2 340 000
Depreciação para 2003	$ 100 000	$ 150 000	$ 195 000

O Hospitality Inns supõe uma vida útil estimada de 14 anos, valor residual igual a zero para as instalações físicas e depreciação em linha reta.

Um índice de custos da construção indicando como o custo da construção tem mudado no período de oito anos em que o Hospitality Inns tem operado (final do ano de 1995 = 100) é:

Ano	1996	1997	1998	1999	2000	2001	2002	2003
Índice de custos da construção	110	122	136	144	152	160	174	180

Neste capítulo, calculamos um ROI de 24 por cento para São Francisco, 15 por cento para Chicago e 17 por cento para Nova Orleans. Uma possível explicação para o alto ROI do hotel de São Francisco é que os ativos permanentes dele são expressos em níveis de preços de 1995 — preços que prevaleciam oito anos atrás —, e os ativos permanentes para os hotéis de Chicago e Nova Orleans são expressos em termos de níveis de preços mais recentes, e mais altos, o que reduz os ROIs para esses dois hotéis.

O Quadro 9.2 ilustra uma abordagem passo a passo para incorporar as estimativas de custos atuais de ativos permanentes e depreciação no cálculo do ROI. Fazemos esses cálculos para aproximar o que custaria hoje para obter ativos que produziriam o mesmo lucro operacional esperado que as subunidades atualmente ganham. (Ajustes similares para representar os custos atuais de capital empregado e depreciação também podem ser feitos nos cálculos do RI e do EVA®.) O ajuste do custo atual reduz em mais da metade o ROI do hotel de São Francisco.

Quadro 9.2 ROI para Hospitality Inns: Calcular usando estimativas de custos atuais a partir do final de 2003 para depreciação e ativos permanentes.

Etapa 1: Ajustar ativos permanentes do valor contábil bruto pelo custo histórico para o valor contábil bruto pelo custo atual do final de 2003.

	Valor contábil bruto de ativos permanentes pelo custo histórico	×	(Índice de custos da construção em 2003	÷	Índice de custos da construção no ano de construção)	=	Valor contábil bruto de ativos permanentes pelo custo atual do final de 2003
São Francisco	$ 1 400 000	×	(180	÷	100)	=	$ 2 520 000
Chicago	$ 2 100 000	×	(180	÷	144)	=	$ 2 625 000
Nova Orleans	$ 2 730 000	×	(180	÷	160)	=	$ 3 071 250

Etapa 2: Derivar o valor contábil líquido de ativos permanentes pelo custo atual do final de 2003. (Suponha uma vida útil estimada para cada hotel de 14 anos.)

	Valor contábil bruto de ativos permanentes pelo custo atual no final de 2003	×	(Vida útil estimada remanescente	÷	Total de vida útil estimada)	=	Valor contábil líquido de ativos permanentes pelo custo atual do final de 2003
São Francisco	$ 2 520 000	×	(6	÷	14)	=	$ 1 080 000
Chicago	$ 2 625 000	×	(10	÷	14)	=	$ 1 875 000
Nova Orleans	$ 3 071 250	×	(12	÷	14)	=	$ 2 632 500

Etapa 3: Calcular o custo atual do total de ativos em 2003. (Suponha que os ativos atuais de cada hotel estejam expressos em dólares de 2003.)

	Ativos atuais no final de 2003 (do Quadro 9.1)	+	Ativos permanentes da Etapa 2 acima	=	Custo atual do total de ativos no final de 2003
São Francisco	$ 400 000	+	$ 1 080 000	=	$ 1 480 000
Chicago	$ 500 000	+	$ 1 875 000	=	$ 2 375 000
Nova Orleans	$ 660 000	+	$ 2 632 500	=	$ 3 292 500

Etapa 4: Calcular a despesa de depreciação do custo atual em dólares de 2003.

	Valor contábil bruto de ativos permanentes pelo custo atual do final de 2003	×	(1	÷	Total de vida útil estimada)	=	Despesa de depreciação pelo custo atual em dólares de 2003
São Francisco	$ 2 520 000	×	(1	÷	14)	=	$ 180 000
Chicago	$ 2 625 000	×	(1	÷	14)	=	$ 187 500
Nova Orleans	$ 3 071 250	×	(1	÷	14)	=	$ 219 375

Etapa 5: Calcular o lucro operacional de 2003 usando a depreciação do custo atual de 2003.

	Lucro operacional pelo custo histórico	–	(Despesa de depreciação pelo custo atual em moeda de 2003 (da Etapa 4)	–	Depreciação pelo custo histórico)	=	Lucro operacional para 2003 usando a depreciação pelo custo atual de 2003
São Francisco	$ 240 000	–	($ 180 000	–	$ 100 000)	=	$ 160 000
Chicago	$ 300 000	–	($ 187 500	–	$ 150 000)	=	$ 262 500
Nova Orleans	$ 510 000	–	($ 219 375	–	$ 195 000)	=	$ 485 625

Etapa 6: Calcular o ROI usando estimativas de custos atuais para ativos permanentes e depreciação.

	Lucro operacional para 2003 usando a depreciação do custo atual de 2003 (da Etapa 5)	÷	Custo atual do total de ativos no final de 2003 (da Etapa 3)	=	ROI usando uma estimativa do custo atual
São Francisco	$ 160 000	÷	$ 1 480 000	=	10,8%
Chicago	$ 262 500	÷	$ 2 375 000	=	11,1%
Nova Orleans	$ 485 625	÷	$ 3 292 500	=	14,7%

	ROI a custo histórico	ROI a custo atual
São Francisco	24%	10,8%
Chicago	15%	11.1%
Nova Orleans	17%	14,8%

Ajustar ativos para reconhecer os custos atuais elimina diferenças na base de investimentos causadas somente por diferenças nos níveis de preços. Comparado com o ROI a custo histórico, o ROI a custo atual é um indicador melhor dos atuais retornos econômicos do investimento. Se o Hospitality Inns fosse investir em um hotel novo hoje, investir em um hotel como o de Nova Orleans ofereceria o melhor ROI.

Uma desvantagem em usar os custos atuais é que pode ser difícil obter estimativas de custos atuais para alguns ativos. Isso porque a estimativa requer que a empresa considere, além dos aumentos nos níveis de preços, os avanços tecnológicos como na informática e em processos que poderiam reduzir o custo atual dos ativos necessários para obter o lucro operacional de hoje.

Ativos permanentes: Valor contábil bruto ou líquido?

Como o custo histórico de ativos é muitas vezes usado para calcular o ROI, tem havido muita discussão sobre se o valor contábil bruto ou o valor contábil líquido de ativos deve ser usado. Usando os dados do Quadro 9.1, calculamos o ROI com valores contábeis líquidos e com valores contábeis brutos para a instalação e o equipamento da seguinte maneira:

	São Francisco	Chicago	Nova Orleans
ROI para 2003 usando o valor contábil líquido do total de ativos dado no Quadro 9.1 e calculado anteriormente	$\frac{\$ 240\ 000}{\$ 1\ 000\ 000} = 24\%$	$\frac{\$ 300\ 000}{\$ 2\ 000\ 000} = 15\%$	$\frac{\$ 510\ 000}{\$ 3\ 000\ 000} = 17\%$
ROI para 2003 usando o valor contábil bruto do total de ativos obtido ao somar a depreciação acumulada da p. 257 ao valor contábil líquido do total de ativos no Quadro 9.1.	$\frac{\$ 240\ 000}{\$ 1\ 800\ 000} = 13{,}3\%$	$\frac{\$ 300\ 000}{\$ 2\ 600\ 000} = 11{,}5\%$	$\frac{\$ 510\ 000}{\$ 3\ 390\ 000} = 15\%$

Usando o valor contábil bruto, o ROI de 13,3 por cento do hotel mais velho de São Francisco é mais baixo que o ROI de 15 por cento do hotel mais novo de Nova Orleans. Aqueles que preferem usar o valor contábil bruto afirmam que ele possibilita comparações mais precisas do ROI entre as subunidades. Por exemplo, ao usar nos cálculos o valor contábil bruto, o retorno sobre o investimento original na instalação e no equipamento é mais alto para o hotel mais novo de Nova Orleans do que para o hotel mais velho de São Francisco. Essa diferença provavelmente reflete o declínio em poder de ganho do hotel de São Francisco. Em contrapartida, o uso do valor contábil líquido mascara esse declínio em poder de ganho porque a base de investimento em constante declínio resulta em um ROI mais alto para o hotel de São Francisco — 24 por cento nesse exemplo. A taxa mais alta pode levar tomadores de decisão a equivocadamente achar que o poder de ganho do hotel de São Francisco não diminuiu.

Os defensores do uso do valor contábil líquido como base de investimento mantêm que ele é menos confuso porque (1) é consistente com a quantia de ativos totais mostrados no Balanço Patrimonial e (2) com os cálculos de lucro que incluem deduções para a depreciação. O quadro 'Pesquisas de Práticas Empresariais' relata que o valor contábil líquido é a medida dominante para os ativos usada por empresas com a finalidade de avaliações de desempenhos internos.

Escolhendo metas de desempenho: etapa 5

Consideraremos agora o estabelecimento de metas para um indicador de desempenho com base contábil contra os quais se pode comparar o desempenho real. Medidas contábeis com base nos custos históricos normalmente são inadequadas para avaliar retornos econômicos sobre investimentos novos e, em alguns casos, criam desincentivos para a expansão. Apesar desses problemas, ROIs de custos históricos podem ser usados para avaliar o desempenho atual por meio do estabelecimento de ROIs-*meta*. Para o Hospitality Inns, precisamos reconhecer que os hotéis foram construídos em anos diferentes, o que significa que foram construídos em níveis diferentes do índice de custos da construção. A alta direção poderia ajustar os ROIs-meta com base em custos históricos, ao estabelecer o ROI para São Francisco a 26 por cento, de Chicago a 18 por cento e de Nova Orleans a 19 por cento.

A alternativa entre comparar resultados reais com o desempenho-meta ou orçado é freqüentemente esquecida. O orçamento deve ser cuidadosamente negociado com pleno conhecimento das armadilhas contábeis pelo uso do custo histórico. *Empresas devem fazer um orçamento sob encomenda para uma subunidade em particular, um sistema contábil em particular e um indicador do desempenho em particular.* Por exemplo, muitos problemas de valorização de ativos e de medição do lucro podem ser resolvidos se a alta direção fizer com que os gerentes de subunidades se concentrem no que é alcançável no próximo período orçamentário — se ROI, RI ou EVA® será usado e se as medidas financeiras são baseadas no custo histórico ou em alguma outra medida como o custo atual.

Uma maneira popular de estabelecer metas é por meio do acúmulo de melhoria contínua. Se uma empresa estiver usando EVA® como indicador de desempenho, a alta direção poderá avaliar as operações por meio das variações anuais no EVA®, em vez de em medidas absolutas do EVA®. A avaliação do desempenho com base nas *melhorias* no EVA® faz com que o método inicial de calcular o EVA® se torne menos importante.

Escolhendo a periodicidade do *feedback*: etapa 6

A etapa final na elaboração do indicador de desempenho com base contábil é a periodicidade do *feedback*, que depende, em grande parte, (a) do peso da informação para o sucesso da organização, (b) do nível específico da gerência recebendo o *feedback* e (c) da sofisticação da tecnologia da informação da organização. Por exemplo, os gerentes de hotéis responsáveis pelas vendas dos apartamentos querem informações sobre o número de apartamentos vendidos em base diária ou semanal. Isso porque uma grande porcentagem dos custos é fixa, e conseguir altas taxas de ocupação e agir rapidamente para reverter quaisquer tendências de vendas em declínio são fundamentais para o sucesso financeiro de cada hotel. Proporcionar aos gerentes informações diárias sobre as vendas de apartamentos é muito mais fácil se o Hospitality Inns tiver um sistema informatizado de reservas de apartamentos e de *check-in*. No entanto, a alta direção pode examinar as informações sobre a venda diária de apartamentos somente mensalmente. Em algumas situações, devido à preocupação com o indicador de receitas/ativos para o hotel de Chicago, eles podem querer as informações semanalmente.

Indicadores de desempenho em empresas multinacionais

Comparar o desempenho de divisões de uma empresa multinacional — ou seja, uma empresa operando em países diferentes — apresenta dificuldades adicionais.[7]

- Os ambientes econômico, legal, político, social e cultural diferem significativamente entre os países.
- Governos em alguns países podem impor controles e limitar preços de vendas dos produtos de uma empresa. Por exemplo, alguns países na Ásia, América Latina e Leste Europeu impõem tarifas e impostos alfandegários para restringir as importações de certos bens.
- A disponibilidade de materiais e de mão-de-obra qualificada, assim como os custos de materiais, mão-de-obra e infra-estrutura (energia, transporte e comunicação), também pode diferir significativamente entre os países.
- Divisões operando em países diferentes mantêm registros de seus desempenhos em moedas diferentes. As taxas de inflação e as flutuações nas taxas de câmbio afetam os indicadores de desempenho.

Ajustes são necessários para comparar indicadores de desempenho entre países.

Calculando o ROI de uma divisão externa em moeda estrangeira

Suponha que o Hospitality Inns invista em um hotel da Cidade do México. O investimento consiste principalmente de prédios e móveis. Suponha também que:

- A taxa de câmbio no momento do investimento do Hospitality, no dia 31 de dezembro de 2001, seja de 10 pesos = $ 1.
- Durante 2002, o peso mexicano sofra declínio constante no seu valor. A taxa de câmbio, no dia 31 de dezembro de 2002, é de 15 pesos = $ 1.
- A taxa média de câmbio, durante 2002, é de [(10 + 15) ÷ 2] = 12,5 pesos = $ 1.
- O investimento (total de ativos) no hotel na Cidade do México é de 30 milhões de pesos.
- O lucro operacional do hotel na Cidade do México, em 2002, é de seis milhões de pesos.

Qual é o ROI com base no custo histórico para o hotel na Cidade do México em 2002?

Para responder, primeiro precisamos saber: devemos calcular o ROI em pesos ou em moeda de matriz? Se calcularmos o ROI em moeda de matriz, que taxa de câmbio devemos usar? Também podemos estar interessados em como o ROI do Hospitality Inns Cidade do México (HICM) se compara com o ROI do Hospitality Inns Nova Orleans (HINO), também um hotel relativamente novo, com mais ou menos o mesmo tamanho. As respostas fornecem informações que serão úteis para tomar decisões futuras sobre investimentos.

7. *Veja M. Z. Iqbal,* International accounting — A global perspective. *Cincinnati: South-Western College Publishing, 2002.*

$$\text{ROI da HICM (calculado usando pesos)} = \frac{\text{Lucro operacional}}{\text{Total de ativos}} = \frac{\text{6 000 000 de pesos}}{\text{30 000 000 de pesos}} = \text{0,20, ou 20\%}$$

O ROI do HICM de 20 por cento é mais alto do que o ROI do HINO de 17 por cento. Significaria isso que o HICM teve um desempenho superior ao HINO com base no critério do ROI? Não necessariamente. Por que não? Porque o HICM opera em um ambiente econômico muito diferente do do HINO.

O peso caiu em valor, relativo à moeda de matriz em 2002. Pesquisas mostram que o declínio do peso está correlacionado à inflação correspondentemente mais alta no México do que nos Estado Unidos.[8] Como resultado da inflação mais alta no México, o HICM cobrará preços mais altos pelos seus apartamentos que, por sua vez, aumentarão o lucro operacional do HICM e levarão a um ROI mais alto. A inflação distorce os retornos econômicos reais sobre um ativo e faz com que o ROI com base no custo histórico seja mais alto. Diferenças nas taxas de inflação entre os dois países fazem com que uma comparação direta do ROI em pesos do HICM com o ROI em moeda de matriz do HINO seja enganosa.

Calculando o ROI da divisão externa em moeda de matriz

Uma maneira de fazer com que os ROIs, com base nos custos históricos, sejam mais significativamente comparáveis um com o outro é ajustando o desempenho do HICM em moeda de matriz. Mas qual é a taxa de câmbio que devemos usar para fazer com que a comparação seja significativa? Suponha que o lucro operacional tenha sido gerado uniformemente durante 2002. Usamos a taxa média de câmbio de 12,5 pesos = $ 1 para converter o lucro operacional de pesos para moeda de matriz: 6 milhões de pesos ÷ 12,5 pesos por moeda de matriz = $ 480 000. O efeito de dividir o lucro operacional em pesos pela taxa de câmbio mais alta durante 2002, em vez da taxa de câmbio do dia 31 de dezembro de 2001, de 10 pesos = $ 1, é que qualquer aumento no lucro operacional em pesos como resultado da inflação durante 2002 é eliminado quando este é convertido de volta para moeda de matriz.

A que taxa devemos converter o total de ativos de 30 milhões de pesos do HICM? Pela taxa de câmbio de 10 pesos = $ 1, quando os ativos foram adquiridos no dia 31 de dezembro de 2001. Isso porque os ativos do HICM são registrados em pesos pelo custo de 31 de dezembro de 2001, e eles não são valorizados de novo como resultado da inflação no México em 2002. Como o custo de ativos registrado nos livros do HICM não é afetado pela inflação subseqüente, a taxa de câmbio da data da aquisição deve ser usada para converter os ativos em moeda de matriz. Usar taxas de câmbio posteriores ao dia 31 de dezembro de 2001 seria incorreto, por incorporarem a inflação mais alta no México em 2002. O total de ativos é convertido para 30 milhões de pesos ÷ 10 pesos por moeda de matriz = $ 3 000 000.

Então,

$$\text{ROI da HICM (calculado usando dólares)} = \frac{\text{Lucro operacional}}{\text{Total de ativos}} = \frac{\$ \text{ 480 000}}{\$ \text{ 3 000 000}} = \text{0,16 ou 16\%}$$

Como já discutimos, esses ajustes fazem com que os ROIs dos hotéis da Cidade do México e Nova Orleans, com base no custo histórico, sejam comparáveis porque eliminam os efeitos de quaisquer diferenças nas taxas de inflação entre os dois países. O ROI do HICM, de 16 por cento, é menor que o ROI do HINO, de 17 por cento.

A renda residual, calculada em pesos, sofre dos mesmos problemas que o ROI calculado usando pesos. Calcular o RI do HICM em moeda de matriz ajusta para mudanças nas taxas de câmbio e estabelece comparações mais significativas com os outros hotéis do Hospitality Inns:

$$\begin{aligned}\text{RI do HICM} &= \$ \text{ 480 000} - (0{,}12 \times \$ \text{ 3 000 000})\\ &= \$ \text{ 480 000} - \$ \text{ 360 000} = \$ \text{ 120 000}\end{aligned}$$

a qual também é inferior ao RI do HINO de $ 150 mil. Ao interpretar o ROI e o RI do HICN e do HINO, lembre-se de que são cálculos com base em custos históricos. No entanto, eles pertencem a hotéis relativamente novos.

Distinção entre gerentes e unidades organizacionais[9]

A avaliação do desempenho de um *gerente* deve ser separada da avaliação do desempenho da *subunidade*, como uma divisão de uma empresa. Muitas vezes, empresas colocam o gerente mais capacitado encarregado da divisão que produz o pior retorno econômico na tentativa de melhorá-la. A divisão pode levar anos para mostrar melhorias. Além disso, os esforços do gerente podem resultar apenas em trazer a divisão até um ROI minimamente aceitável. A divisão pode continuar a ter um mau desempenho em comparação com as outras divisões, mas seria um erro inferir pelo mau desempenho da divisão, que o gerente está tendo um desempenho ruim. O desempenho da divisão pode ser adversamente afetado por condições econômicas sobre as quais o gerente não tem nenhum controle.

8. *W. Beaver e M. Wolfson, Foreign Currency Translation gains and losses: What effect do they have and what do they mean?* Financial Analysts Journal *mar.-abr. 1984; F.D.S. Choi, Resolving the inflation/currency translation dilemma,* Management international review. *v. 34, Edição Especial, 1994.*

9. *As apresentações aqui foram retiradas (em parte) de notas de aula preparadas por S. Huddart, N. Melumad e S. Reichelstein.*

Como outro exemplo, considere novamente o hotel do Hospitality Inns, na Cidade do México (HICM). Suponha que, apesar da alta inflação no México, o HICM não pudesse aumentar os preços das diárias por causa de regulamentos de controle de preços impostos pelo governo. O desempenho do HICM em termos de moeda de matriz seria muito ruim em razão do declínio no valor do peso. Porém, deveria a alta direção atribuir o mau desempenho do HICM a um possível mau desempenho de seu gerente? Provavelmente não. Por que não? Porque é mais do que provável que o mau desempenho do HICM tenha sido, em grande parte, resultado de fatores reguladores que estavam fora do controle do gerente.

Nas seções a seguir, mostraremos os princípios básicos para a avaliação do desempenho de um gerente de uma subunidade, embora esses princípios se apliquem a gerentes em todos os níveis de uma organização. Seções posteriores consideram exemplos no nível do trabalhador individual e no nível da alta direção. Ilustramos esses princípios usando a medida do desempenho do RI.

O *TRADE-OFF* BÁSICO: CRIANDO INCENTIVOS *VERSUS* IMPONDO RISCO

O modo de avaliação do desempenho de gerentes e funcionários afeta seus prêmios. Acordos de remuneração vão de um salário fixo sem nenhum incentivo (ou bônus) com base no desempenho, como no caso de muitos funcionários do governo, a prêmios baseados somente no desempenho, como no caso de corretores imobiliários que não recebem salários e que são remunerados somente mediante comissões pagas sobre as propriedades que eles vendem. A remuneração total da maioria dos gerentes inclui alguma combinação de salário e um incentivo com base no desempenho. Portanto, ao elaborar acordos de remuneração, precisamos considerar o *trade-off entre a criação de incentivos e a imposição de riscos*. Ilustramos a troca no contexto de nosso exemplo do Hospitality Inns.

Sally Fonda é a proprietária da rede de hotéis Hospitality Inns. Roger Brett gerencia o hotel Hositality Inns em São Francisco (HISF). Suponha que Sally use o RI para medir o desempenho. Para melhorá-lo, Sally gostaria que Brett aumentasse as vendas, controlasse os custos, proporcionasse bom e cortês atendimento e reduzisse o capital de giro. Mas mesmo se Brett fizesse tudo isso, um RI alto não estaria garantido. O RI da HISF é afetado por muitos fatores que saem do controle de Sally e Brett, como uma recessão na economia local ou um terremoto que poderia afetar negativamente o HISF. Ou, ainda, fatores incontroláveis, como a construção de estradas perto de hotéis concorrentes, que poderia ter um efeito positivo sobre o RI do HISF. Fatores incontroláveis fazem com que a rentabilidade do HISF seja incerta e, portanto, arriscada.

Sally é uma empreendedora, portanto, ela espera arcar com o risco. Mas Roger não gosta de ser submetido a riscos. Uma maneira de tranqüilizá-lo em relação à possibilidade de riscos é a de remunerá-lo com um salário fixo, independentemente da quantia real de RI obtida, o que resultaria em todo o risco sendo arcado pela Sally. No entanto, esse arranjo cria um problema em razão de o esforço de Roger ser difícil de ser monitorado. A não-remuneração com base no desempenho não proporcionará a Brett nenhum incentivo em trabalhar mais duro ou em empenhar esforço físico ou mental adicional além do necessário para manter seu emprego ou preservar os próprios valores pessoais.

O **risco moral**[10] descreve situações em que um funcionário prefere exercer menos esforço (ou relatar informações distorcidas) comparado ao esforço (ou informações corretas) desejado pelo proprietário porque o esforço do funcionário (ou a validade das informações relatadas) não pode ser monitorado ou garantido. Em alguns serviços repetitivos, como na montagem de produtos eletrônicos, um supervisor pode monitorar as ações dos funcionários e o problema do risco moral poderá não ocorrer. No entanto, o trabalho de um gerente é colher e interpretar informações e exercer julgamento com base nas informações obtidas. Monitorar o esforço de um gerente é mais difícil.

Não pagar nenhum salário e premiar Roger *apenas* com base em algum indicador de desempenho — o RI no nosso exemplo — levanta outras preocupações. Nesse caso, Roger estaria motivado a se empenhar para aumentar o RI porque seus prêmios aumentariam com os aumentos no RI. Mas remunerar Brett com base no RI também o sujeita ao risco. Isto porque o RI do HISF não depende apenas do esforço de Roger, mas também de fatores como as condições econômicas locais sobre as quais ele não tem nenhum controle.

Roger não gosta de estar submetido a situações de risco. Para compensá-lo por assumir riscos, Sally precisa pagar a ele alguma remuneração extra, ou seja, o uso de bônus com base no desempenho custará mais a Sally, *na média*, do que pagar um salário fixo a Roger. Por que 'na média'? Porque o pagamento da remuneração vai variar com os resultados do RI. Quando a média desses resultados for feita, a remuneração com base no RI custará mais para Sally do que se ela pagar o salário fixo. A motivação para ter salário e bônus com base no desempenho nos arranjos de remuneração é equilibrar o benefício dos incentivos contra o custo adicional da imposição do risco ao gerente.

INTENSIDADE DOS INCENTIVOS E INDICADORES FINANCEIROS E NÃO-FINANCEIROS

O que afeta a intensidade dos incentivos? Ou seja, quão grande deve ser o componente incentivo na remuneração de um gerente em relação ao componente salário? Para responder essas questões, precisamos compreender quanto do indicador de desempenho é afetado por medidas tomadas pelo gerente na busca dos objetivos do proprietário.

10. *O termo* risco moral *é originado de contratos de seguro para representar situações em que a cobertura do seguro fazia com que as partes seguradas tomassem menos cuidado com as suas propriedades do que o fariam de outro modo. Uma resposta para o risco moral nos contratos de seguro é o sistema de franquias (ou seja, o segurado paga por danos abaixo de uma quantia especificada).*

Os indicadores de desempenho preferidos são aqueles que são sensíveis ao, ou que mudam significativamente com, o desempenho do gerente e não se alteram muito com mudanças em fatores que estão além do controle do gerente. Indicadores de desempenho sensíveis motivam o gerente, assim como limitam a exposição dele ao risco, reduzindo o custo de fornecer incentivos. Indicadores menos sensíveis não são afetados pelo desempenho do gerente e falham em induzi-lo a melhorar. Quanto mais os proprietários tiverem indicadores sensíveis do desempenho disponíveis, mais eles poderão valer-se da remuneração com base em incentivos para pagar os gerentes.

Suponha que Roger não tenha nenhuma autoridade para determinar investimentos e que as receitas sejam determinadas em grande parte por fatores externos, como condições econômicas locais: teríamos que os indicadores de Roger influenciariam apenas os custos. O uso do RI como medida de desempenho, nessas circunstâncias, sujeitará o bônus de Roger a um risco excessivo, porque dois dos componentes do indicador de desempenho — investimentos e receitas — em grande parte não são relacionados às suas ações. O contador gerencial poderá sugerir que, para criar incentivos mais consistentes, Sally devesse considerar o uso de um indicador de desempenho diferente para Roger. Talvez ela devesse usar os custos do HISF, um indicador que é diretamente afetado pelo esforço de Roger. Nesse caso, o RI pode ser um bom indicador da viabilidade econômica do HISF, mas não do desempenho de Roger.

Os benefícios do uso de indicadores de desempenho diretamente afetados pelos esforços de um gerente encorajam o uso de indicadores não-financeiros. Considere dois indicadores possíveis para avaliar o gerente do departamento de governança em um dos hotéis do Hospitality: (1) os custos do próprio departamento e (2) o tempo médio demandado pela equipe de governança para limpar corretamente um apartamento. Suponha que os custos da governança sejam afetados por fatores como taxas salariais, as quais o gerente de governança não estabelece. Nesse caso, o tempo médio demandado para limpar corretamente um apartamento pode ser preferido como indicador de desempenho por ser mais diretamente influenciado pelo desempenho do gerente.

O componente salário na remuneração domina quando os indicadores de desempenho, sensíveis à atuação do gerente, não estão disponíveis. Esse é o caso, por exemplo, de alguns funcionários de assessoria corporativa ou do governo. No entanto, o componente salário alto não significa que os incentivos estejam totalmente ausentes. Promoções e aumentos de salário dependem de algum indicador geral de desempenho, mas nesse caso os incentivos são menos diretos. O componente incentivo da remuneração é alto quando indicadores sensíveis do desempenho estão disponíveis e quando é difícil monitorar o esforço do funcionário, como para as imobiliárias.

Pesquisas mostram que os arranjos de remuneração para gerentes de divisões incluem uma mistura de salário, bônus e remuneração de longo prazo ligada aos lucros e ao preço das ações da empresa. A meta para tais arranjos de remuneração é equilibrar incentivos da divisão e da empresa como um todo, assim como incentivos de curto e de longo prazos. Uma pesquisa entre empresas descreveu o componente de incentivo médio anual da seguinte maneira: (1) bônus com base no desempenho no curto prazo igual a 40 por cento do salário atual e (2) remuneração média anual em dinheiro e ações com base no desempenho de longo prazo igual a 57 por cento do salário atual. Essas porcentagens variam muito na amostra; algumas empresas usam incentivos pelo desempenho mais amiúde do que outras.[11]

Benchmarks e avaliação do desempenho relativo

Proprietários muitas vezes usam *benchmarks* (referências) para avaliar o desempenho. *Benchmarks* representando as 'melhores práticas' podem estar disponíveis dentro ou fora da organização. Para o Hospitality Inns, *benchmarks* poderiam ser hotéis similares, dentro ou fora da rede do Hospitality Inns. Suponha que Roger tenha responsabilidade por receitas, custos e investimento. Ao avaliar o desempenho de Roger, Sally iria querer usar como *benchmark* um hotel de tamanho similar influenciado pelos mesmos fatores incontroláveis — por exemplo, localização, tendências demográficas e condições econômicas — que afetam o HISF. Se todos esses fatores fossem os mesmos, *diferenças* nos desempenhos dos dois hotéis ocorreriam somente devido a diferenças nos desempenhos dos dois gerentes. O *benchmarking*, também denominado *avaliação do desempenho relativo*, 'filtra' os efeitos dos fatores incontroláveis em comum.

Seria possível fazer o *benchmarking* do desempenho de dois gerentes responsáveis pela direção de operações similares dentro de uma mesma empresa, um contra o outro? Sim, mas essa abordagem poderia criar um problema: o uso desses *benchmarks* poderá reduzir os incentivos para que um coopere com o outro, porque o indicador da avaliação de desempenho de um gerente melhora ou por fazer um melhor trabalho ou como resultado de o outro gerente fazer um mau trabalho. Quando os gerentes não cooperam e não trabalham juntos, a empresa padece. Nesse caso, o uso de *benchmarks* internos para a avaliação do desempenho poderá não levar ao alinhamento de metas. A seção 'Conceitos em Ação' discute a prática de forçar a classificação de todos os funcionários em uma empresa com base no seu desempenho.

11. *R. Bushman, R. Indjejikian e A. Smith, Aggregate performance measures in business unit manager compensation: the role of intrafirm interdependencies.* Journal of Accounting Research. *v. 33 Suplemento, 1995.*

Conceitos em ação

Empresas deveriam classificar funcionários compulsoriamente

Nos últimos anos, muitas empresas nos EUA instituíram programas de avaliação de funcionários que 'classificam funcionários compulsoriamente' — querendo dizer que todos os funcionários são classificados com base no seu desempenho, parte recebendo a nota mais alta e parte a nota mais baixa.

Empresas fazem isso para motivar os funcionários e combater um excesso de complacência nas avaliações de desempenho. Jack Welch, na sua última carta aos acionistas como CEO da General Electric, disse: "Uma empresa que aposta seu futuro nas pessoas precisa dispensar os 10 por cento menos capazes e continuar a dispensá-los a cada ano... É assim que as verdadeiras meritocracias são criadas e prosperam".

No entanto, nem sempre as coisas funcionam como planejado. Em janeiro de 2000, a Ford Motor Company instituiu um sistema de classificação compulsória para todos os seus 18 mil gerentes. Os supervisores precisavam atribuir a 10 por cento dos funcionários a nota mais baixa, e em as recebendo por dois anos consecutivos estariam sujeitos a demissão. No entanto, em julho de 2001, o CEO da Ford, Jacques Nasser, anunciou que o programa estava sendo desativado. Nasser disse que o programa "era visto como um sistema inflexível por alguns e como discriminatório por outros". Poucos meses depois, o jornal *Detroit News* relatou que "no mínimo, o sistema de classificação compulsório gerou ressentimento entre muitos dos funcionários da Ford. E pior, fomentou um ambiente de trabalho repleto de paranóia e concorrência desleal. Muitos gerentes, independentemente da nota que tivessem recebido, dizem que a classificação compulsória prejudica o trabalho em equipe".

É geralmente reconhecido que há um elemento subjetivo na maioria das avaliações de funcionários. Essa subjetividade tende a ampliar preocupações sobre os sistemas de classificação compulsória. Além do mais, em 2000 e 2001, funcionários entraram com ações de classe contra a Ford Motor, Microsoft e Conoco alegando que elas estavam usando programas de avaliação de funcionários para racionalizar a demissão de certas pessoas das quais elas queriam se ver livres, independentemente de mérito. Em cada caso, um grupo diferente de funcionários entrou com as acusações: funcionários mais velhos na Ford, negros e mulheres na Microsoft, cidadãos dos EUA na Conoco.

Sistemas de classificação compulsória são um problema especial quando aplicados em grupos pequenos de funcionários. Um ex-executivo da Microsoft disse que foi muito difícil classificar compulsoriamente quando um grupo constava de apenas cinco pessoas. Ao mesmo tempo, avaliar funcionários que fazem tipos diferentes de serviço não é fácil. Um executivo de um banco disse que o seu chefe tinha de classificar um vice-presidente de pesquisa contra um vice-presidente de marketing, de gestão do risco de crédito, gestão do risco de mercado e colocação privada. Ele disse que seu chefe ficou 'totalmente confuso'.

Os críticos da classificação compulsória reconhecem que a complacência em avaliações de desempenho é um problema rotineiro. A meta real, eles dizem, é ensinar as pessoas a ter conversas difíceis com funcionários em dificuldades, sem precisar fazer *benchmarking* de todos contra todos.

Fonte: Detroit News. 11 jul. e 29 abr. 2001; *Chicago Sun-Times*. 3 jun. 2001; *Fortune*. 28 maio 2001; *New York Times*. 19 mar. 2001, e Relatório anual da General Electric de 2000.

Indicadores de desempenho no nível da atividade individual

Há duas questões quando estiver avaliando o desempenho no nível da atividade individual: (a) elaborar indicadores de desempenho para atividades que necessitem de tarefas múltiplas e (b) elaborar indicadores de desempenho para atividades realizadas em equipe.

Desempenhando tarefas múltiplas

A maioria dos funcionários desempenha mais de uma tarefa como parte de seu trabalho. Representantes de marketing vendem produtos, fornecem suporte ao cliente e colhem informações do mercado. Trabalhadores de produção são responsáveis pela quantidade e qualidade de sua produção. Empregadores querem que os funcionários aloquem seu tempo e esforço de forma inteligente entre várias tarefas ou aspectos de seu trabalho.

Considere os mecânicos em uma oficina de conserto de automóveis cujo ofício tem dois aspectos distintos: o de conserto — realizando mais consertos gera mais receitas para a oficina — e o da satisfação do cliente — quanto mais alta a qualidade do serviço, mais provável será de os clientes ficarem satisfeitos. Se o empregador quiser que um funcionário atue em ambas as funções, então precisa avaliar e remunerar condizentemente.

Suponha que o empregador consiga medir com facilidade a quantidade — mas não a qualidade — dos consertos dos automóveis. Se ele premiar os funcionários com base em uma taxa por serviço, que os paga somente com base no número de reparos realmente efetuados, os mecânicos provavelmente aumentarão o número de reparos em detrimento da qualidade. A Sears, Roebuck and Co. teve esse problema quando a empresa introduziu taxas por serviço para seus mecânicos. Os gerentes da Sears reagiram, tomando três decisões para motivar os funcionários no sentido de obter equilíbrio entre quantidade e qualidade: (1) eliminaram o sistema da taxa por serviço, pagando aos mecânicos um salário por hora, decisão que desestimulou a ênfase na quantidade de reparos. As promoções e os aumentos de salário dos mecânicos eram determinados com base na avaliação da gerência sobre o desempenho geral de cada mecânico em relação à quantidade e à qualidade dos reparos; (2) começaram a avaliar funcionários, em parte, usando dados como pesquisas de satisfação do cliente, número de clientes insatisfeitos e o número de reclamações de clientes e (3) usaram uma equipe de uma agência independente para, aleatoriamente, avaliar se a qualidade dos consertos foi satisfatória.

Observe que indicadores não-financeiros — como os índices de satisfação de clientes — ajudam a motivar os mecânicos a enfatizar ambas: quantidade e qualidade. O objetivo da avaliação de desempenho é avaliar ambos os aspectos do trabalho dos mecânicos e equilibrar os incentivos para que tais aspectos sejam enfatizados corretamente. Alcançar esse objetivo alinhará os incentivos dos mecânicos com a meta da Sears de maximizar os lucros de longo prazo e o valor para os acionistas.

Arranjos de remuneração com base em equipes

Muitos problemas de produção, marketing e projeto podem ser resolvidos quando funcionários com múltiplas habilidades, conhecimento, experiência e capacidade de julgamento juntam seus talentos. Uma equipe obtém melhores resultados do que funcionários agindo isoladamente.[12] Empresas premiam indivíduos com base no desempenho da equipe, incentivo que encoraja os indivíduos a cooperar uns com os outros enquanto se empenham em objetivos comuns.

Modelos específicos de remuneração com base em equipe variam entre as empresas. A Colgate Palmolive premia equipes baseada no desempenho de cada equipe. A Novartis, empresa suíça de produtos farmacêuticos, premia equipes baseada no desempenho da empresa como um todo — uma certa quantidade de bônus com base em equipe é paga somente se a empresa alcançar certas metas. Para encorajar o desenvolvimento de habilidades em equipes, o plano com base em habilidades da Tennessee Eastman premia membros de equipes usando um *checklist* de habilidades, como a comunicação e a disposição em cooperar. Se a remuneração com base em equipes é desejável ou não, depende, em grande parte, da cultura e do estilo gerencial de uma organização em particular. Por exemplo, uma crítica à remuneração com base em equipe, especialmente nos Estados Unidos, é que ficam reduzidos os incentivos para que funcionários venham a se destacar individualmente, prejudicando o desempenho global. Um outro problema é gerenciar membros de equipes que não contribuem de modo produtivo para o sucesso da equipe mas que, mesmo assim, compartilham os prêmios.

Remuneração e indicadores de desempenho da alta direção

Os princípios da avaliação do desempenho descritos nas seções anteriores também se aplicam aos planos de remuneração para executivos. Esses planos são baseados em indicadores financeiros e não-financeiros do desempenho e consistem da mistura de (1) salário base; (2) incentivos anuais, como bônus em dinheiro baseado na obtenção de um RI anual-meta; (3) incentivos de longo prazo, como opções de ações (descritas mais adiante nesta seção) com base no desempenho das ações sobre, digamos, um período de cinco anos; e (4) benefícios como seguro de vida, escritório com vista privilegiada, ou uma assessora particular. Os elaboradores de planos de remuneração para executivos enfatizam três fatores: a realização de metas da organização, a facilidade em administrar o plano e a garantia de que os executivos percebam o plano como justo.

Planos bem elaborados usam uma mistura de remunerações que equilibram o risco (o efeito de fatores incontroláveis sobre o indicador de desempenho e, portanto, a remuneração) com incentivos de curto e de longo prazos. Por exemplo, avaliar o desempenho com base no EVA® aprimora o foco do executivo no curto prazo. E o uso do EVA® e de planos de opções de ações sobre, digamos, cinco anos, motiva o executivo a assumir uma visão também de longo prazo.

Opções de ações dão aos executivos o direito de comprar ações da empresa a preço (denominado *preço de exercício*) e período especificados. Suponha que no dia 26 de abril de 2001, a Marriott International tenha dado ao seu CEO a opção de comprar cem mil de suas ações, a qualquer momento antes do dia 30 de junho de 2005, pelo preço de mercado do dia 26 de abril de 2001, de $ 43 por ação. Digamos que o preço das ações da Marriott suba para $ 58 por ação no dia 24 de março de 2005, e que o CEO exerça o direito sobre todas as cem mil ações. O CEO ganharia $ 15 ($ 58 – $43) por ação sobre as cem mil ações, ou $ 1,5 milhão. Se o preço das ações da Marriott se mantiver abaixo dos $ 43 durante todo o período, o CEO simplesmente abdicará do direito de comprá-las. Ao atrelar a remuneração do

12. *J. Katzenbach e D. Smith,* The wisdom of teams. *Boston: Harvard Business School Press, 1993.*

CEO aos aumentos no preço das ações da empresa, o plano de opções de ações motiva o CEO a melhorar o desempenho de longo prazo da empresa para aumentar o preço das ações.

Em 1995, o Conselho das Normas Contábeis Financeiras (FASB) emitiu a Declaração nº 123 sobre a contabilidade de opções de ações. Para a maioria das opções de ações autorizada, o preço de exercício da opção é igual ou excede o preço de mercado da ação no dia em que as opções são autorizadas. Nesses casos, a Declaração encoraja, mas não exige, que a empresa registre um custo de remuneração na sua demonstração de resultados. A empresa não precisa reconhecer o custo, embora tenha sacrificado algo de valor — o lucro potencialmente grande pelo exercício das opções de ações que o executivo receberá se o preço das ações subir. Se a empresa não registrar nenhum custo na sua demonstração de resultados, ela precisará revelar em uma nota explicativa o efeito sobre o lucro líquido e o lucro por ação, se a empresa tivesse reconhecido o custo, igual ao valor de mercado estimado das opções na data da autorização.[13]

Respondendo a algumas preocupações sobre as altas remunerações de executivos apesar do mau desempenho das empresas, a Securities Exchange Comission (SEC) emitiu regras exigindo aberturas mais detalhadas sobre os acordos de remuneração para a alta direção. Cumprindo com essas regras em 2001, a Marriott International, por exemplo, revelou uma tabela de remuneração mostrando salários, bônus, opções de ações, outros prêmios com ações e outras compensações ganhas pelos seus cinco principais executivos durante os anos fiscais de 1998, 1999 e 2000. A Marriott divulgou também o desempenho de suas ações em relação ao mercado em geral (Índice S&P 500) e às ações de outros hotéis (o Índice S&P de Hotéis). Investidores usam essas informações para avaliar o relacionamento entre remuneração e desempenho entre empresas no geral, entre empresas de tamanhos similares e entre empresas operando em indústrias similares.

As regras da SEC exigem também que empresas divulguem os princípios que formam a base dos planos de remuneração de seus executivos e os critérios de desempenho — como rentabilidade, crescimento de receitas e participação no mercado — usados para determinar a remuneração. No seu relatório anual, a Marriott International descreveu esses princípios como "construindo uma forte correlação entre o retorno aos acionistas e a remuneração dos executivos, oferecendo incentivos que encorajem a obtenção de objetivos de curto e de longo prazos do negócio e proporcionando um nível total de remuneração, compatível com o desempenho". A Marriott usa o fluxo de caixa, o lucro por ação e a satisfação do hóspede como os critérios de desempenho para determinar os incentivos anuais para os seus executivos.

Motivação intrínseca e cultura da organização

Dada a ênfase, neste livro, sobre a contabilidade, este capítulo enfatiza o papel de indicadores contábeis na avaliação do desempenho. Muitos outros fatores motivam gerentes e trabalhadores a terem um bom desempenho. Dois desses outros fatores são a motivação intrínseca, a cultura e os valores da organização.

Sociólogos e psicólogos sociais argumentam que motivadores extrínsecos como prêmios financeiros e reconhecimento por um trabalho bem feito devem ser equilibrados com motivadores intrínsecos. A *motivação intrínseca* é o desejo de obter a auto-satisfação com o bom desempenho, independentemente dos prêmios externos como bônus ou promoções. A motivação intrínseca vem de receber mais responsabilidade, realizar um trabalho interessante e criativo, ter orgulho em fazer esse trabalho, estabelecer compromissos com a organização e desenvolver elos pessoais com colegas de trabalho. Uma alta motivação intrínseca melhora o desempenho porque gerentes e trabalhadores têm senso de realização, se sentem satisfeitos com seus empregos e vêem oportunidades para crescimento pessoal.

Os valores e a cultura da organização se referem às normas e padrões de comportamento aceitos, esperados de todos os gerentes e funcionários entre si, com os acionistas, clientes e com a comunidade. A Johnson & Johnson descreve seus valores e sua cultura no seu credo:

> *Acreditamos que a nossa primeira responsabilidade é com médicos, enfermeiras e pacientes; com mães e pais e todos os outros que usam os nossos produtos e serviços... Tudo o que nós fazemos precisa ser de alta qualidade.*
>
> *Nós somos responsáveis por nossos funcionários... Precisamos respeitar a sua dignidade e reconhecer o seu mérito. Eles precisam sentir segurança nos seus empregos... Precisamos desenvolver maneiras que nos permitam ajudar os nossos funcionários a cumprir com as suas responsabilidades junto às suas famílias e proporcionar oportunidades para o seu desenvolvimento e progresso... As nossas ações precisam ser justas e éticas.*
>
> *Somos responsáveis pela comunidade em que vivemos... Precisamos apoiar boas ações e caridades e arcar com a fatia justa de impostos... Precisamos encorajar melhor saúde e melhor educação.*
>
> *Nossa responsabilidade final é com os nossos acionistas. Uma empresa precisa gerar um lucro saudável... Precisamos experimentar idéias novas... desenvolver programas inovadores e pagar por nossos erros.*

13. *Se o preço de exercício for menor que o preço de mercado das ações na data em que as opções são autorizadas, a empresa precisa reconhecer um custo de remuneração igual à diferença entre os dois preços. Essa diferença é menor que o valor de mercado das opções. A empresa pode escolher reconhecer o pleno valor de mercado como um custo, ou revelar em uma nota explicativa o efeito sobre o lucro líquido e o lucro por ação.*

A intenção do credo da Johnson & Johnson é motivar gerentes e funcionários a fazer o seu melhor. Valores e cultura geram compromisso com a organização, orgulho e senso de pertencer, e são uma fonte importante da motivação intrínseca.

Responsabilidades ambientais e éticas

Enquanto se empenham para realizar os objetivos de desempenho de suas organizações, gerentes devem estar constantemente cientes das responsabilidades ambientais e éticas a exercer. Violações ambientais (como a poluição da água e do ar) e práticas antiéticas e ilegais (como o suborno e a corrupção) acarretam multas pesadas e são ofensas passíveis de prisão sob as leis dos Estados Unidos e de outros países. Mas responsabilidades ambientais e conduta ética se estendem além dos requisitos da lei.

Empresas socialmente responsáveis, como a BP, estabelecem metas ambientais agressivas e medem e relatam o seu desempenho, como as alemãs, suíças, holandesas e escandinavas, que o fazem como parte de um conjunto maior de divulgação de responsabilidade social (por exemplo, o bem-estar dos funcionários e atividades de desenvolvimento das comunidades). Algumas empresas, como a DuPont, fazem do desempenho ambiental um item de linha em cada relatório de avaliação salarial do funcionário. A Duke Power Company avalia funcionários sobre a sua atuação na redução do lixo sólido, cortar emissões e descargas e implementar planos ambientais. O resultado? A Duke Power tem cumprido com todas as suas metas ambientais.

O comportamento ético por parte dos gerentes é fundamental. Em especial, os números que gerentes de subunidades relatarem não devem ser maquiados. Eles não devem ser contaminados com, por exemplo, ativos avaliados a maior, passivos avaliados a menor, receitas fictícias e custos avaliados a menor.

Códigos de conduta nos negócios circulam em algumas organizações para sinalizar o que é comportamento individual apropriado e não-apropriado. O trecho a seguir vem do 'Código de Conduta nos Negócios Mundiais e Princípios Operacionais' da Caterpillar Tractor:

> *A lei é um piso. A conduta ética nos negócios normalmente deve existir em um nível muito acima do mínimo exigido pela lei. Funcionários da Caterpillar não aceitarão entretenimento ou presentes caros (exceto lembranças e brindes de valor nominal) de fornecedores, comerciantes e outros com os quais fazemos negócios. E não toleraremos circunstâncias que produzam, ou que razoavelmente pareçam produzir, conflito entre os interesses pessoais de um funcionário e os interesses da empresa.*

Gerentes de divisão muitas vezes citam as enormes pressões da alta direção para alcançarem o orçamento como desculpa ou explicação por não aderirem às políticas e procedimentos contábeis éticos. Uma pressão saudável para a motivação não é indesejável, contanto que a 'mensagem que vem de cima' comunique simultaneamente a necessidade absoluta de todos os gerentes se comportarem eticamente em todos os momentos. A gerência deve advertir pronta e severamente a conduta antiética, independentemente dos benefícios que possam resultar para a empresa. Algumas empresas, como a Lockheed-Martin, enfatizam o comportamento ético ao avaliarem rotineiramente os funcionários com base em um código de ética nos negócios.

Problema para auto-estudo

A divisão de itens esportivos Na Geral, fabrica e vende bolas de futebol. Os dados orçados para fevereiro de 2003 são:

Ativos circulantes	$ 400 000
Ativos de longo prazo	600 000
Ativos totais	$ 1 000 000
Saída da produção	200 000 bolas por mês
ROI-meta (Lucro operacional ÷ Total de ativos)	30%
Custos fixos	$ 400 000 por mês
Custos variáveis	$ 4 por bola

Para fazer:

1. Calcule o preço mínimo de venda por bola, necessário para alcançar o ROI-meta de 30 por cento.
2. Usando o preço de venda da Questão 1, separe o ROI-meta nos seus dois componentes usando o método DuPont.
3. Calcule o RI da divisão de itens esportivos, para fevereiro de 2003, usando o preço de venda da Questão 1. A Na Geral usa uma taxa mínima de retorno de 12 por cento sobre o total dos ativos da divisão ao calcular o RI.
4. Além de seu salário, Pamela Soares, gerente de divisão, recebe 3 por cento do RI mensal da divisão de itens esportivos como bônus. Calcule o bônus de Pamela. Por que você acha que ela é premiada usando o salário e o bônus com base no desempenho? Pamela não gosta de se submeter a situações de risco.

Solução

1.

Lucro-meta operacinal	=	30% de $ 1 000 000 em ativos totais
	=	$ 300 000
Deixe P	=	Preço de venda
Receitas – Custos variáveis – Custos fixos	=	Lucro operacional
200 000P – (200 000 × $ 4) – $ 400 000	=	$ 300 000
200 000P	=	$ 300 000 + $ 800 000 + $ 400 000
	=	$ 1 500 000
P	=	$ 7,50 por bola

Prova:		
	Receitas, 200 000 bolas × $ 7,50/bola	$ 1 500 000
	Custos variáveis, 200 000 bolas × $ 4/bola	800 000
	Margem de contribuição	700 000
	Custos fixos	400 000
	Lucro operacional	$ 300 000

2. O método DuPont descreve o ROI como o produto de dois componentes: retorno sobre as vendas (renda ÷ receitas) e giro do investimento (receitas ÷ investimento).

$$\frac{\text{Renda}}{\text{Receitas}} \times \frac{\text{Receitas}}{\text{Investimento}} = \frac{\text{Renda}}{\text{Investimento}}$$

$$\frac{\$\ 300\ 000}{\$\ 1\ 500\ 000} \times \frac{\$\ 1\ 500\ 000}{\$\ 1\ 000\ 000} = \frac{\$\ 300\ 000}{\$\ 1\ 000\ 000}$$

$$0{,}2 \times 1{,}5 = 0{,}30 \text{ ou } 30\%$$

3. RR = Lucro operacional – Retorno mínimo sobre o investimento
   = $ 300 000 – (0,12 × $ 1 000 000)
   = $ 300 000 – $ 120 000
   = $ 180 000

4. Bônus de Pamela = 3% da RI
   = 0,03 × $ 180 000 = $ 5 400

O RI da divisão de itens esportivos é afetada por muitos fatores fora do controle de Pamela, como as condições econômicas gerais. Esses fatores incontroláveis fazem com que a rentabilidade da divisão de itens esportivos seja incerta e arriscada. Como Pamela não gosta de situações arriscadas, remunerá-la com um salário fixo, independentemente do RI, a protegeria desse risco. Mas há um problema de risco moral com esse acordo de remuneração. Como o esforço de Pamela é difícil de monitorar, a ausência de remuneração com base no desempenho não proporcionará nenhum incentivo para que ela assuma esforço físico e mental além do necessário para manter seu emprego ou preservar seus valores pessoais.

Não pagar nenhum salário e premiar Pamela somente com base no RI proporciona incentivos para que ela trabalhe duro, mas também a sujeita a um risco excessivo devido a fatores não-controláveis que afetarão o RI e, portanto, a sua remuneração. Um acordo de remuneração, com base somente no RI, seria mais oneroso para a Na Geral porque teria de remunerar Pamela por assumir risco não-controlável.

Um acordo de remuneração que consiste de salário e bônus para o desempenho com base na RI equilibra os benefícios dos incentivos contra os custos extras por impor risco não-controlável.

Pontos de decisão

Resumo

O seguinte formato de perguntas e respostas resume os objetivos de aprendizagem do capítulo. Cada decisão representa uma pergunta-chave relacionada a um objetivo de aprendizagem. As diretrizes são a resposta àquela pergunta.

Decisão	Diretrizes
1. Quais são os indicadores financeiros e não-financeiros usados por empresas?	Indicadores financeiros, como o retorno sobre o investimento e a renda residual, medem aspectos do desempenho do gerente e do desempenho de subunidades de organizações. Em muitos casos, indicadores financeiros são suplementados com indicadores não-financeiros, como índices de satisfação do cliente, número de defeitos e produtividade.

2. Quais são as etapas na elaboração de um indicador do desempenho com base contábil?

As etapas são (a) escolher indicadores de desempenho que se alinhem com as metas financeiras da alta direção, (b) escolher o horizonte de tempo para cada indicador de desempenho, (c) escolher uma definição dos componentes em cada indicador de desempenho, (d) escolher uma alternativa de avaliação para cada indicador de desempenho, (e) escolher um nível-meta de desempenho e (f) escolher o momento oportuno do *feedback*.

3. Como o método DuPont analisa o retorno sobre o investimento?

O método DuPont descreve o retorno sobre o investimento (ROI) como o produto de dois componentes: lucro dividido por receitas (retorno sobre as vendas) e receitas divididas pelo investimento (giro do investimento). O ROI pode ser aumentado de três maneiras: aumentando as receitas, reduzindo os custos e reduzindo o investimento.

4. O que é lucro residual e quais são as suas vantagens?

Lucro residual (RI) é o lucro menos uma quantia em moeda para o retorno exigido sobre o investimento. O RI é elaborado para superar algumas das limitações do ROI. Por exemplo, é mais provável o RI promover alinhamento de metas do que o ROI. O ROI pode induzir gerentes de divisões altamente rentáveis a rejeitarem projetos que, da perspectiva da organização como um todo, deveriam ser aceitos.

5. O que é o método do valor econômico adicionado?

Valor econômico adicionado (EVA®) é uma variação do cálculo do RI. Ele é igual ao lucro operacional após os impostos menos o produto do custo médio ponderado de capital (após IR) e o total de ativos menos os passivos circulantes.

6. Empresas devem usar o custo atual ou o custo histórico de ativos para avaliar o desempenho?

O custo atual de um ativo é o custo de comprar um ativo hoje, idêntico ao ativo atualmente possuído. Os métodos de avaliação de ativos pelo custo histórico geralmente consideram o valor contábil líquido dos ativos, que é o custo original menos a depreciação acumulada. Avaliações a custos históricos são muitas vezes inadequadas para medir retornos econômicos. Avaliações a custos atuais são melhores. No entanto, geralmente, problemas em qualquer indicador de desempenho podem ser superados ao utilizar orçamentos e metas que enfatizam a melhoria contínua.

7. Como as empresas podem comparar o desempenho de divisões que operam em países diferentes?

Comparar o desempenho de divisões que operam em países diferentes é difícil por causa de diferenças legais, políticas, sociais, econômicas e de câmbio. Os cálculos de ROI para subunidades operando em países diferentes precisam ser ajustados por diferenças na inflação entre os dois países e mudanças nas taxas de câmbio.

8. Por que gerentes são remunerados com base em uma mistura de salário e incentivos?

Empresas criam incentivos ao premiarem gerentes com base no desempenho. Mas os gerentes podem enfrentar riscos porque fatores fora de seu controle também podem afetar seus desempenhos. Os proprietários escolhem uma mistura de salário e remuneração por incentivo para equilibrar o benefício do incentivo contra o custo da imposição do risco.

9. Como uma empresa pode implementar incentivos fortes?

Obter indicadores de desempenho mais sensíveis ao desempenho do funcionário é necessário para a implementação de incentivos consistentes. Muitas práticas da contabilidade gerencial, como a elaboração de centros de responsabilidade e o estabelecimento de indicadores financeiros e não-financeiros, ajudam numa melhor avaliação do desempenho e, portanto, permitem incentivos mais consistentes.

Termos para aprender

Este capítulo e o Glossário no final deste livro contêm definições para:

custo atual
custos imputados
investimento
lucro residual (RI)
retorno sobre o investimento (ROI)
risco moral
valor econômico adicionado (EVA®)

Material de trabalho

Questões

9-1 Dê dois exemplos de indicadores financeiros do desempenho e dois de indicadores não-financeiros.

9-2 Quais são as seis etapas na elaboração de indicadores de desempenho com base contábil?

9-3 Quais fatores que afetam o ROI são destacados pelo método DuPont de análise da rentabilidade?

9-4 "O RI não é idêntico ao ROI, embora ambas as medidas incorporem lucro e investimento nos seus cálculos." Você concorda? Explique.

9-5 Descreva o EVA®.

9-6 Dê três definições de investimento usadas na prática ao calcular o ROI.

9-7 Diferencie a avaliação de ativos com base no custo atual e no custo histórico.

9-8 Quais problemas especiais ocorrem quando se está avaliando o desempenho em empresas multinacionais?

9-9 Por que é importante distinguir entre o desempenho de um gerente e o desempenho da subunidade da organização pela qual o gerente é responsável? Dê um exemplo.

9-10 Descreva risco moral.

9-11 "Gerentes devem ser premiados somente com base nos seus indicadores de desempenho. Eles não devem receber nenhum salário." Você concorda? Explique.

9-12 Explique o papel do contador gerencial em ajudar as organizações a elaborar sistemas mais consistentes de incentivos para os seus funcionários.

9-13 Explique o papel do *benchmarking* na avaliação de gerentes.

9-14 Explique os problemas de incentivos que podem ocorrer quando funcionários precisam desempenhar tarefas múltiplas como parte de seus trabalhos.

9-15 Descreva duas divulgações exigidas pela SEC em relação à remuneração de executivos.

Exercícios

9-16 **ROI, comparações de três empresas** (CMA, adaptado). Muitas vezes, o retorno sobre o investimento (ROI) é expresso da seguinte maneira:

$$\frac{\text{Lucro}}{\text{Investimento}} = \frac{\text{Receitas}}{\text{Investimento}} \times \frac{\text{Lucro}}{\text{Receitas}}$$

Para fazer:

1. Quais são as vantagens em dividir o cálculo em dois componentes separados?
2. Preencha os espaços em branco:

	Empresas no mesmo setor		
	A	**B**	**C**
Receitas	$ 1 000 000	$ 500 000	?
Renda	$ 100 000	$ 50 000	?
Investimento	$ 500 000	?	$ 5 000 000
Renda como porcentagem das receitas	?	?	0,5%
Giro do investimento	?	?	2
ROI	?	1%	?

Após preencher os espaços em branco, comente sobre o desempenho relativo dessas empresas tão completamente quanto os dados permitirem.

Aplicação do Excel Para aqueles alunos que desejarem praticar as suas habilidades com planilhas, segue uma abordagem passo a passo para a criação de uma planilha no Excel para resolver esse problema.

Passo a passo

1. Abra uma planilha nova. No topo, crie uma tabela no mesmo formato fornecido para o problema, com colunas para as empresas A, B, e C e linhas para 'Receitas, Lucro, Investimento, Lucro como porcentagem das

receitas, Giro de investimento' e 'ROI'. Insira os dados fornecidos na tabela (deixa as células em branco quando um '?' aparece na tabela).

(Programe sua planilha para executar todos os cálculos necessários. Não digite valores, como o ROI para a Empresa A, que necessitem de operações de somar, subtrair, multiplicar ou dividir.)

2. Digite as fórmulas para cada um dos itens que faltam. Por exemplo, para calcular receitas para a Empresa C, digite uma fórmula que multiplique o investimento da Empresa C pelo giro do investimento da Empresa C.
3. *Verifique a exatidão de sua planilha:* Mude o investimento para a Empresa A de $ 500 mil para $ 400 mil. Se você programou sua planilha corretamente, o ROI para a Empresa A deverá mudar para 25 por cento.

9-17 Análise do retorno sobre os ativos investidos, comparação de duas divisões. A Produtos de Qualidade Ltda. tem duas divisões: refrigerantes e restaurantes. Os resultados (em milhões) para os últimos três anos estão elencados a seguir:

	Divisão de refrigerantes	Divisão de restaurantes	Produtos de Qualidade Ltda.
Receitas operacionais			
2003	$ 2 800	$ 1 050	$ 3 850
2004	3 000	1 250	4 250
2005	3 600	1 530	5 130
Lucro operacional			
2003	120	105	225
2004	160	114	274
2005	240	100	340
Total de ativos			
2003	1 200	800	2 000
2004	1 250	1 000	2 250
2005	1 400	1 300	2 700

Para fazer: Use o método DuPont de análise da rentabilidade para explicar mudanças no indicador de lucro operacional sobre ativos totais durante o período de 2003 a 2005 para cada divisão e para a Produtos de Qualidade Ltda. Comente os resultados.

9-18 ROI e RI (D. Kleespie). A Companhia Galo produz e distribui uma ampla variedade de produtos de recreação. Uma de suas divisões, a divisão Goscinny, fabrica e vende *menhirs*, populares entre esquiadores da modalidade *cross-country*. A demanda pelos *menhirs* é relativamente insensível às mudanças nos preços. A divisão Goscinny é considerada um centro de investimento e nos últimos anos tem tido um ROI médio de 20 por cento. Os dados a seguir correspondem à divisão Goscinny e ao seu produto:

Total de custos fixos anuais	$ 1 000 000
Custos variáveis por *menhir*	$ 300
Número médio de *menhirs* vendidos a cada ano	10 000
Média de ativos operacionais investidos na divisão	$ 1 600 000

Para fazer:

1. Qual é o preço mínimo de venda por unidade que a divisão Goscinny poderia cobrar para que Maria Obelix, gerente de divisão, pudesse receber uma classificação favorável no desempenho? A administração considera um ROI abaixo de 20 por cento como sendo desfavorável.
2. Suponha que a Companhia Galo julgue o desempenho de seus gerentes de centros de investimento com base no RI em vez de no ROI. A taxa exigida de retorno da empresa é de 15 por cento. Qual é o preço mínimo de venda que a divisão Goscinny poderia cobrar para Obelix receber uma classificação favorável de desempenho?

9-19 Precificação e ROI. A Hardy Ltda. monta motocicletas e usa a demanda média de longo prazo para estabelecer o nível orçado de produção e os custos para precificação. Você recebe as seguintes informações:

- Custos variáveis: $ 1 320 por unidade
- Investimento (total de ativos): $ 90 milhões
- Custos fixos: $ 30 milhões por ano

Para fazer:

1. Qual o retorno sobre as vendas necessário para obter um ROI de 20 por cento se a Hardy montar e vender cem mil unidades?

2. Qual o preço de venda necessário para obter um ROI de 20 por cento se a Hardy montar e vender cem mil unidades?
3. Usando o preço de venda calculado na Questão 2, qual será o ROI obtido se a Hardy montar e vender 150 mil unidades? E 50 mil unidades?
4. A empresa tem um plano de bônus para a gerência com base no desempenho anual da divisão. Comente esse plano.

9-20 Indicadores financeiros e não-financeiros de desempenho, congruência de metas (CMA, adaptado). A Equipamento Pico é especializada na produção de equipamento médico, área que vem se tornando cada vez mais competitiva. Há dois anos, aproximadamente, Juca Osíris, presidente, decidiu revisar o plano de bônus (baseado então totalmente no lucro operacional) para encorajar os gerentes de divisão a se concentrar em áreas que eram importantes para os clientes e que adicionavam valor, sem aumentar custo. Além de um incentivo por rentabilidade, o plano revisado inclui incentivos para a redução nos custos de retrabalho, nas devoluções de vendas e entregas pontuais. Os bônus são calculados e premiados semestralmente com base no seguinte: o bônus-base é calculado a 2 por cento do lucro operacional, quantia que é então ajustada da seguinte maneira:

a. **(i)** Reduzido pelo excesso de custos de retrabalho acima de 2 por cento do lucro operacional.
(ii) Nenhum ajuste se os custos de retrabalho forem abaixo de ou iguais a 2 por cento do lucro operacional.
b. **(i)** Aumentado em $ 5 mil se mais de 98 por cento das entregas forem pontuais e em $ 2 mil se de 96 a 98 por cento das entregas forem pontuais.
(ii) Nenhum ajuste se as entregas pontuais estiverem abaixo de 96 por cento.
c. **(i)** Aumentado em $ 3 mil se as devoluções de vendas forem abaixo de ou iguais a 1,5 por cento das vendas.
(ii) Reduzido em 50 por cento do excesso de devoluções de vendas acima de 1,5 por cento das vendas.

Observação: Se o cálculo do bônus resultar em uma quantia negativa para um período em particular, o gerente simplesmente não recebe nenhum bônus e a quantia negativa não é transportada para o próximo período.

Resultados para a divisão Charter e a divisão Mesa para 2003, o primeiro ano sob o novo plano de bônus, estão a seguir. Em 2002, sob o plano antigo, o gerente da divisão Charter ganhou um bônus de $ 27 060 e o gerente da divisão Mesa, um bônus de $ 22 440.

	DIVISÃO CHARTER		DIVISÃO MESA	
	1º de janeiro de 2003 a 30 de junho de 2003	1º de julho de 2003 a 31 de dezembro de 2003	1º de janeiro de 2003 a 30 de junho de 2003	1º de julho de 2003 a 31 de dezembro de 2003
Receitas	$ 4 200 000	$ 4 400 000	$ 2 850 000	$ 2 900 000
Lucro operacional	$ 462 000	$ 440 000	$ 342 000	$ 406 000
Entregas pontuais	95,4%	97,3%	98,2%	94,6%
Custos de retrabalho	$ 11 500	$ 11 000	$ 6 000	$ 8 000
Devoluções de vendas	$ 84 000	$ 70 000	$ 44 750	$ 42 500

Para fazer:

1. Por que Osíris precisou introduzir esses noves indicadores de desempenho? Ou seja, por que ele precisa usar esses indicadores de desempenho além dos números do lucro operacional para o período?
2. Calcule o bônus ganho por cada gerente para cada período de seis meses, e para 2003.
3. Qual efeito o plano de bônus teve no comportamento de cada gerente? Conseguiu o novo plano de bônus que Osíris desejava? Quais mudanças, se alguma, você faria no novo plano de bônus?

9-21 ROI, RI, EVA® (D. Solomons, adaptado). Considere os seguintes dados para as duas divisões da Companhia de Energia Pontas, que operam como centros de lucro:

	Divisão Atlântica	Divisão Pacífica
Total de ativos	$ 1 000 000	$ 5 000 000
Passivos circulantes	250 000	1 500 000
Lucro operacional	200 000	750 000

Para fazer:

1. Calcule o ROI para cada divisão usando o lucro operacional como medida do lucro e total de ativos como medida do investimento.
2. A Energia Pontas tem usado o RI como indicador de desempenho da gerência, a variável que ela quer que o gerente maximize. Utilizando esse critério, qual é o RI para cada divisão usando o lucro operacional e o total de ativos, se a taxa exigida de retorno sobre o investimento for de 12 por cento?

3. A Energia Pontas tem duas fontes de recursos: dívida de longo prazo, com valor de mercado de $ 3 500 mil, taxa de juros de 10 por cento e patrimônio líquido com valor de mercado de $ 3 500 mil, a um custo de 14 por cento. A alíquota de IR da Pontas é de 40 por cento. Ela aplica o mesmo custo médio ponderado de capital para ambas as divisões, porque cada divisão enfrenta riscos similares. Calcule o EVA® para cada divisão. Qual dos indicadores calculados nas Questões 1, 2 e 3 você recomendaria que a Energia Pontas usasse? Por quê? Explique resumidamente.

9-22 RI, EVA®. A Companhia de Transportes Breve opera duas divisões: a Locação de Caminhões, que faz locações para particulares, e a Transportes, que transporta bens de uma cidade para outra. Resultados relatados para o ano findo:

	Divisão de locação de caminhões	Divisão de transportes
Total de ativos	$ 650 000	$ 950 000
Passivos circulantes	120 000	200 000
Lucro operacional	75 000	160 000

Para fazer:

1. Calcule o RI para cada divisão usando o lucro operacional e o investimento igual ao total de ativos menos os passivos circulantes. A taxa mínima de retorno sobre o investimento é de 12 por cento.
2. A empresa tem duas fontes de recursos: dívida de longo prazo, com valor de mercado de $ 900 mil, a uma taxa de juros de 10 por cento, e patrimônio líquido, com um valor de mercado de $ 600 mil, a um custo do patrimônio de 15 por cento. A alíquota do imposto de renda da Breve é de 40 por cento. Ela aplica o mesmo custo médio ponderado de capital para ambas as divisões, porque cada divisão enfrenta riscos similares. Calcule o EVA® para cada divisão.
3. Usando as respostas das Questões 1 e 2, o que você concluiria sobre o desempenho de cada divisão? Explique resumidamente.

9-23 ROI, RI, avaliação de ativos (CMA, adaptado). A Corporação Axé recentemente anunciou um plano de bônus para o gerente com a divisão mais rentável. Os três gerentes de divisão devem escolher se ROI ou RI será usado para medir a rentabilidade. Além disso, eles precisam decidir se o investimento será medido usando o valor contábil bruto ou o valor contábil líquido dos ativos. A Axé define lucro como o lucro operacional e investimento como o total de ativos. As seguintes informações estão disponíveis para o ano findo:

Divisão	Valor contábil bruto dos ativos	Depreciação acumulada	Lucro operacional
Bauru	$ 800 000	$ 430 000	$ 94 700
Diamantina	760 000	410 000	91 700
Garça	500 000	280 000	61 400

A Axé usa uma taxa exigida de retorno de 10 por cento sobre o investimento para calcular a RI.

Para fazer: Cada gerente de divisão escolheu um método de cálculo do bônus que classifica a sua divisão em primeiro lugar. Identifique o método para calcular a rentabilidade que cada gerente escolheu, apoiando sua resposta nos cálculos apropriados.

9-24 Medida de desempenho multinacional, ROI, RI. A Corporação Sandvik fabrica motores elétricos nos Estados Unidos e na Suécia. As operações americanas e suecas são organizadas como divisões descentralizadas. As seguintes informações estão disponíveis para 2003; o ROI é calculado como o lucro operacional dividido pelo total de ativos:

	Divisão dos EUA	Divisão da Suécia
Lucro operacional	?	9 180 000 kronas
Total de ativos	$ 8 000 000	60 000 000 kronas
ROI	15%	?

A taxa de câmbio, na Suécia, no momento do investimento da Sandvik, no dia 31 de dezembro de 2002, era de 8 kronas = $ 1. Durante 2003, o valor do krona sueco caiu seguidamente e a taxa de câmbio no dia 31 de dezembro de 2003 é de 9 kronas = $ 1. A taxa média do câmbio durante 2003 é [(8 + 9) ÷ 2] = 8,5 kronas = $ 1.

Para fazer:

1. **a.** Calcule o lucro operacional para a divisão dos EUA para 2003.
   b. Calcule o ROI da divisão da Suécia para 2003 em kronas.

2. A gerência sênior quer saber qual das divisões obteve o melhor ROI em 2003. O que você lhes diria? Explique sua resposta.
3. Qual das divisões você acha que obteve o melhor desempenho no RI? Explique sua resposta. A taxa mínima de retorno sobre o investimento (calculada em dólares dos EUA) é de 12 por cento.

9-25 Avaliação de desempenho multinacional, ROI, RI. A Gráfica Lorena tem duas máquinas impressoras que operam como divisões separadas, uma localizada em Durham, Carolina do Norte, e a outra em Lyon, na França. As seguintes informações estão disponíveis para 2004. A taxa mínima de retorno sobre o investimento é de 15 por cento.

	Divisão de Durham	Divisão de Lyon
Lucro operacional	$ 765 000	3 600 000 francos
Total de ativos	$ 4 500 000	20 000 000 francos

Ambos os investimentos foram feitos no dia 31 de dezembro de 2003. A taxa de câmbio no momento do investimento da Lorena, na França, no dia 31 de dezembro de 2003, era de 4 francos = $ 1. Durante 2004, o franco francês caiu constantemente de valor, alcançando uma taxa de câmbio no dia 31 de dezembro de 2004 de 5 francos = $ 1. A taxa de câmbio média durante 2004 é de [(4 + 5) ÷ 2] = 4,5 francos = $ 1.

Para fazer:

1. (a) Calcule o ROI da divisão de Durham para 2004. (b) Calcule o ROI da divisão de Lyon para 2004, em francos franceses. (c) Qual das divisões obteve o melhor ROI em 2004? Explique.
2. A gerência sênior quer comparar o desempenho das duas divisões usando o RI. Qual das divisões você acha que obteve o melhor desempenho em RI? Explique sua resposta.
3. Com base nas respostas das Questões 1 e 2, qual das divisões está tendo o melhor desempenho? Se você tivesse de promover um dos gerentes de divisão para vice-presidente, qual você escolheria? Explique.

9-26 Compartilhar risco, incentivos, *benchmarking*, tarefas múltiplas. A divisão Dexter da AMCO vende baterias para carros. A gerência corporativa da AMCO outorga considerável autonomia operacional e de investimento à gerência da Dexter em relação à operação da divisão. A AMCO está considerando como ela deve remunerar Jaime Marcos, gerente geral da divisão Dexter. A Proposta 1 pede o pagamento de um salário fixo para Jaime. A Proposta 2 pede por nenhum salário para Jaime, e remunerá-lo somente com base no ROI da divisão, calculado com base no lucro operacional antes do pagamento de qualquer bônus. A Proposta 3 pede por pagar a Jaime algum salário e algum bônus com base no ROI. Suponha que Jaime seja avesso a riscos.

Para fazer:

1. Avalie as três propostas, especificando vantagens e desvantagens de cada uma.
2. Suponha que a AMCO concorra com as Indústrias Tiara no ramo de baterias para automóveis. A Tiara é aproximadamente do mesmo tamanho e opera em um ambiente de negócios similar ao da Dexter. A gerência sênior da AMCO está considerando avaliar Marcos com base no ROI da Dexter menos o ROI da Tiara. Marcos reclama que a abordagem é injusta porque o desempenho de uma outra empresa, sobre a qual ele não tem nenhum controle, está incluído na sua medida de avaliação de desempenho. É a reclamação de Marcos válida? Por que sim ou por que não?
3. Agora, suponha que Marcos não tenha nenhuma autoridade para tomar decisões sobre investimento, atribuição que é da gerência corporativa. O ROI é um bom indicador de desempenho para avaliar Marcos? É o ROI uma boa medida para avaliar a viabilidade econômica da divisão Dexter? Explique.
4. Os vendedores da Dexter são responsáveis por vender e proporcionar atendimento e suporte ao cliente. As vendas são de fácil mensuração. Embora o atendimento ao cliente seja importante para a Dexter no longo prazo, ela ainda não implementou indicadores de atendimento ao cliente. Marcos quer remunerar sua equipe de vendas somente com base nas comissões pagas por cada unidade de produto vendido. Ele cita duas vantagens para o plano: (a) cria incentivos consistentes para que a equipe de vendas trabalhe duro e (b) a empresa paga aos vendedores somente quando ela estiver ganhando receitas. Você gosta do plano dele? Por que sim ou por que não?

Problemas

9-27 Custos relevantes, avaliação do desempenho, alinhamento de metas (N. Melamud, adaptado). A Empreendimentos Passos tem três divisões operacionais, cujos gerentes são avaliados sobre o lucro operacional de sua divisão, número que inclui a alocação de custos indiretos corporativos proporcional às receitas de cada divisão. As demonstrações de resultados (em milhares) para o primeiro trimestre de 2004 estão a seguir:

	Divisão Andorra	Divisão Orion	Divisão Trento	Empreendimentos Passos
Receitas	$ 2 000	$ 1 200	$ 1 600	$ 4 800
Custo de produtos vendidos	1 050	540	640	2 230
Margem bruta	950	660	960	2 570
Custos indiretos da divisão	250	125	160	535
Custos indiretos corporativos	400	240	320	960
Lucros operacionais da divisão	$ 300	$ 295	$ 480	$ 1 075

João Moura, gerente da divisão Andorra, não está contente que sua rentabilidade esteja próxima à da divisão Orion, e muito menor do que a da divisão Trento, embora suas receitas sejam muito mais altas do que as de qualquer uma dessas divisões. João também sabe que ele tem uma linha de produtos de rentabilidade baixa e pretendia substituí-la assim que oportunidades melhores e mais rentáveis fossem disponibilizadas; mas ele a manteve porque a linha é marginalmente rentável e usa instalações que de outra forma ficariam ociosas. No entanto, agora João percebe que as vendas dessa linha de produtos estão atraindo uma quantia razoável de despesas gerais corporativas devido ao procedimento de alocação em uso. A linha de produtos de margem baixa teve as seguintes características (em milhares) para o trimestre mais recente:

- Receitas: $ 800
- Custo de produtos vendidos: $ 600
- Despesas gerais evitáveis da divisão: $ 100

Para fazer:

1. Prepare a demonstração de resultados para a Empreendimentos Passos para o segundo trimestre de 2004. Suponha que as receitas e os resultados operacionais sejam idênticos ao primeiro trimestre exceto que João descontinuou a linha de produtos de margem baixa.
2. Há melhora na Empreendimentos Passos por descontinuar a linha de produtos de margem baixa?
3. Estará João melhor por descontinuar a linha de produtos de margem baixa?
4. Sugira mudanças no sistema de relatórios e de avaliação das divisões da Passos que irão motivar os gerentes de divisão a tomar decisões voltadas aos interesses da Empreendimentos Passos como um todo. Discuta quaisquer desvantagens em potencial da sua proposta.

9-28 Avaliações do ROI com custo histórico e custo atual. A Corporação Nobillo possui e gerencia lojas de conveniência. As seguintes informações sobre as três lojas foram coletadas para 2003:

	Plaza	Sul	Central
Lucro operacional	$ 90 000	$ 120 000	$ 60 000
Investimento pelo custo histórico	$ 300 000	$ 500 000	$ 240 000
Investimento pelo custo atual	$ 600 000	$ 700 000	$ 450 000
Idade da loja	10 anos	5 anos	8 anos

Para fazer:

1. Calcule o ROI para cada loja, com investimento medido pelo (a) custo histórico e (b) pelo custo atual.
2. Como você julgaria o desempenho de cada loja?

9-29 Indicadores de desempenho ROI com base no custo histórico e no custo atual. A Águas Minerais Ltda. opera três divisões que processam e engarrafam água mineral. O sistema contábil pelo custo histórico relata as seguintes informações para 2004:

	Divisão Andina	Divisão Alpina	Divisão Rochosa
Receitas	$ 500 000	$ 700 000	$ 1 100 000
Custos operacionais (excluindo depreciação da fábrica)	300 000	380 000	600 000
Depreciação da fábrica	70 000	100 000	120 000
Lucro operacional	$ 130 000	$ 220 000	$ 380 000
Ativos circulantes	$ 200 000	$ 250 000	$ 300 000
Ativos permanentes — fábrica	140 000	900 000	1 320 000
Total de ativos	$ 340 000	$ 1 150 000	$ 1 620 000

A Águas Minerais estima a vida útil de cada fábrica como sendo de 12 anos, com um valor residual de venda igual a $ 0. O método de depreciação em linha reta é o usado. No final de 2004, a fábrica Andina estará com dez anos de idade, a Alpina com três anos de idade e a Rochosa com um ano de idade.

O índice de custos de construção para o período de dez anos em que a Águas Minerais está operando (final do ano de 1994 = 100) é:

1994	2001	2003	2004
100	136	160	170

Dado o alto giro em ativos circulantes, a administração acredita que as medidas dos ativos circulantes pelo custo histórico e pelo custo atual sejam aproximadamente as mesmas.

Para fazer:

1. Calcule o índice ROI (lucro operacional para o total de ativos) de cada divisão, usando valores de custo histórico. Comente os resultados.
2. Use a abordagem usada no Quadro 9.2 para calcular o ROI de cada divisão, incorporando estimativas de custos atuais a partir de 2004 para a depreciação e os ativos permanentes. Comente os resultados.
3. Quais vantagens podem surgir pelo uso de ativos a custo atual em comparação ao custo histórico para a avaliação do desempenho de gerentes das três divisões?

9-30 Avaliando gerentes, ROI, análise da cadeia de valor da estrutura de custos. A Computadores Super Fácil é uma das maiores empresas de computadores pessoais no mundo. O conselho administrativo foi recentemente informado de que o presidente da Super Fácil está pedindo demissão. Uma empresa de recolocação de executivos recomenda que o conselho considere a nomeação de Pedro Brilhante (atual presidente da CompuForça) ou de Norma Prado (atual presidente da Computadores Pêssego). Você colhe as seguintes informações financeiras (em milhões) sobre a CompuForça e a Computadores Pêssego para 2002 e 2003:

	CompuForça		Pêssego	
	2002	2003	2002	2003
Receitas	$ 400,0	$ 320,0	$ 200,0	$ 350,0
Custos				
P&D	36,0	16,8	18,0	43,5
Projeto	15,0	8,4	3,6	11,6
Produção	102,0	112,0	82,8	98,6
Marketing	75,0	92,4	36,0	66,7
Distribuição	27,0	22,4	18,0	23,2
Atendimento ao cliente	45,0	28,0	21,6	46,4
Total de custos	300,0	280,0	180,0	290,0
Lucro operacional	$ 100,0	$ 40,0	$ 20,0	$ 60,0
Total de ativos	$ 360,0	$ 340,0	$ 160,0	$ 240,0

No início de 2004, uma revista líder em informática deu cinco estrelas ao produto principal da Computadores Pêssego, sua classificação mais alta. O produto principal da CompuForça recebeu três estrelas, classificação inferior às cinco recebidas no ano anterior, devido a problemas no atendimento a clientes. A revista também apresentou um artigo sobre lançamentos de novos produtos. A Computadores Pêssego recebeu notas altas para produtos novos em 2003. O desempenho da CompuForça foi classificado como 'medíocre'.

Para fazer:

1. Use o método DuPont de análise da rentabilidade para calcular o ROI da CompuForça e da Computadores Pêssego em 2002 e 2003. Comente os resultados.
2. Calcule a porcentagem de custos de cada uma das seis categorias de custos da função do negócio para a CompuForça e para a Computadores Pêssego em 2002 e 2003. Comente os resultados.
3. Classifique Pedro e Norma como candidatos em potencial para a presidência da Super Fácil. Explique sua classificação.

9-31 ROI, RI, ROS, incentivos gerenciais (CMA, adaptado). A divisão JSD da Indústria Mendes fabrica *karts* e veículos de recreação e está considerando construir uma nova fábrica em 2004. O investimento será de $ 2,5 milhões. As receitas e os custos esperados para a nova fábrica são:

Receitas	$ 2 400 000
Custos variáveis	800 000
Custos fixos	1 120 000
Lucro operacional	$ 480 000

Em 2003, o ROI da JSD é de 24 por cento, e seu retorno sobre as vendas (ROS), de 19 por cento. O ROI é definido como o lucro operacional dividido pelo total de ativos. O bônus de Marília Greco, gerente de divisão da JSD, é baseado no ROI da divisão.

Para fazer:

1. Explique por que Marília estaria relutante em construir a nova fábrica. Mostre seus cálculos.
2. Suponha que a Indústria Mendes use o RI para determinar o bônus de Marília. Suponha também que a taxa exigida de retorno sobre o investimento seja de 15 por cento. Estaria Marília disposta a construir a nova fábrica? Explique.
3. Suponha que a Indústria Mendes use o ROS para determinar o bônus de Marília. Estaria ela disposta a construir a nova fábrica? Quais são as vantagens e as desvantagens de usar o ROS para determinar o bônus de Marília?

9-32 Remuneração do gerente de divisão, compartilhar o risco, incentivos (continuação do 9-31). A administração da Indústria Mendes está considerando a seguinte alternativa para o acordo de remuneração de Marília Greco, gerente de divisão da JSD.

- Remunerar Marília com um salário fixo, sem nenhum bônus. A administração da Mendes acredita que uma das vantagens desse arranjo é que Marília estaria menos inclinada a rejeitar futuros investimentos somente por causa do impacto sobre o ROI ou o RI.
- Fazer com que toda a remuneração de Marília dependa do RI da divisão. O benefício desse arranjo é que ele cria incentivos para Marília buscar e aceitar agressivamente todas as propostas que aumentem o RI da JSD.
- Avaliar o desempenho de Marília usando o *benchmarking* comparando o RI da JSD com o obtido por gerentes de outras empresas que também fabricam e vendem *karts* e veículos de recreação, e que têm níveis comparáveis de investimento. A administração da Mendes acredita que a vantagem do *benchmarking* é que o desempenho de Marília será comparado ao desempenho de seus iguais e não ao desempenho da divisão.

Para fazer:

1. Suponha que Marília seja avessa a riscos. Usando conceitos de avaliação do desempenho descritos neste capítulo, avalie as três propostas que a administração da Mendes está considerando. Indique os aspectos negativos e positivos de cada proposta.
2. Qual acordo de remuneração você recomendaria? Explique resumidamente.

9-33 ROI, RI, decisões sobre investimento. O Grupo Mídia tem três divisões principais:

a. Jornais — possui os principais jornais nos quatro continentes
b. Televisão — possui as principais redes de TV em três continentes
c. Estúdios de filmagem — possui um dos cinco maiores estúdios de filmagem no mundo

Dados financeiros resumidos (em milhões) para 2002 e 2003 são apresentados a seguir.

	Lucro operacional		**Receitas**		**Total de ativos**	
	2002	**2003**	**2002**	**2003**	**2002**	**2003**
Jornais	$ 900	$ 1 100	$ 4 500	$ 4 600	$ 4 400	$ 4 900
Televisão	130	160	6 000	6 400	2 700	3 000
Estúdios de filmagem	220	200	1 600	1 650	2 500	2 600

Os gerentes de divisão têm um plano de bônus anual com base no ROI da divisão. O ROI é definido como o lucro operacional dividido pelo total de ativos. Os executivos seniores das divisões que relatam aumentos no ROI do ano anterior estão automaticamente qualificados para um bônus. Os executivos seniores de divisões que relatam uma queda no ROI da divisão precisam fornecer explicações convincentes pela queda para que se qualifiquem para um bônus limitado.

Carlos Queiroz, gerente da divisão de jornais, está considerando uma proposta para investir $ 200 milhões em rotativas de alta velocidade com a opção de impressão em cores. O incremento estimado para o lucro operacional de 2004 seria de $ 30 milhões. O Grupo Mídia tem uma taxa exigida de retorno de 12 por cento para investimentos em todas as três divisões.

Para fazer:

1. Use o método DuPont de análise da rentabilidade para explicar as diferenças entre as três divisões nos ROIs para 2003. Use o total de ativos em 2003 como base de investimento.

2. Por que Queiroz pode estar menos entusiasmado sobre a proposta de investimento em rotativas de alta velocidade?
3. Roberto Pinto, presidente executivo do Grupo Mídia, recebe uma proposta para basear a remuneração dos executivos seniores em cada divisão no RI da divisão. Calcule o RI de cada divisão para 2003.
4. Reduziria, a adoção de uma medida RI, a relutância de Queiroz em adotar a proposta de investimento em rotativas de alta velocidade?

9-34 Remuneração dos gerentes de divisão (continuação do 9-33). Roberto Pinto busca sua ajuda sobre a revisão do plano de bônus existente para os gerentes de divisão do Grupo Mídia. Suponha que os gerentes de divisão não se submetam a riscos. Ele está considerando três idéias:

- Fazer com que a remuneração de cada gerente de divisão dependa do ROI da divisão.
- Fazer com que a remuneração de cada gerente de divisão dependa do ROI da empresa como um todo.
- Usar *benchmarking* e remunerar os gerentes de divisão com base no ROI de sua divisão, menos o ROI médio das outras duas divisões.

Para fazer: Avalie as três idéias apresentadas por Pinto usando conceitos de avaliação do desempenho descritos neste capítulo. Indique os aspectos positivos e negativos de cada proposta.

9-35 Ética, avaliação do desempenho do gerente (A. Spero, adaptado). A Semicondutores Hamilton fabrica *chips* especializados vendidos a $ 20 cada. Os custos de produção da Hamilton consistem de custos variáveis de $ 2 por *chip* e custos fixos de $ 9 milhões. A Hamilton também incorre $ 400 mil em custos fixos de marketing todo ano.

A Semicondutores Hamilton calcula o lucro operacional usando o custeio por absorção — ou seja, calcula os custos de produção por unidade ao dividir o total dos custos de produção pela produção real. A Hamilton custeia todas as unidades no estoque a essa taxa e contabiliza os custos como despesas na demonstração de resultados no momento em que as unidades em estoque são vendidas. O ano 2004 parece que será um ano difícil para a Hamilton, que espera vender apenas 500 mil unidades. A demanda por esses *chips* varia consideravelmente, fazendo com que a Hamilton mantenha um estoque mínimo.

Para fazer:

1. Calcule o lucro operacional da Hamilton em 2004 se ela fabricar (a) 500 mil unidades e (b) 600 mil unidades.
2. Seria antiético para Rubens Alves, gerente geral da Semicondutores Hamilton, produzir mais unidades do que podem ser vendidas para poder mostrar melhores resultados operacionais? A remuneração de Alves tem um componente de bônus com base no lucro operacional. Explique sua resposta.
3. Seria antiético para Alves pedir aos distribuidores para comprarem mais produtos do que necessitam? A Hamilton segue a prática industrial do setor de registrar vendas quando os produtos são despachados para os distribuidores. Explique sua resposta.

Problema para aprendizagem em grupo

9-36 ROI, RI, remuneração do gerente de divisão, indicadores não-financeiros. Informações-chave, para 2003, para a divisão de palmas (DP) da Indústria Meio-Oeste são apresentadas a seguir.

Receitas	$ 15 000 000
Lucro operacional	1 800 000
Total de ativos	10 000 000

Os gerentes da DP são avaliados e premiados com base no ROI definido como o lucro operacional dividido pelo total de ativos. A Indústria Meio-Oeste espera que suas divisões aumentem o ROI todo ano.

O ano de 2004 parece que será difícil para a DP, que planeja um novo investimento para melhorar a qualidade, mas, em vista das más condições econômicas, ela adiou o investimento. Estava certo que o ROI para 2004 diminuiria se a DP tivesse feito o investimento.

Agora, a administração está considerando maneiras de cumprir com o ROI-meta de 20 por cento para o próximo ano. Ela antecipa que receitas sejam constantes a $15 milhões em 2004.

Para fazer:

1. Calcule o retorno sobre as vendas (ROS) e o ROI da DP para 2003.
2. **a.** Em quanto a DP teria de cortar os custos em 2004 para alcançar seu ROI-meta de 20 por cento em 2004, supondo que não haja mudança no total de ativos entre 2003 e 2004?
   b. Em quanto a DP teria de reduzir o total de ativos em 2004 para alcançar o ROI-meta de 20 por cento em 2004, supondo que não haja nenhuma mudança no lucro operacional entre 2003 e 2004?

3. Calcule o RI da DP em 2003, supondo uma taxa mínima de retorno sobre o investimento de 15 por cento.
4. A DP quer aumentar o RI em 50 por cento em 2004. Supondo que ela poderia cortar custos em $ 45 mil em 2004, em quanto a DP precisaria reduzir o total de ativos em 2004?
5. A Indústria Meio-Oeste está preocupada que o foco no corte de custos e na venda de ativos terá efeito adverso no longo prazo sobre os clientes da DP. Porém, a Meio-Oeste quer que a DP cumpra com as metas financeiras. Que outras medidas, se houver alguma, você recomendaria que a Meio-Oeste usasse? Explique resumidamente.

apêndice

A NOTAS SOBRE JUROS COMPOSTOS E TABELAS DE JUROS

Juros são o custo de usar o dinheiro. É a *taxa de aluguel* por fundos consumidos por empréstimo, semelhante à paga pela locação de um prédio ou equipamentos. Quando os fundos são usados por um período de tempo, é necessário reconhecer os juros como sendo *o custo* por usar os fundos por empréstimo ('alugados'). Esse requisito se aplica mesmo se os fundos representarem capital próprio e se os juros não acarretarem desembolso de caixa. Por que os juros precisam ser considerados? Porque a escolha de dada alternativa compromete automaticamente os recursos que seriam investidos em alguma outra.

Mesmo quando projetos de curto prazo são considerados, a questão dos juros é significativa, assumindo proporções maiores quando planos de longo prazo são estudados. A taxa de juros tem um impacto bastante significativo para influenciar decisões em relação a empréstimos e a investimentos de recursos. Por exemplo, $ 100 000 investidos agora e aplicados a 8 por cento ao ano por dez anos representarão $ 215 900; a 20 por cento ao ano, os $ 100 000 representarão $ 619 200.

TABELAS DE JUROS

Muitos programas de computador e calculadoras hoje disponíveis lidam com cálculos envolvendo o valor do dinheiro no tempo. Observando as quatro tabelas básicas a seguir você terá como calcular juros.

TABELA 1 — VALOR FUTURO DE $ 1

A Tabela 1 mostra quanto $ 1 investido agora acumulará em dado período a uma taxa de juros compostos, por período. Considere investir $ 1 000, agora, por três anos, a 8 por cento de juros compostos. Uma representação de como esses $ 1 000 acumularão para $ 1 259,70 é demonstrada a seguir:

Ano	Juros por ano	Juros cumulativos chamados de juros compostos	Total no final do ano
0	$ —	$ —	$ 1 000,00
1	80,00 (0,08 × $ 1 000)	80,00	1 080,00
2	86,40 (0,08 × $ 1 080)	166,40	1 166,40
3	93,30 (0,08 × $ 1 166,40)	259,70	1 259,70

Esta representação é uma série de cálculos que poderiam ser demonstrados como a seguir, onde S é a quantia futura e os subscritos 1, 2 e 3 indicam os períodos.

$S_1 = \$\ 1\ 000(1{,}08)^1 = \$\ 1\ 080$
$S_2 = \$\ 1\ 080(1{,}08) = \$\ 1\ 000(1{,}08)^2 = \$\ 1\ 166{,}40$
$S_3 = \$\ 1\ 166{,}40 \times (1{,}08) = \$\ 1\ 000(1{,}08)^3 = \$\ 1\ 259{,}70$

A fórmula para o 'valor de 1', muitas vezes denominada 'valor futuro de \$ 1', pode ser escrita:

$S = P(1 + r)^n$
$S = \$\ 1\ 000(1 + 0{,}08)^3 = \$\ 1\ 259{,}70$

S é o valor futuro; *P* é o valor presente, \$ 1 000 nesse caso; *r* é a taxa de juros; e *n* é o número de períodos de tempo.

Felizmente, tabelas fazem com que cálculos-chave estejam prontamente disponíveis. Uma facilidade em escolher a tabela *correta* minimizará os cálculos. Cheque a veracidade da resposta acima usando a Tabela 1.

Tabela 2 — Valor presente de \$ 1

No exemplo anterior, se \$ 1 000 compostos a 8 por cento por ano acumularão \$ 1 259,70, em três anos, \$ 1 000 deve ser o valor presente, de \$ 1 259,70, devido ao final de três anos. A fórmula para o valor presente pode ser derivada revertendo o processo de *acumulação* (encontrando o valor futuro) que acabamos de fazer.

Se $S = P(1 + r)n$

então $P = \dfrac{S}{(1 + r)^n}$

$$P = \frac{\$\ 1\ 259{,}70}{(1{,}08)^3} = \$\ 1\ 000$$

Use a Tabela 2 para checar esse cálculo.

Quando acumulamos, avançamos ou rolamos para a frente no tempo. A diferença entre nossa quantia original e nossa quantia acumulada é denominada *juros compostos*. Quando descontamos, retrocedemos ou rolamos para trás no tempo. A diferença entre a quantia futura e o valor presente é denominada *desconto composto*. Observe a seguinte fórmula (onde $P = \$\ 1\ 000$):

$$\text{Juros compostos} = P\,[(1 + r)^n - 1] = \$\ 259{,}70$$
$$\text{Desconto composto} = \left[S\ \ 1 - \frac{1}{(1 + r)^n}\right] = \$\ 259{,}70$$

Tabela 3 — Valor de anuidade de \$ 1

Uma *anuidade* (comum) é uma série de valores iguais a serem pagos (ou recebidos) no final de períodos sucessivos de igual tamanho. Suponha que \$ 1 000 sejam investidos no final de cada três anos a 8 por cento:

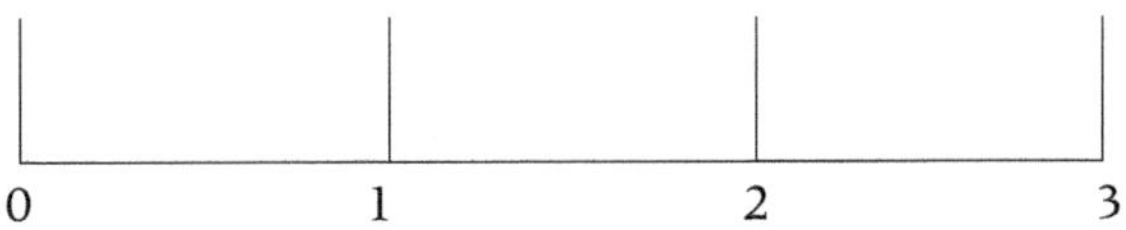

Final do ano			Quantia
1º pagamento	\$ 1 000,00 →	\$ 1 080,00 →	\$ 1 166,40, que é \$ 1 000(1,08)²
2º pagamento		\$ 1 000,00 →	1 080,00, que é \$ 1 000(1,08)¹
3º pagamento			1 000,00
Acumulado (valor futuro)			\$ 3 246,40

A aritmética acima pode ser expressa algebricamente como o valor de uma anuidade comum de \$ 1 000 por três anos = $\$\ 1\ 000(1 + r)^2 + \$\ 1\ 000(1 + r)^1 + \$\ 1\ 000$.

Podemos desenvolver a fórmula geral para S_n, o valor de uma anuidade comum de \$ 1, usando o exemplo acima como base:

1. $S_n = 1 + (1 + r)^1 + (1 + r)^2$
2. Substitua: $S_n = 1 + (1{,}08)^1 + (1{,}08)^2$
3. Multiplique (2) por (1 + r): $(1{,}08)S_n = (1{,}08)^1 + (1{,}08)^2 + (1{,}08)^3$
4. Subtraia (2) de (3): $1{,}08S_n - S_n = (1{,}08)^3 - 1$

   Observe que todos os termos no lado direito são removidos, exceto $(1{,}08)^3$ na equação (3) e 1 na equação (2).
5. Fator (4): $S_n(1{,}08 - 1) = (1{,}08)^3 - 1$
6. Divida (5) por (1,08 – 1): $S_n = \dfrac{(1{,}08)^3 - 1}{1{,}08 - 1} = \dfrac{(1{,}08)^3 - 1}{0{,}08}$
7. A fórmula geral para o valor de uma anuidade comum de \$ 1 se torna: $S_n = \dfrac{(1 + r)^n - 1}{r}$ ou $\dfrac{\text{Juros compostos}}{\text{Taxa}}$

Essa fórmula é a base para a Tabela 3. Veja a Tabela 3 ou use a fórmula em si para checar os cálculos.

Tabela 4 — Valor presente de uma anuidade comum de $ 1

Usando o mesmo exemplo da Tabela 3, podemos mostrar como a fórmula P_n, *o valor presente de uma anuidade comum,* é elaborada:

Final do ano			0	1	2	3
1º pagamento	$\dfrac{1\,000}{(1{,}08)^1}$	= \$ 926,14	←	\$1 000		
2º pagamento	$\dfrac{1\,000}{(1{,}08)^2}$	= \$ 857,52	←		\$1 000	
3º pagamento	$\dfrac{1\,000}{(1{,}08)^3}$	= \$ 794,00	←			\$1 000
Valor presente total		\$ 2 577,66				

Em geral, o valor presente de uma anuidade comum de \$ 1 pode ser expresso como:

1. $P_n = \dfrac{1}{1 + r} + \dfrac{1}{(1 + r)^2} + \dfrac{1}{(1 + r)^3}$
2. Substitua: $P_n = \dfrac{1}{1{,}08} + \dfrac{1}{(1{,}08)^2} + \dfrac{1}{(1{,}08)^3}$
3. Multiplique por $\dfrac{1}{1{,}08}$: $P_n \dfrac{1}{1{,}08} + \dfrac{1}{(1{,}08)^2} + \dfrac{1}{(1{,}08)^3} + \dfrac{1}{(1{,}08)^4}$
4. Subtraia (3) do (2): $P_n - P_n \dfrac{1}{1{,}08} = \dfrac{1}{1{,}08} - \dfrac{1}{(1{,}08)^4}$
5. Fator: $P_n \left(1 - \dfrac{1}{1{,}08}\right) = \dfrac{1}{1{,}08}\left[1 - \dfrac{1}{(1{,}08)^3}\right]$
6. ou $P_n \left(\dfrac{0{,}08}{1{,}08}\right) = \dfrac{1}{1{,}08}\left[1 - \dfrac{1}{(1{,}08)^3}\right]$
7. Multiplique por $\dfrac{1{,}08}{0{,}08}$: $P_n = \dfrac{1}{0{,}08}\left[1 - \dfrac{1}{(1{,}08)^3}\right]$

A fórmula geral para o valor presente de uma anuidade de \$ 1,00 é:

$$P_n = \frac{1}{r}\left[1 - \frac{1}{(1 + r)^n}\right] = \frac{\text{Desconto composto}}{\text{Taxa}}$$

Resolvendo,

$$P_n = \frac{0{,}2062}{0{,}08} = 2{,}577$$

A fórmula é a base para a Tabela 4. Cheque a resposta na tabela. As tabelas de valores presentes — Tabelas 2 e 4 — são usadas com mais freqüência em orçamentos de capital.

As tabelas para anuidades não são essenciais. Com as Tabelas 1 e 2 os juros compostos e descontos compostos podem ser prontamente calculados. É simplesmente uma questão de dividir um deles pela taxa para obter valores equivalentes àqueles mostrados nas Tabelas 3 e 4.

Tabela 1 Juros compostos de $ 1,00 (O valor futuro de $ 1,00)

$S = P(1 + r)^n$. Nesta tabela, $P = \$ 1,00$

Períodos	2%	4%	6%	8%	10%	12%	14%	16%	18%	20%	22%	24%	26%	28%	30%	32%	40%	Períodos
1	1,020	1,040	1,060	1,080	1,100	1,120	1,140	1,160	1,180	1,200	1,220	1,240	1,260	1,280	1,300	1,320	1,400	1
2	1,040	1,082	1,124	1,166	1,210	1,254	1,300	1,346	1,392	1,440	1,488	1,538	1,588	1,638	1,690	1,742	1,960	2
3	1,061	1,125	1,191	1,260	1,331	1,405	1,482	1,561	1,643	1,728	1,816	1,907	2,000	2,097	2,197	2,300	2,744	3
4	1,082	1,170	1,262	1,360	1,464	1,574	1,689	1,811	1,939	2,074	2,215	2,364	2,520	2,684	2,856	3,036	3,842	4
5	1,104	1,217	1,338	1,469	1,611	1,762	1,925	2,100	2,288	2,488	2,703	2,932	3,176	3,436	3,713	4,007	5,378	5
6	1,126	1,265	1,419	1,587	1,772	1,974	2,195	2,436	2,700	2,986	3,297	3,635	4,002	4,398	4,827	5,290	7,530	6
7	1,149	1,316	1,504	1,714	1,949	2,211	2,502	2,826	3,185	3,583	4,023	4,508	5,042	5,629	6,275	6,983	10,541	7
8	1,172	1,369	1,594	1,851	2,144	2,476	2,853	3,278	3,759	4,300	4,908	5,590	6,353	7,206	8,157	9,217	14,758	8
9	1,195	1,423	1,689	1,999	2,358	2,773	3,252	3,803	4,435	5,160	5,987	6,931	8,005	9,223	10,604	12,166	20,661	9
10	1,219	1,480	1,791	2,159	2,594	3,106	3,707	4,411	5,234	6,192	7,305	8,594	10,086	11,806	13,786	16,060	28,925	10
11	1,243	1,539	1,898	2,332	2,853	3,479	4,226	5,117	6,176	7,430	8,912	10,657	12,708	15,112	17,922	21,199	40,496	11
12	1,268	1,601	2,012	2,518	3,138	3,896	4,818	5,936	7,288	8,916	10,872	13,215	16,012	19,343	23,298	27,983	56,694	12
13	1,294	1,665	2,133	2,720	3,452	4,363	5,492	6,886	8,599	10,699	13,264	16,386	20,175	24,759	30,288	36,937	79,371	13
14	1,319	1,732	2,261	2,937	3,797	4,887	6,261	7,988	10,147	12,839	16,182	20,319	25,421	31,691	39,374	48,757	111,120	14
15	1,346	1,801	2,397	3,172	4,177	5,474	7,138	9,266	11,974	15,407	19,742	25,196	32,030	40,565	51,186	64,359	155,568	15
16	1,373	1,873	2,540	3,426	4,595	6,130	8,137	10,748	14,129	18,488	24,086	31,243	40,358	51,923	66,542	84,954	217,795	16
17	1,400	1,948	2,693	3,700	5,054	6,866	9,276	12,468	16,672	22,186	29,384	38,741	50,851	66,461	86,504	112,139	304,913	17
18	1,428	2,026	2,854	3,996	5,560	7,690	10,575	14,463	19,673	26,623	35,849	48,039	64,072	85,071	112,455	148,024	426,879	18
19	1,457	2,107	3,026	4,316	6,116	8,613	12,056	16,777	23,214	31,948	43,736	59,568	80,731	108,890	146,192	195,391	597,630	19
20	1,486	2,191	3,207	4,661	6,727	9,646	13,743	19,461	27,393	38,338	53,358	73,864	101,721	139,380	190,050	257,916	836,683	20
21	1,516	2,279	3,400	5,034	7,400	10,804	15,668	22,574	32,324	46,005	65,096	91,592	128,169	178,406	247,065	340,449	1171,356	21
22	1,546	2,370	3,604	5,437	8,140	12,100	17,861	26,186	38,142	55,206	79,418	113,574	161,492	228,360	321,184	449,393	1639,898	22
23	1,577	2,465	3,820	5,871	8,954	13,552	20,362	30,376	45,008	66,247	96,889	140,831	203,480	292,300	417,539	593,199	2295,857	23
24	1,608	2,563	4,049	6,341	9,850	15,179	23,212	35,236	53,109	79,497	118,205	174,631	256,385	374,144	542,801	783,023	3214,200	24
25	1,641	2,666	4,292	6,848	10,835	17,000	26,462	40,874	62,669	95,396	144,210	216,542	323,045	478,905	705,641	1033,590	4499,880	25
26	1,673	2,772	4,549	7,396	11,918	19,040	30,167	47,414	73,949	114,475	175,936	268,512	407,037	612,998	917,333	1364,339	6299,831	26
27	1,707	2,883	4,822	7,988	13,110	21,325	34,390	55,000	87,260	137,371	214,642	332,955	512,867	784,638	1192,533	1800,927	8819,764	27
28	1,741	2,999	5,112	8,627	14,421	23,884	39,204	63,800	102,967	164,845	261,864	412,864	646,212	1004,336	1550,293	2377,224	12347,670	28
29	1,776	3,119	5,418	9,317	15,863	26,750	44,693	74,009	121,501	197,814	319,474	511,952	814,228	1285,550	2015,381	3137,935	17286,737	29
30	1,811	3,243	5,743	10,063	17,449	29,960	50,950	85,850	143,371	237,376	389,758	634,820	1025,927	1645,505	2619,996	4142,075	24201,432	30
35	2,000	3,946	7,686	14,785	28,102	52,800	98,100	180,314	327,997	590,668	1053,402	1861,054	3258,135	5653,911	9727,860	16599,217	130161,112	35
40	2,208	4,801	10,286	21,725	45,259	93,051	188,884	378,721	750,378	1469,772	2847,038	5455,913	10347,175	19426,689	36118,865	66520,767	700037,697	40

Tabela 2 Valor presente de $ 1,00

$$P = \frac{S}{(1 + r)^n}$$ Nesta tabela, $S = \$ 1,00$

Períodos	2%	4%	6%	8%	10%	12%	14%	16%	18%	20%	22%	24%	26%	28%	30%	32%	40%	Períodos
1	0,980	0,962	0,943	0,926	0,909	0,893	0,877	0,862	0,847	0,833	0,820	0,806	0,794	0,781	0,769	0,758	0,714	1
2	0,961	0,925	0,890	0,857	0,826	0,797	0,769	0,743	0,718	0,694	0,672	0,650	0,630	0,610	0,592	0,574	0,510	2
3	0,942	0,889	0,840	0,794	0,751	0,712	0,675	0,641	0,609	0,579	0,551	0,524	0,500	0,477	0,455	0,435	0,364	3
4	0,924	0,855	0,792	0,735	0,683	0,636	0,592	0,552	0,516	0,482	0,451	0,423	0,397	0,373	0,350	0,329	0,260	4
5	0,906	0,822	0,747	0,681	0,621	0,567	0,519	0,476	0,437	0,402	0,370	0,341	0,315	0,291	0,269	0,250	0,186	5
6	0,888	0,790	0,705	0,630	0,564	0,507	0,456	0,410	0,370	0,335	0,303	0,275	0,250	0,227	0,207	0,189	0,133	6
7	0,871	0,760	0,665	0,583	0,513	0,452	0,400	0,354	0,314	0,279	0,249	0,222	0,198	0,178	0,159	0,143	0,095	7
8	0,853	0,731	0,627	0,540	0,467	0,404	0,351	0,305	0,266	0,233	0,204	0,179	0,157	0,139	0,123	0,108	0,068	8
9	0,837	0,703	0,592	0,500	0,424	0,361	0,308	0,263	0,225	0,194	0,167	0,144	0,125	0,108	0,094	0,082	0,048	9
10	0,820	0,676	0,558	0,463	0,386	0,322	0,270	0,227	0,191	0,162	0,137	0,116	0,099	0,085	0,073	0,062	0,035	10
11	0,804	0,650	0,527	0,429	0,350	0,287	0,237	0,195	0,162	0,135	0,112	0,094	0,079	0,066	0,056	0,047	0,025	11
12	0,788	0,625	0,497	0,397	0,319	0,257	0,208	0,168	0,137	0,112	0,092	0,076	0,062	0,052	0,043	0,036	0,018	12
13	0,773	0,601	0,469	0,368	0,290	0,229	0,182	0,145	0,116	0,093	0,075	0,061	0,050	0,040	0,033	0,027	0,013	13
14	0,758	0,577	0,442	0,340	0,263	0,205	0,160	0,125	0,099	0,078	0,062	0,049	0,039	0,032	0,025	0,021	0,009	14
15	0,743	0,555	0,417	0,315	0,239	0,183	0,140	0,108	0,084	0,065	0,051	0,040	0,031	0,025	0,020	0,016	0,006	15
16	0,728	0,534	0,394	0,292	0,218	0,163	0,123	0,093	0,071	0,054	0,042	0,032	0,025	0,019	0,015	0,012	0,005	16
17	0,714	0,513	0,371	0,270	0,198	0,146	0,108	0,080	0,060	0,045	0,034	0,026	0,020	0,015	0,012	0,009	0,003	17
18	0,700	0,494	0,350	0,250	0,180	0,130	0,095	0,069	0,051	0,038	0,028	0,021	0,016	0,012	0,009	0,007	0,002	18
19	0,686	0,475	0,331	0,232	0,164	0,116	0,083	0,060	0,043	0,031	0,023	0,017	0,012	0,009	0,007	0,005	0,002	19
20	0,673	0,456	0,312	0,215	0,149	0,104	0,073	0,051	0,037	0,026	0,019	0,014	0,010	0,007	0,005	0,004	0,001	20
21	0,660	0,439	0,294	0,199	0,135	0,093	0,064	0,044	0,031	0,022	0,015	0,011	0,008	0,006	0,004	0,003	0,001	21
22	0,647	0,422	0,278	0,184	0,123	0,083	0,056	0,038	0,026	0,018	0,013	0,009	0,006	0,004	0,003	0,002	0,001	22
23	0,634	0,406	0,262	0,170	0,112	0,074	0,049	0,033	0,022	0,015	0,010	0,007	0,005	0,003	0,002	0,002	0,000	23
24	0,622	0,390	0,247	0,158	0,102	0,066	0,043	0,028	0,019	0,013	0,008	0,006	0,004	0,003	0,002	0,001	0,000	24
25	0,610	0,375	0,233	0,146	0,092	0,059	0,038	0,024	0,016	0,010	0,007	0,005	0,003	0,002	0,001	0,001	0,000	25
26	0,598	0,361	0,220	0,135	0,084	0,053	0,033	0,021	0,014	0,009	0,006	0,004	0,002	0,002	0,001	0,001	0,000	26
27	0,586	0,347	0,207	0,125	0,076	0,047	0,029	0,018	0,011	0,007	0,005	0,003	0,002	0,001	0,001	0,001	0,000	27
28	0,574	0,333	0,196	0,116	0,069	0,042	0,026	0,016	0,010	0,006	0,004	0,002	0,002	0,001	0,001	0,000	0,000	28
29	0,563	0,321	0,185	0,107	0,063	0,037	0,022	0,014	0,008	0,005	0,003	0,002	0,001	0,001	0,000	0,000	0,000	29
30	0,552	0,308	0,174	0,099	0,057	0,033	0,020	0,012	0,007	0,004	0,003	0,002	0,001	0,001	0,000	0,000	0,000	30
35	0,500	0,253	0,130	0,068	0,036	0,019	0,010	0,006	0,003	0,002	0,001	0,001	0,000	0,000	0,000	0,000	0,000	35
40	0,453	0,208	0,097	0,046	0,022	0,011	0,005	0,003	0,001	0,001	0,000	0,000	0,000	0,000	0,000	0,000	0,000	40

Tabela 3 Juros de valor de anuidade de $ 1,00 em atraso* (Valor futuro de anuidade)

$$S_n = \frac{(1+r)^n - 1}{r}$$

Períodos	2%	4%	6%	8%	10%	12%	14%	16%	18%	20%	22%	24%	26%	28%	30%	32%	40%	Períodos
1	1,000	1,000	1,000	1,000	1,000	1,000	1,000	1,000	1,000	1,000	1,000	1,000	1,000	1,000	1,000	1,000	1,000	1
2	2,020	2,040	2,060	2,080	2,100	2,120	2,140	2,160	2,180	2,200	2,220	2,240	2,260	2,280	2,300	2,320	2,400	2
3	3,060	3,122	3,184	3,246	3,310	3,374	3,440	3,506	3,572	3,640	3,708	3,778	3,848	3,918	3,990	4,062	4,360	3
4	4,122	4,246	4,375	4,506	4,641	4,779	4,921	5,066	5,215	5,368	5,524	5,684	5,848	6,016	6,187	6,362	7,104	4
5	5,204	5,416	5,637	5,867	6,105	6,353	6,610	6,877	7,154	7,442	7,740	8,048	8,368	8,700	9,043	9,398	10,946	5
6	6,308	6,633	6,975	7,336	7,716	8,115	8,536	8,977	9,442	9,930	10,442	10,980	11,544	12,136	12,756	13,406	16,324	6
7	7,434	7,898	8,394	8,923	9,487	10,089	10,730	11,414	12,142	12,916	13,740	14,615	15,546	16,534	17,583	18,696	23,853	7
8	8,583	9,214	9,897	10,637	11,436	12,300	13,233	14,240	15,327	16,499	17,762	19,123	20,588	22,163	23,858	25,678	34,395	8
9	9,755	10,583	11,491	12,488	13,579	14,776	16,085	17,519	19,086	20,799	22,670	24,712	26,940	29,369	32,015	34,895	49,153	9
10	10,950	12,006	13,181	14,487	15,937	17,549	19,337	21,321	23,521	25,959	28,657	31,643	34,945	38,593	42,619	47,062	69,814	10
11	12,169	13,486	14,972	16,645	18,531	20,655	23,045	25,733	28,755	32,150	35,962	40,238	45,031	50,398	56,405	63,122	98,739	11
12	13,412	15,026	16,870	18,977	21,384	24,133	27,271	30,850	34,931	39,581	44,874	50,895	57,739	65,510	74,327	84,320	139,235	12
13	14,680	16,627	18,882	21,495	24,523	28,029	32,089	36,786	42,219	48,497	55,746	64,110	73,751	84,853	97,625	112,303	195,929	13
14	15,974	18,292	21,015	24,215	27,975	32,393	37,581	43,672	50,818	59,196	69,010	80,496	93,926	109,612	127,913	149,240	275,300	14
15	17,293	20,024	23,276	27,152	31,772	37,280	43,842	51,660	60,965	72,035	85,192	100,815	119,347	141,303	167,286	197,997	386,420	15
16	18,639	21,825	25,673	30,324	35,950	42,753	50,980	60,925	72,939	87,442	104,935	126,011	151,377	181,868	218,472	262,356	541,988	16
17	20,012	23,698	28,213	33,750	40,545	48,884	59,118	71,673	87,068	105,931	129,020	157,253	191,735	233,791	285,014	347,309	759,784	17
18	21,412	25,645	30,906	37,450	45,599	55,750	68,394	84,141	103,740	128,117	158,405	195,994	242,585	300,252	371,518	459,449	1064,697	18
19	22,841	27,671	33,760	41,446	51,159	63,440	78,969	98,603	123,414	154,740	194,254	244,033	306,658	385,323	483,973	607,472	1491,576	19
20	24,297	29,778	36,786	45,762	57,275	72,052	91,025	115,380	146,628	186,688	237,989	303,601	387,389	494,213	630,165	802,863	2089,206	20
21	25,783	31,969	39,993	50,423	64,002	81,699	104,768	134,841	174,021	225,026	291,347	377,465	489,110	633,593	820,215	1060,779	2925,889	21
22	27,299	34,248	43,392	55,457	71,403	92,503	120,436	157,415	206,345	271,031	356,443	469,056	617,278	811,999	1067,280	1401,229	4097,245	22
23	28,845	36,618	46,996	60,893	79,543	104,603	138,297	183,601	244,487	326,237	435,861	582,630	778,771	1040,358	1388,464	1850,622	5737,142	23
24	30,422	39,083	50,816	66,765	88,497	118,155	158,659	213,978	289,494	392,484	532,750	723,461	982,251	1332,659	1806,003	2443,821	8032,999	24
25	32,030	41,646	54,865	73,106	98,347	133,334	181,871	249,214	342,603	471,981	650,955	898,092	1238,636	1706,803	2348,803	3226,844	11247,199	25
26	33,671	44,312	59,156	79,954	109,182	150,334	208,333	290,088	405,272	567,377	795,165	1114,634	1561,682	2185,708	3054,444	4260,434	15747,079	26
27	35,344	47,084	63,706	87,351	121,100	169,374	238,499	337,502	479,221	681,853	971,102	1383,146	1968,719	2798,706	3971,778	5624,772	22046,910	27
28	37,051	49,968	68,528	95,339	134,210	190,699	272,889	392,503	566,481	819,223	1185,744	1716,101	2481,586	3583,344	5164,311	7425,699	30866,674	28
29	38,792	52,966	73,640	103,966	148,631	214,583	312,094	456,303	669,447	984,068	1447,608	2128,965	3127,798	4587,680	6714,604	9802,923	43214,343	29
30	40,568	56,085	79,058	113,263	164,494	241,333	356,787	530,312	790,948	1181,882	1767,081	2640,916	3942,026	5873,231	8729,985	12940,859	60501,081	30
35	49,994	73,652	111,435	172,317	271,024	431,663	693,573	1120,713	1816,652	2948,341	4783,645	7750,225	12527,442	20188,966	32422,868	51869,427	325400,279	35
40	60,402	95,026	154,762	259,057	442,593	767,091	1342,025	2360,757	4163,213	7343,858	12936,535	22728,803	39792,982	69377,460	120392,883	207874,272	1750091,741	40

* *Pagamentos (ou recebimentos) no final de cada período.*

Tabela 4 Valor presente de anuidade de $ 1,00 em atraso*

$$P_n = \frac{1}{r}\left[1 - \frac{1}{(1+r)^n}\right]$$

Períodos	2%	4%	6%	8%	10%	12%	14%	16%	18%	20%	22%	24%	26%	28%	30%	32%	40%	Períodos
1	0,980	0,962	0,943	0,926	0,909	0,893	0,877	0,862	0,847	0,833	0,820	0,806	0,794	0,781	0,769	0,758	0,714	1
2	1,942	1,886	1,833	1,783	1,736	1,690	1,647	1,605	1,566	1,528	1,492	1,457	1,424	1,392	1,361	1,331	1,224	2
3	2,884	2,775	2,673	2,577	2,487	2,402	2,322	2,246	2,174	2,106	2,042	1,981	1,923	1,868	1,816	1,766	1,589	3
4	3,808	3,630	3,465	3,312	3,170	3,037	2,914	2,798	2,690	2,589	2,494	2,404	2,320	2,241	2,166	2,096	1,849	4
5	4,713	4,452	4,212	3,993	3,791	3,605	3,433	3,274	3,127	2,991	2,864	2,745	2,635	2,532	2,436	2,345	2,035	5
6	5,601	5,242	4,917	4,623	4,355	4,111	3,889	3,685	3,498	3,326	3,167	3,020	2,885	2,759	2,643	2,534	2,168	6
7	6,472	6,002	5,582	5,206	4,868	4,564	4,288	4,039	3,812	3,605	3,416	3,242	3,083	2,937	2,802	2,677	2,263	7
8	7,325	6,733	6,210	5,747	5,335	4,968	4,639	4,344	4,078	3,837	3,619	3,421	3,241	3,076	2,925	2,786	2,331	8
9	8,162	7,435	6,802	6,247	5,759	5,328	4,946	4,607	4,303	4,031	3,786	3,566	3,366	3,184	3,019	2,868	2,379	9
10	8,983	8,111	7,360	6,710	6,145	5,650	5,216	4,833	4,494	4,192	3,923	3,682	3,465	3,269	3,092	2,930	2,414	10
11	9,787	8,760	7,887	7,139	6,495	5,938	5,453	5,029	4,656	4,327	4,035	3,776	3,543	3,335	3,147	2,978	2,438	11
12	10,575	9,385	8,384	7,536	6,814	6,194	5,660	5,197	4,793	4,439	4,127	3,851	3,606	3,387	3,190	3,013	2,456	12
13	11,348	9,986	8,853	7,904	7,103	6,424	5,842	5,342	4,910	4,533	4,203	3,912	3,656	3,427	3,223	3,040	2,469	13
14	12,106	10,563	9,295	8,244	7,367	6,628	6,002	5,468	5,008	4,611	4,265	3,962	3,695	3,459	3,249	3,061	2,478	14
15	12,849	11,118	9,712	8,559	7,606	6,811	6,142	5,575	5,092	4,675	4,315	4,001	3,726	3,483	3,268	3,076	2,484	15
16	13,578	11,652	10,106	8,851	7,824	6,974	6,265	5,668	5,162	4,730	4,357	4,033	3,751	3,503	3,283	3,088	2,489	16
17	14,292	12,166	10,477	9,122	8,022	7,120	6,373	5,749	5,222	4,775	4,391	4,059	3,771	3,518	3,295	3,097	2,492	17
18	14,992	12,659	10,828	9,372	8,201	7,250	6,467	5,818	5,273	4,812	4,419	4,080	3,786	3,529	3,304	3,104	2,494	18
19	15,678	13,134	11,158	9,604	8,365	7,366	6,550	5,877	5,316	4,843	4,442	4,097	3,799	3,539	3,311	3,109	2,496	19
20	16,351	13,590	11,470	9,818	8,514	7,469	6,623	5,929	5,353	4,870	4,460	4,110	3,808	3,546	3,316	3,113	2,497	20
21	17,011	14,029	11,764	10,017	8,649	7,562	6,687	5,973	5,384	4,891	4,476	4,121	3,816	3,551	3,320	3,116	2,498	21
22	17,658	14,451	12,042	10,201	8,772	7,645	6,743	6,011	5,410	4,909	4,488	4,130	3,822	3,556	3,323	3,118	2,498	22
23	18,292	14,857	12,303	10,371	8,883	7,718	6,792	6,044	5,432	4,925	4,499	4,137	3,827	3,559	3,325	3,120	2,499	23
24	18,914	15,247	12,550	10,529	8,985	7,784	6,835	6,073	5,451	4,937	4,507	4,143	3,831	3,562	3,327	3,121	2,499	24
25	19,523	15,622	12,783	10,675	9,077	7,843	6,873	6,097	5,467	4,948	4,514	4,147	3,834	3,564	3,329	3,122	2,499	25
26	20,121	15,983	13,003	10,810	9,161	7,896	6,906	6,118	5,480	4,956	4,520	4,151	3,837	3,566	3,330	3,123	2,500	26
27	20,707	16,330	13,211	10,935	9,237	7,943	6,935	6,136	5,492	4,964	4,524	4,154	3,839	3,567	3,331	3,123	2,500	27
28	21,281	16,663	13,406	11,051	9,307	7,984	6,961	6,152	5,502	4,970	4,528	4,157	3,840	3,568	3,331	3,124	2,500	28
29	21,844	16,984	13,591	11,158	9,370	8,022	6,983	6,166	5,510	4,975	4,531	4,159	3,841	3,569	3,332	3,124	2,500	29
30	22,396	17,292	13,765	11,258	9,427	8,055	7,003	6,177	5,517	4,979	4,534	4,160	3,842	3,569	3,332	3,124	2,500	30
35	24,999	18,665	14,498	11,655	9,644	8,176	7,070	6,215	5,539	4,992	4,541	4,164	3,845	3,571	3,333	3,125	2,500	35
40	27,355	19,793	15,046	11,925	9,779	8,244	7,105	6,233	5,548	4,997	4,544	4,166	3,846	3,571	3,333	3,125	2,500	40

* *Pagamentos (ou recebimentos) no final de cada período.*

Glossário

Abordagem da taxa ajustada de alocação. Ajusta todos os lançamentos de custos indiretos no razão geral e nos razões subsidiários, usando taxas de custos reais em vez de taxas de custos orçados.

Abordagem do custo–benefício. Abordagem para a tomada de decisão e a alocação de recursos com base em uma comparação dos benefícios e dos custos esperados por alcançar as metas da empresa.

Abrandamento dos custos. Uma abordagem do custeio que usa médias amplas para distribuir uniformemente o custo de recursos para objetos de custo (como produtos ou serviços), quando produtos ou serviços individuais de fato usam tais recursos de forma não uniforme.

Acúmulo de custos. Coleta de dados de custos organizada por meio de um sistema contábil.

Alavancagem operacional. Os efeitos que os custos fixos têm sobre o lucro operacional quando ocorrem mudanças nas unidades vendidas e, portanto, na margem de contribuição.

Alocação de custos. A distribuição de custos indiretos para um objeto de custos em particular.

Alocação de receitas. A alocação de receitas relacionadas a um objeto de receita em particular, mas que não podem ser apropriadas diretamente a ele de forma economicamente viável (custo eficaz).

Análise da especificação. Um teste das suposições da análise de regressão.

Análise da rentabilidade do cliente. O relatório e a análise de receitas obtidos de clientes, e os custos incorridos para a obtenção dessas receitas.

Análise da sensibilidade. Uma técnica 'e se' que os administradores usam para examinar como um resultado mudará se os dados originais previstos não forem alcançados ou se uma suposição básica mudar.

Análise de custo-volume-lucro (CVL). Examina o comportamento de receitas totais, custos totais e o lucro operacional enquanto ocorrem mudanças no nível de produção, no preço de venda, no custo variável por unidade e/ou nos custos fixos de um produto.

Análise de regressão. Método estatístico que mede a quantidade média de alteração na variável dependente associada a uma alteração unitária em uma ou mais variáveis independentes.

Assessores de gerência. Assessores que fornecem conselhos e auxílio aos gerentes de linha.

Atendimento ao cliente. Proporcionar suporte pós-venda aos clientes.

Atividade. Um evento, tarefa ou unidade de trabalho com um propósito específico.

Atribuição de custos. Termo geral que engloba (1) o rastreamento de custos acumulados que têm relacionamento com um objeto de custo e (2) a alocação de custos acumulados que têm relacionamento indireto com um objeto de custo.

Autonomia. O grau de liberdade para tomar decisões.

***Balanced scorecard*.** Uma estrutura para a implementação de estratégia ao traduzir a missão e a estratégia de uma organização em um conjunto de medidas de desempenho.

Base de alocação de custos. Um fator que realiza de maneira sistemática um custo (ou grupo de custos) indireto a um objeto de custeio.

Base de aplicação de custos. A base de aplicação de custos incide quando o objeto de custos é um serviço, produto ou cliente.

***Benchmarking*.** O processo contínuo de comparar os níveis de desempenho na produção de bens e serviços e na execução de atividades, com os melhores níveis de desempenho.

Cadeia de suprimentos. Descreve o fluxo de produtos, serviços e informações das fontes iniciais de materiais e serviços até a entrega dos produtos aos consumidores, independentemente de essas atividades ocorrerem na mesma ou em outras organizações.

Cadeia de valores. A seqüência de funções do negócio em que é adicionada utilidade aos produtos ou serviços de uma empresa.

Capacidade ociosa. O montante de capacidade produtiva disponível acima da capacidade produtiva empregada para satisfazer a demanda de consumo no período atual.

Capacidade prática. O nível de capacidade que reduz a capacidade teórica mediante interrupções inevitáveis da operação como manutenção programada, paradas para feriados e assim por diante.

Capacidade teórica. O nível de capacidade com base na produção; a eficiência plena o tempo todo.

Células de produção. Um agrupamento de todos os diferentes tipos de equipamentos usados para fazer um dado produto.

Centro de custos. Centro de responsabilidade em que o administrador é responsável somente pelos custos.

Centro de investimento. Centro de responsabilidade em que o administrador é responsável por investimentos, receitas e custos.

Centro de lucros. Centro de responsabilidade em que o administrador é responsável por receitas e custos.

Centro de receitas. Centro de responsabilidade em que o administrador é responsável somente por receitas.

Centro de responsabilidade. Parte, segmento ou subunidade de uma organização cujo administrador é responsável por um conjunto específico de atividades.

Certificado na Gestão Financeira (CFM). Certifica que o portador cumpriu com os critérios de admissão e demonstrou competência e conhecimento técnico na gestão financeira exigidos pelo Instituto de Contadores Gerenciais.

Ciclo de autoliquidação. O movimento de caixa para estoques, para duplicatas a receber e de volta para o caixa.

Ciclo de vida do produto. Período de tempo do P&D inicial de um produto até quando o atendimento e o suporte ao cliente não são mais oferecidos a ele.

Coeficiente da inclinação. Termo coeficiente em um modelo de estimação de custos que indica a alteração no custo total quando ocorre uma mudança unitária no nível de atividade dentro do intervalo relevante.

Coeficiente de determinação (r^2). Mede a porcentagem de variação em uma variável dependente explicada por uma ou mais variáveis independentes.

Componente da produtividade. A mudança em custos atribuível a uma alteração na quantidade de insumos consumidos no período atual em relação aos que teriam sido consumidos no período anterior para produzir o volume de produtos do período atual.

Componente da recuperação de preço. Mudança no lucro operacional atribuível somente às alterações nos preços de compra de insumos e venda de produtos acabados entre um período e o seguinte.

Componente de crescimento. Mudança no lucro operacional atribuível somente à alteração na quantidade de produtos vendidos entre um período e o seguinte.

Conformidade com a qualidade. Refere-se ao desempenho de um produto ou serviço com relação ao seu projeto e especificações.

Congruência de metas. Ocorre quando indivíduos e grupos trabalham voltados à realização das metas da organização. Os administradores que melhor trabalham tomam medidas que se alinham com as metas globais da administração geral.

Conselho de Normas da Contabilidade de Custos (CASB). Agência do governo dos EUA com autoridade e exclusividade para fazer, colocar em vigor, alterar e rescindir normas e interpretações na área de contabilidade de custos, elaboradas para obter uniformidade e consistência em relação à mensuração, distribuição e alocação de custos para contratos dentro dos Estados Unidos.

Constante. O componente do custo total que, dentro da faixa relevante, não varia com as mudanças no nível da atividade. Também chamado de *interceptor*.

Contabilidade de custos. Mede e relata informações financeiras e não financeiras relativas ao custo de aquisição ou consumo de recursos em uma organização. Ela fornece informações para a contabilidade gerencial e para a contabilidade financeira.

Contabilidade financeira. Mede e registra transações de negócios e fornece demonstrações financeiras baseadas em princípios contábeis geralmente aceitos. Foca relatórios para usuários externos.

Contabilidade gerencial. Mede e relata informações financeiras e não financeiras que ajudam os administradores a tomar decisões que satisfaçam as metas de uma organização. Foca os relatórios internos.

Contabilidade por responsabilidade. Um sistema que mede os planos (pelos orçamentos) e ações (pelos resultados reais) de cada centro de responsabilidade.

Contador Gerencial Certificado (CMA). Certifica que o portador cumpriu com os critérios de admissão e demonstrou competência e conhecimento técnico na contabilidade gerencial exigidos pelo Instituto de Contadores Gerenciais.

Contribuição do processamento. Receitas menos o custo de materiais diretos dos produtos vendidos.

Controlabilidade. Grau de influência que um gerente específico tem sobre custos, receitas e itens relacionados pelos quais é responsável.

Controle. Tomar medidas que implementem as decisões de planejamento e decidir como avaliar o desempenho e qual *feedback* proporcionar para ajudar nas tomadas de decisões futuras.

Controller. O executivo-financeiro responsável pela contabilidade gerencial e financeira. Também denominado *diretor de contabilidade.*

Curva de aprendizagem. Função que mede como as horas de mão-de-obra por unidade diminuem com o aumento das unidades produzidas porque os trabalhadores estão aprendendo e desempenhando melhor suas atividades.

Curva de experiência. Função que mede o declínio no custo unitário em várias funções da cadeia de valor como produção, marketing, distribuição e assim por diante, com o aumento na quantidade de unidades produzidas.

Custeio a maior do produto. Um produto consome um nível baixo de recursos mas é apresentado como tendo alto custo unitário.

Custeio a menor do produto. Um produto consome um nível alto de recursos mas é apresentado como tendo baixo custo unitário.

Custeio atual. Um método de custeio que rastreia os custos diretos para um objeto de custo ao usar as taxas reais de custos diretos, vezes a quantidade real de elementos de custos diretos, e que aloca os custos indiretos com base nas taxas reais, vezes a quantidade real das bases de alocação de custos.

Custeio baseado em atividades (ABC). Abordagem para o custeio que foca as atividades individuais como os objetos de custo fundamentais. Ela usa os custos dessas atividades como base para distribuir os custos para outros objetos de custo, como produtos ou serviços.

Custeio do ciclo de vida. Sistema que rastreia e acumula os custos individuais na cadeia de valor atribuíveis a cada produto, de seu P&D inicial até o atendimento e suporte de seu último cliente.

Custeio normal. Um método de custeio que rastreia custos diretos para um objeto de custo ao usar as taxas reais de custos diretos, vezes a quantidade real dos insumos, e aloca os custos indiretos com base nas taxas de custos indiretos orçados, vezes a quantidade real das bases de alocação de custos.

Custeio-padrão. Método de custeio que rastreia custos diretos para a saída produzida ao multiplicar os preços ou as taxas padrão pelas quantidades padrão de entradas permitidas para a saída real produzida, e aloca os custos indiretos com base nas taxas indiretas padrão vezes a quantidade padrão das bases de alocação permitidas para a saída real produzida.

Custeio por absorção. Método de custeio do estoque em que todos os custos variáveis e fixos de produção são incluídos como custos inventariáveis.

Custeio retrocedido. Sistema de custeio que omite registrar alguns ou todos os lançamentos diários relativos ao ciclo de compra de material direto à venda de produtos acabados.

Custeio supervariável. Veja *custeio variável.*

Custeio variável. Método de custeio do estoque em que somente custos variáveis de materiais diretos são incluídos como custos do produto. Também chamado de *custeio supervariável.*

Custo artificial. Veja *custo recíproco completo.*

Custo controlável. Qualquer custo sujeito à influência de um gerente de um centro de responsabilidade por determinado período.

Custo de oportunidade. A contribuição ao resultado, abdicada ou rejeitada por não usar um recurso limitado no seu melhor uso alternativo.

Custo de oportunidade do capital. Veja *taxa mínima de retorno estabelecida.*

Custo de produtos fabricados. Custo de produtos produzidos até o término do ciclo de produção independentemente de eles serem iniciados antes ou durante o período contábil atual.

Custo de reposição. Avaliação de ativos com base no custo para comprá-los hoje, de modo que seja idêntico ao ativo atualmente possuído, ou o custo de comprar um ativo que proporcione serviços como o atualmente possuído caso um ativo idêntico não possa ser comprado.

Custo do capital. Veja *taxa mínima de retorno (TMR).*

Custo do produto. Soma dos custos atribuídos a um produto para um propósito específico.

Custo fixo. Custo que permanece inalterado no total por um dado período de tempo, apesar de mudanças no nível relativo de atividade ou volume total.

Custo incremental. Custo adicional total incorrido para uma atividade.

Custo médio. Veja *custo unitário.*

Custo misto. Um custo que tem elementos fixos e variáveis. Também chamado de *custo semivariável.*

Custo orçado da melhoria contínua. Custo orçado, progressivamente reduzido sobre períodos sucessivos.

Custo permissível. Custo que as partes envolvidas em um contrato concordam em incluir nos custos a serem reembolsados.

Custo que adiciona valor. Um custo que, se eliminado, reduziria o valor, a utilidade real ou percebida que os clientes obtêm do uso do produto ou serviço.

Custo que não adiciona valor. Um custo que, se eliminado, não reduziria o valor, a utilidade real ou percebida que os clientes obtêm do uso do produto ou serviço.

Custo real. Custo incorrido (um custo histórico) em comparação a um custo orçado ou previsto.

Custo recíproco completo. Os custos específicos de um departamento de apoio, mais quaisquer alocações de custos interdepartamentais. Também chamado de *custo artificial* de um departamento de apoio.

Custo semivariável. Veja *custo misto.*

Custo unitário. Custo calculado ao dividir o total de custos pelo número relativo às unidades. Também chamado de *custo médio.*

Custo. Recurso sacrificado ou abdicado para alcançar um objetivo específico.

Custo-meta unitário. Custo estimado, de longo prazo, por unidade, de um produto ou serviço que permite que a empresa alcance o seu lucro-meta operacional unitário ao vender pelo preço-meta. O custo-meta unitário é obtido ao subtrair o lucro-meta das operações por unidade do preço-meta.

Custo-padrão. Um custo cuidadosamente determinado de uma unidade de produto.

Custo variável. Custo que muda no total em proporção às mudanças no nível relativo de atividade ou volume total.

Custos comuns. Os custos para operar uma instalação, atividade ou objeto de custo parecido, compartilhados por dois ou mais usuários.

Custos conjuntos. Custos de um processo produtivo que proporcionam simultaneamente múltiplos produtos.

Custos da falta de estoque. Custos resultantes de uma empresa ficar sem um item em particular para o qual há demanda. A empresa precisa agir para satisfazer a demanda ou sofrer os custos por não satisfazê-la.

Custos da função do negócio. A soma de todos os custos (variáveis e fixos) em uma certa função do negócio na cadeia de valor.

Custos da qualidade (CDQ). Custos incorridos para prevenir ou que surgem como resultado da fabricação de um produto de baixa qualidade.

Custos de apoio ao produto. Os custos de atividades assumidas para apoiar produtos individuais independentemente da quantidade de unidades ou lotes produzidos.

Custos de apoio ao serviço. Os custos de atividades executadas para apoiar serviços individuais.

Custos de apoio às instalações. Os custos de atividades que não podem ser rastreados para produtos ou serviços individuais, mas que apóiam a organização como um todo.

Custos de aquisição. O custo de produtos adquiridos de fornecedores incluindo os custos de frete ou transporte.

Custos de avaliação. Custos incorridos para detectar qual das unidades individuais de produto não está em conformidade com as especificações.

Custos de conversão. Todos os custos de fabricação exceto os de materiais diretos.

Custos de estocar. Custos para manter em estoque produtos para a venda.

Custos de falhas externas. Custos incorridos em um produto defeituoso após o mesmo ter sido enviado aos clientes.

Custos de falhas internas. Custos incorridos em um produto defeituoso antes de o mesmo ser enviado aos clientes.

Custos de mão-de-obra direta. Inclui a remuneração de toda a mão-de-obra de produção que pode ser rastreada para o objeto de custo (produtos em processo e, depois, produtos acabados) de modo economicamente viável.

Custos de materiais diretos. Custos de aquisição de todos os materiais que eventualmente se tornem parte do objeto de custo (produtos em processo e, depois, produtos acabados) e que podem ser rastreados para o objeto de custo de modo economicamente viável.

Custos de pedidos. Os custos de preparar, emitir e pagar pedidos de compras, bem como receber e inspecionar os itens incluídos nos pedidos.

Custos de prevenção. Custos incorridos para evitar a produção de produtos que não estão em conformidade com as especificações.

Custos diretos de um objeto de custo. Custos relativos ao objeto de custo em particular e que podem ser rastreados para aquele objeto de modo economicamente (eficaz no custo) viável.

Custos discricionários. Surgem de decisões periódicas (normalmente anuais) em relação à quantia máxima a ser incorrida e que não têm nenhum relacionamento mensurável de causa e efeito entre produtos fabricados e recursos consumidos.

Custos do ciclo de vida do cliente. Foca nos custos totais incorridos por um cliente para adquirir e usar um produto ou serviço até ser substituído.

Custos do período (despesas). Todos os custos na demonstração de resultados exceto o custo de produtos vendidos.

Custos do produto. Todos os custos de um produto considerados como ativos quando incorridos e que depois se tornam custos de produtos vendidos quando o produto é vendido.

Custos do produto em nível de unidades. Os custos de atividades desempenhadas em cada unidade individual de produto ou serviço.

Custos dos departamentos anteriores. Veja *custos transferidos.*

Custos em nível de lotes. Os custos de atividades relacionados a um grupo de unidades de produtos ou serviços, em vez de a cada unidade individual de produto ou serviço.

Custos embutidos (comprometidos). Custos que ainda não foram incorridos mas que, com base nas decisões já tomadas, serão incorridos no futuro (também denominados custos devidos a projeto/design).

Custos históricos (irrecuperáveis). Custos passados irrelevantes porque, a despeito da medida tomada, eles não podem ser mudados.

Custos imputados. Custos reconhecidos em certas situações que normalmente não o são em sistemas de contabilidade financeira.

Custos indiretos absorvidos a maior. Veja *custos indiretos alocados a maior.*

Custos indiretos absorvidos a menor. Veja *custos indiretos alocados a menor.*

Custos indiretos alocados a maior. A quantia alocada de custos indiretos em um período contábil é maior do que a quantia real (incorrida) naquele período. Também chamados de *custos indiretos aplicados a maior* e *custos indiretos absorvidos a maior.*

Custos indiretos alocados a menor. A quantia alocada de custos indiretos em um período contábil é menor do que a quantia real (incorrida) naquele período. Também chamados de *custos indiretos aplicados a menor* ou *custos indiretos absorvidos a menor.*

Custos indiretos aplicados a maior. Veja *custos indiretos alocados a maior.*

Custos indiretos aplicados a menor. Veja *custos indiretos alocados a menor.*

Custos indiretos de fábrica. Veja *custos indiretos de fabricação.*

Custos indiretos de fabricação. Todos os custos de fabricação relativos ao objeto de custo (produtos em processo e, depois, produtos acabados), mas que não podem ser rastreados para aquele objeto de custo de forma economicamente viável. Também chamados de *custos indiretos da fábrica.*

Custos indiretos de fabricação alocados. Custos indiretos de fabricação alocados para um trabalho, produto ou serviço com base na taxa orçada, multiplicada pela quantidade real da base de alocação de custos usada. Também denominados *custos indiretos de fabricação aplicados.*

Custos indiretos de fabricação aplicados. Veja *custos indiretos de fabricação alocados.*

Custos indiretos de um objeto de custo. Custos relacionados ao objeto de custo em particular, mas que não podem ser rastreados para aquele objeto de forma economicamente viável (eficaz no custo).

Custos plenos do produto. A soma de todos os custos variáveis e fixos em todas as funções do negócio na cadeia de valor (P&D, desenho, produção, marketing, distribuição e atendimento ao cliente).

Custos primários. Todos os custos diretos de fabricação.

Custos projetados. Custos que resultam de um relacionamento de causa e efeito entre o direcionador de custo, o produto/objeto de custo e os recursos (diretos ou indiretos) usados para produzi-los.

Custos relevantes. Custos futuros esperados que diferem entre cursos alternativos de ação quando considerados.

Custos separáveis. Todos os custos (fabricação, marketing, distribuição etc.) incorridos após um ponto de separação, que podem ser distribuídos para cada um dos produtos específicos identificados nesse ponto.

Custos transferidos. Custos incorridos em etapas de produção ocorridas em departamentos anteriores, apropriados como custos do produto quando esses passam para um processo subseqüente no ciclo de produção. Também chamados de *custos do departamento anterior*.

Decisões de fazer ou comprar. Decisões sobre se um produtor de bens ou serviços os produzirá internamente na empresa ou se os terceirizará (se comprará os bens ou serviços de fornecedores externos).

Decisões do *mix* de produtos. Decisões sobre quais produtos e em que quantidades vender.

Demonstração de resultados da contribuição. Demonstração de resultados que agrupa os custos em variáveis e fixos para realçar a margem de contribuição.

Demonstrações *pro forma*. *Demonstrações financeiras orçadas.*

Departamento de apoio. Departamento que fornece os serviços que auxiliam outros departamentos internos (departamentos de operação e outros departamentos de suporte) na empresa. Também denominado *departamento de serviço*.

Departamento de operação. Um departamento que adiciona valor diretamente ao produto ou serviço. Também denominado *departamento de produção* em empresas industriais.

Departamento de produção. Veja *departamento de operação*.

Departamento de serviço. Veja *departamento de apoio*.

Descentralização. A liberdade para gerentes, em níveis inferiores da organização, tomarem decisões.

Descontos de preços. A redução dos preços de venda abaixo dos preços listados para encorajar aumentos nas compras de clientes.

Desempenho pontual. Situações em que o produto ou serviço é pontualmente entregue no momento para o qual foi programado.

Diagrama de causa e efeito. Diagrama que identifica as causas potenciais de defeitos. As quatro categorias de causas potenciais para falhas são os fatores humanos, os de métodos e desenho, os relacionados ao equipamento e os fatores de materiais e componentes. Também denominado *diagrama espinha de peixe*.

Diagrama Pareto. Gráfico que indica a freqüência em que cada tipo de defeito ocorre, classificado do mais para o menos freqüente.

Diferenciação de produtos. A habilidade de uma organização em oferecer produtos ou serviços percebidos por seus clientes como sendo superiores e singulares em relação aos produtos e serviços de seus concorrentes.

Diferencial na receita. Diferença na receita total entre duas alternativas.

Diferencial no custo. Diferença no custo total entre duas alternativas.

Direcionador de custos. Uma variável, como o nível de atividade ou volume, que causa efeitos nos custos sobre um dado período de tempo.

Direcionador de escolha. Objetivo que pode ser quantificado em um modelo de decisão.

Direcionador de receitas. Uma variável, como volume, que causa efeito nas receitas.

Direcionador de tempo. Qualquer fator em que uma mudança causa uma alteração na velocidade de uma atividade.

Diretor financeiro (CFO). Executivo responsável por supervisionar as operações financeiras de uma organização.

Discriminação de preços. Prática de cobrar de clientes preços diferentes pelo mesmo produto ou serviço.

Distribuição. A entrega de produtos ou serviços aos clientes.

Distribuição da probabilidade. Descreve a probabilidade de que cada um dos conjuntos de eventos mutuamente excludentes e coletivamente exaustivos ocorrerá.

Documento-fonte. Um registro original que apóia lançamentos nos diários em um sistema contábil.

***Dumping*.** Sob as leis dos EUA ele ocorre quando uma empresa estrangeira vende um produto nos EUA a um preço abaixo do valor de mercado no país em que o mesmo é produzido, e esse preço mais baixo prejudica ou ameaça prejudicar, materialmente, uma indústria norte-americana.

Eficácia. O grau em que um objetivo ou meta predeterminados são satisfeitos.

Eficiência. A quantidade relativa de recursos consumidos para alcançar um dado nível de produção.

Empresas do setor de comércio. Empresas que compram e depois vendem produtos tangíveis sem alterar sua forma básica.

Empresas do setor de serviços. Empresas que fornecem serviços ou produtos intangíveis aos seus clientes.

Empresas do setor industrial. Empresas que compram materiais e componentes e os convertem em vários produtos acabados.

Engenharia de valor. Avaliação sistemática de todos os aspectos das funções do negócio da cadeia de valor, com o objetivo de reduzir custos enquanto satisfaz as necessidades dos clientes.

Erro-padrão do coeficiente estimado. Estatística de regressão que indica em quanto o valor estimado do coeficiente provavelmente será afetado por fatores aleatórios.

Esforço. Empenho voltado à realização de uma meta.

Espiral declinante da demanda. Contexto de preços em que eles são aumentados para distribuir os custos da capacidade sobre um número menor de unidades produzidas. A redução contínua na demanda por produtos, que ocorre quando os preços dos produtos concorrentes não são iguais; a demanda cai cada vez mais e os custos mais altos das unidades provocam uma relutância cada vez maior em igualar aos preços dos concorrentes.

Estimação de custos. A tentativa de medir um relacionamento com base nos dados de custos passados a um nível relativo de uma atividade.

Estoque de materiais diretos. Materiais diretos em estoque e esperando para ser usados no processo de fabricação.

Estoque de produtos acabados. Produtos totalmente acabados, mas ainda não vendidos.

Estoque de produtos em processo. Produtos parcialmente trabalhados, mas ainda não totalmente acabados. Também denominado *produtos em fabricação.*

Estoque de segurança. Estoque mantido em todos os momentos, independentemente da quantidade de estoque pedido usando o modelo LEL.

Estratégia. Especifica como uma organização combina as próprias capacidades com as oportunidades no mercado para alcançar os seus objetivos.

Estrutura da organização. O arranjo das linhas de responsabilidade dentro de uma organização.

Evento. Uma possível ocorrência relevante em um modelo de decisão.

Faixa relevante. Nível ou volume normal de atividade no qual há um relacionamento específico entre o volume de atividade e o custo em questão.

Fatores qualitativos. Resultados difíceis de medir com precisão em termos numéricos.

Fatores quantitativos. Resultados medidos em termos numéricos.

Feedback. Envolve administradores examinando o desempenho passado e explorando sistematicamente maneiras de tomar decisões futuras com base em melhores informações.

Folga orçamentária. A prática de subestimar receitas orçadas ou superestimar custos orçados para fazer com que as metas orçadas sejam mais fáceis de alcançar.

Folha de custos do serviço. Veja *registro do custo do serviço.*

Função de custo. Descrição matemática de como um custo se altera com mudanças no nível de uma atividade a ele relacionada.

Função de custo linear. Função de custo na qual o gráfico de custos totais *versus* o nível de uma única atividade relativa àquele custo é uma linha reta dentro da amplitude relevante.

Função de custo não-linear. Função de custo em que o gráfico de custos totais com base no nível de uma única atividade não é uma linha reta dentro da faixa relevante.

Função do custo em degrau. Uma função de custo em que o custo permanece o mesmo dentro de vários intervalos no nível de atividade, mas aumenta em quantias discretas (ou seja, aumenta em degraus) enquanto o nível de atividade muda de um intervalo para o seguinte.

Função do objetivo. Expressa o objetivo a ser maximizado (por exemplo, lucro operacional), ou minimizado (por exemplo, custos operacionais), em um modelo de decisão (por exemplo, um modelo de programação linear).

Gargalo. Uma operação onde o trabalho a ser desempenhado se aproxima, ou excede, à capacidade disponível para desempenhá-la.

Gerentes de linha. Gerentes diretamente responsáveis por alcançar as metas da organização.

Gestão baseada em atividades (ABM). Decisões administrativas que usam as informações do custeio baseado em atividades para satisfazer os clientes e melhorar a rentabilidade.

Gestão de custos. As abordagens e as atividades de gerentes nas decisões de controle e planejamento no longo e curto prazos que aumentam o valor para clientes e reduzem os custos de produtos e serviços.

Gestão do estoque. As atividades de planejamento, coordenação e controle relativas ao fluxo de estoque para dentro e para fora de uma organização.

Gestão estratégica de custos. Descreve a gestão de custos que foca especificamente questões estratégicas.

Gestão por exceção. Prática de concentrar esforços em áreas que não estão operando como o esperado, dando menos atenção para aquelas que estão operando satisfatoriamente.

Gráfico VP. Mostra como mudanças na quantidade de unidades vendidas afetam o lucro operacional.

Grau de alavancagem operacional. Margem de contribuição dividida pelo lucro operacional em qualquer nível de vendas.

Grupo de custos. Um agrupamento de itens individuais de custos.

Grupo de custos homogêneo. Grupo de custos em que todos os custos têm o mesmo (ou similar) relacionamento de causa e efeito ou de benefícios recebidos com a base de alocação de custos.

Hierarquia de custos. A categorização de custos em diferentes grupos com base em tipos diferentes de direcionadores ou bases de alocação de custos, ou graus diferentes de dificuldade em determinar os relacionamentos de causa e efeito (ou benefícios recebidos).

Hierarquia do custo do cliente. Hierarquia que categoriza os custos relativos a clientes em diferentes grupos com base em tipos diferentes de direcionadores ou bases de alocação de custos ou diferentes graus de dificuldade em determinar os relacionamentos de causa e efeito ou os benefícios recebidos.

Incerteza. A possibilidade de uma quantia real vir a ser diferente de uma quantia esperada.

Incorrência de custos. Descreve quando um recurso é consumido (ou um benefício é abdicado) para satisfazer um objetivo específico.

Índice da margem de contribuição. Veja *porcentagem da margem de contribuição.*

Inflação. O declínio geral no poder de compra da unidade monetária.

Instituto de Contadores Gerenciais (IMA). Uma organização de contadores profissionais. É a maior associação de contadores gerenciais nos Estados Unidos.

Interceptador. Veja *constante.*

Investimento. Recursos ou ativos usados para gerar renda.

Liderança em custo. A habilidade de uma organização em conseguir custos mais baixos em relação aos concorrentes por meio de melhorias na produtividade e na eficiência, eliminação do desperdício e controle rígido de custos.

Lote econômico de compra (LEC). Modelo de decisão que calcula a quantidade ótima de insumos/produtos a pedir, sob um conjunto de suposições.

Lucro líquido. Lucro operacional mais receitas não operacionais (como a receita de juros) menos os custos/despesas não operacionais (como o custo de juros) menos o imposto de renda.

Lucro operacional. O total de receitas das operações menos o custo de produtos vendidos e as despesas operacionais (excluindo despesas de juros e imposto de renda).

Lucro-meta operacional unitário. O lucro operacional que uma empresa objetiva ganha por unidade de um produto ou serviço vendido.

Mapa de controle. Gráfico de uma série de observações sucessivas de uma etapa, procedimento ou operação em particular, em intervalos regulares de tempo. Cada observação é graficamente representada em relação a limites especificados que representam aqueles dentro dos quais é esperado que as observações caiam.

Margem de contribuição. Total de receitas menos o total de custos variáveis.

Margem de contribuição unitária. Diferença entre o preço de venda e o custo unitário variável.

Margem de segurança. Quantidade de receitas orçadas acima e abaixo das receitas do ponto de equilíbrio.

Marketing. Promoção e venda de produtos ou serviços para clientes ou clientes em potencial.

Mercado perfeitamente competitivo. Quando há um produto homogêneo com preços de compra iguais aos preços de venda e nenhum comprador ou vendedor individual pode afetar aqueles preços por meio de suas próprias ações.

Método da engenharia industrial. Abordagem para a estimação de custos que analisa o relacionamento entre entradas de insumos e saídas de produtos em termos físicos. Também chamado de *método da medida de trabalho.*

Método da média ponderada no custeio por processo. Método do custeio por processo que atribui o custo unitário equivalente do trabalho efetuado até o momento (independentemente de quando foi efetuado) para as unidades equivalentes acabadas e transferidas para estoque de produtos acabados e para as unidades equivalentes no estoque final de produtos em processo.

Método da medida do trabalho. Veja *método da engenharia industrial.*

Método da medida física. Método que aloca custos conjuntos a produtos conjuntos com base no seu peso, volume ou outra medida relativa, no ponto de separação da fabricação desses produtos durante o período contábil.

Método da taxa interna de retorno (TIR). Método de FCD do orçamento de capital que calcula a taxa de desconto pelo qual o valor presente de entradas de caixa esperados de um projeto se iguala ao valor presente das saídas de caixa esperadas.

Método de alocação de custos de taxa dupla. Método de alocação que classifica os custos em cada grupo em dois (um grupo de custos variáveis e um grupo de custos fixos), com cada um deles usando uma base diferente de alocação de custos.

Método de alocação de custos de taxa única. Um método de alocação que aloca custos em cada grupo para objetos de custo usando a mesma taxa por unidade da base de alocação única.

Método de alocação de custos incrementais. Método que classifica os usuários individuais de um objeto de custo na ordem dos mais responsáveis pelos custos em comum, e depois usa essa classificação para alocar custos entre tais usuários.

Método de alocação de receitas incrementais. Método que classifica os produtos individuais de um pacote de acordo com os critérios determinados pela administração (por exemplo, vendas), e depois usa a classificação para alocar as receitas conjuntas para os produtos individuais.

Método de alocação direta. Método de alocação de custos que aloca os custos de cada departamento de suporte diretamente para os departamentos de operação. Também denominado *método direto.*

Método de alocação seqüencial. Método de alocação de custos que permite o reconhecimento parcial dos serviços fornecidos por departamentos de apoio para outros departamentos de apoio.

Método de alocação única de custos. Método que usa as informações pertencentes a cada usuário de um objeto de custos como uma entidade separada para determinar os pesos de alocação de custos.

Método de alocação única de receitas. Método que usa informações específicas do produto sobre os produtos em pacotes como pesos para a alocação das receitas conjuntas aos produtos individuais.

Método de análise contábil. Abordagem para a estimativa de custos que classifica contas de custos no razão subsidiário como variável, fixo ou misto com respeito ao nível identificado de atividade. A análise qualitativa é usada, em vez da quantitativa, na tomada de decisões sobre classificações de custos.

Método de apropriação recíproca. Método de alocação de custos que explicitamente inclui os serviços mútuos fornecidos entre todos os departamentos de apoio.

Método de conferência. Abordagem para a estimativa de custos com base na análise e opiniões sobre custos e os seus critérios colhidos de vários departamentos de uma empresa (compras, engenharia do processo, produção, relações com funcionários e assim por diante).

Método direto. Veja *método de alocação direta.*

Método do NRV da porcentagem da margem bruta constante. Método que aloca os custos conjuntos para produtos conjuntos de tal forma que a porcentagem geral da margem bruta é idêntica para os produtos individuais.

Método do primeiro a entrar, primeiro a sair (PEPS) no custeio por processo. Distribui o custo das unidades equivalentes no estoque inicial de produtos em processo do período contábil anterior para as primeiras unidades acabadas e transferidas para estoque de produtos acabados, e distribui o custo das unidades equivalentes trabalhadas durante o período atual primeiro para completar o estoque inicial, depois para unidades novas iniciadas e acabadas e, finalmente, para unidades no estoque final de produtos em processo.

Método do valor de venda no ponto de separação. Método que aloca custos conjuntos para produtos conjuntos com base no total relativo do valor de venda no ponto de separação da produção total desses produtos durante o período contábil.

Método do valor presente líquido (VPL). O método de FCD do orçamento de capital que calcula o ganho ou a perda monetária esperada de um projeto ao descontar todas as entradas e saídas futuras de caixa esperadas até o presente momento, usando a taxa exigida de retorno.

Método do valor realizável líquido (VRL). Método que aloca custos conjuntos para produtos conjuntos com base no valor de venda final menos os custos separáveis da produção total dos produtos conjuntos durante o período contábil.

Método máximo-mínimo. Método usado para estimar uma função de custo que usa apenas os valores mais altos e mais baixos observados do direcionador de custo dentro da faixa relevante e seus respectivos custos.

Métodos de fluxos de caixa descontados (FCD). Métodos do orçamento de capital que consideram todas as futuras entradas e saídas esperadas de caixa de um projeto, como se elas ocorressem em um único momento no tempo.

***Mix* de vendas.** Quantidades de vários produtos ou serviços que constituem o total de unidades de venda.

Modelo de aprendizagem de tempo médio cumulativo. Modelo de curva de aprendizagem em que o tempo médio cumulativo por unidade diminui por uma porcentagem constante cada vez que a quantidade acumulada de unidades produzidas dobra.

Modelo de aprendizagem do tempo da unidade incremental. Modelo de curva de aprendizagem em que o tempo da unidade incremental necessário para produzir a última unidade diminui por uma porcentagem constante cada vez que a quantidade acumulada de unidades produzidas dobra.

Modelo de decisão. Método formal para fazer uma escolha, muitas vezes envolvendo análises quantitativas e qualitativas.

Modelos de planejamento financeiro. Representações matemáticas dos relacionamentos entre atividades operacionais, financeiras e outros fatores que afetam o orçamento geral.

Motivação. O desejo de alcançar um objetivo escolhido (o aspecto de congruência de objetivos) em combinação com a busca resultante por aquela meta (o aspecto do esforço).

Multicolinearidade. Ocorre quando duas ou mais variáveis independentes em um modelo de regressão múltipla estão altamente correlacionadas uma com a outra.

Nível do denominador. O denominador do cálculo da taxa orçada de custos indiretos fixos.

Nível do denominador de produção. O denominador do cálculo da taxa orçada de custos indiretos fixos de fabricação.

Objeto de custo. Qualquer coisa para a qual uma medida de custo é desejável.

Objeto de receitas. Qualquer coisa para a qual uma medida separada de receitas é desejada.

Operação. Um método ou técnica-padrão desempenhado repetitivamente, muitas vezes com materiais diferentes, resultando em produtos acabados diferentes.

Orçamento. Expressão quantitativa de um plano de ação proposto pela administração para um período específico e que é um auxílio na coordenação do que precisa ser feito para implementar aquele plano.

Orçamento contínuo. Veja *orçamento rolante*.

Orçamento de caixa. Programação de recebimentos e desembolsos esperados de caixa.

Orçamento de capital. A tomada de decisões de planejamento de longo prazo para investimento em projetos.

Orçamento do ciclo de vida. Orçamento que estima as receitas e os custos individuais da cadeia de valores atribuíveis a cada produto, de seu P&D inicial, até o atendimento e suporte de seu último cliente.

Orçamento estático. Orçamento baseado no nível de produção planejado no início do período orçamentário.

Orçamento financeiro. Parte do orçamento geral que aborda o impacto de operações e desembolsos planejados de capital sobre o caixa. Consiste no orçamento de dispêndios de capital, o orçamento de caixa, o balancete orçado e a demonstração de fluxos de caixa orçados.

Orçamento flexível. Orçamento elaborado usando receitas e custos orçados com base no nível real de produção no período orçamentário.

Orçamento geral. A expressão dos planos operacionais e financeiros para um período especificado (normalmente um ano) e que consiste de um conjunto de demonstrações financeiras orçadas. Também denominado *demonstrações pro forma*.

Orçamento operacional. Demonstração de resultados orçados e suas tabelas orçamentárias de apoio.

Orçamento por atividade (ABB). Abordagem para o orçamento que discute o custo orçado de atividades necessárias para produzir e vender produtos e serviços.

Orçamento rolante. Orçamento ou plano sempre disponíveis para um período especificado futuro, ao adicionar um período (mês, trimestre ou ano) no futuro quando o período que finda é eliminado. Também denominado *orçamento contínuo*.

Orçamentos kaizen. Abordagem orçamentária que incorpora explicitamente a melhoria contínua durante o período orçamentário nos números do orçamento.

Orientando a atenção. Auxilia os gerentes a focar as oportunidades e problemas do papel da contabilidade gerencial.

Padrão. Um preço, custo ou quantidade cuidadosamente predeterminado. Normalmente é expresso em base unitária

Pedido especial de uma única vez. Encomendas que não têm nenhuma implicação de longo prazo.

Pesquisa e desenvolvimento. Geração e desenvolvimento de idéias relacionadas a produtos, serviços ou processos novos.

Planejamento. Escolher objetivos organizacionais, prever resultados sob várias alternativas de alcançá-los, comunicar as metas e como alcançá-las na organização como um todo.

Planejamento de requisição de materiais (MRP). Um sistema em que se fabrica produtos acabados para o estoque com base nas previsões de demanda.

Ponto de equilíbrio. Quantidade de produtos vendidos em que o total de receitas é igual ao total de custos, ou seja, em que o lucro operacional é zero.

Ponto de gatilho. Refere-se a um estágio no ciclo que compreende da compra de materiais diretos até a venda de produtos acabados em que os lançamentos no diário são feitos no sistema contábil.

Ponto de inspeção. Estágio do ciclo de produção em que os produtos são examinados para determinar se eles são unidades aceitáveis ou inaceitáveis.

Ponto de reabastecimento. O nível em quantidade do estoque disponível que ativa um pedido novo.

Ponto de separação. Ponto em um processo de produção conjunta em que dois ou mais produtos tornam-se identificáveis separadamente.

Porcentagem da margem bruta. Margem bruta dividida pelas receitas.

Porcentagem da margem de contribuição. Margem de contribuição unitária dividida pelo preço de venda. Também denominada *índice da margem de contribuição.*

Prazo de restituição de investimento (*pay back*). Método do orçamento de capital que mede o tempo que levará para recuperar o investimento inicial líquido em um projeto, na forma de fluxos de caixa futuros esperados.

Precificação da hora do pico. A prática de cobrar um preço mais alto pelo mesmo produto ou serviço quando a demanda por ele se aproxima do limite físico da capacidade de produzir aquele produto ou serviço.

Precificação de acordo. Empresas conspiram nas decisões de precificação e produção para conseguir um preço acima do competitivo e assim restringir o comércio.

Precificação dupla. Abordagem para preços de transferência usando dois métodos distintos de preços de transferência para transferência de uma subunidade para outra.

Precificação predatória. Uma empresa deliberadamente precifica abaixo dos seus custos na tentativa de empurrar os concorrentes para fora e restringir a oferta, para depois aumentar os preços em vez de aumentar a demanda.

Preço de transferência. O preço que uma subunidade (departamento ou divisão) cobra por um produto ou serviço fornecido para outra subunidade da mesma organização.

Preço-meta. Preço estimado para um produto ou serviço que os clientes em potencial pagarão.

Preço-padrão. Um preço cuidadosamente determinado que uma empresa espera pagar por uma unidade de produto adquirido.

Prêmio por horas extras. Valor pago aos trabalhadores (para a mão-de-obra direta e indireta) *acima* de seus salários pela jornada normal.

Previsões de custos. Previsões sobre custos futuros.

Probabilidade. A chance de que um evento ocorrerá.

Produção. Adquirindo, coordenando e montando recursos para produzir um produto ou entregar um serviço.

Produção enxuta. Veja *produção just-in-time (JIT).*

Produção interna. Processo de produzir produtos ou fornecer serviços dentro da organização em vez de comprar esses mesmos produtos ou serviços de fornecedores externos.

Produção *just-in-time* (*JIT*). Sistema de produção dirigido pela demanda em que cada componente em uma linha de produção é produzido assim que, e somente quando, necessário para a próxima etapa da linha de produção. Também denominada *produção enxuta.*

Produtividade. Mede o relacionamento entre os recursos de produção reais consumidos (quantidades e custos) e a quantidade real produzida; quanto menor forem as quantidades consumidas para dada quantia produzida, ou quanto maior forem as saídas para uma dada quantia de entradas, mais alta será a produtividade.

Produtividade do fator total (PFT). O índice da quantidade de produtos fabricados para os custos de todos os recursos consumidos, com base nos preços do período atual.

Produtividade parcial. Mede a quantidade de produtos fabricados dividida pela quantidade usada de insumos individuais.

Produto. Qualquer bem que tenha valor de venda positivo (ou uma saída que permita que uma organização evite o incurso de custos).

Produto agrupado. Um pacote de dois ou mais produtos (ou serviços) que é vendido por um preço único, mas cujos componentes individuais também podem ser vendidos como itens separados pelos seus próprios preços 'únicos'.

Produto intermediário. Produto transferido de uma para outra subunidade de uma organização. Ele pode ser trabalhado adicionalmente pela subunidade de recebimento ou vendido para um cliente externo.

Produto principal. Produto de um processo de produção conjunta com alto valor de venda, comparado com os valores de venda de todos os outros produtos do processo de produção conjunta.

Produtos conjuntos. Dois ou mais produtos com valores de venda altos comparado aos valores de venda de outros produtos obtidos por um processo de produção conjunta.

Produtos em progresso. Veja *estoque de produtos em processo.*

Programação linear (PL). Técnica de otimização usada para maximizar uma função objetiva (por exemplo, a margem de contribuição de um *mix* de produtos) quando há restrições múltiplas.

Projeto de produtos, serviços ou processos. A engenharia e o planejamento detalhado de produtos, serviços ou processos.

Qualidade do desenho. Refere-se em quanto as características de um produto ou serviço satisfazem as necessidades e desejos de clientes.

Quantidade-padrão. Uma quantidade cuidadosamente determinada de material/insumo necessário para uma unidade de produto.

Rastreamento de custos. Descreve a distribuição de custos diretos para o objeto de custo específico.

Rastreamento seqüencial. Uma abordagem em um método de custeio do produto em que o registro dos lançamentos no diário ocorre na mesma ordem das compras reais e da evolução da produção.

Rateio. Distribuição dos custos indiretos alocados a menor e a maior entre estoque final de produtos em processo, estoque de produtos acabados e custo de produtos vendidos.

Receita incremental. Receita total adicional de uma atividade.

Receitas. Fluxos de entrada de ativos (normalmente caixa ou contas a receber) recebidos por produtos ou serviços fornecidos aos clientes.

Receitas relevantes. Receitas futuras esperadas que diferem entre cursos alternativos de ação sendo considerados.

Redução da estrutura (*downsizing*). Uma abordagem integrada da configuração de processos, produtos e pessoas para combinar os custos com as atividades que precisam ser desempenhadas, a fim de operar de forma mais eficaz e mais eficiente no presente e no futuro.

Reengenharia. O repensar e redesenhar fundamental de processos de negócios para obter melhorias em medidas críticas do desempenho, como custo, qualidade, serviço, velocidade e satisfação do cliente.

Refugo. O material que sobra quando se faz um produto.

Registro de requisição de materiais. Documento-fonte que contém informações sobre o custo de materiais diretos usados em uma ordem específica de produção e em um departamento específico.

Registro de tempo de mão-de-obra. Documento-fonte que contém informações sobre o tempo de mão-de-obra usado em um serviço e em departamento específicos.

Registro do custo do serviço. Documento-fonte que registra e acumula todos os custos distribuídos para uma ordem de produção específica, começando quando o trabalho se inicia. Também denominado *folha de custos do serviço por ordem de produção.*

Regressão múltipla. Modelo de regressão que estima o relacionamento entre a variável dependente e duas ou mais variáveis independentes.

Regressão simples. Um modelo de regressão que estima o relacionamento entre a variável dependente e uma variável independente.

Renda residual (RR). Uma medida contábil de renda menos uma quantia em dólares de retorno mínimo exigido sobre uma medida contábil de investimento.

Restrição. Uma desigualdade ou igualdade matemática que precisa ser satisfeita pelas variáveis em um modelo matemático.

Resultados. Resultados econômicos previstos das várias combinações possíveis de medidas e eventos em um modelo de decisão.

Retorno sobre o investimento (ROI). Uma medida contábil de lucro dividida por uma medida contábil de investimento. Veja também *taxa de retorno contábil*

Retrabalho. Unidades de produção que não satisfazem os padrões exigidos pelos clientes para unidades acabadas, subseqüentemente reparadas e vendidas como unidades acabadas aceitáveis.

Risco moral. Descreve situações em que um funcionário prefere exercer menos esforço (ou relatar informações distorcidas) ao fazer o trabalho (ou relatar informações precisas) desejado pelo proprietário porque o esforço do funcionário (ou a validade das informações relatadas) não pode ser monitorado ou imposto.

Score keeping. O papel de um contador gerencial atuando na obtenção de dados e apresentar resultados para todos os níveis da gerência, descrevendo como a organização está se saindo.

Serviço. Uma unidade — ou unidades múltiplas — de um produto ou serviço distinto.

Sistema de controle administrativo. Meio de coletar e usar informações para ajudar e coordenar as decisões de planejamento e controle em toda a organização e guiar o comportamento de seus gerentes e funcionários.

Sistema de custeio híbrido. Sistema de custeio que mistura características de sistemas de custeio por ordem de serviço e sistemas de custeio por processo.

Sistema de custeio operacional. Um sistema de custeio híbrido aplicado a lotes de produtos similares, mas não idênticos. Muitas vezes, cada lote de produtos é uma variação de um único projeto que passa por uma seqüência de operações não passando, cada lote, necessariamente, pelas mesmas operações que os demais. Dentro de cada operação, todas as unidades de produto usam quantias idênticas dos recursos da operação.

Sistema de custeio por ordem de serviço. Sistema de custeio em que o objeto de custo é uma unidade ou unidades múltiplas, de um produto ou serviço distinto, chamado de ordem de serviço.

Sistema de custeio por processo. Sistema de custeio em que o objeto de custo são massas de unidades idênticas ou similares, de um produto ou serviço.

Sistema de custeio refinado. Sistema de custeio que reduz o uso de médias amplas para distribuir o custo de recursos para os objetos de custo (trabalhos, produtos ou serviços) e que proporciona uma medida melhor dos custos dos recursos de custos indiretos usados por diferentes objetos de custos — não importa quão diferentemente usem esses recursos.

Solução de problemas. Análise comparativa para o papel de tomadas de decisão de um contador gerencial.

Subprodutos. Produtos oriundos de um processo conjunto de fabricação, com valor baixo de venda comparado ao de venda do produto principal ou dos produtos conjuntos.

Subsídio cruzado do custo do produto. Resultado do sistema de custeio em que um produto custeado a menor (a maior) resulta em, ao menos, um outro produto a ser custeado a maior (a menor) na organização.

Sucata normal. Perda inerente a um processo específico de produção que ocorre mesmo sob condições eficientes de operação.

Sucata anormal. Perda que não surgiria sob condições operacionais eficientes; ela não é inerente a um processo específico de produção.

Sucateamento. Unidades de produção que não satisfazem os padrões exigidos pelos clientes, descartadas ou vendidas a preços reduzidos.

Tabela de decisões. Resumo das medidas, eventos, resultados e probabilidades de eventos alternativos em uma decisão.

Taxa de desconto. Veja *taxa mínima de retorno (TMR).*

Taxa de retorno contábil. Divide uma medida da contabilidade de competência da renda média anual de um projeto por uma medida de contabilidade de competência de seu investimento. Também chamada de *taxa de retorno contábil* ou *retorno sobre o investimento (ROI).*

Taxa de retorno nominal. Consiste de três complementos: (a) um elemento livre de risco quando não há inflação esperada, (b) um elemento de risco do negócio e (c) um elemento da inflação.

Taxa de retorno real. A taxa de retorno exigida para cobrir o risco do investimento (sem inflação). Ela tem um elemento livre de risco e um elemento de risco do negócio.

Taxa do custo indireto. Total de custos indiretos em um grupo de custos dividido pela quantidade total da base de alocação de custos para aquele grupo de custos.

Taxa-meta de retorno sobre o investimento. O lucro-meta anual das operações que uma organização objetiva atingir dividido pelo capital investido.

Taxa mínima de retorno (TMR). A taxa mínima anual aceitável de retorno sobre um investimento. Também denominada *taxa de desconto, taxa mínima de retorno estabelecida, custo de capital* ou *custo de oportunidade do capital.*

Taxa mínima de retorno estabelecida. Veja *taxa mínima de retorno (TMR).*

Taxa orçada de custos indiretos. Custo indireto anual orçado em um grupo de custos, dividido pela quantidade anual orçada da base de alocação de custos.

Tempo de avanço de produção. Tempo entre o momento em que um pedido é recebido pela fábrica até o momento em que ele se torna um produto acabado. Também denominado *tempo do ciclo de produção.*

Tempo de avanço do pedido de compra. O tempo entre a concretização do pedido e a sua entrega.

Tempo de resposta ao cliente. Tempo do momento em que um cliente concretiza um pedido por um produto ou serviço até o momento em que o produto ou serviço é entregue ao cliente.

Tempo do ciclo de produção. Veja *tempo de avanço de produção.*

Tempo médio de espera. O tempo médio de espera até o pedido ser preparado e processado.

Tempo parado. Salários pagos por tempo improdutivo causado pela falta de pedidos, quebras de máquina, falta de materiais, má-programação etc.

Teoria das restrições (TDR). Descreve métodos para maximizar o lucro operacional quando se enfrenta algumas operações com e sem gargalos.

Terceirização. O processo de comprar bens e serviços de fornecedores externos em vez de produzir os mesmos produtos ou proporcionar os mesmos serviços dentro da organização.

Termo residual. A diferença ou distância vertical entre o custo real e o estimado para cada observação em um modelo de regressão.

Tomadas de decisão disfuncionais. Veja *tomadas de decisão subótimas.*

Tomadas de decisão incongruentes. Veja *tomadas de decisão subótimas.*

Tomadas de decisão subótimas. Decisões em que o benefício para uma subunidade é mais do que compensado pelos custos ou perda de benefícios para a organização como um todo. Também denominada *tomada de decisão incongruente* ou *tomada de decisão disfuncional.*

Unidade composta. Unidade hipotética com pesos baseados no *mix* de unidades individuais.

Unidades equivalentes. Quantia derivada de unidades produzidas que (a) pega a quantidade de cada entrada (fator de produção) em unidades acabadas ou em unidades inacabadas de produtos em processo e (b) converte a quantidade de entrada na quantia de unidades acabadas de saída que poderiam ser feitas com aquela quantidade.

Utilização da capacidade do orçamento geral. O nível esperado de utilização da capacidade para o período orçamentário atual (um ano).

Utilização da capacidade normal. O nível de utilização da capacidade que satisfaz a demanda média dos clientes sobre um período (digamos, dois ou três anos) que inclui fatores sazonais, cíclicos e de tendências.

Valor contábil. O custo original menos a depreciação acumulada de um ativo.

Valor do dinheiro no tempo. Leva em conta que um dólar (ou qualquer outra unidade monetária) recebido hoje vale mais do que um dólar recebido em qualquer momento no futuro.

Valor econômico adicionado (EVA®). Lucro operacional pós-impostos menos a média ponderada (pós-impostos) do custo de capital multiplicado pelo total de ativos menos os passivos circulantes não onerosos.

Valor esperado. Média ponderada dos resultados de uma decisão com a probabilidade de cada resultado servindo como peso. Também denominado *valor monetário esperado.*

Valor monetário esperado. Veja *valor esperado.*

Variação. A diferença entre uma quantia com base no resultado real e a quantia orçada correspondente.

Variação da quantidade de vendas. A diferença entre (1) a margem de contribuição orçada com base no número real de unidades vendidas de todos os produtos pelo *mix* orçado e (2) a margem de contribuição no orçamento estático (baseada nas unidades orçadas de todos os produtos a serem vendidos pelo *mix* orçado).

Variação desfavorável. Variação que tem o efeito de reduzir o lucro operacional em relação à quantia orçada. Denotada com D.

Variação favorável. Uma variação que tem o efeito de aumentar o lucro operacional em relação à quantia orçada. Denotada com F.

Variação na eficiência de custos indiretos. A diferença entre a quantidade real da base de alocação de custos indiretos variáveis usada e a quantia orçada da base de alocação de custos que deveria ter sido usada para calcular o valor real, multiplicada pelos custos indiretos variáveis orçados por unidade da base de alocação de custos.

Variação na eficiência. A diferença entre a quantidade real de materiais e insumos consumidos e a quantidade orçada de materiais que deveria ter sido usada para produzir a quantidade real, multiplicada pelo preço orçado. Também denominada *variação no consumo.*

Variação na participação no mercado. A diferença na margem de contribuição orçada causada somente pelo fato de a participação real no mercado ser diferente da participação orçada no mercado.

Variação na taxa. Veja *variação no preço.*

Variação no consumo. Veja *variação na eficiência.*

Variação no dispêndio de custos indiretos fixos. Igual à variação no orçamento flexível de custos indiretos fixos. A diferença entre os custos indiretos reais e fixos e os custos indiretos fixos no orçamento flexível.

Variação no *mix* de materiais diretos. A diferença entre (1) o custo orçado para o *mix* da quantidade total real de materiais diretos consumidos e (2) os custos do *mix* orçado da quantidade total real de materiais diretos consumidos.

Variação no *mix* de vendas. A diferença entre (1) a margem de contribuição orçada para o *mix* real de vendas e (2) a margem de contribuição orçada para o *mix* orçado de vendas.

Variação no nível do denominador. Veja *variação no volume de produção.*

Variação no orçamento estático. Diferença entre um resultado real e a quantia orçada correspondente no orçamento estático.

Variação no orçamento flexível de custos indiretos fixos. A diferença entre os custos reais e fixos de custos indiretos e os custos indiretos fixos no orçamento flexível.

Variação no orçamento flexível de custos indiretos variáveis. A diferença entre os custos indiretos reais variáveis e os custos indiretos variáveis do orçamento flexível.

Variação no orçamento flexível. A diferença entre um resultado real e a quantia correspondente no orçamento flexível com base no nível real de produção no período do orçamento.

Variação no preço. A diferença entre o preço real e o preço orçado multiplicada pela quantidade real de insumos/materiais. Também denominada *variação no preço dos insumos* ou *variação na taxa.*

Variação no preço de venda. A diferença entre o preço de venda real e o preço de venda orçado multiplicado pelas unidades reais vendidas.

Variação no preço dos insumos. Veja *variação no preço.*

Variação no rendimento de materiais diretos. A diferença entre (1) os custos orçados de materiais diretos com base na quantidade total real de materiais diretos consumidos e (2) o custo no orçamento flexível de materiais diretos com base na quantidade total orçada de materiais diretos estimados e a quantidade real produzida.

Variação no total de custos indiretos. A soma da variação no orçamento flexível e a variação no volume de produção.

Variação no volume de produção. A diferença entre custos indiretos fixos orçados e custos indiretos alocados com base na quantidade real produzida. Também denominada *variação no nível do denominador* e *variação nos custos indiretos no nível de produção.*

Variação no volume de vendas. A diferença entre uma quantia do orçamento flexível e a quantia correspondente do orçamento estático.

Variação nos custos indiretos em nível de produção. Veja *variação no volume de produção.*

Variação nos custos indiretos variáveis. A diferença entre o custo indireto real variável por unidade e o custo indireto orçado variável por unidade da base de alocação de custos, multiplicada pela quantidade real da base de alocação de custos indiretos variáveis usados para a quantidade real produzida.

Variável dependente. O custo a ser previsto.

Variável independente. Nível de atividade ou direcionador de custo usado para prever a variável dependente (custo) em um modelo de previsão de custo.

Índice

Lançamentos que aparecem em notas de rodapé são indicados por um n em itálico após o número da página.

D

E

F

G

H

I

J

Q

R

S

T

U

V

W